Thomas Ferdinand Krauß
Liebe über Alles – Alles über Liebe

Sachbuch Psychosozial

Thomas Ferdinand Krauß

Liebe über Alles
Alles über Liebe

Ein aktueller Versuch
über die »Kunst des Liebens«

Psychosozial-Verlag

Bibliografische Information der Deutschen Nationalbibliothek
Die Deutsche Nationalbibliothek verzeichnet diese Publikation
in der Deutschen Nationalbibliografie; detaillierte bibliografische Daten
sind im Internet über <http://dnb.ddb.de> abrufbar.

Originalausgabe
© 2009 Psychosozial-Verlag
Walltorstr. 10, D-35390 Gießen.
Fon: 06 41 - 96 99 78 - 18; Fax: 06 41 - 96 99 78 - 19
E-Mail: info@psychosozial-verlag.de
www.psychosozial-verlag.de
Umschlagabbildung: Keith Haring © The Estate of Keith Haring
Umschlaggestaltung & Satz: Hanspeter Ludwig, Gießen
www.imaginary-art.net
Druck: DIP Digital Print, Witten-Annen
www.digitaler-druck.com
Printed in Germany
ISBN 978-3-8379-2008-6

Inhalt

Teil 2
Sexualität

Literatur

Danksagung

Ich möchte den Mitarbeiterinnen und Mitarbeitern des Psychosozial-Verlags an dieser Stelle für die Professionalität und die freundliche Begleitung danken, mit der sie zur Entstehung dieses Buches beigetragen haben, besonders Julia Brück, Christian T. Flierl und Katrin Frank. Schließlich möchte ich meine Freude darüber zum Ausdruck bringen, dass dieses Buch an dem Ort erscheint, wo sich vor über 35 Jahren die Wege von Hans-Jürgen Wirth und mir zum ersten Mal in einer Arbeitsgruppe über Herbert Marcuse kreuzten.

Vorwort

Noch ein Buch über die Liebe? Warum?
Weil es fehlt. Weil es an der Zeit ist.

Wieso? Es gibt doch bereits eine Unmenge an Büchern über die Liebe.
Das ist es ja gerade! Es gibt hunderte, ja tausende von Büchern, in denen über die Liebe geschrieben wird. Aber es fehlt eine Synthese. Es fehlt eine zusammenfassende Erörterung all der Erkenntnisse.

Was nun eigentlich ist Liebe?
Da sagt jeder etwas anderes …

Kein anderes Thema wird wohl so umfassend behandelt. Bei amazon.de wirft die Suchfunktion 842 Bücher allein für das Jahr 2006 aus, die auf irgendeine Weise das Wort Liebe enthalten. Doch Vorsicht! Nicht immer ist Liebe drin, wo Liebe draufsteht. Sogar bei weitverbreiteten »Klassikern«, maßgeblichen Büchern, die den Zeitgeist durchdrungen und das Allgemeinverständnis von *der Liebe* geprägt haben, wird man enttäuscht. Die Liebe, wie sie dort zuweilen gepredigt wird, ist nicht immer die Liebe, die Menschen meinen, wenn sie von ihr träumen. Manch stattlicher Liebesbegriff verspricht da das Blaue vom Himmel, doch bei näherem Hinsehen zeigt sich, dass das auch nicht das Gelbe vom Ei ist. Erhebt sich nämlich in den erhabenen Liebesvorstellungen, die am allgemeinen Diskurs teilhaben, der pädagogische Zeigefinger oder beginnt gar ein verklärtes Raunen, dann protestiert die gelebte

Liebe gegen solche hehren Überzeugungen, die ihr im Grunde ganz wesensfremd sind. Und dann ist bei solchem aus dem inneren Zentrum der Liebe kommenden Protest gegen die lebensfernen Ideen von ihr zu fragen, wie sich dieses Innen der lebendigen Liebe zusammensetzt und aus welchen Ingredienzien sie wirklich besteht.

Hier hilft allein die Selbstbesinnung der Liebe, die ihre allzu edlen Vorstellungen von sich in die gelebte Wirklichkeit zurückführen kann. Indem sie sich selbst durchdenkt und ihrer Voraussetzungen erneut vergewissert, kann die Liebe wieder auf den Teppich kommen, wo sie sich dann in der richtigen Schwebe befindet zwischen dem harten Boden der Tatsachen und ihrer Wesensbestimmung, den Menschen Flügel zu verleihen.

Es gibt in der Tat eine Unmenge von Liebesbüchern, die diesen oder jenen Diesseitigkeits- oder Jenseitigkeitsaspekt hervorheben, aber keines, das synoptisch zusammenführt, was man heute einfach über die Liebe weiß und wissen sollte und somit den gegenwärtigen Diskurs behandelt. Nirgends wird die Frage beantwortet, wie heute, bei all der immensen Wissensflut, Liebe zu verstehen ist. Wie ist sie am Beginn des 21. Jahrhunderts, gut 50 Jahre nach Erich Fromms *Kunst des Liebens*, zu fassen?

Viele reden von der Liebe auf ihre höchstpersönliche Weise und eine jede und ein jeder hat dabei natürlich eine Ansicht, eine Meinung, eine Erfahrung und eine Erklärung. Mindestens eine. Die Professionellen, die sich mit der *Liebesforschung* oder mit Beratung und Therapie in Liebesdingen beschäftigen, reproduzieren in aller Regel die Essentials, die ihr Wissenszweig hergibt: Die Biologen reproduzieren Biologisches, die Psychologen Psychologisches und die Therapeuten strengen sich an, den Leuten mit ihren Techniken und Lebensweisheiten, die sie hundertfach erprobt und mittlerweile sogar an die Gesetzlichen Krankenkassen weitergegeben haben, das beizubringen, was diese zur Lösung ihrer Liebesprobleme offenbar noch lernen müssen.

Was aber fehlt, ist ein Überblick. Ein kritischer Überblick. Kritik kommt von: Unterscheiden, Auseinanderhalten. Das vorliegende Buch kommentiert den gegenwärtigen Diskurs über die Liebe, es referiert, es polemisiert, es stimmt zu, es setzt das Mosaik neu zusammen, es setzt sich auseinander. Insofern versteht es sich als Sachbuch, weil es aufgreift, was zur Sache gesagt und gedacht wird. Nicht wird, wie im innovativen Denken, grundsätzlich Neues behauptet, und auch nicht, wie im verschärften kritischen Denken, das Vorhandene grundsätzlich negiert. Indem es sich in der Zusammenschau auseinandersetzt, setzt es das Vorhandene neu zusammen. So entstehen neue Erkenntnisse über die Liebe, und zwar just aus der Neukomposition des vorhandenen Wissens über sie. Diese Erkenntnisse werden von der Hoffnung begleitet, dass sich durch deren Darlegung in einem Buch über die Liebe die gängigen Argumentationslagen des Zeitgeistes im Sinne eines Einstellungswandels beeinflussen lassen.

Aus diesem Grunde kann es daher keineswegs darum gehen, die Liebe vorrangig im Zustand ihres spätmodernen Scheiterns oder ihres Verkümmerns zu nehmen, um dann mit viel Positivität und professionellem Wissen über richtige Kommunikation und das richtige Handeln ihr Wiedererstarken voranzutreiben, wie es die Beratergilde tut, die damit das Elend bestätigt. Denn die sogenannte Zweierbeziehung, die da mit den Liebesratgebern ›therapiert‹ wird, hat mit Liebe in der Regel nicht allzu viel zu tun. Auch kann es nicht darum gehen, die Liebe als prominenten Beweis einer wissenschaftlichen Modethese oder eines fundamentalen Erklärungsparadigmas heranzuziehen und sie, etwa evolutionsbiologisch oder kommunikationstheoretisch oder psycho-analytisch durchzudeklinieren. Und schließlich kann es nicht darum gehen, allein ihre kulturellen und gesellschaftlichen Daseinsbedingungen zu beleuchten (vgl. Illouz 2007a), um am Ende vielleicht ihre Unmöglichkeit oder ihre Relativität oder ihre Interdependenz mit allem, was sie als etwas Bedingtes dastehen lässt, zu behaupten.

Nein, es muss schon aus der Zusammenschau herausschauen, was die Liebe *von innen*, gewissermaßen aus der Teilnehmerperspektive ihres eigenen Anspruchs und ihres eigenen Wollens und Strebens ist. Und das auf der Basis des gegenwärtigen Wissens und, vor allem, des allgemeinen Diskurses, der sich an dieses veröffentlichte Wissen dranhängt. Denn die Liebe, so wie wir sie heute verstehen, realisiert sich inmitten des gegenwärtigen Diskurses über die Liebe (vgl. Liebsch 2008, S. 131ff.).

Das ist natürlich nichts Neues. Es war schon immer so: Das, was man weiß und was man allgemein diskutiert und austauscht, prägt auch die allgemeinen Haltungen und die davon abhängigen Handlungsmuster. So ist im heutigen Diskurs die Liebe sehr viel enger mit der enttabuisierten körperlichen Lust verkoppelt als noch vor hundert Jahren. Dort war sie mit der totgeschwiegenen Lust, also viel unbewusster und viel kryptischer, verflochten.

Unterhalb, oder besser noch, innerhalb der Liebe und dem, was mit ihr untrennbar zusammenhängt, nämlich der Kommunikation, der Körperlust, der Seelenverwandtschaft, dem Eins- und doch Getrenntsein, dem Denken, Fühlen, sich Verhalten und praktischem Handeln, wirken die mächtigen Kräfte ihrer Unterwelt, die die Liebe sowohl hervorbringen und sie tragen, als auch ihre Lebendigkeit gefährden und sie belasten – jedenfalls der Möglichkeit nach.

Der Unterwelt der Liebe nachzugehen und ihren Chemismus zu ergründen, ist daher dringend notwendig. Denn was Liebe ist, kann weder interdisziplinär noch deskriptiv, bloß mit Beispielen, erfasst werden, die auf ihrer, wenn auch sicherlich wunderbaren Oberfläche blieben und bloß verdoppelten, was durch die rosa Brille zu sehen ist. Man muss schon hinter die Kulissen schauen. Und hier sind die hinter dem Vorhang arbeitenden Mechanismen gefragt, die ihren Auftritt in der Lebenswirklichkeit ermöglichen.

Nach Niklas Luhmann sind es drei aufeinander bezogene Systeme, die füreinander Umwelten und damit das Ganze bilden: das biologische, das soziale und das psychische. Und bei Habermas, an den sich Luhmann hier dranzuhängen scheint, gibt es eine ebensolche Trias, die zwischen einer physikalisch-objektiven, einer normativ-sozialen und einer subjektiven Welt zu unterscheiden drängt, in die alles eingebettet ist.

Das dürfte auch für die innere Zusammensetzung der Liebe gelten. Das gegenwärtige Heraustreten eines dieser Systeme, nämlich der Biologie, die sich als übergreifender objektivistischer Erklärungsansatz präsentiert, ist ein Rückschritt im Denken. Mit ihm wird die Ebene der systemischen Bezogenheit der *drei Welten*, die bereits erreicht schien, erneut verlassen. Zwar sollen und können ihre biologischen Wurzeln nicht verleugnet werden, aber für die Liebe stellt ihre modern gewordene biologische Engführung einen massiven Reduktionismus dar. Fast ist man geneigt, hier die päpstliche Kritik aufzugreifen, die in der gegenwärtig wachsenden Biologisierung der Liebe eine nicht wieder gutzumachende Entzauberung sieht, in der sie nachhaltig beschädigt wird. Allein, die massive Abwehrfront gegen das irdische Glück, die zur religiösen Wiederverzauberung immer schon dazugehört, hält einen sofort davon ab, in die transzendente Sphäre zu regredieren und das Glück im wirklichen Leben an das Jenseits zu verraten, nur weil es möglicherweise im Diesseits so schwer nur zu realisieren ist.

In kritischeren Zeiten als den heutigen war es Mode, nach den Unmöglichkeiten und den destruktiven Kräften zu fragen. Man konzentrierte sich auf das Negative, das dem Leben entgegenstand; man analysierte die Verhinderungen des Möglichen, um dahinter die wirklichen Möglichkeitsbedingungen aufzudecken und sie, möglichst politisch, freizukämpfen. Heute ist das Negative verpönt. Es wird vielmehr vom Positiven geredet und darauf geachtet, dass man nur nicht allzu kritisch und skeptisch oder gar depressiv angehaucht daherkommt. Keiner will ständig hören und nachgewiesen bekommen, wie schlimm und wie unmöglich alles ist.

»Und das ist gut so.« Jedenfalls benutzen neuerdings alle diesen eigenartigen Ausspruch. Gut an dieser gelegentlich dümmlichen Beschwörungsformel ist, dass sie, was unsere Haltung zu uns selbst und zu unserem Leben angeht, unter der Hand eine permanente sanfte Selbstverpflichtung transportiert, die uns daran gemahnt, das Leben genussvoll und möglichst voller Glücksbestreben und auf jeden Fall bejahend zu leben, bevor wir wieder von der Bühne abtreten müssen. Ganz zentral für ein solches gelebtes Leben ist natürlich die Liebe, die es erst ermöglicht.

Deshalb aber, weil wir es ernst meinen und dem allgemeinen Oberflächentanz und dem lustigen Trallala entgehen wollen, kommen wir bei der Liebe nicht drum herum, ihre Lebensbedingungen zu thematisieren und ihr Dasein inmitten liebloser Zeiten ins Bewusstsein zu heben. Das ist aber gleichermaßen gut so. Denn mit dem offenen Auge, das die Wirklichkeit nicht permanent schönt, sondern ihr ins Angesicht sieht, können wir, genauso klar, die Möglichkeit eines Besseren erkennen wie, zum gleichen Zeitpunkt, die Kräfte, die sie hintertreiben. Mit dem offenen Auge sieht man besser!

Offenen Auges kann man dann sehen: Die Liebe ist, trotz ihrer offenkundigen Gefährdung, dennoch sehr wohl möglich. Das ist die frohe Botschaft nicht nur dieses Buches, sondern das ist die Botschaft der Liebe selbst: Sie ist trotz ihrer prekären Bedingungen möglich, weil sie das Potenzial hat, stärker zu sein als die Mechanismen, die sie zu verhindern drohen. Sie ist nicht nur real möglich, sondern sie hat, wenn sie denn verwirklicht wird, nach wie vor die utopische, wirklichkeitsverändernde Kraft, von der die Menschen träumen, wenn sie von der Liebe träumen. »I have a dream« heißt: Ich bin der Wirklichkeit zugewandt, kein Träumer. »You may say I'm a dreamer, but I'm not the only one«, sang John Lennon. Nicht nur die Beatles und die Afroamerikaner und der 44. US-Präsident wissen, dass Träume sich realisieren können, wenn Menschen es wollen. Alle, die von etwas träumen, wollen das.

Dass sie kein geträumter Traum bleibt, sondern faktische, empirische und dann freilich traumhafte Wirklichkeit zwischen zumindest zwei Menschen wird, ist Gegenstand dieses Buches. Es geht um die gelebte Liebe zwischen Mann und Frau, denn vieles, ja so gut wie alles Weitere, lässt sich aus dieser klassischen Konstellation ableiten.

Weil über die Liebe schon so viel geschrieben und gesagt worden ist, ist natürlich neben dem offenkundigen Blödsinn, gegen den in aller Deutlichkeit zu polemisieren sein wird, auch schon unendlich viel Gutes, Wahres und Schönes geschrieben und gesagt worden. Das unerwähnt zu lassen, wäre ein Sakrileg. In einer Zusammenschau des gegenwärtigen Diskurses sollen und müssen die Wissensbausteine und die relevanten Denkfiguren benannt werden, die den Diskurs ausmachen und ihn durchfluten, und das heißt: Sie müssen an der ein oder anderen Stelle auch seriös zitiert und wiedergegeben werden. Vieles, was sich als Allgemeinwissen niederschlägt, hat seine Herkunft in Texten, die man vielleicht längst vergessen hat oder über deren Existenz man möglicherweise gar nichts weiß. Man weiß dann freilich auch nichts über die Denktradition, aus der sich ein solcher Topos herleitet. Für die Geisteswissenschaft ist es zwar unverzichtbar, dass man Denklinien und Denkgeschichte nachzeichnen können muss, um den gegenwärtigen

Geist zu erfassen. In einem Sachbuch für die breitere Öffentlichkeit ohne einen ganz und gar strengen wissenschaftlichen Anspruch muss das nicht ganz so kategorisch durchgehalten werden. Deshalb dürfen und sollen hier bei der Frage nach der Liebe vor allem auch die nichtwissenschaftlichen Stimmen zu Wort kommen, die in der veröffentlichten Meinung meinungsbildend sind. Gerade diese machen bekanntlich den Zeitgeist aus.

Die zahlreichen Literaturhinweise und Anmerkungen künden davon, dass eine beträchtliche Menge »Gewusstes« im gegenwärtigen Liebesdiskurs zu berücksichtigen ist. Es wäre unredlich, das alles zu verschweigen. Und es wäre unredlich, zu verschweigen, *wer* was dazu beigetragen hat, dass die Liebe heute besser und auf welche Weise zu verstehen ist. Vielleicht will man anhand der Angaben den ein oder anderen Text und seine Autorin oder seinen Autor neu kennenlernen oder auch mal wieder *lesen*! Vielleicht will man aber auch, irritiert über das da Gesagte, überprüfen wie und ob denn der Autor das tatsächlich so gemeint und was genau er gesagt hat.

Dabei sind es gerade nicht die allerneuesten Thesen und Ideen, die das tragende Element des heutigen Liebesverständnisses ausmachen, sondern die aus Sicht der Jüngeren bereits wieder als Oldies erscheinenden Klassiker. Damit ist nicht Platon gemeint, obwohl der in diesem Buch auch vorkommt, weil man über die Platonische Liebe ja nicht schweigen kann, wenn man über die Liebe redet. Nein, es sind insbesondere die Klassiker des ausgehenden letzten Jahrhunderts gemeint, die die Philosophie, die Anthropologie, die Biologie, die Psychologie und die das gegenwärtige Denken mit seinem therapeutischen Wissen, seinem Wissen über Kommunikation, über Moral, über Erotik und Sexualität und all das andere, was als Unterwelt der Liebe seine Wirkkraft hat, um wegweisende, die Zeit überdauernde Erkenntnisse bereichert haben.

Ein Philosoph steht bei den Zitaten an prominenter Stelle. Das ist Theodor W. Adorno. Er ist, nach einer Diagnose Detlev Claussens (2003), der seinem Befund ein eigenes Buch widmet, das letzte große Genie, das ein intellektuelles Gesamtkunstwerk als Analyse der Zeit hinterlässt. Der Philosoph und Soziologe hat wie kaum ein anderer den heraufdämmernden Zustand der Gesellschaft benannt, der sich gegenwärtig in der neuesten Selbstbespiegelung gefällt. Thomas Assheuer sagt in einem *Zeit*-Artikel zu Adorno, er sei der wahre Konservative (37/2003) – vielleicht weil viele seiner alten Prognosen über die heutigen »Kollateralschäden der Modernisierung« sich bewahrheitet haben? Wer heute in den Clubs und Diskotheken des metrosexuellen Narzissmus die Liebe vermisst, muss wissen, dass die Reflexion des falschen Lebens in einer langen, gehaltvollen Tradition steht, die nicht nur mit Gründen beklagt, dass und wie sich die menschlichen Beziehungen fortschreitend verflachen, sondern die in der Reflexion des Falschen sich stets auch die Frage nach den gesellschaftlichen und geschichtlichen Zusammenhängen stellt, in denen dies möglich wurde.

Adorno hat schon lange vor unserer Zeit gesehen, wie die Kraft zur Liebe historisch schwindet und welche Gegenkräfte ihr das Leben schwer machen. Die verwahrloste Gesellschaft gibt es schon seit ehedem und die verdinglichten sexuellen Beziehungen überdies: »Sexualität [...] ist zu dem Wahn geworden, der früher in der Versagung bestand.« Geschrieben wurde dieser zentrale, heute vielleicht verstörende Satz Ende der 40er, als die Nachkriegsgesellschaft des letzten Jahrhunderts begann, die *Schöne Neue Welt* aufzubauen, die wir heute genießen. Zeitgleich mit Adorno kritisierte Herbert Marcuse das entsublimierte Prinzip, und viele folgten, die in den Jahrzehnten danach den sich beschleunigenden Tanz um die hohle Exitation analysierten, lange noch bevor die Avantgarde des Metro-Sex ihren Auftritt in Berlin hatte.

Man könnte daher meinen, dieses Buch sei eine Klärung der scheinbar aktuellen Fragen, die der jüngste *Tanz um die Lust* unbeantwortet gelassen hat. Sie sind jedoch viel älter, fast zeitlos. Dennoch hat es mit den neuesten Produkten der Szene, in Teilen, dasselbe Sujet: den ewigen Zusammenhang von Sex und Liebe. Einige Textpassagen dieses Buches stammen in ihrer ersten Version aus den 80er Jahren, manche Einsichten entstammen der jahrelangen therapeutischen Erfahrung mit Paaren seitdem. Sie belegen, dass die Liebe immer schon zugleich die Frage und die Antwort ist.

All die profunden Erkenntnisse über den Zustand der menschlichen Beziehungen, die hier aufgegriffen und diskutiert werden, sind so aktuell wie nie: denn die Liebe ist tatsächlich in Gefahr, vielleicht sogar mehr denn je. Doch Adorno und all die anderen, die ihrem Denken treu geblieben sind und die wachsende Gefahr sahen, haben mit ihrer nachhaltigen Kritik am falschen Leben auch eine implizite Idee von der Liebe selbst hinterlassen. Denn sie sahen, was sie sahen, aus einer tiefreichenden transzendentalen Perspektive. Nur aus ihr ist es möglich, von innen, intuitiv *und* geistig, zu erkennen, was tatsächlich gut so ist und was nicht. Ohne ein Wissen um die Liebe wäre ihr Kassandraruf nicht denkbar. Hinter jeder Klage steckt ein Wollen, dass es anders sein soll, und das speist sich aus dem Wissen, dass es anders sein kann.

Um noch eine weitere Klage über das Schwinden der Liebe soll es in dem folgenden Buch daher nicht gehen, sondern, im Gegenteil, um die Frage nach den Bedingungen ihrer Möglichkeit. Schließlich wissen die real Liebenden, welche die Kraft hatten, sich aufeinander einzulassen, dass ihre Liebe lebt und dass sie keineswegs unmöglich ist. Was macht diese transzendentale Perspektive aus, die im wirklichen Leben doch mit aller Kraft in reales Gelingen umgesetzt wird? Wovon ist die Rede, wenn heute von Liebe die Rede ist?

Genau das wird in diesem Buch versucht zu beantworten.

Schnackenburg und Hamburg im Oktober 2008

Einleitung

Die Liebe ist ein seltsames Spiel und Liebeskummer lohnt sich nicht: Diese einfachen Botschaften verbreiten seichte Schlagertexte und zuweilen große literarische Werke. Die Einsicht könnte sich vor allem aufdrängen, wenn man, wie der Autor, weit mehr als zwei Jahrzehnte beraterisch-therapeutisch mit Paaren und Familien gearbeitet hat. Aber das Spiel hat Regeln, die Seltsamkeit, als die sie für die beiden Liebenden zuweilen so erscheinen mag, ist zu durchschauen. Das Kuriosum der Liebe weist erkennbare Strukturen auf.

Die Liebe erscheint oftmals so furchtbar kompliziert und zuweilen unmöglich und dort, wo sie denn wirklich stattfindet, fast wie ein Wunder, weil sie heute von mehreren mächtigen Diskursen in die Zange genommen ist, die ihr den Garaus zu machen drohen:

➢ DER WISSENSCHAFTSDISKURS, der sich in Sachen Liebe zunehmend auf die Naturwissenschaften, allen voran die Biologie, konzentriert. Die Biologie fasst die Liebe als ein evolutionsgeschichtliches Geschehen, welches, hormonell und physiologisch gesteuert, sogar von den Betroffenen selbst zuweilen als ein krudes Naturphänomen verstanden wird, das als Begleitphänomen von gattungsspezifischen Fortpflanzungsnotwendigkeiten so oder so ähnlich wie bei allen anderen Tieren so auch bei ihnen stattfindet. Liebe ist hier bloß ein Mechanismus, der bestimmten ewigen Gesetzmäßigkeiten des Lebens folgt.

➢ DER SEXDISKURS, der mit der allgemeinen Enttabuisierung des Körperlichen Verhaltensnormen wirksam werden lässt, die, zu-

sammen mit Fitness- und Wellnessvorstellungen, die Liebe zu
einem medizinisch-technischen Ablauf verdünnt, der quasi im
Rahmen einer allgemeinen Gesundheitsvorsorge stattfindet; und
da ist des Weiteren, die sich daran anschließende Pornografierung
des Sexuellen, die heute bereits die Einstellungen von Kindern und
Jugendlichen kontaminiert und insgesamt die sinnliche Begegnung
enterotisiert und zu einer Art Kampfsport brutalisiert hat, der die
Lust und die Sinnlichkeit vollends abtötet und keine Sieger und
immer nur frustrierte Verlierer und Gedemütigte produziert.

➤ DER SIMPLIFIZIERUNGSDISKURS DER RATGEBERGILDE, der mit
zahllosen psychotechnischen Übungen und allerlei Weisheiten
aufwartet, die *die Liebe* – gemeint ist in der Regel *die Zweierbeziehung* – zu einer therapeutischen Dauerveranstaltung machen,
in der die Beteiligten die Nabelschau ihrer Motive und ihrer Kom-
patibilitäten zu betreiben haben, um im Glücksgeschehen zu zweit
alles garantiert richtig und zudem auch noch immer einfacher zu
machen.

➤ DER DEM REALISMUS ABHOLDE ESOTERIKDISKURS, der mit mehr
oder weniger dünnen Deutungsmustern religiösen Anstrichs die
Liebe zu einer Art höherem Innerlichkeitszustand vernebelt und der
mit mystischem Brimborium, tiefer Pseudomoralität und reinen, das
heißt: von der Lebenswelt der Menschen empirisch nicht tangierten
Liebesidealen in die Höhen der Erleuchtung entflecht, statt die
wirkliche Begegnung der Liebenden zum Thema zu haben.

Alles in allem sind dies tief in den Common Sense eingewanderte
Diskurse, die mit der Liebe recht lieblos umgehen und sie nachhaltig beschädigen. Das hat zur Konsequenz, dass der gesunde Men-
schenverstand kaum noch an die Liebe glaubt, und das wiederum hat
zur Konsequenz, dass viele sich so verhalten, als ob *die Liebe* für sie
höchstpersönlich nicht wirklich eine lebensgeschichtliche Dimension
darstellt.

Deshalb bedienen sich die Menschen verschiedener zeitgemäßer Lö-
sungswege, um mit der Misere umzugehen. Die meisten versuchen, sich
einfach irgendwie damit zu arrangieren, dass der Traum von der großen

Liebe und von der alles verzehrenden Leidenschaft irgendwann zwangsläufig zu Ende gehen *muss*, weil das Glück eben niemals von Dauer
sein *kann*: Sie werden peu à peu realistisch und versuchen, ein bisschen
abgeklärter so weiter zu leben wie bisher. Konsequent vertiefen sie dann
ihre tapferen Erkenntnisse und sagen sich mit hartem Bewusstsein, dass
es die große Liebe schlicht und einfach in der objektiven Wirklichkeit
überhaupt nicht gibt und auch nicht geben kann. Traurige soziologische und psychologische Weisheiten über den Geschlechterkampf und
biologische über das zutiefst eigennützige Wesen von Mann und Frau
helfen als intellektuelles Korsett da gut weiter. Mit diesen Erkenntnissen über die eisernen Tatsachen armiert, sind sie jetzt durch und durch
realistisch und versuchen, noch mehr so weiter zu leben wie bisher.
Demgemäß richten sie sich in diesem Hardcore-Realismus ein. Der
Erfahrungsaustausch mit geneigten Freundinnen und Bekannten, der
in der Regel die Bestätigung mit sich bringt, dass alle anderen genauso
ihre liebe Not mit der Liebe haben, lässt sie nicht nur nicht als Versager
dastehen, denn sie sind nun nicht mehr allein mit ihrer Weisheit, sondern
sie sind die Helden, indem sie ihren kollektiven Verzicht auf den Traum
heroisieren. Mit ihrer zynischen Vernunft befinden sie sich im Heerlager
all derjenigen, die sich an dieser Stelle gern als beinharte Avantgarde an
vorderster Front des wirklich wirklichen Lebens sehen.

Wenn man an dieser vordersten Front zwar nicht die große Liebe
erfährt, aber gleichwohl, aus Hygienegründen oder aus Konvention,
weil es die anderen doch auch tun, in einer jener modernen passageren
Dauerbeziehungen, sprich: in serieller Monogamie, lebt und dort hin
und wieder mit seinem Lebensabschnittspartner einen kleinen Zipfel
jener Erfüllung erwischt, um die es doch geht, ist man vor solch Re-
alismen genauso wenig gefeit, denn auch der Lebensgefährte gehört,
qua wechselseitiger Partnerwahl, zu denjenigen, die mit beiden Beinen
fest auf dem Boden stehen. »Im Grunde«, sagen sie sich, wenn ihre
Zweierbeziehung mal wieder nicht so richtig funktioniert und keine
Tiefen und Höhen mehr hat, »ist das doch ganz normal. Leidenschaft
verbraucht sich nun mal. Man muss halt auf den Boden der Tatsachen
zurück und zu sich kommen; schließlich ist man ja erwachsen. Man
muss sich eben arrangieren!« Das klappt dann auch hin und wieder, weil

von wirklicher Liebe in diesem Arrangements namens Zweierbeziehung nicht die Rede ist.

Doch auch diese Sedierungsversuche des Kopfes genügen oftmals nicht, um das Grummeln in der Bauchgegend zu ertragen, das sich da hintergründig bemerkbar macht. Wenn die Dimension der Liebe, an die man in jungen Jahren ja noch heftig glaubte, als man sich ineinander verliebte, und die man doch ein Stück weit erfahren zu haben meint, als unrealistisch erklärt wird, wo sie sich zu verlieren droht, sucht man bisweilen trotz allem nach haltbarem, nachhaltigem Kitt, um das einstürzende Kartenhaus zu retten:

Entweder wird gerade jetzt ein neues Lebensprojekt gestartet, ein Haus gebaut, ein Kind gezeugt oder geheiratet, um alles zu retten. Das kommt nicht gerade selten vor, und insbesondere in Paar- und Familientherapien offenbart sich, welche psychodynamische Funktion Kindern, Karrieren und Kapitalien innewohnt. Oder: Man versucht im Alleingang, sich selbst auf die Schliche zu kommen, indem man den Hintergründen der eigenen Fehlbarkeit und anderer persönlicher Neurotizismen nachspürt, um sich danach mit gestählten Strategien gegenüber den Verursachern des Gefühlselends neu wappnen zu können. Oder: Man sucht gemeinsam eine fachliche Beratung und Therapie auf, um sich in einer Art kommunikativem Schonraum auf einer anderen Ebene neu oder, in manchen Fällen, überhaupt erstmalig wirklich begegnen zu können.

Manchmal hilft das, und die zwei haben verstanden was das Allerbanalste an der Zweierbeziehung ist: Alles findet *im Medium der Interaktion* statt: die anfänglichen Schmetterlinge, die Zuneigung und ihr sukzessives Schwächerwerden, das Begehren und sein Verlust, der Streit und die Versöhnung, die Kränkung, die Wiederannäherung, ihr Scheitern, der Hass, die Entzweiung, vielleicht ein Neubeginn auf höherem Niveau.

Es ist nie nur der andere, der daran schuld ist, dass es einem schlecht oder gegebenenfalls gut geht, sondern es ist das Interaktionskonzert, das beide angestimmt haben, in dessen Verlauf sie am Ende vielleicht Missklänge hervorbrachten, die niemandem mehr guttun.

Wenn das ganze Auf und Ab zwischen zweien im Medium der Interaktion erfolgt, dann gilt das auch für die Liebe:

Liebe »findet statt im Medium der Interaktion«[1]: Es gibt nicht meine Liebe zu dir und deine Liebe zu mir. »[E]s gibt in Wahrheit nur unsere Liebe, von der meine und deine Gefühle jeweils nur Pole sind«, wie Hegel in einem Liebesbrief an seine Braut Marie von Tucher geschrieben haben soll (vgl. Der Spiegel 14/2007, S. 164ff.).

Alles, was zwischen beiden Partnern passiert, nämlich ihre Kommunikation und ihr Handeln, welches sich bei der Liebe auf den anderen in einer sehr verdichteten Weise bezieht, der Austausch ihrer basalen Haltungen zu sich selbst, dem anderen und der sie umgebenden sonstigen Umwelt, ihre Gefühlsbekundungen und ihr reales Tun, das alles ist Interaktion.

Interaktion heißt nichts weiter als: zwischenmenschliches Handeln. Liebe ist zwischenmenschliches Handeln.

Die Banalität, dass alles zwischen Menschen Interaktion ist, dürfte für die meisten gleichzeitig aber auch das Allerschwerste sein. Denn in der Regel findet Denken und Handeln, das sich auf andere bezieht, in einfachen kausalen Mustern statt: Ursache und Wirkung, Reiz und Reaktion. Hätte der eine Partner dies oder jenes nicht getan, wäre der andere nicht so sauer auf ihn. Oder so traurig. Oder so entsetzt. Wäre sein Partner ein anderer, wäre er glücklich.

In seine Gedanken einzubeziehen, dass sein Verhalten seinerseits eine Reaktion auf seinen Partner ist und dieser auf seine Reaktion reagiert, womit der abermals eine Reaktion hervorruft – das alles zu vergegenwärtigen fällt ungeheuer schwer. Viel leichter ist es, dem anderen vorzuwerfen, dass man sich seit ein paar Monaten doch nur deshalb zurückgezogen habe, weil sein ständiges Genörgel nicht mehr zu ertragen war. Der eine will, genauso wie der andere, nicht sehen, dass er Teil einer spiralförmigen Interaktion ist, in der sich die Reaktionen gegenseitig bedingen.

Ein Beispiel, das mittlerweile jeder und jedem bekannt ist: *Er sieht*

---

1 Diese Formulierung stammt aus einem Vortrag von Michael B. Buchholz (Göttingen) an der TU Berlin anlässlich der Abschiedsfeier für Eva Jaeggi. Sie bezog sich dort auf die psychoanalytische Therapie. Inwieweit Liebe und Therapie miteinander zu tun haben, wird im Buch erörtert.

sich voll im Recht, denn sein Rückzug von ihr wird durch ihr Nörgeln hervorgerufen; schließlich ist *sie* es, die ständig an ihm herummäkelt. *Sie* sieht sich aber ebenso voll im Recht: Weil *er* sich zunehmend von ihr zurückzieht, muss *sie* ihn ja schließlich darauf aufmerksam machen und ihre Unzufriedenheit mit ihm und mit der Beziehung äußern. Schließlich hat *sie* sich die Liebe mit einem Mann ganz anders vorgestellt. Aus dieser klassischen *Sie-nörgelt-er-zieht-sich-zurück-Spirale* kommt kaum jemand heraus, selbst oftmals auch und gerade die nicht, die sich der kommunikationspragmatischen Klassik des Ablaufs bewusst sind.

Die Negativspirale ist das althergebrachte Beispiel, das in seiner Form ein wenig an die Sketche von Loriot erinnert. Andere beziehungsalltägliche Spiralen, bei denen er nörgelt und sie sich zurückzieht, sind genauso denkbar: Er bedrängt sie, zum Beispiel, ständig in sexueller Hinsicht, ein ebensolcher »Klassiker« aus dem Beziehungsalltag. Sie verschließt sich dementsprechend. Sie verschließt sich, wortwörtlich und zunehmend. Er bedrängt sie und wird unzufriedener, weil sie sich immer mehr verschließt; sie verschließt sich noch mehr, immer mehr, weil er sie ständig und immer heftiger bedrängt.

Von innen ist für die Partner nicht zu sehen, wie sehr der Interaktionsverlauf durch beide bedingt ist; von außen ist es ganz leicht: Der Streit und die Unzufriedenheit beider findet, obwohl sich beide voneinander entfernen, gleichwohl im Medium der Interaktion statt. Sie bringen beide, in wunderbar stimmiger Weise, das hervor, was sie am anderen monieren und worunter sie leiden.

Weil hier kommunikationstechnologische Gesetzmäßigkeiten walten, also bestimmte Abläufe, die einander gleichen, kann von *Spielen* geredet werden, die von den Partnern gemeinsam durchexerziert werden. Spiele beinhalten Regeln, und die Hauptregel von Interaktionen ist, dass es immer beide sind, die am Spiel teilnehmen; nicht spielt der eine ein dummes Spielchen mit dem anderen, der sich genötigt sieht, das zu unterbinden, sondern auch und bereits der Versuch, den anderen als Spielchenspieler zu behandeln und ihn zu stoppen, ist Teil eines gemeinsamen Spiels, das in der Regel einen ganz anderen Sinn hat als den, den Spieler A gegenüber Spieler B und umgekehrt unterstellen.

Überhaupt sind alle solchen Interaktionsspiele, die für die Beteiligten einen heftigen Verlauf nehmen, auf Unterstellungen zurückzuführen, bei denen sie auf angenommene Motive beim jeweils anderen reagieren, worauf dieser, das ihm unterstellte Motiv aus der Reaktionsweise seines Gegenüber erahnend, mit Vehemenz darauf *zurück* antwortet und oftmals, zumindest aus der Sicht des Partners, dann bestätigt, dass er ja doch recht hatte mit seiner zugrunde liegenden Annahme. Dies führt dann zu den allseits bekannten Eskalationen, aus denen sich dann kaum noch jemand befreien kann.

Das klingt alles bereits seltsam kompliziert, aber dennoch ist es millionenfacher Alltag. Und es ist gewusstes Wissen. Mittlerweile kann man in jeder Volkshochschule lernen, dass dies allgemeine, ubiquitäre Oberflächenmuster menschlicher Kommunikation sind, die hier wirken, denen sich kaum einer entziehen kann. In der hochgradigen Bezogenheit der Liebesbeziehung gilt dies alles umso mehr. Solche Liebe scheint zuweilen ein besonderes seltsames Spiel zu sein.

Und doch ist sie so seltsam nicht, denn sie ist zu verstehen und zu erklären.

Die Lösung von Problemen solcherart findet genauso im Medium der Interaktion statt wie deren Entstehung. Nur durch Interaktion, durch eine qualitativ andere Interaktion freilich, eine die gesamte Beziehungsdynamik einschließt, kommt man von innen heraus aus der Misere.

Es ist es vielleicht keine schlechte, wenn auch zirkuläre Begriffsbestimmung, wenn man sagt: Liebe ist die aktive und andauernde Aufrechterhaltung und Intensivierung jener dynamischen Interaktionsschleife, die ihre eigene Lebensbedingung ist. Oder, um es einfacher zu fassen: Liebe ist, genauso wie Gesundheit »kein *Zustand*, sondern ein *Prozess*. Sie ist nur da vorhanden, ›wo sie ständig erzeugt wird‹« (Bastian 2007, S. 68; Hervorh. T. F. K.). Oder noch einfacher: Liebe ist Lieben.

Nur wer die Fähigkeit hat, aktiv zum anderen eine Brücke zu schlagen, seelischen Kontakt aufzunehmen, eine Response herzustellen, Gleichklang der Gefühle zu erschaffen, hat die Fähigkeit zu jener Interaktionsform, die sich zur Liebe entwickeln kann. Allerdings: Ohne den Anderen wäre eine Fähigkeit zur Liebe, die sich am Anderen erst bilden und mit ihm erst verwirklichen kann, überhaupt nicht denkbar. Der Gleichklang der Gefühle entsteht, wo zwei sich unterstellen, einen Gleichklang der Gefühle zu haben und daran ihre Reaktionen anknüpfen: Diese beiden selbst sind es, die sich ihre Liebeswirklichkeit schaffen: Liebe ist sozialer Konstruktivismus in Reinform.

Liebe, so dürfte es interaktionsdynamisch in der Tat sein, ist das Resultat von positiven Unterstellungen, Projektionen gar, die sich wechselseitig bedingen. Es gibt nämlich jene interaktive Unterstellungsspirale, die für beide ausnehmend gern zu einer Eskalation führen darf: Ich unterstelle, dass du mich magst und liebst, weil du mich ganz offenkundig auf eine Weise liebenswert findest, die dir guttut, und weil es dir darüber hinaus guttut, dieses Liebesgefühl in dir zu fühlen, und kraft dieser Unterstellung finde ich dich toll und liebe dich und unterstelle darüber hinaus, dass du dich von mir geliebt fühlst, weil du mir dasselbe oder Ähnliches unterstellst wie ich dir, nämlich dass ich dich mag und dich liebe, weil ich dich toll finde und weil es mir guttut, dieses Liebesgefühl dir gegenüber in mir zu fühlen.

Psychoanalytisch würde man hier von einem projektiv-reprojektiven Vorgang sprechen, einer Spiegelungshandlung, die sich an sich selbst entzündet.

Alles scheint sehr kompliziert. Doch Liebende vollziehen diese eskalative Spirale tagtäglich! In immer neuen Facetten!

Einfacher geht es auch gar nicht, wenn Liebe als Interaktion gefasst wird: Ihr Prinzip ist das der ineinander verwobenen Wechselseitigkeit von Unterstellungen und Unterstellungsunterstellungen mitsamt den daraus resultierenden ganz intensiven und realen Gefühlen, die sich in Handlungen und Interaktionen ausdrücken, die ihrerseits das Gefühlte für beide bestätigen und intensivieren.

Liebe muss sich verwirklichen, muss stattfinden zwischen den beiden, im Hier und Jetzt. Liebe ist Austausch, reales Geben und Empfangen in einem, nicht jahrelanges Sehnen, nicht der Traum, der nie Realität wird und auch nicht die höhere Idee von ihr. Liebe ist wechselseitige, gelebte Resonanz, Mitschwingen und Echo zugleich.

Liebe ist Interaktionskonzert, ist Symphonie. Der Zusammenklang ist der von Liebesbedürfnis und synchroner Bedürfnisbefriedigung auf beiden Seiten. Der Liebende ist immer zugleich auch ein Geliebter.

Liebe ohne Resonanz kann es nicht geben; jedenfalls nicht auf Dauer. Liebe bloß in Gedanken kann nicht überleben. Sie verwirklicht sich nun einmal in lebendigen Interaktionen und als lebendige Interaktion, und wenn in der Paartherapie oder daheim im Schlafzimmer die Partnerin klagt: »Aber ich liebe dich doch noch so sehr«, während sich der Partner abwendet und bissig schweigt, dann müssen beide erkennen lernen, dass ihr Gleichklang unterbrochen oder vielleicht schon seit geraumer Zeit beendet ist und dass, wenn sich ihre ehemals resonanzgesättigte Interaktion nicht wiederbeleben lässt, eine Trennung die bessere Alternative zum nervtötenden Zerren an den nicht mehr vorhandenen Gefühlen des anderen sein dürfte.

Kein Geben ohne Empfangen: Für den einen ist die tränenreiche Beteuerung bereits eine Zumutung und der Liebesschwur bewirkt sein Gegenteil: Distanz, Abwendung, Widerwille. Denn in ihm hat sich etwas vollzogen, was der andere, der noch zu lieben beteuert, nicht realisiert hat: Dass nämlich das gemeinsame Konzert längst nicht mehr klingt, ja, dass es überhaupt kein Zusammenspiel mehr ist.

Das Buch handelt von diesem Gesamtkonzert der Liebe. Vor allem will es zeigen, was man heute über die Liebe wissen sollte. Nicht will es die Alltagsprobleme in den Beziehungen wiedergeben und auch nicht will es ein weiteres Mal paartherapeutisches Wissen zur technischen Verbesserung von Zweierbeziehungen ausbreiten. Schon gar nicht will es sich an der Vereinfachungswelle beteiligen. Simplify-Strategien gibt es zur Genüge.

Das Buch will die Botschaft von der Möglichkeit der wirklichen gelebten Liebe in dieser Gesellschaft, in dieser Zeit verkünden, eine höchst differenzierte Botschaft allerdings, die gleichermaßen nachhaltig wie froh sein will und die deswegen auch nicht locker daherkommen kann. Es berichtet von den immensen Möglichkeiten und von den unsichtbaren Fallstricken, die in der Liebe verborgen sind, beziehungsweise: von denen, die offen zutage treten …

Die drei Hauptteile des vorliegenden Buches umfassen die Dimensionen:

➤ Erste Begegnung
➤ Sexualität
➤ Verliebtheit und Liebe

Im ersten Teil des Buches wird ausführlich beschrieben, was die *Unterwelt* der ersten entscheidenden Sekunden des Kennenlernens ausmacht. Sie wird von der Intuition getragen, jenem blitzschnellen Wahrnehmungsmechanismus, den auch die Naturwissenschaft mittlerweile ernst zu nehmen beginnt. Es beginnt mit einem Lächeln, und es setzt sich fort. Sei es der Humor oder die Stimme des künftigen Partners, seine Intelligenz, seine Art Gefühle zu zeigen, bestimmte Dinge ernst zu nehmen und andere locker, sein Aussehen oder die Tatsache, dass er einen so annimmt, wie er sich gibt: dies alles ist Kommunikation und Interaktion: Das absolut Besondere des ersten Augenblicks der Liebe ist ihre ganz bestimmte Qualität, mit der vorwegnehmend der weitere Verlauf der Begegnung der beiden angelegt ist. Die Frage ist, was genau die Folie ausmacht, auf der sich zwei Menschen als die füreinander *Richtigen* erfahren. Man kann hier von einer Passung des Unbewussten angesichts ihrer Persönlichkeitsstrukturen sprechen. Aber auch ihre Partnerwahlkriterien, die eher von außen zu kommen scheinen und sozialkulturelle Dimensionen beinhalten, spielen eine immense Rolle (vgl. Illouz 2007a, S. 233ff.). Ohne dass die Betreffenden davon irgendeine Kenntnis hätten, spielt sich hinter ihrem Rücken Psychosoziales ab und führt sie zusammen. Das mag aus der objektivierenden Beobachterperspektive zwar so sein; aus der subjektiven Teilnehmerperspektive stellt sich das für sie freilich noch einmal ganz anders dar.

Im zweiten Teil des Buches kommt das zentrale Reizthema der Jetztzeit zur Sprache: Sex. Verliebte begehren sich nicht nur seelisch. Sie kommunizieren auch höchst sinnlich. Viele machen später sogar ihre Sexualität und Leidenschaft zum Gradmesser ihrer Liebe. Sexualität aber ist heute so sehr vergesellschaftet, dass sie als spontanes Geschehen kaum mehr vorstellbar ist, obwohl alles doch als *ganz natürlich* ausgegeben wird. Wo zwei sich allein wähnen und miteinander ganz intim sind, ist hingegen immer auch die ganze Kultur und die ganze Gesellschaft mit im Bett. Das beginnt bei den kulturell zugelassenen und gesellschaftlich beschädigten Formen der Sexualität, und das endet bei den persönlichen Einstellungen und den individuellen somato-psychischen Fähigkeiten, sich der Sinnlichkeit hinzugeben, die als Sozialisationsprodukt so rein persönlich und individuell nicht sind. Ein wichtiger Aspekte ist hier das Verhältnis zum eigenen Körper und die grundlegende Haltung zur Triebhaftigkeit und zum Eros, die sich für jeden Einzelnen in der gegenwärtigen Kultur der »Sexuellen Befreiung«, beziehungsweise der erneuten Sexualunterdrückung höchstpersönlich herausgebildet hat. Die zentrale Frage vieler Teilnehmer der lustbetonten Spaßgesellschaft, nämlich wie weit heute Sex und Liebe voneinander entfernt sind und was sie vielleicht doch noch miteinander zu tun haben, ist nicht nur aus der Perspektive der Liebe, sondern auch aus der Perspektive der Sexualität zu beantworten. Sofern die ihr innewohnende hedonistische Ethik ernst genommen wird, kann sich aus der Perspektive der Lust erschließen, welchen Stellenwert die Liebe für die Sinnlichkeit hat.

Im dritten Teil geht es um die Liebe selbst und ihren Blickwinkel, aus dem sich erschließt, welchen Stellenwert wiederum Sexualität für ihr Gedeihen hat. Verliebte, jedenfalls verliebte Erwachsene, die miteinander ihre Sinnlichkeit entdecken und heftig feiern, beginnen ab einem bestimmten Zeitpunkt einander zu lieben. Was genau ist das, was sie da realisieren? Was ist Verliebtheit? Was ist Liebe? In ihrer aufkeimenden tiefen Zuneigung ist das untergründige Wissen um die wirkliche Liebe enthalten, der sie entgegenstreben, indem sie ihre Kommunikation und Bezogenheit auf eine bestimmte intime Weise intensivieren. Und es ist auch das untergründige Wissen enthalten, was Liebe nicht ist: wenn sie zu groß oder zu technisch daherkommt oder wenn sie die Beteiligten mit höheren Wahrheiten erdrückt oder mit allzu flachen beleidigt. Liebende generieren ihre individuelle, idiosynkratische Liebe und doch zeichnen sie in ihrem Handeln Gesetzmäßigkeiten und Grundsätze nach, die aller Liebe immanent sind. Zwischen ihnen regulieren sich fundamentale Einstellungen über gewisse *Essentials*, ohne die, ganz allgemein, Liebe nicht wäre. Sie regulieren, was für sie Nähe und Distanz heißt, was Einssein und Individualität bedeutet, inwieweit der Alltag der Zweierbeziehung sich mit der Liebe amalgamieren darf, was für ihre Liebe die männliche und die weibliche Seite ausmacht; sehr zentral stellen und beantworten sie die Frage nach Treue und Untreue, und sehr vehement begegnen sie einem modernen Mythos, der besagt, dass Leidenschaft und Dauer einander ausschließen.

Um die untergründigen Gesetzmäßigkeiten der Liebe geht es in diesem Buch. Diese Unterwelt der Liebe kann allerdings nicht ohne den Blick der Theorie aufgefächert werden. Die erscheinende Wirklichkeit sagt nicht, was sich hinter der Kommunikation, der Begegnung, was hinter der Begierde und der Sexualität, was sich hinter den Annahmen von der *großen*, der *wahren* und der verwirklichten *wirklichen Liebe* versteckt. Deshalb die Anstrengung, das Wissen über die hintergründigen Mechanismen der Liebe mit den Begriffen zu rekonstruieren, die in den allgemeinen Liebesdiskurs eingegangen sind.

In den allgemeinen Diskurs, der das Liebeshandeln prägt, ist aber nicht etwa die staubtrockene Wissenschaft eingegangen. Eher ist es das Halb- und Dreiviertelwissen, welches den Liebesdiskurs bildet: Was man gehört hat, was allerorten geschrieben steht, was sich in den Köpfen bewegt, was diskutiert wird. Unser gefiltertes Wissen, das heißt: Unsere individuellen und kollektiven Überzeugungen prägen unsere intuitive Haltungen, und unser Handeln spiegelt es wider. Davon soll die Rede sein.

Das, was wir hier mit etwas Anstrengung ausgraben können, ist verantwortlich für die Leichtigkeit des sich aus seinen Möglichkeiten erschließenden Seins der Liebe.

Es beginnt mit einem Lächeln, und es geht um das gemeinsame Glück ...

Teil 1
Der erste Augenblick der Liebe:
Wenn zwei sich finden

Bios

»Zwei Jäger treffen sich.« So geht der angeblich kürzeste Witz der Welt. Damit ist die Geschichte auch schon wieder zu Ende.

Ganz anders bei der Liebe. Die ist bekanntlich kein Witz, und beim ersten Aufeinandertreffen beginnt die Geschichte gerade erst.

Also: Zwei Menschen treffen aufeinander. Ein Mann und eine Frau. Sie sehen sich, erblicken sich. Schauen sie einander auch an? Wenn ja, wie lange? Was *erkennen* sie?

Freund oder Feind? Kampf oder Flucht? Anbändeln oder Rückzug? Ein Blick, der ausweicht? Oder nicht? Erkennt sie ihn? Erkennt er sein Weib?

Schon mit dem ersten Augenschein findet eine Verständigung mit allen Sinnen und auf allen Ebenen statt. Blitzschnell, binnen einer achtel Sekunde, herrscht Klarheit über die zentrale Frage: Spaß oder Stress, Freundschaft oder Gleichgültigkeit, Zuneigung oder Abneigung. Das mit der achtel Sekunde hat die exakte Wissenschaft herausgefunden.

Intuition wird dieses Vermögen genannt, das alle Menschen haben, wenn sie sich ihrer Wahrnehmung richtig zu bedienen wissen. Dass diese menschlich-allzumenschliche Intuition vor allem einen psychologischen Hintergrund (Faas 2000) hat, ist klar: Unbewusstes, Emotionales, Subjektives gründet in unserer höchstpersönlichen Ausstattung und dem, was uns unsere Beziehungsumwelt mit auf den Weg gegeben hat. Genauso aber gründet sie in der Art und Weise, wie es uns gelungen ist, entscheidende Erlebnisse im Leben zu verarbeiten. Eine optimale Erlebnisverarbeitung aber bringen uns die Eltern nicht immer bei, zumal sie selbst oft das problematisch Erlebte sind, das es lebensgeschichtlich zu verarbeiten gilt.

Ob die blitzschnelle, intuitive Einschätzung des Gegenübers aufgrund unseres insgeheim wirkenden Bauchwissens wirklich treffsicher ist, entscheidet zwar oftmals erst die fernere Zukunft, aus deren Perspektive dann die richtige Entscheidung in der Rückschau sich als die richtige erweist und in der Regel auch manchmal bloß verbrämt ist. Dennoch gibt es eine gute Anzahl von Menschen, die von Anfang an treffsicher und intuitiv *das* Richtige und dann eben auch *den* Richtigen erkennen, *den Richtigen* für die große Liebe[2].

Wir neigen in der Regel zu sehr fundamentalen und essenziellen Erklärungsmustern, wenn wir uns bei der Liebe begreiflich machen wollen, was da in unserem Wesensgrund wohl passiert, wenn derart Entscheidendes sich anbahnt.

Freund/Feind und Kampf/Flucht verweisen kategorial auf Biologisches, und das Bemühen der Naturwissenschaften eher denn der Psychologie, um irgendwelche Urprogramme[3] und quasi-animalische Instinkte in uns zu entdecken, bedeutet, dass wir hier gern auf Ewiges, Unveränderliches, absolut Sicheres zurückgreifen. Biologische, also in der Evolution und in den Genen festgelegte Verhaltensprogramme verändern sich in Intervallen allenfalls von ein paar hunderttausend Jahren. Da kann nichts schief gehen, wenn das so tief in uns sitzt. Das war schon immer so und wird immer so sein.

---

2 Tatsächlich wird dies durch hirnphysiologische Untersuchungen bestätigt: Die Zeitschrift *Gehirn & Geist* berichtet 2004, dass der Eindruck, den wir von einem Menschen binnen Millisekunden erhalten, der entscheidende bleibt. »Ob diese Reaktion für den zu bewertenden Menschen positiv oder negativ ausfalle, darüber entscheide insbesondere der erste wahrgenommene Gesichtsausdruck des anderen. Forscherteams belegen mit Hilfe neuer Techniken der ›Social Neuroscience‹, dass spätere rationale Bewertungen die einmal getroffene Entscheidung kaum mehr revidieren« (vgl. Der Spiegel 10/2004, S. 60). Und je wissenschaftlicher man der Sache nachgeht, desto exakter werden die Zeitangaben: »Menschen sind in der Lage, bereits in der sehr kurzen Zeitspanne von hundert Millisekunden zu stabilen Persönlichkeitseinschätzungen ihres Gegenübers zu gelangen« (Grammer/Jütte/Fischmann 1998, S. 27).

3 Das Urprogramm des PC heißt deshalb *Bios*, weil es dem Rechner das *Leben* einhaucht, ohne das es nach dem ersten Knopfdruck nicht losginge.

Kampf/Flucht hat im Tierreich zu tun mit dem unvergänglichen Fressen und Gefressenwerden. Gut, der andere scheint keine Gefahr zu sein; ich nehme in mir keine Fluchttendenzen wahr. Also kein Feind! Kein Gefressenwerden. Aber was jetzt? Anbändeln? Denn ums konkrete Gefressenwerden geht es bei allem Rückgriff aufs biologische Urprogramm der Liebe dann doch wohl nicht, wenn ich im Bruchteil von Sekunden mehr oder minder instinktiv spüre, dass mein Gegenüber keine Gefahr darstellt, sondern offenbar etwas Gegenteiliges. Der Ehrlichkeit halber muss die biologische Erklärung für die blitzschnelle richtige Einschätzung des anderen Menschen als potenziellen Liebespartner die Frage thematisieren: »Sex oder nicht Sex?«, nicht die Frage: »Fressen oder Gefressenwerden?« Allenthalben würde dies an den äußersten Rändern des menschlichen Liebesgeschehens den kannibalisch Getriebenen interessieren, der sich zuvor im Internet noch nicht präzise genug geoutet hat hinsichtlich der Frage, ob er denn den aktiven oder den passiven Part abgeben wolle.

Also, nicht Gefressenwerden, sondern: Könnte ich mit dem anderen Sex haben wollen? Regt sich meine Begierde, regt sich mein Trieb: Das ist doch wohl der primäre biologische Urgrund für spätere Liebe! Jedenfalls sofern wir als Erklärungshintergrund die Natur und die ewigen Urprogramme bemühen.

Wenn Ernest Bornemann, der Sexualforscher, einmal gesagt hat, Liebe käme stets nach dem Geschlechtsverkehr und nie vor ihm (1969, S. 21), dann mag die Aussage zwar manch zartes Wesen erschrecken oder abstoßen, das sich das Ganze doch gerade anders herum erklärte und Sexualität erst zulassen wollte, nachdem die Liebe entflammt war; aber der Rückgriff auf so etwas Fundamentales wie die Biologie lässt wohl kaum eine andere Deutung als die des Primats der Fortpflanzungsnotwendigkeit zu. Der biologische Urgrund für die Liebe ist die an der Vermehrungsfrage gebundene wechselseitige Attraktion der Geschlechter. Philosophisch hat das Schopenhauer auf einen glasklaren Nenner gebracht, als er erklärte, dass die Liebe nichts als eine Illusion zum Zwecke der Fortpflanzung sei. Oder, um mit William Somerset Maugham zu sprechen: »Liebe ist nur ein schmutziger Trick der Natur, um das Fortbestehen der Menschheit zu garantieren.« Unter den Desillusionierten von heute schockt das freilich niemanden mehr.

Wem das zu derb ist, der muss ja nicht unbedingt, um sich so etwas Schönes wie das Entstehen der Liebe zu erklären, auf biologische Erklärungsmuster zurückgreifen. Es gibt auch eine Menge anderer Möglichkeiten, um begreifbar zu machen, was da geschieht. Freilich wird alles viel hypothetischer, viel *weicher*, wenn man zum Beispiel annimmt, wie sehr mutmaßlich die eigene Herkunftsfamilie mit dieser entstehenden Liebe zu tun hat, die Art, wie Vater und Mutter sich begegneten oder sich aus dem Weg gingen, die Kälte oder die Wärme zu Hause, die Geschwisterkonstellation, die mir einen privilegierten oder subalternen Platz zuwies, der soziale und kulturelle Hintergrund (Illouz 2007a), die Großstadt, die Kleinstadt, das Dorf. Psychologie und Soziologie erklären die Bedingtheit, in der die Liebe eingebettet ist und verwässern das Ideal, das Liebe als ein gewaltiges Naturereignis haben will, gegen das *der Mensch* nichts ausrichten kann.

Also doch lieber Natur. Fundamentale Liebe braucht fundamentales Erklärungsmuster: »Wenn man das Wort Natur sagt, wirft man einen Anker im Meer der Komplexität« (Bolz 2003, S. 220).

Vielleicht hat die neue Hinwendung zur Biologie als Sinndeutungsinstrument für Liebesdinge einfach nur damit zu tun, dass heute das Zusammenleben der Geschlechter in zweisamen Beziehungen so eminent schwierig geworden ist, sodass sie dort, im Bios, offenbar die absolut gültigen ewigen Regeln und Wahrheiten am ehesten finden zu können meinen. Vielleicht ist der Rekurs auf das naturwissenschaftliche Erklärungsmodell aber auch nur ein letzter verzweifelter Versuch, im authentischen Bios jene romantische *Natur* zu retten, die als Hintergrundfolie (Illouz 2007a, S. 170ff.) Liebe verheißender Topoi durch den realen Massentourismus längst entwertet und real zugemüllt ist. Freilich hat die moderne Biologie, so sehr man ihr auch heute das wahre Wesen der Liebe zu entlocken versucht, mit Romantizismen herzlich wenig am Hut.

Interessant an der biologischen Sicht der psycho-sozialen Dinge ist, dass sie bislang vor allem von denen bevorzugt wurde, die ihre glasklaren Interessen und ihr kampferprobtes Weltbild vom universellen

Fressen und Gefressenwerden für immer verewigen wollten. Und das sind nicht etwa die verwirrten Kannibalen des Internets, sondern die, die das ökonomische Raubtiersystem anbeten als sei es gottgewollter Naturzustand. Wer von der Natur des Menschen redet, die alldem angeblich zugrunde liegt, ist von der Annahme des Rassenunterschieds nicht weit entfernt, das von demselben Erklärungssystem stammt, und am Ende rechtfertigt sich die Herrschaft des einen über den anderen aus dem biologischen Hintergrund. Ein maßgeblicher Philosoph hat schon in den 40ern des letzten Jahrhunderts darauf hingewiesen, dass das Tausendjährige Reich sich gern der naturalistischen Erklärungsweisen bediente (Marcuse 1965 [1934ff.]), weil es damit mentale Ewigkeitsbilder erschleichen zu können wähnte. Dass man sich seinerzeit überhaupt biologischer Deutungsmuster bediente, liegt aber nicht allein an den Macht- und Herrschaftsinteressen der Nazis, sondern an den biologischen Welterklärungen selbst, die dem inhaltlich entgegenkommen. Manfred Kappeler arbeitet in seinem Werk *Der schreckliche Traum vom vollkommenen Menschen* heraus, dass insbesondere der sich an Darwin anschließende Sozialdarwinismus bei Darwin selbst und seinen Zeitgenossen schon angelegt ist, indem dort kulturelle Unterschiede biologisiert und mit dem Zuchtwahlgedanken die Höherentwicklung auch der Menschen in eine bestimmte Richtung gedacht ist, die beredt von »der Blindheit des selbstgefälligen weißen Mannes [Zeugnis ablegt], der in seinem Berufsethos als Naturwissenschaftler von sich selbst glaubt, die Spitze des Fortschritts zu repräsentieren« (Kappeler 2000, S. 80). Manfred Kappeler betont hier, dass keinesfalls die große wissenschaftliche Leistung und Bedeutung der Evolutionstheorie geschmälert werden soll, nämlich die »Erklärung der Naturgeschichte«. Es gibt aber einen inneren Zusammenhang von Evolutionstheorie und Eugenik darin, dass mit der »Anwendung des ›biogenetischen Grundsatzes‹ auf den Homo sapiens« sogenannte entwickelte und unterentwickelte Rassen und Völker rein wissenschaftlich wertfrei hinterrücks einem Werturteil unterzogen und nach Art der schwarzen Pädagogik zum Gegenstand eines heimlichen Lehrplanes wurden. »Die Verknüpfung von Evolution, Fortschritt und Rasse, die von Darwin, Huxley, Haeckel und fast allen anderen Naturforschern der Zeit vorgenommen wurden, bereitete den Weg der

Evolutionstheorie in den Rassismus und Sozialdarwinismus mit einer gewissen Zwangsläufigkeit vor« (ebd., S. 76; vgl. insgesamt S. 67ff.).

Aus derselben zwangsläufigen Logik schöpfen die meisten naturwissenschaftlich verbrämten Mythen von der ewigen Überlegenheit des einen über den anderen ihre krude Erklärungskraft: Weil es genetisch oder eben biologisch so festgelegt ist, ist es unhinterfragbar und immer schon so.

Die Herrschaft des Mannes über die Frau, die auch heute noch von den Herren und manchen Damen, die sich ihnen unterworfen haben, biologisch gerechtfertigt wird, entstammt derselben Gedankenwelt wie manchmal auch die Annahme mancher Geschlechterkampfkämpferinnen und -kämpfer von der ewigen, das heißt auch der ewig beklagenswerten, Natur des gegengeschlechtlichen Kontrahenten, den man verbissen anfeindet, ohne zu realisieren, dass *die Natur* sich doch eben nicht moralisch oder politisch befehden lässt und unbeeindruckt bleibt, was sie ist: wertfrei, invariant und ewig. Aber genauso ewig, wie der Geschlechterkampf aus dem Blickwinkel der GeschlechterkämpferInnen, ist, biologisch gesehen, die Liebe zwischen Mann und Frau aus dem Blickwinkel der Evolutionspsychologie, jedenfalls die Liebe des Mannes zu den vielen Frauen.

The Game of Love beginnt mit der Strophe: »The purpose of a man is to love a woman.« Besser hätte der Songtext von Wayne Fontana and the Mindbenders aus den 60ern heißen müssen: »To love *the women*.«

Denn wenn es schon biologisch zugehen soll, dann ist auch das ständige sogenannte Fremdgehen des Mannes als solchem nicht zu ändern. Denn es sind die zehntausende Jahre alten Gene, die das so wollen, sie müssen sich mithilfe möglichst vieler attraktiver junger Weibchen verbreiten, sie sind stärker als das vergebliche Gezeter der Zurückgebliebenen.

Also Vorsicht mit dem biologischen Erklären. Da wird's gnadenlos. Niemand kann etwas ändern.

Für zwei, die gerade im Begriff sind sich zu verlieben, dürfte die Wahl des Erklärungsmodells, das ihnen den Chemismus ihrer hauchzarten Liebe plausibel macht, auf den ersten Blick völlig unerheblich sein. Wer denkt schon im glückseligen Moment darüber nach, wodurch es unter

Umständen bedingt sein mag, was gerade geschieht. Natürlich niemand, möchte man meinen.

Dennoch ist es von außerordentlicher Bedeutung, mit welchen, ihm vielleicht gar nicht bewussten, tief verinnerlichten Grundannahmen über das andere und sein eigenes Geschlecht, über das Zusammenleben von Mann und Frau, über Bindung, über Kommunikation, Nähe und Distanz, über seine und des anderen Bedürfnisse und die Wege, sie einzulösen, jemand an jemanden herantritt, um das vermeintlich ewige Spiel der Liebe zu beginnen. Ein Spiel, das so absonderlich nicht ist.

Denn: Liebe ist kein seltsames Spiel!

Intuition: Der erste Eindruck

Der erste Eindruck von einem Menschen entscheidet in Sekundenschnelle über Sympathie oder Antipathie, ja sogar über das Entstehen der großen Liebe, weil in ihm sich die fundamentalen Erfahrungen verdichtet haben, mit denen wir mehr oder weniger naiv oder weise durchs Leben stolpern. Mit traumwandlerischer Sicherheit werden bei jeder noch so zufälligen Begegnung spontane Sinneseindrücke mit schlummernden Erinnerungen und Sehnsüchten verknüpft und rufen Wohlgefallen oder Befremden hervor. Und um spontanes, plötzliches, heftiges Wohlgefallen geht es in den ersten Sekunden der Liebe.

Auch die exakte Wissenschaft hat festgestellt, dass der erste, alles entscheidende Augenblick blitzschnell stattfindet: So soll es in der Tat lediglich Millisekunden dauern, bis der sogenannte Mandelkern im Gehirn auf Wahrnehmungen reagiert und eine positive oder negative Entscheidung signalisiert. So jedenfalls haben es hirnphysiologische Untersuchungen ergeben. Es gibt einen neuronalen Prozess der Entscheidungsfindung, der sich als eine Verknüpfung von Gefühl und Verstand in einer bestimmten Hirnregion blitzschnell abspielt. Diese Hirnregion heißt *ventromedialer präfrontaler Cortex* (Traufetter 2006, S. 161). Demjenigen, der aus der Mikroperspektive dieser Vorgänge sehr viel später irgendetwas entscheidet, beziehungsweise zu entscheiden meint, bleibt das unbewusst. Der Heidelberger Intuitionsforscher Henning Plessner sagt: »Die Intuition arbeitet messerscharf, der Verstand ist schwach« (ebd., S. 162).

Belegt ist für die *Social Neuroscience* ebenfalls, dass jene späteren vernunftgesteuerten Einschätzungen den im ersten Augenblick gefällten Schiedsspruch kaum noch umändern. Der permanenten Bewertung, die wir nach dem Muster gut/schlecht, okay/nicht-okay, genehm/unangenehm vornehmen, liegen zwar höchst unbewusste Kriterien zugrunde, dennoch enthalten diese, so die Forschung, unser jeweiliges Gesamtwissen über die Welt. Die Meinung über eine Person, so der naturwissenschaftliche Beitrag zur Vorurteilsforschung, steht schnell fest und wird so gut wie nicht mehr revidiert. Insbesondere offenbar die positive Meinung. Gut so, denn sie ist es, die gegebenenfalls zur Liebe führt.

Uns selbst erscheint dieser im Gehirn ablaufende rasante emotionale Entscheidungsprozeß gelegentlich als Ahnung oder als Eingebung. Wir reden dann von Intuition.

Intuition ist also, worauf Angelika Faas an zentraler Stelle hingewiesen hat, nichts Mystisches und gehört schon gar nicht ins Reich der Esoterik, die das Ruder für alles und jedes gern an geheimnisvolle Mächte abgibt.

Im naturwissenschaftlichen Verständnis der Dinge ist unter *Intuition* jener im Gehirn angelegte Mechanismus zu verstehen, der in höchster Geschwindigkeit richtige Entscheidungen ohne Zuhilfenahme des Denkens und der Vernunft zu treffen erlaubt. Alle Menschen haben diese Fähigkeit, zumindest latent und der Möglichkeit nach, und wer seine Intuition zu nutzen weiß, steht daher auch nicht mit dem Übernatürlichen in Verbindung. Jene hirnphysiologisch fundierte Fähigkeit zur *Bauchentscheidung*, wie wir sie nennen würden, ist sozusagen als die Hardwarebedingung der Intuition zu sehen.

Über diese Hardwarebedingung, dem Gehirn mitsamt seiner potenziellen Fähigkeit, verfügt, möglicherweise abgestuft, eine jede und ein jeder. Nicht aber ein jeder *User* hat die Möglichkeit, seine potenziell einsetzbare Super-Hardware auch richtig zu pflegen und sie mit entsprechender Software, den Benutzerprogrammen, optimal zu verwenden. Nicht jeder hat das subjektive Vermögen, sich des Mechanismus zu bedienen, der da in ihm als physiologische Möglichkeit schlummern mag.

Deshalb ist Intuition ein genuin psychologisches Thema. Allein subjektiv offenbart sich, in welchem Ausmaß wir, wenn wir es denn kraft unseres uneingeschränkten Sensoriums vermögen, mit tiefer liegenden emotionalen und unbewussten Eindrücken in der Lage sind, tatsächlich lebensgeschichtlich relevante Entscheidungen zu treffen. Wer sich sein Sensorium nicht hat verkümmern lassen durch die allgegenwärtigen Abstumpfungs- und Verblödungsmechanismen, ist sehr viel eher fähig, seine inneren Stimme zum Schwingen zu bringen. Das heißt, auf der anderen Seite: Manche hören diese innere Stimme nicht, weil sie kein Gehör dafür haben, und manche hören sie nicht, weil sie so gut wie gar nicht erklingt. Die aber, die sich nicht haben erfassen lassen von der Dumpfheit, die möglicherweise vom Elternhaus über die Schule, über die Massenmedien, das Internet (vgl. Illouz 2007b, S. 156ff.), die Parteienpolitik, die zeitgenössischen *Narrative* und postmodernen Diskurse und all die anderen verheerenden mentalen Bedingungen, welche ständig auf sie einstürmen – die Resistenten, die ihre Lebensfreude nicht aus den vorgefertigten Fast-Food- und aufgedonnerten Edelprodukten der Sinnsuche schöpfen – wissen um die Richtigkeit ihrer inneren Botschaften.

Als der Arzt Sigmund Freud in der vorletzten Jahrhundertwende die Psychoanalyse ins Leben rief, ging er davon aus, dass eines fernen Tages psychische Phänomene auf rein naturwissenschaftlich erklärbare, zum Beispiel biochemische Vorgänge (vgl. Lepenies/Nolte 1971, S. 47) zurückzuführen sein werden. Teilweise ist das eingetreten mit noch nicht absehbaren Folgen. Hat man nämlich erst einmal entdeckt, mit welchen Botenstoffen, sogenannten Neurotransmittern, die relevanten Gemütszustände einhergehen und wie ihre chemische Zusammensetzung aussieht, ist der Schritt zur Intervention mit Spritze und Pille bekanntermaßen nicht weit. Die Selbstaufklärung des Menschen über seine Handlungsmotive und Sinnzusammenhänge nimmt dann Abschied von der kommunikativen Reflexion und reduziert sich auf medizinisch-technologische Korrekturen anhand vorgegebener Normierungen. Wie so etwas aussieht, erfährt man im Bereich der medizinisch dominierten Psychiatrie, wo versucht wird, seelisches Leiden in lokalisierten Hirnarealen zu beeinflussen und, außer mit den längst vertrauten pharmakologischen Ingredienzien, mit elektronischen Hirnschrittmachern zu lenken oder eben am Ende operativ zu entfernen. Wir erinnern uns: *Einer flog übers Kuckucksnest.*

Das medizinisch-naturwissenschaftliche Verständnis der Psyche erstreckt sich auf rein organische Zusammenhänge, und so wundert es nicht, wenn man jetzt, wie Psychiater der Harvard Medical School auch Persönlichkeitsmerkmale, zum Beispiel Schüchternheit, ursächlich in relativ festgelegten Hirnprozessen und nicht in sozialen Erfahrungen begründet sieht. Werden Wesensmerkmale auf organische, letztlich genetisch bedingte Ursachen zurückgeführt, ist der wissenschaftliche Weg nicht weit zur Gretchenfrage nach dem Ich des Menschen. Wo steckt es eigentlich? Im Hirn jedenfalls wurde es nicht gefunden, so stellte es – voller Ironie – der renommierte Wissenschaftler Wolf Singer fest. Aus welchen Elementen setzt es sich zusammen? Gibt es das Ich des Menschen überhaupt? Und wenn ja, verfügt das Ich über die Freiheit des Willens oder ist auch die Subjekthaftigkeit des Menschen der Kausalität von Naturgesetzen unterworfen?

Wichtig an dieser Frage, die von allerlei Wissenschaftszweigen mit erwartbar unterschiedlichen Ergebnissen längst beforscht wird, ist nicht so sehr die Richtigkeit und Endgültigkeit der jeweiligen Antwort, wichtig sind vielmehr die handlungsweisenden Folgen der Antwort für jene, die sich der jeweiligen Erkenntnis verschrieben haben. Nicht-psychologische Erkenntnisse und Erklärungen über menschliche Subjektivität haben auch nicht-psychologische Handlungsfolgen im Schlepptau. Sind es beispielsweise organische Ursachen, die zu seelischen Äußerungsformen führen, dann muss auch dort, am Ursprungsort, angesetzt und interveniert werden. Gemäß der allgemeinen therapeutischen Erkenntnis, *similia similibus curantur* – Ähnliches wird mit Ähnlichem geheilt –, wird die Depression dann mit hellem Licht oder vermehrtem Konsum von Fisch bekämpft, wie man unlängst lesen konnte, das Magengeschwür antibakteriell und die Schizophrenie mit Elektroströmen oder vielleicht eines Tages sogar genetisch. Das Unbehagen, das sich an solch technologischer Therapeutik meldet, signalisiert das generelle Misstrauen gegenüber der alles entzaubernden Wissenschaft, die seit ehedem immer auf die Naturbeherrschung und deren Instrumentalisierung aus war. Das elterlich-gesellschaftliche

Gebot, man möge sich nun endlich mal beherrschen und seine Emotionen in den Griff kriegen, ist hier bestens zu Hause.

Bis wir dahin gekommen sind, dass alle emotionalen und zwischenmenschlichen Vorgänge und am Ende sogar die menschliche Willensfreiheit biochemisch, physiologisch oder genetisch abgeleitet und in den wissenschaftlichen Griff[4] genommen werden, ergeben sich vielleicht aber in den verschiedenen Wissenschaften durch die möglich gewordene Begegnung von Geist und Natur am selben Untersuchungsgegenstand, dem Menschen, auch alternative, gewissermaßen synoptische Erkenntnisdimensionen, die mithilfe gegenseitiger Übersetzungssprachen alles ineinander vermitteln und doch noch das entstehen lassen, was man einmal ganz romantisch mit Ganzheitlichkeit meinte. Ganzheitlichkeit heißt ja, dass Geist und Körper und Umwelt systemisch aufeinander bezogen gedacht werden.

Dass Emotionen körperlichen Ursprungs sind und nicht etwa den Menschen als seelische Sphärenmusik anwehen oder gar Botschaften aus mystischen Räumen darstellen, ist auch für Hardcore-Psychologen kein Skandal, sondern gehört zu ihrem Wissensbestand. Psychologie und Physiologie und Neurologie sind zusammenzudenken. Skandalös ist der reduktionistische Umgang mit seelischen Phänomenen, der sie einzig und allein auf biologische Faktoren zurückführt. Skandalös ist der Alleinvertretungsanspruch auf die wissenschaftliche Wahrheit. Skandalös ist die Anmaßung des Interpretationsmonopols durch *eine* Wissenschaft, die sich zur einzigen aufspreizt. Im *Common Sense* und in ihrem Selbstbild scheint die Naturwissenschaft und in ihr die Biologie heute diese Vormachtsstellung zu haben.

Das wirft die Frage auf: Wie sehr ist der Mensch Naturwesen: Bios. Und die Gegenfrage: Wie sehr ist er Kulturwesen: Logos. Die Antwort dürfte für die Natur- und Geisteswissenschaften folgerichtig verschieden ausfallen, das ist nichts Neues, und von außen sieht das Ganze aus wie der Streit um des Kaisers Bart.

---

4 Rein wissenschaftlich ist zumindest eines erkennbar: »Der Glaube ans [genetisch] Determinierte macht frei, untergräbt die Moral, verleitet zur Unwahrhaftigkeit – das fanden jetzt Psychologen und Marketingexperten der nordamerikanischen Universitäten in Minnesota und British-Columbia heraus« (Der Spiegel 13/2008, S. 57).

Von innen allerdings, für sein Verhalten, seine Entscheidungen, seine Ziele und seine Strategien, sie zu erreichen, ist für den Einzelnen die Beantwortung der Frage nach seinem Wesen insofern relevant, als sein höchstpersönlicher Glauben an dieses oder jenes Menschenbild mit entscheidet, ob er sich zur Welt vorwiegend in einem kommunikativen oder in einem instrumentellen Modus verhält, wobei diese Welt bereits ein Produkt seiner wie auch immer gefärbten Interpretationsleistungen ist. Sehe ich den anderen vorwiegend als Objekt meiner biologisch gesteuerten Triebe, dessen Hormonproduktion oder dessen Duldungsprogrammatik ich nur geschickt stimulieren muss, um meinem Fortpflanzungsdrang besser nachkommen zu können, oder sehe ich den anderen vorwiegend als einen, den ich Lust habe zu verführen, weil mich eine ungeheure Sehnsucht nach Nähe und Wärme und Verschmelzung befällt, wenn ich ihm nur in die Augen sehe. Es geht um denselben Vorgang: Es begegnen sich zwei, die sich aus Gründen blitzschnell attraktiv finden und sogleich Herzklopfen und was da sonst noch folgt bekommen werden.

Die Intuition sagt ihnen im Bruchteil von Sekunden, noch bevor sie ihr Herzklopfen realisieren und vor allem: noch bevor sie auch nur einen klaren Gedanken fassen könnten, dass ihr Gegenüber nicht nur kein Feind ist, sondern dass dieser Mensch da einen absolut positiven ersten Eindruck macht.

Da diese blitzschnelle Intuition kein Gedankenprodukt sein kann, ist sie ganz offenbar körperlich begründet. Unser Körper weiß etwas, was wir noch nicht wissen. Das archaische Programm, das da sozusagen vorpsychologisch und ohne unser Bewusstsein und ohne unseren Willen abläuft, ist das, was uns mit einem irgend gearteten Naturzustand noch verknüpft wissen lässt. Das Herz, das zu rasen beginnt, die Nackenhaare, die sich aufstellen, das Erröten, der leichte Schweißausbruch, die Gänsehaut sind Körpersignale, die Freude, Angst, Wut, Ekel diesseits der bewussten Beeinflussung durch unseren Willen anzeigen. Auf Fundamentales wie Gefahr und auch ihr Gegenteil reagieren wir urplötzlich. Urplötzlich wird mir heiß, und ich könnte, wenn ich mir meiner Körpersignale bewusst wäre und sie zu entschlüsseln wüsste, jetzt schon wissen, dass ich Lust bekomme auf diesen anderen Menschen, Lust, mit ihm glücklich zu werden.

Wir lokalisieren diese Intuition nicht ohne Grund mit einer treff-
lichen sprachlichen Wendung in unserem Körpermittelpunkt, wenn
wir sagen, dass die Entscheidung aus dem Bauche kommt. Nicht ich
entscheide, nicht mein Wille, nicht mein Bewusstsein, nicht meine
Realitätsprüfung, nicht meine Urteilskraft entscheiden – nicht Ich
entscheide, sondern *mein Bauch* entscheidet für mich, meine körperlich sedimentierten Vorerfahrungen von Glück und Gefahr, von
Ereignissen, die mir existenziellen Nutzen bringen und solchen, die
mir schaden werden: Es ist das basale Lust-Unlust-Prinzip, das hier
zuschlägt.

Vielleicht muss man nicht gleich die sprachliche Sonderung von
Emotion und Gefühl betreiben, wie es manche tun, denn es hat sich
nun einmal so im allgemeinen Sprachspiel niedergeschlagen, dass
beides synonym gilt. Aber wir sollten uns bewusst sein, dass wir
von dreierlei Sinnesempfindungen durchflutet werden können: den
Körperempfindungen, wie Schmerz, Hunger oder sexuelle Erregung,
den *Gefühlen*, wie Trauer, Verzweiflung, Freude, Sehnsucht, Wut,
Ärger oder Scham sowie jenen automatischen Körpersignalen, wie
das Erröten, die Gänsehaut oder die Schmetterlinge im Bauch, für die
einige Autoren den Begriff der *Emotionen* reserviert sehen möchten.
Zum *Gefühl* wird eine solche Emotion, wenn sie ins Bewusstsein
gelangt und im Gehirn verarbeitet, zu entsprechenden Stimmungen
mutiert, mit der dann die Wahrnehmung der aktuellen Umwelt auf
höchst selektive Weise eingefärbt wird.

Mit der selektiven Wahrnehmung der Umwelt, also der zirkulären Interpretation dessen, was sein Gefühl auslöst, verlässt *der
Mensch* seinen irgend noch vorhandenen residualen Naturzustand.
Die Interpretation des Menschen ist seine geistige Zutat zu dem,
was seinen physiologischen Wahrnehmungsvorgang auslöste, und
einzig und allein zu seiner geistig aufbereiteten, interpretierten,
perspektivisch bereits gebrochenen Welt da draußen verhält er sich:
kommunikativ oder instrumentell oder beides. Es beginnt in seinem
Körper mit einer Intuition, und es setzt sich fort in einem geistigen
Prozess, in dem Sprache, Bilder, Symbole ihren Wirkungsort haben.

Riechen

Eine Vielzahl undurchschaubarer, blitzschneller Informationen fliegt uns an und bestimmt intuitiv, wer rasch unsere Sympathie genießt oder wer prompt in Ungnade fällt. Wenn alles passend und stimmig ist, dann stellt sich jenes leise kribbelnde Gefühl ein, das ein Vorbote des Verliebtseins sein dürfte. Dich konnte ich von Anfang an gut riechen, sagen wir im Nachhinein und meinen, ohne es zu ahnen, genau das, worum es wortwörtlich geht.

Biologisches drängt sich abermals auf, denn es ist nicht von der Hand zu weisen, dass wir körperlich aufeinander reagieren, noch bevor Worte gewechselt werden und der Geist einschreitet.

Das Vermögen unserer Nase und ihr Einfluss auf unser Gefühlsleben scheint immer noch größer als wir gemeinhin annehmen, denn die Nase lenkt uns auch im grauen düsteren Alltag auf den Weg der bunten Vielfalt und nimmt ihre Witterung dort auf, wo Blütenduft und Pesthauch dicht beieinander liegen. Der Geruchssinn ist, was die Entwicklung der Menschheit und was die Entwicklung einer einzelnen Person angeht, der frühere, archaische Sinneseindruck. Er liegt *vor* dem dann dominant werdenden Gesichtssinn. Verführerisches Wohlfühlaroma, welches unbemerkt von irgendwo her in uns hineinströmt, senkt in der Regel die Hemmschwelle unserer Berührungsängste und ermöglicht, noch bevor das Auge seine dominante Rolle übernommen hat, die Liebe auf den ersten, besser: die Liebe noch *vor* dem ersten Blick.

Wer mehr oder weniger gezielt auf Partnersuche ist, dürfte ein einfaches, pragmatisch handhabbares Raster zur Beurteilung in Kopf und Bauch haben, das etwa drei Hauptkategorien für die Wunschkandidaten umfasst, die auf einer ansteigenden Qualifikationslinie liegen: akzeptabel, interessant und traumhaft.

Traumgestalten werden aus dem schmiegsamen Material der Sehnsucht erschaffen, und manchmal zeugt das innige Verlangen nach Symbiose in der Fantasie eine Idealfigur aus Gleichklang und Übereinstimmung mit sich selbst. Dann ist der Schritt zur Geburt eines Märchenprinzen oder einer Märchenprinzessin nicht mehr weit.

Die Frage, ob ich meiner subjektiven Fantasie oder der objektiven

Wirklichkeit aufsitze, ist bei der inneren Verarbeitung des allerersten Eindruckes nicht leicht zu beantworten. Eigentlich ist sie gar nicht zu beantworten. Zu komplex sind die polymorphen Informationen, die meine Gedanken und Gefühle verwirren. Aber ist die Beantwortung dieser Frage überhaupt relevant? Ist es nicht völlig egal, ob dieser Mensch da, den ich gleich *gut riechen* kann, mich durch die Beschaffenheit meiner eigenen Nase oder seines höchstpersönlichen Geruchs fasziniert?

Die Überlebensfrage, »Freund oder Feind?«, war unter urzeitlichen Bedingungen vielleicht kommentarlos klar und eindeutig zu beantworten. Im Dschungel des modernen gesellschaftlichen Lebens allerdings glauben wir, auf kultiviertere Richtschnüre zurückgreifen zu müssen, um freundschaftliche oder feindselige Gefühle bei Mitmenschen und Wunschpartnern hervorzubringen.

Viele Männer, die nicht in der Anonymität der Masse ihrer Geschlechtsgenossen untergehen wollen und ebenso viele Frauen, die von ihm und keinem anderen entdeckt werden wollen, verlassen sich längst nicht mehr biologistisch darauf, dass ihre natürliche Ausstrahlung bei anderen einen positiven ersten und entsprechend nachhaltigen Eindruck erweckt. Sie sehen ihren Weg zum Erfolg darin, ihre Außenwirkung mit diversen Kunstgriffen aufzupeppen.

Schrill oder edel muss das Outfit sein, mindestens aber *individuell*, wenn es in der Massengesellschaft einen echten Hingucker wert sein soll, und der Auftritt ist meistens eine entsprechende Provokation, untermalt mit einem Parfüm, das auf jeden Fall verleugnen soll, dass der Partnersuchende einen verlockenden, riechenden Körper hat, der wie die Seele, geliebt werden will.

Wer morgens vor Arbeitsbeginn an einem Geschäft vorbeigeht, dem eine Geruchsmischung aus frisch gemahlenem Kaffee, Brot, und Kuchen entströmt, hat zuweilen sehnsüchtige Erinnerungen an ein gemütliches Sonntagsfrühstück, gemeinsam zelebriert mit einem einmal geliebten Menschen, mit guten Freunden oder einfach nur untermalt mit schöner Musik zum Träumen. Vielleicht entsteht eine Vorfreude auf den nächsten freien Tag mit Ausschlafen, Muße und Genuss.

Die Sinne empfangen Wohlfühlaroma, die Gedanken kreisen blitzartig um wunderbare Momente von Ungebundenheit, Freude und Spaß. Der

Bauch signalisiert gute Laune. Die nächste Begegnung mit einer bekannten oder mit einer fremden Person wird von dieser Positiv-Einstimmung profitieren. Wer uns in solchen Augenblicken in die Quere kommt, wird eher mit einem Flirt beglückt als mit schnöder Abfuhr.

Umgekehrt funktioniert der Mechanismus allerdings ebenso gut, beziehungsweise, in diesem Falle, unheilvoll. Es gibt nämlich auch so etwas wie »Frust durch Duft« (Der Spiegel 18/2003, S. 148). Möglicherweise empfangen die Sinne dieselben Signale, und auch die Assoziationen nehmen lustvoll ihre Fährte auf, aber der Bauch grummelt dazu, weil das Frühstück zu Hause in der Kindheit neben der geruchlichen Verheißung immer mit Vaters dämlichen Standpauken kontaminiert war, und die Gedanken verengen sich ärgerlich auf Pflichterfüllung, Einschränkung und Fremdbestimmtheit.

Forschungsergebnisse der Brown University in Rhode Island bestätigen, was man erfahrungsgemäß längst weiß: Wiedererinnerungen sind oft mit einen Geruch verbunden, der im Moment des damaligen Erlebens *on air*, das heißt *in the air*, war. Durch denselben Geruch werden dann die früheren Gefühle wiederbelebt. Nun ist schlechte Laune angesagt, und die nächste Begegnung ist damit entsprechend vorbelastet. Wer in solcher Stimmungszusammensetzung unseren Weg kreuzt, kommt uns gerade recht, um als Ventil für unseren Frust herzuhalten. Vielleicht ringen wir uns ihm oder ihr gegenüber gerade mal das ab, was man euphemistisch einen *aggressiven Flirt* nennt, der von souveränen Zeitgenossen und -genossinnen zu unserer Überraschung vielleicht sogar richtig verstanden wird. Aber meistens formulieren wir eine mehr oder weniger offene Kampfansage, damit es zum Schlagabtausch kommt. Der Seelenfrieden muss wiederhergestellt werden, und sei es durch eine schnell vom Zaun gebrochene Auseinandersetzung mit Menschen, die an unserem inneren Drama und seiner Bewältigung gänzlich unbeteiligt und unschuldig sind. Was hat das mit der Liebe zu tun?

Nun, so manche Chance zu einer lohnenden Kontaktaufnahme wird auf diese Weise vergeigt. Auch in der Nase, diesem archaischen Sinnesorgan, mischen sich die lebensgeschichtlichen Erfahrungen in liebsamer oder unliebsamer Weise und unsere spontanen Reaktionen sind so spontan nicht, wie sie sich anfühlen. Dort wo wir meinen, höchstpersönlich und äußerst subjektiv zu sein, sozusagen unserer Natur freien Lauf zu lassen, haben sich soziale Verhältnisse und Zwangszusammenhänge eingenistet, die geeignet sind, den noch so duftenden Kaffee zur ekelerregenden Brühe werden zu lassen.

Leider ist es noch komplizierter mit der Erinnerung und mit den Assoziationen. Der Kaffeeduft kann zwar durchaus eine hochexplosive oder eine absolut betörende Gefühlsmischung an die Oberfläche der Empfindungen katapultieren und einen zuckersüßen oder gallebitteren Nachgeschmack des Erlebten wachrufen, aber das Bewusstsein bringt es fertig, sich gegen die bestimmten Gedächtnisinhalte und gegen die damit verwobenen Wünsche, Sehnsüchte und Ängste aus der Vergangenheit zu sperren: Wir wissen gar nicht, wieso wir uns jetzt so blöd oder so toll fühlen. Der Zustand eines bloß diffusen Wohlbehagens, der im flachen Irgendwie hängen bleibt oder einer völlig unklaren Lustlosigkeit, die sich als Frust ihren Weg bahnt, macht sich breit. Die nachfolgende Verwirrung der Stimmung lässt sich meistens kaum zurückverfolgen und daher auch nicht auflösen.

In bestehenden Partnerschaften ist diese Unbewusstheit und dieses blockierte Erinnerungsvermögen oftmals ein Graus, und es entstehen mitunter wahnwitzige Spannungen und furchtbarer Streit, die sich aus nicht zurückzuverfolgenden Assoziationen speisen, die ein Kaffeegeruch oder irgendetwas anderes ausgelöst haben mag.

Für den Beginn einer Liebesgeschichte dürfte diese Karambolage zweier Assoziationswelten ebenso der ausschlaggebende Moment sein, sofern es sich dabei um zwei zusammentreffende Sphären handelt, die durchweg positiv aufgeladen sind. Deshalb versuchen die Internet-Chatter in den Partnerschaftsforen ihre *Matches* auf diesen Ebenen herzustellen: Was magst Du lieber, Leberwurstbrot oder Hyazinthenduft? Die Passung des *Profils*, wie es von der dazugehörigen Psychologie zuweilen genannt wird, soll schließlich das entscheidende Kriterium für die spätere Stabilität einer Liebe sein (vgl. Illouz 2007a, S. 234; Illouz 2007b, S. 117).

Oft genügt ein kleinster Sinneseindruck, um dem eigenen Verhalten die weitere Richtung vorzugeben. Blond muss er sein. Dunkle Haare muss sie haben. Ihre Stimme! Seine Augen!

Biologie hin, Biologie her: Immer noch und immer wieder scheint der erste Eindruck, den wir von einem anderen Menschen empfangen, derartig wichtig für unser körperliches und seelisches Überleben zu sein, sodass wir, sofern wir unseres Sensoriums mächtig sind, in kürzester Zeit auf möglichst vielen Ebenen miteinander in Kontakt kommen werden, um die Feinstofflichkeit unserer zwischenmenschlichen Situation richtig einzuschätzen.

Und dafür stellt die Restnatur, die noch in uns vorhanden ist, Empfangs- und Sendestationen zur Verfügung, die uns für alle denkbaren Wechselfälle ausgerüstet scheinen lässt. Sogar verfügen wir noch über eine Restausstattung für basale chemische Kommunikation. Deshalb wenden wir uns noch einmal der Nase zu. Da gibt es die lebensgeschichtlich und kulturell angereicherte Nase, die, zum Beispiel assoziiert mit Kaffeeduft, so ihre lust- oder leidvollen Erfahrungen gespeichert hat; es gibt aber auch die vor-geschichtliche Nase, die ihrer selbst nicht bewusste archaische Nase, die gar nicht merkt, was sie da noch so riecht.

Die Redewendung, dass man jemanden gut oder schlecht *riechen* kann oder dass jemand für bestimmte Entscheidungen einen *guten Riecher* hat, erhält durch unlängst neueste naturwissenschaftliche Erkenntnisse, die heute auch schon wieder ein alter Hut sind, eine sinnvolle Erklärung.

Demnach verfügt die menschliche Wahrnehmungsfähigkeit neben den geläufigen Sinnesempfängern auch noch über ein äußerst wichtiges Organ, das bei der intuitiven Beurteilung eines möglichen Liebespartners wohl eine wesentliche Rolle spielt. Genannt wird es *Vomeronasalorgan*, abgekürzt VNO. Es hat seinen Sitz in besagter Nase, liegt auf beiden Seiten der Nasenscheidewand, misst nur etwa einen Zentimeter und ist dünn wie ein Streichholz. Hochsensibel spürt dieses, auch *Jacobson-Organ* genannte, Fleckchen sogenannte *Pheromone* auf, chemische Lockmittel des Körpers, die über die Haut abgegeben werden, also über das Organ mit der größten Ausdehnung. Das VNO nimmt diese Lockstoffe, anders als das normale Riechsystem, wahr, ohne dass sein riechender Besitzer irgendeinen spezifischen Geruch bewusst wahrnimmt. Es geht nicht um jene Sexualdüfte, die man *Kopuline* nennt, und die man beim Geliebten unglaublich gern mag und bei Fremden abstoßend finden würde. Es geht

um jene geheimnisvollen Pheromone, die Botschaften über die immu-
nologische Programmierung meines Gegenübers enthalten; es geht um
nicht wahrnehmbare Stimmungsaufheller, die den Puls beschleunigen
und die Pupille vergrößern; es geht um winzige Brisen, die unterhalb
meiner Bewusstseinsschwelle meinem *Hypothalamus* zur Aktivierung
des Geschlechtstriebs auffordern. Im Tierreich, heißt es, sorgen die
Pheromone für die Feinkoordinierung der brünstigen Weibchen und
Männchen. Schmetterlinge fliegen tagelang bis zur Todeserschöpfung,
wenn sie ein paarungsbereites Weibchen irgendwo auf einer Blumen-
wiese Kilometer entfernt erschnüffeln. Mäuse geben nachweislich
Pheromone ab, die von ihrem Immunsystem erzählen. Mäuseriche und
Mäusinnen finden den Partner sexy, dessen Immunsystem sich krass
von dem ihren unterscheidet. Bei Menschen streitet man sich offenbar
noch. Jedenfalls wird von jenem Experiment berichtet, bei dem man
Frauen an verschwitzen Unterhemden von Männern hat schnüffeln
lassen, und die sexuellen Reaktionen, oder waren es nur die psychischen, gestalteten sich so, dass jene Unterhemden hinreißend waren, die
eine kontradiktorische Immunmischung versprachen. Dagegen spricht
jenes Experiment, bei dem ein Pheromon-Cocktail aus verschiedenen
Gipsverbänden bei ausnahmslos allen Laborprobanden ein signifikan-
tes Hochgefühl ausgelöst hat. Das pheromonale Ur-Experiment der
University of Birmingham ist aber jedem bekannt: In einer Arztpraxis
wurde einer von vielen Wartestühlen mit Pheromonen eines Mannes
eingesprüht, wohlgemerkt: geruchslosen Ingredienzien, und es hing da
auch kein altes Unterhemd. So gut wie alle Frauen, nämlich 810 von 840
setzten sich auf diesen heißen Stuhl und konnten es sich nicht erklären.
10 Frauen aus dem Probandinnenpool setzten sich immerhin auf die
beiden Stühle daneben, und von 540 Männern vermieden allesamt den
für die Frauen einladenden Sitzplatz. Kein Wunder also, dass diesen
erotischen Botenstoffen eine unwiderstehliche Wirkung nachgesagt wird.
Sie steuern ganz offenbar insbesondere die sexuelle Anziehung und bei
der Partnerwahl läuft angeblich nichts ohne ihre Mitwirkung. Diesen
archaischen Mechanismus, der in den älteren, nicht-rationalen Gehirn-
regionen stattfindet, wo Restbestände von Trieben und verkümmerte
Instinkte ansässig sind, welche die soziokulturelle Menschheitsevolution

uns noch nicht hat austreiben können, kann man sich freilich zunutze machen, wenn man naturwissenschaftlich an die Liebe herangeht.

Wer naturwissenschaftlich an die Liebe herangeht, macht sich zum Technokraten seiner selbst. Denn ist es nicht gleichermaßen konsequent wie obskur, wenn der Beate-Uhse-Katalog, versteckt in Herrenparfüms, jene geruchslosen Pheromone an den Mann bringt, die der biologische Diskurs in Sachen Liebe lobpreist und Herr B. aus H. nichts Eiligeres zu tun hat, als sich für den nächsten Szene-Kneipen-Besuch mit dem superteuren Lockstoff einzusprühen, der den Sprung in die Liebeskiste mit nahezu jeder Frau ohne emotionalen Einsatz garantiert? So ist es geschehen, als das damals in den 70er Jahren aufkam. Dass dann nichts, rein gar nichts passierte, hat mit dem Wesen der Liebe zu tun: Bei ihr geht es eben nicht technologisch-naturwissenschaftlich zu. Man kann Nähe und Zuneigung, vielleicht sogar Begierde, nicht rein instrumentell herbeizwingen, selbst wenn die Wissenschaft hundertmal beteuert, dass Leidenschaft ein biochemisches Phänomen sei.

Es kommt vielmehr darauf an, dass die zwischenmenschliche Verzauberung auch wirklich geschieht: Real stattfindende Leidenschaft mag zwar von chemischen Agenzien getragen sein, aber wenn der mit Pheromonen Besprühte sich nicht berauschend verhält, nicht leidenschaftlich interagiert, sondern wie ein Techniker lediglich stumpf auf den Mechanismus lauert, scheint die empathielose Botschaft noch erheblicher abzustrahlen als die naturidentischen Sexlockstoffe von BASF oder Unilever die kaschierte Kopulationsabsicht, und dies sogar auf fortpflanzungswillige Weibchen, die nicht umsonst in den einschlägigen Kneipen herumlungern. Typen, die die Liebe naturwissenschaftlich absolvieren wollen, haben nicht kapiert, dass die Naturwissenschaft selbst immer schon mit dem Motiv der Naturbeherrschung amalgamiert ist. Gut, wenn die Natur der Liebe sich nicht so beherrschen lässt, wie das instrumentelle Verständnis es ihr unterstellt. In der Liebe geht es ums Überwältigtsein, nicht ums Funktionieren.

Gerade anders herum könnte es sich mit den Lockstoffen aber schon abspielen, und zwar erfolgreich: Wenn nämlich jemand selbstsicher und frohen Mutes und im Bewusstsein seiner kommunikativen Attraktivität auftritt, mit eindeutigen oder mit diffusen leidenschaftlichen Absichten, dann könnten seine hinzukommenden Pheromone in der Tat eine gewisse heftige Unwiderstehlichkeit für das andere Geschlecht ausüben.

Die Auskünfte, die wir über unser Gegenüber durch Riechen erhalten, offenbar gerade auch die über seine erotischen Absichten, werden sofort in jenen tieferen Arealen unseres Hirns empfangen und verarbeitet, in denen auch die Gefühle gesteuert werden. Deshalb die absolute Nähe des archaischen Sinneseindrucks zur Wollust: Geruch und Sexualität gehören zusammen. Wer wen gut riechen kann, will eigentlich mit ihm oder ihr ins Bett. Nur manchmal wissen sie es nicht und lassen zwischen animalischem Impuls und zwischenmenschlicher Handlung die kulturellen Codierungen walten. Die wissenschaftliche Erkenntnis über die Liebe sagt hier: Das menschliche Sexualverhalten habe sich von dem rein biologischen Reproduktionsgeschehen entkoppelt. Und vielleicht ist es ja eine attraktive These, dass der Wegfall saisonaler Brunstzeiten und die Tatsache, dass man nicht wochen- und monatelang alle paar Minuten kopulieren kann und will, die Erotik hervorgebracht hat: das Spiel mit dem Vielleicht, und den Genuss der virtuellen Szenen anstatt des plumpen Vollzugs der triebhaften Notwendigkeiten.

Nun ist es wissenschaftlich erwiesen aber so, dass die höchste Konzentration der Pheromone im Achselschweiß vorkommt. Und ein für die Partnerwahl verantwortliches männliches Aroma namens *Androstenon* gar soll hintergründig nach Urin riechen. Erst mindestens 24 Stunden nach dem Duschen, heißt es, habe ein Mann die optimale Pheromonkonzentration anzubieten. Kein Mensch geht heutzutage ungewaschen zu einem Rendezvous. Im Gegenteil. Man lässt sich von Douglas beraten, kommt rein und findet raus, mit welchen Seifen und Wässerchen sich am besten vertuschen lässt, dass man peinliche olfaktorische Signale absetzt. Man parfümiert, man desodoriert, man wäscht sich. Der moderne Mensch ekelt sich im Allgemeinen vor den animalischen Resten an und in ihm. Ganz so einfach ist es demzufolge mit der Pheromon-These nicht.

Aber was ist Parfüm? Ein Duftstoff, der, den eigenen Geruch überdeckend, genau jene Funktion hat, welche die überdeckten *Old-Animal*-Düfte doch seit jeher hatten: Lockmittel zu sein für potenzielle Sexualpartner. Sich anbieten, Bereitschaft signalisieren, nur eben nicht so ur-natürlich, sondern auf dem Umweg des kulturell zugelassenen Ersatzmittels.

Die Nase spielt also bei Liebe und Sex eine prominente Rolle. Sie nimmt, so oder so, Witterung auf. Ob die Pheromone Seife und Parfüm durchdringen und sich als stärker erweisen, oder ob, wie es auch naheliegend ist, die Hauptkomponenten der Parfüms selbst in ihrem Aufbau den menschlichen Sexuallockstoffen ähneln, oder gar, ob beides wirksam ist, eigenes Pheromon und artifizielles, ist dabei völlig egal. Der Reiz, eine zunächst vielversprechende Spur weiterzuverfolgen, wird durch die blitzschnelle Vernetzung aller zur Verfügung stehenden und hinzukommenden Eindrücke verstärkt. Und dazu gehört neben dem, was man vom anderen hört und sieht, auch die eigene aktuelle seelische und körperliche Befindlichkeit, der lebensgeschichtliche Hintergrund mit allen seinen guten und schlechten Erfahrungen, eingefärbt mit allen möglichen Hoffnungen, Sehnsüchten und Ängsten, die im Moment virulent sind.

First Sight

Freie Universität Berlin, zwölf Uhr mittags: In der Mensa drängeln sich Studentinnen und Studenten in mehreren Reihen vor der Essensausgabe.

Zwei haben ihren ersten Augenblick. Eine junge Frau, ein junger Mann. Nennen wir sie Lucie und Jan.

Für den Bruchteil einer Sekunde treffen sich ihre Blicke, und wir können annehmen, dass unter dem Essensgeruch nach Sauerkraut und Bratwürsten, beziehungsweise in dieser Essensschlange nach Curry und Indonesischem, *seine* archaische Nase das registriert, was *ihre* archaische Nase längst weiß: da ist was kompatibel!

Oder ist es nicht vielleicht etwas anders? Ist es hier nicht der erste Blick? Was, wenn die Pheromon-Theorie nicht stimmt?

Hier verhält es sich wie mit vielen en vogue gekommenen wissenschaftlichen Neuentdeckungen. Es gibt immer auch eine Gegenthese, die andere Wissenschaftler mit anderen Entdeckungen nachschieben. Hier heißt sie: »Sehen plus, Riechen minus«, steht in der *Zeit* und sagt, dass im Laufe der Evolution das Sehen sich zuungunsten des Geruchssinns entwickelt habe. »Der Mensch hat seine ausgeprägten Riechqualitäten vor 23 Millionen Jahren verloren« (Die Zeit Nr. 5/22. Januar 2004).

Also etwas anderes! Nicht die Pheromone! Der Blick ist's! (vgl. Doermer-Tramitz 1990). In der *Psychologie Heute*, die immer schon die neuesten Erkenntnisse an die Frau und an den Mann bringt, heißt es im Mai 2007: »Der erkennende Blick in den Augen ist das ursprünglichste zwischenmenschliche Signal« (Düweke 2007, S. 30ff.). In den ersten 30 Sekunden, heißt es, wenn die Frau den Blickkontakt des Mannes bis dahin nicht vermieden habe, sei entschieden, ob er sich alles Weitere sparen kann oder nicht, denn dann ist klar, ob beide Interesse aneinander haben: »Mit Blicken beginnt alles zwischen zwei Menschen« (ebd., S. 31).

Die Augen. Die Nase. Wieder scheint es doch völlig egal zu sein, was die Naturwissenschaft so alles zu wissen glaubt. Hauptsache, es geschieht etwas Unbegreifliches. Später haben wir noch genug Zeit, im Rahmen unserer Mythenbildung uns über den eigentlichen Auslöser unserer Liebe zu einigen, und sei es mithilfe einer naturwissenschaftlichen Mystifizierungsvariante, wenn wir es denn so brauchen.

Prinz und Prinzessin

Auf die einfache Frage, ob das, was man wahrnimmt, Fantasie oder Wirklichkeit ist, gibt es viele komplizierte Antwortmöglichkeiten, und aus psychologischer Sicht gilt wohl am ehesten die Aussage, dass es hauptsächlich darauf ankommt, wie jemand für sich selbst die Welt sieht und interpretiert. Denn alle Handlungen, alle Reaktionen, zu denen man spontan greift, finden auf dem Boden dieser vermeintlich höchstpersönlichen Weltsicht statt und auf keiner anderen. Wie sollten sie auch.

Der Unterschied zwischen einer objektiven Welt an sich und einer subjektiven Welt für uns erübrigt sich, wenn wir begreifen, dass auch dieses An-Sich lediglich *für uns* ein An-Sich ist: Die Vorstellung von Objektivität diesseits der Wahrnehmung ist selbst ein subjektives Erkenntnisprodukt, und wenn man nicht gerade als Hardcore-

Naturwissenschaftler durch die Welt läuft, der die Subjektivität der Wahrnehmung als Beschmutzung seiner angenommenen objektiven Tatsachen eliminiert haben will, kann man getrost von der psychologischen Annahme einer *subjektiven Wirklichkeit* ausgehen, in der wir uns in der Regel bewegen.

Zumal bei Liebesdingen: Kommt das erwachende Begehren der jungen Frau in der Mensa, das ihr so noch keinesfalls bewusst ist, aus ihr oder kommt es durch ihn? Sie sieht den attraktiven Kommilitonen zwar als Gegenüber, als einen anderen Menschen mit bestimmten Eigenschaften und Wesenszügen, die ihr gefallen könnten, also als eine Wirklichkeit außerhalb ihrer selbst. Die Eigenschaften aber, die sie an ihm wahrnimmt und die ihre Gefühle für ihn entfachen, sind nur augenscheinlich objektiv vorhanden; im Wesentlichen sind es subjektiv wahrgenommene, interpretierte und für gut, ja für äußerst attraktiv befundene Eigenschaften. Wahrnehmen ist immer Interpretieren, in Herzensangelegenheiten erst recht: In unsere Wahrnehmungen münden Interessen, Sehnsüchte, Ängste, Befürchtungen, kurz: Bedürfnisse.

In jedem winzigen Augenblick stürmen unendlich viele Sinneseindrücke auf uns ein. Man geht davon aus, dass es pro Sekunde mehr als elf Millionen (Traufetter 2006, S. 160) externe und interne Einzelreize sind, die als potenzielle Gegenstände unserer Wahrnehmung verarbeitet werden müssen, und das heißt, dass wir auswählen. Was ist uns wichtig, was unwichtig? Die Entscheidungskriterien für diese Selektion und Gewichtung dürften von Mensch zu Mensch verschieden sein, sozusagen seine Individualität ausmachen. Ein gewisses und wahrscheinlich größeres Bündel von Gesichtspunkten, mit denen man seinen Wirklichkeitsausschnitt konstruiert, dürfte allerdings auch kulturell determiniert sein. Unsere subjektive Wirklichkeit ist also das Resultat von Gewichtungen und Interpunktionen, kurz: Deutungen.

Beim ersten entscheidenden Eindruck nehmen wir, wie gesagt, in Bruchteilen von Sekunden und ganz ohne bewusste Zensur zunächst eine Vielzahl von Informationen über Menschen, Ereignisse, Tatbestände und Situationen auf, die in der Regel unsortiert und kunterbunt vermischt sind. Diese Eindrucksmelange verbindet sich in einem blitzhaften Simultangeschehen mit dem Inhalt all unserer meist ziemlich unaufgeräumten Schubladen, die wir als grobes Sortierungssystem für unsere Überlegungen im Kopf oder für unsere Gefühle *im Bauch* haben. Wir selegieren und interpretieren, legen auseinander und setzen wieder zusammen und gehen unerschütterlich davon aus, dass wir die Wirklichkeit vor uns haben wie sie tatsächlich ist. Nicht hingegen gehen wir davon aus, dass in unsere höchstpersönliche Wirklichkeitskonstruktion unsere Emotionen und unsere Befindlichkeit eingeflossen sind und dass das, was wir als Realität zu sehen meinen, eigentlich in gewissem Maße auch eine Projektion unseres Inneren ist. Denn schließlich nehmen wir, unserem Selbstverständnis nach, äußere Realität bewusst und unverfälscht wahr und sind nicht eingestellt wie in einer permanenten Psychogruppe, die uns rein subjektiv auf uns ganz persönlich und unsere durchschnittsneurotische Unfertigkeit verweist.

Zuvörderst also nehmen wir bewusst externe Wirklichkeit wahr. Eine Oberfläche, ein Gesicht oder eine Geste, die Farbe eines Kleidungsstücks. Hinzu kommt die Gestalt des vor uns befindlichen Menschen: groß, klein, dick, dünn, jung, alt. Der aufrechte oder gebeugte Gang der anvisierten Person erregt die Aufmerksamkeit besonders. Begleitet von High Heels, Ballerinas oder Turnschuhen, unterstreicht er den inneren Urteilsentwurf des Betrachters. Lifestyle, Romantik oder Kumpelhaftigkeit vermitteln sich gegebenenfalls über das entsprechende Schuhwerk. Die junge Studentin in der Mensa sieht ihren *unbewussten Künftigen*, und sie sieht bewusst eine bestimmte Sorte von Turnschuhen. Aber sie nimmt noch mehr wahr.

Zu seinem speziellen Geruch und den hintergründigen Pheromonen kommt insbesondere der Klang seiner Stimme hinzu, ihre Temperatur, Wortwahl und Aussprache spielen ebenfalls eine Rolle für Lucies erstes Urteil. Alles scheint noch relativ vermischt und fürs Erste ziemlich chaotisch.

Das allererste grobe Raster, in das Lucie ihr Gegenüber einordnet, stellt für sie erst einmal nur eine einzige Entscheidungsmöglichkeit zur Verfügung: »Ist der was für mich oder nicht?« Jan ist was für sie!

Kommt dieser Mensch für die Befriedigung meiner Bedürfnisse, wie immer sie im Moment aussehen mögen, in Betracht oder nicht? Nützt er meiner Psyche oder nicht? So lauten die zentralen Fragen, die wir uns ganz schnell beantworten, wenn wir, absichtsvoll oder gänzlich unbewusst, auf der Partnersuche sind. Und die Biologen behaupten, dass wir es in einem gewissen Lebensabschnitt eigentlich permanent sind. Die situativ richtige Entscheidung bedeutet für uns entweder, dass wir dranbleiben und uns zu einer Zuwendung etwa in Form eines Flirts, oder dass wir uns zu einer Abkehr, unter Umständen sogar einer Abfuhr entschließen, bevor sie vielleicht uns ereilt. Sieg oder Niederlage, Flirt oder Abfuhr: Alles ist jetzt Interaktion. Wir reagieren auf die durch uns ausgelösten Reaktionen.

Jedenfalls ist für Lucie die Geburt des Märchenprinzen eingeleitet, seine weitere reale Entwicklung bleibt abzuwarten.

Die Geburt des Märchenprinzen

Märchenprinzen gibt es nicht, *my darling* – jedenfalls nicht von vornherein. Märchenprinzen entstehen. Sie entstehen ganz im Sinne des Konstruktivismus in der Wahrnehmungswelt derjenigen, die sie herbeisehnen. Allerdings, und darauf kommt es an, müssen sie fähig sein, Kontakt zu ihrem Konstrukt aufzunehmen. Erst in der Interaktion wird dieses Konstrukt zu dem, was es sein soll: einfach traumhaft.

Dagegen gibt es Hunderttausende unsäglich traurige Sehnsuchtsträume vom Prinzen und von der Prinzessin, die nie in Erfüllung gegangen sind und die auch nie in Erfüllung gehen können. Sie dürften ihr Unglück aus der Tatsache ziehen, dass die Träumende oder der Träumer nicht die Kraft haben, raus aus ihrem verkapselten Innenleben in die lebendige Wirklichkeit des kommunikativen Handelns zu gehen. Nur wenn ich ihn berühre und er mich, kann der Zauber wirken, der einen Märchenprinzen hervorbringt.

Seelische Berührungen können bei zwei Menschen erst dann entstehen, wenn sie ihre Berührungsängste überwunden haben. Viele Träume vom unerreichbaren Prinzen haben ihren Hintergrund im mehr oder weniger unbewussten Willen, seelische Berührungen, und körperliche vielleicht auch, gar nicht erst zuzulassen. Man kann das, wie die Psychoanalyse, *Widerstand* nennen. Diese Sorte unerreichbarer Märchenprinzen wird im Grunde deshalb als nicht erreichbar und manchmal auch als unnahbar *konstruiert*, weil sie in dieser Form bestens dazu dienen, das rückzuprojizieren, was die Psyche des so Träumenden insgeheim bestätigt haben will: Ich bin zurzeit zu meinem Leidwesen nicht bereit und nicht in der Lage, mich durch reale Kommunikation und Interaktion mit einem anderen Menschen aus dem Schneckenhaus meiner Ängste herauszuwagen und mich umzuformen. »Der Unfähigkeit zur Kommunikation entspricht die Angst, durch sie verändert zu werden.« Das sagt der Philosoph Horst Hermann zur allgemeinen Misere, und gemeint ist damit auch das Unvermögen zur Liebe.

Wer die Kraft hat, sich vom anderen berühren zu lassen, ist bereit, sich durch Kommunikation zu verändern. Leider hat die Kraft zur Liebe nicht eine jede und nicht ein jeder.

Der Märchenprinz, mit dem die Liebe möglich ist, entsteht nicht, indem ich einen anderen durch Aufpolieren meines Bildes von ihm verändere, sondern indem ich mich selbst verändere. Dadurch, dass ich das kleine Eigenheim meines bisherigen Soseins verlasse und mich in die ungesicherte Welt des Austauschs mit einem anderen Sosein begebe. Ich muss mich verlieren können, um den anderen und schließlich auch mich selbst wieder im anderen zu gewinnen. Ich muss angstfrei eintauchen können in den Strudel, den die Berührung der anderen Seele in mir auslöst; nur so berühre ich meinerseits die andere Seele, die sich gleichermaßen angstfrei auf das Spiel einlassen können muss. Das schränkt natürlich, rein statistisch, die Begegnungsmöglichkeiten zahlenmäßig ein. Deshalb reden manche vom Lottogewinn, den sie mit *dem Richtigen* oder *der Richtigen* getroffen haben.

Gegen den mehr oder weniger starken Identitätsverlust, den die Berührung der Seelen mit sich bringt, wenn sie denn eine wirkliche ist, sperrt sich die Psyche in der Regel mit all ihren Mitteln. *Abwehrmechanismen* nennen es die Therapeuten. Nichts ist ängstigender als sich zu verlieren. Dekompensation droht, Psychose gar und das Ende meiner mühsam errungenen Identität und Individualität, wenn ich aus mir heraustrete. Deshalb schrecken viele vor der Liebe zurück und resignieren in trotziger oder depressiver Manier. Entweder glauben sie nicht an Märchenprinzen und -prinzessinnen und nennen das dann Realismus, oder sie sehnen sich ein Leben lang tränenreich nach der tiefen, richtigen Liebe und lassen den Märchenprinzen wunderschönes Märchen bleiben.

Um den riesigen Gewinn dieses überaus ängstigenden Identitätsverlustes einstreichen zu können, bedient sich die Psyche aber Gott sei Dank einiger erbaulicher Tricks, und bei manchen klappt das ganz wunderbar. Liebe, wie wir sie unbedingt erleben wollen und wie wir sie als das höchste Lebensglück anstreben, ließe sich gar nicht verwirklichen und wir hätten auch nicht jenen Traum von ihr, den wir kulturell im Großen und Ganzen teilen, wenn wir nicht zumindest potenziell in der Lage wären, uns ihr hinzugeben, und wenn unsere Psyche nicht Schritte und Wege bereitstellte, die, indem sie uns den Mut eingibt, einfach loszugehen, eine Brücke zum anderen durch den Akt des Beschreitens selbst entstehen ließe. Mut hat immer etwas Desperadohaftes. Er stammt aus dem Wissen um die Verzweiflung, die uns einholte, wenn wir ein Leben ohne Liebe leben müssten.

Aber man muss bereit sein, die Kraft zur Liebe und das heißt zur noch unabsehbaren Veränderung seines Selbst, aufzubringen.

»Nicht weil es schwierig ist, wagen wir es nicht, sondern weil wir es nicht wagen, ist es schwierig«, lässt der Drehbuchautor eines Peter-Sodann-Tatorts den Psychotrainerdarsteller Michael Mendl Sokrates zitieren. Was alles wahnsinnig erleichtert und es uns wagen lässt, ist die völlig unpsychologisch scheinende Tatsache, dass der Märchenprinz, den ich da aus dem anderen kraft meiner anschwellenden Liebesbereitschaft *konstruiere*, mir in der Tat äußerst real gegenübersteht. Es sieht für mich ganz so aus, als ob der Mensch da objektiv derjenige *ist*, der bei mir jene ungeheure Faszination auslöst, und nicht mein Innenleben, das ihn ganz subjektiv zum lebendig gewordenen Traum werden lässt. Ich bin das willige Opfer, er der wunderbare Täter. Das ist es, womit meine Psyche mir hilft. Der psychische Mechanismus, der das bewerkstelligt, heißt *Externalisierung* und findet überall dort statt, wo es besser ist, wenn nicht ich die Ursache von etwas sein will, was mir so oder so auf die Nerven, beziehungsweise tief ins Herz geht.

Externalisierungen stellen sich meistens ein bei Wahrnehmungen, die mit heftigsten Gefühlen zu tun haben. Zum Beispiel: Schuld an meinem maßlosen Ärger, Schuld an meiner Wut, Schuld an meinem Ausrasten hat derjenige, der mir gegenübersteht und dessen Verhalten oder dessen Reaktionen auf mich mir überhaupt nicht gefallen. Ich muss mich nicht damit belasten, dass es schließlich meine Interpretation des Wahrgenommenen ist, die mir die Laune verdirbt, oder gar, dass der Ursprung dieser üblen Interpretationen ebenfalls in mir liegen könnte: Nein, ich erleide oder empfange das Ganze von außen. So muss ich mich nicht mit Grundsätzlichem befassen, etwa, dass alles Wahrnehmen Interpretieren ist und meine Interpretationen aus meinem Innenleben kommen und Projektionen meiner Ängste, Bedürfnisse und Bereitschaften sind.

Ich verleugne etwas, doch ist der Vorgang der Externalisierung zunächst keineswegs pathologisch. Im Gegenteil: Pathologisch könnte genauso das ewige Grübeln und Gründeln sein über meine Beweggründe, mein Selbst, meine Störung, welche dies oder jenes so bedrohlich, so traurig oder so erstrebenswert erscheinen lassen; zumindest dann, wenn es mich systematisch am Handeln und am Leben hindert.

Interessant ist, dass wir ohne den Vorgang der Externalisierung womöglich gar keinen Begriff einer uns äußeren Realität entwickeln könnten. Wir würden im Stadium des Säuglings verharren, der alles, was auf ihn zukommt, als ihm zugehörig und Bestandteil seines *All-Ichs* nimmt, ohne eine Ich-Haftigkeit freilich in irgendeine kommunikative Waagschale werfen zu können, denn es gibt hier weder Subjekt noch Objekt. Erst, indem ich ein *Außen* zulasse und mühsam lerne, dass es eine externe Welt der Objekte und insbesondere anderer Ichs gibt, konturiert sich mein Selbst: kein Ich ohne Du.

Um nicht alleinige Ursache meines Märchenprinzen zu sein, gewissermaßen All-Ich ohne Individualität und ohne fassbares Du, entlasse ich meinen internen Prozess aus meinem Selbst und genieße es, dass er, externalisiert im andern, mit aller Macht auf mich einstürmt. *Schuld daran*, dass mir da ein ganz und gar aufregender Märchenprinz begegnet, ist doch der Märchenprinz!

Wir reden von der stürmischen, absolut umwerfenden Bereitschaft zur Liebe, die ich im anderen gespiegelt vorfinde. Das mag ein reiner

Projektionsvorgang sein und damit pathologieverdächtig, aber hier geht es um wirklich stattfindende Interaktionen zwischen zweien, die sich gerade zu lieben beginnen und Interaktion heißt, dass es wechselseitig stattfindet, dass sich beides aneinander entzündet. Beide externalisieren ihre heftige Liebesbereitschaft in den anderen und sehen sich wechselseitig als Verwirklichung eines Traums, den sie lange schon gehegt, vielleicht sogar fast schon verdrängt hatten. Dann trifft es sie wie ein Blitz.

Zur Externalisierung: also zur Projektion meiner Liebesbereitschaft in den anderen und seiner Liebesbereitschaft in mich, die sich in einem Simultangeschehen hochhangeln, kommt ein weiterer Mechanismus, den man ebenfalls in die Nähe der psychischen Erkrankungen rücken könnte und auch gerückt hat: Der Märchenprinz erscheint nicht bloß als, sondern er *ist* der Märchenprinz an und für sich, weil er mir als der allerbeste denkbare Lebenspartner gegenübertritt, so als wäre er die Fleischwerdung einer grandiosen Idee. Meiner Idee. Den Mechanismus, der das bewirkt, nennt man Idealisierung, und wechselseitige Idealisierung nennt man Verliebtsein.

Liebenswerte Eigenschaften

Im Nachhinein, wenn man sich schon länger kennt, strickt man dann an seiner dramatischen Kennenlerngeschichte: Wie alles begann.

Ein liebendes Paar lebt von dem Mythos seiner ersten Begegnung. Zumindest, wenn es, wie fast alle Paare in dieser Kultur, seine Geschichte vom »Modell der Liebe auf den ersten Blick« (Illouz 2007a, S. 207) prägen lässt. Alle Erinnerungen an diesen Augenblick werden festgehalten, wiedererzählt, kultiviert: »Was genau war es, das unsere Liebe auf den ersten Blick entzündete?« »Sozialpsychologische Erkenntnisse über die Erfahrung romantischer Anziehung« gehen davon aus, dass am Anfang »scheinbar oberflächliche Äußerlichkeiten entscheidend [sind]. Die Entdeckung, dass jemand eine *große Persönlichkeit* hat, scheint dagegen kaum relevant«« (Hartfield/Sprecher 1986, S. 118, zit. in Illouz 2007b, S. 148). Es geht um die spontane Wahrnehmung von Attraktivität.

Vielleicht ist es deshalb auch eher die *Lust auf den ersten Blick* und nicht sogleich die große Liebe, die hier erinnert wird? Vielleicht ist es in der Tat viel eher die sexuelle Chemie, die sich mit dem ersten äußeren Eindruck der Person zu jenen Erinnerungsbildern verdichtet, die einer nachträglichen Verbrämung und mithin einer »sublimierten Ausdrucksform« (ebd., S. 196) dienen? Wie auch immer. Das Paar will in seiner Geschichtsschreibung davon nichts wissen. Solche Selbstaufklärung droht den Mythos zu zerstören.

In Paartherapien und in Forschungsergebnissen zur Frage, welcher Wesenszug dem anderen im frühen Stadium des Kennenlernens am meisten gefallen hat, kommen dann jedenfalls die folgenden, eher platonisch-tugendhaften, teilweise ästhetisierten Antworten, die, wenn man so will, als »reine Zeichen, Imitationen fiktionaler Codes« (ebd., S. 210f.; vgl. Luhmann 1994) aufzutreten scheinen:

»Es begann mit einem Lächeln. Es war ihr oder sein Lächeln.« Immer wieder das Lächeln.

Oder: »Er/sie war von Anfang an so humorvoll, so freundlich.«

»Seine/ihre Stimme hatte es mir sofort angetan, Mannomann!«

»Es war seine oder ihre Intelligenz, die Art zu reden.«

»Er/sie konnte seine/ihre Gefühle zeigen, und er/sie bewies wirkliches Einfühlungsvermögen, Verständnis, Anteilnahme.«

»Sie/er sah gut aus, vor allem ihr/sein Gesicht gefiel mir sofort.«

»Er/sie war ordentlich und sauber oder individualistisch oder ganz natürlich gekleidet« – je nach Subkultur, die man gemeinsam favorisiert.

»Er/sie hat mich so genommen, wie ich bin.« Dies bedeutet, dass der Prozess der Veränderung, mit dem die aufkeimende Liebe die Psyche bedrohte, eher unbemerkt verlief oder unbedrohlich oder äußerst angenehm: »Er hat mich auf die Weise idealisiert, in der ich mich auch gern sehe.« Oder das Paradies auf Erden: »Ich werde ohne Vorbehalte bedingungslos geliebt.«

Was hier genannt wird, ist die Oberfläche, das festgehaltene Datenmaterial der Erinnerung, aus dem die Liebenden die eingetretene Intensität und Kontinuität der Liebesbeziehung in fast mystischer Weise rekonstruieren.

Schauen wir uns die Hintergründe einmal genauer an.

Keep Smiling

Vielleicht ist es tatsächlich so, dass alles mit einem Lächeln beginnt. Einem Lächeln kann sich keiner entziehen.

Warum kann sich keiner diesem Zauber entziehen, jedenfalls fast keiner? Hier scheint es sich um ein überindividuelles Phänomen zu handeln, gewissermaßen eine anthropologische Konstante.

Wir kennen das sogenannte Dreimonatslächeln des Säuglings, das uns einen Reifungsschritt signalisiert (vgl. Spitz 1976 [1965], S. 104ff.), nämlich, dass das kleine Wesen jetzt die Struktur menschlicher Gesichter erkennt und das, wie alles menschlich Sinnvolle, voller überbordender Lust und Freude. Uns steckt sein Lächeln an, wir beugen uns über den Kinderwagen und spiegeln, indem wir unwillkürlich mitlächeln, seine Gefühlslage, die gleichsam zur unseren geworden ist. Wohlgefühl breitet sich aus, die Nachbarin und der ansonsten griesgrämige Onkel fangen an mitzulächeln, und der Säugling und wir merken gar nicht, dass das Lächeln außer dem Ausdruck eines inneren Gemütszustandes auch noch den Beginn einer Interaktion bedeutet. Der Säugling kommuniziert damit ohne überhaupt eine Vorstellung davon zu haben, aufs Heftigste, und wir auch. Lächeln ist ein interaktiver Input, ob wir wollen oder nicht.

Alle Menschen lächeln, das hat die anthropologische Feldforschung auch im letzten Winkel der Erde festgestellt. Aber die Wissenschaft ist immer sehr genau beim Forschen, und deshalb hat man auch festgestellt, dass nicht jedes Lächeln derart verzaubert, wie es wohl die Liebenden erinnern, die hier ihren ersten Augenblick festhalten. Angeblich gibt es mehrere Arten zu lächeln, das lässt sich an den dabei beteiligten Gesichtsmuskeln auseinander halten. Menschen lächeln aus Verlegenheit, sie lächeln aus Höflichkeit, aus Unterwürfigkeit, aus Angst, aus dem Hinterhalt, triumphierend, angriffslustig, hämisch. Wie auch immer: Lächeln fungiert zugleich auch als Maske. Und immer sind dabei verschiedene Kombinationen der über 40 Gesichtsmuskeln am Lächeln beteiligt.

Aber nur bei einem einzigen Lächeln, so heißt es, vermittelt sich Glückseligkeit und tiefe Freude. Das ist für jeden Menschen das Gleiche: Wenn sich der Augenringmuskel zusammenzieht und sich die Wangen heben, zeigt sich ein Freudestrahlen, das authentisches Wohlbehagen, Entzücken,

Heiterkeit, Daseinsfreude und Glück ausdrückt. Dieses Lächeln ist kaum künstlich herzustellen, zumindest bedarf es großer schauspielerischer Übung, um jene Echtheit zu suggerieren, und noch nicht einmal jeder gelernte Schauspieler beherrscht das mimische Spiel. Dieses einzigartige Lächeln des Glücklichseins ist in der Lage, ein Feuerwerk an kommunikativen Resonanzen auszulösen und mit diesem Ansteckungseffekt andere ans Glück heranzuführen. Dass dabei hirnphysiologische Prozesse eine Rolle spielen, die sich bei Mensch und Tier ähneln, also ganz offenkundig mächtige Urprogramme am Wirken sind, mag einmal mehr mithilfe naturwissenschaftlicher Untermauerung bekräftigen, was jeder Mensch, wenn er es denn zulassen kann, sinnlich weiß.

Wir haben es also beim Lächeln mit einem ubiquitären, für alle Menschen allgemeinen, freilich sehr, sehr angenehmen Mechanismus zu tun, und die Erinnerung der Liebespartner an jenes Lächeln, welches sie einst so verzückte, dürfte millionenfach dieselbe sein. Nichts Spezifisches also, was diese individuelle Liebesbeziehung begründete, und dennoch muss es etwas Einzigartiges gewesen sein. Unvergesslich vielleicht ist der Eindruck *in mir selbst*, das Glücksgefühl, das mich selbst bei diesem Lächeln durchflutete.

Wie kam es zu diesem Glücksgefühl, was ist am Lächeln so ansteckend? Es ist ganz einfach die Tatsache, dass ein Lächeln ein Versprechen und eine Vorwegnahme ist, nämlich dass ich sozusagen gratis, ohne dass ich dafür etwas zahlen, heißt: etwas dazu beitragen muss, verheißungsvolle, vielversprechende Interaktionen in Aussicht gestellt bekomme, die mich in vielerlei Hinsicht beglücken werden. Lächeln heißt: Hier ist jemand, der sich freut, mit dir Kontakt aufzunehmen. Lächeln heißt: Hier erwartet dich unverdientes Glück.

Wer lächelt, ist an das Leben angeschlossen, lädt andere ein, daran teilzunehmen. Wer lächelt, ist mit dem Glück verbunden.

Das Positive

Wer lächelt, signalisiert in jeglicher Hinsicht Positives. Zur Ehrenrettung des sogenannten Positiven, namentlich des viel zitierten positiven

Denkens, das in jeder Gazette dem Publikum angetragen wird, ist zu sagen, dass es sicherlich Humbug ist, wenn man annimmt, man müsse nur immer *positiv* sein und schon sei einem das Glück hold. So verhält es sich etwa mit dem Rat, man müsse sich nur fest genug die Lottozahlen in der Samstagziehung wünschen, die man getippt habe, das erhöhe die Gewinnchancen. Aber es wäre auch Humbug, wenn man verleugnete, dass unsere Interpretationen der Wirklichkeit eine Rückwirkung auf unser Befinden und auf die Wirklichkeit selbst haben. Zumindest trifft dies zu, sofern sie lebendig ist, wie zum Beispiel die Wirklichkeit anderer Menschen. Wären die Lottozahlen beseelt, könnte man sie durch seine Haltung mit großer Wahrscheinlichkeit beeinflussen.

Die Wirklichkeit ist für uns so, wie wir sie sehen, und ein jeder von uns sieht die Wirklichkeit ein bisschen anderes als der andere. Das heißt: Wir sind immer dabei, zu gewichten, zu werten, zu beurteilen. Wie wir nun ganz persönlich die Wirklichkeit sehen, hängt in hohem Maße von unserer Persönlichkeitsstruktur ab. Da gibt es, nach der psychologischen Erkenntnis, verschiedene Ausprägungen des Inneren des Menschen. Dieselbe Wirklichkeit erscheint den verschiedenen Menschen völlig unterschiedlich, dem depressiv Strukturierten erscheint sie anders als dem Hysterieformen. Das wohl bekannteste Beispiel hierfür ist das Glas, das zur Hälfte mit Wasser gefüllt ist. Der eine nimmt das Glas betrübt als halb geleert wahr, während der andere sagt oder denkt: »Prima, das Glas ist noch halb voll!« Banal die Frage, wer von den beiden sich wohler fühlt. Es kommt allerdings auf den Inhalt des Glases an, denn bittere Giftpillen sollten im Wasser nicht gerade aufgelöst sein.

An diesem Beispiel sehen wir das positive Denken bei seiner simpelsten Arbeit: Eine optimistische Sicht der Dinge gibt diesen Sachverhalten einen ganz anderen Anstrich als eine pessimistische. Die Dinge, die Wirklichkeit, die Welt, die anderen Menschen erscheinen dem Optimisten so, dass er Freude bei ihrem Anblick empfindet und Lust und Energie hat, sich mit ihnen auseinanderzusetzen.

Was ist eigentlich unter dem Rubrum *positiv* zu verstehen? Wenn Politiker von blühenden Landschaften sprechen und dabei die Arbeitslosenzahlen sich unübersehbar nach oben oder die Dumpinglöhne nach unten bewegen und prinzipiell alles, was sie selbst tun, auf eine Art und Weise schönreden, die überhaupt nicht schön ist, oder wenn in der Werbung *alles so schön bunt* und harmonisch beworben wird, wir es kaufen es sich dann als ziemlicher Plunder entpuppt, dann ist das Betrug an der Wahrnehmung und überhaupt nichts Positives.

Vielleicht kann man als erste Kriterien für das Positive unsere Gesundheit, unseren Lebensgenuss und unsere Beziehungen nennen und zwar zunächst die, welche wir zu uns selbst haben und dann jene, die wir mit anderen Menschen gestalten. Lebensgenuss, Genussfähigkeit überhaupt und die Fähigkeit, soziale Bindungen einzugehen, aber auch die Fähigkeit seine geistigen und körperlichen Kräfte frei zu entfalten, sich zu entwickeln und die Außenwelt konstruktiv zu gestalten, namentlich durch Arbeit – all das sind in der Psychologie seit Sigmund Freud die Merkmale seelischer Gesundheit.

In der darauf aufbauenden Psychotherapie, die mit ihrem Wirken ja seelische Gesundheit herstellen will, wird oft nach den Defiziten und deren Ursachen gesucht, also nach dem, was jemand nicht kann, weil ihm ein Trauma oder eine ungünstige Entwicklung widerfuhr. Nicht ganz so häufig, aber immerhin in manchen Therapieschulen wird gefragt: Wo hat jemand die Seiten, die wachstumsfähig sind? Wo hat jemand seine Ressourcen, seine Kräfte und Fähigkeiten? Es wird nicht gefragt: Was alles kann er nicht aufgrund seiner lebensgeschichtlichen Erfahrungen und was kann er trotzdem noch? Stattdessen wird gefragt: Was ist ihm in dieser Krankheit möglich, was sonst nicht möglich wäre, wozu befähigt diese Krankheit? Was ist ihr positives Signal im Hinblick auf weitere Lebensentscheidungen? Selbst in der Psychiatrie und in dem Medizinbereich, der sich mit den Erkrankungen des Gehirns befasst, gibt es zuweilen diese Blickrichtung nach den Ressourcen. Oliver Sacks und seine Bücher sind hier ein bekanntes Beispiel, vor allem der berühmte *Mann, der seine Frau mit einem Hut verwechselte* (Sacks 1987). Überhaupt ist in der Medizin ein neuer, wenn auch noch nicht etablierter Blickwinkel bemerkenswert, der nach den Bedingungen der Möglichkeit von Gesundheit (vgl. Lorenz 2004)[5] inmitten krankmachender Bedin-

5 Lorenz bezieht sich hier zusammenfassend auf das grundlegende Werk von Aaron Antonovsky, der die *salutogenetische* Sichtweise ins Leben gerufen bzw. historisch wiedererweckt hat.

gungen fragt und nicht mehr bloß die Wege zur Krankheit erforscht. Während man früher, in kritischen Zeiten, paradox davon ausging, dass viele Krankheiten gesunde und absolut angemessene Reaktionen auf krankmachende Bedingungen, Umwelt- und Lebensbedingungen, sind, und es darauf ankommt, diese Bedingungen zu verändern und nicht bloß die Krankheit beseitigen zu wollen, da sie doch nur eine lebendige Antwort auf die Bedingungen darstellt, ist die moderne Fragestellung im Zeitalter von Globalisierung, Gentechnologie, AIDS, Atomkraft und neuen Massenepidemien folgende: Wie kommt es, dass manche Menschen trotz ihres Ausgeliefertseins an krankmachende Bedingungen gesund bleiben? Nicht der kritisch Erkrankende, der in seiner Angegriffenheit die Verhältnisse angreift, ist mehr die interessante Figur, sondern der Resistente, der das Ganze zu überleben vermag, und zwar durch die positive Beeinflussung seiner selbst. Dieser eigentlich uralte Gedanke des Fernen Ostens, dass man mit positivem Denken seine Gesundheit und den Verlauf von Krankheiten beeinflussen kann, ist in der modernen westlichen naturwissenschaftlichen Medizin angekommen. Ein spezieller medizinischer Wissenszweig hierbei nennt sich beispielsweise *Psychoneuroimmunologie*. Dieses komplizierte Wort will darauf hindeuten, dass über psychische Mechanismen und über die damit beeinflussten neuronalen Zusammenhänge das Immunsystem gestärkt oder geschwächt werden kann. Einfach ausgedrückt: Wer glücklich ist, fröhlich, angstfrei und unverkrampft, der ist auch widerstandsfähiger gegenüber allen krankmachenden Bedingungen. Wer aber gegenüber sich selbst mithilfe positiver, das heißt optimistischer, lebenszugewandter Interpretationen der Dinge einiges auszurichten vermag, dürfte dies, ohne es primär zu beabsichtigen, auch auf andere abstrahlen.

Friendly Fire

Im Bereich des zwischenmenschlichen Handelns und der Kommunikation wirkt sich diese a priori positiv gestimmte Grundhaltung als Freundlichkeit und menschliche Wärme aus. Die außer mir befindliche Wirklichkeit des jeweils anderen ist ja für mich eine durch selektive Wahrnehmung und Interpretation gefilterte Wirklichkeit. Eine grundsätzlich positive Grundhaltung im Zwischenmenschlichen bedeutet, dass ich dem anderen von vornherein positive Motive und Verhaltensmuster unterstelle und so auf ihn reagiere, *als ob* dies so sei, dass er seinerseits positiv gestimmt ist. Wir reagieren im kommunikativen Handeln immer mit Unterstellungen, denn das, was wir vom anderen verstehen, ist lediglich unser höchstpersönliches Verständnis seines Kommunikations- und Interaktionsbeitrags. Mehr als durch unser Auge, Ohr und Gehirn und vielleicht durch unsere Nase können wir in der Regel vom anderen auch kaum erfassen. Unterstelle ich dem anderen positive Absichten, was immer er oder seine Handlungen beinhalten, und reagiere ich darauf wie auf ein dahinter liegendes positives Motiv, dann stimme ich ein Interaktionskonzert an, dessen Tonlage sich der andere mit großer Wahrscheinlichkeit nicht entziehen kann. Man kann das Verführung nennen oder freundliche Befeuerung. Falls der andere am Anfang unserer Begegnung ängstlich, misstrauisch, vorsichtig oder gereizt war, hat er im Verlauf unserer Kommunikation genügend Möglichkeiten, seine Unterstellungen mir gegenüber, die ihn vielleicht ängstlich, aggressiv oder misstrauisch machten, zu korrigieren und an der eingeleiteten offenen, vertrauensvollen, herzlichen Interaktionsform mitzuwirken.

Derart kommunikativ praktizierte Freundlichkeit signalisiert ein Weiteres: Ich zeige, beziehungsweise der andere sieht meinen bevorzugten Bewältigungsmechanismus.

Die Psychoanalyse spricht im Allgemeinen von *Abwehrmechanismen*, und zwar dort, wo wir, eher mehr als weniger, unbewusst auf gefahrvolle oder aufregende Situationen reagieren. Und eine zwischenmenschliche Begegnung ist eine aufregende Situation, zumal, wenn sie der Erste Augenblick ist. Von *Bewältigungsmechanismen* ist in diesem Zusammenhang gelegentlich auch die Rede, und zwar wo es sich um reife, gekonnte Formen der Abwehr handelt, die in soziales und gesellschaftlich akzeptiertes Handeln einfließen und nicht nur keine Irritationen auslösen, sondern Sozialität: Gemeinschaftlichkeit stiften. Zu den Bewältigungsmechanismen zählen, neben der Freundlichkeit und dem Humor, die Umsicht, die Fähigkeit auch einmal zu zögern, die

Sublimierung der unmittelbaren Triebe, wo es angemessen und nötig ist, und eben die Gelassenheit, Unverkrampftheit und Souveränität gegenüber den kontingenten Ereignissen des Lebens. Das ist letztlich das Markenzeichen des Erwachsenseins, und in unserer Zeit, die so jugendorientiert und jugendfetischistisch ist und in der die überwundene Unmündigkeit keine besonders erwünschte Rolle zu spielen scheint, ist es bestimmt ein positives und mit Sicherheit kein negatives Merkmal, wenn jemand trotz der gesellschaftlichen Verlockungen in diesem positiven Sinne erwachsen geworden ist.

Vielleicht ist deshalb neben der Freundlichkeit auch der Humor ein Renner unter den menschlichen Eigenschaften, die Liebespartner als ausschlaggebend für ihren ersten Augenblick angeben, weil Humor sozusagen der Abwehr- beziehungsweise Bewältigungsmechanismus ist, der sich über manche Malaise des Lebens, wenn auch zuweilen mit dem Mittel der Verleugnung, auf höchst ansteckende Weise hinwegsetzt. Wer Humor an den Tag legt, verspricht, dass bei ihm viel gelacht wird, und Lachen, wenn es denn nicht das blöde Wiehern der Underdogs ist, die in dümmlichen Witzen über andere triumphieren, sondern wirkliches, herzliches Lachen, ist absolut gesundheitsfördernd. Wer freundlich und humorvoll ist, bietet gesunde Beziehungen an.

Und eins kommt noch hinzu: Wer Humor besitzt, ist mit jener Selbstdistanz ausgestattet, die es den Menschen erlaubt, Situationen grundsätzlich immer auch unter dem Aspekt ihres möglichen Andersseins wahrzunehmen. Der bekannte Soziologe Niklas Luhmann hat dies vor Zeiten *Kontingenzbewusstsein* genannt: das Wissen, dass alles, was ist, auch anders sein könnte. Mit einer guten Portion Selbstdistanz ist jedem die Möglichkeit gegeben, ohne Gesichtsverlust seine höchstpersönlich interpretierte und konstruierte Wirklichkeit, die er für wahr hält, einer Revision zu unterziehen und andere Perspektiven, aus denen dieselbe Wirklichkeit anders wahrnehmbar ist, zuzulassen, wenn nicht gar zu integrieren. Wer Selbstdistanz hat, hat auch Distanz zu den Dingen und ist Menschen gegenüber nicht distanzlos. Ein dogmatisches Basta ist hier nicht zu befürchten. Überhaupt sind autoritäre und andere terroristische Interaktionsformen undenkbar. Wahrheit wird im Konsens hergestellt. Hier hat das kommunikative

Modell des zwanglosen, freundlichen, ja lustvollen Aushandelns und der Einigung seinen Platz.

Auch hier gilt: Wir haben es mit einem ubiquitären, für alle Menschen allgemeinen, angenehmen und reifen Mechanismus zu tun. Die Erinnerung der Liebenden an die gewinnende Freundlichkeit und den hinreißenden Humor des damals künftigen Partners, dürfte millionenfach dieselbe sein. Nichts Spezifisches also, was diese individuelle Liebesbeziehung begründete, und dennoch muss es etwas Einzigartiges gewesen sein.

Unvergesslich auf jeden Fall ist der Eindruck *in mir selbst*, das Glücksgefühl, das mich bei dieser entgegengebrachten Freundlichkeit und diesem Humor durchflutete. Und vielleicht ist es die Übereinstimmung, die *Passigkeit* mit meinem eigenen Humor, die mich damals mit Glücksgefühlen überschüttete. Die Erkenntnis: »Da gibt es jemanden, der auf meiner Wellenlänge sendet.«

Stimmigkeit

Beziehungen zwischen Menschen werden hauptsächlich durch Sprache gestaltet. Jedenfalls wenn sie nicht mundfaul sind. Der Träger der Sprache des anderen ist seine Stimme. Kein Wunder also, wenn diese Stimme einen von Anfang an faszinierte, schließlich wird man sie, ohne es im ersten Moment bereits wissen zu können, über Jahre und Jahrzehnte hören wollen. Mit der Stimme dringt die Seele des einen in die Seele des anderen. Und mit seiner Stimme verrät jeder auch eine Menge über sich selbst.

Zunächst fällt bei jeder individuellen Stimme die Übereinstimmung oder Nichtübereinstimmung ihrer Klangfarbe mit dem Menschen auf, aus dem sie gewissermaßen erschallt. Diese Stimmigkeit von Modulation und Gestalt ist es, die ausdrückt, ob jemand mit sich im Reinen ist und das auch nach außen darzustellen weiß, ob er sozusagen in seinem Körper wohnt oder ob er sich das zugeeignet hat, was man einmal in der Psychoanalyse ein *falsches Selbst* genannt hat. Ein falsches Selbst zeigt sich bei dem, der vorgibt, jemand zu sein, der er nicht ist. Als unauthentisch würde man diesen Menschen bezeichnen, und oft wird beim viel bemühten Begriff der Authentizität vergessen, dass wir alle soziale Rollen zu spielen haben und das sogenannte Echte nichts ist, was nicht auch gespielt werden könnte.

»Wir alle spielen Theater«, schrieb der Soziologe Erving Goffman (1969) in seiner grundlegenden Theorie. Er meinte damit allerdings nicht, dass wir uns etwa permanent verstellen, sondern dass wir uns tagtäglich auf verschiedenen Bühnen bewegen und dortselbst das entsprechende Verhaltensrepertoire an den Tag legen können müssen. Mal sind wir Sekretärin oder Vorarbeiter oder Rentner. Mal sind wir Schwester oder Bruder, mal Kind unserer Eltern. Gehen wir in die Oper oder ins Pop-Konzert, verhalten wir uns jeweils anders, auch wenn es zum Fußballtraining oder an die Riviera geht. Im Hotel sind wir Gast und wissen uns in der Regel zu verhalten und falls nicht die Kulturlosigkeit des Massendomizils uns nötigt, am Buffet ebenfalls zu drängeln und uns verführt, den Teller wie die anderen vollzuschaufeln. Aber selbst dann ist diffus klar, welche Grenzüberschreitungen in Sachen Zivilisation nicht gehen und welche am Ort der Regression offenbar situativ zugelassen sind. Wir spielen diese sozialen Rollen nicht, als seien sie uns äußerlich und hätten nichts mit uns zu tun, sondern wir legen sie als selbstverständliche Erfüllung der Verhaltenserwartungen anderer an den Tag. Die anderen sind natürlich alle anderen, der sogenannte »generalized other«: die Gesellschaft. Genau genommen stammt unser soziales Rollenverhalten aus unseren Annahmen über die Verhaltenserwartungen der Gesellschaft an uns und gibt sozusagen unsere Erwartungen über die Erwartungen anderer wider. Korrespondiert diese Erwartungserwartung mit der realen Erwartung des anderen, der seinerseits von sich aus erwartet, dass ich wahrscheinlich von ihm ein bestimmtes Verhalten erwarte, haben wir es mit dem zu tun, was im wahrsten Sinne des Wortes soziale Interaktion genannt werden kann: ein wechselseitiger Austausch von Erwartungen und deren Einlösungen.

Wir spielen also in verschiedenen sozialen Situationen verschiedene soziale Rollen, das heißt: wir verhalten uns im Rahmen bestimmter Anpassungskriterien, und es gehört dazu, dass wir uns gerade nicht verstellen, sondern dass wir mit dieser Fähigkeit, verschieden sein zu können, ohne uns in einer Identitätsdiffusion zu verlieren, die Festigkeit unseres Ichs interaktiv unter Beweis stellen. Zwischenmenschliche Kommunikation ist die Probe aufs Exempel. Hier erweist sich, wer trotz Mannigfaltigkeit und teilweiser Unvereinbarkeit der situativen sozialen Rollenerwartungen mit sich selbst identisch bleiben kann, und wer sich so als synthetische Einheit und Autor seiner Handlungen erlebt. Genauso erweist sich aber auch kommunikativ, wer dem sozialen Rollenspiel nicht so recht gewachsen ist und wer, überfordert durch die von ihm selbst projizierten Erwartungen, Interaktionsformen an den Tag legt, die von anderen als unangemessen erlebt werden. Zu erkennen ist eine solche psychische Instabilität, wenn nicht durch das zur Schau gestellte Verhalten selbst, dann unter anderem an der Stimme.

Deren feine Nuancierungen verraten, jedenfalls für den, der sich auf Kommunikation wirklich einlässt, ob jemand jene Ich-Identität in die Waagschale wirft, die wir als Authentizität wahrnehmen. Nicht derjenige, der sich mit aller Kraft um maximale Unverstelltheit bemüht ist der Authentische, sondern der, der mit souveräner Leichtigkeit seine Fähigkeit zum sozialen Rollenspiel einbringt.

Eine Situation, in der Authentizität als die Fähigkeit zum Tragen kommt, angemessen und ohne künstliche Unverstelltheitsbemühungen zum anderen Kontakt aufzunehmen, ist die besonders dichte Konstellation, die sich später rückblickend als der erste Augenblick des Kennenlernens herausstellt. In dieser kurzen Zeitspanne geht es ja gerade darum, für einen anderen Menschen attraktiv zu erscheinen. Attraktivität kommt von Anziehen, und wer mich anzieht, hat es besonders gut geschafft, seine angenehmen Seiten für mich in den Vordergrund zu stellen. Auch dies kann als soziales Rollenspiel gefasst werden. Fast jeder weiß, wie sich Flirten von Anbaggern unterscheidet.

Die Frau oder den Mann fürs Leben kennenzulernen ist noch etwas anderes. Hier tritt mir jemand in konzentriert angenehmer Form gegenüber. Dass diese Person es versteht, ihre idealisierbaren Seiten für mich hervorzuzaubern, könnte mich misstrauisch machen, wenn ich auf die reine Echtheit Wert legte. Denn nichts, aber auch gar nichts weist darauf hin, dass hier jemand mit Problemen und uneinlösbaren

Bedürftigkeiten vor mir steht. Es gibt aber keinen Menschen, der nicht irgendeine Schwäche oder einen, freilich zumeist gesellschaftlich anerkannten, Neurotizismus aufwiese.

Vielleicht muss sich der Authentizitäts-Fan, der sonst niemals jemanden kennenlernen würde, einmal klarmachen, dass *Authentizität und Terror* ganz nah beieinander liegen, wenn Menschen sich derart normativ begegnen wie der Authentizitätsbegriff es fordert. Nein, wirklich so wie wir sind, begegnen wir uns so gut wie nie. Selbst in der vertrautesten Liebesbeziehung gibt es ein Reservat von höchstpersönlichen Eigentümlichkeiten, die keiner zeigen will und vielleicht auch nicht zeigen soll. Und das ist auch gut so, denn nichts anderes war letzten Endes von Richard Sennett gemeint mit der »Tyrannei der Intimität« (Sennett 1983): dass die Menschen am Ende distanzlos werden, sich zu nahe kommen und aus solch *falscher Nähe* Bosheit entsteht (vgl. Adorno 1951, S. 196ff.).

Im ersten Augenblick einer Liebesbeziehung, in dem sich die beiden der Tatsache noch gar nicht bewusst sind, dass sich hier etwas Entscheidendes anbahnt, dürfte das stattfinden, was in Sachen Authentizität immer stattfindet, wenn man sich ein wenig mehr zeigt als sonst in der Öffentlichkeit: Es findet eine Selektion statt, sowohl aufseiten des sich Zeigenden als auch aufseiten des Empfängers der frohen Botschaft, und das geschieht wechselseitig: Beide zeigen *selektiv authentisch*, was sie an ihren Merkmalen als vorzeigbar erachten, und beide nehmen selektiv, also interpretierend, am andern das wahr, was für ihre Bedürfnislage das Beste ist.

Störungen des fragilen Austauschs entstehen dann, wenn zu spüren ist, dass einer sich mit dem, was er vorstellt, übernimmt oder dass er, quasi instrumentell, auf etwas ganz Bestimmtes hinaus will und dies auch noch spürbar kaschiert. Denn der Rahmen selektiver Authentizität wäre längst verlassen, wo die angestrengte Botschaft hieße: »Du, ich bin ganz toll und noch zu haben, am Besten heute Abend.« Die Stimme, ihre Modulation, ist, ähnlich wie falsch inszeniertes Lächeln, der Seismograf, der die untergründige falsche Botschaft anzeigt. Die kleinen Erschütterungen im zarten Spiel des sich Zeigens, die vom Gegenüber als minimale Abweichungen im emotionalen Fluss der wahrgenommenen

Sinneseindrücke zu vernehmen sind, verweisen darauf, dass hier etwas nicht stimmt. Hier verstellt sich jemand mit instrumentellen Absichten und spiegelt uns falsche Tatsachen vor, und das merken wir, wenn wir auf unsere Intuition vertrauen.

Das Gegenteil solcher Falschdarstellung ist die Vorspiegelung richtiger Tatsachen, nämlich die selektive Präsentation seiner selbst ohne jene Engführung der Intentionen, die auf den anderen gerichtet sind und ihn zu vertreiben geeignet ist. Freilich, ganz und gar ohne Absichten stelle ich mich wohl nicht derart positiv dar, dass mein Gegenüber reaktiv geneigt sein könnte, mich attraktiv zu finden. Im Gegenteil, die appellative Botschaft meiner selektiven Authentizität lautet: »Gewinne gegebenenfalls Interesse an mir, lass gegebenenfalls etwas mehr Nähe zu, finde mich gegebenenfalls interessant.« Der gewünschte gegebene Fall tritt dann ein, wenn es mir gelingt, vor allem mit der Stimme und anderen nonverbalen Kommunikationsmedien, mit Mimik, Gestik und Körpersprache, eine Brücke zum anderen zu bauen und ihn einzuladen, sie zu beschreiten. Man könnte auch sagen: den anderen zu berühren, ohne ihn zu begrapschen.

Berührung geschieht, wo wechselseitig Berührungsängste aufgehoben werden. Dabei ist es gar nicht so wichtig, wer den Anfang macht, sondern wichtig ist das Maß der beiderseitigen Bereitschaft und Fähigkeit, sich berühren zu lassen. Der Schlüssel ins Schloss der anderen Psyche, die ich erreichen will, ist meine Selbstdarstellung: »Ich bin jemand, der fähig und in der Lage ist, ein Du zuzulassen, und das kann ich nur, weil ich einigermaßen stabil bin und mit mir identisch bleibe, was immer situativ auf mich zukommt.«

Dies stelle ich im kommunikativen Hier und Jetzt unter Beweis, denn die Situation des sich seiner selbst nicht bewussten ersten Augenblicks ist eine völlig offene. In ihr ist das Hinübergleiten der Absichtslosigkeit in die sachte Absichtlichkeit und von da in das manifest werdende Interesse fast spielerisch, auf jeden Fall verläuft es unverkrampft, in sich selbst unbeabsichtigt und dennoch kommunikativ initiiert und gesteuert: von mir und, eingeladen dazu, von dem Menschen mir gegenüber, aus dessen Sicht sich höchstwahrscheinlich das Ganze perspektivisch genauso, aber umgekehrt darstellt.

Von außen gesehen, tun beide dasselbe. *Das Tun des Einen ist das Tun des Anderen* (vgl. Stierlin 1971). Sie bieten einander eine Auswahl an, einen Ausschnitt ihrer Persönlichkeit, der vielleicht sogar vorgreifend ein Maximum dessen umschreibt, was gegeben werden könnte, sozusagen die idealen Seiten unter Abzug alltäglicher Selbstverständlichkeiten, und beide nehmen den Ausschnitt, *pars pro toto*, spielerisch als das wahre Wesen und stricken an einem unausgesprochenen Konsens über die ideale Qualität ihrer Interaktion und die Qualitäten der Interaktionspartner.

Es war seine Stimme, es war ihre Stimme, die später als das Ausschlaggebende erinnert wird. Es waren ihre von der Stimme getragenen Selbstdarstellungen, welche die beiden zusammenbrachten. Sie zeigten sich, wer sie unter günstigen Umständen sein könnten und nahmen einen Moment wahr, wie es sich anfühlen mochte, sich intensiver aufeinander einzulassen. Für beide entstand das Gefühl des Vertrauens, vielleicht antizipatorisch des Vertrautseins, das ihnen erlaubte, plötzliche Nähe zu ahnen. Dies wird, mehr oder weniger verklärt, später erinnert. Im Grunde wird auch hier wieder hauptsächlich das eigene Gefühl erinnert, das in der ersten bahnbrechenden Interaktion mit dem künftigen Liebespartner ausgelöst wurde.

Intelligenz und die Art zu reden

Neben dem Träger der Sprache, der Stimme, ist es das Gesagte selbst, was eine Berührung der Seelen ermöglicht. Und neben den Inhalten ist es die Wahl der Sprache, die in bedeutender Weise den engeren Prozess des Kennenlernens in die für die Liebe zukunftsträchtigen Bahnen kanalisiert. Während das Lächeln, die Freundlichkeit, der Humor und die Stimme des anderen gewissermaßen der allgemeine Schmierstoff für das intersubjektive Geschehen in emotionaler und psychischer Hinsicht ist, betreten die künftigen Liebespartner hier unbemerkt auch soziologisches Terrain: Sprachwahl und die Umreißung möglicher thematischer Horizonte weisen den Sprecher als den aus, der er seiner Herkunft nach ist und als den, der er zukünftig sein will.

Um es zu wiederholen: Liebe ist möglich, aber nicht alle Menschen können mit allen Menschen Liebe erfahren. Nicht alle Menschen können Liebe geben, weil sie einfach nicht liebesfähig sind, und nicht alle Menschen können geliebt werden, einfach weil sie nicht liebenswert sind. Das ist vergleichsweise simpel. Etwas komplizierter wird es, wenn liebesfähige und durchaus liebenswerte Menschen aufeinander treffen, denn auch hier kann nicht jeder mit jedem Liebe erfahren. Denn sie müssen auf irgendeine Weise zusammenpassen; das Kompatibilitätskriterium ist in unserer Kultur schließlich eines der wichtigsten. Wer aber passt mit wem zusammen? Wir wissen es intuitiv, wenn wir von jemandem angezogen werden.

Vielleicht können ungeheuer viele, eine gewisse historisch-kulturelle Laxheit vorausgesetzt, bei Absonderung entsprechender Pheromone und Vorhandensein entsprechender Triebdrücke oder anderer Bedürfnislagen, wie Einsamkeit oder Donjuanismus, unter Umständen ein oder ein paar Mal miteinander ins Bett, sogar Personen, die sich sehr fremd sind, vor allem wenn die Volksdroge Alkohol nachhilft, aber zusammenfinden, in Liebe zusammenfinden, können sie nicht. Ungeheuer viele können auch, wie die weltweite Wirklichkeit zeigt, miteinander, beziehungsweise nebeneinander leben, eine Ehe eingehen, lebenslang zusammen arbeiten, konsumieren, Kinder aufziehen und gelegentlich Sex haben, wenn sie denn annehmen, dass es so sein muss. Aber mit Liebe hat das absolut nichts zu tun. Zur Liebe gehört die Berührung der Wesenskerne, und die wird allein durch kulturelle Routinen oder durch physiologische Verrichtungen nicht evoziert. Wer sich nicht im Sinne einer wirklichen *Communio* austauscht, kann den anderen nicht erreichen. Erst durch Kommunikation erweist es sich, wer mit wem Liebe entstehen lassen kann und wer nicht (vgl. Illouz 2007a, S. 250ff. und S. 304).

Denn in diesem Austausch zeigt sich der eine dem anderen und der andere dem einen. Dabei teilen sie sich unweigerlich mit, auf welchem Level der Auseinandersetzung mit sich selbst und mit der Welt sie sich befinden und auf welchem psychischen, sozialen, kulturellen und intellektuellen Niveau sie beginnen könnten, ein gemeinsames Universum zu konstruieren, das für sie beide künftigen Realitätscharakter hätte. Das fängt bei den Jugendlichen an, die in ihren Bekanntschaftsannoncen auf gemeinsamen Musikgeschmack, Kleidungsstil und gemeinsame Idole Wert legen. Wer dieselben Leadsänger oder auch dieselben Liedersänger z.B. aus der Volksmusikszene toll findet, findet deren, wenn auch arg kommerzialisierte, Form der emotionalen Erlebnisverarbeitung gut, die als eigenes Modell für Bewältigung und Abwehr dienen mag. Und wer dasselbe Idol verehrt, findet sich im selben Ich-Ideal wieder, welches all das rückprojiziert, was man aus seinem eigenen Seelenleben in es hineinbewundert. Noch der unfertigste Jugendliche sagt eigentlich zu seiner kleinen Eroberung: »Wenn du den und den genauso *cool* findest wie ich, dann bist du mir ähnlich und ich kann dir deshalb nah sein. Der gemeinsame Level unserer psychischen Ausrichtung ist, dass wir einen großen Idealisierungsbedarf haben, dass wir aus uns heraus nicht, vielleicht *noch* nicht, ausdrücken können, was uns im Inneren bewegt und dass wir uns in einer bestimmten Form der Emotionalität, der Sehnsucht, der Aggression, der Traurigkeit, was auch immer, bewegen wollen. So cool wie wir das Ganze nennen, ist das gar nicht, sondern eher heiß. Das Heiße ist das Coole, Mann ey.«

Später kommen, nicht bei allen, andere Levels der Auseinandersetzung mit sich und der Welt hinzu, insbesondere Politik und Religion, auch in der Form von Verdrossenheit und dezidiert diesseitigen ideologischen Weltbildern. Manche fokussieren aber auch lediglich auf Sport oder Gesundheit als relevante Fragestellungen des Lebens. Andere interessiert bloß der wirtschaftlich-gesellschaftliche Erfolg, insbesondere heutzutage, wo man den »Gott Geld« als letzte Instanz anbetet. Einige fokussieren aber auch nach wie vor auf die familiäre Binnengestaltung, manche auf Traditions- und Loyalitätsfragen usw. Diese *Leitmotive*, die jeder Einzelne für seinen Lebenssinn gewählt hat, sind im Wesentlichen gesellschaftlich bereitgestellte Orientierungsmuster und gerade keine höchstpersönlichen Entwürfe, als die sie sich freilich anfühlen mögen.

Dennoch gibt es persönlichkeitsgebundene soziokulturelle Niveaus der Auseinandersetzung mit sich und der Welt, die gegebenenfalls sogar über die gesellschaftlich üblichen Deutungsangebote hinausgehen, und innerhalb der konventionellen Denkstrukturen gibt es individuelle Facetten und Aberrationen, welche die Eigenheit der Person ausmachen, die man attraktiv findet. Für Pierre Bourdieu ist es der *Habitus*, der wie eine unsichtbare Hand die gesellschaftliche Reproduktion durch ihre Mitglieder hindurch steuert:

> »Der Habitus ist eine ›Handlungs-, Wahrnehmungs- und Denkmatrix‹, die man sich im Zuge der Sozialisation ›einverleibt‹ und die sich langsam im Körper ausbreitet und akkumuliert und ihren Ausdruck in Meinungen und ästhetischen Geschmacksvorlieben sowie im alltäglichen Mikroverhalten findet (Bourdieu 1976, S. 169). In *Die feinen Unterschiede* [...] bemerkt Bourdieu nebenbei, dass sich das Wirken des Habitus nirgends deutlicher zeigt als in der Liebe, und zwar gerade deshalb, weil der Habitus es den Menschen ermöglicht, romantische Liebe als spontane und freie Emotion zu erfahren, und ihnen gleichzeitig Partner liefert, die mit ihrer eigenen sozialen Position und Entwicklung vereinbar sind. Die Menschen bringen somit unbewusst und unbeabsichtigt ihre romantischen Sehnsüchte mit ihren objektiven Chancen, sich mit anderen zu paaren, in Einklang« (Illouz 2007a, S. 230f.).

Attraktiv findet man in aller Regel denjenigen, an den man psychisch und intellektuell andocken kann. Nicht so sehr die Inhalte des Denkens als ihre Form scheint hierbei ausschlaggebend zu sein. Es kommt auf den Differenzierungsgrad an. Seine Denkstrukturen machen den anderen attraktiv: So *wie* er denkt, finde ich ihn interessant. Intuitiv, binnen der berühmten wenigen Sekunden des ersten Augenblicks, kann erkannt werden, ob der andere zu mir passt oder nicht.

Eher ohne als mit Paul Watzlawick (Watzlawick et al. 1969, S. 242ff.) werden hier unter der Hand verschiedene, aufeinander aufbauende Stufen des Wissens und damit Niveaus des Denkens wahrgenommen, die über ein potenzielles Miteinander Auskunft geben. Mindestens vier Ebenen soll es geben – wahrscheinlich sind es sehr viele mehr.

Erst einmal gibt es das bloße, gewissermaßen naive Erkennen von Gegenständen in der Realität: Dies ist ein Tisch, dies ist ein Stuhl, dies ist ein Kleid: Wissen *erster Ordnung*. Jemand, der auf diesem Niveau denkt, hält sich an das Konkrete und sonst nichts. Dies ist ein Rock. Dies ist ein Brot ...

Wer auf diesem kruden Niveau des Denkens zueinander findet, bestätigt dem anderen und sich, dass er weiß, was er weiß. Diese Bestätigung dient gegebenenfalls dem wechselseitigen Identitätserhalt, und deshalb wird der andere als attraktiv empfunden: »Endlich ist da jemand, der die Dinge genauso erfasst wie ich. Der ist mir ungemein sympathisch.«

Watzlawick unterscheidet das Wissen *von* Dingen vom Wissen *über* Dinge. Ein Wissen *über* die Gegenstände beinhaltet immer auch eine Erfahrung mit ihnen, die zunächst vielleicht in simplen Lust-Unlust-Dimensionen mit den jeweiligen Gegenständen in Verbindung gebracht werden. Damit erlangen die Dinge für uns im Bereich ihres Gebrauchswertes Bedeutung. Wer für sich die *Bedeutung von Dingen* realisiert, verfügt über das *Wissen zweiter Ordnung*. Man geht davon aus, dass das Sprachlernen des Kleinkindes in interaktiv gesättigten Bedeutungsräumen erfolgt, und etwa das Wort Mama nicht zuerst den konkreten einzelnen Menschen Mutter meint, sondern ein ganzes Konglomerat von Interaktionserfahrungen umschließt: *Mama* ist die sich wiederholende gute Erfahrung von Hautwärme, Milch, Stimme und Sicherheit, die sich schließlich zu einem Wort verdichtet, das, ist es erst einmal ausgesprochen, die angenehme Interaktionserfahrung verstärkt und bestätigt, weil Mama sich freut, dass sie so erkannt und genannt wird und ihr kleines Kind mit positiven Signalen überhäuft.

»Wenn Brot einen hohen Roggenanteil im Sauerteig hat, mag ich es besonders gern; Brot wird ja nicht nur aus einem Korn hergestellt, da muss die Mischung stimmen.« »Ein Rock aus Leinen hält viel länger als ein Rock aus Seide; außerdem kühlt Leinen im Sommer. Meist knittert es aber arg. Heute ist das modern; Leinen tragen bedeutet, irgendwie dazuzugehören.«

Jemand, der sich zu einem hingezogen fühlt, weil er all das weiß, findet ihn entweder deshalb großartig, weil er ihn dafür bewundert oder weil er sich in seinem Wissen über die Dinge ergänzt und gespiegelt sieht und das gemeinsame Know-how zusammenbringen will. Bei Partnern, die sich attraktiv finden, weil sie dieses Denkniveau teilen, verläuft das gemeinsame Leben und ihr Lebensverständnis nach den Alltagsnotwendigkeiten mit all ihren Höhe- und Tiefpunkten: »Wenn das Geld reicht, fahren wir nächsten Sommer nach Mallorca. Weißt du noch, wie schön es eigentlich war, als wir vor drei Jahren an der Ostsee in Boltenhagen waren und die ganze Zeit schönes Wetter hatten? Das sollten wir mal wieder machen. Ist auch viel besser als Mallorca.«

Was sich bei dem Wissenszuwachs über die Dinge herausbilden kann, ist Erfahrungsfähigkeit und Lernen, und als Synthese aller Erfahrungen mit Dingen und Menschen kann ein Wissen über die Position entstehen, die die Person inmitten dieser erfahrenen Welt innehat, sozusagen ihr, freilich perspektivisches, Gesamtbild der Welt, das dann als *Sinnzusammenhang* ihrem Dasein Halt gibt. Das ist das *Wissen dritter Ordnung.*

»Ich bin in der Mitte der Welt, weil meine Mama mich lieb hat und mir alles um mich herum genau erklärt, ich es lerne und verstehe und das ist schön.« »Ich bin Angestellte und in unserer Firma gibt es verschiedene, voneinander abhängige Abteilungen. Wir sind für den Vertrieb der gesamten Kleidungsproduktion zuständig: Abteilung Röcke. Hergestellt wird das alles aber letztlich im fernen Ausland. In unserem Gesamtkonzern werden neben Kleidung auch Nahrungsmittel hergestellt, das ist aber wieder in einem anderen Land. Dort machen wir *in Brot.* Am Markt sind wir die Nummer drei. Ich bin zwar nur ein kleines Rädchen, aber ohne mich und all die anderen würde es nicht funktionieren, weil alles mit allem zusammenhängt.«

Wer sich auf diese Weise Sinn geben kann, indem er ihn konstruiert, tut dies nicht ohne Selbstreflexion seiner Stellung in der Welt. Personen, die über das Vermögen zur Selbstreflexion verfügen, sind deshalb attraktiv, weil sie sich in der Regel auch in die Position des anderen versetzen können. Jemand, der damit Sinnzusammenhänge aufwirft oder gar beantwortet, wird für attraktiv befunden, weil er Orientierung verspricht. Keine schlechte Voraussetzung für die Liebe, wo es auch um das Warum und das Wohin geht, das man gemeinsam gestalten will.

Watzlawick merkt hier übrigens an, dass auch das Wahnsystem eines Paranoikers, also das aus vermeintlich normaler Sicht pathologische Weltbild, seinen Zweck als Orientierung und Welterklärung voll erfüllen kann: »Alle sind gegen mich und haben Angst vor mir, weil ich über höhere Kräfte verfüge. Diese kommen aus dem Weltall, wo es überirdische Intelligenzen gibt, die zu mir Kontakt aufgenommen haben.«

Es kommt also gar nicht auf die Qualität und Richtigkeit dieser Weltbilder an, die hier als *Wissen dritter Ordnung* gelten, sondern pragmatisch auf deren Sinngebungsfunktion. Zumindest beim Pragmatiker

Watzlawick ist das so. Das Niveau des Wissens *dritter Ordnung* wird bei Weitem nicht von allen erreicht. Viele Menschen leben lediglich in konkreten Vollzügen der *zweiten Ordnung* und es reicht ihnen, wenn sie wissen, wie man was mit welchem Mitteln zu welchem Zweck in welchem Zeitraum bekommen oder erreichen kann. Ihre Stellung in der Welt oder auch bloß in der Familie, in der sie großgezogen wurden und die sie weiterführen, erlaubt es ihnen nicht, weitere intellektuelle Schritte zu wagen und die Stellung selbst zu reflektieren.

Die dritte Stufe des Wissens ist jene, welche uns Sinn erfahren lässt, und in manchen psychischen und sozialen Verhältnissen ist Sinn nicht herzustellen, jedenfalls nicht auf eigene Faust. Deshalb, vor allem aber, um die Zumutungen des Daseins zu ertragen, wird den Menschen Sinn von außen angeboten in Form von einfach strukturierten Deutungsmustern, die gesellschaftlich erwünscht und allseits akzeptabel sind. Manche davon sind freilich gesellschaftlich unerwünscht und inakzeptabel, obwohl sie doch nicht grundlos in der Gesellschaft generiert werden. Im Rahmen der gesellschaftlich gewünschten Deutungsmuster muss es, um es mit der modernen amerikanisierten Sprache auszudrücken, *Sinn machen*, für eine Mallorcareise zu sparen und ansonsten monatlich die Miete zu berappen und tagtäglich, wenn man eine hat, *auf Arbeit* zu fahren und damit nicht wirklich genug zu verdienen oder unter der Arbeitslosigkeit zu leiden, weil man noch weniger als *nicht genug* hat. In einer Welt ohne Sinn könnte man psychisch nur schwerlich überleben, und einer, der heute nur noch selten zitiert wird, hat einmal darauf hingewiesen, dass solche Sinnkonstrukte so etwas wie Opium für das Volk seien, also Sedierungsfunktion haben. Die Wahl des gesellschaftlichen Sinnangebotes in Form eines religiösen Glaubens oder eines säkularen Weltbildes entscheidet unter Umständen auch, aus welchem Pool sich die späteren Liebespartner rekrutieren.

Viele finden *den Richtigen* oder *die Richtige* für die große Liebe in jenem gesellschaftlich bereitgestellten Interpretationsfeld, das ihrem eigenen entspricht. Meist geschieht das auch noch an den Orten, an denen jener Sinn zelebriert wird: Horst und Babsi lernen sich in der Evangelischen Studentengemeinde kennen, Sieglinde und Winfried beim CDU-Ortsverband, Karin und Peter am Fließband bei VW, Sven und Gesche auf einer Demo in der Hafenstraße von St. Pauli und Lucie und Jan in der Mensa der Freien Universität Berlin. Füreinander sind sie ganz offenkundig *die Richtigen*. Sie finden sich unmittelbar attraktiv, weil sie, wie die meisten, vom Partner eine Bestätigung ihres Sinnzuganges erwarten. Das ist damit zu erklären, dass Veränderungen in den *Denkprämissen dritter Ordnung* so gut wie nie, und wenn, dann nur mit äußersten Widerständen und heftigsten Eruptionen, erfolgen. Für die meisten ist es überhaupt nicht vorstellbar, dass sie anders über die Welt denken, als es in ihrem Weltbild vorgegeben ist. In der Regel führt dieser Umstand sogar dazu, dass mit heftigsten Aggressionen oder Widerwillen auf die reagiert wird, die mit ihrer anderen Art der Weltsicht zu einer Bedrohung geraten. Kein Wunder, dass hier sich Gleiches zu Gleichem gesellt und Verschiedenes auf gleiche Weise bekämpft wird, manchmal bis aufs Blut. Bereits zwischen SPD- und CDU-Anhängern entbrennt so manches hasserfüllte Wortgerangel, vorwiegend in den Medien und an den Stammtischen, als ob sich staatstragende Parteien so krass noch unterscheiden ließen. Vielleicht schimpfen gerade deshalb die Medienpolitiker wie die Kesselflicker auf- und übereinander und verhunzen dabei die Sprache und die Psyche ihrer Adepten: um nur den Unterschied, also die eigene *Identität*, wenigstens durch Verbalinjurien zu zementieren. Woanders, bei Fundamentalisten aller Couleur, finden Kriege mit Tausenden von Toten statt, nur um die tradierte Weltsicht, und freilich die dahinter liegenden ökonomischen und althergebrachten Machtinteressen, beizubehalten oder gegenüber anderen durchzusetzen.

Änderungen von *Denkstrukturen dritter Ordnung*, also Änderungen sinngebender Grundannahmen, finden, wenn überhaupt, in existenziellen Krisen statt, wenn das immer schon Gewusste erschüttert wird. Niemand begibt sich auf Sinnsuche, der nicht schmerzhaft auf die Sinnlosigkeit seiner bisherigen Prämissen gestoßen wurde. Manchmal suchen Menschen in einer solchen Sinnkrise Psychotherapeuten auf, und diese versuchen, wenn sie gut sind, jene notwendige Änderung der Prämissen dritter Ordnung aus einer Perspektive heraus zu initiieren, die sich als Metaperspektive *über* der Sinnfrage und den diversen bereitstehenden Antworten erweist. Wenn sie gut sind. Das heißt: der Psychotherapeut, die Psychotherapeutin führt dann keine eigenen Überzeugungen ins

Feld, die der Ratsuchende zu übernehmen hätte nur weil sie vielleicht besser durchdacht oder eloquenter vorgetragen sind. Vielmehr besteht gute Psychotherapie darin, dass sie auf eine nicht-normative Weise im verdichteten Medium der Interaktion anderes Denken, anderes Fühlen oder anderes Handeln ermöglicht. Oder alles zusammen. Nicht eine bessere, richtigere Überzeugung über das Wesen der Dinge und den Sinn des Lebens hat gute Psychotherapie zu vermitteln, sondern alternative, selbstreflexive Herangehensweisen an Fragen und Antworten über Sinnzusammenhänge überhaupt.

Diese Herangehensweisen sind, laut Watzlawick, nur von der *vierten Ordnung* des Denkens aus möglich, die im Bezug auf die problematisch gewordenen Denkmuster mit wiederum darüberliegenden, abstrakteren Prämissen operiert, aus denen das Gespinst von sinngebenden Geistesprodukten *dritter Ordnung* hinterfragt und verändert wird. Keine Frage, dass es immer weniger werden, die solche Höhen der Reflexion je erreichen – jedenfalls nach Watzlawick.

Ganz spontan und intuitiv werden sich deshalb jene attraktiv finden, die sich aufgrund ihrer Lebensnotwendigkeiten jenseits der üblichen Sinnfragen zu bewegen pflegen. Meist haben sie zudem noch gelernt, dass solches Denken auf der Metaebene der Sinnproduktion lustvoll geschehen kann, und dass es noch lustvoller ist, sich gemeinsam in diese Höhen der Reflexion hochzuhangeln.

Insgesamt gilt hier: Eine Kommunikation *über* die Denkgrundlagen der jeweiligen Ordnung ist nur von der nächsten höher liegenden Stufe aus möglich. Wer fähig zur Selbstreflexion ist, befindet sich auf dem Weg zu dem Erkenntnislevel, auf dem mit der Bewusstwerdung der eigenen Verhaltensstrukturen und des Verhaltens der Umwelt darauf die Einsicht in den Kontingenzcharakter der Wirklichkeit erwächst. Gemeint ist damit, was Luhmann mit *Kontingenz* bezeichnete: dass alles Seiende immer auch anders sein könnte. Weitergehende Metaebenen des Denkens sind denkbar, Ebenen, die das Denken denken, und auch diese Metareflexionen erfolgen in identifizierbaren Strukturen und sind eingebettet in möglicherweise rekonstruierbare Paradigmenfolgen.

Obwohl dies letztlich unendlich kompliziert scheint: Mit der Liebe hat es eminent viel zu tun, denn ein jeder sucht, wie es so schön heißt,

Topf oder Deckelchen, die zueinander passen, wobei nicht immer klar ist, wer denn bei zweien, die sich kennenlernen, Topf und wer Deckel ist. Anhand der sich ausdifferenzierenden Reflexionsebenen, die in die Waagschale des ersten Augenblicks geworfen werden, ist blitzschnell klar, was zusammen geht und was nicht. Die Klarheit vermittelt sich über den äußerst wohltuenden Eindruck, den die attraktive Person einem selbst gegenüber vermittelt.

Topf und Deckel

In welchem Alter die sich eben Kennenlernenden auch sind – immer sind beide intuitiv dabei, zu prüfen, ob sie bei der Selbstoffenbarung des anderen, der seine Ansichten und Kenntnisse über die Welt kundtut, psychisch und intellektuell Anschluss finden. Entscheidend für dieses Harmonieren ist eine fundamentale Grundannahme über die für jeden Einzelnen in psychoökonomischer Hinsicht zweckdienlichste Beziehungsform: »Soll der andere mir im Wesentlichen *ähnlich* oder soll er mir eher grundsätzlich *verschieden* sein, und falls ja: Soll er mir unterlegen oder überlegen sein?«

Dies ist die grundsätzliche Vorentschiedenheit über den wesentlich *symmetrischen* oder den wesentlich *komplementären Charakter der Beziehung*, die beide sozusagen als *Conditio sine qua non* ihrer erträumten Verbindung überhaupt einbringen: »Will ich einen, der mir gleicht oder will ich einen grundverschiedenen Partner?«

Mein vermeintlicher Wille in dieser fundamentalen Vorentschiedenheit dürfte, allem Ermessen nach, mein absolut freier Wille nicht sein, über den ich etwa autonom per Entscheidungsfreiheit verfügen könnte. Stattdessen ist dieses nahezu unbeeinflussbare Desiderat über den symmetrischen oder den komplementären Charakter meiner hauptsächlichen Beziehungen Ausfluss jener Tiefenschichten meiner Psyche, in denen meine existenziellen Bedürftigkeiten festgeschrieben sind. Hier liegen die »Grundformen der Angst« (Riemann 1975) und hier sind die Selbstbestätigungsnotwendigkeiten eingegraben, die meine Identität überhaupt ausmachen. Das beginnt in jungen Jahren mit der Frage, ob er oder sie blond oder dunkelhaarig sein soll, und es endet mit der Frage nach dem Sinn des Lebens im Universum oder, darüber hinaus: der Sinnhaftigkeit der Frage selbst.

Empirisch festgestellt wurde, dass die meisten Menschen eher Ähnlichkeit suchen, zumindest für ihre lebensgeschichtlich zentrale Liebesbeziehung, und schon allein deshalb ist Liebe, wie wir sie idealisieren, in vielen kulturellen und historischen Zusammenhängen kaum möglich. Wo Zwangsheiraten und instrumentelle hierarchische Verfügungsverhältnisse an der soziokulturellen Tagesordnung sind, kommt Liebe allenthalben als Traum auf, ähnlich wie es im Mittelalter die Minnesänge thematisierten, in welchen von *der Richtigen* in unerreichbaren Welten geschwärmt wurde, die einfach unerreichbar war und blieb, weil die Mauern der sozial fixierten Verhaltenszwänge nicht zu brechen waren, und die deshalb so tränenreich und so verzehrend geliebt wurde. Heute nährt sich die Idee der Liebe als einer Wechselseitigkeit im Geben und Nehmen der Geschlechter aus den weltweit zu empfangenden TV-Produktionen, die selbst noch im sterilsten Hollywood-Schinken eine Vorstellung von Gegenseitigkeit zwischen den Liebenden transportieren, auch wenn hier die Mann-Frau-Interaktionen auf andere, zuweilen perfide Weise normiert werden. Auch deshalb ist für traditionale Gesellschaften wie China oder Afghanistan und die anderen fundamentalistischen Systeme, die die Liebe wie ein Verbrechen behandeln, westliches Fernsehen von Übel: weil hier mit der »Konsumkultur« Verhaltensformen zwischen den Geschlechtern vorgestellt werden, die selbst hinter ihrer Normierung und Verstellung die Vision freier und tendenziell egalitärer Interaktionsformen aufscheinen lassen (vgl. Illouz 2007a, S. 109f.), und seien sie noch so versteckt in den mittlerweile üblichen Geschmacklosigkeiten des modernen Medienmülls. Für fundamentalistische Zusammenhänge gibt es nichts Schlimmeres als die Verbreitung von Kontingenzbewusstsein: die Idee, dass alles, was auf ewig geregelt zu sein scheint, eben dezidiert auch ganz anders sein könnte. Insbesondere gilt das für die Aufhebung der Geschlechtertrennung »in der Sphäre des Begehrens« (ebd.).

Dort, wo eine Vorstellung von Liebe zwischen zwei autonomen, individuellen Personen handlungsleitend ist und die Qualität des ersten

Augenblicks bestimmt, also in Westeuropa im 21. Jahrhundert und in der übrigen Welt mit Satellitenempfang, besteht, zumindest für einige, die Möglichkeit der Wahl und der Entscheidung für ganz bestimmte Partner und ganz bestimmte Beziehungskonstellationen bei mehreren Alternativen. Wie frei das Ganze ist, entscheidet hier auf den ersten Blick nicht die gesellschaftliche Konvention, sondern die innere Freiheit der Einzelnen, sich so oder auch anders zu verhalten.

Freilich ist auch diese, selbst in freien Systemen, nicht jedem grenzenlos gegeben, und deshalb wiederholen sich im Großen und Ganzen immer wieder die gleichen Muster, auch wenn sie unter dem Titel der Freiheit gelebt werden. Es werden also, wie gesagt, häufig Ähnlichkeiten beim anderen gesucht. Studien über die sogenannte *Homogamie*, über die Anziehungskraft der Gleichartigkeit, die von Soziologen durchgeführt wurden, bestätigen immer wieder, dass Gleich und Gleich sich gern gesellt. Je größer die Übereinstimmungen zwischen zwei Menschen im Hinblick auf ihre psychische Ausstattung, ihre intellektuellen Fähigkeiten, ihre körperliche Gesundheit, ihr Aussehen, ihre Herkunft, und ihre Weltbilder sind, desto heftiger und häufiger sind sie ineinander verliebt. Entschieden wird das nicht rational, sondern *subkutan* auf dem blitzschnellen Wege der Intuition. Wir finden diejenigen attraktiv, die unserer Psyche guttun.

Dort, wo Eigenschaften fehlen, die der andere hat und der eine nicht, kommt es in der Regel zum Tauschhandel, indem soziale Desiderabilitäten, das heißt, die Gesamtheit der wünschenswerten und attraktiven Merkmale, miteinander verrechnet werden. Das erinnert an das bereits in Platons Metapher vom halbierten Kugelwesen gedachte, zutiefst menschliche Bedürfnis nach Ergänzung und Vervollkommnung, das in der Liebe zu seinem Recht kommen will. Die Sehnsucht nach *dem* einen oder *der* einen *Richtigen* erklärt sich auch daraus, dass wir uns als unfertig und unvollkommen erleben. Hier können in der Summe Symmetrien entstehen, welche Identität herstellen: »Zusammen sind wir unübertrefflich.«

Wer sich nun aus sehr tiefen und kaum beeinflussbaren Gründen zu einer wesentlich ungleichen, komplementären Beziehungsform hingezogen fühlt, wird die Art und Weise, wie sein damals künftiger Liebespartner

Dinge sagte und wie intelligent er war, aus einer Perspektive unterhalb oder oberhalb des eigenen Denkhorizonts beurteilt haben, und das wunderbare Gefühl, das sich ihm seinerzeit vermittelte, als er im ersten Augenblick des Kennenlernens die Denkweise seines bald geliebten Gegenübers mitbekam, wird ausschlaggebend gewesen sein für die Faszination, die zur Wahl des Richtigen in der Liebe unerlässlich ist.

Nehmen wir die millionenfach klassischen Komplementärbeziehungen zwischen Mann und Frau, wie sie, fast klischeehaft, noch immer in Stadt und Land, freilich dort mehr, gelebt werden: Sie verliebt sich in ihn, weil er ihr intellektuell ein wenig oder stark überlegen ist und weil er ihr so schön die Welt erklären kann. Er verliebt sich in sie, weil sie ihn dafür bewundert und weil sie bei ihm gewisse Fürsorglichkeits- und Schutzimpulse auslöst, die sich – vielleicht sogar für ihn selbst – erst viel später als Herrschaftsanspruch zu erkennen geben. Im Zusammenwirken beider Impulse, die sich gegenseitig bestätigen und bekräftigen, leuchtet am Horizont der Liebesmöglichkeiten beider ein Paradies auf, welches sich beide schon lange ersehnen.

Das sie begründende Komplementäre an diesen Beziehungen, die paradiesisch erscheinende Ergänzung des einen durch den andern, stellt, zu Ende gedacht, zugleich auch ihre denkbare Gefährdung dar: Beziehungen, die im Wesentlichen auf Unterschiedlichkeit und nicht auf Ebenbürtigkeit beruhen, weisen zumindest tendenziell, ein Überordnungs-Unterordnungsverhältnis auf: Sie sind latente Machtverhältnisse. Der eine ist der Superiore, der andere der Inferiore, der eine gibt, der andere empfängt: Am Ende wird das Latente manifest, und es hat der eine das Sagen und der andere zu gehorchen, ganz wie beim *Buchhändler aus Kabul* (Seierstad 2004), in dessen Kultur, wie in allen traditionalen Gesellschaften, die Prädominanz des in die Jahre gekommenen Mannes und damit die grundsätzlich männliche Definitionsmacht absolut festgeschrieben ist.

Während Komplementarität in anderen Sozialbeziehungen, etwa der von Mutter und Kind oder von Arzt und Patient, zu Entwicklungsprozessen für den hilfsbedürftig-inferioren Teil durch den fürsorglich-superioren anderen führt und dies auch dort in vielerlei Hinsicht zweckdienlich ist, besteht, wie gesagt, zumindest der Tendenz nach, in

Liebesbeziehungen die Gefahr der symbiotischen Sackgasse zwischen starkem Führer und schwachem Geführten. Sie entsteht dadurch, dass sich beide auf die für sie bestätigende Funktion des jeweils anderen derart verlassen, dass sie in ein regressives, völlig statisches Abhängigkeitsspiel geraten. Spiele dieser Art sind keine Kinderspiele, sondern *Spiele der Erwachsenen* (Berne 1970), also festgefahrene Interaktionen mit festgefahrenen Regeln, die von innen nicht mehr aufzubrechen sind und die fatale Tendenz haben, in massiven Störungen und letztlich im Tod von lebendigen Beziehungen überhaupt zu münden.

Liebe, so wie sie im romantischen Traum unserer Kultur von *dem einen Richtigen* herbeigesehnt wird, der wie für mich geschaffen ist, enthält die Vorstellung von Reziprozität: Wechselseitigkeit – und damit die Idee von Gleichheit. Freilich gibt es immer und überall in Mann-Frau-Beziehungen und auch in den gleichgeschlechtlichen Komplementaritäten: Mal kann der eine etwas besser, mal der andere. Die Frage aber ist, wie tiefgehend und wie prinzipiell die Partner Gleichheit oder Verschiedenheit als Fundament ihrer Beziehung ansehen.

Wer sich, aus ebenso tief liegenden und ohne Weiteres nicht beeinflussbaren Gründen zu einer symmetrischen, also im Wesentlichen auf Gleichheit und Gleichartigkeit beruhenden Beziehungsform hingezogen fühlt, wird sicher ebenfalls die Art und Weise, wie sein damals künftiger Liebespartner Dinge sagte und wie intelligent er war, erinnern. Aber die Faszination wird sich nicht aus einer Perspektive unterhalb oder oberhalb des eigenen Denkniveaus ergeben haben, sondern das wunderbare Gefühl, das sich ihm seinerzeit vermittelte, als er im ersten Augenblick des Kennenlernens die Denkweise seines bald geliebten Gegenübers mitbekam, entstand, weil hier plötzlich eine Geistesverwandtschaft aufschien, die alle Sehnsüchte zu erfüllen versprach. Das ist die Sehnsucht nach Gleichheit, und das heißt: nach Spiegelung im anderen.

Symmetrische Beziehungen haben den Charakter der Dauerstimulation der Kräfte, deren Zusammenspiel sie selbst sind. Die Liebespartner neigen dazu, sich permanent gegenseitig anzuspornen, noch besser, noch interessanter, noch stärker zu werden. Das sie begründende Symmetrische, die paradiesisch erscheinende Bestätigung des einen durch das Spiegelbild des andern, stellt, zu Ende gedacht, zugleich aber ihre denkbare Gefährdung dar: Beziehungen, die im Wesentlichen auf Gleichheit beruhen, weisen, zumindest der Tendenz nach, ein Konkurrenz- und Eskalationspotenzial auf. Der eine will immer noch besser sein, weil er in dem vom Partner angespornten Verhalten seinerseits Ansporn für diesen ist, eine Spirale, die sich im Positiven wie im Negativen hochschaukeln und in dramatischen Fällen zu höchst aggressiven oder höchst depressiven Entladungen führen kann. Watzlawick et al. haben das anhand des Theaterstücks *Wer hat Angst vor Virginia Wolff* (vgl. 1969, S. 138ff.) trefflich ausgeführt.

Das Hochschaukeln, diese sogenannte *symmetrische Eskalation*, ergreift natürlich auch jene Kräfte, die zur Liebe führen, und deshalb kann sich in den symmetrischen Beziehungen zuweilen eine rauschhafte, alles übersteigende erotische Bezogenheit entfalten, die für Dritte den Charakter einer *Folie à deux* annehmen mag. Die in solchem Wahn Lebenden und Liebenden freilich kümmert's nicht. Die implizite Vorstellung von Reziprozität im romantischen Traum von der Liebe, so wie er in unserer Kultur geteilt wird, hat in der symmetrischen Beziehungsform offenkundig mehr Chancen, realisiert zu werden (vgl. Illouz 2007a, S. 216; Luhmann 1994) als in der komplementären: Während dort Macht und Herrschaft droht, winkt hier die süße Eskalation, die, so müsste eine Definition lauten wenn sich nicht eine jegliche verböte, Liebe in ihrem Wesenskern ausmacht.

Es war seine oder ihre Art zu reden, die Intelligenz, heißt es in den meisten Erinnerungen, die den ersten Augenblick markieren, und gemeint ist, wie beide ganz wunderbar von Anfang an harmonierten, weil sie, sei es auf komplementäre, sei es auf symmetrische Weise, in der geistigen Dimension ihrer Beziehung eine Passung fanden, die Zukunft zu haben versprach. Das Geistige, das Wie und Was der Kommunikation, weist zurück auf die Zusammenhänge, denen man entstammt, die man entweder bestätigen oder denen man entkommen will. Das betrifft den kulturellen und subkulturellen Hintergrund, das Sozialisationsschicksal und die Herkunftsfamilienkonstellation, vor allem deren sozialen Hintergrund. Außerdem betrifft es die Visionen von dem, wohin man sich entwickeln, was man, beruflich und sozial, einmal werden will und die generellen Vorstellungen darüber, was sein soll und was sein darf.

Hier, um es mit den computerisierten Liebesgesuchen auszudrücken, *Matches* zu finden, also den speziellen Menschen, der, außer dass er bezaubernd lächeln kann und Humor hat, mit meinem Denken irgend kompatibel ist, dürfte tatsächlich schon einem kleinen Lottogewinn (vgl. Caysa 2008, S. 100) entsprechen. Einem Fünfer oder Vierer mit Zusatzzahl. Nicht ganz so einfach, aber auch nicht absolut unmöglich, denn erstens denken eine ganze Anzahl Menschen, wenn sie es denn können, denkenswerte Gedanken, und wer denkt, denkt meistens auch bereits Gedachtes, denkt also nicht voraussetzungslos, sondern hat Bücher oder Zeitungen gelesen, die nicht allzu blöd waren, und das wiederum heißt: Kursierende Gedanken, kulturell und medial verbreitete Gedanken treffen, wenn sich zwei Menschen kennenlernen, individuell verarbeitet und wiederaufbereitet, so aufeinander, dass sie sich, in einem Déjà-vu-Rausch erneut amalgamieren und weiter entfalten können.

Die weiterentwickelte Psychoanalyse hat in diesem Zusammenhang von interpersonalen und institutionalisierten, d. h. breiter gestreuten Abwehrmechanismen gesprochen, die sich unterhalb der gesellschaftlich kursierenden Gedanken verbergen und von denen man ebenfalls annehmen kann, dass sie, sei's komplementär, sei's symmetrisch, in den sich findenden Liebespartnern miteinander in subkutanen Kommunikationskontakt treten und sich dort zu Bewältigungsmustern entwickeln. Jürg Willi hat seinerzeit vor mehr als 30 Jahren in seiner *Zweierbeziehung* (Willi 1975) just genau dies beschrieben, dass hier psychische Tiefenstrukturen zusammenspielen, ein Co-Ludere inszenieren, *Kollusionen* bilden und die Partner jahrelang sich auf wundersame, aber rekonstruierbare, daher nicht-seltsame Weise in ihrem höchst individuellen Sosein bestätigen.

Der Intellekt der Liebespartner ist, was seine verarbeiteten Inhalte, seine Verarbeitungsform und seine darunterliegende psychische Funktion angeht, ein äußerst komplexer Beitrag, den sie in die Waagschale werfen, um neben den ohnehin schon erklingenden emotionalen Saiten noch etwas anderes anzustimmen: Das ist ein Konzert des Geistes, das ihr Zusammensein über lange Zeit untermalen, wenn nicht gar untermauern soll.

Pfauenschwanz

Ganz anders und erst am Ende sehr ähnlich nimmt sich die biologische Interpretation aus, die dem menschlichen Geist, der da in die Waagschale der Liebe geworfen wird, seinen eigentümlichen Stellenwert beimisst: In der Biologie geht es im Wesentlichen immer und immer wieder um die Arterhaltung, die, wie sie stets wiederholt, durch das interaktive Geschäft der Fortpflanzung durch heterosexuelle Partner aufrechterhalten wird. Das egoistische Gen – *the selfish gene* – will sich halt verbreiten und in der nächsten Generation weiterleben, und alles, aber auch alles, was sich evolutionär ausdifferenziert hat, scheint im Dienst dieses Imperativs zu stehen. Zumindest in der Evolutionstheorie.

Auch dies ist zwar nur, wie man unschwer denken kann, eine kontingente Interpretation der Wirklichkeit, also ein Geistesprodukt, aber die Biologie besteht darauf, wie die meisten Naturwissenschaften, ja wie im Grunde alle objektivistischen Wirklichkeitsinterpretationen, dass sie die ganz reale Wirklichkeit, so wie sie in echt ist, wiedergibt: als »essentialistische Gegebenheit« und völlig unabhängig von der Rationalitätsform der Sprache (vgl. Müller-Doohm 2008, S. 79). Für das konstruktivistische Denken und für das nach der *Linguistischen Wende* ist dies zwar ein Unding, aber es kommt letztlich gar nicht darauf an, dass die Wissenschaften und die Milliarden unwissenschaftlichen Menschen die Wirklichkeit nur verschieden interpretieren, sondern es kommt vielmehr darauf an, was diese Interpretationen ausrichten: wie sie rückwirkend die so oder so interpretierte Wirklichkeit prägen und ihrem Verlauf eine bestimmte Richtung geben, die dann, zirkulär, das bestätigen, was in sie hineininterpretiert wurde. Bei menschlichen und insbesondere bei allzu menschlichen Wirklichkeiten wäre es wirklich lohnenswert, die Handlungsfolgen biologischer Interpretationen einmal sozialwissenschaftlich zu erforschen. Vielleicht hat die neue Hinwendung zur Biologie und die Abwendung von der Psychologie ganz enorme Folgen für die kulturelle Formung zwischenmenschlichen Verhaltens. Vielleicht aber spiegelt diese Hinwendung zum naturwissenschaftlichen Paradigma auch nur wider, was längst der Fall ist. Die Enttabuisierung der Sexualität seit den 60er Jahren, die sie befreit, indem sie sie zu *etwas Natürlichem* macht, dürfte damit zu tun haben.

Mit der Aussage konfrontiert, Sex sei doch natürlich, neigt man im Allgemeinen dazu, demütig den Mund zu halten, weil man sich im Kontrast zu dieser Reinheitsthese bei allerlei Neurotischem ertappt fühlt, welches ansonsten schuld- und schamhaft die Sexualität kontaminiert. Alle kulturellen und historischen Normen, welche die Sexualität des Menschen zu dem geformt haben, was sie ist, verstummen angesichts der rabiaten Wahrheiten des biologischen Diskurses.

Was nun aber ist der Stellenwert des Geistigen für die Partnerwahl aus biologischer Sicht. Ganz einfach: Es geht letztlich wieder einmal um Sex: Herausragende intellektuelle Fähigkeiten, so heißt es, haben eine evolutionäre Funktion und dienen der Partnerwahl. Sie sind so etwas wie der Pfauenschwanz bei den Tieren, die Pfau heißen: Nutzlos, ja sogar hinderlich bei der Flucht vor Beutegreifern, beweist das üppige Gefieder, dass der Pfau es sich leisten kann, Ressourcen zu verschwenden. Das sogenannte *Handicap-Prinzip*, dessen die Natur sich hier bedient, fungiert ostentativ als Fitnessindikator: Nur wer stark und gesund ist, kann sich mit solchem Beiwerk schmücken, das im Grunde völlig überflüssig und vielleicht sogar regelrecht beeinträchtigend ist. So fit ist er, dass er sich quasi spielerisch eine schillernde Invalidität zulegen kann. Der amerikanische Evolutionspsychologe Geoffrey Miller deutet ebenso geistige Fähigkeiten als solche Fitnessindikatoren, die als Instrument der Partnerwerbung entstanden sind. Wer sich intellektuell gut darstellen kann, demonstriert damit seinen gesteigerten sozialen Status und erhöht so seine Chancen, einen Partner zu finden, um mit ihm seine Gene in die Zukunft zu transportieren. Um nichts anderes geht es hier.

Nun mag es zwar empirisch stimmen, dass – im Gegensatz zur umgekehrten Konstellation – intelligentere Männer größere Chancen haben, eine Frau zu kriegen; Funktion und Inhalt der menschlichen Geistesprodukte dürften nun allerdings weit über die Dimension des sexuellen Chancenmanagements hinausgehen, wenn auch deren gelegentliche Erotik von der Musik bis zur Schönheit mathematischer Gleichungen eine beträchtliche Rolle spielen mag. Es wäre doch der reine Schwachsinn, Geistiges, selbst Erotisches, bloß auf seine sexualfunktionalen Wurzeln zu reduzieren. Der Nachweis der biologischen Grundlage von Geistigem sagt rein gar nichts über dessen Gehalt und dessen Bedeutung aus, die die Menschen aus ihm gewinnen. Obgleich ein Gedanke, eine Melodie, eine Skulptur, ein Gedicht im Gehirn entsteht, und obgleich ihre Performanz den Effekt haben mag, dass ein anderer Mensch ganz und gar hingerissen ist und sich in der Folge zu vielerlei hinreißen lässt, geht der Geist doch nicht in seiner Herkunft und seinen eventuell nachwuchsfördernden Nebenfolgen auf. Das hieße nämlich, die ganze Kultur und alle Erfindungen des technischen Geistes, die uns fliegen, schwimmen und tauchen und fahren lassen, zu Muggel-Artefakten der Arterhaltung zu reduzieren. Manchmal will es scheinen, wir seien tatsächlich in der *Schönen Neuen Welt* Aldous Huxleys angekommen, wo der angebetete Gott »Ford« heißt und das Geistesgeschichtliche am Menschen zugunsten von Erlebnis, Fun und Wellness weggewischt wurde: »History is bunk« (vgl. Adorno 1943, S. 106ff.) und der menschliche Geist ein biologisches Addendum.

Nicht sieht der biologische Reduktionismus, der alles Lebendige um die Arterhaltung drehen lässt wie die Wirtschaft ums Goldene Kalb, dass er seinerseits ein menschliches Geistesprodukt ist, wenn auch ein mageres. Mehr noch: »[W]o man in sozialen Belangen auf die Biologie zurückgreift, ist das ein Beweis dafür, dass das Denken aufhört« (Bertrand Russel, zit. bei Eisenberg 2002, S. 72). Gedanken, die die Welt aus einer einzigen kleinen Formel heraus erklären wollen, sind auch bloß Gedanken, aber solche, die das Denken abschalten wollen. Deshalb müssen sie konfrontiert werden mit ihren handlungsleitenden Implikationen und ihren ideengeschichtlichen Folgen. Eine positive Nebenfolge der biologischen Annahme über die primär fortpflanzungsrelevante Funktion menschlichen Geistes, sollte sie massenhaft adaptiert werden, dürfte mit Sicherheit die sein, dass mehr gelesen wird. Immerhin, *Der Schwanitz* und andere Bücher mit Untertiteln à la *Alles, was man wissen sollte* sind dann als Bettlektüre nicht mehr vom Nachttisch wegzudenken. Vielleicht erklärt sich daraus sogar die Wiederentdeckung Adornos, weil's da so schöne Zitate gibt, mit denen man Eindruck machen kann.

Komischerweise drängt sich bei den biologischen Geistesprodukten ständig der Gedanke auf, dass es sich bei dem intelligenzprotzenden Part des Partnerwerbungsgeschehens wohl um das Männchen handeln muss, das mit seinem überflüssigen Geist potenzielle Weibchen beeindrucken will. Wahrscheinlich ist der Sexismusdiskurs in der Biologie noch gar nicht angekommen.

Die Irritation aber über das Pfauenhafte von Tiermännchen und manchen Männern einmal beiseite gelassen: Geht es nicht in der Tat um die Beeindruckung des potenziellen Liebespartners, wie auch immer man die Angelegenheit zu interpretieren neigt? Ja natürlich!

Ein roher, rücksichtsloser, ungehobelter, engstirniger Sexualpartner dürfte nun wahrlich vom Suchraster der meisten Partnersuchenden ausgeschlossen sein. Interessant für die große Liebe sind allemal die, die Umsicht, Großzügigkeit, Humor, Moralität und einen überzeugenden Weitblick an den Tag legen können. Insbesondere zählt Gefühl und Mitgefühl zu den Attraktivitätsrennern. Das sind allemal Eigenschaften von Menschen, die über den Tellerrand der reinen biologischen Notwendigkeiten hinausblicken.

Gefühle

Nicht ein jeder ist an seine Gefühlswelt angeschlossen. Und auch nicht eine jede. Das beweisen die grassierenden psychosomatischen Störungen, die im Wesentlichen darauf zurückzuführen sind, dass die Erkrankten von ihrer Subjektivität abgeschnitten sind und quasi roboterähnlich nur in operativen und instrumentellen Bezugssystemen leben. Manche Männer, die dann in entsprechenden Berufen mit viel technokratischem Aktionsradius landen, haben das voll drauf. Und manche Frauen auch.

Mittlerweile ist es aber kulturell akzeptabel geworden und teilweise sogar erstrebenswert, Gefühle zu zeigen, insbesondere auch für Männer. An anderer Stelle hat man in diesem Zusammenhang von der Hysterisierung des Mannes gesprochen, fälschlich darauf hinweisend, dass in der Regel Frauen Gefühlsmäßiges zu inszenieren wissen. Aber eines ist offenkundig: Männer, die weinen können, tauchen immer häufiger vor den Fernsehkameras auf, sogar kolossale Politiker,[6] und teilen den Zuschauern auf diese Weise mit, dass sie gelernt haben, dass das Normengefüge sich bezüglich der Gefühlsausbrüche verändert hat. Wer Gefühle zeigt, wirkt sympathisch. Hat man die Wahl, so fällt sie, nicht nur in der Politik, eher auf den Sympathischen als auf den Stoffel, der alles, was er zu sagen hat, hölzern und kalt an den Mann oder die Frau bringt. Deshalb gibt es für Technokraten und andere Instrumentalisten, die in es in die Öffentlichkeit zieht, sogar Coaching und diverse Psychotrainings, bei denen sie angeblich lernen können, sympathischer *rüberzukommen*. Gott sei Dank klappt das aber nicht; denn selbst eine aufpolierte Oberfläche bleibt allemal zu dünn, und das darunterliegende Wesen kommt schnell und nachhaltig zur Erscheinung, indem es verräterisch durch den Glanzlack hindurchschimmert.

Sympathie kommt, nicht nur dem Wortsinn nach, von Mit-Leiden, und zur Anteilnahme ist der subjektivistisch aufpolierte Technokrat nicht in der Lage. Sympathisch ist allein der, der sich einfühlen kann ins andere Seelenleben. Voraussetzung dafür ist, erst einmal sich selbst erfahren zu können, gewissermaßen einen Kontakt zu seinem eigenen Innenleben aufzunehmen. Zu dieser quasi-therapeutischen Ich-Spaltung in einen Teil, der betrachtet und einen, der betrachtet wird, einen der sich fühlen sieht und einen, der fühlt, sind nicht alle Menschen fähig, und in Psychotherapien ist dies der erste und wichtigste Schritt, sich mit sich selbst zu konfrontieren. Wie schon beim Humor ist es die Selbst-

---

6 Vgl. insbesondere das Kapitel »Der Koloss von Oggersheim« (Wirth 2001, S. 19ff.). Von den Kohl'schen Tränen ist explizit auf S. 26 die Rede, und zwar davon, dass sie bloße oberflächliche Sentimentalität und Kitsch seien (vgl. auch Wirth 2002 S. 188f.). In diesem umfangreichen Buch wird das ganze Thema der narzisstisch gestörten Persönlichkeitsstrukturen Mächtiger aufs Brillanteste aufgerollt und am Beispiel von Helmut Kohl, Uwe Barschel, Joschka Fischer und Slobodan Milosevic eingehend beschrieben und im Zusammenhang von beschädigter Subjektivität und objektiven Machtmechanismen analysiert. Die Tatsache, dass Politiker mittlerweile, wie auch immer ostentativ, weinen können und auch dürfen, ist ein Symptom des »emotionalen Kapitalismus« (Illouz 2007b), in welchem sich mittlerweile eine dezidiert therapeutische Sprache für das *Management des Selbst* durchgesetzt hat, die bereits zu dem Zeitpunkt normative Gültigkeit hatte, wo man noch nach altem Muster männlich zu sein hatte und es eben »verboten« war, zu weinen und Gefühle der »Verletzbarkeit, Empathie oder Zweifel« zu zeigen (ebd., S. 48).

distanz, die Fähigkeit also, aus sich herauszutreten und sich nicht als alleinigen Mittelpunkt des Geschehens zu setzen, welche dem anderen signalisiert:»Ich bin willens und in der Lage, die Dinge auch aus einer anderen Perspektive zu sehen, und zwar gern auch aus deiner.«

Es wurde zwischen drei Empfindungsdimensionen unterschieden:

➤ den reinen Körpersensationen, wie z. B. dem physischen Schmerz oder dem Hunger oder der sexuellen Erregung;

➤ den Emotionen, die ebenfalls automatische Körpersignale sind, wie das Erröten, die Gänsehaut oder die Schmetterlinge im Bauch und

➤ den eigentlichen Gefühlen wie Trauer, Verzweiflung, Freude, Sehnsucht, Wut, Ärger, Scham, Begeisterung und Glücksempfinden.

Gefühle im engeren Sinne sind die bereits verarbeiteten, bewusst gewordenen Emotionslagen, die uns als verschiedene Stimmungen durchfluten. Naturwissenschaftliche Forschungen wollen herausgefunden haben, dass das ewige Klischee vom rationalen Mann und der emotionalen Frau tatsächlich auf die Wirklichkeit zutrifft: dass nämlich aufgrund des verschiedenen Aufbaus weiblicher und männlicher Gehirne Frauen anders denken und fühlen als Männer. Bei Frauen soll aufgrund der intensiveren Verbindung der linken mit der rechten Hirnhälfte, bei zwar geringerer Spezialisierung der jeweiligen Hälften, die unbedingt größere Fähigkeit gegeben sein, mit Gefühlen umzugehen, mit Sprache und mit sozialen Situationen. Bei Männern hingegen sind die Verschaltungen der beiden Gehirnhälften weniger komplex, sodass die Hirnhälften sich offenbar mehr spezialisieren mussten. Räumlich-zeitliches und mathematisch-logisches Denken soll hier gegenüber dem emotional-sozialen besser ausgeprägt und der Zugang zu den Gefühlen, wie gesagt, eher erschwert sein. Man spricht vom männlichen Tunnelblick und dem weiblichen Weitblick (vgl. »Mrs Yin und Mr Yang« in Teil 3).

Wie auch immer das in Wirklichkeit wirklich der Fall ist: Dort, wo sich Männer und Frauen derart klischeehaft verhalten wie es in vielen Ratgeberbüchern beschrieben und nun eben von der echten Wissenschaft bestätigt zu sein scheint, impliziert dies doch zumindest für den

Umgang mit Gefühlen eine Zusatzanstrengung. Denn jemand, der aufgrund welcher Umstände auch immer, hirnphysiologischer oder anderer, zur tieferen Emotionalität eher weniger in der Lage ist, hat diesbezüglich viel mehr Gehirnaktivität zu leisten und sich, lernend eben, das Gefühlsleben anders zu erschließen als die Person, die dies durch Hirnschaltungen oder Sozialisationsbedingungen oder beides in die Wiege gelegt bekommen hat. Es kann ja nun weiß Gott nicht darum gehen, den Männern mithilfe der rationalen Naturwissenschaft, die ohnehin ihre Domäne ist, eine tendenzielle hirnphysiologische Unfähigkeit zu bescheinigen, die sich auch noch als Fähigkeit ausgibt, und dann zur Tagesordnung überzugehen. Sondern die Erkenntnisse über die Unterscheide von Mann und Frau hinsichtlich der Fähigkeiten zuzuhören, Autos einzuparken, Gefühle zu zeigen oder Fakten, Fakten, Fakten zu registrieren, können doch nur den einen Schluss nach sich ziehen; dass man sich eben mehr anstrengen muss, das zu erlernen, was man angeblich *ab ovo* nicht kann.

Gerade deshalb sind ja die Männer, die mit Gefühlen umgehen können, so interessant für die Partnerwahl: Weil sie, ähnlich wie beim Fitness indizierenden *Handicap-Geist*, nun auch noch das *Handicap-Gefühl* auf sich nehmen, um potenziellen Bettpartnerinnen zu zeigen, wie attraktiv sie sind, das heißt, wie sehr sie zur Genweitergabe geeignet sind.

Dergleichen *Emotionale Intelligenz* (Goleman 1996; vgl. Illouz 2007b, S. 99ff.) kann erworben werden. Das fünfhundertseitige amerikanische Buch mit dem gleichnamigen Titel versteht darunter, grob zusammengefasst, die dreifaltige Fähigkeit, seine eigenen Gefühle zu erkennen, die Gefühle anderer nachzuempfinden und letztlich den Gefühlen Ausdruck zu verleihen und sie selektiv im Sinne der Angemessenheit für bestimmte Situationen zu kommunizieren.

That's it! Jemand, der Gefühle adäquat zeigen kann, kann auch die Gefühle anderer erahnen, weil die Einfühlung in sich selbst der Einfühlung in andere ähnlich ist. Beide Male ist eine Fähigkeit Voraussetzung, Körpersignale und psychische Schwingungen in Verbindung treten zu lassen und die so erhaltene Synthese sowohl in gesprochene Sprache, als auch in Körpersprache, in Mimik und in Gestik zu übersetzen, eine Sprache, welche den anderen erreichen und bei diesem etwas ebenfalls

Emotionales auslösen kann. Jemand, der Gefühle zeigen kann, kann vor allem eins: Kommunizieren, und zwar auf der erweiterten Klaviatur menschlicher Möglichkeiten.

Und was ist Liebe anderes als Kommunikation mit allen Sinnen? Liebe *ist* Kommunikation mit allen Sinnen![7]

Dabei steht das Einfühlungsvermögen an erster Stelle. Um den anderen zu erreichen, muss ich ihm glaubhaft zu verstehen geben können, dass ich ihn tief in seinem Inneren verstehen kann. Empathie nennt das die Psychoanalyse: die Fähigkeit, wenigstens annäherungsweise Fremdseelisches nachzuempfinden. Mitgefühl hat Einfühlung zur Voraussetzung.

Beweisen und nachhaltig demonstrieren kann ich meine Empathiefähigkeiten aber nicht dadurch, dass ich vertraulich und grenzüberschreitend meinem Kommunikationspartner einrede, ich wüsste schon, wie es sich dahinter anfühlt, wenn er so ein trauriges Gesicht macht: »Du siehst so bedrückt aus; ich kann das nachempfinden, was es heißt so allein und so verlassen zu sein.« Nein. Wenn ich selbstherrlich schon alles weiß und notfalls meine Interpretationen der Gesichtsregung anderer mit meinen schlauen Theorien über sein persönliches Unbewusstes untermauere, dann dürfte es sich gerade nicht um Empathie, sondern um eine narzisstisch aufgeblähte Selbstdarstellung handeln. »Du bist ein sehr nachdenklicher Mensch«, sagt dann der selbst ernannte Menschenkenner, und eigentlich müsste er sagen: »Ich bin ein sehr aufdringlicher und wenig einfühlsamer Mensch.« Aus seiner ihm vielleicht gar nicht bewussten Sicht soll aber die Botschaft, die sich in der waghalsigen Zuschreibung versteckt, eigentlich lauten: »Sieh doch, ich bin ein wahnsinnig toller Mensch, der es wunderbar versteht, auf andere einzugehen.« Und dahinter lautet sie: »Ich bin ein recht bedürftiger Mensch.«

Dieser kommunikative Wirrwarr von pseudoempathischen Aussagen über das Du, die eigentlich eine Selbstbespiegelung darstellen, die das reale Selbst, das sich deutlich genug zeigt, nicht wirklich spiegeln, hin-

---

7   Arnold Retzer sagt über den *Kommunikationscode der Liebe*: »Der besondere Code der Liebe entsteht, wenn ein Paar alle Informationen miteinander teilt – sowohl über die Welt ›da draußen‹ als auch über das, was die beiden im Miteinander betrifft« (2008, S. 20ff.). Weiter heißt es: »Der besondere Code, der dabei entsteht, erzeugt eine eigene Wirklichkeit, eine eigene Wahrnehmung, eine eigene gemeinsame Weltsicht.«

terlässt allemal ungute Gefühle. Es zeitigt gerade das Gegenteil dessen, was vordergründig angesagt schien. Einfühlung, auf die es bei der Liebe ankommt, offenbart sich nicht in den projektiven Zuschreibungen à la »Du, ich weiß genau wie es Dir geht«, sondern in den Selbstoffenbarungen, die das eigene Gefühlsleben betreffen. Wenn ich versuche, mich in einen anderen einzufühlen, dann über den Umweg meiner eigenen Empfindungen.

Das, was die Regungen des anderen bei mir auslösen, ist der Schlüssel zu ihm, nicht das, was ich in ihn hineingeheimnisse oder hineinweiß.

Gefühle, auch die, die sich angesichts fremdseelischer Gemütsbewegungen einstellen, sind immer in einem selbst. Indem ich mich ausdrücke und diesen Gefühlen einen Raum gebe, erreiche ich den anderen. Das Ganze nennt sich *Ich-Botschaften*.

Wer Gefühle zeigt, zeigt etwas von sich und wer Einfühlungsvermögen zeigt, zeigt die eigenen Gefühle, die der andere durch seinen gezeigten Gemütszustand ausgelöst hat. Ein vielleicht trauriges Gesicht, das ja auch Sehnsucht oder Ergriffenheit oder tiefes Glück ausdrücken könnte, löst *bei mir* eine Anwandlung von Traurigkeit aus.

»Ich schau dir in die Augen, und jetzt empfinde ich plötzlich ein wenig Schwermut. Und ich frage mich, hat das etwas mit dir zu tun oder mit mir oder mit der Situation, in der wir uns gerade befinden. Wie geht es dir im Moment? Was sind deine Gedanken? Was fühlst du?«

Und wenn dann die Antwort kommt: »Ja, ich fühle mich tatsächlich ein bisschen traurig, das hast du richtig bemerkt.«, dann können beide sich darüber austauschen, was es für sie heißt, traurig zu sein, zu welchen Gelegenheiten sie die Traurigkeit anfliegt und was sie sich in solchen Situationen vom andern wünschen. So nähern sie sich beide, interaktiv, der Einfühlung ins Fremdseelische.

Es gibt keine Brücke zum anderen, außer die der Selbstoffenbarung. Die Ich-Botschaft über das eigene Gefühlsleben, mit der ich das andere berühre und öffne, um es nachempfinden und verstehen zu können, ist freilich nur dem möglich, der seine Gefühle gegebenenfalls auch nochmals zu deuten weiß. Denn geäußerte Gefühle sind interpretativ gefilterte Gefühle. Es gibt keine subjektiven Äußerungen, die einfach daher kommen. Sie sind immer schon mehrfach geschichtet und von der persönlichen Erlebnisverarbeitung abgefasst. Deshalb sagt jemand so immens viel über sich, wenn er Gefühle äußert, und manchmal muss er die Gemengelage übersetzen und Stück für Stück auseinanderlegen, bis der andere versteht und nachfühlen kann, um was es sich im Einzelnen handelt.

Gefühle haben also mit Sprachfähigkeit zu tun, mit geistiger Durchdringung. Und es ist eben nicht so, wie es jahrzehntelang die Psychoszene weiß machen wollte, dass die sogenannten *Bauchmenschen* gegenüber den sogenannten *Kopfmenschen* die edleren seien. Die permanente Diffamierung des Intellekts, die in Deutschland ihre grausame Geschichte hat, beschädigte auch die Gefühlsdimension, indem sie das bloße Affektualisieren, die sprachlose, dumme Abwehr von Komplexität als Norm für authentisches Verhalten verherrlichte und Tausende von eigentlich interessierten Laien und Debütanten auf die bloße Aufregung reduzierte. Was herauskam, war die allgemeine Betroffenheitsbesoffenheit, die sich als Engagement verkannte.

Nein, Intelligenz und die Fähigkeit, Gefühle zu äußern, gehören unbedingt zusammen. Getrennt und einander gegenübergesetzt, sind sie nichts. Genauso wie das pure Intellektualisieren letztlich beteiligungslos ist und den Gegenstand seiner Anstrengung verliert, verfehlt das geistlose Affektualisieren das Objekt seiner Erregungen, das aus seiner Sicht bloß vorgeblich ein Subjekt ist, indem mit der begriffslosen Exitationsflut die gesamte Kommunikation und Interaktion gleich mit weggeschwemmt wird. Beide Vorgänge sind allenfalls psychische Abwehrmechanismen, welche die Regression der Menschen hin zur Unfähigkeit zu lieben weiter vorantreiben. Was übrig bleibt, ist der kontaktlose, autistische *Ich-denke-also-bin-Ich* hie und der *Ich-fühle-also-bin-Ich* da. Nichts als Ich, Ich, Ich.

Wer dem anderen seine eigenen Gefühle zeigt, tut dies freilich auch nicht ohne Hinweise auf sein Ich. Im Moment des Kennenlernens und des ersten Augenblicks will man auf diesem Wege selektiv und durchaus gezielt darauf aufmerksam machen, welche Vorlieben und Abneigungen man hat. Aber im Gegensatz zum falschen Einfühlungsspiel hat dies den Zweck, eine Brücke zum Du zu bauen und Korrespondenzen herzustellen, um Interesse und Sympathie zu erwecken. Und genauso stellt es sich aus der anderen Perspektive dar: Da stellt sich jemand als gefühlvoller Mensch dar, mit persönlichen Vorlieben und Abneigungen, und er wirkt unmittelbar sympathisch, weil er eine absolut angenehme Mischung aus Ichhaftigkeit und Zurückhaltung in die kommunikative Waagschale wirft.

Derart interessiert, beginnen beide, einander näher zu betrachten. Und sie gefallen sich.

Good Looking

Interessant an den Umfrageergebnissen über die liebenswerten Eigenschaften, die allgemein im Augenblick des Kennenlernens von Bedeutung sind, ist die Tatsache, dass gutes Aussehen gar nicht so weit vorne steht, wie man es vermuten könnte. Schönheit, wie sollte es anders sein, ist eben auch ein Konstrukt und speist sich aus den subjektiven Annahmen derjenigen, die jemanden schön finden. Objektivierbare Schönheitsmaße, so wie es die Griechen lehrten, gibt es zwar auch, aber der Messlatte, die wir für unsere Liebsten anlegen, ist eine Brille vorgeschaltet, und die hat hochkomplexe subjektive Filter.

Schon wieder etwas, das nicht ganz so einfach ist wie es sich die naive Liebessehnsucht ausmalt.

Schade. Aber wenn alles ganz einfach wäre wie es zig Ratgeberbücher suggerieren, dann würde es wahrscheinlich mehr wirkliche Liebe auf der Welt geben und freilich auch weniger Ratgeberbücher, die von der Reduktion dieser Komplexität (vgl. Küstenmacher 2006) leben und die infantilen Illusionen weiter kultivieren, um sich profitabel an den Mann und die Frau zu bringen. Und wenn sie noch so oft jenes einprägsame »So einfach ist das« daherbeten, Liebe lässt sich auch nicht durch kompaktere Versionen von Unwahrheiten kompromittieren. Sie ist und bleibt das, was sie ist: intensiv, komplex, interaktiv.

Liebe ist möglich, weil Liebe erlernt werden kann. Liebe kann erworben werden, nicht mit Geld – »can't buy me love« –, aber mit hohem Einsatz, und vor allem: Liebe kann hergestellt werden. Es helfen aber weder Götter noch Dämonen und es helfen weder Instrumente noch

Techniken, die man sich etwa bei Experten besorgen könnte. Sondern: Das Instrument bin ich und die Technik ist das verschärfte Einbringen meiner selbst. Ich bin es, der sich in die Waagschale wirft. Ich bin es, der sich zu jemandem intuitiv hingezogen fühlt, und die hochkomplexen Gründe dafür sind in mir.

Hintergründig weiß das eine jede und ein jeder, und deshalb versuchen wir auch, so liebenswürdig und attraktiv wie möglich zu erscheinen, wenn wir auf Brautschau sind. Die Pfauen putzen sich heraus und zeigen ihr prächtiges Rad; die Hirsche lassen sich ein Geweih wachsen, und die Frösche übertreffen sich mit ihrem Gequake. Dasselbe kann die vergleichende Naturwissenschaft in der Disco oder im Opernhaus antreffen, nur dass hier Rad, Geweih und Gequake bei einer einzigen Gattung vereint zu sein scheinen. Ganze Industrien leben davon, massenhaft schillerndes Outfit und potente Statussymbole herzustellen und an den Orten der Balz und der Präsentation ist das permanente Hinweisen auf sich selbst nicht zu überhören. Von ihrem Aussehen, also dem Äußeren des Menschen, aufpoliert mit Modeaccessoires und sozialen Symbolen, versprechen sich die meisten am meisten. Vielleicht sind deshalb überall so viele Spiegel aufgestellt, wo es etwas zu kaufen gibt. Und wo der GTI mit wahnsinnigen Pferdestärken auf Pump und die schicken Label-Klamotten perfekt kopiert im Ramschladen erworben werden können, ist der ein Hinterwäldler, der sich der allgemeinen Norm entzieht, dass in der Gesellschaft mehr Schein als Sein zu sein hat.

Im Aussehen werden die Menschen sich selbst gegenüber zur Ware; das hat der Philosoph Theodor W. Adorno (1969) schon damals erkannt, als die hiesige Menschheit auf ihren ersten Urlaubsreisen nach dem Krieg begann, sich im tiefen Süden Hautbräune zuzulegen: um hinterher auch so auszusehen als ob sie im tiefen Süden gewesen sei. Sonnenbänke, die mit UV-Licht und mit weniger Geldeinsatz dasselbe besorgen, machen das Prinzip der Selbstverdinglichung zu ihrem Laufgeschäft. Das Ganze wird natürlich mit Gesundheit, Wellness und Fitness begründet. Nicht das wirkliche Erleben von Ruhe, Regeneration der Kräfte, Zu-sich-Kommen und der Verlauf des Urlaubs selbst sind Ziele, sondern der gesteigerte Wert, mit dem sich der Heimkehrende, ersatzweise der Sonnenbankbesucher, auf dem Markt der Eitelkeiten anbietet.

Aber auch ohne Urlaubsbräune gilt: Jemand, der im gängigen Sinne gut aussieht, kann sich auf jeden Fall besser verkaufen. Er ist mehr wert. Beim Aussehen geht es in der Tat um Marktwirtschaft, das heißt um Tauschgeschäfte. Für sein gutes Aussehen kann man schließlich etwas verlangen.

Tauschgeschäfte

Denjenigen, die sich Claudia Schiffer zur Ehefrau gewünscht haben, sei zu ihrer Ernüchterung gesagt: a) sie hat jetzt einen Ehemann und b) was hätten Sie im Einzelnen Adäquates einbringen können ins Tauschgeschäft? Ernsthafte Partnerschaftswünsche gegenüber Medienschönheiten und anderen begehrenswerten Prominenten liegen auf dem Niveau Pubertierender, die in der hübschen Annette, die aussieht wie die Claudia, oder dem super aussehenden Tim, der aussieht wie der Brad Pitt, eigentlich gar nicht den realen Menschen *wollen*, sondern auf den Wert aus sind, der mit dem »Besitz« dieser Person verbunden ist. Wenn ein Jugendlicher nämlich dann die hübsche Annette *hat*, kann er mit ihr seinen Freunden gegenüber unheimlich angeben. Er ist unter Männern etwas wert, weil der Tauschwert der Person, die er zu *seiner* Person macht, ihn anhebt: der »erworbene« Mensch als Prestigeobjekt. Höchstwahrscheinlich sind Männer, die sich Männern gegenüber mit ihrer Eroberung brüsten wollen, männerfixiert, was sie freilich nicht zu ahnen wagen. Jedenfalls ist das Bewusstsein von Menschen, die Menschen im Hinblick auf etwas anderes als deren Selbst an sich binden wollen, verdinglicht: Sie behandeln andere Menschen wie Sachen aus dem Schaufenster. Die Erwählten dürften sich darüber überaus freuen.

Um nichts anderes als den Tausch von Waren: Produkte und Dienstleistungen geht es beim Marktmechanismus. Wenn es ums Aussehen geht, wirken dessen Gesetzmäßigkeiten bis ins intime Empfinden hinein. Begehrenswerte Menschen fühlen sich zu begehrenswerten Partnern hingezogen; weniger Attraktive müssen sich mit weniger Attraktiven begnügen. Das haben Forschungen über die Partnerwahl ergeben.

»Aus Bourdieus Sicht werden [...] Entscheidungen über den Liebes- und Ehepartner auf einem ›Markt‹ getroffen; doch [... ist der ...] ›Ehemarkt‹ weder voluntaristisch noch rational, sondern er funktioniert über die spontane Harmonisierung zwischen Wünschen und Möglichkeiten der Menschen. [...] Kurz: Die Menschen wollen unbewusst nur das, was sie bekommen können« (Illouz 2007a, S. 232).

Es klingt zwar brutal, aber es ist nicht zu verleugnen, dass man den Partner bekommt, den man verdient. Deshalb gibt es bei der Internet-Partnersuche so unendlich viele Enttäuschungen (vgl. Illouz 2007b, S. 142ff.), weil viele in ihrer Sehnsucht nach einem passenden Gegenprofil durch die Rechnerkapazitäten der Provider in den *Angeboten* »so viele Leute betrachten können, die in einer höheren Liga spielen, und weil ihnen das Internet vorgaukelt, sie wären erreichbar, [...] diese Menschen [begehren] und nicht die, die sie tatsächlich erreichen können« (ebd., S. 130; vgl. S. 154). Solch ein durch die Virtualität der elektronischen *Interaktionen* genährter projektiver Narzissmus, welcher der pubertären Idolbildung ähnelt, die bekanntlich unbewusst den realen Kontakt zum anderen Geschlecht obstruiert, kann bei der realen Begegnung der willigen Aspirantinnen und Bewerber auf dem Markt kaum aufkommen. Im Gegenteil, hier schlägt die Verrechnungslogik ebenso gnadenlos zu wie bei den eher seltenen Treffen der Online-Dating-Kunden die Phantasmagorien »genau dann« (ebd., S. 143), in der echten Realität, konsequent zusammenbrechen.

Jemanden verdienen und deshalb die Chance haben, ihn zu *bekommen*, heißt in diesem Zusammenhang: Man muss schon ein ansehnliches Angebot unterbreiten, muss etwas *investieren*, um denjenigen *abzukriegen*, der einem seinerseits ein Gewinn ist. Je mehr man geben kann, desto mehr kann man an Gegenleistungen erwarten. Es geht um eine mehr oder weniger ausgewogene Bilanz von Geben und Erhalten, Input und Ertrag. Vor allem bestätigt sich bei diesen Forschungen, etwa der von der Sozialpsychologin Elaine Walster, die daraus eine Theorie der Gleichwertigkeit formulierte, dass die Liebe gut funktioniert, wenn die Partner Äquivalente einbringen, die miteinander tauschbar sind: Schönheit, das Zahlungsmittel Geld, Geist, Macht, Ansehen und Einfluss.

Diese Dimensionen sind dem kulturellen Diktat geschuldet, das relativ bündig vorschreibt, welche Partner füreinander akzeptabel sind: In der Hauptsache sind es solche, deren soziale Wertigkeiten sich in der gegenseitigen Verrechnung des Eingebrachten entsprechen.

Abweichungen von der soziokulturellen Norm werden in der Regel leicht bis heftig sanktioniert, man denke nur an die Symbolkraft der Größenunterschiede, die zwischen Mann und Frau nicht zu extrem und geschlechtsspezifisch so sein sollen, dass der Mann immer der etwas größere ist. Oder die Altersunterschiede: Sanktioniert wird in aller Regel, wenn Frauen erheblich älter sind als ihre Liebespartner, von Frauen wie Edith Piaf oder Beate Uhse, welche die prädominante Position in ihren Beziehungen innehatten, einmal abgesehen. Umgekehrt kann zumindest für den Mann mit Bewunderung gerechnet werden, wenn die Frau erheblich jünger ist als er. Der *Leistung Schönheit* der erheblich jüngeren Frau entspricht die Gegenleistung Geld oder Ansehen, am besten beides, des erheblich älteren Mannes. Das weiß man in unserer Kultur auch ohne viel Soziologiekenntnisse. In anderen Kulturen ist das auch nicht anders. Besonders hübsche junge Frauen müssen dort mit so hohen Brautpreisen bezahlt werden, dass es fast die Regel ist, dass es die alten Knacker sind, die sie von deren Eltern wie Vieh erwerben. Bei uns ist das alles etwas sublimierter, aber die sogenannte Prostitutionsthese lässt sich auch hier nicht von der Hand weisen. Der Unterschied zu anderen Kulturen ist lediglich der, dass hierzulande, von den prall gefüllten Katalogen mit heiratswilligen Asiatinnen und Russinnen einmal abgesehen, Frauen nicht offen gehandelt werden. Die These geht indes sehr wohl davon aus, dass Menschen, insbesondere Frauen, für ihren Beitrag in der Zweierbeziehung eine Bezahlung bekommen. In manchen Ehen ist es das verschieden bemessene Wirtschaftsgeld. Leistung hat halt ihren Preis. Die Prostitutionsthese besagt aber letztlich, dass eigentlich »Diamanten die besten Freunde der Frauen« sind – »diamonds are a girl's best friend« –, dass es Frauen, um nicht zu sagen *die Frau*, immer schon zu Macht und Reichtum hinzieht.

Womit wir wieder bei der biologischen Bertachtungsweise sind.

Biologisch, vor allem evolutionsbiologisch gesehen, stellt sich die Konstellation mit den schönen Frauen und den reichen Herren natürlich als sinnvoll dar. Kriterium der Sinnhaftigkeit von Verhalten ist, auch dies hatten wir schon, die Sache mit dem egoistischen Gen, das sich unter allen Umständen mithilfe möglichst vieler Partner verbreiten will, um seinen Fortbestand zu sichern. Deshalb zieht es das Männchen, das gemäß seiner Programmierung die Weibchen besamt, so oft und wo es nur kann, zu den attraktivsten Vertreterinnen ihres Geschlechts, und genauso zieht es die Weibchen zu den besten Besamern. Schlanke Taille, glatte Haut, rote Lippen demonstrieren Kopulationsbereitschaft und Reproduktionsfähigkeit. Die prompt eintretende Erektion des Männchens wiederum ist die biologisch absolut sinnvolle Antwort, die von diesen optimalen Auslösern hervorgerufen zu werden pflegt, denn ohne erigierten Penis ist ein Koitus nicht möglich. Die besten Besamer sind immer die, die auch noch dafür sorgen können, dass der Nachwuchs gut durchkommt. Das sind die Männchen mit Reichtum und Macht, deren reproduktive Potenz sie zu ständigen Seitensprüngen nötigt. *Womanizer* nennt man heute diese Idealtypen, die in Discotheken und Boulevardblättern angebetet werden. In ihnen bestätigen sich die evolutionstheoretischen Annahmen über biologisch sinnvolles Verhalten.

Besonders begehrt, so die biologischen Erkenntnisse, sind Frauen zwischen 16 und 30 Jahren, die besonders verschwenderisch mit lustentfachenden *optimalen Auslösern* ausgestattet sind. Diese fortpflanzungsrelevanten Stimuli werden von der Schönheitsindustrie mit Milliardenumsätzen ständig optimiert, um das zu unterstreichen und insbesondere jenseits der 30 mehr Schein als Sein zu präsentieren.

Da wir Menschen sind und keine Bonobos oder Paviane, deren diesbezügliche Attraktivität für die überaus begehrten gegengeschlechtlichen Fortpflanzungsanwärter von Geburt an gegeben ist oder gegebenenfalls nicht, können wir unserem kruden Sosein eine Menge artifiziellen Schein hinzufügen, um den Eindruck zu erwecken, wir seien absolut unwiderstehliche Reproduktionspartner.

Wer, als Mann, nicht mindestens so kreditwürdig ist, dass er die begehrten Vorzeigesymbole sozialer Desiderabilität auf Pump abstottern kann, muss es mit Alternativsignalen für seine genetische Attraktivität versuchen. Der Habenichts hat immer noch sich selbst, und deshalb pumpt er dieses Selbst auf, namentlich dessen leere Hülle, den Körper. Vielleicht hat deshalb der Sommer so wahnsinnig mehr Zuspruch als der Winter: weil man sich ausziehen und seine Haut zu Markte tragen kann. Und unter der Haut zucken die entsprechenden Muskeln.

Es gibt bestimmt Untersuchungen über den Zusammenhang von Unterschichtzugehörigkeit und den Besuch von Bodybuilding-Instituten, und wenn nicht, so dürften diese höchstwahrscheinlich eine signifikante Dichte ergeben, zumindest wenn dort die Eintrittsgelder nicht allzu hoch sind. Der Grad der Verdinglichung des Bewusstseins schlägt sich im Verhältnis zum eigenen Körper wohl am deutlichsten nieder. Wer mit sich so umgeht, als wäre er ein Objekt, das gegebenenfalls zu günstigen Preisen verramscht werden kann, hat sich tendenziell verloren. Just für diese Verlorenen, die freilich meinen, sich zum Mittelpunkt zu haben, gibt es einen riesigen Markt. Er schmückt sich mit den Titeln: Fitness und Wellness und Gesundheit. Überall werden für teuer Geld Energy-Riegel angeboten, Powerdrinks und andere Fitnesszutaten, deren Einnahme verspricht, gesünder und tatkräftiger zu werden, was aber eigentlich bloß heißt: energetischer zu *wirken*. Neuerdings gibt es sogar für den Herrn, der etwas auf sich hält, Gesichtspflege *for men* für frisches Aussehen desselben. Frisch, fit, potent sollte man schon erscheinen auf dem großen Marktplatz.

Für die absoluten *Loser* unter ihnen befindet sich der Markt in den illegalen Schmuddelecken des Internets. Es bedient jene, die sich mit Anabolika-Tabletten ihre Muskeln aufblähen lassen. Ganz so wie die zuweilen millionenschweren Hochleistungssportler zum Doping greifen, nehmen diese vorwiegend jugendlichen Underdogs künstliche Hormone und sonstige Chemikalien zu sich, um einen aus ihrer Sicht schöneren Körper zu bekommen. Sie nehmen dabei verheerende Nebenwirkungen in Kauf, zum Beispiel eine irreparabel verminderte Potenz, was sie kraft ihrer überschüssigen Energie zunächst aber gar nicht bemerken. Glubschaugen, dicke Nasen, hohen Blutdruck, Leberschäden und Herz-

Rhythmus-Störungen kommen hinzu. Die »Lösung« ihres Problems wird selbst zum Problem. Sie zerstören sich, um den Anschein von unzerstörbarer Attraktivität zu erwecken, nicht ahnend, dass das, was sie für Attraktivität halten, nur für einen bestimmten Ausschnitt der Menschheit genau so gilt, nämlich den ihres sozialen Umfeldes. Für steinreiche Ladies aus Marbella, die ständig zum Schönheitschirurgen laufen, gilt dasselbe.

Womit wieder einmal die These bestätigt wird, dass sich Gleiches zu Gleichem gesellt. Die Ghetto-Girlies mit den provozierend nabelfreien Shirts und Shorts, die, ohne es zu ahnen und sicherlich auch teilweise ohne es zu wollen, ihre Reproduktionsinteressen demonstrieren und ihre Jungs, welche die Anabolikamuskeln spielen lassen, um mit ihnen gehen zu dürfen, bestätigen gemeinsam, ohne darüber auch nur einen Deut zu wissen, was Soziologie, Psychologie und Biologie in ihren Thesen über die Partnerwahl zusammenführt: Es lassen sich *toto grosso* nur die aufeinander ein, die auch zusammen passen. Und wenn einmal, wie im Nordrhein-Westfälischen gehabt, der 50-jährige Universitätsprofessor die überaus scharfe Fleischverkäuferin, kaum 19 Jahr', vom Edeka freit, und wegen der kulturell geforderten Monogamie seine ebenfalls 50-jährige Ehefrau verlässt, dann wird dies Glück möglicherweise nicht von Dauer sein. Und dass der Bundeskanzler die Putzfrau aus Kasachstan liebt, die aussieht wie Andrea Sawatzki, das gibt es nur im Fernsehen.

Die Fleischverkäuferin allerdings war einfach nur wahnsinnig hübsch und hatte üppige optimale Auslöserreize anzubieten. Sie hatte überhaupt nicht daran gearbeitet, so auszusehen, wie sie aussah. Der Professor registrierte das, belesen wie er war, als natürlichen Liebreiz. Ob er seine Reaktionen auf den natürlichen Liebreiz biologisch interpretierte, und damit ein unwiderlegbares Erklärungsmuster vorlegte, das ihn überdies moralisch völlig entlastet hätte, wissen wir nicht. Wir wissen aber, dass die verlassene Ehefrau den natürlichen Liebreiz ihrer siegreichen Kontrahentin überhaupt nicht so interpretierte, sondern sie als ordinäre Schlampe betitelte, was beweist, dass der Mensch ein interpretierendes Wesen ist.

Bonobos und Paviane hingegen sind nicht dazu in der Lage und brauchen auch keine Anabolikatabletten oder Schönheitschirurgen, um ihre sexuelle Attraktivität über das Maß zu steigern, das ihnen ihre natürliche Ausstattung mitgab. Sie müssen ihre Regungen auch nicht mit Interpretationen rechtfertigen und können es auch nicht, denn bei ihnen gibt es keine Entfremdung zwischen Denken und Handeln und auch keine kognitiven Dissonanzen. Für Tiere ist das Reproduktionsgeschehen unmittelbar. Stimmig.

In der Biologie gilt: Alles, was der Arterhaltung dient, ist sinnvoll und auch gut so. Das Leben steht unter dem Fortpflanzungsimperativ und belohnt mit Lust und Freude das Verhalten, das zur Weitergabe der Gene gereicht (vgl. Hars 2003). Dass die Biologie auch die Menschen unter ihren Erklärungsuniversalismus subsumiert, erklärt sie mit der Tatsache, dass aus ihrer Sicht auch wir Menschen Natur sind. Alles ist Natur, auch Kultur. Auch wir finden letztlich das gut, was uns guttut: biologisch guttut. Und wenn wir Mistkäfer wären und Mist uns gut täte, würden wir Mist gut finden, ja wir würden Mist begehren und ihn, nach Victor Johnston, Biopsychologe an der University of New Mexico, so *süß* finden, wie wir unsere Liebste *süß* finden.

Der Zauber der Geschlechteranziehung wird durch die artspezifische Ausschüttung von Sexualhormonen gesteuert und bewirkt, dass die Lebewesen all das unwiderstehlich finden, was ihrer Paarungsbereitschaft dient.

Kleidungsstile, Frisuren, Bärte oder Glattrasur, dezentes oder knalliges Schminken, all die Moden und Geschmäcker: Es gibt nichts, was nicht zum ewigen Horizontalspiel zwischen Mann und Frau verhilft.

Die Wissenschaft bringt nun einmal die Entzauberung der Welt mit sich. Das hat der große Soziologe Max Weber 1921 so erkannt. Wen das alles zu sehr ernüchtert, der kann entweder aufhören, sich mit wissenschaftlichen Erkenntnissen über die Liebe zu beschäftigen, oder er oder sie kann sich noch intensiver mit der Angelegenheit beschäftigen und herausfinden, dass die Wissenschaft nicht nur mehr oder weniger ernüchternde Wirklichkeitsinterpretationen sondern immer auch einen Interpretationsausweg anzubieten hat.

Das Gute daran ist, dass man auf immer neuere Erkenntnisse stößt und auf immer mehr Einsichten, sodass man die Liebe im 21. Jahrhundert nicht zwingend ins Reich der Esoterik und der Geistesfeindlichkeit verbannen muss, was bekanntlich immer den schalen Nachgeschmack des Wolkenkuckucksheimvorwurfs mit sich bringt und der Liebe selbst überhaupt nichts nutzt.

Man hat nämlich wissenschaftlich herausgefunden, dass Attraktivität eben nicht ausschließlich von der äußeren Schönheit abhängt. Gerade unlängst wieder haben Umfragen erbracht, dass zumindest Frauen zu 91% gebildete Männer deren guten Körpern vorziehen. Die bekommen im *Ranking* nur 9%, und, wie gesagt, wenn er über seine Gefühle sprechen kann, dann ist das sehr viel mehr wert als äußerlicher Erfolg, nämlich 76% zu 24%. Wie auch immer diese Umfrage in der Jubiläumsausgabe der großen Frauenzeitschrift *Brigitte* (11/2005, S. 72) zustande gekommen ist: Man kann sich daran festhalten, wenn man will. Dass es nicht das Äußere ist sondern der Charakter, unsere soziale Verlässlichkeit, die uns Schönheit verleiht, kommt unserer Konzeption romantischer Liebe doch sehr viel näher. Überdies haben Tests erbracht, dass a prima vista sehr schöne Menschen nach und nach als immer hässlicher empfunden wurden, und zwar je mehr man, beziehungsweise *frau*, von ihrer Unaufrichtigkeit und Illoyalität erfuhr. So liest man es in einem großen Wochenmagazin. Der *Womanizer* sei wohl nur kurz nach dem Eisprung interessant, als Besamer und nicht als Lebenspartner, so das brüske Fazit.

Das Wesen muss zur Erscheinung kommen, heißt es, und hinter unserem spontanen Misstrauen und Kopfschütteln angesichts perfekt gestylter Menschenoberflächen und sportiv aufgemotzter Körperfassaden liegt die Frage, was denn hier für ein Wesen zur Erscheinung kommen soll, das da eine bestimmte Form von Schönheit so verzweifelt anstrebt. Wäre dieser Mensch nicht sehr viel schöner, wenn er uns einen Einblick in seine Zerrissenheit gewährte und seine fundamentale Selbstunsicherheit offenbarte? Möglicherweise würden wir sogar Sympathie für ihn empfinden, wenn es uns gelänge, ihn so zu sehen, wie er wirklich ist.

... wie ich wirklich bin ...

Das ist der Traum aller: so geliebt werden, wie man wirklich ist. Ohne Bedingungen, einfach nur für sein Sosein. Ein US-amerikanischer Psychologe, wahrscheinlich wieder einmal Eric Berne, hat das vor Jahrzehnten einmal in einem einfachen Schema festgehalten und von Zuwendungsarten gesprochen, die für uns lebensgeschichtliche Bedeutung haben:

Zuwendung	
unbedingt	*bedingt*
positiv	positiv
negativ	negativ

Es gibt, so die simple Annahme aus dem Land der Freiheit, vier Arten der menschlichen Zuwendung, wovon zwei bedingungslos sind: das heißt ohne Bedingungen einfach so gegeben werden, und zwei, die »bedingt« genannt werden, weil ihre Vergabe an Bedingungen geknüpft ist. Des Weiteren gibt es sowohl positive als auch negative Zuwendung. Der Gedanke der negativen Zuwendung ist zumindest den therapeutisch tätigen Kinder- und Jugendlichenpsychologen nicht unvertraut, denn mit den Resultaten negativer Zuwendung haben sie es in aller Regel zu tun. Negative Zuwendung heißt: Ein Kind wird ausgeschimpft, getadelt, gemaßregelt, kritisiert, gedemütigt, geschlagen. Negative Zuwendung ist auch Zuwendung und im Notfall besser als keine. Das Leben scheint aber, Gott sei Dank, erst einmal durchweg positiv zu beginnen, denn Bedingungen kann man an einen Säugling ja nicht stellen.

Unbedingt positive Zuwendung: Das ist der paradiesische Zustand,[8] dass wir geliebt und angenommen werden ohne Bedingungen, so wie wir sind. So gut wie alle Menschen kennen diesen Zustand, denn er begegnet uns, wenn wir geboren werden. Man wird von der Mutter geliebt und umsorgt, einfach, weil man da ist, ohne etwas geben zu müssen. Diese Erfahrung prägt sich uns ein und wir versuchen sie in der erwachsenen Liebe möglichst wiederzubeleben.

Bedingt positive Zuwendung: Das Leben ist hart, und wir müssen die paradiesische Phase hinter uns lassen. Es gilt, etwas zu lernen, Versagungen und Frustrationen zu ertragen, und es gilt, soziale Beziehungen herzustellen. Der Vorgang nennt sich Sozialisation. Von unseren Eltern, namentlich vom Vater, bekommen wir jetzt signalisiert, dass wir dann gemocht werden, wenn wir Forderungen nachkommen und Erwartungen entsprechen: »Wenn du immer schön anständig und brav bist, hab ich dich lieb; wenn du in der Schule gute Noten hast, bekommst du ein Lob; wenn du dich ordentlich anziehst und frisierst, freue ich mich über dich«. Wir bekommen positive Zuwendung, weil wir eine Leistung oder einen Verzicht erbringen. Der Makel daran ist, dass es sich um das gesellschaftlich-instrumentelle Tauschverhältnis handelt, an das wir hiermit angebunden werden.

Bedingt negative Zuwendung: Für manche ist das Leben härter. Positive Zuwendung, auch instrumentell an Bedingungen geknüpfte, steht nicht überall auf dem Programm. »Wenn du nicht machst, was

---

8   Der unübersehbar magerformale Amerikanismus des mutmaßlich Berne'schen Zuwendungskreuzes kann um ein Weiteres mit deutscher Theorietradition aufgearbeitet werden: Ist nicht jener paradiesische Zustand der mütterlichen unbedingt positiven Zuwendung das, was man politökonomisch gebrauchswertbezogene Umgangsweisen nennen würde? Dem Gebrauchswertcharakter wohnt eine qualitativ andere Logik inne als dem Tauschwert, der die Dinge einzig und allein unter dem Aspekt ihrer Marktgängigkeit, das heißt der Verwertbarkeit ihres Werts beurteilt. Die Seite des Gebrauchswerts hingegen verheißt die wirkliche Befriedigung eines lebendigen, sinnlichen Bedürfnisses, meint also ein genuines Glücksversprechen, das diesseits der instrumentellen Logik ohne weitere Bedingungen auftritt. Das mütterliche Glücksversprechen wird vom männlichen Realitätsprinzip des instrumentellen Systems vernichtet, und der Mensch wird sukzessive realistisch, indem er, die Glücksmomente verdrängend, dem Ernst des Lebens frönt (vgl. Eisenberg 2000, S. 166f.); nicht umsonst finden sich diese Überlegungen im Kapitel »Drill-Maschinen. Warum Aggression überwiegend männlich ist«.

ich verlange, dann werde ich ernsthaft böse; wenn du immer störst, dann kriegst du Fernsehverbot; wenn du immer lügst, kannst du was erleben; wenn du stiehlst, wirst du versohlt«. Weil der Mensch nun einmal Zuwendung braucht, findet bei diesen Kindern eine unglückliche Konditionierung statt, die zum Resultat hat, dass sie permanent negative Zuwendung erzwingen, zumindest unter der Bedingung, dass positive Zuwendung überhaupt nicht gegeben ist. Das sind all jene Kinder, welche in der Schule auffällig werden und die in den Beratungsstellen oder später in den Nacherziehungsanstalten oder Knästen landen. Die Gefühle, die sie zuerst bei den Erwachsenen auslösen, sind in der Tat jene, dass man sie am liebsten ›an die Wand klatschen‹ möchte, sprich: sie gestalten sich derart unangenehm, dass die antwortende Psyche ihres Gegenübers die verqueren Bedürfnisse nach negativer Zuwendung aufs Deutlichste bei sich vernimmt. Gegenübertragungsreaktion nennt man das in der psychoanalytischen Fachsprache. All die Jugendlichen, die, kaum dass sie die Szene betreten, Ärger produzieren und über kurz oder lang in Schlägereien verwickelt sind, sind Opfer eines solchen Sozialisationsschicksals, in welchem es nichts als negative Zuwendung gab. Schläge brennen lang auf der Haut und sind so intensiv wie eben eine menschliche Berührung nur sein kann.

Im Übrigen haben die meisten von uns im Verlauf der Sozialisation eine Mischung von bedingt positiver und bedingt negativer Zuwendung erfahren, Lob und Tadel, In-den-Himmel-gehoben-Werden und Absturz. Schichtspezifisch tendiert der bürgerliche Sozialisationsstil eher zur bedingt positiven Zuwendungsart: die Kleinen sollen schließlich einmal Leistung aus Leidenschaft bringen.

Unbedingt negative Zuwendung: Die Konstellation, die psychisch überhaupt nicht lebbar ist, ist die der grundsätzlichen, apriorischen Ablehnung. »Was immer du tust, wie auch immer du dich anstrengst, ich lehne dich von vornherein als ganze Person ab. Du bist mir gleichgültig«. Das äußert sich im Extremfall darin, dass keinerlei Zuwendung gewährt wird. Zuwendungslosigkeit ist das Grausamste, was Menschen widerfahren kann. Keinerlei Reaktionen, keinerlei Kommunikation. Das mündet in den psychischen und am Ende auch in den physischen Tod. Die moderne Säuglinsforschung hat bestätigt, was man in einem mittlerweile allseits bekannten grausamen Experiment aus dem Mittelalter hätte bereits schlussfolgern können: dass Menschen ohne Kommunikation nicht leben können. Der mittelalterliche Kaiser Friedrich wollte seinerzeit aus religiös-philosophischen Gründen herausfinden, was wohl die Ursprache der Menschen sei und nahm an, dass sie sich bei Kindern, denen man keinerlei Gelegenheit gäbe mit menschlicher Sprache in Berührung zu kommen, entwickeln würde. So wurde eine Gruppe von Findelkindern, Säuglinge von *gefallenen Mädchen*, die man damals in den ersten Hospitälern großzog, lediglich mit genügend Nahrung und Decken versorgt, ohne dass ihnen weitere kommunikative Angebote gemacht wurden. Kein »Eideidei«, keine Berührung, kein Blick. Die Ursprache des Menschen fand man nicht heraus, denn alle Kinder starben. Später hat René A. Spitz in den ersten großartigen Säuglingsforschungen in den 60er Jahren des letzten Jahrhunderts (1976, S. 279ff.) herausgefunden, welche immensen Störungen und Kinderkrankheiten durch Kommunikationsarmut entstehen, und er hat bestätigen können, dass Kommunikationslosigkeit letztlich letale Folgen hat.

Weil das so ist, und weil Zuwendungsmangel zu einem immensen Hunger führt, nehmen Kinder und auch Erwachsene das vergammelte Brot negativer Zuwendung immer noch eher zu sich als gar keines. Gelegentlich werden sie davon abhängig. Manche Politiker, die mit geschwellter Brust von sich geben, dass sie nicht geliebt werden müssten, und dass *viel Feind viel Ehr'* bedeute, machen ganz den Anschein trotzig renitenter Dauergeprügelter, und welcher gute Deutsche kennt nicht den tapferen Satz, dass ihm Kritik guttut, weil sie ihm weiterhilft. Dagegen hat die Säuglings- und Lernforschung festgestellt, dass die Ausdifferenzierung des Gehirns, die intellektuelle, die körperliche und die soziale Entwicklung signifikant besser verläuft, wenn dem Kind so häufig wie möglich bejahende Signale gegeben werden: Zärtlichkeiten, Haut- und Körperkontakt, Berührungen überhaupt, bestätigende Kommunikation, Interaktion, Lob, Anerkennung, kurz: die ganze Klaviatur positiver Zuwendung. *Mit dem Rücken zur Wand lernt man nichts* (vgl. Ziehe/Stubenrauch 1982) und das tapfere Lob der Kritik, die allemal nachweist, dass und wo man etwas falsch gemacht hat, ist für Entwicklungsprozesse hinsichtlich ihrer prekären Wirkungen noch einmal zu überdenken.

Ohne Rückmeldung über das eigene Tun verkümmert man. Der Mensch ist ein feedbackabhängiges Wesen. Ein bestätigendes Feedback, das ihn in seinem Tun bejaht und ihn nicht ständig kritisch an die Wand drängt, treibt ihn weiter voran und ermöglicht Lern- und Leistungsschritte, die ihn letztlich über sich hinauswachsen lassen. In der Liebe ist das so. In der Liebe wachsen wir über uns hinaus.

Die entscheidende Sekunde der gegenseitigen Attraktion, in der offenbar die ganze Zukunft steckt, enthält, entgegen aller dann gemachten Lebenserfahrung, das »unrealistische« Moment der unbedingten positiven Zuwendung: So wie ich bin wird hier auf mich absolut positiv reagiert. Bereits der erste interessierte Blick, das erste Wort, die erste zugewandte Geste lässt mich wachsen angesichts der Verheißung, die diesem intuitiv gesättigten Moment der Offenbarung innewohnt: Ich könnte seine Auserwählte sein; er könnte mein Auserwählter sein, ahnen die Seelen, ohne dies genau wissen zu können, und dieses Ahnen bringt einen Wachstumsschub mit sich, der Flügel verleiht und ferne Möglichkeiten als ganz nahe Wirklichkeit aufscheinen lässt.

Denn wenn wir wirklich lieben und geliebt werden, geben wir uns und empfangen in der Tat die größtmögliche und bestmögliche Zuwendung, die wir uns überhaupt wünschen können. Auf erwachsenem Niveau erleben wir den paradiesischen Zustand auf Erden. In der Liebe wachsen wir über uns hinaus, weil wir uns in einer permanenten Feedbackschleife befinden. »Ich werde von dir bestätigt und ich bestätige dich, und ich tue noch mehr von dem Guten, dessentwegen ich mich bestätigt weiß und sehe, damit du, angestachelt von meiner Bestätigung, noch mehr von dem tust, was dir und mir guttut«: eine symmetrische Eskalation der Prozesse, die in einem wahrhaften Taumel des Glücks münden kann.

Wenn also jemand in der Rückschau sagt, er habe mich so genommen, wie ich bin, dann ist damit gemeint, dass seine Bestätigung, sein Feedback mich hat wachsen lassen, es hat mich mehr sein lassen als ich sonst jemals hätte werden können.

Nicht kann damit gemeint sein: Ich war, der ich bin, und bin, der ich bin und bleibe, und bleibe, der ich bin ...

»Ich bin nun mal so«, sagt der frustrierte Ehemann und schaltet die Sportschau an, obwohl seine Frau es anwidert, jeden Sonntag dasselbe erleben zu müssen.

Von der Liebe soll die Rede sein, nicht vom Ehealltag in deutschen Wohnungen. Die Liebe, die so genannt zu werden verdient, soll uns in unserem Wesenskern erreichen, soll uns erschüttern, ins Mark treffen. Es kann also gar nicht sein, dass sie uns nicht verändert. Würde ich so bleiben wie ich bin, hätte mich der andere Mensch gar nicht berührt. Vorsicht also bei der Aussage: Er oder sie hat mich so genommen, wie ich bin.

Wie gesagt: Wenn im Nachhinein das Entscheidende am ersten Augenblick die Aussage ist, er hat/sie hat mich so genommen wie ich bin, dann könnte das heißen, dass der Prozess der Veränderung, mit dem die aufkeimende Liebe die Psyche konfrontierte, eher etwas lau und unbemerkt verlief, oder unbedrohlich oder vielleicht überhaupt nicht.

Oder die Aussage meint: er hat mich auf die Weise idealisiert, in der ich mich auch gern sehe; er hat von Anfang an mein Idealbild von mir geliebt. Dies wäre gar nicht so schlecht, denn dann wäre zumindest die Bedingung dafür von Anfang an günstig gewesen, in dem beginnenden Interaktionskonzert der zu werden, der man sein wird.

Oder die Aussage meint in der Tat das Paradies auf Erden: Ich werde bedingungslos geliebt. Jedenfalls empfinde ich das so, unsere Interaktionen verlaufen so, dass sich mir ihre oder seine Liebe als bedingungslos darstellt, so als ob es die psychologische Wahrheit nicht gäbe, derzufolge Liebe auch eine Tauschhandlung ist.

Auf jeden Fall bedeutet es, wenn man sich so geliebt fühlt, *wie man ist*, dass die verschiedenen Verhaltensweisen, Stimmungen und Rollen, die man an den Tag legt, vom Partner bejaht werden und auf Wertschätzung stoßen.

Das Hingezogensein im ersten Augenblick, welches beide intuitiv spüren und das sie *aufeinander abfahren* lässt, antizipiert freilich persönliches Wachstum eher denn den Stillstand des Soseins. Wenn ich von jemandem angezogen werde, den ich meinerseits attraktiv finde, spüre ich, ohne mir darüber Rechenschaft ablegen zu können, wie ich über mich hinauswachsen könnte und nicht, wie ich statisch bleiben sollte. Ich spüre mein Potenzial, meine Möglichkeiten und nicht den Stau des bloß Gewordenen. Dieses Ahnen, das sich seiner selbst noch nicht bewusst ist, ist die Eintrittskarte in ein mögliches gemeinsames Universum, in welchem wir uns geben werden, was wir brauchen, um uns weiterzuentwickeln.

Man sollte sich nichts vormachen. Die Sehnsucht nach dem paradiesischen Urzustand des Um-seiner-selbst-willen-Geliebtwerdens ist in aller Regel rückwärtsgewandt. Als Erwachsene werden wir hingegen geliebt, wenn wir geliebt werden, weil wir aktiv etwas in den gemeinsamen Reigen einbringen, was Zukunft verspricht. Liebe, auch die romantischste, ist ein utopisches Tauschgeschäft, ein vollkommenes Geben und Nehmen, Nehmen und Geben in einem. Damit ist Liebe zugleich auch die Negation und Aufhebung des üblichen gesellschaftlichen Tauschverkehrs von Gütern und Dienstleistungen. Denn das Nehmen und Geben findet innerhalb der »Gütergemeinschaft« der Liebenden statt. Es wird, streng genommen, auch nicht getauscht, sondern gegeben und genommen, oder besser noch: Geben und Nehmen verschmelzen im Schenken der Liebe und sind daher gerade nicht als Tausch von Äquivalenten zu verstehen, der auf einer Verrechnung von gleichrangigen Tauschwerten fußt (vgl. Schandl 1996).

Das schenkende Geben und Nehmen der Liebe freilich beruht auf Wechselseitigkeit. Es gibt Menschen, die glauben von sich, beziehungsweise sie geben vor, von sich zu glauben, dass sie für ihre Liebe keine Gegenleistung erwarten.

Vorsicht vor diesen Edlen! Gerade sie gehören in ihrer ostentativen Verleugnung zu jener Welt, die seit Jahrhunderten den Tauschcharakter über alles Lebendige ausbreiten will. Vielleicht hat deshalb – um die immanente Erwartungsdialektik des Geschenks (vgl. Illouz 2007a, S. 265ff.) aufzuheben – die Konsumindustrie jene Ramsch- und Schnickschnackläden hervorgebracht, die die Marktlogik scheinbar negieren, indem sie durch den Kitschcharakter des Geschenks Schenkende und Beschenkte aus den Regeln zu entlassen verspricht. Die tendenzielle Nichtigkeit der kleinen und billigen Liebesgaben ohne ökonomischen Wert soufliert die Möglichkeit, jenseits der Usancen, »aus dem freiem Verlangen heraus zu schenken und damit Liebe zum Ausdruck zu bringen« (ebd., S. 267). Ganz davon abgesehen, dass zu fragen wäre, welche Liebe sich mit einem süßen Plastikmännchen mit rotem Herzen auf der Brust zum Ausdruck bringen will, verhält es sich mit dem Schenken der Selbstlosen freilich ganz anders. Das sind diejenigen, die sich selbst voll und ganz in die Waagschale werfen, um lauthals rein gar nichts zu wollen.

Wer Liebe nicht als lebendige Interaktion lebt, und sich rein als großartig Gebender stilisiert, dem ein Nehmender gegenübersteht, übertüncht mit den ostentativ bescheidenen Farben seines Edelmutes und seiner Selbstlosigkeit lediglich seinen verleugneten Egoismus, der umso stärker wirkt, je unbewusster er sich vor sich selbst verstecken kann. Selbstlose Menschen unterliegen in der Regel einer Selbsttäuschung. Meistens erwarten sie in projektiver Umkehr ihres Altruismus, dass der andere sie ebenso selbstlos, rein und dankbar liebt wie sie es, meist sogar ganz aufrichtig und strahlend naiv, von sich annehmen.

Den Liebenden, der nicht auch geliebt werden will, kann es eigentlich gar nicht geben. Der süße Egoismus zu zweit, den die Liebe ausmacht, setzt sich aus wenigstens zwei Kräften zusammen, die zumindest darin, dass sie es gleichzeitig auch wirklich hier und jetzt haben wollen, zwar völlig eigennützig, darin aber gleichsam absolut *gemeinnützig* sind. Welchen Sinn soll eine Liebe haben, die nicht zwischen, ja *von* zweien wahrhaftig gelebt wird?

Liebe ist kein Solotanz, sondern konzertierte Aktion. Liebe ist Austausch, gelungener, wahrer Tausch: Schenken, Vereinigung, fließender Übergang.

In diesen fließenden Austausch, der im Gegensatz zu dem auf den Märkten der einzige ehrliche ist, in dem der eine nicht durch den anderen übervorteilt wird, sondern Nichttauschbares ausgetauscht wird, bringen, wie gesagt, die Liebenden, wie in jedem Tausch, *etwas* ein. Im wahren, die Tauschhändel überwindenden Tausch aber werden, im Gegensatz zum üblichen Marktgeschehen, qualitative Äquivalente getauscht: *Gebrauchswerte* ohne Verrechnung irgendeines *Tauschwertes*. Deshalb kann man sich in der Liebe dem allgegenwärtigen sozioökonomischen Imperativ entziehen (Schandl 1996, ebd.), der alles, selbst die Menschen, in den verwertbaren Warenwert ummodelt. Das Gleichwertige, was die Liebenden in den Liebeshandel einbringen, ist freilich nichts anderes als jeweils sie selbst mit ihren Potenzialen, die sie dem anderen nicht in ökonomischer Absicht, sondern ohne Preis, quasi umsonst, geben. Deshalb und nur deshalb, ist es berechtigt zu sagen: Er oder sie hat mich genommen wie ich bin. So, wie ich mich eingebracht habe, hat mich mein Liebster angenommen und für gut befunden. Der große Unterschied zum säuglingshaften Paradies der unbedingten Zuwendung ist der, dass der Säugling sich gar nicht bewusst einbringt, weil er noch gar kein Bewusstsein seiner selbst hat, das sich willentlich einzubringen in der Lage wäre, sondern dass er passiv, einfach nur so auf der Welt sein darf. Erwachsene, die die Liebe erfahren wollen und so wie sie sind, geliebt werden wollen, müssen sich im Gegensatz dazu aktiv einbringen, müssen sich mit allem, was sie haben und können, hineinbegeben.

Nur wer gibt, kann auch nehmen. Aber wer nicht nehmen kann oder es sich aus Edelmut verbietet, das zu nehmen, was er bekommt, kann die Liebe nicht wirklich zum Leben erwecken. Liebe lebt als Wechselseitigkeit.

Er hat mich genommen wie ich bin, heißt also: Ich habe mich in unsere beginnende Liebe so eingebracht, dass mir mein Partner von Anfang an spontan und ohne weitere kommunikative Anstrengungen bestätigen konnte: Du bist es. Du bist es wirklich. Das ist das erwachsene Paradies auf Erden. Weil ich aktiv für den anderen der bin, der ich im *Wir* sein werde, werde ich von ihm geliebt.

Diese Liebe aber kann nichts anderes sein als die Erschütterung meines bisherigen Soseins. Diese Liebe berührt mich, bewegt mich, sie stößt mich um. Und deshalb ist mein Sosein, dessentwegen ich mich vom anderen geliebt fühle, nichts anderes als meine Art, von der Liebe berührt, bewegt und umgestoßen zu werden. Liebe ist ein Fluss, in dem beide schwimmen. Keiner kann so geliebt werden, wie er statisch bloß ist und bleibt, sondern er wird geliebt, wie er durch die Liebe bewegt wird.

Liebe ist Dynamik, die Interaktion gemeinsam Schwimmender im Fluss des Lebens. Der Tod der Liebe sind die sich anhäufenden Selbstverständlichkeiten (auf sie wird in Teil 3 noch genauer eingegangen), die diesen Fluss wie im Okavangodelta durch die vielen Sandbänke trocken fallen lassen. Das wissen die Liebenden im Moment des ersten Augenblicks noch nicht, aber wir wissen es, die wir die unendlich traurige Erfahrung gemacht haben, dass die Liebe auch versanden kann.

Versanden und vertrocknen muss ein Fluss, wenn er nicht genügend aquatischen Nachschub bekommt. Genauso verhungerten die Säuglinge bei Kaiser Friedrich. Sie bekamen nicht genügend Seelennahrung, die für das menschliche Leben unerlässlich ist: Zuwendung.

Liebe und Kommunikation sind in dieser Hinsicht synonym. Ohne Kommunikation keine Liebe, ohne Liebe, das heißt Zuwendung zu dem Menschen mit dem ich mich da austausche, keine Kommunikation. Freilich liebe ich nicht jeden, mit dem ich kommuniziere, aber ich bin in intensivster Communio mit dem Menschen, den ich liebe. Und die Menschen, mit denen ich kommuniziere, bekommen in sehr viel kleinerer Dosis auch etwas davon ab, was Liebe ausmacht: Ich lasse mich, situativ zwar nur, aber doch ernsthaft, in diesem Moment wirklich auf sie ein. Alles andere ist dummes Gequatsche und keine wirkliche Kommunikation.

Wer sich auf den anderen wirklich einlässt, kommt nicht umhin, ihn als ganze Person wahrzunehmen, das heißt, die Subjekthaftigkeit des Gegenübers, dessen *Liebesobjekt* er ist und das sein *Liebesobjekt* ist, anzuerkennen. Darin sind sich Kommunikation und Liebe gleich: Beiden wohnt der zwanglose Zwang zur Anerkennung des anderen inne (vgl. Honneth 1992). Deshalb ist Kommunikation lebensnotwendig, sie ist das Myzel, aus dem bei günstigen Witterungebedingungen die Liebe sprießen kann. Ohne sie sterben wir, weil die Liebe bestätigt, dass wir da sind, und dass wir in dem, was wir von uns geben, gesehen werden. »Was mir fehlt, das ist jenes Ich, das du siehst. Und was dir fehlt, das bist du, den ich sehe«, sagt Paul Valérie (Düweke 2007, S. 31). Es ist nicht möglich, zu erfahren, wer man ist, wenn man allein ist.

In der wechselseitigen Anerkennung liegt die Wurzel allen Menschlichseins des Menschen. Hegel hat dies wunderbar in seiner Phänomenologie des Geistes entfaltet, wo er beschreibt, dass das bloße unabhängige Ich, das sich da als Ich-ganz-allein-bin-die-Gewißheit-meiner-Selbst begreift, ein anderes Ich, das ebenso solipsistisch auftritt, *sole ipse*, ein anderes *Nur-Ich*, nicht gelten lassen kann, denn dann wäre es nicht einzigartig und unabhängig von allem: ich, ich, ich. Beide treten gegeneinander an und kämpfen quasi um ihre Ichhaftigkeit und während des Kampfes, der hart auf hart geht, wie in der Brunftzeit der Platzhirsche, merken sie, dass sie doch nicht total unabhängig sind, sondern dass sie vom Leben abhängen. Einer unterwirft sich schließlich, um im tödlichen Kampf überleben zu können, dem anderen und es entsteht die Herrschafts-Knechtschafts-Beziehung. In deren Verlauf realisieren beide freilich ihre wechselseitige Abhängigkeit, Herr kann nur sein, wer einen Knecht hat und umgekehrt gilt dasselbe. In kritischeren Zeiten als heute dichtete man in einer oberhessischen Universitätsstadt zur Thematik: »Es sprach der Herr zum Knecht: Heut' geht's mir aber schlecht. Da sprach der Knecht zum Herrn: Das hört man aber gern.« Die Herrschafts-Knechtschafts-Beziehung ist in ihrer Dialektik aber auch nur eine Durchgangspassage der menschlichen Möglichkeiten, denn am Ende, nach vielerlei Konflikten begreifen die beiden Ichs, dass sie nur dann Ich sein können, wenn sie von einem anderen Ich als Ich anerkannt werden. Dann heißt es so schön: Sie anerkennen sich, wechselseitig sich anerkennend.

Liebe jedenfalls ist für den Philosophen Georg Friedrich Wilhelm Hegel Anerkennung und Versöhnung nach einem durchlaufenen notwendigen Konflikt.

Für den ersten Augenblick der Liebe, die noch keine Konflikte kennt und sich ihrer noch gar nicht bewusst ist, gilt zumindest dies: Wer von Anfang an davon ausgehen kann, dass er vom anderen so anerkannt wird, wie er sich gibt, dürfte dies als Antwort auf seine Anerkennung des anderen begreifen können und als Spiegelung seiner eigenen Offenheit und Bereitschaft, den anderen anzunehmen. Um nichts anderes geht es Hegel bei der Anerkennung: um die interaktive Simultaneität und Wechselseitigkeit des sich spiegelnden Geschehens. So modern sind alte Gedanken und Helm Stierlin, der Heidelberger Familientherapeut, hat dies vor Jahrzehnten aufgegriffen und, wie gesagt, sein Zweierbeziehungsbuch mit dem Hegel'schen Satz betitelt: *Das Tun des Einen ist das Tun des Anderen.*

Kommunikation

Sei es das Lächeln, mit dem für die einen alles beginnt, sei es der Humor oder die Stimme des künftigen Partners, seine Intelligenz, seine Art Gefühle zu zeigen, sein Aussehen oder die Tatsache, dass er mich so anerkannte, wie ich mich gab: Das außergewöhnliche Ereignis des ersten Augenblicks wird erst durch die Retrospektive, das heißt, durch die im Licht der entstandenen Liebe erfolgte Aufwertung der damaligen Situation, zum Außergewöhnlichen. Von außen gesehen, passiert eigentlich nichts Besonderes. Menschen lächeln immer mal und dies, wie gesagt, weltweit; Menschen sind lustig, sehen irgendwie aus, geben Intelligentes von sich, fühlen und zeigen dies dann und wann auch. Menschen kommunizieren schlicht und einfach nun einmal gelegentlich miteinander.

Alles dies ist Kommunikation. Was aber das absolut Besondere des ersten Augenblicks der Liebe zu sein scheint, das ist die ganz bestimmte Qualität, mit der vorwegnehmend der weitere Verlauf der Kommunikation der beiden angelegt ist.

Man muss sich das also einmal genauer ansehen. Was geschieht eigentlich, wenn Menschen miteinander kommunizieren?

Liebe ist nicht identisch mit Kommunikation, aber Liebe ist Kommunikation. Ohne Kommunikation (vgl. Watzlawick et al. 1969; Schulz von Thun 1981, 1989, 1998) könnte Liebe nicht entstehen, und ohne Kommunikation könnte Liebe nicht überdauern.

Kommunikation ist es nicht nur, wenn Menschen miteinander reden. Manchmal reden und reden sie, zumal an Handys, und haben sich gar nichts oder nur Quatsch zu sagen. Und dennoch ist auch dies Kommunikation im strengen Sinne, denn auch jene, die sich eigentlich nichts zu sagen haben, teilen sich etwas mit, und sei es die Botschaft: Eigentlich habe ich dir nichts mitzuteilen. Kommunikation ist zunächst einmal, technisch gesehen, nichts anderes als das Übermitteln von Informationen. Und diese können auf den verschiedensten Ebenen liegen. Genauso wie man sich mit vielen Worten wenig oder gar nichts mitteilen kann, kann man sich eine Menge ohne Worte mitteilen. Das ist die berühmte nonverbale Kommunikation, die insbesondere zwischen Liebenden ganz wunderbar klappt: »Ich schau' Dir in die Augen, Kleines.«

Mittlerweile hat es sich herumgesprochen, dass alles menschliche Verhalten Mitteilungscharakter hat. Wie immer ich mich verhalte, ich kommuniziere mit meiner Umwelt und wenn ich schlafe, teile ich qua Verhalten eben mit, dass ich zurzeit nicht wach bin und Menschen, welche die jeweils gesprochene Sprache nicht verstehen und sie nicht sprechen können, teilen dies unmissverständlich auf andere Weise mit. Watzlawick hat daraus in dem berühmten Buch *Menschliche Kommunikation* die Schlussfolgerung gezogen, dass es, weil man sich immer irgendwie verhält und man sich nicht nicht-verhalten kann, auch unmöglich ist, nicht zu kommunizieren: *Man kann nicht nicht-kommunizieren*, heißt das erste und prominente Axiom der Kommunikationstheorie.[9]

Wenn zwei sich finden, ist ihnen dies intuitiv bewusst, denn sie richten ihr Verhalten, das sie nicht abstellen können und in dem Falle auch gar nicht abstellen wollen, mit allen zur Verfügung stehenden Sendeantennen auf den anderen, um ihn kommunikativ zu umgarnen.

Die heftigen Botschaften, welche die Zuneigung entfachen sollen, werden dabei immer, wie in aller Kommunikation, auf vier Ebenen gesendet, so die Thesen der weiterentwickelten Theorie:

Sachlichkeit, Verständlichkeit, Eindeutigkeit

Inhaltsebene
Dinge, Vorfälle,
Gegebenheiten,
Ereignisse,
Produkte

Ebene der Ich-Aussage
Als wer (was) trete ich auf
Wer bin ich
Wer glaube ich zu sein

Beziehungsebene
Du-Botschaft:
So bist Du!
Wir-Botschaft:
So stehen wir zueinander

Ebene der Appells
Was sollst Du angesichts meiner Aussage tun, denken, fühlen

Selbst-Offenbarung, Selbstbild, Vermutetes Fremdbild

Beziehungsdefinition

Beziehungsgestaltung

Ausdrücken von Wünschen, Beeinflussung, Manipulation

9 Darauf, dass dieses beliebte Buch über *Menschliche Kommunikation* auch kritisch gesehen werden muss, hat seinerzeit, als man noch kritisch war, Johann August Schülein hingewiesen. Seine Ideologiekritik an der formal-pragmatischen Theorie ist, dass alles Geschichtliche und Intrapsychische hier als irrelevante Größe behandelt werde, das heißt, Watzlawick liefert gerade *keine* Kommunikations*psychologie* (vgl. Schülein 1976).

Sachebene: Die meisten Menschen meinen, sie kommunizierten lediglich auf der Ebene der Inhalte, der Sachen, der Dinge, der Vorfälle, der Gegebenheiten: »Das Wetter wird morgen nicht so gut sein, sagt jedenfalls der Wetterbericht.«; »Hundert Gramm Schinken kosten derzeit 2,95 Euro.«; »Der Nacktmull ist ein kleines, kurzbeiniges Tier, das völlig ohne Fell in Afrika unter der Erde lebt wie bei uns der Maulwurf, aber gänzlich ohne Augen.«

Kommunikation auf der Sachebene heißt: Ich teile dir etwas mit, etwas über Sachverhalte, von denen ich im Moment denke, dass sie für dich wissenswert sein könnten.

Aber bereits bei den Angelegenheiten Wetter, Schinken oder Nacktmull zeigt sich, dass der Inhalt meiner Informationen nicht im luftleeren Raum schwebt, sondern im Bezug auf den Empfänger ausgewählt wurden und vom Sender in irgendeiner Weise im Hinblick auf diesen Kommunikationspartner für mitteilenswert gehalten werden. Derjenige, der seinem Gegenüber etwas über den afrikanischen Nacktmull erzählt, erzählt gleichzeitig auch etwas über sich, nämlich dass ihm das seltsame Tier interessant vorkommt, ja vielleicht, dass er von biologischen Sonderheiten gefesselt wird oder überhaupt sich am Exotischen erfreut.

Ebene der Ich-Aussage: Keiner, der kommuniziert, kommt umhin, etwas über sich mitzuteilen. Dies nicht zu tun, ist genauso unmöglich wie überhaupt nicht zu kommunizieren. Genau genommen teilen wir mit allem, was wir von uns geben, zugleich mit, wie wir uns sehen, unser Selbstbild, und implizit natürlich auch, wie wir gern gesehen werden möchten.

Der Nacktmullinteressierte erzählt ja nicht unbeteiligt von den Erdnagern. Er ist vielleicht total begeistert oder zeigt sich angerührt oder wissenschaftlich interessiert. Und selbst, wenn er über den Nacktmull mit dem berühmten Pokerface spricht, teilt er über sich eine Menge mit, vielleicht sogar, dass er ein ganz Witziger ist, wenn sich ein kleines Augenzwinkern aus dem ernsten Mienenspiel herauslesen lässt. Was auch immer er tut: Er zeigt sich. Keiner kann sich verbergen, allenfalls kann er so tun als ob und, wenn er's kann, ein Versteckspiel bezüglich seines wahren oder falschen Selbst aufführen.

In der Kommunikation, die für Liebesdinge grundlegend ist, sind die

Ich-Aussagen die allerwichtigsten. Hier offenbaren sich die Gefühle, die Denkweisen, der implizite und der explizite Humor der zueinander findenden Liebespartner und es offenbart sich in der Weise der Selbstdarstellung, wie man vermutet, vom anderen gesehen zu werden. Entlang dieser Vermutung korrigiert oder verstärkt man dann das, was dem Selbstbild entspricht, welches für die Person, der man gefallen will, aus der eigenen Sicht freilich, das Passende zu sein scheint. Dieser komplexe Vorgang des sich Sehens und des vermuteten Gesehensehens spielt sich zunächst einmal bei beiden Kommunikationspartnern intern ab. Die Art und Weise in der sie vermuten, vom anderen gesehen zu werden, speist sich aus zwei Quellen: einmal aus den wie auch immer realistischen Annahmen über die Außenwirkungen seiner selbst und zum Zweiten aus den Zuschreibungen, die man gegenüber dem anderen vornimmt: wer und wie dieser Mensch wohl sei. Aus diesen Annahmen, beides Projektionen wie man weiß, ergibt sich eine mehr oder weniger opportune Einschätzung davon, wie der andere wohl auf einen reagiert. Mit dieser Zuschreibung auf den anderen nehme ich eine Beziehung zu ihm auf.

Beziehungsebene der Kommunikation: Auch diese Ebene kann ich nicht vermeiden. Sie findet immer statt, falls Ebenen überhaupt stattfinden können. Sie ist immer schon gegeben. Auf dieser unvermeidbaren Beziehungsebene beziehe ich eine Stellung zum Du. Ich schätze meine Gegenüber ein – so sehe ich dich – und mit dieser Einschätzung des anderen, kombiniert mit meinem Selbstbild – so sehe ich mich – und meinem vermuteten Fremdbild beim anderen – so sehe ich mich von dir gesehen –, definiere ich meine Beziehung zu meinem Kommunikationspartner.

Auf dieser Beziehungsebene der Kommunikation signalisiere ich permanent, ohne es zu wollen, oder bei Liebesdingen mit voller Absicht, wie ich meine Beziehung zum anderen einschätze und zu gestalten gedenke. Dazu muss ich die Beziehung selbst gar nicht thematisieren. Das passiert vielleicht erst viel später, in den leidigen Beziehungsdiskussionen, die moderne Liebende hin und wieder anstrengen, wenn sie sich der Sache nicht mehr ganz so sicher sind. Da purzeln die Du-Botschaften dann nur so aus den Kommunikationspartnern heraus: Du bist eine, die bei

Männern immer schon misstrauisch war; du bist einer, der nur an sich denkt. Du, du, du, totales *Blaming* mit vorwurfsvoll auf den anderen gerichtetem Zeigefinger.

Im ersten Augenblick sind explizite Beziehungsgespräche sicher ein Tabu. Im ersten Augenblick wird die Beziehung ja gerade erst gesponnen, indem man sich, mehr oder weniger indirekt, auf den Umwegen der inhaltlichen Kommunikation und vor allem der vielen impliziten Ich-Aussagen aufeinander einstimmt und sich tentativ mit allerzartesten kommunikativen Vorwärts- und Rückwärtsbewegungen, zu verstehen gibt, dass man sich jetzt schon irgendwie wahnsinnig mag.

Dieses zarte Hin und Her der Kommunikationsakte haben das anfänglich vielleicht selbst ganz zarte Ziel, dem anderen, der einem gefällt, auch zu gefallen, und deshalb wohnt ihnen immer auch etwas inne, was in der Kommunikationstheorie als die vierte Ebene identifiziert wurde.

Ebene des Appells: Es existiert kein kommunikativer Akt, der nicht immer auch auf etwas hinaus will und sei es die Tatsache, dass der andere sich ebenfalls für den Nacktmull interessieren soll. Angenommen, der afrikanische Nacktmull ist eine vom Aussterben bedrohte Art. Dann wäre der implizite Appell, den ich in meinen Kommunikationsbeitrag über den seltsamen Erdnager mit eingeschlossen habe: Empfinde das, was ich sage, ebenso wie ich und bitte engagiere dich naturschutzpolitisch aufgrund des jetzt von mir geweckten Interesses an dem Tier mit gleicher Vehemenz wie ich. Oder: Finde doch bitte das Tierchen genauso possierlich wie ich und finde damit jemanden, der so ein Tierchen possierlich findet; nein, nicht ebenso possierlich, aber doch bitte äußerst liebenswert. Oder: Lass Dich von meinem Lachen anstecken, das sich immer wieder beim Thema Nacktmull einstellt. Oder: Lass uns mal austesten, wie weit in Wort und Bild unsere erotischen Freizügigkeiten reichen, wenn wir uns angesichts des Nacktmulles über die leicht anzüglichen Implikationen seines Aussehens verständigen.

Die Ebene des Appells steht beim ersten Augenblick der Liebe, vielleicht ohne dass die beiden es schon wissen, vorrangig im Dienste der Beziehung: Empfinde und denke ähnlich wie ich und nimm bitte etwaige Differenzen nicht zum Anlass, dich von mir abzuwenden. Lass uns Gemeinsamkeiten suchen, in sachlicher Hinsicht und in der Art und

Weise, wie wir miteinander darüber kommunizieren. Lass uns unsere jetzige Kommunikation als ein Austesten verstehen, mit welcher Geschwindigkeit und wie weit wir zwei uns aufeinander einlassen wollen und mit welcher wir es können.

Interaktion

Genauso wie man nicht nicht-kommunizieren kann, weil alles Verhalten Mittelungscharakter hat, ist es auch unmöglich, nicht zu interagieren. Interaktion heißt zwischenmenschliches Handeln und das fängt dort an, wo auf einen Kommunikationsbeitrag eine Antwort erfolgt. Diese wiederum wird als ein Kommunikationsbeitrag, auf den man reagiert, aufgegriffen. Eigentlich ist Kommunikation immer auch Interaktion, denn es hat ja keinen Sinn, zu kommunizieren ohne Reaktionen zu erwarten. Aber man muss das erst einmal analytisch auseinanderhalten, bevor man es zusammenbringt. Es ist nämlich nicht ganz einfach, das komplexe Zusammenspiel von zwei *Sendern* und *Empfängern* zu rekonstruieren. Obwohl wir es tagtäglich tun und Milliarden von Menschen täglich interagieren und alles so selbstverständlich scheint, ist es ein äußerst fragiles Geschehen. Entgleisungen und Unglücke in kommunikativer und interaktiver Hinsicht sind mindestens genauso oft an der Tagesordnung. Da auch die Liebe vor Kommunikationsunfällen nicht gefeit ist und durch misslungene Kommunikation unter Umständen gefährdet und sogar zerstört werden kann, weil sie, andersherum, sich in ihrem Wesen durch gelungene Interaktion geradezu definiert, ist es wichtig, genauer hinzuschauen, was sich in dem Feld dazwischen, zwischen den zwei Menschen, abspielt.

Dem kommunikativen *Sender* steht, um es zu vereinfachen, immer auch ein *Empfänger* der Botschaften gegenüber, der, genauso wie ersterer auf vier Ebenen sendet und auf vier Ebenen mit den entsprechenden Empfängerohren empfängt. Und hier liegt die Wurzel aller Missverständnisse:

»Du, der Cayennepfeffer steht dort im Regal!«

»Wenn ich italienisch koche, gibt es keinen Cayennepfeffer!«

Es ist nämlich überhaupt nicht sicher, ob der Empfänger einer Botschaft diese genauso entgegennimmt, wie sie vom Sender beabsichtigt ist. Manche hören auf der vielleicht gar nicht gewollten, womöglich aber doch unbewusst in die Information implizit eingewobenen ganz anderen Ebene einiges heraus oder hinein, das den Sender völlig überrascht, wenn er qua Reaktion des Empfängers darauf aufmerksam gemacht wird.

Das Hören auf dem Ohr der Beziehungsebene, also der Ebene der Du-Botschaften und der Gestaltung des Wir, kann schon manchmal arge Unfälle in der Verständigung hervorrufen, wenn es denn zum chronischen Hinein- oder Heraushören ausartet.

»Immer kritisierst du mich, wenn ich mal koche! Du hältst das wohl überhaupt nicht aus, dass ich in deinem Hoheitsgebiet herumfuhrwerke!«

»Nein, ich dachte doch bloß, wegen deines suchenden Blicks, dass du ... Mein Gott, bist du empfindlich!«

Alle Missverständnisse der Welt stellen sich als Interpretationskonflikte dar, die der Tatsache geschuldet sind, dass man wechselseitig auf Unterstellungen reagiert. Die vermutete Unterstellung einer kritischen oder feindseligen oder negierenden Haltung meiner Person gegenüber, die ich zu empfangen meine, lässt den anderen, auf dessen unakzeptable mutmaßliche Du-Botschaft ich natürlich garstig reagiere, in der Regel seinerseits garstig werden, sei es, weil er sich jetzt mit einer für ihn unakzeptablen Du-Botschaft konfrontiert sieht oder sei es, weil er sich beim Unterstellen ertappt fühlt oder gar, weil sich ihm unbewusste Regungen aufgedeckt zu werden drohen, was wiederum auf das Heftigste abgewehrt und zurückgewiesen werden muss.

Man könnte eine veritable psychologische Typologie entwerfen anhand des bevorzugten *Empfängerohrs*, das positive oder negative Unterstellungen des Gegenübers heraushört. Augenfällig ist, dass die eher depressiv Strukturierten, die aus allem und jedem eine latente Geringschätzung ihrer Person heraushören, die ihnen ihr kritisches Selbstbild widerspiegelt, nicht lange brauchen, bis man sich von ihnen abwendet, weil sie einem mit ihren Negativ-Eskalationen gehörig auf die Nerven gehen und genau jene Aggressionen hervorrufen, die sie so sehr befürchten. Sie sehen sich dann bestätigt in dem, was sie ohnehin über die typischen Reaktionen der Menschen auf sie selbst schon zu wissen meinen und kriechen, als folgerichtiges Resultat ihrer *Selffulfilling Prophecy*, noch weiter in sich zurück.

Vornehmlich auf der Ebene der Ich-Aussagen hören im weitesten Sinne die klinischen Psychologen und vor allem jene, die es einmal werden wollen, zu. Was sagt der Mensch eigentlich über sich, der da die Hilfe bei der vermeintlichen Suche nach dem Cayennepfeffer so vehement ablehnt? Was sagt der Mensch eigentlich über sich, der ungefragt auf den Standort des scharfen Gewürzes im Küchenregal hinweist oder der, der mich nach der Uhrzeit oder nach dem Weg zum Bahnhof fragt? Was höre ich da heraus, vor allem über seine Defizite, seine Traumatisierungen, sein Leiden und seine Bedürftigkeiten?

Scheinbar ganz nah dran sind auch diejenigen, die alles und jedes auf der Appell-Ebene heraushören. Was will oder wessen bedarf der andere eigentlich, was soll und kann ich für ihn tun, wie kann ich helfen. Das sind die Berufsverwandten der Psychotherapeuten, die Sozialarbeiter und -pädagogen und alle anderen Helferberufe, zu denen man sich ja nicht ohne Gründe entschließt (vgl. Schmidbauer 1977).

Dagegen gibt es jene, die alles lediglich auf der Sachebene verbuchen. Keine Kontaktaufnahme auf den psychisch durchtränkten Niederungen, kein Verständnis für das Subjektive, weder das eigene noch das andere. Das sind die Technokraten, denen das Objektive und Funktionale am Herzen liegen, besser, am kardiovaskulären System.

Genug der Klischees. Es ist in der zwischenmenschlichen Kommunikation einfach nicht garantiert, dass der andere genau das hört und versteht, was ich ihm sagen will. Bestimmt aber ist es so, dass der andere lediglich auf das reagieren *kann*, was bei ihm ankommt. Auf was sonst? Und das heißt: Wir alle kommunizieren letztlich auf der Basis von Unterstellungen: Unterstellt, du hast mir das gesagt, was ich verstanden habe, sage ich dir nun als Antwort Folgendes ...

Da der Sender zudem in der Regel nicht kenntlich macht und es manchmal selbst nicht weiß, auf welcher Ebene der Kommunikation er seine Information verstanden wissen will, und der Empfänger ohnehin zunächst die freie Auswahl darüber hat, was er zu verstehen geneigt ist, sind kommunikative Entgleisungen und Unfälle in allen Schattierungen vorprogrammiert.

Dass wir grundsätzlich mit Unterstellungen laborieren müssen, wenn wir kommunizieren, ist nicht weiter schlimm, wenn wir es denn in unser Bewusstsein integrieren und bejahen. Indem wir das prinzipiell Konstruktivistische, also den herstellenden Charakter unserer zwischenmenschlichen Begegnungen gutheißen, sehen wir uns zur aktiven Gestaltung unserer Beziehungen aufgerufen und handeln danach. Gemäß unserem intuitiven Wissen über sich selbst erfüllende Voraussagen, deren Auslöser in aller Regel allein wir sind, liegt es an uns, welche Interaktionsfolgen wir mit unserem Kommunikationsbeitrag anstoßen wollen. Denn eigentlich sind wir stets auch dabei, den Kommunikationspartner zu verleiten, die Melodie mit anzustimmen, die wir, gewissermaßen als Angebot, vorgeben. Kritisches, beurteilendes, maßregelndes Kommentieren zieht eine andere Response nach sich als ein freudvolles und lustvolles Eingehen auf den anderen.

Nun ist es aber nicht so, dass der Auslöser der dann folgenden Interaktionen allein ich bin und der andere bloß der Reagierende. So narzisstisch stellt es sich nur für den Egozentriker dar, der sich zum Mittelpunkt des Geschehens hat. Nein, mein Kommunikationspartner ist seinerseits ebenfalls Auslöser und Reagierender. Interaktion heißt: Beide sind Autoren und Dirigenten des Konzerts, das sie zusammen komponieren und anstimmen. Während sie es anstimmen, komponieren sie es – etwa in der Art des *Free Jazz Style*.

Solche freie Kommunikation ist das Elixier der Liebe. Angesichts der allgemeinen lieblosen Unverbindlichkeit in der sonstigen sozialen Erfahrungswelt ist es in der aufkeimende Liebe geradezu selbstverständlich, dass sie die schwierigen Hürden, die die Gesetzte der zwischenmenschlichen Kommunikation ausmachen, mit intuitiver Leichtigkeit zu nehmen scheint: Liebende wollen sich ja gerade mit ihrer Verbindlichkeit und Wahrhaftigkeit und Nicht-Manipulativität einander beweisen und es im Hier und Jetzt erlebbar machen, dass sie ernst zu nehmen und liebenswert sind. Jede kleinste Unachtsamkeit bezüglich vereinbarter Zusammentreffen beispielsweise würde, gerade am Anfang, zu heftigen

Irritationen führen und das beginnende Vertrauen und die unterstellte Verlässlichkeit *in statu nascendi* zerbröckeln lassen.

Weil ich den anderen Menschen, wie sich mir subkutan andeutet, lieben werde und hier und jetzt seine Liebe erwecken will, bin ich von vornherein dabei, ihn als anderes Subjekt und nicht als Objekt jener manipulativer Techniken zu adressieren, die in der übrigen Gesellschaft mittlerweile gang und gäbe sind.

In der Liebe stimmen zwei Menschen ein ganz anderes Konzert an. Sicher: um es sich in ihrem Prozess des Kennenlernens und der Annäherung leicht zu machen, *arbeiten* auch sie mit Unterstellungen und interpunktieren bestimmte Ereignisfolgen monokausal: Der andere ist dran *schuld*, dass ich so verliebt bin oder ihn liebe, aber das kann der Liebe nicht nur nichts anhaben, sondern, im Gegenteil, die wechselseitige Zuschreibung von Liebenswürdigkeit, welche die eigene Liebesbereitschaft anstachelt, bringt es mit sich, dass beide ihre Liebe zueinander immer mehr entfachen.

Auch hier, in der Liebe, wird agiert. Ich unterstelle meiner potenziellen Liebespartnerin oder meinem Liebespartner, dass sie oder er all die Eigenschaften, Kommunikationsbeiträge und Verhaltensweisen, die ich an ihr oder ihm wahrnehme, tatsächlich so aufweist und aus sich heraus einbringt. Und meine Liebe, die sich just dadurch immer mehr vergrößern wird, ist so etwas wie eine Reaktion darauf. Aus der Perspektive des Partners ist das genauso. Wir unterstellen uns beide dasselbe: ungeheuer viele liebenswerte Seiten, die Anlass unserer Liebe sind. Wir unterstellen uns wechselseitig darüber hinaus, dass unsere Liebe voller Freude erwidert wird.

Nicht zuletzt deshalb lieben wir die andere Person, weil wir uns von ihr geliebt fühlen, und das heißt letztlich, weil wir die liebende Reaktion des Partners auf uns lieben: Eine höchst zirkuläre Interaktionsschleife, dennoch gibt es nichts Trefflicheres als diese wunderbaren Unterstellungen, die zur Liebe führen und sie weiter nähren. Das hat die Gestalt einer ins Positive gewandten Paranoia, einer sogenannten *Pronoia*, in der alle Signale, die ich von meiner *Umwelt Liebespartner* empfange, zu bestätigen scheinen, was ich immer schon annehme: Ich liebe und ich werde geliebt.

Um diesen äußerst angenehmen Irrsinn nicht total ins Pathologische abrutschen zu lassen und etwa dem *Stalking* und anderem krankhaften Wahn zu verfallen, ist es üblich und nötig, dass Liebespartner so ungeheuer viel und so oft wie irgend möglich miteinander kommunizieren. Kraft der immanenten Kommunikationsnormen ist dies die Nagelprobe auf die Realität des gemeinsamen Interaktionskonzertes. Selbst wenn wir unseren süßen Wahn als *Folie à deux* leben und ihm die Qualität des Exterritorialen verleihen, sind es doch wir, die aus einem gewissen Bestand an Rationalität heraus diese Interpretationsleistung erbringen, und wir sind es auch, die ganz real darüber kommunizieren, dass wir uns ein gemeinsames quasi-exterritoriales Universum innerhalb des Territoriums der rational organisierten Realität geschaffen haben.

Indem Liebende permanent kommunizieren, bestätigen sie sich, dass sie nicht verrückt sind, obgleich sie sich von einem irgend normalen Seelenzustand ver-rückt haben. Die sogenannte Normalität erscheint freilich im Stande der Liebe ihrerseits verrückt.

Umso wichtiger ist es, dem strukturell Psychotischen an der Liebe durch kommunikative Dauerpraxis die pathogene Wirkkraft zu entziehen und in einem permanenten Vollzug wechselseitiger Selbstvergewisserung der psychischen Stabilität einen sicheren Boden zu bereiten. Ohne Kommunikation würden wir am Ende sterben. Zuvor aber würden wir unsere Ich-Identität verlieren: die durch Anerkennung des anderen verliehene innere Gewissheit, stets als dieselben sich erleben zu können, auch wenn die Situationen und Welten, in denen man sich bewegt, ständig wechseln.

Real dieselben bleiben können wir freilich nicht, wenn wir lieben: Wir verändern uns in dem Maße wie wir mit unserem Partner ein neues Wir bilden, das es zuvor auf der Welt noch nie gegeben hat. Wie weit wir uns dabei aufgeben oder dazugewinnen und zu denen werden, die wir sein können, ist eine andere Frage.

Liebe ist Interaktion

Liebe ist nicht anders als interaktiv zu verwirklichen. Liebe ist Interaktion: der ständige Austausch kommunikativer Handlungen im

Dienste der Aufrechterhaltung der Liebe. So zirkulär ist das. Liebe ist Liebe, die sich am Leben erhält, indem sie gelebt wird.

Deshalb verdienen Liebesbegriffe, die ihre wesentliche Interaktivität verleugnen, auch eine einstweilige Einstellungsverfügung. »Wir lieben Lebensmittel.« Was für ein Quatsch! »Wir lieben Technik«, äffte im Landkreis Lüneburg eine kleine Elektrofirma den Slogan nach. Sicher weiß der dortige Marketingverantwortliche nicht, was Adorno meinte, als er von der »libidinösen Besetzung der Technik« sprach und damit gravierende Formen subjektiver Beschädigungen in der Gegenwartsgesellschaft anprangerte: »Bei dem Typus, der zur Fetischisierung der Technik neigt, handelt es sich, schlicht gesagt, um Menschen, die nicht lieben können« (Adorno 1967, S. 686).

»Ich liebe die Natur«: Weiß derjenige, der dies ausposaunt, dass man einen Oberbegriff nicht lieben kann?

»Ich liebe die Menschen«: Sollte der, der das kundtut nicht ehrlichkeitshalber sagen, »ich liebe *den* Menschen als solchen«, weil er doch annimmt, eine Kategorie anhimmeln zu können?

»Ich liebe die Liebe«: Ich empfinde also Leidenschaft für eine abstrakte Vokabel?

Abstraktionen kann man nicht mögen und auch nicht nicht-mögen, auch wenn sie *Liebe* heißen. Liebe muss gelebt und erlebt werden. Mit einem realen Menschen. Im Hier und Jetzt. Nicht erst in einem anderen Leben. Nicht in der einsamen Fantasie des schmachtenden Liebhabers, der so edel ist, dass er den geliebten Menschen nicht mit seinen lebendigen Bedürfnissen belästigen will. Das alles heißt: Liebe bloß in Gedanken hilft niemandem.

Ein einfaches Gedankenspiel mag das verdeutlichen. Angenommen, Gernot ›liebt‹ seine Kollegin Helma. Wir befinden uns an einem Institut der Freien Universität Berlin im Stadtteil Dahlem. Gernot verzehrt sich schon seit Wochen nach Helma und überlegt ständig, ob er es wagen soll, sie zum Essen einzuladen. Gerät ins Schwitzen, wenn er darüber nachdenkt, wie er ihr es bei dieser Gelegenheit beibringen könnte, dass er total verliebt ist in sie. Schaut sie mit großen sehnsüchtigen Augen an, wenn sie sich einmal die Woche in der großen Mitarbeitersitzung sehen. Bekommt rasendes Herzklopfen, wenn er sich vorstellt, wie sie in die

Badewanne steigt. Stellt sich vor, dass sie vielleicht wie er, gern Tango tanzt und mit ihm auf einem Tournier brilliert, während sie in seinen Armen liegt und er sie perfekt führt. Helma ahnt etwas von Gernots Gefühlen ihr gegenüber, denn es bleibt ihr nicht verborgen, wie er sie, mit großer Distanz zwar, aber doch recht inständig und ergeben, fast schon bettelnd, umschleicht. Sie empfindet für ihn keine größeren Sympathien, eigentlich überhaupt keine, bis auf die Tatsache, dass sie ihm irgendwie dankbar ist, dass er sie nicht offen bedrängt oder anbaggert, wie sie es von anderen Männern kennt und hasst. Deshalb, und vielleicht weil sie ihn nicht kränken will, oder vielleicht sogar, weil es ihr im Grunde sehr schwer fällt, überhaupt jemandem gegenüber ein deutliches Nein zu äußern, lächelt sie ihm zuweilen freundlich zu, so wie eine Kollegin es eben tut. Mehr nicht, aber Gernot saugt jedes noch so kleine Zeichen auf wie Küchenkrepp die übergelaufene Sahne. Es kommt, wie es kommen muss: Gernot spricht Helma an und stottert seine monatelang gehegte Essenseinladung heraus. Helma, die spürt, dass sie in diesem Falle auf keinen Fall Ja sagen darf, um nicht in die Bredouille einer falschen Nähe zu geraten, sagt zu ihm: »Du, im Moment ist das der falsche Zeitpunkt, es geht einfach nicht, dass wir uns privat treffen.« Gernot liest daraus im Kaffeesatz seiner Gefühle, dass Helma ihn hochinteressant findet und zurzeit einfach noch verhindert ist. Vielleicht hat sie einen Freund, vielleicht einen sehr eifersüchtigen, mit dem sie erst noch Schluss machen müsste, bevor sie sich ihm unvorbelastet zuwenden kann. Er ist geradezu überglücklich, dass sie ihn nicht zurückgewiesen hat, was er in einer Ecke seines Herzens befürchtete. Aber er ist auch ein wenig traurig, dass er nun sein Liebesgeständnis nicht mehr sofort vortragen kann, denn dazu hätte es einer besonderen Situation bedurft, und zwischen Tür und Angel geht das nicht. Helma ist ihrerseits auch glücklich, weil ihr zum ersten Mal in ihrem Leben, seit sie aus dem Elternhaus weg ist, ein richtig deutliches, dennoch aber freundliches *Nein* gelungen ist. Als sie damals ihr zu Hause verließ, hatte sie ihren Eltern gegenüber im Grunde gar nichts Explizites über ihren Trennungswunsch geäußert, sondern nur die Zusage aus Berlin aus der Tasche gezogen und gesagt, dass sie angesichts der Stellenknappheit gar nicht anders könnte als wegzugehen. Nun geht es erst richtig los. Gernots Liebe entbrennt mit aller Wucht. Er kann an nichts anderes denken als an Helma, und auch seine zaghaften erotischen Annäherungsfantasien beginnen, ihn physisch zu bedrängen, sodass er sich immer öfter einsame Erleichterung mit einer imaginierten Helma verschafft, die in seinen Bildern dann ganz glücklich ist, wenn er sie beglückt hat. Immerhin ist er 34 Jahre alt, und, wie gesagt, seine Biologie gemahnt ihn an den Fortpflanzungsimperativ, wenn auch in solipsistischer Form. Die Art, wie er jetzt um Helma schleicht, nämlich in der relativen Gewissheit ihrer irgendwann zu erwartenden offenen Zuneigung und in der virtuellen erotischen Spannung, die er deutlich spürt, macht sie kirre und sie beginnt, ganz entgegen ihrem Naturell, massive Abgrenzungswünsche und Aggressionen zu entwickeln, die sie für ihre Verhältnisse immer klarer zeigt: »Du, lass mich doch einfach die nächste Zeit mal richtig in Ruhe. Du bedrängst mich so, dass ich ganz handlungsunfähig werde …«

Und so weiter.

Gernots Liebe wird durch alles genährt, was Helma von sich gibt. Aus seiner Sicht ist sie kurz davor, ihrem Herzen den Stoß in die richtige Richtung zu geben. Ja, ihre Zurückweisungen zeigen doch nur, dass sie ihre Liebe zu ihm aus freien Stücken, ohne jegliche Beeinflussung durch sein Drängen, sozusagen in reiner Weise, lebendig werden lassen will. Anders als die berühmten traurigen Gestalten der *Stalker* entschließt sich Gernot aus Liebe zu Helma, sie für mindestens sechs Monate absolut in Ruhe zu lassen, auch um ihr seine wirkliche Liebe zu beweisen.

Bei Gernots Agieren handelt es sich lediglich um die Verhaltensweisen eines mehr oder weniger harmlosen Großstadtneurotikers. Neurosen sind aber, wenn man den Erkenntnissen über den Symptomwandel psychischer Störungen folgen will, historisch im Rückgang begriffen und schwerere Beeinträchtigungen wie Persönlichkeitsstörungen, Psychosen, Süchte, Psychosomatosen und andere Formen der Verwahrlosung greifen um sich. Nicht umsonst ist der *Stalker,* und das ist keine Filmfigur von Andrei Arsenjewitsch Tarkowski, juristisch jetzt eingeholt worden, jener zuweilen gemeingefährliche Beziehungswahn, in dem der aus seiner Sicht Liebende die Objekte seiner Gefühlswallungen ohne Rücksicht auf Verluste bedrängt und nicht zurückschreckt, seine Zuneigung mit brutalen Mitteln an die Frau oder an den Mann zu bringen.

Die Wahrnehmung einer Beziehung, wo keine ist, wird in unserem Kulturkreis heute als krank bezeichnet. Eine jegliche Liebe ohne Interaktion, die ihr den Widerhall beschert, ist der Tendenz nach *Stalking*. Das erkennen wir jetzt, da die soziopathische Extremvariante infolge mangelnder gesellschaftlicher Sublimierungsmechanismen vermehrt auf den Plan zu treten scheint. Und *Paraphilie* ist deren Vorversion, die ins Übermaß gesteigerte, wahnhafte Liebe, die sich bei Gernot zu entwickeln droht.

Aus seiner Binnensicht allerdings liebt Gernot Helma wirklich inniglich, und man kann sich gut vorstellen, dass es jahrhundertelang Abertausende gab und heute noch gibt, die so liebten und lieben. Die Kunst lebt von solcher Liebe, die Literatur, die Musik, ja die ganze Kultur der Liebe, die diese interaktionslose Melange aus Anhimmeln und Darben züchtet und düngt und ihren Adepten anempfiehlt.

Aber: Ist das Liebe?

Ist das Liebe, wenn Gernot Helma liebt, fast möchte man sagen, gegen ihren Willen, zumindest diametral ihren Gefühlen ihm gegenüber?

Ist eine Liebe, die zwar aufrecht, aber doch einsam vor sich hingeliebt wird, Liebe? Muss Liebe nicht beantwortet werden mit Liebe? Ist sie nicht erst dann Liebe, wenn sie von zweien hergestellt, verwirklicht, gelebt wird? Mindestens zweien, kulturrevolutionäre Experimente bei uns und eine andere Praxis in anderen Kulturen, was die Zahl der Partner angeht, einmal beiseite gelassen?

Um nicht in die blöden Rechthabereien abzurutschen, die sich immer ergeben, wenn jemand assertiv behauptet: »Liebe ist dies oder das«, und jemand anderes behauptet: »Nein, das stimmt doch überhaupt nicht, Liebe ist jenes und dieses«, ist der Vorschlag einfach nur der, sich die Implikationen verschiedener Liebesbegriffe für die *praktizierte* Liebe selbst auszumalen. Ohne auf einen Schiedsspruch für die richtige Definition hinauszuwollen, ist davon auszugehen, dass die beiden Liebespartner auf jeden Fall den gleichen Liebesbegriff haben sollten, denn eine Liebe ohne Konsens über ihr Wesen, wie immer die Liebe nun *richtig* zu bestimmen sei, kann sich zwischen zwei Menschen nun einmal nicht verwirklichen. Womit wir bei Johannes Mario Simmel gelandet sind.

Liebe ist nur ein Wort

Ja, aber eines, das es in sich hat. Wie jedes Wort hat es einen Bedeutungsgehalt, den es zu erschließen gilt. Diese Arbeit an einer gemeinsamen Vorstellung von Liebe, die vom ersten Augenblick an beginnt und beginnen muss, weil die höchstpersönlichen Liebesvorstellungen der beiden zunächst kaum kompatibel sein können, geschieht, wie sollte es anders sein, *im Medium der Interaktion.* Die vielen, vielen Interaktionen selbst, die zu einem gemeinsamen Verständnis von Liebe führen und diese so verstandene Liebe auch zu etwas real Geteiltem machen, sind die Verwirklichung der Liebe selbst. Womit, jenseits aller richtigen oder falschen Definitionen von Liebe, feststeht: Liebe ist Interaktion.

Interaktion vor dem Bedeutungshintergrund eines Wortes, das jeder kennt. Interaktion, die zur Liebe führt.

Liebesobjekt – Liebessubjekt

Wenn jemand in einer sich so nennenden Liebesbeziehung monieren sollte: »Eigentlich habe ich mir die Liebe anders vorgestellt«, dann dürfte es sich um die Sachlage handeln, dass beide es nicht geschafft haben, eine gemeinsame Vorstellung von Liebe zu entwickeln. Intersubjektiven Konsens nennt man das, wenn man zusammen nach genügender Kommunikation annäherungsweise dasselbe meint.

Vielleicht meint ja einer von ihnen, »ich liebe diese Person«. Aber diese Person, die als EmpfängerIn der Liebe ausersehen ist, kann das Ganze nicht annehmen, und deshalb findet *Liebe als ein Geben und Nehmen zwischen zwei Personen* dort auch nicht statt.

Eine Liebe, die den anderen lediglich als Objekt ihrer reichlich vorhandenen Energie begreift, verfehlt diesen, weil dessen Antwort nicht aus einer autonomen Position erwartet wird. Wir müssen aber in der Liebe davon ausgehen, dass die Response des anderen aus freien Stücken und selbstbestimmt, mit Freude und Leichtigkeit erfolgt, also auf eine durch heftige Gefühle modifizierte, vielleicht auch getrübte, aber doch persönliche Zurechnungsfähigkeit zurückzuführen ist.

Andere Menschen sind Objekte vor allem aus der Perspektive der einsamen Bedürfnisbefriedigung. Wer lediglich darauf aus ist, seine Gelüste zu stillen, betrachtet den anderen wie eine Beute, und manchmal will es scheinen, als täten sich Partner tatsächlich aus dem archaischen Grunde zusammen, sich im anderen einen Sexualproviant zu sichern.

Zurechnungsfähige Subjekte hingegen können sich frei entscheiden, ob und wie sie auf Interaktionsinputs anderer reagieren. Selbst wenn sie von der Liebe des anderen erfasst werden und sich blind fallen lassen, sind sie hintergründig Autoren ihres Überwältigtseins, denn fallen lassen kann sich nur ein Ich, das sich hat. Der Zusammenhang von Ich-Schwäche und der Unfähigkeit zum lustvollen Selbstverlust ist der Psychopathologie des Liebeslebens, das dann freilich *so* nicht genannt werden sollte, hinlänglich bekannt. Interaktive Genussunfähigkeit ist ein Zeichen vom Verfall der Kräfte. Der habituelle Dauerverzicht auf das lebendige Leben, der sich gern als Seelenstärke geriert, zeugt gerade nicht davon, dass der tapfer Widerstehende sich im Griff hat. Nur Zurechnungsfähige können spielerisch das preisgeben, was der Wegzoll der Liebe ist: das Ich als die sich selbst kontrollierende, realitätstüchtige Instanz.

Unzurechnungsfähige hatten es nie, oder haben es noch nicht, dieses irgend dynamische Ich, das die bewusst zugelassene Regression in seinen Dienst nimmt und aus ihr erstarkt wiederkehrt. Bei Menschen, denen wir Zurechnungsfähigkeit nicht unterstellen können, steht dagegen das »Ich im Dienste der Regression« (Kilian 1971, S. 251)[10] und verbraucht sich in deren Strudel. Nicht Zurechnungsfähige im Sinne des wechselseitigen Anerkennungsdialogs zwischen autonomen Subjekten sind: psychisch Kranke, Betrunkene, Hilflose, eigentlich auch Kinder. Sie sind, wenn man denn will, Objekte unserer Handlungen, denn es sind allein wir, die entscheiden, mit welchen Schritten wir bei ihnen welche Effekte erzielen wollen. Ihnen Liebe angedeihen zu lassen, hat allemal mit Fürsorglichkeit, Schutz und der Abstinenz gegenüber der eigenen Bedürftigkeit zu tun – und mit Macht.

Dem steht die willentlich eingegangene, freudvolle Wechselseitigkeit des Bedürfnisaustausches in der Liebesbeziehung zurechnungsfähiger

---

10 Hans Kilian spricht hier in Abgrenzung zur »Regression im Dienste des Ich« (vgl. Kris 1952).

Subjekte gegenüber. Ob sie allein von Erwachsenen zu verwirklichen ist, sei letztlich dahingestellt; es wird aber stark angenommen. Zwischen denen ist es ganz klar: Es ist die Beziehung von erwachsenen, selbstbestimmten und zurechnungsfähigen Menschen zu ebenso erwachsenen, selbstbestimmten und zurechnungsfähigen Menschen. Erwachsenenbeziehungen sind insofern immer auch *dort* Vertragsverhältnisse, wo in ihnen, zumindest potenziell, Vereinbarungen getroffen werden, deren Verwirklichung die Einhaltung des Kontraktes voraussetzt. Die Beziehungen von Vertragspartnern untereinander sind daher prinzipiell von gegenseitiger Nicht-Manipulativität und von Verbindlichkeit geprägt.

Liebe teilt mit diesen normativen Grundlagen ganz wesentlich das Prinzip der *Wechselseitigkeit.*

Wechselseitigkeit

Die Gegenseitigkeit von Geben und Nehmen in der Liebe ist das A und O ihres Wesens.

Schon Immanuel Kant, der ansonsten mit den geschlechtlichen Freuden nichts am Hut hatte, weist in seiner *Metaphysik der Sitten* in aller Drastik darauf hin, dass dieses Geben und Nehmen für beide gilt: Die Geschlechtsgemeinschaft sei ein wechselseitiger Gebrauch, den ein Mensch von eines anderen Geschlechtsorganen und Vermögen mache (vgl. das Kapitel »Sex-Verträge«), wobei die natürliche Geschlechtsgemeinschaft entweder nach der bloß tierischen Natur verliefe oder nach dem Gesetze, wobei Letzteres die Ehe ausmache. Diese sei definiert als die Verbindung zweier Personen verschiedenen Geschlechts zum lebenswierigen wechselseitigen Besitz ihrer Geschlechtseigenschaften. Und Kant betont, dass unabhängig von dem natürlichen Zwecke der Fortpflanzung, zu welchem die Natur die Neigung der Geschlechter gegeneinander schließlich einpflanzte, also demnach unter dem Aspekt der Lust, der *wechselseitige* Gebrauch ihrer Geschlechtsorgane und -eigenschaften, für beide einen Vertrag darstelle (vgl. dazu auch die umfangreichen Überlegungen in Teil 2). Juristisch schlägt das noch heute zu Buche.

Kant will seinerzeit auf die Zementierung der monogamen Ehe hinaus. Ausdrücklich weist er darauf hin, dass der Vertrag, also bei ihm der Ehe-Vertrag, nur durch Vollzug in Kraft tritt, und er meint damit die eheliche Beiwohnung, die er ausdrücklich *copula carnalis* zu nennen beliebt. Die fleischliche Vereinigung freilich ist, wenn wir zu den Deutungsmustern der Jetztzeit zurückkehren, unter dem Gesichtspunkt des Interaktionsparadigmas, in der Liebe die Erfüllung der Wechselseitigkeit *par excellence*. Denn in der Liebe genießen beide ihre Lust miteinander und nicht befriedigt sich bloß der eine am anderen.

Noch reflektieren wir nicht den Stellenwert und die besondere Beschaffenheit von Sexualität in der Liebe, sondern den Stellenwert ihres a prima vista wesensgemäßen Vertragscharakters.

Vielleicht ist der Gedanke zunächst befremdlich, dass der Liebe nun doch vertragliche Elemente innewohnen sollen, heißt es doch, »Liebe entziehe sich jeglicher Vertragsfähigkeit, weil sie weder erzwungen noch jemandem geschuldet werden kann« (Retzer 2004, S. 101). Aber im Prinzip der Wechselseitigkeit, die sowohl das Wesen der Liebe als auch das Wesen der Interaktion ausmacht, steckt der zwanglose Zwang zur Einhaltung des Verbindlichkeitsgebots. Das heißt, aus freien Stücken und unausgesprochen – weil es ansonsten sinnlos wäre, zwischenmenschliches Handeln von einer solchen Bedeutsamkeit und Intensität überhaupt zu beginnen – gehen die Liebespartner eine Verpflichtung ein, das auch wirklich zu meinen und real zu tun, was sie sagen. Damit stellen sie sich quer zu den gesellschaftlichen Üblichkeiten.

»Ich liebe dich, ich liebe dich ...«, das könnte auch das hechelnde Gestammel eines Freiers im Bordell sein, der das als Auslösereiz braucht. »Ja, ich dich auch ... Du bist wahnsinnig toll ...« ist dann die automatische Antwort der käuflichen Lady, die sich davon eine Beschleunigung der Angelegenheit verspricht. Hier, im Puff, liegen andere Verträge zugrunde: Ein expliziter, der mit Entlohnung und der entsprechenden Dienstleistung zu tun hat und ein impliziter, in welchem sie und er sich hintergründig sicher sind, dass sie sich etwas vormachen und gerade nicht wahrhaftig, ehrlich und wechselseitig aufeinander bezogen sein müssen. Im Gegenteil, die Exitation des Freiers beruht ja gerade darauf, dass er allein der Konsument des Handlungsvollzugs ist, den er als Ware eingekauft hat. Was Preis und Leistung angeht, herrscht hier eine Art Verbindlichkeit, Beischlafsdiebstahl ist schließlich strafbar. Und wenn die Ernüchterung wieder eingekehrt ist, herrscht auch darüber eine Art Verbindlichkeit, dass der Liebesschwur nur situative Bedeutung hatte.

Das gehauchte »Ich liebe dich« der Liebenden hingegen ist, wie alle wissen, von einer ganz anderen Qualität. Aber wo liegt der Unterschied; so doch Liebe nur ein Wort ist?

Der Unterschied liegt im Charakter der Situation, über den die beiden einen zwar unausgesprochenen, aber im Handlungsdialog sich unmissverständlich äußernden Konsens haben: Das was sie tun, tun sie mit aller Wahrhaftigkeit.

Von wahrhaften Kommunikationsstörungen oder Interaktionsunfällen muss man hingegen dann sprechen, wenn der Freier etwa sich in das Callgirl ernsthaft verliebt und dieses das nicht checkt, oder wenn das gehauchte »Ich liebe dich« das Rollenspiel eines psychopathischen Zuhälters ist, der ein naiv verliebtes Mädchen umgarnt, um es sich gefügig zu machen. Von Wechselseitigkeit, also einem intersubjektiven Konsens über den Charakter der Situation kann hier nicht die Rede sein. Auch kann davon keine Rede sein, dass beide Interaktionspartner sich als Subjekte sehen, die sich nicht-manipulativ begegnen wollen. Leider stellt sich das für manche, die ihrer Wahrnehmung nicht zu trauen gelernt haben, erst viel zu spät heraus, und dann ist alles Vertrauen in das Wort Liebe und die Liebe selbst, die das Wort bezeichnen will, so gut wie für immer zerstört.

Der Vertrag, den Liebende eingehen, ist zuallererst der, dass sie mit der Liebe kein Schindluder treiben. Sie glauben an die Liebe, weil sie von ihr wissen und sie vergewissern sich gegenseitig, ohne es aussprechen zu müssen, mit der Art ihrer Interaktion, dass sie Liebe meinen, wenn sie Liebe sagen. Des Weiteren gehen sie den Vertrag ein, dass die zwischen ihnen entstehende Liebe ein exklusives Geschehen ist, weil die Art der Bezogenheit aufeinander einmalig ist. Das heißt, sie streben eine gegenseitige Loyalität an, über deren Ausmaß sie freilich im Krisenfalle neu in Verhandlung treten werden. A priori jedenfalls ist die prinzipielle Treue, um die es ihnen geht, eine zunächst nicht problematisierungsfähige Größe, die sich als selbstverständliche, nicht-repressive, wechselseitige Verpflichtung versteht (vgl. das Kapitel »Treue« in Teil 3): Ausschließlich für uns zwei gilt diese Liebe, da gibt es niemand anderen, der da mit hineingehört.

Weiteres kommt hinzu, was Vertragscharakter haben kann und was im Beziehungsalltag wichtig wird: die Organisation des Miteinanderlebens: Nähe und Distanz (vgl. das gleichnamige Kapitel in Teil 3), Wohnen, Arbeiten, Freizeit. Immer gilt die Verbindlichkeitsnorm: Wir halten uns an das, was wir vereinbaren.

Vor allem vereinbaren Liebende, ohne dazu durch irgendeine Norm verpflichtet zu sein und ohne es je aussprechen zu müssen, dass sie zusammenbleiben werden. Denn ohne einander können sie nicht sein, wenn sie sich lieben. Liebe setzt die Anwesenheit der Liebenden voraus. Erst wenn sie die Ehe schließen, wird dieser stillschweigende Kontrakt explizit zur gesellschaftlichen Verpflichtung mit Unterschrift und Siegel. In modernen Zeiten freilich wird der Obligation zu mehr als einem Drittel aller Fälle nicht nachgekommen, und dies aus Gründen, die im Nachlassen der Liebe in der Ehe liegen dürften. Wie viele unverheiratete Paare sich trennen, ist statistisch ungleich schwerer zu erheben. Anzunehmen ist freilich, dass die prinzipielle Freiheit in der tagtäglichen Entscheidung, beieinander zu bleiben, die Liebe aufs immer Neue entfacht.

Tiefenstruktur

Unterhalb der dem Bewusstsein der Liebespartner zugänglichen unausgesprochenen Vereinbarungen gibt es noch eine weitere Dimension: Das sind die unbewussten Verträge (vgl. das entsprechende Kapitel in Teil 3), welche die beiden miteinander haben. Gemeint ist damit die Ebene des psychischen *Nutzens*, den jeder für sich aus der Funktion zieht, die der andere für ihn *nolens volens* ausübt. Alle unsere Unfertigkeiten, Sehnsüchte, Schutzbedürfnisse, regressiven Neigungen und sonstige normalneurotischen Bedürftigkeiten, mit denen wir in eine Liebesbeziehung eintreten, wollen schließlich endlich auch einmal zum Zuge kommen. Und wo, wenn nicht hier, ist der Ort, an dem man Mensch sein kann und Mensch sein darf. Ob zwei zusammen passen, entscheidet sich an dem Zusammenspiel ihrer Neurotizismen, die im ersten Augenblick freilich noch nicht offen zutage treten.

Aber auch bei den unbewussten Funktionen, die die Partner füreinander haben, waltet das Prinzip der Wechselseitigkeit. Nicht ist der eine bloß der Konsument und der andere der Wohltäter. Selbst wo es auf den ersten Blick so aussieht, als ob der eine der Samariter ist und die reine Fürsorglichkeit nur so verströmt, hat der empfangende Part an dem unbewussten Zusammenspiel für den Gebenden gleichwohl eine psychisch eminent wichtige Funktion, nämlich die, überhaupt *Geber* zu sein und ihn in seiner Superiorität und scheinbaren Überlegenheit zu bestätigen. Das zeigt sich in aller Regel dann, wenn der Hilflose sich zu emanzipieren anschickt und der Helfer durch seinen Funktionsverlust plötzlich hilflos wird. Manchmal bricht er sogar zusammen oder er agiert aufs heftigste gegen den Wachstumsprozess, den er selbst durch seine Hilfe angestoßen haben mag. Das zeigt, wie sehr der scheinbar Überlegene beziehungsweise »Erwachsene« in einer solch ungleichen Beziehung funktional abhängig ist von der scheinbar unterlegenen oder infantilen Rolle, die der andere innehat. Die Herrschafts-Knechtschafts-Dialektik Hegels lässt grüßen.

Unbewusste Verträge, die die Funktionen und Rollen der Partner füreinander festhalten, sind auch in symmetrischen Beziehungen die Regel, in denen beide Partner in den verschiedensten Mischungen Stärken und Schwächen füreinander nutzbar machen. Jeder Mensch bekommt in einer engeren zwischenmenschlichen Beziehung für den anderen eine psychische Bedeutung. Die Psychen treten sich in ihrer bedürftigen Ganzheit gegenüber. Nichts ist also naheliegender in einer Liebespartnerschaft als die gegenseitige Funktionalisierung hinsichtlich psychischer Bedürfnisse. Die Liebe selbst zeichnet sich gerade dadurch aus, dass die Partner füreinander höchste Bedeutung bekommen, so auch für die unerledigten Aufgaben, die unbewältigten Krisen, die seelischen Blessuren, die Traumatisierungen und die misslungenen Erlebnisverarbeitungen, an denen die Psyche sich bildete und an denen sie ein Leben lang zu laborieren hat. Keine Frage, dass in der Liebe diese unbewussten Themen hochgespült werden, sind hier doch die Interaktionen von einer Intimität und Intensität, die alles bisher Gewesene in den Schatten stellen. Die vergangenen Schatten werden wieder lebendig und finden in der Liebe ein Licht, das sie zuweilen blasser werden lässt. Es gibt sogar Stimmen, die sagen, dass eine Liebesbeziehung eine Psychotherapie ersetzen kann.

Kein Wunder. Die meisten haben ein gefühlsmäßig tief verankertes Bild davon, was sie sich von ihrem Lebenspartner und ihrer Lebenspartnerin wünschen, und ein Großteil davon ist ein Verlangen nach Wiedergutmachung erlittener lebensgeschichtlich bedeutsamer Verletzungen und Enttäuschungen. Es ist ein profundes Bedürfnis nach Trost und Heilung, das in Liebesbeziehungen eingelöst werden will.

Die quasitherapeutischen Erwartungen an die Liebesbeziehung stellen allerdings dann eine Überfrachtung dar, wenn die Partner ihre Beziehung wie etwas Drittes, das hinzukommt, mystifizieren und passiv abwarten, dass sich eine Heilung ihrer Wunden einstellt. Das kann genauso wenig klappen wie eine Psychotherapie, die man über sich ergehen lässt und, weil sie ja von der Kasse bezahlt wird, von der man erwartet, dass sie wie ein Medikament nun auch wirken soll. Demgegenüber ist die aktive Auseinandersetzung mit sich selbst in jeglichen intensiven Beziehungen heilsam, wenn sie mit der Bereitschaft zu einer Veränderung von Denkmustern, Gefühlsqualitäten und Handlungsweisen einhergeht. Das kann in Psychotherapien der Fall sein, wo die Veränderung professionell angeleitet wird und das kann selbstverständlich in Liebesbeziehungen der Fall sein, wo die intensive Kommunikation auf intuitive Weise bestimmten Selbstveränderungen den Weg bahnt. Freilich müssen die beiden die Kraft haben und kommunikativ in der Lage sein, ihre vergangenen Traumatisierungen voreinander aufzudecken und zu entfalten. Das kann nicht jeder und nicht jeder hält es aus, mit dem Elend anderer konfrontiert zu werden. Liebe dürfte just dort erst entstehen, wo sich zwei Menschen aushalten können. Das aber heißt, dass ihre Persönlichkeitsstrukturen einigermaßen zueinander passen, das heißt: ihre Psychen in vielen Aspekte ineinander klinken können müssen. Intensive Kommunikation und Interaktion allein ist es nicht, die zur großen Liebe führt.

Der Richtige oder *die Richtige* fürs Leben ist der spezifische Andere, der in die Tiefenstrukturen meiner Seele hineinreichen kann. Es ist der, dessen höchstpersönliche Gewordenheit meiner Gewordenheit zu dem Zeitpunkt, an dem wir uns begegnen, optimal entgegenkommt. Gemeinsame Zukunft hat etwas mit verknüpfungsfähiger Herkunft zu tun. Nur wenn die Psychen eine gemeinsame Passform aufweisen, springt der Verliebtheitsfunken über. Dass sich die Richtigen zum rechten Zeitpunkt am passenden Ort begegnen, ist denn auch, wie gesagt, ein mittelgroßer Glücksfall.

Die Richtigen

Lächeln, Humor haben, intensiv, intelligent und auch emotional interagieren kann man zwar mit vielen Menschen, aber dennoch kann man das Pech haben, darunter *den Richtigen* einfach nicht zu finden.

Es ist sicher ein modernes Phänomen, dass *der Richtige* heutzutage von einem selbst gesucht und gewählt werden kann. In vergangenen Zeiten und in anderen Kulturen, die weiter östlich und südlich leben, ist es gang und gäbe, dass die Eltern vorbestimmt haben, wer mit wem zusammenzukommen hat. Da spielen wirtschaftliche Erwägungen eine Rolle und die Aussicht, Macht und Einfluss der Familien zu mehren, wenn man bestimmte Konstellationen herstellt. Manchmal ist es auch nur der Brautpreis, der die Eltern ein wenig aus dem ökonomischen Elend zu holen verspricht, und sie verkaufen ihre jüngste hübscheste Tochter an den alten, aber betuchten Bewerber. Der *Buchhändler aus Kabul* (Seierstad 2004) soll ja nur ein mildes Beispiel von dem sein, was unter solchen soziokulturellen Bedingungen die Regel ist. Dass eher rationale, also Zweck-Mittel-Erwägungen eine Rolle bei der Partnerwahl spielen, scheint sich aber genauso im europäisch-amerikanischen Kulturumfeld zu zeigen (Illouz 2007a, S. 228), also auch hierzulande, zum Beispiel wenn der Adel nur seinesgleichen freit oder zumindest einen bekannten Politiker aus der oberen Liga, der optisch gut ins Bassin des Swimmingpools passt, und wenn andere Prominente sich sowieso nur mit ihresgleichen zusammentun. Man nennt das Klassenendogamie:

»Wie sehr auch immer wir daran glauben, dass Liebe über allen Erwägungen der gesellschaftlichen Klasse stehen [...] die meisten Menschen heiraten Angehörige ihrer eigenen Schicht. So kam beispielsweise Laumanns Untersuchung urbaner Netzwerke der Solidarität zu dem Ergebnis, dass 71 Prozent aller Untersuchten jemanden heiraten, der ihrer eigenen Schicht oder einer benachbarten Schicht angehörte« (ebd.).

Dennoch kann es vorkommen, dass sich auch in den rational motivierten oder gar in den erzwungenen Zusammenschlüssen von Mann und Frau so etwas wie Liebe entwickelt (vgl. dazu das Kapitel »Oldie« in Teil 3). Liebe ist, so man den dahinter aufscheinenden Gedanken radikalisiert, nie der Ausgangspunkt, sondern wohl eher das spätere Resultat einer Beziehung. Man liebt sich ja wohl kaum tatsächlich von Anfang an, sondern es entwickelt sich eine Gefühlstiefe, die erst später Liebe genannt zu werden verdient.

Zur Idee der romantischen Liebe, wie wir sie herbeisehnen, gehört indes die zumindest im Nachhinein sich so darstellende Konstellation, dass der oder die Richtige *von Anfang an* der oder die Richtige war. Und dazu gehört eben nun einmal die freie, von niemandem erzwungene oder manipulativ erzeugte Situation des ersten Augenblicks, in dem sich alles wie von selbst entscheidet. Wer also könnte der besondere Richtige sein, wo doch Lächeln, Gefühlezeigen, Intelligentsein, Kommunizieren und Interagieren eher das Allgemeine ist, was interessante und sympathische Menschen vorzuweisen haben? Wer passt also im Besonderen zu wem?

In manchen philosophischen und politischen Utopien ist es Angelegenheit des idealen Staates, Männlein und Weiblein zusammenzubringen nach Aspekten der Nützlichkeit und der Passigkeit für allgemeine höhere Zwecke. Dahinter steht jedes Mal die Idee, dass eigentlich viele, wenn nicht gar prinzipiell alle, miteinander können müssten, weil sie sich erst im Zusammensein zu dem entwickeln, was in der Verbundenheit möglich ist. Das Phänomen ist bekannt: Wenn man jemanden näher kennenlernt, der einem vielleicht anfangs aus der Distanz gar nicht so recht sympathisch schien, dauert es manchmal nicht lange bis die Person liebenswerte Seiten bekommt und bald sind wir vielleicht geneigt, sie sogar in mancherlei Hinsicht zu mögen. Umgekehrt passiert es aber auch, dass eine a prima vista sympathische Person zum Ekel werden kann, wenn man sie ein paar Tage lang hat reden hören und hat handeln sehen. Gelegentlich braucht es nur ein paar Minuten dazu oder gar bloß Sekunden.

Eine Probezeit, die wir uns intuitiv einräumen, bis wir uns definitiv auf jemanden einlassen, ist also unter größeren Freiheitsgraden durchaus möglich und sehr sinnvoll und daher in unserem Kulturkreis die Regel. Wer ist nicht schon zurückgetreten von einer sich anbahnenden geistigen oder körperlichen Intimität, wenn zu spüren war, dass die Person sich sozusagen als *nicht geeignet* für eine lebensgeschichtlich tragende Beziehung zu entpuppen begann.

In der Retrospektive von wirklichen Liebesbeziehungen stellt sich diese Probezeit meistens als eher sehr kurz dar, manchmal schrumpft sie sogar auf den Bruchteil von Sekunden, weil in der erinnerten Promptheit des emotionalen Entschlusses sich zugleich seine Richtigkeit wie seine quasi-mystische Notwendigkeit ausdrückt.

Da es heute im Großen und Ganzen nicht mehr verpönt ist, sexuelle Erfahrungen mit mehreren Partnern und auch ohne tieferes Engagement durchzuexerzieren, gehört in diese Probezeit durchaus auch das physische Probehandeln, dessen emotionale Begleitmusik den Ton dafür angibt, ob und wie intensiv die Beziehung weitergehen kann. Manche bleiben hier allerdings beim Dauertänzeln zum flotten Cha-Cha-Cha oder Samba, der auf diesem oder jenem Parkett allwöchentlich mit neuen Tanzpartnern stattfindet. Sie haben gar keine Ambitionen, das große Symphoniekonzert zu genießen. Manche können überhaupt nicht tanzen, allenfalls tanzen sie nur *an*, und zwar zur eigenen Marschmusik und trampeln dann in fremden Seelen herum. Und einige haben die ewige Tanzerei satt, weil sie dabei nicht wirklich weiterkommen, sondern letztlich immer nur auf der Stelle treten.

Manche aber nehmen die Sehnsucht ernst, die in aller Musik zum Ausdruck kommen will und sind in der Lage, aus dem Zusammenspiel der ersten gemeinsamen Tanzschritte zu erspüren, ob der große Schritt ins gemeinsame Leben ansteht. Liebe entsteht, wo beides, Seele und Körper, zum Ausdruck kommen darf und wo die Leiden, die das Leben einmal bereitet haben mag und die Freuden, die es mit dem anderen zu bereiten verspricht, ihren angemessenen Raum bekommen.

Füreinander *die Richtigen* sind sie, wenn die Muster von wieder aufbrechenden Verletzungen und die Muster gemeinsam hergestellter Hochgefühle miteinander korrespondieren, das heißt, wenn sich seelische Passformen herauskristallisieren.

Für dieses komplexe Zusammenspiel zweier Psychen gibt es einige, wenn auch theoretisch vereinfachte Anhaltspunkte, die vielleicht verstehen helfen, warum es in manchen Zweierbeziehungen einfach nicht klappen kann und in manchen, fast wie durch eine wundersamen Fügung zusammenwächst, was zusammengehört. Auf die gelingende Liebe sei dabei zu fokussieren, denn die These, wie gesagt, lautet: Liebe ist möglich.

Nur nicht mit jedem. »I love you all«, kam vor ein paar Jahren unisono aus der Kehle von Michael Jackson und von Erich Mielke. Das unendlich Dumme und das unendlich Perfide, das sich hier ungewollt outete, müsste nicht weiter kommentiert werden, wenn es nicht so viele Menschen gäbe, die der süßlichen Lüge aufsitzen, dass man im Grunde alle Menschen lieben sollte. Dann wäre wohl die Welt besser oder so. Theodor W. Adorno, der maßgebliche Philosoph des letzten Jahrhunderts, in dem die meisten heutigen Erwachsenen aufwuchsen, hat hier mit Sigmund Freud ganz unmissverständlich darauf hingewiesen, dass das Motiv unterschiedsloser Menschenliebe aus der Menschenverachtung (Adorno 1962a) kommt. Wer alle über einen Kamm schert, nimmt Einzelne nicht wahr und keinen ernst und er verleugnet die Wirklichkeit, denn schließlich gilt: Nicht alle Menschen sind liebenswert.

Einander liebenswert können sich nur die finden, die sich konkret und lebendig austauschen und die miteinander ihre tiefer liegenden individuellen Bedürfnisse nach Seelenheil befriedigen. Die psychologischen Erkenntnisse legen nahe, dass hierbei nicht alle Konstellationen füreinander erquicklich sein dürften.

»Unbewusstes erkennt Unbewusstes irrtumslos.« Dieser für den ersten Augenblick entscheidende Satz wird Michael Lucas Möllers *Die Wahrheit beginnt zu zweit* zugeschrieben, er dürfte aber von Scheunert (1960) stammen. Wo auch der freudianische Satz herkommt, er ist von eminenter Bedeutung, weil er die immer schon stattfindende tiefere Psychologie einer Begegnung, die zur nachhaltigen Berührung wird, mit wenigen Worten vollends erfasst. Die Instanz, die den Partner wählt ist das Unbewusste (Mary 2004, S. 123), nicht das Bewusstsein und nicht der Wille. Wenn zwei sich unmittelbar attraktiv finden, spielt die Psychologie die Hauptrolle.

Normalverrückt

Viele denken, wenn sie das Wort Psychologie hören, zuallererst: Ich bin doch nicht verrückt.

Welch ein Irrtum. Die Verrückten sind qualitativ nicht sehr viel verrückter als die Normalen. Qualitativ verlaufen psychische Prozesse nämlich nach *denselben* Gesetzmäßigkeiten. Es kommt allein quantitativ auf das Maß an, mit dem Menschen von einer fiktiven Gesundheit oder Normalität abweichen, um als verrückt oder gestört oder krank zu gelten, und das variiert von Zeit zu Zeit und von Kultur zu Kultur. Wer heute als gesund und normal bezeichnet wird, falls diese Bezeichnung überhaupt einen ernsthaften Sinn hat, galt möglicherweise vor achtzig Jahren als ungehobelt, wenn nicht verwahrlost und psychisch ziemlich gestört, und wer heute ein psychisches Korsett zeigt, wie es vor 80 Jahren durchaus üblich und angemessen war, nämlich mit Symptomen heftiger Zwanghaftigkeit, dürfte in der Gefahr stehen, für therapiebedürftig gehalten zu werden. Wie sehr klinische Zuschreibungen vom Hintergrund abhängen, vor dem sie getroffen werden, zeigt das Beispiel vom Schizophrenen, der hier klinifiziert ist und gegebenenfalls weggesperrt wird, und der in Indien als Heiliger verehrt wird, weil er mit fremden, göttlichen Zungen redet.

Kurz: Wir alle haben Grade von Verrücktheit vorzuweisen und ebenfalls Grade von Gesundheit, die kulturell und historisch jeweils verschieden definiert sind. Der Konstruktivismus ist auch und gerade hier eine veritable Wirklichkeit. Vor fast 30 Jahren hat man einmal den charmanten Begriff der Normalneurose vorgeschlagen. Es war auch die Rede von der Mischneurose, die ein jeder von uns in verschiedener Ausprägung heutzutage habe. Wie sollte es auch anders sein.

Die Psychoanalyse spricht denn auch von sukzessiven Übergängen und darüber, dass Gesundheit und Krankheit miteinander verschwistert sind weil sie denselben Mechanismen unterliegen. Es ist ihr deshalb möglich, entlang der Neurosenlehre auch nicht-klinische Typen zu beschreiben, deren psychische Merkmale sozusagen die milderen, wenn nicht gar die einigermaßen gesunden Varianten abbilden.

Fritz Riemann (1975) unterscheidet in seinem *Klassiker* vier basale Typen und nennt sie aus individualpsychologischen Gründen *Grundformen der Angst*: den schizoiden Typ, den depressiven Typ, den hysterischen Typ und den zwanghaften Typ.

Wohlgemerkt: Nicht diese *Typen* begegnen sich und spüren intuitiv, dass und wie sie zusammenpassen, sondern reale Menschen, die für ihre lebensgeschichtlich bestimmenden Erlebnisverarbeitungen vergleichbare Formen generiert haben. Sie finden sich deshalb attraktiv, weil sie entweder wesensverwandt sind oder weil sie sich auf eine Weise kontrastieren, die ihnen Vervollkommnung verspricht. Intuitiv spüren die, die sich verlieben, dass der jeweils andere in seiner Tiefenstruktur wie die Faust aufs Auge passt. Deshalb sagt man im allerpositivsten Sinne wohl frei nach Udo Lindenberg: *Das mit dir haut ganz tief rein.*

Kontrolle und Sicherheit

Vom zwanghaften Typus als dem deutschen autoritären Sozialcharakter des 19. und beginnenden 20. Jahrhunderts war schon die Rede. Das Zwanghafte hat viel mit Pflicht zu tun und mit allen anderen sogenannten Akzeptanzwerten, wie vor allem Sauberkeit, Sparsamkeit, Ordnungsliebe, Pünktlichkeit und andere Penibilitäten, die heute schon wieder, angeregt durch die sogenannten Konservativen, in den Schulzeugnissen benotet werden. Dazu kommt ein ausgeprägter Eigensinn.

Gerät er in eine lebensgeschichtliche Krise, zeigt der zwanghafte Psychotypus in der Hauptsache Symptome der Zwangsneurose und andere Anzeichen der zwangscharakterlichen Störungen. Derjenige, der in der Fußgängerzone die Ritzen zwischen den Steinplatten überspringen oder der repetitiv immer wieder dieselbe Handbewegung vollziehen muss, gilt schon als äußerst skurril und steht in Gefahr, psychiatrisch eingewiesen zu werden.

Aus der Perspektive der Liebe aber treten die Defizite und problematischen Seiten eines Psychotypus kaum je in den Vordergrund. Durch ihre Mithilfe entfaltet er in der Regel vorrangig seine Stärken und bringt diese als beziehungstragende Qualitäten ein. Es ist daher zweckmäßig in Sachen Liebe die wachstumsorientierte und gesundheitszugewandte Seite psychischer Manifestationen zu betrachten und nicht die klinisch relevanten.

Die Qualität der verschiedenen psychischen Typen, die im Übrigen in Reinform tatsächlich eher selten auftreten, äußert sich in ihren typischen Beziehungsangeboten, mit denen sie zwischenmenschliche Verbindungen aufnehmen und interaktiv mitgestalten.

Beim eher zwanghaften Typus ist es das Angebot von Sicherheit, Ordnung und Solidität. Sein unbewusstes Hintergrundthema bezieht sich auf die Kontrolle potenziell chaotischer Regungen und Impulse bei sich und anderen, manchmal der Lebendigkeit insgesamt, und insofern sind seine vorherrschenden Interaktionsformen geprägt von dem Bemühen, Strukturiertheit, Eindeutigkeit und Genauigkeit herzustellen. Sein kommunikativer Sendekanal ist folgerichtig die Sachebene, die er stets zu entemotionalisieren trachtet. Hierarchische Beziehungen, in welcher Position auch immer, sind ihm nicht fremd; er bevorzugt allerdings eher die Führungsrolle. Sein profundes Bedürfnis nach Klarheit ist der Hintergrund dafür, dass der zwanghafte Typus als verlässlicher, verantwortungsbewusster und loyaler Partner imponiert, der seine lebensgeschichtlich wichtigste Beziehung auf Dauer angelegt hat. Infolgedessen ist im Hinblick auf Vereinbarungen und den Vertragscharakter von Beziehungen mit absoluter Verbindlichkeit zu rechnen, ja, Verträge werden notfalls wortwörtlich und buchstabengetreu eingehalten, und selbst das Kleingedruckte, das in den meisten Partnerschaften gewissermaßen die informelle Verhandlungsmasse bildet, wird hier explizit befolgt, im Gegenzug aber auch gelegentlich vehement eingeklagt.

In der Liebe muss freilich mit schaumgebremsten Interaktionen gerechnet werden, denn das anarchische Leben der Impulse und Leidenschaften sind sein Ding nicht. Insbesondere die Gefühle und die ganze

Erotik werden durch den Kontrollaspekt spezifisch eingeschränkt, was für manche Menschen, die zum Zwanghaften passen wie die Faust aufs Auge, ein Segen ist. Im Zusammenspiel mit überbordenden Psychen beispielsweise kann das stets kontrollierende, realitätszugewandte Verhalten des zwanghaften Typus einer tragfähigen Homöostase dienen, in der für den einen eine notwendige Bremse und für den anderen eine permanente Aufforderung zu mehr Lebendigkeit am Wirken ist.

Wer einen Zwanghaften liebt, genießt seine Zuverlässigkeit und Ordentlichkeit. Auch schätzt er dessen verstetigte Selbstkontrolle und idealisiert seinen Realismus und sein überwiegend klares, präzises Detaildenken. Sein Blick ist zumeist voller Bewunderung für die Rolle und Funktion, die der Zwanghafte innerhalb oder außerhalb der Beziehung ausübt, und er schmiegt sich an den meist überlegenen Partner gern an.

Wer von einem Zwanghaften geliebt wird, profitiert von dessen Sicherheitsdenken, das freilich seinerseits einem immensen Sicherheitsbedürfnis entspringt. Es sistiert die Zweierbeziehung als eine zuverlässige Institution, an der nicht zu rütteln ist. Der Partner eines so strukturierten Menschen hat gegen dessen habituelle Überwachung und Abbremsung potenziell chaotischer Impulse meist nicht nur nichts einzuwenden, sondern heißt sie geradezu psychisch willkommen, vielleicht weil hier ein beruhigend väterlicher oder mütterlicher Gestus mit Schutz- und Fürsorgeaspekten wieder erlebt werden kann, der vor allem abermals jene Sicherheit, aber auch ein gewisses sedatives Wohlbehagen angesichts drohender innerer Kontrollverluste verspricht. Als leibhaftig gewordene Externalisierung seiner verdrängten Triebhaftigkeit und Spontaneität hat der Komplementärpartner von zwanghaften Charakteren die begrenzte Narrenfreiheit eines Paradiesvogels, dies sicher auch, weil der Zwanghafte an seiner Lebendigkeit stellvertretend teilhaben kann.

Bühne und Applaus

Dem Psychotypus, der den Aspekt der Sicherheit in die Beziehung einbringt, konträr gegenüber, aber dennoch als Partner gelegentlich zur Seite, steht der Typus, der mit Gefühlen überhaupt nicht geizt, sondern sie fast bühnenreif und im Hinblick auf viel Applaus inszeniert. Das ist die hysterische Persönlichkeit. Mit der Verbindlichkeit nimmt sie es zwar nicht ganz so genau, aber ebenso wichtig wie dem Zwanghaften ist ihr der Aspekt der Sicherheit, und zwar was die garantierte Zuwendung und Anerkennung angeht, ohne die sie nicht zu leben vermag. Deshalb buhlt sie mit allen Qualitäten, die sie hat, um die Gewährung von Gunst. Oftmals ist es bei ihr so, dass ihre farbenfrohe und stürmische Performanz, wenngleich sie auch so schnell verfliegt wie sie angeweht kommt, andere mitreißt und in den Bann zieht. Klassicherweise sind es die Männer, die sich von der aus ihrer Sicht typisch weiblichen Kreativität und Impulsivität faszinieren lassen. Die Betonung des Romantischen und insgesamt der Gefühlswelt gegenüber dem analytischen Verstand macht den hysterischen Charaktertypus schnell sympathisch. Das Angebot, das von ihm ausgeht, ist die rauschende und tosende Intensivbeziehung mit vielen Highlights und emotionaler Betriebsamkeit. Die Liebe zur Liebe, die von hysterischen Persönlichkeiten geradezu zelebriert wird, ist ansteckend und mit ihr einher geht das Versprechen von steter Steigerung der Leidenschaften. Ob allerdings die Visionen von Rausch und Ekstase, die sie aufscheinen lassen, dann eingelöst werden können, ist eine andere Frage. Wichtig ist ihnen nicht das reale Sein, sondern die Freude an der Verlockung. Es ist, als ob ihr permanenter Erlebnishunger den eigentlichen Genuss ausmacht, das Sich-Berauschen an den Möglichkeiten, nicht die Erfüllung, die mit dem Nachlassen der Euphorie droht.

Wer einen Hysteriker oder eine Hysterikerin liebt, liebt deren begehrenswertes Äußeres und deren reichlich verströmte Liebenswürdigkeit, deren bezaubernden Charme und deren fantastische Visionen, die sie insbesondere für die Ausschmückung des Emotionalen bereithalten. Die in den Interaktionen permanent geschürte Erwartungslust auf alles, was kommen könnte, ist derart ansteckend, dass jeder Tag und jedes Ereignis eine Freude zu werden verspricht. Die Hochstimmung scheint immer noch einer Steigerung fähig, und so ist es kein Wunder, dass die freudige Erregung und die grundsätzliche Positivität, die überschwappt, der Liebe einen nahrhaften Boden bereiten.

Wer von hysterisch geprägten Menschen geliebt wird, ist manchmal enttäuscht, dass hinter dem Horizont der vielen Möglichkeiten keine weitere Welt zu sein scheint. Dies ist aber meist nur von kurzer Dauer, weil eine neue Woge von Begeisterung jegliche Ernüchterungsgefahr gleich wieder mit sich wegschwemmt. Die Liebe, die von *hysterieformen Persönlichkeiten* ausgeht, kennt keine Nüchternheiten und keine Langweiligkeiten. Es die Berauschung an der Liebe als solcher, die sie in ungeahnte Höhen steigern will, und die den wahren Rausch der Liebe zuweilen unter sich lässt.

Harmoniesuche und Moral

Ganz anders wiederum fühlt und handelt der depressiv strukturierte Psychotypus. Das Sich-Berauschen und der unbändige Hedonismus sind ihm fremd, wenn nicht zuwider, weil dieser Lust aus seiner Sicht jene umfassende Erlebnistiefe abgeht, die erst zu einem wahrhaften Genuss des Lebens gereicht. Depressive Charaktere nehmen alles sehr ernst. So auch die Liebe. In ihr suchen und finden sie die Erfüllung des höheren Sinns, den sie im irdischen Sein suchen. Manchmal sind sie über das Maß des gesellschaftlich Üblichen religiös, manchmal hoch politisch. Immer sind sie einer, meist differenzierten, Moralität verpflichtet. Das Leiden im und am Leben führt sie bisweilen zu einer philosophischen Existenz, die tiefe Erkenntnisse mit sich bringt. Die Gründlichkeit, mit der sie sich in Fragen des Sinns, der Ethik, der Gerechtigkeit und der Schuld versenken, enträt jeglicher oberflächlichen Ausgelassenheit. Dabei ist die depressive Persönlichkeit keineswegs genussunfähig, wie es tendenziell der Zwanghafte ist, aber positive Empfindungen und Lust werden von eher depressiven Charakteren nur als wirklich tiefe Freude zugelassen und dann aber nachhaltig, zuweilen bis zur Erschütterung und der Selbstaufgabe genossen.

Insbesondere ist der depressiv strukturierte Typus ein Experte der Selbstreflexion, denn alle Möglichkeiten eventueller Schuld beziehungsweise der Verursachung von Widrigkeiten und Leid überprüft er stets zunächst im Hinblick auf seine eigenen Anteile am zugrunde liegenden

Interaktionsgeschehen, das des Öfteren zum Thema gemeinsamer Reflexion wird. Streit wird von depressiven Persönlichkeiten grundsätzlich nicht um seiner selbst willen angestrebt. Sein Ziel von etwaigen Auseinandersetzungen ist der Konsens. Längere Beziehungsgespräche beispielsweise sind also bei ihm keine Seltenheit, wie insgesamt die permanente Reflexion des in der äußeren und der inneren Welt Stattfindenden seine große Stärke ist. Dass er gegebenenfalls eher die Schuld auf sich nimmt als den anderen zu konfrontieren, zeigt seine Aggressionsschwäche und seine Leidensbereitschaft, die ihn oftmals als den moralisch Überlegenen und Besseren dastehen lässt.

Die enorme Sehnsucht nach Geborgenheit und Harmonie bei der depressiven Persönlichkeit drückt sich darin aus, dass ihr die Liebe das Allerwichtigste im Leben ist. Ihr Beziehungsangebot ist das einer unermesslichen Liebesfähigkeit, die mitsamt ihrer innewohnenden Hingabebereitschaft und Gefühlsinnigkeit eine wahre, tiefe Aufrichtigkeit verspricht.

Wer einen dergestalt geformten Menschen liebt, liebt dessen menschliche Wärme und prinzipielle Gütigkeit, die fast schon die Neigung zur Preisgabe des Ichs in die Selbstlosigkeit aufweist. Auf jeden Fall gehen mit der Liebe der depressiven Persönlichkeit eine Reihe idealistischer Tugenden einher, die im Vordergrund stets das Mitgefühl für andere hat. Sich selbst scheint sie nicht so wichtig zu sein.

Wer von einem depressiven Charakter geliebt wird, erfährt mit dessen Fähigkeit zur Einfühlung und zum Verzicht auf egoistische Impulse, dass und wie sehr er im Mittelpunkt liebender Energien stehen kann. Die in der Liebe tendenziell sich ohnehin einstellende Verschmelzung mit dem anderen wird mit der depressiven Persönlichkeit zum fast mystisch-symbiotischen Amalgam eines totalen Wir gesteigert, in dem das Ich, zumindest das seine, keine Bedeutung zu haben scheint. Der paradiesische Zustand, in dem einem alle Wünsche von den Augen abgelesen werden, scheint für den Geliebten interaktive Wirklichkeit zu werden. Der Preis dafür ist der Druck, der von einer gelegentlichen Überfürsorglichkeit ausgeht, die ihrerseits die dahinter liegende große Bedürftigkeit und Anhänglichkeit kaum kaschieren kann. Den geliebten Menschen glücklich machen zu wollen in der totalen Hingabe an ihn, das ist das Streben des depressiven Charakters, was den Empfänger dieser Liebe freilich verführen könnte, passiv alles entgegenzunehmen ohne aktiv alles zu geben.

Abwechslung und Distanz

Im Gegensatz zu diesen Anlehnungsexzessen und den zuweilen starken Abhängigkeitsbedürfnissen, die für den Depressiven Sicherheit bedeuten, meidet der schizoide Psychotypus Nähe und Dependenz. Freiheit und Unabhängigkeit lautet sein Motto, auch und gerade in engen Beziehungen, falls er sie je eingeht. Denn Nähe kann er kaum ertragen. Er bekommt Angst, wenn der Abstand zu anderen Menschen sich zu verringern droht. Die Angst davor, auf jemanden etwa angewiesen zu sein, wehrt er meist erfolgreich ab, indem er sich distanziert, kühl und zuweilen barsch ablehnend gibt. Er ist scheu, bindungsschwach und lässt so gut wie niemanden intim an sich heran, und wenn, dann nur in episodischen Sequenzen. Für ihn würde Intimität ein Sich-Ausliefern und eine Gefährdung seiner Integrität bedeuten, die so brüchig und unbelastbar ist wie die entsprechenden Abwehrmechanismen heftig sind. Kommt es wirklich einmal zu Nähesituationen, dann kann es passieren, dass einen der schizoide Charaktertyp am anderen Tag überhaupt nicht zu kennen scheint, so schroff lehnt er ein Wiederanknüpfen an kürzlich erst vergangenen, vielleicht gar erquicklichen, Kontakt ab. Zuneigung, Liebe gar, erlebt er als äußerst gefährlich und deshalb werden alle Zeichen etwaiger gegenseitiger Sympathie zurückgewiesen. Innigkeit kennt er nicht.

Das Beziehungsangebot, das von einer schizoiden Persönlichkeit ausgeht, ist daher paradox: Lass uns, wenn wir zusammenkommen, unsere Freiheit und Unabhängigkeit wahren. Des Weiteren heißt es: Lass uns zur Sache kommen und den ganzen emotionalen, subjektiven Quatsch unter den Teppich kehren. Diese Botschaft kommt gleich mit der Aufforderung, sich keinesfalls dem anderen etwa zu öffnen oder sich emotional zu engagieren. Die kommunikativen Botschaften, die diese Emotionsfreiheit untermalen, pochen denn auch auf subjektivitätsfreie

Rationalität. Reines Erkennen auf den höchsten Niveaus der Abstraktion, gelegentlich auch hoch philosophische Urteile und Analysen über das wahre Wesen zwischenmenschlicher Beziehungen, insbesondere mit biologistischem Einschlag, sind seine Stärke. Das, was scheinbar objektiv gilt, beruhigt ihn und verleiht ihm Sicherheit.

Nun ist es keineswegs so, dass der Schizoide keine Liebessehnsüchte hat. Insbesondere seine sexuellen Regungen drängen ihn auch zu anderen Menschen. Aber er kann nicht für sich werben oder jemanden gar verführen. Deshalb trifft er in der Regel auf ganz bestimmte Partner, die mit seinen skurrilen Interaktionsformen korrespondieren können, sei es, weil sie sich gespiegelt sehen oder sei es, weil sie in einer Art Aufopferung den Beweis antreten zu müssen glauben, dass sie in der Lage sind, das wahre Wesen hinter der schroffen Fassade erreichen zu können.

Wer einen schizoiden Menschen liebt, ist zuallererst davon angetan, dass er von diesem keinesfalls in eine Symbiose hineingezwungen wird. Hier kommt der Wunsch zum Tragen, so genommen zu werden, wie man ist, ohne sich verändern zu müssen und ohne sich auf den anderen in einer Weise einzulassen, die etwas Verpflichtendes nach sich zieht. Die gegenseitige Idealisierung von Autonomie, welche die Angst vor Veränderungen und Verschmelzung kaschiert, verspricht, dass man es bei dem eher geringen Maß an Ichstärke belassen wird, das man bei sich und dem anderen vorfindet. Wer einen Schizoiden liebt, liebt deshalb auch in gewisser Weise dessen Unerreichbarkeit, die er als extreme Ausprägung von Individualität projektiv bewundert: Dieser Mensch ist ganz anders als alle anderen bisher, heißt es dann, und man nimmt den anderen als Exoten wahr, der im Grunde nicht richtig zu *kriegen* ist.

Die tendenzielle emotionale Unbeteiligtheit in schizoid gefärbten Beziehungen geht oftmals einher mit einem abgespaltenen Erleben der Triebhaftigkeit, was sich zuweilen in heftigen sexuellen Eskapaden mit quasipornografischen Szenarien ausdrückt, die beide intensiv genießen können. Indem sie sich von Mal zu Mal als Objekt ihrer Begierden erleben, können sie zumindest in der Ekstase menschliche Begegnung fingieren.

Und vielleicht ist das sogar der Ursprung der Liebe, die in der körperlichen Lust gründet und die in der psychischen Leidenschaft ihre Verwirklichung findet. Ob Schizoide das Stadium allerdings je erreichen, in dem sich Menschen dann seelisch wirklich begegnen, ist fraglich. Stattdessen gibt es, manchmal mit äußerster Heftigkeit, Berührungsversuche, die psychisch zwar treffen, hingegen aber wenig geeignet sind, Nähe zuzulassen, weil sie schmerzen. *Schizo* heißt vom griechischen Wortstamm her *gespalten* und genauso vollziehen sich die Interaktionen, die Liebe vielleicht herbeisehnen, die sie dann aber immer wieder auf eine harte Probe stellen.

Wer von einem Schizoiden, falls dies überhaupt geschieht, als Liebespartner ausersehen ist, wird mit der paradoxen Botschaft konfrontiert sein: Beweise, dass du mich liebst, auch wenn ich dir dazu keine Chance gebe. Dies allerdings wird dann als Herausforderung gesehen, es dennoch zu versuchen. Versucht wird es samstags und sonntags, denn man hat eine Wochenendbeziehung, oder man trifft sich sporadisch, da man in getrennten Wohnungen lebt. Das Zusammensein, wenn es denn faktisch stattfindet, besteht aus Bewährungsproben, welche die ständigen Zweifel an der Liebe zu *so jemand* Seltsamen beheben sollen und die, indem sie permanent entwertet werden, nicht ausgeräumt werden können. Der ständige Versuch, die etwaigen Liebesbereitschaften auf die Probe zu stellen, lässt die Zuwendungskräfte schnell an ihre Grenzen kommen, sodass es nur dem masochistischem Genuss an solchen Sadismen vorbehalten bleibt, dies alles in Kauf nehmen zu können und aus einer Mischung von Schuldgefühlen und Verlustangst oder aus narzisstischen Motiven – sich etwa als besonders edel zu stilisieren – an der Beziehung festzuhalten.

In der Regel sind schizoide Beziehungen nicht von Dauer. Untreue und häufige Trennungen, mit dem pseudologischen Hintergrund, dann wieder besser aufeinander zugehen zu können, sind die Regel, und nur dort, wo beide von derartigen Arrangements psychisch profitieren, kann das Gleichgewicht der auseinanderweisenden und zusammenziehenden Kräfte eine solche Beziehung für längere Zeit aufrechterhalten. In intellektuellen und Künstlerkreisen soll das angeblich klappen. Eher aber suchen Schizoide ihr Heil im Dasein des einsamen Wolfes oder den verschiedenen gesellschaftlich angebotenen Varianten des Single-Daseins, und für die Triebe dürfte die Selbstbefriedigung und das Hantieren mit anderen virtuellen Sexualitäten die häufigste Praxis sein.

Mischformen

Noch mehr Typologien und andere psychische Möglichkeiten sind rekonstruierbar, denn aus den empirisch vorgefundenen Mischformen, die wir alle auf irgendeine Weise darstellen, sind wiederum typische Wesenszüge herauszulesen und in verschiedenen Facetten auch herausgelesen worden. Keinen der dargestellten Psychotypen *gibt* es in Wirklichkeit. Typologien wollen das in Reinform, idealtypisch, wie es heißt, herauszeichnen, was im kunterbunten Leben allenthalben gemixt und zusammen mit vielen anderen höchst individuellen Elementen vorkommt. So ist es naheliegend, wenn überhaupt, dann von empirischen Mischformen der genannten Psychotypen auszugehen, die sich in Liebe zusammentun. Die Mischformen selbst sind ihrerseits wiederum zum Teil in die psychologische Typenlehre eingegangen. Es eröffnete sich eine schier unübersehbare Vielfalt, wenn man alle Varianten aufzählen würde und, darüber hinaus, alle denkbaren Paarungen aller denkbaren Varianten in Zweierbeziehungen durchdeklinierte. Alle Kombinationen sind prinzipiell möglich. Nichts ist unmöglich. Am Ende käme bei der Schubladenbildung, die für immer spezifischere Fälle immer spezifischere Schubladen bereitstellte, eine Schublade pro Individuum oder pro Liebesbeziehung heraus und die Schubladenbilderei wäre überflüssig.

Liebenswert finden sich immer diejenigen, die miteinander, und das jeweils möglichst lustvoll, ihre tiefer liegenden psychischen Bedürfnisse befriedigen können, wobei das Miteinander, die Reziprozität, das Entscheidende ist.

Es kann sich keine wirkliche Liebe entfalten, wo nur allein der eine des andern Freude ist.

Narziss

Eine besonders schillernde Figur wird in der psychoanalytischen Literatur des Öfteren auch als ein diagnostisch gesonderter Typus beschrieben: die narzisstische Persönlichkeit. Das kann man tun, wenn man die spezifischen Merkmale narzisstischer Selbstbezogenheit herausdestillieren will. Dennoch ist es mindestens genauso plausibel, von einem bei allen psychischen Typen gleichermaßen mehr oder weniger ausgeprägten Narzissmus auszugehen, der sich wie eine speziell gefärbte Folie oder ein spezifisches Aroma prägend über die psychische Ausgangssubstanz ausbreitet. Wie auch immer: Da wir im Zeitalter des Narzissmus leben und das kein Ende zu nehmen scheint[11], ist es angebracht, den Narzissmus näher zu beleuchten. Denn der Narzissmus der Menschen prägt und kontaminiert die Liebe heute aufs Heftigste.

Narzissmus[12] heißt im ursprünglichen Fachterminus *libidinöse Besetzung des Selbst* und meint nichts anderes, als dass jemand letztlich seine Liebesenergien auf sich und damit von anderen abwendet. Später hat man gesunden von gestörtem Narzissmus unterschieden, wobei der gestörte Narzissmus entweder die übermäßigen Grandiositätsvorstellungen betrifft, die jemand haben kann, der nur sich zum Mittelpunkt hat, oder die absolute Unterentwicklung jeglicher Selbstliebe meint, die jemand zu einem Totalbewunderer anderer macht. Eingebürgert allerdings hat sich mit dem Begriff der narzisstischen Persönlichkeit eher die erste Variante, in der die Selbstbespiegelungstechniken von vermeintlichen Supermännern und Superfrauen im Mittelpunkt stehen. Solche Narzissten ähneln den hysterischen Persönlichkeiten, die voller

---

11 Christopher Lasch schrieb sein bahnbrechendes Buch über das Zeitalter des Narzissmus Ende der 70er Jahre in Amerika. Die sozialpsychologische Narzissmusdebatte beginnt aber bereits in den 50er und 60er Jahren mit Adorno und Mitscherlich und in der Psychoanalyse Anfang der 70er Jahre zentral mit Argelander und Kernberg.

12 Zur Darstellung des Narzissmuskomplexes bedürfte es eines gesonderten Buches. Gott sei Dank gibt es bereits mehrere hochkompetente über das Thema. Eine Diskussion und ausführliche Übersicht über die neueste Entwicklung der Narzissmustheorien liefert Wirth (2002, S. 23–115). Er betont die »enorme Bedeutung, die er [der Narzissmus] im menschlichen Leben hat [...]. Der Mensch bleibt sein ganzes Leben lang angewiesen auf die narzisstische Zufuhr, die ihm andere durch ihre Anerkennung, Liebe, Zuwendung, Spiegelung, Resonanz zukommen lassen« (ebd., S. 91).

Charme und Esprit andere zu beeindrucken pflegen. Im Gegensatz aber zu ihnen sind sie nicht auf Applaus aus. Sie sind so von ihrer Besonderheit und Großartigkeit überzeugt, dass sie es sogar als Bestätigung erleben, wenn sie als Ekel imponieren. Sie lassen andere gern mal auf sich warten und scheuen sich nicht, mit Karriere und Erfolg zu prahlen, um ihre Wichtigkeit zu demonstrieren. Ein ganz treffendes Beispiel für narzisstische Kommunikationsformen ist jene Unterhaltung zweier Bekannter, in welcher der eine fast eine Stunde lang nur über sich redet, über seine Reisen, seine Erlebnisse, seine erotischen Eroberungen, seine wirtschaftlichen Erfolge, um dann am Ende zu sagen: »So, jetzt zu dir. Wie findest du mein neues Buch?«

Andere Menschen erobert der Narzisst wie Trophäen. Sie sind dazu da, ihn als Equipment seiner Auftritte auszustaffieren. Dazu bedient er sich der umgekehrten Interaktionsformen des Hysterikers. Während dieser den Applaus anderer herbeisehnt, ja fast mit seinen bühnenreifen Inszenierungen erzwingt, schafft es der grandiose Narzisst, dass andere *seine* Anerkennung herbeisehnen und, wenn er sie nicht gewährt, sich verletzt und zurückgewiesen fühlen. Auf jeden Fall muss er der Dominante sein, von dem sich die anderen abhängig fühlen. Genau darin besteht dann seine Abhängigkeit: bewundert zu werden angesichts seiner unübertroffenen Großartigkeit, die es gar nicht nötig hat, um die Gunst anderer zu buhlen. Der Narzisst ist, aus seiner Sicht, ein Star, und er tut alles, damit andere dies genauso und voller Ehrfurcht sehen.

Wird ihm diese Anerkennung verweigert, gerät der Narzisst in Wut und Rage. Die berühmten »narzisstischen Kränkungen«, mit denen Zurückweisungen beantwortet werden, haben es in sich und nicht selten haben Untergebene narzisstischer Chefs unendlich unter der Kränkbarkeit ihres Vorgesetzten zu leiden. In Zweierbeziehungen sieht das nicht anders aus. Die interaktive Prädominanz narzisstischer Persönlichkeiten macht es schwer, egalitäre, wechselseitige Muster entstehen zu lassen, weil dies einer kränkenden Infragestellung ihrer Großartigkeit gleichkommt. In den Gefühlsreaktionen auf Narzissten stellt sich das sehr oft als diffuse, aber mächtige Angst dar, die man ständig *irgendwie* vor deren Reaktionen hat. Bei Konflikten sozusagen zu »verlieren«, indem man sich einigt, ist für narzisstische Persönlichkeiten nicht annehmbar.

Sie kämpfen bis aufs Blut, wenn es darum geht, nur keinen Gesichtsverlust zu erleiden. Dieses Muster mag sogar erklären, zumindest was den psychologischen Teil daran betrifft, wie es zu den erbittertsten Kriegen kommt, wenn Diktatoren und andere Weltenherrscher in ihrer nicht zu hinterfragenden Position herausgefordert werden.

Narzisstische Charaktere kennen sich darin aus, zuweilen hoch manipulativ auf der Klaviatur der Gefühle anderer zu spielen, um sie für ihre Zwecke einzubinden. Positiv daran ist, dass uns allen mehr oder minder, insbesondere auch in Liebesdingen, daran gelegen ist, andere für uns zu gewinnen. Manipulieren heißt, das Hinterhältige daran einmal abgezogen, formal erst einmal nur: Handhaben. Man kann nicht nicht-manipulieren, denn in jeder kommunikativen Begegnung steckt der Aspekt des Appells, der allemal darauf hinauswill, dass der andere so reagiert, wie man es sich wünscht. Wo es dem Narzissten gelingt, auf der Klaviatur der Gefühle anderer so zu spielen, dass aus seinem Spiel für den anderen Ernst wird, stellt sich diese Variante des *Anbaggerns* als ein Start aus der Poleposition dar, der vielen anderen Persönlichkeitstypen so nicht gelingen wird – typologischen Typen aus Theorien gelingt allerdings sowieso nichts.

Überhaupt verstehen sie es, sich in die erste Reihe zu drängen. Narzissten sind erfolgsorientiert. Im Gegensatz zu depressiven, ängstlichen und selbstunsicheren Psychotypen, deren Handlungen und Interaktionen eher misserfolgsorientiert gesteuert sind, setzen narzisstische Typen alles daran, als Sieger und Bester dazustehen, auch wenn sie sich, mehr oder weniger skrupellos, dabei der Beiträge anderer bedienen. Als Teammitglied sind sie daher kaum zu ertragen und so manches Mal kommt es in den entsprechenden Berufsgruppen vor, dass der eine sich den Professorentitel einheimst, der auf den Forschungsergebnissen der anderen beruht.

In intimen Beziehungen sind diese Verhaltensweisen natürlich problematisch, wenn ein wechselseitiges Profitieren von den Stärken und Schwächen des anderen nicht möglich ist und wenn immer nur einer, nämlich der mit der narzisstischen Persönlichkeitsstörung, der Bedeutende zu sein glaubt.

Ein typisch narzisstisches Muster allerdings scheint für Liebesbeziehungen eminent förderlich zu sein. Es tritt in Kraft, wenn zwei ebenbürtige Narzissten aufeinandertreffen und sich nicht sogleich in

Konkurrenz um den Siegerplatz zerfleischen: »If you can't beat him, join him«, sagen sie sich vielleicht, wenn sie sich, *as usual*, im ewigen *Battlefield* um den *Simply-the-best-Platz* wähnen. Sofern sie sich, ausnahmsweise, gegenseitig als unbesiegbar anerkennen, können sie unter Umständen eine Beziehung etablieren, von der sie viel haben, vor allem in narzisstischer Hinsicht: Sie können nämlich eine narzisstische *Folie à deux* eingehen, in der sich beide in ihrem Zusammentun nicht als Summe ihrer Potenzen begreifen, sondern als deren Potenzierung. Zusammen sind wir wirklich unschlagbar, könnte dann ihr Motto heißen und auf dieser Basis der wechselseitigen Zuschreibung narzisstischer Qualitäten ist für sie sogar ein heftiges Teamwork in vielerlei Hinsicht denkbar.

Das Muster, das Sigmund Freud bei der Verliebtheit (vgl. dazu das gleichnamige Kapitel in Teil 3) feststellt, ist die Idealisierung des Partners, die diesen zu etwas Größerem macht. Es ist sogar in der psychoanalytischen Psychologie explizit davon die Rede, dass Verliebtheit ein *narzisstischer* Ausnahmezustand sei. Sofern nun die Idealisierung wechselseitig verläuft, also Interaktion ist und nicht nur binnenpsychischer Vorgang im isolierten Individuum, wiederholt sich etwas und wird aus den Tiefen vergangener Paradiese hochgespült, was einmal wirklich den Zustand ursprünglicher Glückseligkeit bedeutet hatte: Das ist der Glanz im Auge der Mutter, generalisiert zu dem des Gegenübers. Die Freude, die sich bei zweien simultan einstellt, wenn sie sich dergestalt *idealisierend* erblicken, ist das Resultat einer Spiegelung, wie sie jedem Menschen in seinen Urgründen, wenn er denn das unverdiente Glück hatte, widerfuhr.

Niemals wird er vergessen haben, dass die allerersten lebensgeschichtlichen Liebeserfahrungen des Säuglings noch vor seiner psychischen Geburt der berühmte *Glanz im Auge der Mutter* war, in dessen Leuchten sein zuversichtliches Ich-Gefühl erwachte, das später den gesunden, integrierten Narzissmus ausmachen soll.[13] Ohne Bedingungen toll

---

13 »Die Sehschärfe des Neugeborenen ist zunächst auf jene 20 Zentimeter eingestellt, die den an der Brust trinkenden Säugling von den Augen der Mutter trennen. Der Blick der Mutter in dieser elementaren Situation ist der erste Spiegel, in dem das Kind sich sieht. Je nachdem, welche affektive Tönung dieser Blick aufweist, ob er Liebe und Wärme ausdrückt oder von Gleichgültigkeit und Kälte zeugt, erfährt sich das Kind in der Morgenstunde seines Lebens als ›richtig‹ und erwünscht oder als ›falsch‹ und unerwünscht« (Eisenberg 2000, S. 75f.).

und willkommen gefunden werden, einfach weil man da ist, das ist das Schlaraffenland der Seele, die sich stets an solcher ursprünglichen Liebe laben will.

Wer im Erwachsenenalter diesen paradiesischen Zustand durch wechselseitige Idealisierung und projektive Identifikation mit einem adäquaten, erwachsenen Partner wiederbeleben und aufrechterhalten kann, wird durch die Spiegelungshandlungen, die die Liebe ausmachen, in jene Höhen getragen werden, die das Sehnsuchtsprogramm der allerersten, frühesten Liebeserfahrungen für ihn lebensgeschichtlich bereithält.

Eine Institutionalisierung dieses so erzeugten idealen Zustandes könnte zwar unter Umständen bedeuten, dass sich die Frage nach der reifen, erwachsenen Liebe nicht vorrangig stellt, in der auch die Beschädigungen, das Leiden und die manchmal einseitigen Anlehnungsbedürfnisse der Partner und deren Schwächen ihren Raum haben müssen, aber die symmetrische Eskalation der Stärken, die in narzisstischen Partnerschaften üblich ist, ist kein schlechter Ausgangspunkt für ein gedeihliches Miteinander[14].

Das mag nebenbei erklären, warum es meist nur namhafte Persönlichkeiten sind, die sich mit namhaften Persönlichkeiten zusammentun: weil sich hier die passgenauen Narzissmen paaren, die sonst niemanden in ihrer Nähe dulden würden. Allgemein dürfte hier gelten: Die privilegierte Charakterstruktur der narzisstischen Persönlichkeiten ermöglicht ihnen, einander in einem subtilen Déjà-vu zu erkennen und sich dann, im Glücksfalle, anzuerkennen. Einmaligkeitsfall *trifft* Einmaligkeitsfall.

Ein weiterer Fall typisch narzisstischer Beziehungen ist denkbar. Das ist die Beziehung des sogenannten Komplementärnarzissten zu seinem Objekt der Idealisierungsbegierde. Komplementärnarzissten sind in der Regel die, die narzisstisch unterentwickelt sind und zu sich selbst eine

---

14 Der Paartherapeut Arnold Retzer schreibt zu diesem quasi-konstruktivistischen Tatbestand: »Weitverbreitet ist die Vorstellung, dass eine ›realistische Sichtweise‹ für vieles gut sei, auch für den Erfolg einer Ehe. Ist das so? Als Erklärung für das Wunder der Ehe [wir würden sagen: für das Wunder der Liebe; siehe letztes Buchkapitel, T. F. K.] scheint mir die Erzeugung systematischer wechselseitiger Fehleinschätzungen oder eines wechselseitigen Verkennens der Partner plausibler zu sein. [...] mit einem falschen positiven Bild lässt es sich offensichtlich besser leben« (2008, S. 21).

äußerst ungenügende Beziehung haben, in der die Selbstaufwertung, die dem Narzissten eigen ist, nur indirekt vonstatten geht: Projektiv, indem sie alle Großartigkeitsattribute an den anderen delegieren, dem sie dann als Beleuchter seiner Selbstinszenierung dienen, leben sie gewissermaßen durch dessen Grandiosität hindurch und partizipieren an seinem Ruhm. In bestimmten Künstler- und Politikerkreisen kann man das fast in Reinkultur studieren, wenn sich nichtssagende Frauen im Abglanz ihrer vergötterten Gatten sonnen. Deren potenzielle narzisstische Kränkbarkeit steht denn auch niemals in Gefahr, Wirklichkeit werden zu müssen, denn die rückhaltlose Bewunderung ihrer vor Stolz und Bescheidenheit strotzenden Wasserträger oder Wasserträgerinnen ist ihnen gewiss (vgl. Wirth 2002, S. 75f.). Sehr oft trifft man diese Konstellation auch bei kleineren Chefs oder Chefinnen in allen nur denkbaren Berufszweigen an, in denen es nun eben Chefs gibt. So auch bei Familienchefs, vorzugsweise auf dem Lande, wo es die narzisstischen Herrscher geschafft haben, sich alle Kritik und alles Infragestellen ihrer Herrlichkeit vom Leibe zu halten, indem sie sich mit einer Beleuchterin oder einem Beleuchter zusammengetan haben – wir denken an den Begriff des Armleuchters – die oder der sie, treu und untergeben, nirgends und nimmer in die Gefahr des Gesichtsverlusts bringen würde. Verlassen diese Unhinterfragten allerdings ihre Binnenwelt, in der das alles ganz wunderbar klappt, und kommen in die Öffentlichkeit und betreten andere Bühnen, dann fallen sie damit auf, dass sie unsägliche Dummheiten mit einem Selbstbewusstsein von sich geben, das von außen gesehen geradezu krankhaft und grotesk wirkt. Im Zeitalter der Talkshows haben sich diese Ostentationen demokratisiert, und es vergeht kein Tag, an dem nicht irgendjemand völlig unangekränkt seine narzisstisch abgepolsterten aufgeplusterten Weisheiten herausposaunt, denen man die heimliche Ich-Aussage »Ich bin noch nie in meinem Leben infrage gestellt worden, und wenn, hab' ich's gelernt, das zu ignorieren«, viele Meilen gegen den kommunikativ verblähten Wind anmerkt. Neuerdings schreiben sie sogar Bücher, beziehungsweise sie lassen schreiben. Und Komplementärnarzissten, die aus dritter und vierter Hand psychisch davon leben können, kaufen so etwas.

Ob eine solche Konstellation in einer wirklichen Liebesbeziehung auf

Dauer gelebt werden kann, ist fraglich. Von Dauer allerdings können diese Konstellationen durchaus in nicht-liebevollen, instrumentellen und durch bestimmte fortbestehende Kulturnormen geprägten typischen Mann-Frau-Beziehungen sein, die sich gern auf alte Werte berufen, von Heim und Herd faseln und von der tiefen Liebe zwischen zwei Menschen nicht allzu sehr durchtränkt sein dürften, weil deren Implikationen ihnen dann doch allzu emanzipatorisch deuchten. Nicht umsonst sind in manchen Kulturen liebevolle Interaktionen zwischen den Geschlechtern kriminalisiert und strengstens verboten. In der hiesigen wird das zweisame Glück von denen ironisiert, die aus konservativen Gründen nichts davon wissen wollen.

Schlimm wird es, wenn Narzissmus sich mit Ignoranz paart: Es sind auch hier die Komplementärnarzissten, die mit ihrer Begeisterung für ihr persönliches Idol oder diese und jene öffentliche Person zum Beispiel in Form von populistischen Politikern systematisch dafür sorgen, dass sich zuweilen Unsägliches aufblähen kann und zur kulturellen oder vor allem *politischen* (vgl. Wirth 2002) Wirklichkeit wird.

Selbstbezogenheit

Insgesamt imponieren alle narzisstischen Manifestationen mit ihrer reinen Selbstbezogenheit. Nicht umsonst hat man einmal das Säuglingsdasein als *primären Narzissmus* bezeichnet, in welchem es noch keine Umwelt, keine Mutter und keine Schranken gäbe, sondern nur das *All-Ich*, das alles umfasse und für das alles da sei. Schreit das Baby, hat es ein Unlustgefühl, dann kommt wie von Zauberhand dieses warme Etwas und spendet Milch, nein es kommt nicht von außen, sondern es ist Bestandteil des All-Ichs und wird mit magischem Denken lediglich reaktiviert. Magisches Denken: dass das, was ich will, sofort passiert, weil ich es will, ist ein Markenzeichen des, freilich unterentwickelten und also gestörten, *Narzissmus*. Für den auf seine Selbstbezogenheit reduzierten Menschen besteht er darin, dass er alle Zuwendungsenergien, die er je in andere investiert haben mag, wieder abgezogen und auf sich zurückgewandt hat.

Heute sind diese frühen psychoanalytischen Annahmen der prinzipiellen Liebesunfähigkeit des Narzissmus nicht mehr so ohne Weiteres haltbar: Man weiß mittlerweile aus der Säuglingsforschung, dass der von Freud unterstellte primärnarzisstische Zustand sehr wohl mit Interaktivität und sozialer Kompetenz einhergeht und Säuglinge von Anfang an aktiv Kontakt zu ihrer Umwelt aufnehmen. Unterschieden wird daher heute die antisoziale Seite des Narzissmus in Form der narzisstischen Störungen, die empirisch freilich zunehmen, von der selbstwertgebenden, autonomiefördernden Seite des integrierten Narzissmus, der den notwendigen positiven Selbstbezug bezeichnet, ohne den ein Mensch nicht gut leben kann (Wirth 2002, S. 24ff.). Dass die narzisstischen Störungen, die um sich greifen, ihrerseits sozialen Ursprungs sind, ist evident:

> »Es gibt nichts Einsameres als Triebregungen und narzisstische Spiegelungsbedürfnisse, auf die keine Regung *von außen* antwortet. Frühe Frustrationen durchdringen das Kind wie eine objektive Verneinung und führen zu einer Verarmung des Lebens. Ein liebloser kalter Beginn wirkt wie ein ursprüngliches Nein, das sich an alle späteren lebensgeschichtlichen Niederlagen wie ein Verstärker anschließt« (Eisenberg 2000, S. 77; Hervorh. T. F. K.).

Als lieblos und kalt, wie manche Eltern, die im Zeitalter des Narzissmus als *NST* groß wurden, werden auch die gesellschaftlichen Bedingungen des neoliberalen, *flexiblen Kapitalismus* erlebt, deren Abbild die Eltern sind. Auf die sich abzeichnende Beziehungslosigkeit bereits bei der elterlichen Nachkriegsgeneration habe ich 1985 hingewiesen (Krauß 1985, S. 109; vgl. dazu Buchholz 1990, S. 376). Fast 25 Jahre nachdem ich das geschrieben habe, werde ich darauf aufmerksam, dass das ursprünglich eine Diagnose Adornos war, die ich offenbar als eigene Einsicht verinnerlicht hatte (vgl. Eisenberg 2002, S. 35). Zusammen mit Max Horkheimer führt Adorno diese Einschätzung an anderer Stelle bereits 1952 ein, mit der Bemerkung, dass solchen Menschen, die früh durch den »Mangel an Liebe gebrochen« wurden und bei denen eine Beziehungslosigkeit und Flachheit ihres Empfindens auffällt, überhaupt die Fähigkeit, lebendige Erfahrungen machen zu können, abhanden gekommen sei (Adorno/Horkheimer 1952, S. 369). Gewiss ist: Ohne eine liebevolle Antwort auf frühkindliche Spiegelungsbedürfnisse kann die Integration der zunächst archaischen narzisstischen Grundausstattung nicht gelingen, sondern es resultieren quasi-autistische überkompensatorische Größenvorstellungen, die später, bei weiterer Frustration des basalen Feedbackverlangens in noch mehr Egozentrik und Wahnhaftigkeit münden. Götz Eisenberg schreibt dazu anhand Jean Paul Sartres *Der Idiot der Familie*: »Der Sinn eines Lebens geschieht einem Menschen durch die menschliche Gesellschaft, die ihn trägt oder zurückweist, und durch die Eltern, die ihn hervorbringen« (2000, S. 78).

Dergestalt auf frühe egozentrische Modi fixierte narzisstische Menschen können den Spannungsbogen zwischen Befriedigungswunsch und Befriedigungshandlung oftmals nicht lange aushalten. Ihre innere Impulswelt, nicht das Dasein anderer Menschen, auf deren Reaktion oder Wohlwollen sie etwa warten müssten, ist das, was sie umtreibt. Sie sind häufig Momentpersönlichkeiten, Sofortbefriediger, die eine pathische Tendenz zur sozialen Frigidität haben, wenn es um die Bedürfnisse anderer geht. Auch Interaktionen, die doch basal als zwischenmenschliches Handeln zu verstehen sind, haben bei ihnen rein selbstbefriedigenden Charakter. Insofern verletzen ausgesprochen narzisstische Menschen in der Regel das Prinzip der Gegenseitigkeit. »Das einfache psychische Leben kennt nur sich selbst«, hieß es sinngemäß einmal irgendwo.[15] Nichtintegrierte narzisstische Strukturen mitsamt ihrer Unfähigkeit zur Frustrationstoleranz und zur Rücksicht auf andere, geschweige denn zum Einfühlungsvermögen in Fremdseelisches, sind deshalb, selbst dort wo sie sich mit einem hoch differenzierten Intellekt ausgestattet haben, entwicklungsgeschichtlich immer primitive Strukturen und im Hinblick auf die Entfaltung wirklicher Liebe nicht besonders förderlich.

Am radikalsten drückten es die Alten aus, die den Narzissmus prinzipiell als die Unfähigkeit zur Liebe begriffen haben. Das aber waren seinerzeit wiederum selbst hochgradig narzisstische, wenn auch toto grosso keine gestörten Persönlichkeiten, die mit ihrer gleichsam

---

15 ... und der Name des bekannten Autors ist uns leider entfallen ...

depressiv stilisierten Narzissmuskritik das hysterisch-narzisstische Zeitalter einläuteten, indem sie verdammten, was sie historisch heraufblühen sahen. Wie auch immer: Heute leben wir schon fast wieder in der nachnarzisstischen Epoche, nachdem der seinerzeit sogenannte *NST*, der *Neue Sozialisationstyp* (Ziehe 1975) mitsamt seinem selbstbezogenen Naturell mittlerweile bald schon im Großelternalter ist und eine Generation hervorgebracht hat, die psychisch an den Folgen von dessen übermäßigem desintegrativem Narzissmus zu laborieren hat und Störungen entwickelt, die tendenziell unterhalb des Niveaus des Grandiositätsrittertums liegen.

Dass Narzissten sich um sich drehen und sich, sofern diese keine *Selbst-Objekte* sind, wenig um andere kümmern, macht ihre tendenziell soziopathische Eigenmotorik aus, wo und wann immer sie einem begegnen. *They look the same, they walk the same, they talk the same, all over the world.* Und es sind derer nicht wenige. Nicht umsonst spricht Lasch (1980) vom *Zeitalter des Narzissmus*. Vor dem Hintergrund des geschichtlichen Symptomwandels psychischer Störungen (Moersch 1978), der auf Veränderungen in der sogenannten Normalität verweist, muss man heute davon ausgehen, dass Formen von Sucht, Depression, Soziopathie und präpsychotischer Identitätsdiffusionen, also durchaus heftige Gleichgewichtsstörungen im Bereich des archaischen Selbst die vorherrschenden psychischen Strukturen bestimmen. Bereits vor mehr als 30 Jahren diagnostizierte Peter Fürstenau solche zunehmenden *strukturellen Ich-Störungen* (1979, S. 58).

Mensch und Kategorie

Auf die Liebe muss man sich einlassen können. Nicht auf die Liebe als hinzukommendes Drittes, das sich wie der Heilige Geist über einen ergießt, sondern auf den konkreten Menschen da, mit dem zusammen der kommunikative Austausch die Liebe ausmacht, muss man sich einlassen. Dazu bedarf es nicht nur der Ruhe und der Zeit, sondern dazu bedarf es vor allem der Fähigkeit, sich psychisch für den anderen zur Verfügung zu stellen wie umgekehrt, des anderen psychische

Ressourcen zu *nutzen*, ohne ihn selbst freilich gegen seinen Willen zu benutzen.

Nicht eine jede und ein jeder kann das und je mehr man versucht, in psychischen Typen und Typologien zu surfen, um sie nach den innewohnenden Liebesfähigkeiten zu durchleuchten, umso mehr scheint das zarte Elixier in der Wüste der Abstraktion zu versickern.

Dabei hat die Menschheit sich schon sehr früh Gedanken gemacht, welche Wesenstypen es unter ihnen gibt. Offenbar wollte man schon immer herausfinden, welche Vorteile und Nachteile die entsprechenden Charaktere aufweisen. Der Phlegmatiker und der Choleriker sind seit Hippokrates zusammen mit dem Melancholiker und dem Sanguiniker bekannt und noch heute, nach gut 2.400 Jahren, wird diese Kategorisierung im Alltag verwendet. Andere Klassifizierungen kamen hinzu, immer mit dem Ziel, aussagekräftige Einteilungen zu finden, um die verschiedenen Ausformungen der menschlichen Charaktere in irgendeiner Weise ordnen und besser einschätzen zu können. Im Zuge der Verwissenschaftlichung der Psychologie entstanden die Persönlichkeitstests. In gewisser Weise wirken all diese Versuche so, als ob sie die Verwendbarkeit von Menschen für verschiedene Zwecke ausloten wollen, und in der Tat sind heute berufliche, militärische und sonstige Eignungstests gang und gäbe.

Man hat allerdings mittlerweile verstanden, dass ein Testergebnis nicht allzu viel über den Menschen aussagt. Deshalb wurden für Stellenbewerber auf hoch dotierte Posten die sogenannten *Assessment-Center* erfunden, in denen die Kandidaten in einer Art Bewährungsmarathon vor den Augen eines Expertenteams tagelang *live* beweisen müssen, was sie alles können und wie sie in Belastungssituationen als künftige Mitarbeiter reagieren. Anhand dieser konzentrierten Seminare und mithilfe der Expertenurteile will man die Menschen besser kennenlernen, auf die man sich dann verlassen können will.

Am Zweckdienlichsten ist allerdings immer noch die gute alte Probezeit, die lässt sich auf das Thema Liebe ebenso gut anwenden.

In Zeitschriften, die sich mit Partnerschaftsfragen beschäftigen, werden nämlich des Öfteren auch Tests angeboten, mit denen man gegebenenfalls herausfinden können soll, ob der Partner, den man kennengelernt hat oder mit dem man zusammenlebt, zu einem passt. Dabei gibt es zwar hochinteressante Fragestellungen, die jenen weiterzuhelfen versprechen, die sich mit ihrer Wahrnehmung nicht ganz sicher sind, selbst wenn die Hilfe lediglich darin besteht, dass sie das Resultat weit von sich weisen und beschließen, fortan ihrer eigenen Urteilskraft zu trauen. Auch hier würde eine Art Assessment-Situation, etwa eine Woche Urlaub zu zweit oder gegebenenfalls eine konzentrierte Paarberatung mit einem Experten, schon konkretere Erfahrungen liefern.

Dennoch: Die *Probezeit*, die früher vielleicht die Verlobung ausmachte und die sich heute so gut wie jedes Paar intuitiv und meist ohne Familienritual einräumt, um sich auszuprobieren, dürfte immer noch der beste Lösungsversuch sein, denn es geht um die eigene Wahrnehmung und nicht um das Urteil von fremden Experten oder gar den subjektlosen Einschätzungsfilter des akademischen Betriebs.

Auf wissenschaftlicher Seite sieht das mit den Einschätzungsfiltern nicht viel anders aus. Seltsamerweise verwenden Psychotherapeuten gern Fragebögen und Tests, die das, was sie in der therapeutischen Interaktion wahrnehmen könnten, vorab scheinbar objektiv ermitteln sollen. Manchmal sind es die Kostenträger, die solch »wissenschaftliches« Material verlangen, meist aber sind es die therapeutisch und beraterisch Handelnden selber, die den abstrakten Ergebnissen mehr trauen als sich selbst und die mit Kurven und Excel-Tabellen eine Art moderne, aus ihrer Sicht effiziente, Kaffeesatzleserei betreiben, vor der ja auch alle Beteiligten eine große Hochachtung zu haben scheinen und den Kotau machen.

Vergessen wird dabei, dass die psychologische Wissenschaft in den Typologien und sonstigen Ermittlungen menschlicher Züge stets nur fragmentarische Konstrukte hervorbringt und auch mehr als Konstrukte nicht hervorbringen kann, die als eine Art Kunstsprache den professionellen Experten dazu dienen soll, sich schneller über Muster verständigen zu können, die bestimmte beobachtete Details zusammenfassen. Wenn man also von Psychologe zu Psychologe sagt: »Wir haben hier eine ängstlich-zwanghafte Persönlichkeit mit Tendenzen zum suchthaften Agieren vor uns oder sonst irgendetwas«, dann sagt man eigentlich von Psychologe zu Psychologe nur: »Wir haben hier ein Testergebnis oder eine Diagnose vor uns, die über diesen konkreten Menschen, über den ich mich mit Ihnen verständigen will, dies und jenes auf ihre spezielle Weise sagt.« Mehr auch nicht.

Meistens wird aber das Testergebnis nicht als Konstrukt sondern als Wirklichkeit rezipiert. Das allerdings sagt eine Menge aus über die Rezipienten: nämlich dass diese zur Kategorie der Wissenschaftsgläubigen gehören. In ihrem Glauben wird die wissenschaftliche Aussage zur über dem Lebendigen liegenden Wahrheit erhoben und damit die fatale Beziehungslosigkeit zu ihrem *Objekt* verewigt, die sich in der sachlichen Akademikersprache ohnehin schon ausdrückt (Adorno 1942b, S.191).

Mit nur noch pseudowissenschaftlichen oder gar nicht mehr wissenschaftlichen Aussagen ist das nicht anders: Du hast 75 Punkte auf der Skala; du bist also ein depressiver Mensch mit ganz wenig, nur sieben Prozent, positiven Anteilen und deshalb kann ich nicht weiter mit dir leben. Du bist Steinbock und ich Widder, deshalb sollten wir uns besser nicht so oft sehen oder nur in steinigem Gelände. Ich bin ein Familienmensch, deshalb halte ich es für erforderlich, dass wir mit den Eltern zusammen in ein großes Haus ziehen.

Wer eine kategoriale Aussage als etwas anderes nimmt als sie ist, verwendet sie missbräuchlich. Man kann sich nicht dahinter verstecken, dass man sich als diesen oder jenen betitelt, und man kann daraus auch keinen Rechtsanspruch, keinen Handlungsimperativ und auch sonst keine Legitimation ableiten. »Ich bin schließlich deine Mutter und deshalb mache ich mir Sorgen, wenn du nicht täglich anrufst. Sei du mal Mutter, dann weißt du verdammt noch mal wie das ist!«

Eine Kategorie, auch die der *Mutter*, hinter der eine überfürsorgliche Mutter sich mit ihren Kontrollimpulsen versteckt, ist eine Kategorie. Nichts sonst. Mit Kategorien lassen sich die interaktiven Notwendigkeiten, vor allem die Auseinandersetzungen mit sich und anderen, nicht substituieren. Man muss schon hineinspringen ins kalte Wasser des heißen Lebens. »Ich bin kein großer Bananenesser«, sagte der Magdeburger nach der Wende höflich und lehnte die ihm angebotene Südfrucht ab. »Aber ein großer Vermeider bin ich schon«, hätte er sagen sollen, »ich gehöre nämlich zu den Kategorienbildnern.«

Oder diesen: Er geht davon aus, dass er ein toller Liebhaber ist. Na und? Das macht ja nur Sinn, wenn das auch jemand mitkriegt. Woher soll ein Mensch, sagen wir Susanne, wissen, dass Peter ein toller Liebhaber ist? Soll es ihr jemand stecken? Etwa eine Vorgängerin? Nein. Er war so nett und hat es ihr von Anfang an gesagt, damit sie sich schon mal darauf freuen kann. Na dann viel Spaß.

Wenn wir über zwischenmenschliche Phänomene nachdenken und uns mit anderen Menschen darüber verständigen wollen, um gemeinsame Erkenntnisse zu produzieren, brauchen wir die Kategorienbildung als ein *Hilfsmittel*, das es uns erleichtert, Einzelerfahrungen zu bündeln und das Allgemeine im Besonderen zu benennen. Sonst nicht. Auf keinen Fall, um lebendige Erfahrungen im Hier und Jetzt vorwegzunehmen, zu ersetzen oder auf andere Weise stillzulegen.

Sicher ist es in der Analyse einer Liebesbeziehung wichtig, herauszufinden, welche interaktiven Momente an ihrem Gelingen und welche an ihrem Misslingen beteiligt, wenn nicht ausschlaggebend sind. Da wir in der Regel individualpsychologisch denken und nicht systemisch-beziehungsdynamisch, sind wir zumeist geneigt, die Ursachen und, darin versteckt, *die Schuld* in der Psyche der Einzelnen zu suchen. Das ist ja auch einfacher so. Die kategorisierenden Typologien machen es uns da leicht, denn sie beschreiben, wenn auch abstrakt und gebündelt, Persönlichkeitsmerkmale und nicht Interaktionsstile und schon gar nicht Interaktionskonzerte.

Aus der Sicht moderner Paartherapie sind aber nicht die einzelnen Partner Gegenstand der Behandlung, sondern ihre Kommunikation.

In diese gehen nun allerdings die Temperamente und Charaktermerkmale der Beteiligten ein. Die Frage also, wer mit wem zusammenpasst und sich deshalb auch spontan attraktiv findet, kommt um die Individuen nicht ganz herum. Liebe ist zwar nicht bloß die Summe oder Potenz zweier Subjekte und deren psychischem Vermögen; Liebe ist viel mehr: sie ist es deshalb, weil sie im Wir neue Identitäten aus den alten hervorbringt. Aber ohne die, die sich als Einzelwesen einbringen, ist Liebe nicht. Liebe durchflutet sie, verändert sie, macht aus ihnen mehr als sie je zuvor waren, aber Liebe ist dennoch nichts hinzukommendes anderes, sondern findet in ihnen und durch sie statt.

Liebesfähigkeit

»Die Menschen fühlen sich insgesamt zu wenig geliebt«, das sagte in einem Fernsehinterview Theodor W. Adorno, und er fügte hinzu, »weil sie zu wenig lieben *können*« (vgl. Adorno 1964, S. 356; Hervorh. T. F. K.). Adorno meint aller Wahrscheinlichkeit nach das, was vor mehr als 50 Jahren von Erich Fromm in seiner *Kunst des Liebens* (1977 [1956]) gesagt wurde: Dass Liebe auf eine aktive Haltung zurückzuführen ist und nicht mit dem bloßen Wunsch, geliebt werden zu wollen, Wirklichkeit werden kann.

Liebe sei ein entwickeltes, erworbenes Vermögen der Gesamtpersönlichkeit und ganz eindeutig ein aktives Können, kein passives Wollen. In großer Deutlichkeit weist Erich Fromm darauf hin, dass die meisten Menschen sich lediglich fragen, ob sie liebenswert sind und wo und wie sie sozusagen den richtigen Menschen finden können, der dann die Liebe ganz automatisch entstehen lässt, dass also die passive, empfangende Seite, das Bekommen, im Vordergrund steht. Dies bezeichnet er als infantil und neurotisch. Die meisten Menschen sähen in der Liebe nicht die aktive Seite: dass es sich um eine Fähigkeit und einen Akt des Gebens handelt; infolgedessen werden von ihnen hysterische und narzisstische Fragen des Begehrtwerdens und der Attraktivität überbetont und wie Marktmechanismen und Karriereziele behandelt, bei denen es darum geht, erfolgreich zu sein und den Zuschlag zu bekommen. Und man kann sich fragen, ob nicht in der Tat zig Zeitschriften mit wöchentlichen Hunderttausenderauflagen, ob nicht unzählige Seminare und Trainings, für viel Geld im Internet angeboten, bis hin zu mehr oder weniger seriösen Psychotherapien mit oder ohne Kassenabrechnung, fortwährend lediglich dazu ihre Hilfe anbieten, dass sich die Menschen attraktiver machen. Die grundsätzlich passive Haltung: »Wenn ich nur meine Anziehungskraft steigere, wird es mir das Schicksal schon besorgen«, steigert sich dabei ins Unermessliche, und wer es mit Hautcremes, Fitnessübungen, schicken Klamotten und autosuggestiven Techniken nicht schafft, kann sich ja noch an die Schönheitschirurgie wenden.

Falsch daran und für die Liebe verheerend ist die Verdinglichung:

dass Menschen sich wie Mittel zu einem Zweck, wie Waren zu einem konsumtiven Akt anbieten und ihren eigenen Beitrag zur Liebe, die sie zwar verzweifelt herbeisehnen aber dergestalt nicht erlangen, eben nicht als ihren eigenen aktiven Anteil in einer gemeinsamen Interaktion begreifen. Es ist der Beitrag Erich Fromms zur Liebe, dass er sie als Aktivität und nicht als passiven Affekt fasst, ein Geben, das nicht auf das Zurückbekommen schielt. Wer aufs Ausnutzen oder Zusammenraffen aus ist, ist arm und hat nichts zu geben. Wer andere instrumentalisiert, beherrscht, abstößt, in Verzweiflung stürzt, sie ausnutzt, enteignet, ausbeutet, kurz: Wer andere wie einen Besitz benutzt, hat die Fähigkeit, liebend zu geben und gebend zu lieben, nicht erlangt. Gegeben wird in der Liebe kein Dingliches, kein seiendes Etwas, sondern das, was die innere Lebendigkeit von Menschen ausmacht. Gegeben werden Freude und Lust, Humor und Traurigkeit, Verständnis und Interesse, Fragen und Antworten, Zuwendung, Bezogenheit, Einfühlung. Gegeben wird: Leben. Leben in seiner unentfremdeten, unverdinglichten Form.

Wer glaubt, das alles ließe sich letztlich doch ganz einfach realisieren, wenn nur der Richtige endlich am Horizont auftauchte, externalisiert das Problem und delegiert es aus sich heraus, um nicht wahrhaben zu müssen, dass es eine Fähigkeit zur Aktivität *in ihm* sein muss, die das scheinbare Wunder bewirkt. Erworben werden kann diese Fähigkeit nur in der harten Auseinandersetzung mit sich selbst und seinen unfertigen, infantilen, neurotischen und verdinglichten Anteilen. Sie treten uns in den psychologischen Typologien als Abstraktionen gegenüber. In ihnen wird konzentriert und gebündelt benannt, welche Gefühls- und Verhaltendimensionen das Innenleben lenken können.

Die Auseinandersetzung mit sich selbst, die das Ziel hat, jene Anteile zurückzudrängen und zu überwinden, welche die Liebesfähigkeit einschränken oder die ihr im Wege stehen, kann allerdings nicht einsam im Eigenheim der psychischen Innenwände stattfinden, die die Fenster nach draußen verschlossen halten. Jemand, der sagt, er sei nun einmal so geworden aufgrund seiner Erziehung oder seiner Umwelt, hat nur die Hälfte verstanden. Oftmals dient der psychologische Verweis auf die Herkunft nur dem Umstand, dass sich jemand in den Gefängnismauern seiner Sozialisation eingerichtet hat und von diesem falschen zu Hause gar nicht fort will. Im Gegensatz zu diesem Festhalten an Herkunft gilt es, die gegebenen Freiheitsgrade zu nutzen und trotz ihrer Schwerkraft die enge Herkunft zu überwinden: Trotz meiner Sozialisation habe ich mich entschieden, den Weg der Veränderung zu gehen.

Der Weg zur Liebesfähigkeit kann allerdings nicht allein gegangen werden nach dem Motto: Erst lerne ich zu lieben, dann liebe ich und dann findet sich bestimmt jemand, der an meine Liebe andockt. Nein, der Weg muss mit Beziehungspartnern beschritten werden, interaktiv und kommunikativ. Man kann nicht erst in sich selbst eine Beziehungskompetenz aufbauen und die dann in Beziehungen wie eine Technik zum Einsatz bringen, sondern Beziehungsfähigkeit entsteht in Beziehungen. Die Auseinandersetzung mit sich selbst, die einen weiterbringt, wird durch die schmerzhafte Konfrontation angetrieben, die ein oder mehrere Interaktionspartner in Form von Enttäuschung, Erschrecken oder Distanzierungen über ärgerliche Interaktionen rückmelden. Wer sich dann nicht sogleich erbost oder frustriert in sein Schneckenhaus zurückzieht angesichts eines unerfreulichen Feedbacks über sein eigenes Verhalten, hat den ersten und wichtigsten Schritt getan.

Ziel der Auseinandersetzung mit sich selbst ist es, mehr Einfühlungsvermögen in die Bedürfnisse des anderen und mehr Einsicht in die eigene Bedürftigkeit und die damit offenbar verbundenen Blockaden zu erlangen. Freilich bedarf es dazu eines seinerseits geduldigen und liebevollen Partners, der bereit und in der Lage ist, dieses Ringen um Beziehungsfähigkeit mit durchzustehen. Da aber in diesem Zusammenhang nicht die Rede von therapeutischen Verhältnissen ist, in denen das Arrangement professionell und einseitig als Heilbehandlung gesteuert ist, sondern der realen Wechselseitigkeit einer Beziehungen, kann man davon ausgehen, dass nicht nur der eine sondern auch der andere Partner dieselbe Konfrontation mit sich und das Ringen um neue Interaktionsformen durchlebt. Auch im Erlernen von Liebesfähigkeit gilt das Prinzip der Reziprozität. Nie lernt nur der eine vom anderen, selbst in Eltern-Kind-Beziehungen ist das nicht der Fall und in guten therapeutischen ebenfalls nicht.

Liebesunfähigkeit

Das Gegenteil von Liebesfähigkeit ist die Unfähigkeit zu lieben. Sie wurzelt in den gesellschaftlichen Verhältnissen, die sich durch die Psychen der Einzelnen hindurch fortsetzen und es ihnen in Form von schizoiden und narzisstischen Störungen unmöglich machen, einander näher zu kommen. Als Sozialcharakter oder *historiotypische Störung* treten die Beeinträchtigungen dann auf, wenn ganz allgemein ein Symptomwandel psychischer Beschädigungen in eine bestimmte Richtung festzustellen ist und wenn diese Störungen epidemische Ausmaße anzunehmen drohen. Hinzu kommt, dass deren Krankheitswert sich qua Integration in die gesellschaftlichen Normalitätsvorstellungen sukzessive verliert (Eisenberg 2000, S. 47): Die Verfallsformen von Identität heute, die sich im metrosexuellen Narzissmus gefallen, und die krassen Soziopathien der Gegenwart können am Ende gar nicht mehr als problematische Subjektivitätsform wahrgenommen werden. Zum Kauz wird vielmehr derjenige, der das Ganze moniert: »Gegenüber dem geforderten außengeleiteten, eigentlich subjektlosen Subjekt wird der gute, alte Charakter zur archaischen Instanz, zum Sand im Getriebe. Amerikanisch heißt ›He is quite a character‹ dasselbe wie komische Figur, ›Sonderling, armer Kerl‹, bemerkte Adorno bereits 1955« (ebd.).

Wo es immer mehr an Menschlichkeit mangelt, weil alles und jedes dem ökonomischen System unterworfen[16] wird, stellt die Liebesunfähigkeit das subjektive Pendant dar. Die Herrschaft des Menschen über den Menschen hat sich dann in die Einzelnen eingefressen. In der Persönlichkeitsstruktur des Liebesunfähigen findet sie ihren niedersten Ausdruck.

Liebesunfähigkeit ist das Merkmal jener Normalpathologie, die auf unser Zeitalter zutrifft. Der Persönlichkeitstypus, der die Gesellschaft

---

16 Die Prädominanz des Ökonomischen ist heute unübersehbar. Wir leben in einer Wirtschaftsdiktatur universalen Ausmaßes: »Es ist der real existierende Ökonomismus einer über Ware und Geld totalisierten Welt, der uns zum ständigen Rekurs aufs Ökonomische nötigt. Die wahren Fetischisten des Ökonomischen sind unsere zeitgenössischen Neoliberalen, die alles und jedes dem Schalten und Walten des Marktes ausliefern« (ebd., S. 155).

trägt, lässt sich wie folgt beschreiben: »Er ist emotional leer; hat kaum libidinöse Objektbeziehungen zu Menschen; hingegen sind ihm die technischen Aspekte des Lebens wichtig« (Horn 1972, S. 31). Unabhängig von der explizit politischen Psychologie Klaus Horns, der diese Beschreibung einmal verfasste, haben empirische Untersuchungen an erfolgreichen Managern in Amerika ergeben, dass bei diesen

> »jeglicher Bezug zu Menschen oder zu Dingen, final gesehen, dem optimalen Funktionieren dient, dem auch das gesamte affektive Leben gehorcht. [...] Die Erfahrung sozialer Realität reduziert sich auf das alerte, oft hochintelligente Aneignen von erfolgversprechenden Verhaltensformen bis hin zu den Gefühlsäußerungen, welche im passenden Moment wirklichkeitsnah reproduziert werden, ohne jedoch sich je mit eigener, tiefer, sinnlicher Erfahrung zu verbinden« (Bach/Heine 1981, S. 25ff.).

Diese Untersuchung von Michael Maccoby, durchgeführt an etwa 250 Spitzenmanagern, verdeutlicht vor allem deren affektive Kälte, die sie ihren Mitmenschen gegenüber zeigen: Sie

> »würden hauptsächlich als Objekte zur Erreichung [ihrer] Ziele angesehen. Mitgefühl und Milde seien ihnen fremd [...] Die Tatsache, dass unter den 250 Managern kein einziger war, der als uneingeschränkt liebesfähig hätte bezeichnet werden können [...] und dass [...] 95% der Befragten sich als mäßig interessiert bis vollkommen desinteressiert am Mitmenschen zeigten, lässt die enorme [...] psychoaffektive Verarmung, verbunden mit der Aufblähung instrumenteller Denkstrukturen [erahnen]« (ebd.).

Die Idealisierung solcher Persönlichkeitszüge durch die Kultur- und Bewusstseinsindustrie, die zur Enttabuisierung ihrer Amoralität und zur allgemeinen Nachahmung ihrer Wesenzüge in der gesellschaftlichen Kommunikation und Interaktion führt, lässt sukzessive die Kräfte schwinden, die helfen könnten, sich gegen jenen Mangel an Mitmenschlichkeit aufzulehnen, den diese Psychotypen transportieren. Auch hier gilt das Prinzip von Interaktivität und Wechselseitigkeit: Wie du mir, so ich dir. Es begegnen sich, wenn sie sich denn begegnen können, immer häufiger soziale Igel, welche die Stacheln hochstellen, wenn sie sich nahe kommen. So vererbt sich eine sozialpsychologische

Melange aus frigider Technokratie und narzisstischer Selbstverherr-
lichungsmanie weiter in die nächste Generation, die schon gar nicht
mehr erfahren hat und wissen kann, was warme, zärtliche, zugewandte
Beziehungen bedeuten.

Götz Eisenberg schreibt hierzu: »Was bislang noch als schweres
Krankheitszeichen galt und klinisch dem Bereich der narzißtischen und
Borderline-Störungen zugerechnet wurde, scheint zur sozialpsycholo-
gischen Signatur des flexiblen Kapitalismus zu werden« (2000, S. 48).

Wellenlängen

Üblicherweise entstehen zwischenmenschliche Arrangements auf dem
Boden vergleichbarer Liebes- und Beziehungsfähigkeiten. Das hat auf
der einen Seite mit den selbst in die intimsten Regungen hineinregie-
renden Marktmechanismen zu tun, die nach den Regeln von Angebot
und Nachfrage stets nur das zusammenbringen, was einander verfüg-
bar ist; zum anderen hat das aber auch mit den psychischen Kapazitä-
ten zu tun, die nur ein bestimmtes Maß an Überforderung oder Un-
terforderung hinsichtlich der beiderseitigen Differenziertheitsgrade
erlauben: Es halten sich auf Dauer nur die aus, die auf ähnlicher Wellenlänge funken.

Wer glaubt, mehr zu lieben als der andere, dürfte bereits, wenn er
sich dabei selbstreflexiv betrachtet, mit einem eigenen Mangel konfrontiert sein, nämlich sich zu wenig geliebt zu sehen. Das eine ist die
Du-Botschaft. Das andere ist die Einsicht ins unfertige Ich, die allein
zusammen mit dem Du erweitert werden könnte. Die Grade von Liebesfähigkeit, die aufeinander stoßen, weichen nicht extrem voneinander
ab. So erklärt es sich, dass Gleiches sich gern zu Gleichem gesellt. Liebe
entsteht, wo zwei sich in ähnlicher Intensität lieben.

Interessant ist, dass die Liebesfähigkeit in der klassischen Psychoanalyse, neben der Arbeitsfähigkeit, einmal die Bestimmungsgröße für
seelische Gesundheit war. Gesund war bei Freud, wer lieben kann. Diese
teleologische, quasi finale und einigermaßen »platte« (Wirth 2002, S. 31)
Definition macht es schwer, einen interaktiven Weg zum Erlangen von

Liebesfähigkeit zu beschreiten, der nicht im Ruch stünde, mit lauter Unfähigkeiten gepflastert zu sein.

Abweichend davon geht der Freud-Schüler Wilhelm Reich davon aus, dass der Mangel an Liebesfähigkeit die hauptsächliche Quelle der Neurosen sei.[17] Hier wird zirkulär das, was bei Freud die Nicht-Gesundheit wäre, als Ursache der Nicht-Gesundheit gefasst, und auch hier fällt es schwer, den Weg selbst als Ziel zu bestimmen. Die Katze des Begründens beißt sich in den Schwanz des zu Begründenden.

Gott sei Dank widersetzt sich die Liebe diesen ihren klassischen Definitionen, wenn sie begriffen wird als das, was sie ist: interaktives, lebendiges, sich aus sich selbst entwickelndes Geschehen.

Selbst zirkulär, definierte sie sich dann, falls denn überhaupt eine Definition nötig würde, als den Prozess, der zu ihr selbst führt. Unterhalb der abstrakten Definition sind es die real Liebenden, die diesen Prozess mit Freude, Lust, Leidenschaft und ihrer ganzen Lebendigkeit genießen.

Nicht allzu lang nach dem ersten Augenblick haben sie, wenn sie Kinder der Jetztzeit sind, Sex.

---

17 »Lest Wilhelm Reich und handelt danach!« Die Inschrift an der Frankfurter Universität im Wintersemester 1969/70 forderte die Studierenden (und die Professoren?) auf, eine orgastisch befriedigende Sexualität in Dienste der Emanzipation und zugleich einer allumfassenden psychosozialen Gesundheit zu haben (vgl. Wirth 1980).

Teil 2
Sexualität

Bis jetzt sind für Lucie und Jan lediglich ein paar Minuten in der Mensa vergangen. Noch ist nichts passiert, möchte man meinen. Geschehen ist aber der erste Augenblick, und der hat es in sich. Alles, was in eine künftige Liebe einfließt, hat sich hier schon in kürzester Zeit zusammengedrängt.

Im ersten Augenblick sind die Bedingungen der Möglichkeit enthalten: all das, was später zur Entfaltung kommt. Dann entfaltet sich die Kommunikation, es entfalten sich die Bedürfnisse der beiden, und es entfalten sich die persönlichkeitsgebundenen Fähigkeiten, sie zu befriedigen. Wie in einem Hagebuttenkern steckt die ganze Rose, ja der ganze Rosenbusch bereits in dem, was nur noch auf nahrhaften Boden treffen muss. Der nahrhafteste Boden freilich ist psychologischer Natur, denn das sind die *wechselseitigen Erwartungshaltungen*, die, gemäß Goody, *die erste Begegnung von Mann und Frau* sozusagen auf der Universalienebene regelt: Es »zählt die reziproke Annahme, der andere verfolge, wie man selbst auch, mit seinem Handeln stets ein gewisses Ziel« (Tramitz 1998, S. 151f.).

Einen Tag später. Dieselbe Zeit in der Berliner Mensa. Nahrhafter Boden. Lucie und Jan fangen an, bewusst und gewollt miteinander zu kommunizieren.

Es dauert nicht lange und sie treffen sich. Sie gehen miteinander essen, ins Kino, machen Waldspaziergänge, sofern man das Wald nennen kann, was sich in Berlin anbietet. Bald treffen sie sich regelmäßig. Die beiden brauchen allerdings ein paar Wochen Annäherungszeit, bis sie zusammen im Bett liegen und sich lieben.

Wenn man heutzutage auf neudeutsch Liebe-Machen sagt, *to make love*, dann wissen alle was gemeint ist: Sex. Schließlich ist über Sex so gut wie alles bereits gesagt – und selbst diese Aussage ist nicht neu (vgl. Wulf 1985b, S. 12). Und dass Sex ohne Liebe funktioniert, weiß mittlerweile auch jeder Mann und jede Frau und wahrscheinlich sogar jedes Kind. Dennoch scheint nicht ganz klar zu sein, welchen Stellenwert Sex für die Liebe hat.

So let's talk about sex, baby!

Sex

Sexualität scheint uns wie kein anderer Aspekt unseres Lebens mit der Natur zu verbinden, von der wir uns emanzipiert und entfremdet haben. Kein Wunder, wenn die Naturwissenschaften sich hier mit ihrem ohnehin schon prädominanten Erklärungsmonopol besonders hervortun. Sexualität ist triebhaftes Geschehen, findet in der Natur überall statt, und die Frage, wozu zum Teufel es überhaupt Sex gibt, wird von der Evolutionsbiologie lapidar damit beantwortet: Weil es gut so ist (vgl. Bredow 2005). »Wollust ward dem Wurm gegeben«, heißt es in Beethovens 9. Symphonie. Alle Lebewesen müssen auf ihre Art mit ihrer Art kopulieren, sich vereinigen, besamen und besamen lassen, und selbst wenn einem in höchster Lust droht, der Kopf abgebissen zu werden, wie bei bestimmten Insekten: Alle tun es, 99,9% aller Tiere treiben es heute »als Männlein und Weiblein« (Bredow 2005, S. 197) – wir auch.

Es muss sein. Es muss, sonst entsteht kein neues Leben. Dieses Muss hat so manchen Betrachter zu jeweils zeitgemäßen Druckmetaphern gedrückt. An technologischen Ausdrücken und sonstigen maschinellen, instrumentellen, verdinglichten Bildern mangelt es nicht, um die, offenbar in der Hauptsache meist männlich gemeinte, Triebsituation auszumalen.

Freilich ist für jedermann und jede Frau der Menschengattung, die sich darauf einlassen, in der Jetztzeit klar, dass es in der Regel gerade *nicht* darum geht, Leben zu erzeugen, wie das biologische Gesetz es befahl. Just um das Gegenteil scheint es bei der menschlichen Sexualität zu gehen, die sich von der bloßen Natur emanzipierte: um die Vermeidung des Entstehens von Leben.[18] Es geht um die schiere Lust und deren Befriedigung, jedenfalls, so die Interpretation einer Redakteurin zur dramatischen Alterungskurve, vor allem bei den Männern: Männer wollen Sex-Partnerinnen, aber keine Kinder (Elbe-Jeetzel-Zeitung, 17. Januar 2008). Die zivilisationsgeschichtlich bedeutsame Abkoppelung der menschlichen Sexualität vom biologisch gewollten Zeugungsakt, die freie, ziellose Lust dürfte freilich ihrerseits biologisch immer noch lange Zeit durchaus sinnvoll gewesen sein, weil die evolutionsgeschichtlich relevanten Zufallstreffer vor dem Einsatz von Fischblase, Schafsdarm und vor der Erfindung von Kondom und Pille allemal mehr der Arterhaltung dienten als der saisonal periodisierte Zugang zur Fortpflanzungsregung. Die Zufallstreffer waren wahrscheinlich immer schon die Haupttreffer, zumal sie, auf lange Sicht gesehen, quantitativ jene jährlichen Einmalwürfe aus gleichgeschalteten Hauptverkehrszeiten überstiegen haben dürften, welche die anderen Säugetiere zustande brachten.[19] Funktionieren kann das freilich nur, wenn bei den Menschen das ur-natürlich-hedonistische Lustprinzip und nicht das prokreative Fortpflanzungsmotiv als Steuergröße fungiert. Lust, so sagen die Naturalisten, ist das Primäre und »die Vermehrung der damit verbundene Nebeneffekt« (Kanitscheider 1998b, S. 46).

Saisonal entkoppelter und entperiodisierter, permanenter Sexualdrang schafft freilich andere Konkurrenzsituationen und in der Folge andere Intelligenzen, sie zu meistern, als bei Rothirsch & Co. Vielleicht entsteht überhaupt die listenreiche Intelligenz, derer der Mensch sich rühmen kann, erst dort, wo es darum geht, die sexuellen Rivalen und Rivalinnen nicht durch tumbe Gewalt niederzustrecken, sondern

---

18 Die Verkoppelung von Lust und Fortpflanzung ist nicht plumper Biologismus, sondern dient in der Regel »repressiven Zwecken« (Eisenberg 2000, S. 231), für die der Biologismus dann wunderbar geeignet ist, in den politischen Dienst genommen zu werden.

19 Allerdings ist der erhebliche Geburtenrückgang seit der Pille in den Nichtentwicklungsländern nicht zu übersehen. Das mag konservative Moralwächter wie z. B. Päpste dazu veranlassen, die Lust abermals zu verteufeln, die doch eigentlich die Voraussetzung der Zeugung von Nachkommen ist.

durch Pfiffigkeit und Tücke zu hintergehen, um an des Nächsten Weib oder der Nächsten Mann heranzukommen, die oder den man irgendwie tierisch begehrt. Wenn es bei der Biologin Olivia Johnson vom Imperial College in London heißt, »der Zwang einen Partner zu finden, um ihn zu verführen, [sei] eine der stärksten Mächte der Evolution« (Der Spiegel 41/2005, S. 199), dann könnte es in sich der Tat so verhalten, dass die mächtige menschliche Intelligenz, die im Laufe der Jahrzehntausende entstanden ist, auf die Mächtigkeit der Triebdrücke zurückzuführen ist.

Der sexuelle Imperativ ist allerdings auch so stark, dass auf die Zustimmung der Partner, sprich: die Objekte der Begierde, nicht immer gewartet werden konnte. Und *Mann* musste es auch nicht, solange die soziale Rolle der Frau derart inferior definiert war, wie allenthalben heute noch in den archaischen Kontexten zwischen Kabul und Kirchenbollenbach. In grauer Vorzeit war Frauenraub und Vergewaltigung die Regel, heute ist deren – durch die Medien augenfällig gewordenes – Wiedererstarken auf den Kriegsschauplätzen und in den Metropolen des kranken Gesellschaftssystems Zeichen des zivilisatorischen Rückfalls in die Barbarei, die freilich ohnehin nie aufgehört hat, unter der dünnen Zivilisationshülle zu brodeln.

... an und für sich

Der sexuelle Imperativ, zumal der den Mann überwältigende, scheint auch darin übermächtig, dass das Objekt der Begierde dem Triebbedrängten zuweilen egal ist. Vielleicht geht es ja in der kruden Biologie um die richtige Partnerwahl, aber nicht offenbar in der Menschengesellschaft. Ob es Britta oder Renate ist oder des Hirten Lamm,[20] ob es ein vibrierendes Hilfsmittel von Beate Uhse oder die Pornodatei aus dem Internet ist: die sexuelle Betätigung dient dem ein oder anderen mit wem oder was auch immer der sofortigen, der unverzüglichen, der egoistischen Abfuhr, so als ob die Lust eine unlustvolle sei, die schnell

---

20 »... und wenn der Hirte sein Lamm liebt, soll er es lieben wenn er es liebt« (Textzeile eines Chansons von André Heller).

und indifferent beseitigt werden müsse. Die allererste Begegnung mit dem nicht aufzuhaltenden Vermehrungstrieb in der Pubertät und noch weit vor ihr, wenn man den Erforschungen des kindlichen Intimverhaltens folgt, ist die Onanie: *Sex an und für sich*, wie der Volksmund sagt. Sie besorgt die unkomplizierteste, schnellste und direkteste Befriedigung.

Schon vor fast 300 Jahren zeigte man in Traktaten über die Selbstbefleckung mit dem Finger auf den Tatbestand, dass die Welt auch seinerzeit offenbar voller Onanisten war. Und dies wurde seitdem aus Gründen verdammt. Vor 1712, dem Erscheinungsdatum der *Onania* des Quacksalbers John Marten, war die Masturbation nicht nur kein Thema, sondern eher positiver Bestandteil von Erziehungstechniken und als unschuldige Lustbarkeit allenfalls bei Erwachsenen belächelt. Nach 1712 dann beginnt eine Verfemungsgeschichte der Selbstbefriedigung, die bis in die 70er Jahre des letzten Jahrhunderts und bei manchem Dorfpastor bis in die heutigen Tage reicht. In seiner Kulturgeschichte über den *Solitary Sex* berichtet Thomas Laqueur (2004), wie sogar Immanuel Kant, der große Aufklärer, gegen die »wollüstige Selbstschändung« wettert und die Verwerflichkeit der »weichlichen Hingebung an tierische Reize« anprangert.

Interessant ist die These, dass die Verdammung der Onanie deshalb aufkommt, weil ihre immanente *Einmannökonomie* mit ihrer unkontrollierbaren Grenzenlosigkeit und ihrem Phantasmazentrismus eine Gefährdung des aufkommenden Bürgertums darstellt, das den Gütertausch und die Rationalität des Wirtschaftshandelns vorantreiben will und nicht die Selbstverzehrung, die sich gar nicht erst auf den Markt begeben muss. Der bürgerliche Triebverzicht fordert die Sublimationen der Energien, die auf Sofortlösung drängen, damit sie in die Aufbauleistungen für Ökonomie und Kultur fließen können. Deshalb wird die Verfallenheit an den Trieb verdammt. Momentpersönlichkeiten, wie sie Alexander Mitscherlich für unsere Zeit beschreibt, sind seinerzeit historisch dysfunktional. Sparsamkeit, Reinvestition der Gewinne und die Versagung des unmittelbaren Genusses der Arbeitsfrüchte stehen auf der frühen bürgerlichen Tagesordnung. Bei der Selbstbefriedigung aber geht es extrem unbürgerlich zu. Ohne Zwischenschaltung eines

jeglichen Objekts, ohne Einhaltung von Wartezeiten und Interakti-
onsgeboten, ohne Äquivalententausch auf dem Markt, ohne jene Ver-
mittlungsschritte, die die Sublimationskultur auszeichnen, geht es zur
Sache: mit sich selbst – unmittelbar.

Wer triebmäßig derart von der Hand in den Mund lebt, lebt freilich
allein von der Hand. Die manuelle Direktbefriedigung im Hier und Jetzt
ist dem Onanisten jederzeit sicher. Einfaches Handwerk und Bedarfsdeckungswirtschaft frohlocken mit einem Rückfall in vorbürgerliche
Unmittelbarkeiten: *A splendid time is guaranteed for all.*

Fast will es scheinen, dass sich in der Selbstbefriedigung das Wesen
des Triebhaft-Sexuellen am ungeschminktesten ausdrückt: Sofortige
Verfügbarkeit und Objektunabhängigkeit der Lust ist sein Metier. Denn
der sexuelle Trieb ist durch und durch egoistisch. Er ist so egoistisch wie
das *egoistische Gen* Richard Dawkins', das sich unter allen Umständen
evolutionsbiologisch weiterverbreiten will.

Doch halt! Zur Streuung des *selfish gene* braucht der Mensch und
das Tier den heterogenen Partner, von ein paar Amöben und anderen
niederen asexuellen Lebensformen einmal abgesehen. Es muss also eine
ebenso imperative Kraft am Wirken sein, die, statt der bloßen solipsistischen Triebbefriedigung, die geschlechtliche Vereinigung zweier
heterosexueller Wesen fordert – denn im Tempotaschentuch kann sich
das Erbgut sicherlich nicht verbreiten.

Chemie: Dopamin, Opiate, Oxytocin

Bleiben wir beim biologischen Erklärungsmuster, um diesseits aller
kultureller, geschichtlicher und sozialpsychologischer Dimensionen
des Sexuellen verstehen zu können, welches unterhalb ihrer mensch-
heitsgeschichtlichen Ausbildung offenbar die ewigen Urkräfte sind,
die Mann und Frau als Paar zusammenbringen und die die Einsamkeit
der bloßen Triebabfuhr überwinden lassen helfen.

Die Biologie erklärt zunächst das ewige Treiben mit der inneren
Chemie, die uns wie jedes andere Tier antreibt. Da gibt es Hormone
und Neurotransmitter: interne Botenstoffe, die in unserem Hirn unser

Begehren, unsere Genussfähigkeit und unsere Fürsorglichkeitsimpulse steuern.

Dopamin

Da gibt es als Erstes das mittlerweile weltberühmte Dopamin, dem ein Film mit Robert de Niro auf der Basis einer Geschichte des Neuropsychiaters Oliver Sacks (1991) gewidmet ist. Dopamin, das ist der uns befeuernde Botenstoff unseres Wachseins, unseres Wollens und unseres Begehrens. In bestimmten hohen Quanten ist es dafür zuständig, uns besessen und wahnsinnig, unersättlich und süchtig zu machen. Die Glücksgefühle, die aufkommen, wenn man das Objekt der Begierde geortet und eingekreist hat, um es mit allen Regeln der Kunst in Besitz zu nehmen, sind derart übermächtig, dass manche Artgenossen es beim Habenwollen und Erobern belassen und sich auf das Spiel mit der ewigen Vorlust kapriziert haben. Donjuanismus nennt man diese kraftstrotzende dopamingesteuerte Schürzenjägerei, wenn man sie klinisch fasst. Andernorts wird es *typisch Mann* genannt.

Opiate

Da gibt es aber auch die körpereigenen Opiate, die sogenannten endogenen Endorphine, die unseren Genuss und unser Befriedigungsempfinden begleiten und die unseren Schmerz ausschalten, wenn es schlimm wird. Außerdem sedieren sie uns und bringen es mit sich, dass die von ihnen durchfluteten Genießer keine Kriege führen. *Make love not war* heißt biologisch: Wer viel und vor allem viel befriedigenden Sex hat, ist wesensmäßig eher friedlich. Zumindest für die Bonobos (vgl. Waal 1995), die kleinere Schimpansenart, gilt das so. Ihr ausschweifendes Sexualleben dient dazu, Stress in Entspannung zu verwandeln und Gereiztheiten zu entschärfen. Brutale, blutige Kriege kennt man von ihnen nicht. Interessanterweise sind Bonobos just die seltenen Tiere, die sich gelegentlich auch schon mal *per manum* Lust verschaffen, ob sie nun gerade von dem Reigen ausgeschlossen sind, in dem friedfertig jedes mit jedem verkehrt, oder nicht, denn prinzipiell fummeln und reiben sie alle andauernd an sich und allen anderen herum – wohl deshalb nannte der Primatenforscher Frans de Waal die Bonobos auch »Kamasutra-Primaten« (Paul/Voland 1998, S. 101). Das alles hat man erst nach 1990 entdeckt, und es wäre zu fragen, ob die schwierigen geografischen Forschungsbedingungen im abgelegenen afrikanischen Dschungel dafür verantwortlich sind oder die gelockerten Forschungsfragen nach der sexuellen Revolution der 60er und 70er Jahre.

Mit den friedlichen Bonobos teilen wir fast alle unsere Erbanlagen. Diese Affenart sei die menschenähnlichste, sagt die Primatenforscherin Meredith Small, und man kann nur hoffen, dass sie recht hat. Denn auch von den aggressiven Großschimpansen, die sich über die Jahrtausende jenseits des Kongo–Flusses entwickelt haben und denen, wahrscheinlich eher dopamingesteuert, Krieg und Blutrausch gegen die eigenen Artgenossen nicht fremd sind, unterscheiden sich unsere Gene zu 98,4% ebenfalls nicht. Offenbar gibt es deshalb nur manche Menschen, die das besänftigende Liebesleben lieben können. Die Genussfähigen können es, im Gegensatz zu den nimmersatten Dopaminjunkies, ertragen, dass sich im Genuss das Begehren aufhebt und gewissermaßen entschläft, ja sie sind in der Lage, wie in einer Opiumhöhle in jener trägen, reglosen Somnambulität zu schwelgen, die nach der Konsumtion des erregten Wollens eintritt.

Höchstwahrscheinlich aber ist es bloß eine Frage verschieden dauernder Zeitintervalle, Refraktärphasen der hirnphysiologischen Steuermechanismen sozusagen, bis die Endorphinisierten ihren internen Stoff der seligen Träume verbraucht haben und von ihren Dopaminen zu neuen Taten in Sachen Sex angestachelt werden. Auf dass das alte Rein-raus-Spiel – vgl. Stanley Kubricks Film *Clockwork Orange* – von Neuem beginnt. Die Evolutionsbiologen würden hier frisch-fröhlich kommentieren: »Das ist auch *gut so*!« Und die deutschen Demoskopen würden ihnen mittlerweile zustimmen.

Oxytocin

Noch während des erfolgreichem Spiels, während des Vollzugs und längere Zeit danach, wirkt schließlich noch das Oxytocin: der eigentliche Stoff des Friedens und der Liebe. Oxytocin erzeugt und steuert, so die naturwissenschaftliche Version von der Liebe, im Hirn das Wohlgefühl, das sich beim Höhepunkt der Lust einstellt, und zwar mit sozialer Nebenfunktion: Wo Oxytocin ausgeschüttet wird, wird Zuneigung und gleichzeitig Aggressionsdämpfung erzeugt. Bei den Bonobos wird Streitlust mit Sex entschärft und die Tatsache, dass hier Körperlust durchaus auch zwischen Weibchen untereinander und genauso zwischen Männchen erregt wird, verweist augenfällig darauf, dass selbst im Tierreich die Fortpflanzung nicht die einzige Funktion sexueller Handlungen ist und Homosexualität auch biologische Vorläufer hat. Aber, wie gesagt, dies hier sind die menschenähnlichsten Tiere.[21]

Die Entdeckung, dass dasselbe Oxytocin, das einen friedlich werden lässt, offenbar auch vor allem das mütterliche Fürsorglichkeitsempfinden auslöst, nahm man zum Anlass, von einem *Liebeshormon* zu sprechen, denn Oxytocin spielt eine Rolle nicht nur bei sexueller Erregung, sondern auch bei allen generationen- und geschlechterübergreifenden Zärtlichkeiten. *Kuschelhormon* ist daher sein weiterer Name. Es ist offenbar zudem verantwortlich für den Samenausstoß beim Manne, aber auch für bestimmte uterale Abläufe beim Geburtsvorgang sowie bei der Freisetzung von Milch und dem lustvollen Gefühl der Frau beim Stillen. Darüber hinaus wird Oxytocin als Treuehormon bezeichnet, weil es sich offenbar insgesamt stabilisierend auf eine Beziehung wirkt. Allerdings offenbar nicht allzu stark.

---

21 Wir sind, ein Schock für alle Kreationisten, nun einmal, zoologisch gesehen, sehr, sehr affenähnliche Säuger. Das ist auch kein Wunder, schon gar kein göttliches, sondern sodomitisches Machwerk, falls es stimmt, was Naturwissenschaftler neuerdings vermuten: »Die Vorfahren von Menschen und Schimpansen hatten artübergreifenden Sex und zeugten Bastarde, aus denen dann der Homo sapiens hervorging« (Blech 2006, S. 147ff.).

Monogamie

Was hier die Biologie zu erklären versucht, ist der Zusammenhang, der sich zuweilen zwischen sexueller Begierde und Bindung entwickelt, obzwar es nur jede zehntausendste der wirbellosen Arten und ein ähnlich geringer Bruchteil bei den Wirbeltieren ist, die in monogamen Partnerschaften leben. Das biologische Programm ist eindeutig die Polygamie und wer sich gern über das Tier erhebt und den Menschen als treuen Gesellen anführt, dem sei gesagt, dass die Völkerkundler unter den zig untersuchten Zivilisationen auch nur etwas über ein Zehntel, genau genommen 11,45%, monogame entdeckt haben. Die restlichen etwa 1.000 inspizierten Kulturen waren so polygam wie die animalische Natur tierisch ist.

Aber dennoch: Um der Biologie der westeuropäisch-amerikanischen Liebe auf die Spur zu kommen, wurde gefragt, wie es kommt, dass in manchen Bereichen der Tierwelt die Partner nach vollzogener Fortpflanzungsbetätigung gegen den allgemeinen Trend zusammenbleiben und nicht sofort ihrer Wege ziehen. Man pflegt es, wie gesagt, gern in die jahrmillionen alten Gene zu verpflanzen, was man als Norm verewigen will – alte Werte halt.

Herausgefunden hat man, dass dort monogames Verhalten sich genetisch festschreibt, wo es biologisch sinnvoll ist. Wie sollte es auch anders sein. Das ist zwar eine zirkuläre Erklärung, die das zu Erforschende mit seiner transzendentalen Ausgangshypothese erklärt, aber sei's drum: Wichtig für die Liebe ist doch, ob die Erklärung, nicht an sich sondern für uns: für das, was wir als Liebe gern begreifen wollen, wertvoll und zweckmäßig ist.

Biologisch sinnvoll ist alles, was der Arterhaltung dient. Diesen ihren kardinalen Glaubenssatz zu wiederholen, wird diese Wissenschaft vom Leben nicht müde. An manchen Stellen des Evolutionsgeschehens war es offenbar dementsprechend sinnvoll, beim Partner zu bleiben statt ihn flugs gegen einen anderen einzuwechseln und für diesen so etwas wie Zuneigungsgefühle zu entwickeln. Was aber ist Zuneigung in biologischen Begriffen? Biologisch, also für die Arterhaltung, zweckmäßig ist Zuneigung, die mehr oder weniger mit Treue einhergeht, dort, wo der Nachwuchs in einer längeren Wachstums- und Lernphase besser gemeinsam aufgezogen wird. Wo zwei Individuen mehr Kinder durchbringen, entfaltet eine biochemisch gesteuerte Bindungskraft ihr Wirken, die das Zusammenbleiben zum lustvollen Ereignis macht. Lustvoll deshalb, weil das biologisch Sinnvolle immer auch biologisch belohnt wird. Dem Menschen als solchen hat die Biologie in diesem Zusammenhang übrigens *Bindungsfähigkeit bei schwach monogamer Konstitution* bescheinigt. Jetzt haben wir's also schwarz auf weiß.

Nun hat man unter den 1.000 neuronalen Substanzen, die für unser Verhalten und unsere Emotionen zuständig sind, auch das *PEA* entdeckt, das, ebenfalls in der leckeren Schokolade vorkommend, einen zusätzlichen Wohlgefühlsrausch erzeugt und möglicherweise dafür verantwortlich ist, dass der Liebende wie ein Süchtiger unter Entzug zu leiden beginnt, wenn die Geliebte und damit der *Kick via Phenylethylamin* nicht zu erreichen ist.

Wahrscheinlich wird man noch mehr biochemische Elixiere in Hirn und Anhangdrüsen entschlüsseln: Alles Stoffe, die man bei allen möglichen Tieren nachweisen wird, wenn die sich lustvoll dem Fortpflanzungsgeschäft widmen. Können sie die Liebe erklären?

Ein weiteres entdecktes Hormon, Luliberin nämlich, soll beispielsweise ein geradezu furioses Verlangen auslösen und bestimmte Meerschweinchen, heißt es, beginnen heftigste Liebesspiele, wenn man es ihnen in die Blutbahn spritzt. Mit Liebesspielen ist in der Biologie aber nie die Liebe als solche gemeint, sondern lediglich das artspezifische Kopulationsverhalten, das immer bloß das Ziel hat, männliche und weibliche Erregungskurven auf den richtigen Zeitpunkt des Eisprungs hin zu koordinieren, sodass die Chancen für die Befruchtung optimal sind. Was soll's.

Die biologische Äquivokation, um nicht zu sagen, der Zusammenfall von Liebe und Sex, drückt, wenn nicht eine Irrführung, so doch eine gewissen Einengung in der Orientierung von Denken und Handeln aus, wenn man daraus das hochkomplexe Menschenphänomen Liebe erklären will. Denn letztlich geht es hier doch nur und einzig und allein um den Trieb, der, mit oder ohne Kuschelsex, zur Befriedigung drängt und als Nebenprodukt für das betroffene Lebewesen und Hauptprodukt für den Evolutionismus Nachkommen mit neu vermischten Genen produziert. Es geht um animalische unmittelbare Triebbefriedigung, tierische oder sanfte Liebesspiele hin oder her.

Zwar dichtete einer der größten deutschen Spaßvögel vor Zeiten Schweinisches von einem kleinen Nager, indem er reimte: »Das Murmeltier, das holt sich munter, einen nach dem andern runter«[22], und brachte damit so manchen zum Kichern. Unter dem bebilderten Witz lauert aber für uns die ernsthafte Frage, warum die realen luliberin-, oxytocin- und testosterongesättigten Meerschweinchen und die Präriewühlmäuse und die Nacktmulle nicht stattdessen onanieren, wie es Menschen zuhauf tun, die von ihren Hormonen überwältigt werden? Das erklären die Biologen nicht – und die Biologinnen schon gar nicht.

Sie müssen es auch nicht, denn es ist die falsche Fragestellung. Weil Leben entstehen will und immer schon so entstanden ist, gehen sie von dem prinzipiellen Vereinigungsimperativ aus und nicht von einem vorgegebenen Masturbationsprinzip. Sexuelle Fortpflanzung ist der asexuellen überlegen. Onanie macht toto grosso keinen großen Sinn und evolutionsbiologisch gesehen so gut wie überhaupt keinen, bis vielleicht auf die Friedfertigkeit der Zwergschimpansen, die sich wahrscheinlich aus geologischen Beengtheitsgründen keine Kriege gegen die eigene Art leisten können. Das Drängen zum gegengeschlechtlichen Artgenossen in brünstigen Zeiten ist im Tierreich ansonsten gewissermaßen eine transzendentale allerhöchste Gegebenheit, geradezu etwas Göttliches – wenn die Biologie überhaupt einen Gott in ihrer Welt zulässt, dann geschieht sein Wille in den Instinkten. Und die sind in den Genen festgelegt. Der vornehmste Gott der Biologen ist das Gen.[23]

---

22 Der *Kragenbär* war's (!) und nicht das Murmeltier. Nach dem plötzlichen Tod von Robert Gernhard riefen die Gazetten wieder in Erinnerung, was gedächtnismäßig verblasst war; nichtsdestotrotz bleibt die kleine Fehlleistung hier stehen. Quasi Doku.

23 In einer Buchankündigung in der Zeitschrift *Psychologie Heute* vom Februar 2007 heißt es: »Wohnt Gott in den Genen?« (ebd., S. 69) Es geht – und das setzt dem eine empirisch gedachte Krone auf – um das Buch *Das Gottes Gen* (2006) des Biologen (!) Dean Hamer. Aber auch unabhängig von dieser explizit theologischen Frage, stellt sich Theologisches ein, wenn Biologen sagen, es sei das Gen, das sich der Menschen und der anderen Lebewesen bloß bediene, um sich fortzusetzen. Das Gen, gemeint ist das besagte egoistische Gen (selfish gene) von Richard Dawkins, wird damit quasi zum handelnden Agens und bekommt letztlich einen transzendentalen Subjektcharakter. Zum Religionscharakter des biologischen Weltbildes vgl. Thomas Assheuer (1998, S. 41; 2000a, S. 37 und 2000b, S. 45).

Liebesforschung

Angesichts von Hormonen und Botenstoffen, die in der Natur das amouröse Geschehen und die in der Kultur, aus biologischer Sicht zumindest, das Liebesleben auch des Menschen steuern, stellt sich die Frage, wie tierisch die Menschen beziehungsweise wie menschlich die diesbezüglichen Fragestellungen ans Tierreich sind. Immerhin geht es hier um das Thema Nummer eins: die Liebe. Hier gibt in der Tat so etwas wie eine wissenschaftliche Liebesforschung (vgl. unter anderem Kanitscheider 1998a; Mikatta/Tebel-Naby 1996; Röttger-Rössler/Engelen 2006; Vincent 1990 [1986]). Deren Erkenntnisse fallen, je nach Wissenschaftszweig, so verschieden aus wie eben die naturwissenschaftlichen zuweilen von den sozial- und geisteswissenschaftlichen Denkweisen grundverschieden sind. Wie sollte es auch anders sein. Vieles wäre deshalb dringend ineinander zu vermitteln, sonst ginge der Streit auch und sogar bei der Liebe weiter.

Die gegenwärtige Prädominanz der Naturwissenschaften in Sachen Liebesforschung dürfte bezeichnend sein: Sie spiegelt wider, welchen Stellenwert sie sich in der Erklärungslandschaft gerade bei diesem Thema zuschreiben. Dementsprechend wird das Ganze auch rezipiert und dringt somit als präponderantes Interpretationsparadigma ins Allgemeinbewusstsein ein und prägt es, das heißt, es verstärkt und reproduziert in aller Regel die Trockenheit und Saftlosigkeit der Liebes- und Erotikvorstellungen (vgl. Schandl 1996) aller dahinter befindlichen Interessierten, die ihrerseits die Protagonisten der gesellschaftlichen Imperative sind, welche dadurch zirkulär bestätigt werden. So bedingt das eine das andere.

Wer *den* Menschen-im-Singular mit *der* Präriewühlmaus oder *dem* Spatzen vergleicht, weil die auch Gene haben, und diese womöglich auch noch in verblüffend hoher Prozentzahl mit den unsrigen korrespondieren, nimmt gleichwohl eine gewaltige, wenn nicht gewalttätige Abstraktion vor, nicht nur angesichts der vielen Menschen in den vielen Kulturen und historischen Epochen, sondern auch angesichts der Tatsache, dass Menschen sich von Tieren vielleicht doch in ein paar wesentlichen Punkten unterscheiden. Es erscheint zutiefst redukti-

onistisch, so den Menschen auf das Tier zu bringen[24], wenn man die
»Bedeutung biologischer Einflussparameter« (Springer 1998, S. 119)
gegen die psychologischen, soziologischen, politisch-ökonomischen,
kulturhistorischen, ethnologischen und allen anderen Determinanten
als *ur-eigentliche* überbewertet. Der bloß biologisch-tierische Mensch,
reduziert auf sein Naturverhaftetsein, also auf die Tatsache, dass er an
den Gesetzen teilhat, die *das Leben* nun einmal bestimmen, ist aber nicht
der, der liebt, sondern der ganze Mensch in der Zeit, in der Gesellschaft
und in der Kultur, in der er lebt.

Genauso wie die Systemtheorie in der Soziologie und wie der systemische Denkansatz in der Psychotherapie mit ihren abstrakten Begriffen zuweilen nicht mehr zu unterscheiden erlauben, ob nun gerade
ein *Persönlichkeitssystem* beschrieben wird oder ein Familiensystem
oder das Gesellschaftssystem oder ein Feuchtbiotop am Waldesrand,
schert die Biologie alles Lebendige über einen Kamm, wenn sie für alles
und jedes die Gene bemüht oder ihren großen evolutionstheoretischen
Topos vom selektionistischen Fressen und Gefressenwerden im Räder-
werk des Survival of the Fittest. Um am Ende die Menschen in all ihrer
Mannigfaltigkeit sehen zu können, reicht es nicht, ein singuläres Wesen
des Menschen aus dem Bios abzuleiten, das er mit anderen Lebewesen
teilt, bloß weil er wie sie auch am Leben teil hat. Denn sonst kann es
passieren, dass der ewige Kampf aller Lebewesen um die sogenannten
knappen Ressourcen bei einer negativen Wesensbestimmung des Menschen aus dem 17. Jahrhundert stehen bleibt, die da lautet, er sei eben
von kriegerischer Beschaffenheit: *homo homini lupus est* (Hobbes 1651);
so sei es nun einmal. Und dann heißt es auch noch: Eins ist klar, der
Mensch ändert sich nicht. Niemals!

Zum Wolf, der des Mitmenschen Wolf sei, schreibt Robert Kurz:

---

24 … wenngleich der Mensch-Spatz-Vergleich auf der damit notwendig verbundenen
hohen Abstraktionsebene das gleichermaßen hedonismusverdächtige wie ethikermög-
lichende Ergebnis mit sich bringt, dass beide, Mensch und Allerweltsvogel (genauso
wie Wurm und *Spitzmaus*) sich darin gleichen, mit der tief verankerten Veranlagung
geboren zu sein, »eigene Lust zu steigern und eigenes Leid zu minimieren« (Schmidt-
Salomon 2006, S. 17; vgl. hierzu das Kapitel »Von wo aus gedacht wird: Ethik« in
diesem Buchteil).

»Dieses im wahrsten Sinne des Wortes auf den Hund gekommene Menschenbild ist das Credo des Liberalismus bis zum heutigen Tag geblieben. Das kläffende und beißende Konkurrenzsubjekt, zu dem die Marktwirtschaft das Individuum degradiert, wird zum Naturgesetz des menschlichen Bewusstseins, und somit die eindeutig historische Marktwirtschaft zur überhistorischen ›Naturform‹ sozialer Beziehungen umdefiniert« (Kurz 2002, S. 42)

Obwohl Hobbes als Gottesmann freilich Darwinistisches nicht antizipieren konnte, nimmt er den Sozialdarwinismus des beginnenden Kapitalismus vorweg. Dazu äußern sich Marx und Engels, die an zwei Stellen ausnahmsweise darwinkritisch anmerken, dass sich im *natürlichen* Kampf um den Platz der Fittesten Thomas Hobbes verstecke. In einem Brief an Engels vom 18. Juni 1862 schreibt Marx an Engels:

»Mit dem Darwin, den ich wieder angesehn, amüsiert mich, dass er sagt, er wende die ›Malthussche‹ Theorie auch auf Pflanzen und Tiere an, als ob bei Herrn Malthus der Witz nicht darin bestände, dass sie nicht auf Pflanzen und Tiere, sondern nur auf Menschen – mit der geometrischen Progression – angewandt wird im Gegensatz zu Pflanzen und Tieren. Es ist merkwürdig, wie Darwin unter Bestien und Pflanzen seine englische Gesellschaft mit ihrer Teilung der Arbeit, Konkurrenz, Aufschluss neuer Märkte, ›Erfindungen‹ und Malthusschem ›Kampf ums Dasein‹ wiedererkennt. Es ist Hobbes' bellum omnium contra omnes, und erinnert an Hegel in der ›Phänomenologie‹, wo die bürgerliche Gesellschaft als ›geistiges Tierreich‹, während bei Darwin das Tierreich als bürgerliche Gesellschaft fungiert« (MEW 30, S. 249; vgl. Lepenies/Nolte 1971, S. 48).

Und Engels schreibt in seinen Notizen und Fragmenten zur »Dialektik der Natur« (MEW 20, S. 564f.; vgl. Kappeler 2000, S. 166):

»Struggle for life. Bis auf Darwin von seinen jetzigen Anhängern gerade das harmonische Zusammenwirken der organischen Natur hervorgehoben, wie das Pflanzenreich den Tieren Nahrung und Sauerstoff liefert, und diese den Pflanzen Dünger und Ammoniak und Kohlensäure. Kaum war Darwin anerkannt, so sehen dieselben Leute überall nur Kampf. […] ganz kindisch ist es, den ganzen mannigfaltigen Reichtum der geschichtlichen Ent- und Verwirklichung unter die magre und einseitige Phrase ›Kampf ums Dasein‹ subsumieren zu wollen. Man sagt damit weniger als nichts. Die ganze Darwinsche Lehre vom Kampf ums Dasein ist einfach die Übertragung der Hobbesschen Lehre vom bellum omnium contra omnes* und der bürgerlichen ökonomischen von der Konkurrenz, sowie der Malthusschen Bevölkerungstheorie aus der Gesellschaft in die belebte Natur. Nachdem man dieses Kunststück fertiggebracht (dessen unbedingte Berechtigung, besonders was die Malthussche Lehre angeht, noch sehr fraglich), ist es sehr leicht, diese Lehren aus der Naturgesichte wieder in die Gesichte der Gesellschaft zurückzuübertragen, und eine gar zu starke Naivität, zu behaupten, man habe damit diese Behauptungen als ewige Naturgesetze der Gesellschaft nachgewiesen [*Thomas Hobbes 1647 in der Vorrede zu seinem Buch ›Elementa philosophica de cive‹ & im Kap. XIII und XIV des ›LeviathanX (1651), lat. erschienen 1668].«

Zum ewigen Wesen des Menschen, das kriegerisch sei, sind freilich noch die Anmerkungen von Lepenies und Nolte hinzuzufügen, die den seinerzeit modernen Marxismus-Psychoanalyse-Diskurs über den Hobbes'schen Wolf kommentieren: Sigmund Freud habe zwar durchblicken lassen, dass er ebenso denkt wie das universale Wirtschaftssystem es nahelegt – »Homo homini lupus; wer hat nach allen Erfahrungen des Lebens und der Geschichte den Mut, diesen Satz zu bestreiten«, fragt er in *Das Unbehagen in der Kultur* (Lepenies/Nolte 1971, S. 47) –, aber mit seiner Behauptung, »[gegen die Marx'sche Position], auch durch Aufhebung des Eigentums werde ›an den Unterschieden von Macht und Einfluß, welche die Aggression für ihre Absichten mißbraucht […], nichts‹ geändert, auch in ihrem Wesen nicht«, nehme Freud eine ideologische Setzung vor, mit der just »jene Praxis blockiert wird, die erst Voraussetzung von Veränderung wäre« (ebd., S. 50). So ist es mit biologistischen Wesensbestimmungen: Sie schreiben fest, was zu verändern wäre und bestreiten damit vehement jegliche Veränderbarkeit des zu Verändernden.

Dabei wäre es doch viel wichtiger, herauszuarbeiten, dass und wie sich die humanen, »positiven Potentiale von Homo sapiens entfalten können«, und es wären dabei die »sozialen, ökonomischen und ökologischen Bedingungen« (Schmidt-Salomon 2006, S. 15) zu fokussieren, die schließlich größtenteils Menschenwerk sind und die, weil sie geworden sind, demgemäß auch als veränderungsfähige Größen zu fassen wären wie letztlich auch *der Mensch*, der selbst für zoologische Menschenerkenner unter diesem Blickwinkel seiner selbstgeschaffenen dynamischen Lebensbedingungen sich genauso gut »zu einem ungewöhnlich sanften, freundlichen und kreativen Tier entwickeln kann« (ebd.).[25] Freilich würden dabei insbesondere die sozialen und ökonomischen Bedingungen nicht abermals biologistisch erklärt werden dürfen und selbst die ökologische Dimension, die eine Menge mit *Natur* zu tun hat, wäre, weil sie die menschlich veränderte und beherrschte Natur meint, allein naturalistisch gerade nicht zu erfassen, sondern viel eher politökonomisch. Das G-8-Theater von Heiligendamm gemahnt daran.

Abgesehen davon, dass eine Biologisierung des Sozialen und Kulturellen an sich schon höchst ideologieträchtig ist, sagt die Reduzierung der Menschen auf ihre nicht veränderungsfähigen biologischen Funktionen und Programme insgesamt viel mehr über den Erklärungsusurpatismus der Biologie aus als über das spezifisch Humane, das doch erst entstehen konnte, als die Gattung Mensch sich aus Naturzwängen emanzipierte, beziehungsweise ihre Natur in Form ihrer Triebimpulse zu beherrschen lernte. Ob er sanftes Tier ist oder ein unbelehrbar kriegerisches, ist dann lediglich für Naturalisten noch interessant, welche die Essenz suchen, nicht aber für einen übergreifenden Erkenntnisprozess, bei dem die Menschen sich über sich selbst interdisziplinär und höchst differenziert verständigen.

Der Menschwerdungsprozess zeichnet sich, so die biologietranszendierende These, just dadurch aus, dass *der Mensch*, so weit es ging, immer mehr seine innere Natur beherrschte und begann, sukzessive die äußere zu beherrschen, indem er durch Arbeit und symbolisch vermittelte Interaktion auf der einen Seite Produktionsmittel und auf der anderen Sinnzusammenhänge schuf, mithilfe derer er wiederum seine Umwelt immer radikaler veränderte und gleichzeitig immer umfänglicher deutend und untersuchend erschloss. Das unterscheidet ihn vom Tier: dass er dem unmittelbaren Bios entkommt, indem er Bedürfnislagen antizipieren und mittels Sprache und Geist über sich und die Welt kommunizieren

---

25 In seinem Folgeband zum *Manifest* (2006) mit dem anspruchsvollen Titel *Auf dem Weg zur Einheit des Wissens* (2007b) wiederholt Schmidt-Salomon diese veränderungshoffige anthropologische Position, schreibt sie aber jetzt »dem großen Evolutionsbiologen Stephen J. Gould« zu (ebd., S. 22; vgl. Gould 1984, S. 220f.).

kann. Auf dem Wege der Naturbeherrschung erhob er sich zum aufrechten Gang, der zu Geist, Kunst, Kultur überhaupt und zu Staat und Gesellschaft führte. Und sein aufrechter Gang führte zur Wissenschaft, deren einer Bestandteil die Biologie ist: die vom menschlichen Geist hervorgebrachte Lehre von der Lebensentfaltung der Natur, als deren intellektuelle Verfallsform sich heute die Engführung des Denkens auf Zoologie und Biologismus darstellt.

Bei *der Liebe* wird noch deutlicher, wohin der biologische Reduktionismus führt. Hier bloß die Gene ins Feld zu führen oder hirnphysiologisch die Neurotransmitter, um das Innenleben dieses wunderbaren Zusammenspiels zu erfassen, ist geradezu ein Sakrileg. Denn die naturwissenschaftlichen Erkenntnisse über die Liebe werden ihr immer äußerlich sein. Keinesfalls erfassen sie ihr inneres Wesen, das sich nur zwischen den Beteiligten subjektiv und intersubjektiv als synoptisches Konzert erschließt.

Als intersubjektiver Reigen lässt sich die Liebe am ehesten mit Musik vergleichen. Musik definiert sich als aufeinander bezogenes Klangganzes, das nach rekonstruierbaren Gesetzmäßigkeiten aufgebaut ist. Dieses organisierte Klangganze ist aber keineswegs *ab ovo* vorhanden, sondern es wird hervorgebracht. Musik, ein Konzert zumal, wird üblicherweise entworfen: erdacht, komponiert, geschrieben.

Zum Komponieren bedürfen die Komponisten der Noten und um die aufzuschreiben, benötigen sie Papier und Tinte. Es macht aber alles in allem schlicht keinen Sinn, die Musik auf die Noten zurückzuführen oder gar auf die Tinte, mit der diese geschrieben wurden, denn die Musik selbst, die auch aufgrund der Tinte und auch aufgrund des Papiers und auch aufgrund der Noten und auch aufgrund der Schallwellen im Zusammenhang mit der Beschaffenheit der Instrumente und Stimmbänder möglich ist, hat mit deren technischen Zutaten nicht allzu viel zu tun. Zwar sind sie notwendig: Ohne sie würde die Musik nicht erklingen können. Aber in ihren technischen Zutaten, das heißt, ihrem materialen Substrat, geht die Musik nicht auf. Nicht im Geringsten. Ihr Wesentliches besteht aus etwas ganz anderem, nämlich aus der Erfahrung mit ihr, während sie aufgeführt wird. Nicht die Tinte und nicht die Noten und nicht die Instrumente sind verantwortlich für das, was bei der Musik geschieht. Genauso wenig sind die Gene oder die Neurotransmitter schicksalhaft mit der Liebe verbunden. Sie sind lediglich das, was *backstage* passiert, wenn sie auftritt. Nicht sind sie der hinreichende Auslöser des Geschehens. Der sind die Musiker selbst, die mithilfe der Notenblätter aus ihren Instrumenten ein stimmiges Konzert hervorzuzaubern, das sich gegebenenfalls sogar aus sich selbst heraus weiterentwickelt.

Der Mensch, die Musik, die Liebe: Nichts davon ist bloß der Naturstoff, dem sie entstammen mögen. Weder gehen sie in ihrem Bios auf, noch lassen sie sich daraus ableiten und verstehen. Das neuronale Gehirn ist nicht das Bewusstsein, die geschriebene Note nicht der Ton, und die Hormone und die Gene rufen nicht das Glück hervor und schon gar nicht die Liebe.

No Instincts

Trotz alledem: Das mit der universalen Kopulation als biologischem Untergrund der Liebe muss schon so sein, sonst gibt es kein Leben, jedenfalls kein *Gattungsleben*. Da beißt die Maus kein' Faden ab.

Die richtige Fragestellung wäre dann nicht, warum die instinktgebundenen Tiere nicht onanieren, sondern warum die Menschen es tun und das offenbar recht häufig und murmeltierhaft – oder besser: kragenbärhaft – munter.

Neuerdings ist zwar ein Biologe und Verhaltensforscher, der Kanadier Jonathan Balcombe, auf den Plan getreten, der nun doch das Gegenteil behauptet, nämlich: »Masturbation komme bei ›mindestens sieben Säugetierordnungen vor‹« (Der Spiegel 20/2006, S. 158). Das wird gesagt im Rahmen biologisch ganz unüblicher Annahmen über Humor und Spaßgesellschaften im Tierreich. Es gibt aber noch keine richtigen *wissenschaftlichen Beweise* für solche tierischen Gefühle, deshalb könnte es sein, dass alles wieder einmal auf die klassische evolutionstheoretische Grundannahme hinausläuft: Einen biologisch validen Grund zu masturbieren, könnte es freilich im Tierreich geben, und der zeigt sich bei den Meerechsen auf den Galapagosinseln:

»Da die Weibchen eher auf ältere Semester stehen, sprich größere Männchen, haben die kleinen nur eine geringe Chance, zum Zuge zu kommen. Und wenn einer es geschafft haben sollte, die Echsin zu besteigen und einen seiner beiden Penisse einzuführen, reißt garantiert einer der stärkeren Favoriten ihn herunter – Coitus interruptus. Doch die Kleinen haben einen Trick parat. Sie fangen schon mal an, sich zu stimulieren, wenn sie eines Weibchens in ihrer Nähe gewahr werden. So bringen sie sich in Stimmung und können dann flugs ejakulieren, falls sie es schaffen, das Weibchen zu besteigen« (Der Spiegel 45/2005, S. 203).

Der biologische Hintergrund für die Onanie bei Tieren wäre auch hier, welch Überraschung, abermals der fundamentale des universalen biologischen Fortpflanzungsimperativs allen Lebens. Es ist jedoch zu bezweifeln, ob das auch für die Menschen gilt. Daher bleibt die Frage: Warum verläuft ihre Sexualität in Bahnen, die des Öfteren mal im *Off* enden?

Die namentlich aus den Naturwissenschaften ihre Erkenntnis schöpfende philosophische Anthropologie gibt uns die Antwort: Weil wir Menschen nun einmal instinktreduzierte Wesen sind, Mängelwesen, die, durch Arbeit und Interaktion vom animalischen Bios abgekoppelt, eine eigene, von den bloßen Naturzwängen wegführende Route eingeschlagen haben. Es könnte also sein, dass die Menschen Sex meist nicht wie die Tiere haben, sondern wie die Menschen. Und das macht einen Unterschied zum tierischen Gerammel.

Ob dies ein nur gradueller oder ein wesensmäßiger Unterschied ist, sei dahingestellt. Die einen beantworten den Streit um des Kaisers Bart so, die anderen so. Neuerdings, seit man das *Human Genome Project* so gut wie abgeschlossen hat, ist es sehr in Mode, vom Menschen als gen- und hormongebundenem zu sprechen und seine Einbettung in die Naturgesetzmäßigkeiten hervorzuheben. Demgemäß hätten wir es mit einem *graduellen*[26] und keinem prinzipiellen Unterschied des Menschen zum Tier zu tun.

---

26 Auf jeden Fall sieht das der *evolutionäre Humanismus* eines Schmidt-Salomon so. Der zieht seine ethischen Schlussfolgerungen dezidiert aus den naturwissenschaftlichen Erkenntnissen und nicht aus Soziologie, Psychologie, bzw. Kultur- und Geisteswissenschaft. Interessant ist, dass man hier dennoch eine differenzierte »Leitkultur« ableitet, sozusagen ein elaboriertes Geistesprodukt, ohne die Bedeutung des Geistes

Indes, die genauso interessante und plausible Gegenthese wäre, beziehungsweise war die von einer *prinzipiellen* Entbundenheit des Menschen vom Organischen. Schlägt man sich, spielerisch, auf die Seite dieser Variante der philosophischen Anthropologie, ohne auf allzu verbissener Wahrheitssuche nach der wirklichen Wirklichkeit zu sein, dann ergeben sich aus der Perspektive einer *Sonderstellung des Menschen* im Bezug zu allem anderen nichtmenschlichen Leben derweil ganz andere Frage- und Erkenntnismöglichkeiten. Die Frage nach dem Stellenwert der Sexualität für den Menschen und insbesondere für die Liebe wäre dann logischerweise als eine der Menschheitsentwicklung und nicht der Naturgeschichte zu fassen. Und das ist mindestens genauso interessant wie das ewige Dopamin und Oxytocin. Denn die Hormone und Neurotransmitter bilden letztlich doch nur die substanziellen Eskorten im erregten Geschehen, sozusagen das biochemische Gleitgel. Akteur hingegen ist der Mensch.

Vielleicht ist *der Mensch als Sonderentwurf der Natur*, so wie ihn Arnold Gehlen (1940) nach Max Scheler in dann freilich erzkonservativer Absicht entwarf, zunächst dennoch eine charmante Formel, die uns bei der perspektivischen Entbiologisierung des mittlerweile vereinseitigten Diskurses weiterhilft. Dabei ging Gehlen mit einer eigentlich dezidiert biologischen Fragestellung heran: Mit welchen Mitteln existiert ein Wesen? Aus seiner Sicht ist der menschliche Geist eine *biologische* Notwendigkeit, weil der Mensch, gemessen am Tier, ein Mängelwesen im Hinblick auf seine organische Anpassung an die Umwelt ist – und der Geist kompensiert diese Mängel.

Der Geist, der die Sonderstellung des Menschen begründen soll, mag 1927 bei Max Scheler noch als losgelöster gedacht gewesen sein. Heute jedoch geht keiner mehr, der ernst genommen werden will, davon aus, dass beim *Geist*, beziehungsweise beim *Bewusstsein*, bei Willensakten, bei Reflexionen, Interpretationen, Philosophemen, Forschungsanstrengungen usw. nicht auch immer schon materielle, also

und seine möglicherweise sogar epigenetische Eigendynamik in der Geschichte der Menschheit besonders würdigen müssen zu meint (vgl. Schmidt-Salomon 2006). Außerdem: »Leitkulturen«, »wie sie von konservativen Politikern heute wieder beschworen werden«, existieren nicht mehr und haben vermutlich »nie existiert« (Larcher 2008, S. 230).

»physiko-chemische Einflüsse« (Kanitscheider 1995, S. 79) beteiligt und emotionale mit kognitiven Prozessen amalgamiert sind. Problematisch und skurril wird es, wenn die Spezialisten sich anheischig machen, aus der Perspektive ihrer Spezialgebiete mit der begrenzten Perspektivität ihrer Untersuchungen nun plötzlich das Ganze interpretieren zu können, etwa auf der Basis der Neurobiologie ganz und gar alles, was das Wesen des Menschseins betrifft, und dann ihre kurzen Zirkularschlüsse ziehen nach dem Motto, der Mensch setze bloß fort, was im Tierreich die Regel ist (Tramitz 1998, S. 160), und er habe daher keinen freien Willen.

Psychologie und Geisteswissenschaft verleugnen heute keineswegs die neuronalen, also: biologischen Hintergrundaktivitäten beim Tun des Geistes, aber sie wenden sich gegen den »disziplinären Hegemonieanspruch« der Neurowissenschaft, der mit einer »stark ausgeprägten reduktionistischen Tendenz zur Erklärung menschlichen Erlebens und Verhaltens« (Kliegl 2007, S. 260) einhergeht. Einen solchen prekären Anspruch erhebt insgesamt der neue Biologismus (vgl. Krauß 2008, S. 83ff.), der seinerseits als geistige Haltung von Menschen gesellschaftliche, psychische und neuronale Hintergründe haben dürfte und freilich, wie alles Geistige, dezidierte Erkenntnisinteressen.

Aus ideologiekritischer Sicht dürfte der grassierende Biologismus ein blinder Reflex auf die allgemeine Verstümmelung des Lebens sein: die meisten Menschen müssen ums bloße Überleben kämpfen und sind gezwungen, auf einem Niveau dahinzuvegetieren, das in der Tat an die kruden Mechanismen des Bios erinnert.

Dennoch hat der Biologismus unrecht. Statt die vorherrschende Regression zu thematisieren und kritisch zu hinterfragen, warum satte Milliardäre ins All müssen und hungernde Afrikaner im Mittelmeer ertrinken, erheben sie zur positiven Bestimmung des Menschseins, was Unmenschliches hervorbringt.

Auch für die geistigen Leistungen des Biologismus gilt, was für alle geistige Tätigkeit gilt: Der gesellschaftliche Gehalt seines Denkens kann vom historischen Zeitpunkt und den Interessen, die er unbewusst formuliert, nicht freigesprochen werden. Gerade dort, wo es ganz nüchtern und unverfänglich bloß um den neuronalen Nachweis geht, dass geistigen Prozessen emotionale vorangehen, ist der Ideologie im Gemeinten nachzugehen.

Immanent wäre hier zunächst darauf hinzuweisen, dass für die Denkprozesse des Biologismus dasselbe gilt wie für diejenigen, über die er seine Entdeckungen macht: »Messergebnisse der funktionellen Magnetresonanztomografie […] können [zwar] Indikatoren psychischer Prozesse [sein, aber:] sie sind nicht die Prozesse selbst« (Kliegl 2007, S. 261).[27] Die Neurowissenschaft brüstet sich gern mit der Ironie, dass sie das Ich im Hirn nicht gefunden habe. Genauso wenig wie das Ich, wird sie dort überhaupt je einen Gedanken entdecken, schon gar nicht den vom nicht aufzufindenden Ich.[28] Die synthetische Leistung des *cogito* ist doch keine positivistische Tatsache!

Die Rückführung des Geistes auf seine Entstehung im Gehirn kann seinen intellektuellen Gehalt und seine soziokulturelle Wirkkraft durch den szientistischen Herkunftsnachweis nicht diskreditieren. Die Wissenssoziologie (vgl. Adorno 1953a, S. 31ff.) hat das in den 30er Jahren mit der These von der Bedingtheit allen Bewusstseins versucht, und auch der sich daran anschließende allgemeine Psychologismus diente mitunter dazu, Gedanken, insbesondere unliebsame, eher auf die Ver-

27 Diesen Satz kann man damit versinnbildlichen, dass man sicherlich im Gehirn die mehr oder weniger genauen neuronalen Aktivitäten beim Denken wird finden und abbilden können, nicht aber die Gedanken selbst (vgl. aber die nächste Anmerkung). Genauso wenig ist im Gehirn das Ich gefunden worden, das aber doch als synthetischer Ort allen Denkens und Fühlens dennoch *vorhanden* ist.

28 Es könnte sein, dass ich diese Aussage eines Tages zurückziehen muss, weil sie fortan nicht stimmen wird, falls die Titelstory des Magazins *Der Spiegel* (14/2008) vom 31. März nicht ein böser Aprilscherz war. Dort war zu lesen: »Die Sprache des Gehirns. Gedankenlesen [, …] das klingt nach Sciene-Fiction und wird doch in den Labors der Neurowissenschafter bereits Wirklichkeit.« Gespenstisch ist die sich eröffnende Vorstellung, dass irgendwann in der Zukunft vielleicht tatsächlich anhand der Gehirnmuster Gedankenabdrücke und damit die Inhalte, die jemand gerade denkt, von außen erkannt werden können. In der Tat verkündet in dem Artikel der Hirnforscher Anders Sandberg: »Ich bin ziemlich zuversichtlich, dass wir unsere Gehirne eines Tages auf einen Computer laden können«, die dann freilich gelesen werden können (S. 135). Völlig vermessen verkündet ein Miguel Nicolelis von der Duke University in Durham, North Carolina, mit den neuesten Forschungen »eines der größten Menschheitsrätsel überhaupt zu lösen: ›Den neuronalen Code zu knacken, bedeutet zu verstehen, wer wir eigentlich sind‹« (ebd.). Ich fürchte, die Herren wissen auch dann nicht, wenn sie es schaffen, in freie Gedanken einzudringen, womit sie es zu tun haben.

fassung ihres Autors zurückzuführen denn ihren Gehalt zu prüfen und die Dynamik des Geistesprodukts ernst zu nehmen.

Dem wissenschaftlichen Herkunftsnachweis wird nicht gelingen, was er in relativierender Absicht will. Denn der Geist geht nicht darin auf, dass es konkrete, am Bios angeschlossene Menschen inmitten ihrer sozialen Lebensbedingungen sind, die ihn – gar mit Interessen kontaminiert – kraft ihres neurobiologisch beforschten Hirns hervorbringen. Im Gegenteil, sein Wesen ist es, das zufällige Einzelsubjekt und dessen Denkorgan, das ihn als Geistesprodukt bedingt kreiert haben mag, zu übersteigen und als Kommunikationsbeitrag für potenziell alle Subjekte mitsamt deren Dialog über ihre Interessen und ihre Handlungen bedeutsam zu werden und damit ein diskursives Eigenleben für die Menschheit insgesamt zu bekommen. Das gilt für die Bio-Ideologie genauso wie für befreiendes Denken. Genesis und Geltung des Geistes bilden eine dialektische Einheit, sind keine simple Kausalkette. Das gilt umso mehr, als der Geist sich in Form gesellschaftlicher und politischer Willensbildung auch faktisch niederschlägt und nicht nur ein bestimmtes gesellschaftliches Klima, sondern auch Gesetze, Verordnungen und andere Maßregeln nach sich ziehen kann, welche die denkbaren realen Freiheitsgrade für die Einzelnen nachhaltig erweitern oder einschränken oder gar, als Ungeist, die Freiheiten bestimmter Mächtiger so weit zu fassen erlauben, dass sie für ihre Zwecke das gesamte Ökogefüge beschädigen dürfen, ohne dass man ihnen Einhalt gebietet.

Für den ideologischen Biologismus wie für die zumeist konservative philosophische Anthropologie gilt gleichermaßen, dass sie, beide Geistesprodukte, geeignet sind, ein prekäres Menschenbild zu transportieren, das bestimmte klimatische Konsequenzen in Kultur und Gesellschaft bestätigt und verfestigt. Während dabei aber der Biologismus den Menschen in der Reihe der Säugetiere naturgebunden fasst und in die genetisch determinierte Ewigkeit projiziert, sieht ihn die philosophische Anthropologie, wie er sich immer mehr von ihr entfernt. Hier ist der Mensch Naturfall, da *Sonderfall*.

Es wäre nicht allzu schwer, die Spaltung von Geist und Natur, die bei der Bestimmung *des Menschen* geistig so unergiebig ist und so an den Neuronen zerrt, aufzuheben, indem man sich wechselseitig konzediert, dass der Mensch, sofern man ihn überhaupt derart singulär fasst, lediglich als somatischer Mensch evolutionsbiologisch zu begreifen ist (Kanitscheider 2007, S. 26). Und sonst eben nicht. Dort, auf der Ebene des Organischen, kann man möglicherweise mit Fug sagen, dass sein Köper immer noch ein Modell aus der Steinzeit ist und dass es archaisch Hardwarebedingungen gibt, die ihn in seinen ältesten Hirnarealen basiliskengleich an urtierhafte Programme bindet. Das genau findet man nämlich mithilfe des besagten Hightech-Magnetresonanztomografen heraus, in den man *den Menschen* hineinzwängt und mit kurz aufblitzenden Bildchen von erigierten Penissen und exponierten Vulven aus Pornoheftchen traktiert, um herauszufinden, dass sich in seinem Echsengehirn, noch bevor sich bei ihm bewusst etwas regt, alle möglichen Aktivitäten auf sexuelle Betätigung vorbereiten und er also wie alle brünstigen Tiere funktioniert; vor allem, dass er sich diesbezüglich in den nächsten paar Jahrhunderttausenden auch nicht ändern wird.

Die experimentelle Anordnung gleicht Tierversuchen, bei denen man die armseligen Kreaturen verdrahtet und dann in ihren Körpern misst, was man ihnen antut. Das sind Foltermethoden. Sie erinnern daran, dass viele naturwissenschaftliche Erkenntnisse über das Geheimnis vom Leben im Grunde aus hernach getöteten Leibern gelesen werden. Alexander Mitscherlich bezeichnete die Methoden des Experiments mitsamt der Mess- und Zählergebnisse als Terror, sofern sie auf den lebendigen Menschen angewandt werden: Mit dem menschlichen Leben könne man keine wissenschaftlichen Experimente anstellen, sondern hier bedürfte es zu seinem Verständnis anderer als positivistischer, nämlich hermeneutischer Herangehensweisen. Im gleichen Zusammenhang weist Horst-Eberhard Richter darauf hin, dass seine Studie über den *Gotteskomplex* (1979) durch eine Hypothese des DDR-Philosophen Rudolf Schottländer angeregt wurde, der auf einem Vortrag in den 50er Jahren »den Ursprung der systematischen Kausalforschung von der Angst der Menschen abgeleitet [hatte], von unerkannten Ursachen überwältigt zu werden« und Richter fügt an anderer Stelle hinzu:

»Der eigentliche Beweggrund zur mathematischen Erforschung der Natur war von Anfang an der Anspruch auf deren technische Bemächtigung.

Die abgewehrte Ohnmachtsangst machte es zu einem Zwang, sich selbst aller causae zu vergewissern, um nirgends noch irgendwelchen dunklen, unbekannten Mächten ausgeliefert zu sein. Es sieht nur so aus, als ob der naturforschende Mensch seinem Narzißmus das größte Opfer bringe, indem er sich am Ende selbst zum Naturgegenstand macht« (Richter 1985, S. 157ff.).

Letztlich geht es um das ewige Menschenthema Naturbeherrschung, und wenn dabei am Ende bloß der tierähnliche Mensch als Naturgegenstand herausschaut, der nicht anders kann als es ihm seine animalische Ausstattung vorgibt, dann darf doch die naturbeherrschende Wissenschaftserkenntnis auch jene gewachsene Selbstbeherrschung nicht unterschlagen, die es dem Menschen ermöglichte, sich vom Bios zu entkoppeln und jene Wissenschaft und Kultur zu schaffen, mithilfe derer er sich am Ende als Naturgegenstand reflektiert. Das wäre allerdings dann zumindest ein paradoxes, wenn nicht dialektisches Resultat, das sich allenthalben nicht-biologisch: geistig entschärfen ließe. Um im Glaubenssystem bleiben zu können, müsste der Biologismus, ganz stupend, das zirkuläre Motto verkünden, die Naturbeherrschung des Menschen stelle eben *seinen* natürlichen Selektionsvorteil dar. Damit hätte er, innerhalb seines Paradigmas, Recht und würde es zugleich überwinden.

Jenseits solcher Naturimmanenz mitsamt ihrem archaisch-körperlichen Menschen aus den biologischen Wissenschaften treten aber, dem Menschen sei Dank, noch andere *Menschen* auf den Plan: Da gibt es das gesellige Tier namens ζῷον πολιτικόν, modern gesprochen, den *sozialen Menschen*, der sich mit Affekt- und Impulskontrolle Zivilisation verschafft und vielleicht sogar universell Scham empfindet, wenn es um die krude, angeblich natürliche Geschlechtlichkeit geht (vgl. auch das Kapitel »Scheu« in diesem Buch). Außerdem gibt es den *ökonomischen Menschen*, den *kulturellen Menschen*, den *psychologischen Menschen* und den *ethnologischen*, es gibt *Homo faber* und *Homo ludens* und *Homo compensator* und den, der in der Historie lebt und Geschichte macht, Geschichte hat und Geschichten erzählt, alles in allem also einen *Menschen*, dessen Hardware durch eine umfangreiche Sozialisation just dieses Bio-Körpers (vgl. Orban 1981) nicht mehr bloß schieres Ur-

Gerüst ist, sondern mit den hinzuwachsenden Perspektiven als eine softwarebedingte Komplexitätsformation imponiert, die eben nicht mehr unmittelbar tierisch zuschlagen muss.

Für diesen solchermaßen nicht-somatischen Menschen allerdings, der vermittelt handelt, sind nicht die Naturwissenschaften, allen voran die Biologie nicht, sondern die Soziologie, die Ökonomie, die Kulturwissenschaften, die Psychologie, die Ethnologie beziehungsweise die Kulturanthropologie und die Geschichtswissenschaften zuständig, und das sind allemal Wissenschaften die sich genauso wenig auf die Evolutionsbiologie zurückführen lassen wie ihr Sujet, das sie mit ihnen teilt. Zusammenzufassen, was die verschiedenen Menschenwissenschaften über *den Menschen* wissen, versucht die philosophische Anthropologie in integrativer Absicht.

Verschiedene Philosophen und Wissenschaftler haben den anthropologischen Kerngedanken Max Schelers von den kompensationsheischenden biologischen Mängelkonditionen des Menschen mit Thesen von dessen Instinktentbindung und seiner Entfremdung von der Natur weiter untermalt. Die Instinktreduktion des Menschen, die seine Sonderstellung ausmacht, das heißt: seine nachhaltige Ablösung von deterministisch wirksamer Instinktgebundenheit geht nun, so die These, nicht nur mit dem Geist einher, der funktional die Leerstelle übernimmt, sondern auch mit einem Antriebsüberschuss von freigewordenen, ihrer biologischen Fesselung entlasteten Triebkräften. Mit diesem ungebundenen Antriebsüberschuss begründet die konservative Anthropologie dann die Notwendigkeit von Zucht und Ordnung, das heißt, von Lenkung, Regelung, Eindämmung und Stabilisierung der dräuenden Lebensimpulse des Menschen durch den Menschen. Ähnlich wie bei Sigmund Freud die Kultur (vgl. Lepenies/Nolte 1971, S. 27ff.), sind es bei Arnold Gehlen die Institutionen, die dem überschüssig Triebhaften entgegengestellt werden, bei ihm allerdings nicht erkenntnisanalytisch[29] sondern als

---

29 Wie viel Normativität bei Freud anzutreffen ist, müsste näher beleuchtet und diskutiert werden. Immerhin beinhaltet seine aus Sicht des Hedonismus »pessimistische Auffassung« die These, dass »Kulturschaffen [...] nur unter den Bedingungen der Sexualversagung gedeihen« kann, wohingegen Wilhelm Reich, davon ausgeht, dass »der sexuell vollwertige Mensch auch kulturell der produktivere ist« (Dessau/Kanitscheider 2000, S. 128).

ein normatives *Muss*. Sie sollen den Menschen vor seiner bedrohlichen Außenwelt, aber vor allem vor sich selbst schützen.

Überschuss

Der Antriebsüberschuss des Menschen, den die Institutionen eindämmen und bahnen sollen, ist aber auch Motor seiner Weltoffenheit und Experimentierfreudigkeit. Lockern sich die institutionellen Zwänge, zum Beispiel weil sie gesellschaftlich nicht mehr notwendig sind oder wegen der wirtschaftlich gewünschten Konsumgier der Massen gar kontraproduktiv, dann wird der Mensch, so die konservative These in ihrer großen Angst vor dem Ungeregelten, auf seine restnatürliche Ausartungsbereitschaft zurückgeworfen und das, was die Institutionen anstelle der Natur gebunden haben, nämlich in der Hauptsache *Fortpflanzung*, das heißt, Sexualität, *Ernährung*, Güterbeschaffung – beziehungsweise allgemein Management der sogenannten knappen Ressourcen – und schließlich *Verteidigung* im Kampf aller gegen alle, wird frei und ungebunden. Der böse, gefährliche Mensch, das ist es, was die konservative Anthropologie mit dem blinden Evolutionsbiologismus teilt.

Heißt es bei der solchermaßen bestandserhaltenden Anthropologie, dass sich in den Institutionen der Wille der Natur vollstreckt, indem diese die Regelung der arterhaltenden Mechanismen übernommen haben, dann wäre vor allem die menschliche Sexualität ohne strikte kulturelle Lenkung, sprich: ohne Unterdrückung, prinzipiell offen für alle erdenklichen polymorphen Aberrationen. Mehr noch: Es gäbe überhaupt keine, keine Abweichungen – nirgends.

Der Mensch müsste mit seiner antriebsüberschüssigen Bisexualität, Monosexualität, Heterosexualität, Homosexualität und seinen polymorphen Perversionen aus frühester Kindheit in Freiheit und Ewigkeit klarkommen – neuerdings sogar mit so etwas wie Metrosexualität.

Die Engführung und Fixierung des menschlichen Sexus auf das Fortpflanzungsgeschäft zwischen Mann und Frau ist ohne normatives Korsett triftig nicht zu begründen. Immanuel Kant bestätigt dies in seiner *Metaphysik der Sitten*, Abteilung Tugendlehre, indem er gegen die Onanie anführt, dass hier eine Pflicht des Menschen gegen sich selbst obwalte, »deren Übertretung eine Schändung der Menschheit in seiner eigenen Person sei«; und er begründet dies damit, dass es ein Naturzweck ist, sexuelle Arterhaltung zu betreiben: »Der Zweck der Natur ist in der Beiwohnung der Geschlechter die Fortpflanzung, d.i. die Erhaltung der Art; jenem Zwecke darf [...] nicht zuwider gehandelt werden«, schreibt Immanuel Kant 1798 in seiner Abhandlung *Zur Metaphysik der Sitten* (§7, A 78).[30] Ohne die Heranziehung der »Natur« als Begründungszusammenhang sind sexuelle Normen und Normenverletzungen ganz offenkundig nicht fassbar. Dabei dürfte es sich freilich stets nur um eine solche Natur handeln, die vom namentlich naturentbundenen Menschen so und nicht anders interpretiert wurde. Eine Natur an sich gibt es zwar vielleicht irgendwo da draußen, aber nicht für uns und schon gar nicht, wenn wir uns anheischig machen, mit ihr das Weltengefüge in normativer Absicht zu erklären. Norbert Bolz weist darauf hin, »dass die Faszination des Naturbegriffs darin liegt, dass er eine Norm der richtigen Ordnung suggeriert« (Bolz 2003, S. 220). Bekanntlich fließen in solche universale Interpretationen bestimmte partikulare Interessen ein, besonders in die sogenannten *wertfreien*, und es wäre eher geboten, *diese* zu hinterfragen und nicht die sogenannten Naturzwecke als Argumentationskeule zu schwingen.

Tatsächlich ist das Gerede von sexuell richtigem Verhalten, das dann die Abweichungen als Perversionen brandmarkt, nichts als ideologisches Gewäsch, denn die Natur gebietet und verbietet dem Menschen in normativer Hinsicht rein gar nichts, da es, so selbst die konservative

---

30 Dass »jede Art von Samenausschüttung, die nicht mit der Möglichkeit der Zeugung verbunden sein kann, unerlaubt ist«, sagt auch schon Thomas von Aquin (vgl. Kanitscheider 1998, S. 44) und auch Augustinus, der das Ganze im Rahmen einer »im Tanszendenten verankerten Prinzipienethik« und noch nicht quasi-naturalistisch, auf der Basis eines »normativ aufgeladenen Naturbegriff[s]« (ebd., S. 43) traktierte. Am Ende des 19. Jahrhunderts gilt das, wie immer abgeleitet, nach wie vor: »Für Krafft-Ebing [den großen Psychiater und Verfasser der *Psychopathia sexualis* (1886)] war es noch selbstverständlich, jeden Geschlechtsverkehr, der nicht zur Fortpflanzung dient, als Perversion zu betrachten« (vgl. Loewit 1998, S. 83ff.).

Anthropologie, eine vorkulturell fassbare menschliche Natur überhaupt nicht gibt. Es sind und waren stets Menschen, die dem Menschen Normen auferlegten.

Vielmehr wäre gerade die sexuelle Triebenergie des Menschen als eine Kraft zu sehen, die, von den Natur- und Kulturzwängen tendenziell entkoppelt, ohne festes Objekt und ohne hehres Ziel, allenfalls um sich selbst kreist und eben kein transzendentales Telos hat. Es geht um die Lust überhaupt und nicht um deren Bindung an irgendwelche, von welcher außermenschlichen Instanz auch immer, vorgegebenen Zwecke. Der letzte Rest an Natur, auf den man vielleicht zurückgreifen könnte, ist, wenn man denn will, das endogen Triebhafte als solches, das tendenziell Unbeherrschbare an ihm – die Tatsache, dass der somatische Trieb stärker ist als zuweilen der menschliche Wille, und dass seine Unterdrückung dem Menschen gar nicht guttut – seine totale Freilassung vielleicht aber auch nicht.

Die Onanie, jene einsame Beschäftigung des Triebes mit sich und seiner Befriedigung, ist daher aus der biologiefreien Sicht die allzu konsequente, wenn auch bei Weitem nicht die einzige Äußerungsform wirklich menschlicher Sexualität, eine Errungenschaft von Kultur und Zivilisation und eben gerade nicht tierischer Reiz, wie Kant, der große Misogyne, es in herabwürdigender und wahrscheinlich selbstentwertender Manier sah.

Interessanterweise sind es immer schon die eher konservativen Kräfte gewesen, die die Sexualität, wo sie nicht in familienpolitisch zweckvollen Engbahnen verlief, verdammten, man denke nur an die Kriminalisierung und spätere Psychiatrisierung der Homosexualität. Allein, wenn es ihrer Machtgier dient, dulden sie plötzlich die *Gays*, aber auch nur mit Zähneknirschen die in den eignen Reihen.

Mit der Onanie ist und war es nicht anders. Die Selbstvergeudung wurde mit medizinischen Horrorbildern verteufelt, weil die Verfallenheit an die Lust, menschlich allzu menschlich, eine Unterminierung von Pflicht und Gehorsam und eine Kampfansage an die Welt des Sich-Zusammenreißens bedeutet. Bis sie dann freigegeben wurde, weil es politökonomisch opportun war.

Schranken

Denn im Namen der Liebe fand die Geißelung der Masturbation durch die moralischen Philister, die sich mal auf die Natur, mal auf Gott, mal auf die Gesundheit beriefen, weiß Gott nicht statt. Stets ging es um Beherrschung.

Dabei könnte man ja durchaus quantenmäßig monieren, dass die erotischen Energien, die in der Onanie verschleudert werden, der lustvollen Interaktion von zweien entzogen würden oder ihr doch zumindest entgingen. Man könnte ja durchaus der einsamen Triebbefriedigung, die ohne Naturzwänge als purifizierter Sex übrig bleibt, vorhalten, dass sie das Schönste, was zwei Menschen miteinander machen können, nämlich sich ekstatisch in der Lust zu entäußern, an den bloßen solipsistischen Vollzug verrät. Dann aber müsste man ein positives Verhältnis zur zwischenmenschlichen Sexualität haben und ein bejahendes zur Körperlichkeit und zur Wechselseitigkeit der menschlichen Lust. Und das hatten freilich die Apostel von Zucht und Ordnung nie. Heute noch ist an den fundamentalistischen Kulturen zu studieren, wie freie sexuelle Äußerungsformen zwischen Menschen kriminalisiert werden, insbesondere natürlich Äußerungsformen von Frauen, weil diese nach wie vor das paradigmatische Objekt von Herrschaft und Unterdrückung an und für sich sind.

Man muss sich nur einmal vorstellen, wie nah das Dunkle im aufgeklärten 21. Jahrhundert noch ist: Da werden in manchen Ländern Frauen in den Tod getrieben oder gar ermordet, weil sie es wagen, sich aus eigenen Stücken zum Beispiel mit einem sympathischen jungen Mann zu treffen um mit ihm, in heißer erotischer Absicht oder in blasser naiver Unschuldigkeit, zu kommunizieren. Die norwegische Autorin, die das Ganze in einem relativ bürgerlichen Ambiente von Afghanistan, nämlich beim *Buchhändler aus Kabul* (Seierstad 2004), in dem gleichnamigen Buch für die Welt beschreibt und uns davon unterrichtet, was sie dort gesehen und erlebt hat, wird ihrerseits mit Todesdrohungen belegt. Aber nicht nur dort wird Sexualität im Namen hehrer Moral gesteinigt. Man braucht nur vor der eigenen Haustür zu kehren und die geradezu obsessiven Triebunterdrückungsorgien bestimmter religiöser

Hauptgeschäftsführer zu betrachten, die dann die päderastischen und sonstigen Notreaktionen ihrer Adepten in St. Pölten und anderswo kaum wahrhaben wollen.

Das empörte Kopfschütteln ist aber nur die eine Seite der Medaille. Aus der Sicht der triebunterdrückenden Institutionen nämlich findet das sexuelle Genussverbot durchaus in sozialer und mitmenschlicher Absicht statt und nicht aus Verklemmtheit oder gar Bosheit. Der ganze Prozess der Zivilisation ist schließlich nichts anderes als der Prozess der Verinnerlichung von triebhemmenden Verhaltensnormen und die Tatsache, dass wir beim Essen nicht mehr lutherisch rülpsen und furzen, ist insofern mehr als ein Segen, als die ungebremste Befriedigung jeglicher spontaner Impulse immer auch zu Mord und Totschlag führen würde und geführt hat. Eine hinsichtlich bestimmter zivilisatorischer Verhaltensnormen gewährte Schrankenlosigkeit würde nicht nur bedeuten, dass wir uns nicht mehr anständig zu benehmen wüssten, sondern vor allem, dass in unserem Inneren die Kraft schwände, Schranken und Bremsen überhaupt beizubehalten. Der Terror, den sich die Menschheit angetan hat, um sich vor ihren eigenen archaischen Gelüsten zu schützen, und der in der Lebensgeschichte des Einzelnen Sozialisation heißt, würde in den Terror der Barbarei umschlagen, wenn es die zivilisatorischen Schranken nicht mehr gäbe. Das jedenfalls ist der feste Glaube derjenigen Menschen, die ein recht unfreundliches Menschenbild haben. Ob sie dabei an ihre eigene Wenigkeit oder nur an alle anderen denken, sei dahingestellt, wobei wir hintergründig ahnen: Die Kritiker der Elche sind oftmals selber welche.

Vergegenwärtigen wir uns, was die Geschichte der Sexualunterdrückung offenbar vorfindet, als sie ihren jüngsten Ausgang nimmt. Im Mittelalter war es angeblich absolut üblich, dass die Kirchenfürsten und der Adel promisk lebten. Kleine Kinder wurden gewöhnlich von ihren Ammen masturbiert, um sie ruhig zu stellen, generationenübergreifende sexuelle Kontakte waren nicht sonderlich verpönt. Insgesamt wird von einer kunterbunt prosexuellen Einstellung im 15. und beginnenden 16. Jahrhundert gesprochen. Man ist nackt, zu Hause und in den Badehäusern. Auf Stadtfesten stellt man die hübschesten Mädchen zur Schau und erfreut sich an ihrem entblößten Anblick. Erasmus von

Rotterdam hält in seinen Traktaten von der Jungfräulichkeit rein gar nichts: Wie es für den Wein besser ist, getrunken zu werden, so hat es keinen Zweck, lange Jungfrau zu bleiben. Mit 13, 14 Jahren sei es an der Zeit, die Jungfräulichkeit zu vergessen, das heißt, hinter sich zu lassen, so die Ansicht noch bis ins 17. Jahrhundert.

Im frühen Mittelalter sind die Verhaltensweisen direkt und unsublimiert. Je nach Machtposition nimmt man sich, was man bekommt. Das Recht der ersten Nacht ist dabei schon ein fast sublimiertes Regularium. So wird berichtet, dass ein mittelalterlicher Ritter sich offenbar lächerlich gemacht hätte, wenn er ein Mädchen, das ihm gefiel und dem er irgendwo allein begegnete, nicht vergewaltigt hätte. Und Landbesitzer fanden es selbstverständlich, dass die Bauerntöchter ihnen zu Willen waren. Die Unmittelbarkeit der Bedürfnisbefriedigung, zumindest derjenigen, die es sich leisten können, entspricht der vorherrschenden Bedarfsdeckungswirtschaft. Männer und Frauen nähern sich sexuell in aller Öffentlichkeit und vor den Augen der Kinder. Mädchen können geheiratet werden wenn sie geschlechtsreif sind; überhaupt sind Kinder nicht wie heute infantilisiert, sondern gelten als kleine Erwachsene, die etwa ab dem zehnten, elften Lebensjahr mündig sind. Mit sieben bis acht Jahren muss das Kind bereits in der Lage sein, seinen Lebensunterhalt selbst zu verdienen.

In der Umbruchphase vom 16. zum 17. Jahrhundert ändert sich das sukzessive. Es beginnt in unseren Breitengraden der Prozess der Zivilisierung des mittelalterlichen Menschen zum westeuropäischen Bürger, den Norbert Elias für unsere Kultur beschrieben hat. Man lernt, die unmittelbare Befriedigung hintanzustellen: Wenn dich der böse Trieb anficht, dann leiste lieber Triebverzicht. Das beginnt mit der Leibfeindlichkeit und endet mit der totalen Prüderie und Verfemung der Lust. Die Sexualität wird verdammt, weil sie, so der Moraltheologe Augustinus, auf den man gern zurückgreift, den Menschen unterwerfe und ihm seine Kraft nehme.

Norbert Elias zeigt in seiner Zivilisationsgeschichte vor allem auf, wie sich die Affektkontrolle der Menschen verändert und Scham- und Peinlichkeitsschwellen etabliert werden, die das Direkte und Lustvolle des Mittelalters eindämmen. Der Ekel vor dem Körperlichen, den man zuvor nicht kannte und den auch die *Naturvölker* heute angeblich noch nicht kennen, wird zum Bestandteil anständigen Verhaltens: Selbstbeherrschung und Entsagung, Disziplin und Ordentlichkeit werden zur sozialen Norm. Natürlich hört man mit allzu natürlichen Äußerungsformen auf. Säfte und Gase des Körpers, von denen der Mensch sich im Altertum und im Mittelalter aus Gesundheitsgründen zu entledigen und zu reinigen hatte, werden jetzt aus ebensolchen medizinischen Gründen zurückgehalten: Man solle dem Körper keine Kräfte entziehen, die lebensnotwendig sind. Spucken, Rülpsen und Furzen ist total verpönt, sogar die Worte, die es benennen, erzeugen jene Peinlichkeitsgefühle, die bis heute die emotionale Grundlage anständigen Verhaltens sind. Vor allem schade die sexuelle Betätigung der Gesundheit, insbesondere jene grenzenlose, die nicht der Zeugung von Nachkommenschaft diene.

Die massive Verdrängung und Unterdrückung des Sexuellen, welche die Arbeit in den Mittelpunkt stellt und die Freuden der Interaktion verteufelt, hat das Ziel, den Körper umzuformen: aus einem Lustorgan wird ein Leistungsorgan. Nicht mehr der Genuss der Leidenschaften, sondern Leistung pur wird zum Sinn des Daseins. Dass das mit der aufkommenden Wirtschaftsform zu tun hat, die heute drauf und dran ist, die Grundlagen allen irdischen Seins zu vernichten, ist freilich noch niemandem bewusst. Gleichwohl ist die *Protestantische Ethik*, wie man 400 Jahre später durch Max Webers klassische Analyse (1920) weiß, der ideologische Eckpfeiler jenes Modernisierungsprozesses, der den selbstbeherrschten Menschen zur normativen Subjektivitätsform modelliert. Interessanterweise wird im Wesentlichen an der Sexualität laboriert und nicht an dem anderen großen Trieb, der Aggression. Im Gegenteil: Die aggressive Selbstbehauptung des Einzelnen durch die nicht minder unfriedliche Zurückdrängung seiner Lebensimpulse scheint alles andere in den Schatten zu stellen. Mit dem *Geist des Kapitalismus* entstehen Kindheit und Erziehung als gesellschaftliche Institutionen und Schuld, Scham und Angst als deren Medium. Es entstehen freilich auch, im Gefolge der Sinnenfeindlichkeit, die klassischen Neurosen, die Hysterie und die Zwangsneurose, die, nach der ebenso klassischen Lehre Freuds, direkt aus der Verdrängung des Sexuellen in den Untergrund des Verpönten abzuleiten sind.

Seinen Höhepunkt erreicht der Puritanismus in der Bekämpfung der Masturbation, an der Medizin, Kirche und Pädagogik eifrig und geradezu erregt teilhaben. Aber nicht nur die einsamen Jünger Onans sind Ziel der Unterdrückungsorgien. Alles, was mit der Körperlust zu tun hat und nicht dem kärglich ehelichen Fortpflanzungsgeschäft dient, wird mit geifernder Besessenheit verfolgt und ausgemerzt. Jedenfalls wird es versucht.

Als Nebeneffekt dieses sinnlichen Overkills entsteht, was die Moral- und Gesundheitsapostel niemals sich hätten vorstellen können: eine ausufernde Sexualisierung bislang asexuellen Terrains. Bei der Onanie ist ohnehin klar: Ihre Bekämpfung hat natürlich eine weitaus größere Masturbationsfrequenz zur Folge. Das Verbot fixiert nämlich den Menschen auf sündiges Tun und macht ihn erst recht scharf: »Es liegt eine gewisse zynische Vernunft in der psychologischen Tatsache, daß Vorschriften, die eigentlich lustdämpfend wirken sollen, im Endeffekt das Gegenteil erreichen« (Dessau/Kanitscheider 2000, S. 98).

So wie Flüsse über die Ufer treten, wenn man sie einengt und ihnen nicht den Raum gibt, den sie brauchen, ufern die sexuellen Begierden insgesamt aus und durchtränken vormalig brachliegende Bereiche. Dort wo die Totalverhüllung des Körpers der arglos sinnlichen Nacktheit des Mittelalters den Garaus macht, füllen sich die lustbereitenden Schwellkörper bereits beim Anblick eines geschwungenen Stuhlbeins, dem man vergaß, ein Schamtüchlein umzubinden. Die Repression verstärkt die sexuelle Reizbarkeit, die sie zu bekämpfen vorgibt. Wie bei Tieren in Gefangenschaft, bei denen die sexuelle Aktivität erwiesenermaßen zunimmt, bewirkt auch die Domestizierung der menschlichen Sexualität eine stärkere Sexualisierung statt des vorgeblich anvisierten Gegenteils. Überall treten dem selbstbeherrschten Menschen plötzlich sexuelle Verlockungen in den Weg: Musik, Kunst, Literatur, ja selbst bestimmte Textstellen aus der Bibel, bestimmtes Essen, bestimmte Getränke, bestimmte Kleidung, alles was im genussfeindlichen Universum irgendwie an sensorische Erquickung erinnert, gerät in Verdacht, unkontrollierte Affektdurchbrüche hervorzurufen. Neutrale Reize werden sexualisiert. Das Geilheitsmuster des Verklemmten schwitzt hanebüchene Neurotizismen aus, die selbst heute noch zu verspüren sind, und zwar in ihren jämmerlichen pornografischen Befreiungsversuchen am anderen Ende der Repression. Denn die Pornografie der Sexualunterdrückten, die gegen die Sinnenfeindlichkeit zu rebellieren meinen und doch an sie gebunden sind, ist der Lust so fern wie der Teufel dem Weihwasser. Stattdessen trieft sie vom keimfreien Schmutz der Prüderie.

Genuss sofort!

Heute, im 21. Jahrhundert, wo Lucie und Jan und Susi Pop und Vincent sich kennenlernen und die Möglichkeitsbedingungen von Sex und Liebe sich anders gestalten, laboriert die Menschheit an anderen Formen der gesellschaftlichen Indienstnahme ihrer Sinnlichkeit. Nach dem Zweiten Weltkrieg, vor allem nach den geradezu kulturrevolutionären Umwälzungen, die zuerst mit Elvis Presley und dann mit den Beatles und vor allen den Stones einhergingen, änderte sich die Geschichte der Sexualunterdrückung gewaltig.

Oberflächlich könnte man von einer erneuten Vermittelalterlichung sexuellen und sinnlichen Verhaltens sprechen. Direktes und lustbejahendes Verhalten hat, spätestens ab den 70er Jahren, kolossal zugenommen, und die sogenannte Befreiung des Sexuellen hat mittlerweile das letzte Großmütterchen erreicht, das im tagtäglichen Fernseher zu hören und sehen bekommt, dass sich letztlich alles bloß ums *Ficken* dreht (vgl. das gleichnamige Kapitel in diesem Buch).

Überhaupt ist an der monströsen Sprachveränderung mit ihrer augenfälligen Enttabuisierung ehemaliger Schmuddelwörter, ihren permanenten Superlativen und ihren tagtäglichen Wortneuschöpfungen abzulesen, was los ist: Man zeigt mit den nackigen Fingern auf alles, was *echt geil* ist.

Ganz augenfällig wurde das neue Zeitalter, als die kommerzielle Werbung begann, sich an die neuen Sozialisationsstile dranzuhängen. Da hieß es, Hedonismus hic et nunc verkündend: »I like Genuss sofort!« Gemeint war eine lösliche Kaffeesorte oder eine Instantsuppe, die hopp, hopp in der Tasse war. Gemeint war aber auch ein neuer Lebensstil, der die alten Werte von Ordnung, Sparsamkeit und Unterdrückung alles

Spontanen: der insgesamt die Welt des Triebaufschubs nun endlich hinter sich wusste. *I like Genuss*, und zwar nicht erst heute Abend oder im Urlaub. Es muss sofort sein, jetzt und hier. Ob von der Kaffeewerbung sozialpsychologisch raffiniert ausgeheckt oder bloß unbewusst: Jene Parole vom Typus *Fun first* ist eine Rückprojektion neuer Subjektivitätsformen, für die der Triebverzicht und die Aufschubshaltung obsolet geworden sind. Das Direkte, Unvermittelte hat wieder Einzug gehalten und erinnert insofern an mittelalterliche Befriedigungsformen. Die menschliche Sexualität steht im Mittelpunkt der kulturellen Umwälzungen.

Während allerdings die einen von Befreiung und von sexueller Revolution schwärmen, gehen andere bloß von neuen Formen gesellschaftlicher Funktionalisierung der menschlichen Triebhaftigkeit aus. Drastisch bescheinigt bereits in den 60er Jahren des letzten Jahrhunderts der berühmte Psychoanalytiker Alexander Mitscherlich der sexuellen Revolution, es habe mit den »Momentpersönlichkeiten« (Mitscherlich 1964, S. 344) eine kollektive Infantilisierung und eine Rückkehr zu archaischen Befriedigungsmodi stattgefunden.

Ende der 80er Jahre sind die Jugendlichen, die zehn Jahre zuvor noch mit ihrem überbordenden Narzissmus, mit ihren Null-Bock- und No-Future-Einstellungen Gegenstand sozialpsychologischer Sorge waren, ihrerseits bereits wieder Eltern und die beklagte Masseninfantilität wird schon an die nächste Generation weitervererbt.

Der Sozialcharakter, der durch tief verinnerlichte repressive Enthaltsamkeitsnormen gesteuert war, ist vollends zum Anachronismus geworden. Und mit ihm heben sich die klassischen Neurosen auf. Die imponierenden Phänomene von Sucht, diffuser Aggressivität, von Psychoboom und politischem Terrorismus belegen, dass und in welcher Richtung ein innerer Wandel stattgefunden hat. Die pathologischen Prozesse, die bislang durch die Unterdrückung der Lebensimpulse zu Störungen der Erlebnisfähigkeit geführt hatten, liegen nun definitiv auf präneurotischem Niveau: Jetzt herrschen eher Identitätsstörungen und Ich-Defekte vor, Beschädigungen des *Persönlichkeitskerns*, statt persönlicher Absonderlichkeiten, die den Kern beinharter Selbstdisziplin ummanteln; wütende Versorgungsgier auf oralem Niveau, narzisstische

Selbstwertprobleme, Diffusionen der Ich-Identität, präpsychotisches Erleben der Realität und heftige Somatisierungstendenzen sind ihr Markenzeichen. Bevorzugter Abwehrmechanismus dieser archaischen Defekte ist die Regression, die als Massenphänomen epidemiologisch in Soziopathie und Verwahrlosung mündet. Für diese sogenannte *frühgestörte* Psychodynamik besteht nur noch eine fast ausschließlich konsumtiv-instrumentelle Beziehung zur Umwelt.

Das ist nicht mehr die zwanghafte, das ist die durch und durch süchtige Suche nach Unlustvermeidung, die sich freilich sexuell als Lustmaximierung gerieren mag. Wer nach »Genuss sofort!« schreit, kann den psychischen Druck, den ein noch so kleiner Aufschub der Befriedigungshandlung mit sich brächte, nicht ertragen. Er reagiert auf Lust wie auf Unlust: Sie soll so schnell wie möglich beseitigt, beendet, abgeführt werden. Auch und gerade im Bereich des Sexuellen hat sich jener Konsumismus breitgemacht, als der die Beziehungen der Menschen zueinander gesellschaftlich geregelt sind. Den will ich haben! Die will ich vernaschen! Der französische Philosoph Baudrillard spricht denn auch von einer Auflösung alles Erotischen und aller wirklichen Lust. Sexualität verkommt zum armseligen *Fun*.

Lustbefehl

Die westliche Gesellschaft des ausgehenden 20. Jahrhunderts unterdrückt das Lustprinzip nicht nur nicht mehr, sondern sie nimmt es in Regie. Mit dem Begriff der *repressiven Entsublimierung* macht der Sozialphilosoph Herbert Marcuse (1971 [1964], S. 91ff.; vgl. 1980 [1955]) darauf aufmerksam, dass nicht nur das permanente Sublimierungsgebot der bürgerlichen Gesellschaft Unterdrückung mit sich bringt, sondern auch sein Gegenteil, das gesellschaftlich befohlende Lustverhalten. Das historische Schwinden der Sublimierungsfähigkeit der Individuen ist gewissermaßen noch schlimmer als die vormals permanente Verwandlung der Triebimpulse in wünschenswertes Anpassungsverhalten und kulturelle Leistungen. Denn die mehr oder weniger subtilen Verhaltenskontrollen sind mit der sexuellen Revolution nicht etwa überwunden worden. Im Gegenteil: Jetzt werden die Menschen wie Kinder auf die sexuelle Schulbank geschickt, wo ihnen Gesundheits- und Hygieneexperten beibringen, was der Zeitgeist befiehlt, nämlich den glatten, selbstverständlichen, tabulosen Ablauf der ganzen Chose.

Die repressive Entsublimierung »enthüllt den Sexus und rottet ihn«, so Theodor W. Adorno, just mit seiner Befreiung »aus« (1942a, S. 105). Sexualität wird zum reinen funktionalen Ablauf verdünnt. Das ist der bloß umgedrehte Puritanismus. Der Triebgenuss wird nicht nur zur Möglichkeit aller, er wird zur Pflicht. Mit allerlei Utensilien des Schäferstündchens aus Katalogen und neuerdings Pillen für ältere Herren, die, ganz im Sinne des Artenschutzes, das massenweise Abschlachten von Nashörnern und anderen potenzverheißenden Tierarten beenden könnte, wird Sexualität medizinisch und therapeutisch zu einem Teilaspekt der technisch-biologischen Ratio. Der Geschlechtsverkehr, dem man in seinem Begriff schon das Aseptische anhört, ist biologisch dazu geeignet, kraft des Orgasmus Spannungen aller Art zu lösen, heißt es. Die Verkünder solch gesunden Massenverhaltens scheuen sich denn auch nicht, Sex als den gesündesten und wichtigsten Sport der Menschheit zu propagieren.

Ein solchermaßen technokratisierter Sex stellt aber nur auf der einen Seite eine Befreiung dar. Mindestens genauso gut kann und muss er als weiter kultivierte Beschädigung betrachtet werden. Die automatisierte techno-hygienische Rammelei als Antwort auf das Lustverbot vergangener Jahrhunderte dürfte ein wahrer Fortschritt nicht sein, sondern doch eher Ausdruck eines historischen Verfallsprozesses der Subjektivität, der insgesamt mit der gesellschaftlich funktionalen Indienstnahme des Sexuellen begann. Vom »Du sollst nicht!« ist es zum »Du sollst wollen!« gekommen.

Bislang war Genuss und Verbot eine dialektische Conditio des Sexuellen. Ich-Stärke und Regressivität, Widerstand und Verführung bildeten ein Spannungsgefüge, das den erotischen Augenblick ermöglichte. Als purifizierter Sex verkommt die Lust allerdings zum bloß punktuellen Augenblicksgeschehen, zur glatten Oberfläche. Die *Regression im Dienste des Ichs*, die einst – auf gesellschaftliche Un-Ordnung abzielend – das Lustprinzip verhieß, ist mit der gesteuerten Entsublimierung psychisch altmodisch geworden. Jetzt ist ein *Ich im Dienste der Regression* gefragt, das jene internen Strukturinstanzen gar nicht erst entwickelt, welche kontraregressiv den jeweiligen Augenblicksreizen Widerstand bieten könnten.

Die erheblichen psychischen Defekte, die mit dem totalregressiven Ich auf den Plan treten, werden zusammen mit der gesundgeschrumpften Sexualität weiter kultiviert. Auf die Regression der Individuen antwortet die gesellschaftliche Entsublimierung symptomverstärkend mit einer Erhöhung der entsinnlichenden Dosen: Ein jeder bekommt sein maßgeschneidertes Aphrodisiakum massenmedial ins Haus geliefert. Ziel des losgelassenen Sexes ist die höchstmögliche Lust, und das heißt, ihre absolute Entsinnlichung. Wort, Ton und Bild sollen in der durchsexualisierten Wirklichkeit krude physiologische Reizwirkung haben: Sexfolter der fernsehenden und internetsurfenden Massen, Abend für Abend. Diese medial produzierten Hohlformen sind dazu da, die frei flottierende, unbefriedigte Lust zu absorbieren und Auslösesituationen hervorzurufen, die dann von den Adressaten befriedigt werden sollen. Diese rein physiologische Lustlösung ist, so Theodor W. Adorno, in der *Schönen Neuen Welt* als ein Stück Hygiene erwünscht. Kaum offen bleibt, ob die des Romans gemeint ist oder die schöne neue reale.

Das diktatorische »Werde, der du bist!«, einst verhaltenstherapeutische Lockerungsübung für allzu sparsame und allzu ordentliche Konsumenten, die sich in den dümmlichen Filmen und Schlagertexten der 50er und 60er Jahre wiedererkennen und entkrampfen sollten, ist auf seinen Begriff gekommen. Es ist durchsexualisiert: Verzichte auf dein Selbst, um du selbst zu sein, zerfließe, lass es heraus, was dein Innerstes ist, verwirkliche dich, ohne zu fragen, was sich da verwirklicht – wo Ich war, soll Es werden. Der *Tanz um die Lust* beginnt nach den 60er Jahren. 2007 trampeln sich die Tänzer noch immer auf den entleerten Seelen herum. Jetzt ist ihr Rhythmus völlig aus dem Takt gekommen.

Die solchermaßen aufs Zerfließen festgeschriebenen Momentpersönlichkeiten bekommen vonseiten der Gesellschaft Subjektivitätsformen angeboten, besser noch, zugewiesen, die sie weiter dort fixieren, wo sie sein sollen. Der dissoziale Typus des Soziopathen, der ostentativ seine Identitätskrisen und Konflikte auslebt, der seine Unfähigkeit, auf sofortige Triebbefriedigung zu verzichten, als Potenz und Vitalität vor sich herträgt und seine sexuelle und soziale Verwahrlosung ständig weiter kultiviert, wird massenmedial mittlerweile allerorten als Modell angepriesen. Mit Kommissar Schimanski geht das los und mit der *Eisprinzessin* und *Flexter* hört das nicht auf.

Solche sozialisierte Dissozialität zeichnet sich im Wesentlichen dadurch aus, dass Sexualität und Aggressivität nicht, oder nur mangelhaft, in die Gesamtpersönlichkeit integriert sind (vgl. Rauchfleisch 1981, S. 112f.). Dies mündet in aller Regel in einer Sexualisierung und Aggressivierung von Ich-Funktionen, sprich: das bloß noch rudimentäre Selbst versucht sich wie mit Prothesen zusammenzuhalten, und diese Prothesen bestehen in seinem zu Abnormitäten neigenden losgelassenen monströsen Sexual- und Aggressionsleben.

Parts Party

Das hilft erklären, wieso in den letzten Jahrzehnten immer öfter jene sogenannten Perversionen ans Tageslicht gezerrt werden, die vormals, peinlich genug, als *Psychopathia Sexualis* in psychiatrischen Ghettos und lateinisch gehaltenen Lehrbüchern ihr kärgliches Dasein fristeten. In den Perversionen, die freilich heute so kaum noch genannt zu werden verdienen, lebt der dissoziale Typus jene *Selbsterhaltung ohne Selbst* aus, die Adorno dem postmodernen Menschen insgesamt attestierte. Perversionen sind sie heute deshalb nicht mehr, weil sie mittlerweile soziokulturell zugelassen wurden, nur die Alten aus Hinterhermsdorf und Lütkenwisch an der Elbe schütteln noch den Kopf, wenn sich jemand Lack oder Leder anzieht und sich in künstlichen Verliesen lustvoll verhauen lässt oder wenn jemand in irgendwelchen Clubs in die Windeln macht und andere ihn dabei filmen. Wobei Film und volle Windel danach möglicherweise für teuer Geld im Internet zu ersteigern sind, das eine digital, das andere aromaversiegelt.

Die Zurücknahme des genitalen Primats, das heißt, der Engführung der Lust auf den erwachsenen Geschlechtsverkehr möglichst Verehelichter, stellt für die Sexualität auf der einen Seite eine enorme Befreiung dar.

Die dabei gleichzeitig mitbefreiten Partialtriebe, jene gemäß der psychoanalytischen Lehre zeitlich vor der Genitalität liegenden polymorphen
perversen Lustäußerungen des Kleinkindes, die im Zeigen, im Schauen,
in der Verunreinigung und damit vor allem im oralen und im analen Bereich der Libidoentwicklung ihren Ort haben, entfalten aber jetzt, wieder
ausgegraben, ihre autonome Eigendynamik und etablieren sich als, wenn
man so will, eigenständige Subkulturen der Körperlust, die dann eilfertig
von der Kommerzialisierungsgier der Wertschöpfungsmafia aufgesogen
werden. Ein jeder kann heute über seinen auf ihn höchstpersönlich zuge-
schnittenen Porno oder in seinem Privatclub seine Partialtriebdeformation
durchexerzieren, ohne dafür gesellschaftlich sanktioniert zu werden. Dass
noch einige wenige Randbereiche staatsanwaltlich verfolgt werden, mutet
da schon fast anachronistisch an.

In aller Regel nicht bewusst ist denen, die sich in den Nischen des
Extremen tummeln und dort ihre Partys feiern, dass es bei ihren Feti-
schismen und Hardcore-Praktiken im Grunde um die monotone Wiederholung des immer Gleichen geht: In den sogenannten Perversionen
wird das Regellose geregelt und, so die psychologische Erkenntnis, dem
eigentlichen Kontrollverlust ein Riegel vorgeschoben. Die ritualisierte
Praktik schränkt unbewusst die Intensität des sexuellen Erlebens ein.
Das Szenario wird zur Hauptsache und die Individualität der Partner
belanglos. Letztlich wird wie bei der Onanie nur eine Fantasievorstellung
inszeniert, die sich binnenpsychisch einmal festgesetzt hat, die Sexualisierung einer Szene, eines Gegenstandes, einer Interaktionssequenz, die
einmal schwülstig Bedeutung hatte. Was eigentlich ständig wiederholt
wird, ist das leere Selbst, das sich zu verwirklichen meint, indem es sich
in einem zirkulären Déjà-vu wiedererkennt.

Onanisierung[31]

Das mittlerweile ganz und gar nicht mehr geheime Telos solcher zuge-
lassener Perversionen ist ohne allen Zweifel die Onanie und das Porno-

---

31 Vgl. Krafft-Ebing 1886, Teil IV–4a3 und www.eberl.net/dk/Gruber/d_index.html

grafische spielt dabei die prominente Rolle. Es geht um nichts anderes als um die Selbstbefriedigung, egal ob nun dabei ein realer Partner eine assistierende Rolle als Lustspender zugewiesen bekommt oder ob es beim bloßen Manipulieren seines eigenen Genitales bleibt. Mindestens seit Volker Elis Pilgrim (1975 [1986]) ist die Masturbation zur endgültigen Verhaltensnorm geworden, und jede Sexualtherapie befiehlt, dass der oder die, die es interaktiv nicht können, erst einmal zum Üben mit onanistischen Techniken zu beginnen haben. Wer sich selbst zu befriedigen weiß, so offenbar die These, hat verstanden, worum es prinzipiell geht.

Wer das unhinterfragt übernimmt und die Selbstbefriedigung, historisch, Gott sei Dank, endlich schuldgefühlsfrei in sein Sexualleben integriert hat, steht gleichwohl in Gefahr, in einer gesellschaftlich so »befreiten« Weise des Lusterlebens eingefangen zu werden, die von der Freiheit möglicherweise weiter entfernt ist als der einstmalige Kampf gegen das Onanieverbot es ahnen ließ. Das Gegenteil von Onanie ist Ona-immer, unkte man einmal. Es scheint, dass das zur Selbstverständlichkeit geworden ist (vgl. Matthiesen 2008, S. 83; Sigusch 2001).

Warum sonst sollte in Hotels mit drei oder vier Sternen Pay-TV mit mindestens zwei parallel laufenden entsprechenden »Erotik«-Filmen installiert sein, wenn nicht zum Zwecke der Selbstbefriedigung von erwachsenen Männern, die als Manager, Vertreter oder Berater von einem Geschäftstermin zum anderen hetzen? Dass wir in einer »Masturbationsgesellschaft« leben (Schirach 2005, S. 194ff.), inmitten eines allumfassenden paradoxen Geflechts aus Frustration und Lust, ist mittlerweile selbstverständlich geworden und die forsche These wahrlich keine große Trouvaille.

Genau hier, an der effizientesten Zugriffstelle, wo das Intimverhalten der vereinzelten Einzelnen strukturiert wird, findet die gesellschaftliche Kontrolle und Steuerung der Menschen statt. Das höchst vermittelte Verhältnis von Individuum und Gesellschaft hat im Porno seine unmittelbarste Niederung. So wie sich das Menschenverhalten zum Zwecke der einsamen Lustaufbereitung und -abführung hier darstellt, will die Gesellschaft, dass die Menschen funktionieren: reibungslos, affektleer und möglichst schnell. Keine Kommunikation, keine Teilhabe, keine Menschlichkeit.

Dagmar Hosemann zeigt in ihren Überlegungen auf die unverblümt technokratische Botschaft der Pornografie: Sie ist dazu da, das »Body-Management« (Hosemann 1989, S. 80ff.) besser in den Griff zu bekommen. Die pornografiegesteuerte Sexualität korrespondiert deshalb mit dem gesellschaftlichen Kontext, weil sie den »sonst notwendigen Zeitrahmen« der Erotik um ein Wesentliches verkürzt: »Videorecorder und Pornokassette reduzieren das Risiko des Wartens auf die Entwicklung erotischer Spannung. Gefühle und Ablauf [...] bleiben kalkulierbarer. Damit lässt sich die Zeit besser nutzen« (ebd., S. 83). Das menschliche Intimverhalten wird mit diesen Fast-Food-Produkten für den Unterleib nicht nur sexuell, sondern durch und durch konditioniert.

Höchstwahrscheinlich ist es deshalb in den billigsten Etablissements der dirigierten Lust, den Peepshows, so geregelt, dass in der kürzesten denkbaren Zeit zwischen Reiz und Reaktion die Sichtklappe runtergeht. *Just in time* heißt die Maxime: planbare Verfügbarkeit von Reiz und Reaktion, quickes Reagieren der aufgepeitschten Sinne. Schnell noch 'nen Euro einwerfen – und dann ab die Post.

Angemessen schnell wird es, womöglich bald, endlich auch real zwischen Mann und Frau zugehen können: Wenn die chemische Industrie, das heißt näher, die Pharma-Branche, namentlich *Palatin Technologies*, New Jersey, Erfolg haben wird, und es ist nicht daran zu zweifeln, wird es in absehbarer Zeit beziehungsweise irgendwann einmal ein Nasenspray geben, das sexuelle Erregung und Kopulationsbereitschaft insbesondere bei Frauen sofort und ohne Umschweife herstellt (vgl. Der Spiegel 20/2006, S. 74ff.). Weil sexuelle Erregung, wie alles andere menschliche Gefühlsverhalten auch, *backstage* mit Botenstoffen und Hormonen zu tun hat, die im tierischen Teil des menschlichen Gehirns ihr Unwesen treiben, ist es nur ein allzu logischer kleiner Schritt für die Menschheit, das neuronale Korrelat dortselbst in der Nähe des limbischen Systems direkt auf biochemischem Wege zu aktivieren und ohne psychische Repräsentanzen, ohne Romantik, ohne Spannung zwischen Ich und Du, Moral und Begierde, vor allem ohne *Stimmung* jene entsprechende kohabitative Gestimmtheit zu erzeugen, mit der man dann quick zur Sache kommen kann.

Zusammen mit Viagra & Co., vielleicht auch noch mit der Partydroge GHB, die das Ganze danach vergessen macht, würde sich nicht nur der Vergewaltigungstatbestand verändern. Alle Varianten von Zustimmungs-enthaltung und -verweigerung würden obsolet werden, wenn es denn, gewissermaßen gratis, eine wirklich als solche empfundene echte Lust ohne ihren interaktiven Generierungshintergrund gäbe. Endlich hätte das 50 Jahre jüngere Objekt der Begierde Lust auf den rüstigen Greis, der sich mit Cialis auf sie stürzen wird, sofern sein Herz das mitmacht. Endlich wäre es vorbei mit Kopfschmerz, Migräne und Waschtag. Mal schnell das Spray reingezogen und schon flutscht die ganze Chose. Das aber würde bedeuten, dass die menschliche Sexualitätskultur ein für alle Mal und mehrfach unwiederbringlich am Ende wäre.

Das doofe Onanieren vorm Hotelfernseher wird dann wirklich eine zurückgebliebene lächerliche Veranstaltung sein, wenn der richtig echte Just-in-time-Sex dereinst so möglich ist, wie ihn die dümmlichen Film-chen bloß vorgaukeln. Möglicherweise kommt es auch anders und Mann bleibt doch lieber beim Masturbieren, weil mit der hirnphysiologisch erzeugten Begierde und Paarungswilligkeit der Frau das alte Trauma des Mannes wiedererwacht wäre, das ihm seit jeher ängstigte und ihm die Potenz schwächte, wenn nicht gänzlich nahm: anspruchsvolle weibliche Sexualität. Auf jeden Phall sollte der Mann seinem chemisch aufgegeil-ten Weibe dazu die Vergessensdroge einträufeln, damit sie sich in ihn nicht etwa verliebt oder andere soziale oder juristische Konsequenzen aus der kohabitativen Zusammenkunft ableitet. Die Gamma-Hydroxy-buttersäure, beziehungsweise das Benzodiazeptin, das das Gedächtnis k. o. schlägt, sollte er am Ende aber auch sich selbst verabreichen. So wird Sexualität endlich wirklich zu jenem ich-entleerten reinen Hier und Jetzt, das man früher einmal als psychotherapeutisches Endziel sogenanner humanistischer Therapieschulen feierte.

Noch ist es nicht so weit. Noch findet das Ganze nur simuliert im Hotel-TV statt, wo ein anderer Mann und eine andere Frau sich vor der Kamera besteigen, um den einsamen Voyeur in der nivellierten Edelabsteige zu beglücken.

Die gesellschaftlich ausgestanzten Modelle, die vorgeben, wie der moderne Mensch sich Lust verschaffen soll, dürften insgesamt in den rein selbstbefriedigenden Zielen übereinstimmen. Auch die reale Sexualität mit dem anderen Menschen nimmt onanistische Züge an: Sie befriedigen sich aneinander selbst. Seit ein paar Jahren schaltet man den Computer dazwischen und hat virtuellen Sex. Falls das technisch überhaupt mal klappt, läuft es auf nichts anderes hinaus als darauf, dass sich zwei Einsame mit Maschinen in einen einsamen Orgasmus hineinvibrieren. Bestimmt gibt es schon Softwareprogramme, die den Menschen am anderen Ende der Onlineleitung überflüssig machen.

Letztlich aber ist es egal, ob die von der allgegenwärtigen Bildfolter aufgerührten Unterleibsspannungen durch Autoerotik oder durch Kopulation mit einem je erreichbaren Partner sich entladen. Das andere des Selbst, das die erotische Welt überhaupt erst ermöglicht, ist kein anderes mehr. Ob der Katalysator der Befriedigung ein Mensch, das schizoid abgespaltene Selbst, ein Tier, ein Traum, ein Fetisch, ein orgasmusförderndes Plastikinstrument oder bloß noch die metrosexuelle Fantasie der eigenen beziehungslosen Selbstherrlichkeit ist: der physiologischen Verrichtung ist das völlig gleichgültig. Masturbation, einst Ersatzhandlung von Kindern und Jugendlichen, bestand in der fantasierten Simulation des eigentlichen Aktes. Indem sie gesellschaftlich zur Norm wird, verkehren sich die sexuellen Verhältnisse: Der *eigentliche Akt* wird zur Metasimulation; man koitiert am Ende so miteinander, wie man sich das Koitieren masturbatorisch vorstellt. Dass Masturbation als eigenständige Sexualpraxis selbstverständlich geworden ist, »selbst innerhalb von längerfristigen Zweierbeziehungen«, kennzeichnet eine voranschreitende Dissoziation von Sex und Liebe (Honneth 2007b, S. 20). Nicht wird mehr gespürt, dass »die Gleichsetzung von Masturbation und Partnersexualität« (Matthiesen 2008, S. 71) erotisch in die Irre führen dürfte.

Absolut grell sind die spätmodernen sexuellen Verhältnisse, wo man bei der genormten Selbststimulation auch noch von Liebe spricht. Und keiner stört sich daran. Da werden doch tatsächlich bei Beate Uhse und anderswo Liebespuppen angepriesen, 60 Varianten soll es zu kaufen geben, darunter welche mit Kussmund und innerem Vibrator. Wenn das mal nicht die berühmten Fuck Machines sind, wie sie einst von Charles Bukowski literarisch vorweggenommen wurden. Wer meint, dies sei eine mehr oder weniger schmutzige Fantasie einer einzelnen heruntergekommenen Berühmtheit aus Amerika, der irrt. Unlängst erst stellte sich im großen deutschen Nachrichtenmagazin ein distinguierter Brite vor, der in seinem Buch seine Visionen von »Liebe und Sex mit Robotern« (Levy 2007) ausbreitete. Gemeint sind perfekte Roboterfrauen und -männer, die dank der vorangeschrittenen Technik realen Menschen nicht nur täuschend ähnlich sein werden, sondern die »gerade in Sachen Sex […] den Originalen aus Fleisch und Blut schon bald den Rang ablaufen« könnten (Der Spiegel 50/2007, S. 154). Die menschlichen Gynoide werden, so die Prognose des 62-Jährigen, enorme Vorteile haben. Neben der Tatsache, dass sie genauso wie wunderschöne Menschen wunderschön sind – gemeint ist jene Plastikpuppenschönheit, welche die Models der Hochglanzmagazine aufweisen –, und dass sie auch noch jung, sexy und immer bereitwillig sind, wird ihnen das fehlen, was allenthalben in der empirischen Wirklichkeit zu Frust und Ärger führt. Vor allem in Sachen Sex werden die Fembots und Malebots keine Wünsche offenlassen. Am 29. Februar 2008 konnte man diese Armseligkeit live in dem Fernsehmagazin Polylux sehen. Einem, der damit glücklich war, hatte seine Mutter für sage und schreibe 9.000 Euro eine solche Silikonschönheit gekauft, weil er immer so einsam gewesen sei.

Gerade die »schwindelerregenden Verkaufszahlen von Vibratoren« lassen, so Levy, vermuten, dass insbesondere auch Frauen die Roboter »als Alternative zum verschwitzten Hausherrn freudig in Betracht ziehen« werden; und dort wird »Untreue, schlechte Laune, Spießertum, Abwaschphobie, Fußballfanatismus […] Schnee von gestern« sein (ebd., S. 156). Einer der seltenen männerfeindlichen Sex-Witze geht so: »Warum hat der liebe Gott den Mann geschaffen? Weil ein Vibrator keinen Rasen mähen kann!« Ob ihn sich veritable Feministinnen erzählen sei dahingestellt, sicher aber ist, dass ein sehr männlicher Mann, eine Führungskraft der Autobranche, dem ich den Witz erzählte, darüber überhaupt nicht lachen konnte. Höchstwahrscheinlich war er kein Feminist.

Noch ist es nicht so weit, dass Roboter unsere Liebsten ersetzen, aber der Umsatz bei der derzeit noch unterentwickelten gummi- oder silikonbewehrten Produktreihe der üblichen Sexpuppen liegt jetzt schon bei zig Millionen, hört man. 24 Millionen Haushalte werden europaweit von den Sexkonzernen beliefert.

Der Begriff der Liebe wird hier genauso beschädigt wie im biologischen Diskurs, wo alles kopulative Instinktverhalten sogleich zum »Liebesspiel« wird. Wer die Liebe derart verdinglicht und formal betrachtet, sei es medizinisch oder rein biologisch, sei es als Dienstleistung, sei es als Ersatzhandlung an Geräten und humanoiden Attrappen, der ist von ihr noch niemals im Leben angeweht worden. Er weiß nicht, wovon er spricht.

Stau

Im Mittelalter, selbst bis ins 18. Jahrhundert hinein hieß es noch, gemäß Hippokrates, Galenus und Celsus, dass der Körper regelmäßig von überflüssigen Säften und Dämpfen gereinigt werden müsse, um gesund zu bleiben. Noch 1749 bezeichnet George Louis Graf von Buffon den Überfluss an Samen als schädlich. Zu lange Enthaltsamkeit verursache Krankheiten, Störungen und Begierden, die schlicht übel seien. Dann, ab der zweiten Hälfte des 18. Jahrhunderts, vor allem aber im 19. Jahrhundert, gilt das Gegenteil: Wer zu viel ejakuliert, vergieße die *geistigen Teile des Blutes* und damit den Lebenssaft. Alle Feuchtigkeit, auch die des Weibes, solle aus Gesundheitsgründen beim Subjekte bleiben. Die Schwindsucht wird als Menetekel der Onanisten an die Wand gemalt, und heute noch wirkt die medizinische Panikmache bei manchem und mancher höchst erfolgreich, also hinderlich, nach, die nicht auf dem neuesten Stande der Sexualwissenschaften sind.

Im Allgemeinen ist man aber heutzutage auf dem neuesten Stand, auf dem allerneuesten. Und der befiehlt im Jahre 2003 nach Christus: »Sekretstau beseitigen!« Harald Schmidt machte seinerzeit seine Witze darüber, als er allabendlich noch im Privatsender die Unterschichten und freilich auch die Intellektuellen beglücken wollte. Australische

Forscher hatten nämlich herausgefunden, dass Männer die ihre Prostata nicht regelmäßig entleeren, also zwei- bis dreimal die Woche, in ihrem Körper krebserregende Umweltgifte anreichern. Selbstbefriedigung solle, so die Forschungsergebnisse, sogar gesünder sein als der Geschlechtsverkehr. Das wiederum ließ *der* gesunde Amerikaner nicht lange auf sich sitzen und fand in einer eigenen US-Studie mit 30.000 Teilnehmern heraus, dass *häufiger Sex* die Prostatakrebsanfälligkeit senke, so das Ärztejournal *JAMA* im Mai 2004. Kleinlaut steht am Rande, dass eine australische Studie ähnliche Ergebnisse erbracht habe: Es ginge schlicht und einfach um das Quantum der Ergüsse. 13 bis 20 Mal im Monat scheint okay zu sein. Guten Tag Herr Luther, »in der Woche zwier« ist also ein bisschen suboptimal, aber sei's drum, gesund soll es sein, und das ist doch die Hauptsache. Zumindest für den Mann, um den es hier geht.

Sexualität ist also am Ende ihrer Unterdrückungsgeschichte zum Ausscheidungsvorgang heruntergekommen. »Sex ist wie pinkeln«, lässt der Drehbuchautor den berühmten Maler und Frauenheld Diego Rivera im Frida-Kahlo-Film sagen. Derselben einsamen Entsorgungslogik entstammt der Ausspruch aus der Urfassung der *Justine* des Marquis de Sade: »Ich bediene mich einer Frau nur auf Grund eines Bedürfnisses, so wie man im Falle eines anderen ein Nachtgeschirr benutzt« (De Sade 1787, zit. in Kurz 2002, S. 71; das Kapitel lautet: »Die Frau als Hündin des Mannes«).

Kein Wunder, wenn sich unlängst eine Frau juristisch gegen die permanenten Sexattacken ihres Ehemannes wehrte und dessen Gesundheitsvorsorge mit den Worten abwehrte, sie sei doch, verdammt noch mal, nicht sein Samenklo.

Die moderne Lustlosigkeit am Sex ist eine Antwort auf diese Engführung. Wem bei der Verdinglichung des Sexuellen die Lust vergangen ist, hat bewusst oder bloß auf psychosomatischem Wege verstanden, dass es sich bei dem vorgeblich gesunden Tun um eine Krankheit handelt, von der er nicht weiter angesteckt werden will. Vielleicht ist es auch bloß der Überdruss am gesellschaftlichen Reigen, der einige, wenn nicht gar viele, dazu treibt, sich dem Ganzen zu verweigern, nachdem sie die Schalheit der zugelassenen Überschreitung geschmeckt haben.

Sie haben alles erlebt und kennen alles[32], jede einzelne Muskelfibrille, jeden klitoralen Nerv, den G-Punkt und die rektale Prostatastimulation. Sie wissen, wie gesund es ist und warum. Sie haben es getan und getan und getan – perfekt, wie das Gesetz es befahl. Doch sie sind gelangweilt und müde und in der Seele leer. Denn die technische Perfektion und das Wissen um die beteiligten Neurotransmitter und die koordinierten Orgasmuskurven ist ohne personalen Bezug. Das alles ist deshalb zutiefst enttäuschend, weil sachgemäße Leistung, psychosomatische Gesundheit und korrekte Technik im erotischen Diskurs nichts zu suchen haben. Diese Diskursvermischung tötet die Lust, indem sie deren Allerheiligstes mit dem Instrumentellen kontaminiert und beschmutzt.

Sex wurde dergestalt zwar zu einer Art Religion, aber zu einer die nichts verkündet. Schon gar nicht transportiert sie irgendetwas, das über das bloße Sosein hinauswiese. Keine Transzendenz der Lust, nur lustlose Immanenz: Der allumfassende Eros, den zu verwirklichen die sexuelle Revolution angetreten war, verpufft im Nirwana der losgelassenen Spaßgesellschaft.

Nicht nur angesichts von AIDS, das die Krankheit des Sexus zum Tode metaphorisch – und für die Betroffenen zugleich ganz und gar nicht metaphorisch – realisiert, haben manche dem falschen Glauben abgesagt.

Wie bei jeder Gegenbewegung versinnbildlichen zunächst die Extreme, was das Sujet der Opposition ist. So wird erst einmal dem Sex

---

32 »Kein Geheimnis soll sein. Heute wissen alle Bescheid, und keiner hat eine Ahnung.« Das sagt Volkmar Sigusch zur Sexualwissenschaft (2005, S. 13). Davor heißt es: »Die Sexualwissenschaft müßte eigentlich betreten schweigen, wenn es um Eros geht. Denn auch ihr Erzeuger ist Anteros. Von kleinen Inseln abgesehen, hat sich in unserer Kultur keine ars erotica, sondern eine scientia sexualis entwickelt. Der Blick der dominierenden Wissenschaftler war immer kalt: Kein Geheimnis soll sein. Heute wissen alle Bescheid, und keiner hat eine Ahnung. Sexualwissenschaft existiert aber auch fort, weil das sexuelle Elend nicht verschwand. Kämen Wunsch und Befriedigung zueinander, kämen Dauer und Intensität zusammen, fielen Begierde und Liebe nicht auseinander, wüßten wir, was ein sexueller Rausch ist und könnten uns in ihn versetzen, scherten wir uns doch um wissenschaftliche Erörterungen überhaupt nicht. Und Eros lachte«. Die Frage von Volker Sigusch: »Was wird aus Eros in den Zeiten von Telephonsex, Penisprothesen und Kinderpornos?« (1997), stellt sich für Liebende allerdings anders als für Sozialwissenschaftler. Für die Liebenden ist die Qualität ihrer aktuellen Interaktionen entscheidend.

abgeschworen. Seiner Hybris begegnet man mit der Wiedererweckung der Keuschheit, die Aldous Huxley einmal die »unnatürlichste aller Perversionen« (vgl. Bredow 2005, S. 198) genannt haben soll. Interessant ist daran, dass es diesmal nicht zuallererst die Kirchen, nicht die Pädagogen und auch nicht die Ärzte sind, die mit erhobenem Zeigefinger voranmarschieren, sondern dass es eine intrinsische Bewegung zu sein scheint, die sich aus ganz naiven jugendlichen Rettungsimpulsen speist, die der Liebe und dem gelten sollen und vielleicht auch können, was menschliche Sexualität ohne ihre instrumentelle Zurichtung wäre.

Während die einen noch immer manisch dem falschen Sex hinterher jagen und AIDS zum Anlass nehmen, nur noch telefonisch oder per SMS zu verkehren und den Kick für 91 Cent die Minute zu bekommen, entdecken die anderen, wenn sie denn ihre Erfahrungen an sich heranlassen können, im selbst auferlegten Zögern und der temporären Versagung intuitiv die Quellen der wahren Lust. Selbst wenn es empirisch so wäre, dass von Fall zu Fall die neue Keuschheit faktisch bloß aus juveniler Angst vor der körperlichen Begegnung entsteht, verrät doch die Psychologie solcher Furcht das Geheimnis, um das es geht: Es ist die Scheu, sich wirklich auf einen anderen Menschen, zumal körperlich, einzulassen, die es zu überwinden gilt: ja, deren Überwindung selbst das Medium der Lust ist.

Dort, wo im falschen Leben die sexuelle Grenzenlosigkeit herrscht und die Anonymen sich in Swinger-Clubs stumm besteigen, währenddessen ihnen die anderen Einsamen durch Gucklöcher auf die Kopulationsorgane starren und dabei onanieren, ist die Grenzüberschreitung nicht mehr möglich.

Die Grenze aber zwischen den Menschen bildet die Voraussetzung für den Sinnentaumel.

Heiligkeit

Während nach Papst Johannes Paul II und damit nach der katholischen Kirche das Leben als solches von der Empfängnis bis zu seinem natürlichen Ende etwas Heiliges ist, tritt das Heilige, nach Georges Bataille, dem großen französischen Philosophen, an den Übergängen des Lebens auf, dort, wo seine Aggregatzustände sich verändern. Das ist der Übergang des vitalen Lebens in ein anderes zelluläres: der Moment des Todes – und das ist die Transgression, die wir im Eros vollziehen. Deshalb ist der Eros bei Bataille *Der heilige Eros* (1984 [1957]).

Ohne ihn ist Liebe unmöglich. Denn die Grenzüberschreitung und der Übergang, die wir im Eros vollziehen, ist das, was unser isoliertes Selbst erschüttert und es außer sich bringt, es auflöst und in einen anderen, einen das bloß Individuelle überwindenden Zustand versetzt, der erst die Verschmelzung möglich macht. Dieser Moment der Ekstase ist freilich nur denen vorbehalten, welche die Grenzen, die in lustvoller Erschütterung überwunden werden, vorab als unverletzbare respektieren. Nur Grenzen, die gelten, können überschritten werden und in der Überschreitung gemahnt die Erregung daran, dass ein Tabubruch geschieht, der den zwischenmenschlichen Rahmen der üblichen Distanzen sprengt.

Das tumbe Befummeln von fremden Körperöffnungen in den kläglichen Etablissements dagegen, und auch das schrille Inszenieren von Sex in den Metropolen, ist lediglich distanzlos und noch nicht einmal die Parodie einer Grenzüberschreitung. Hedonistisch zugute halten kann man den Besuchern der Clubs und der Edel-Discos, dass sie sich insgeheim eine Orgie versprechen und ein Überschreiten ihrer Grenzen. Sie wollen im Grunde, um mit Bataille zu sprechen, ihre Diskontinuität überwinden. Aber das geht so nicht.

Die sogenannten Tabulosen können gar keine Tabus hinter sich gelassen haben, weil sie zuvor keine kannten. Und selbst wenn sie jetzt jedes Wochenende das tun, was ihnen Mama und Papa mit *Pfui* und *Äh-Bäh*, Kirche und Medizin, mit hehren Normen strengstens untersagt haben: Sie bleiben in reiner Reaktionsbildung dem Ekel vor der Lust verhaftet, den sie zwanghaft überwinden zu können meinen. Das parental Untersagte ist noch kein Tabu und das Kratzen daran kein Tabubruch.

Wirkliche Tabus haben einen quasireligiösen Herkunftscharakter. Bei Strafe des Untergangs sind sie absolut unantastbar. Der Untergang bei der erotischen Tabuverletzung ist der des seiner selbst sicheren Selbst. Davon weiß der Sexmaniac nichts, und deshalb kann der pure Sex, der sich die Tabulosigkeit auf die Fahnen geschrieben hat, keine Religion und auch kein Religionsersatz sein.

Ebenso kann aber die Wiederauferstehung der zwischenmenschlichen Tabus keine neue Religionsgründung, etwa im Namen des Heiligen Eros, zur Folge haben. Sicher, Georges Bataille spielte in seinem Zirkel mit sektenhaften Strukturen nebst Geheimtreffen und inszenierten Grenzerfahrungen (vgl. Mattheus 1984). Die Botschaft der Erotik aber ist nicht das Wiedererstarken von Religion, sondern das Wiedererstarken von menschlicher Grenzerfahrung – von Erfahrungsfähigkeit überhaupt.

Ob die Etablierung kategorischer Imperative wie jenes des erotischen Gebotes zwischenmenschlicher Grenzen je ohne außerirdische Autorität vonstatten gehen kann, ist eine andere Frage. Die Hoffnung, es möge auch ohne höhere Gottheiten gehen, die im Verdacht stehen, neue Repressalien mit sich zu bringen, richtet sich an die Einsicht in die sinnliche Notwendigkeit.

Freilich ist es nicht die Versagung als solche, welche die Wiederkehr der Lust ermöglicht. Versagung ist nach wie vor die Ursache neurotischen Übels und verschwitzter Geilheit, welche die Erotik und die Liebeslust abtötet.

Die Voraussetzung für ihre Wiederkehr ist allerdings, dass die Sexualität als Sonderfall zwischenmenschlicher Interaktion erlebt wird und nicht als Konsum- oder Ostentationsartikel bloß mal eben mitgenommen, und schon gar nicht, dass sie als physiologische Verrichtung plump erledigt wird. Dieser Sonderfall wird möglich, wie gesagt, nicht durch Askese, sondern dadurch, dass sich das Begehren überhaupt erst einmal zwischen zweien entfaltet. Und das kann nur aus der Position der Distanz und der Scheu geschehen, die bereit ist zu der Erfahrung, dass die sexuelle Vereinigung eine radikale Veränderung der beteiligten Subjektivitäten mit sich bringt.

Scheu

Es gibt Überlegungen, die Scheu der Menschen vor der erotischen Begegnung als universale Größe zu fassen. Ganz anders als Norbert Elias, der in seiner Zivilisationsgeschichte (1977) Scham aus Repression entstehen sieht, eröffnet uns Hans Peter Duerr mit seinen Erkenntnissen die Möglichkeit, diese Scheu vor der Entblößung und dem Sexuellen als Anthropologikum zu sehen.

Dabei ist es wieder einmal für die Liebe völlig egal, was daran *wirklich wahr* ist. Wichtig ist dagegen, zu welcher Haltung und gegebenenfalls zu welchen Handlungen uns diese Thesen führen.

Duerrs Thesen sind insofern interessant, als mit ihrem Erkenntnisgehalt Lust und Liebe jenseits ihrer historischen Zurichtung als monumentale Kräfte wiederauferstehen. Lust und Liebe können hier vor allem quer zum biologischen und auch quer zum soziologisch-psychologischen Diskurs erneut auf die Welt kommen. In *Obszönität und Gewalt* schlägt Duerr (1995) vor, von einer Universalität der Körperscham zu sprechen. Diese Universalität sei zwar nicht angeboren und daher, man achte darauf, auch nicht naturgegeben. Im Gegenteil ließe sie sich aber aus ihrer gesellschaftlichen Funktion für jede uns bekannte Form menschlichen Zusammenlebens erklären. Körperscham sei für alle Gesellschaften unabdingbar und daher universal, weil sie zum einen die exklusive Partnerbindung fördert und weil sie zum anderen angesichts entperiodisierter Brunstzeiten die Spannungen und Rivalitäten reduzieren hilft, die sich durch eine völlig schrankenlose Präsentation des Sexuellen ergeben würden. Diese partnerschaftsstabilisierende Funktion der Scham ist für Duerr gesellschaftlich konstitutiv, während Scham für Norbert Elias bloß eine Frage der Macht und der historischen Normenverinnerlichung ist. Duerr stellt die ganzen Elias'schen Annahmen von einer zivilisationsgeschichtlichen Zunahme der Affektkontrolle in Frage und geht davon aus, dass in bislang allen Gesellschaften die gleichen elementaren Gefühls- und Verhaltensdispositionen vorzufinden sind. Am ehesten ist allenthalben für unsere derzeitige amerikanisch-westeuropäische Dekadenzkultur ein tendenzielles Fehlen kultureller Anstandsregeln festzustellen.

Hier gehen freilich die Meinungen auseinander. Es ist mühselig, den sich an diese Thesen anschließenden Wissenschaftsstreit, ob Verhaltenskontrollen in früheren Zeiten oder heutzutage schwächer waren, endgültig zu klären. Immerhin sind zwei Bemerkungen aus den beiden Lagern denkwürdig: Die Eliasianer weisen immer wieder darauf hin, dass es heute selbstverständlich sei, dass keine Frau mit Triebdurchbrüchen zu rechnen habe, wenn sie sich im Bikini oder auf andere Weise so gut wie entkleidet – man denke an das neumodisch billige Bauchnabelweisen – in der Öffentlichkeit zeige: Dies sei eine große Errungenschaft des Zivilisationsprozesses. Duerr hingegen fragt, quasi als Einspruch, ob denn die Frauen heute tatsächlich wesentlich weniger als Objekte männlicher Befriedigung angesehen würden, und ob sie, so wörtlich, heute »weniger die Opfer von Nötigungen, Vergewaltigungen, Entwürdigungen und Demütigungen sind, wie Elias behauptet« (ebd., S. 29). Hinzuzufügen wäre die Frage, ob manch eine Frau nicht vielleicht zusätzlich gar Opfer bestimmter Projektionen auf sich ist und sich zuweilen selbst die Gewalt antut, die sie entwürdigt.

Falls Duerr Recht hätte mit seiner Universalität der Körperscham, wäre deren Verfall in sittenlosen modernen Zeiten allerdings nur schwer zu erklären. Wo ist diese konstitutive Scheu vor dem Sexuellen geblieben, wenn alles und jedes mittlerweile ins grelle Scheinwerferlicht des Fernsehens und der Printmedien gezerrt wird und der Tanz um die unverhüllte Geilheit in aller Öffentlichkeit getanzt und der entsetzliche Schund neuerdings sogar auf den Handydisplays von Kindern verfolgt wird? Mithilfe welcher Umstände und Mechanismen könnte dieses behauptete kulturell ewige Gebot der Scham derart an integrativer Kraft verloren haben, wie dies heute zur Kenntnis zu nehmen ist?

Man wird es sicher eines Tages wissenschaftlich wissen. Wahrscheinlich wird man dann einen Botenstoff entdecken, der die Gebote und Verbote verwässert hat – womöglich irgendein Dopaminderivat. Oder wird man sich auf die Sozialpsychologie besinnen?

Es sind doch nicht hirnphysiologische Mechanismen, die den allgemeinen Verfall bedingen. Und es ist doch nicht die *verwahrloste Sexualität*, welche die Verwahrlosung der Gesellschaft hervorruft, wie es in den Medien angesichts der Teenagerbrutalitäten unlängst hieß, sondern gerade umgekehrt, es ist der soziokulturelle Kontext, der das Schamgebot, und zwar aus Modernisierungsgründen, ad acta gelegt hat.[33] Das alles hat eher mit dem losgelassenen barbarischen Wirtschaftssystem zu tun denn mit der Bosheit und Verworfenheit des Menschen an sich. Der allerdings wird dann von den politischen Steigbügelhaltern mit alten Werten traktiert, weil er glauben soll, seine schlechte Natur sei schuld. Mit dem Appell an das Alte und Beständige meint man, irgendwie den Schein von Anstand wahren zu können. Aber das stiftet bloß Verwirrung. Die Medien, die genauso hemmungslos den Zeitgeist vorantreiben wie das gesellschaftliche System ihn hervorbringt, konterkarieren dieses heuchlerische Tun, indem sie das Politikergerede neben die voranschreitende Verwahrlosung stellen und angesichts der steigenden Auflage strahlend verkünden, dass es doch schließlich alle tun, sogar und insbesondere die ach so konservativen Politiker, die sie beim Tun von ihren Leserinnen und Lesern für einen Presseausweis und kleines Honorar fotografieren lassen: *Cosi fan tutte!*

Tabubruch

Für die Auferstehung von Lust und Liebe im Zeitalter des schrillen Spaßes jedenfalls scheint die Wiederentdeckung von Scheu und tieferen zwischenmenschlichen Tabus nicht bedeutungslos zu sein. Hauptsächlich Georges Bataille weist auf ihren prominenten Stellenwert für die Erotik hin. Wahre Lust entsteht im Spannungsfeld zwischen Tabu und Tabubruch. Die erlaubte und damit offizielle Exitation, sozusagen der reibungslose Ablauf, und gibt er sich noch so manisch erregt, ist dagegen ein schales, blutleeres Unterfangen, das sich allenfalls zum besseren Einschlafen eignet.

Nein, es soll und muss zur Reibung kommen, und zwar zur Reibung der Psychen an ihren eigenen Barrieren, um sich dann, in deren Überwindung lustvoll fallen lassen zu können. Für Bataille ist die Gewalt der Erotik mit

---

33 Es ist in diesem Zusammenhang das Verdienst Ariadne von Schriachs, dass sie aufgezeigt hat, dass sexuelle Verwahrlosung kein Unterschichtenphänomen mehr ist, wie es dies vielleicht noch war, als die Sozialbehörden noch von HWG-Personen, also solchen mit häufig wechselnden Geschlechtspartnern sprachen und diese auch amtlich registrierten. Anzunehmen ist, dass sie freilich nur die HWGs des Prekariats registrierten und nicht die Bonvivants und Flaneure der Oberschicht.

der Gewalt insgesamt verschwistert. Den Zusammenhang mit Gewalt und Gewalttätigkeit und deshalb den Zusammenhang von Erotik und Tod sieht Bataille darin, dass beide, Thanatos und Eros, das bisherige Leben radikal in Frage stellen. Diese totale Gleichgewichtsstörung trete, so der Philosoph, dort in Kraft, wo die Sexualität sich von der bloß animalischen Aktivität entfernt habe. Gerade dadurch, dass sie das innere Leben aufwühle und zur Disposition stelle, unterscheide sich die menschliche von der tierischen Sexualität. Folgerichtig bezogen sich die ersten und fundamentalen Verbote in der erwachenden Menschheitsgeschichte sowohl auf das Verhalten Toten gegenüber als auch auf das sexuelle Verhalten. Die zentralen anthropologischen Dimensionen – planvolle Arbeit, offenes Todesbewusstsein und gezügelte Sexualität – reichen zusammen auf die allerfrühesten Perioden der Menschwerdung insgesamt zurück. Aus animalischer Schamlosigkeit kommend, ging der werdende Mensch zur schamhaften Sexualität über und aus dieser, nicht aus dem tierischen Treiben, entstand die Erotik.

Erotik ist eine mächtige innere Erfahrung, die dem vereinzelten diskontinuierlichen Wesen, gemeint ist das isolierte Individuum, Gewalt antut, um es aus seiner Vereinzelung in die Kontinuität des Lebens und des Seins zu reißen. Diese Transgression, der Übergang von der Diskontinuität in die Kontinuität, ist an die paradoxe Einheit von Verbot und Verbotsübertretung gebunden.

Höchstwahrscheinlich können solche basalen Verbote wie jene, die sexuelle Handlungen einschränken, nicht eben mal locker gebrochen werden. Das gerade ist die Unaufrichtigkeit des sexuellen Libertinismus der Spaßgesellschaft: die Botschaft, das alles verliefe ohne wesentliche Folgen für die Betroffenen und ohne wesentliche Folgen für den Geltungsanspruch der Verbote selbst. Man meint, forsch-hegelianisch und trivial-dialektisch, Grenzen seien da, um überwunden und Regeln, um gebrochen zu werden. Aber vielleicht ist das ja grundfalsch, oder zumindest ein bisschen zu einfach, und es wird auch durch die pseudointellektuelle Dauerwiederholung nicht richtiger. Es könnte, und dies wäre hochdialektisch, das Gegenteil der Fall sein: Das Übertreten von Verboten beseitigt diese nicht, sondern bestätigt sie in ihrer Geltung.

Jedenfalls führt Bataille diese Denkfigur vor und spricht von einer tief reichenden Verschwisterung von Gesetz und Gesetzesverletzung. In der

Erotik findet eine eindringende innere Erfahrung jener Doppelgesich-
tigkeit von Verbot und Übertretung statt, indem dort die prinzipielle
Unversöhnlichkeit von Gesetz und Gesetzesverletzung »ineinander
vermittelt« wird. Damit ist gemeint, dass wir im Augenblick der Verbotsübertretung die Angst und Erschütterung erfahren, ohne die das
Verbot nicht wäre. Im religiösen Terrain ist das die Sünde. Im Bereich
der Erotik ist das die mit höchster Erregung vollzogene Übertretung,
die, wie es eigens betont wird, »das Verbot aufrechterhält, und zwar
um es zu genießen« (Bataille 1984, S. 35).

Mit dem Anglizismus des *Life-Changing-Sex*, den man auch noch
dämlich zum LCS verkürzt, als ob das ein Medikament sei, hat das
herzlich wenig zu tun.

Angst und Verlangen bilden in der Erotik nach Bataille eine unzer-
trennliche Einheit. Das locker-flockige Poppen dagegen kennt diese
Angst nicht, sondern nur den Überdruss und die zuweilen hoch auf-
gespulte Langeweile.

Was mit Angst gemeint ist, wäre näher zu bestimmen. Bataille schreibt
immer wieder von der ursprünglichen Gewalttätigkeit, die mit den zwei
großen menschlichen Tabuthemen, Tod und Sex, verbunden ist. Indem
der Mensch zu arbeiten begann und sich von der bloßen Natur emanzipierte, entfernte er sich zugleich von diesem archaischen Kontext. Die
Welt der Arbeit, das heißt die Welt der Vernunft, stand fortan der Welt
der Gewalttätigkeit gegenüber, auf die sich die fundamentalen Verbote
beziehen. Der Schrecken, den der Tod ausübt, und der Abscheu und
Ekel vor der Verwesung, welche die toten Körper in die Kontinuität des
allgemeinen Lebens auflöst, weist eine Wesensverwandtschaft auf mit
den Empfindungen, die man vor den Absonderungen der Genitalien haben kann. Bataille verweist hier auf den Heiligen Augustinus, der schon
seinerzeit die Obszönität der Fortpflanzungsorgane hervorhob und der
uns, die wir *inter faeces et urinam nascimur*, mit der Nase auf den Kot und
Urin stieß, zwischen dem wir geboren werden. Die gleitenden Übergänge
im Ekel vor kloakem Auswurf, der Verwesung und der Sexualität sind
für Bataille Anlass, hier von einem zivilisatorisch gewordenen, durch
Tabus entstandenen Zusammenhang auszugehen, der den Gegensatz von
Abscheu und Verlangen als eine paradoxale Einheit begreifen lässt. Im

früheren Sprachgebrauch ist das noch nachzuvollziehen: So bezeichnete das Wort *stinken* vor Zeiten zugleich den Ekel und den Wohlgeruch. Man sagte einmal: »Diese Rose stinkt«, und meinte, diese Rose ströme einen Wohlgeruch aus. Dass Ekel und Verlangen nicht nur sprachlich nah beieinander liegen, lässt sich natürlich vor allem im sexuellen Bereich zeigen, insbesondere beim Genitalgeruch, der in der Begierde zum ambrosischen Duft und in der Abneigung zur üblen Ausdünstung mutieren kann. Sex und Ekel liegen nahe beieinander. Zusammen passen sie höchst selten.

Diese Ambiguität betrifft den ganzen Bereich des Sexuellen und gipfelt in der Einheit von Verbot und Übertretung, wobei die Übertretung keine Verneinung des Verbots bedeutet, sondern, wie gesagt, laut Bataille über es hinausgeht und es, wie er es ausdrückt, in seiner Gewalt bestätigt und damit vervollständigt. Das habe mit dem unlogischen Charakter des Verbotes selbst zu tun, das, im Dienste der Vernunft und der Arbeitswelt, seinerseits nicht bloß aus der Vernunft kommen könne, denn die Kraft der Vernunft würde nicht ausreichen, sich der Welt der Gewalttätigkeit und des Exzesses entgegenzustellen. Die Verbote müssen also dementsprechend von der irrationalen Gewalttätigkeit, die sie eindämmen wollen, durchtränkt sein, um als Gegengewalt bedrohlich genug auftreten zu können. Deshalb ist ihre Überschreitung, wenn sie wirkliche Verbote sind, hochgradig mit Angst und Schrecken verbunden, kurz: mit somatopsychischer Erregung und Erschütterung. Umgekehrt gilt, zumindest für Bataille, dass kein Mensch die Erschütterung der Erotik erfahren wird, der nicht den Akt der Überschreitung begeht. Die Überschreitung der Grenzen, die für die Erfahrung der sinnlichen Liebe unumgänglich ist, verletzt aber nicht die Grenzen, sondern, im Gegenteil, bewahrt sie, indem sie eine Tür zu jenem Jenseits öffnet, das der profanen Vernunft- und Arbeitswelt entrückt ist und das es ohne die Grenzen, hinter denen es liegt, nicht geben würde. Das genau ist die Erotik.

Verführung

Dieser zentrale Gedanke der Grenzüberschreitung, die allein, nach Bataille, in das Reich des Eros führe, dürfte in Zeiten von *Political*

Correctness als schweres Sakrileg gelten. Wo man, in kulturellem Einvernehmen, grenzverletzendes Verhalten, insbesondere im Bereich des Sexuellen, an den tagtäglichen Pranger der ansonsten bigotten Tageszeitungen und Boulevardblätter stellt und massiv verurteilt, ist es schwer nachvollziehbar, dass der Verstoß gegen ein Tabu bejaht und gefeiert wird. Wo der Konsens die höchste Entwicklungsstufe der Sexualmoral darstellt und die Menschheit endlich so weit ist, dass, jedenfalls in den fortentwickelten Kulturen, sexuelle Handlungen idealerweise nur dann stattfinden, wenn ihnen zugestimmt wird, muss die Bejahung der Grenzüberschreitung als Aufforderung zur Vergewaltigung erscheinen. Jedoch, von Vergewaltigung redet Bataille nicht, wenn er von der Gewalt des Eros redet.

Zwischen der Gewalt der Grenzüberschreitung und der Gewalttätigkeit der Grenzverletzung scheint ein entscheidender Unterschied zu bestehen. Die Grenzverletzung findet dort und dann statt, wo eine prinzipielle Zustimmungsfähigkeit der Handlungen ausgeschlossen ist: wo das Gegenüber, das Objekt der Begierde, nicht autonom und nicht zurechnungsfähig und die begehrte Handlung, zumindest der Möglichkeit nach, nicht mit wechselseitigem Genuss verbunden ist. Vergewaltigungen und all die mit ihnen verschwisterten Handlungsweisen der autistischen Triebabfuhr haben mit Erotik herzlich wenig zu tun und mit sinnlicher Liebe absolut gar nichts. Sie sind ein Verbrechen.

Allenthalben, möglicherweise gar nicht so selten, fantasiert der Täter, sein Opfer würde durch seine Handlungen an ihm bis zur willentlichen Teilnahme stimuliert. Dieses Phantasma würde in aller Deutlichkeit darauf verweisen, dass menschliche Sexualität hintergründig eben doch, selbst wo sie sich am unmenschlichsten zeigt, die Teilhabe des einen am anderen will: Kommunikation und Interaktion.

Im Gegensatz zur Grenz*verletzung*, welche die prinzipielle Möglichkeit der Zustimmung zu sexuellen Handlungen außer Acht lässt und negiert, setzt die Grenz*überschreitung* bei Bataille voraus, dass die Beteiligten potenziell in der Lage sind, sich mitreißen zu lassen von der Macht der Begierde und der Lust, mit der sie sich wechselseitig konfrontieren. Die Lust des einen muss den anderen erreichen, seine Begierde die Lust des anderen stimulieren, damit *beide* das Tabu brechen und die

Tür aufstoßen können, hinter der das Außersichsein, die Ekstase der sinnlichen Liebe, zu finden ist. Die Grenzüberschreitung besteht letztlich darin, dass der eine den anderen berührt, nicht vordergründig seine Haut, sondern hinter seiner Begrenztheit, die sein autonomes, individuelles Sosein ausmacht, sein Wesen. Die Berührung der Wesen durch ihre Lust und Begierde geht unter die Haut. Sie lässt ihre Demarkationslinien zwischen den Individuen schmelzen. Die Grenzüberschreitung löst sie als diskontinuierliche, unteilbare Einheiten auf.

Dabei gilt: Nur wer autonom ist und seiner selbst gewiss, kann sich der Heteronomie der Lust überantworten. Nur wer ein Ich hat, kann es wegwerfen, ahnend, dass die tiefe Regression und Verschmelzung nicht das totale Ende bedeutet.

Während das Wesen der Grenzverletzung sich in der *Vergewaltigung* manifestiert, äußert sich das, was Bataille mit Transgression meint, in der *Verführung*. Verführung heißt, dass die wenn auch gar widerstrebende andere Person, der das Begehren gilt, dazu verleitet wird, etwas zu tun, was sie vordergründig zunächst nicht wollte: sich auf eine höchst intensive Interaktion einzulassen, bei der sie sich tendenziell verliert, bei der sie außer sich gerät, um vorübergehend mit dem anderen eins werden.

Correctness

Der Interaktionskultur des *Political Correctness* hingegen scheint ein grundsätzlich anderes Verständnis zwischenmenschlicher Begegnungen zugrunde zu liegen. Hier geht man davon aus, dass autonome, vernunftgeleitete Individuen genauso selbstbestimmt und vor allem selbstbeherrscht bleiben, wie ihre freien Entscheidungen und Zustimmungen es auch ausdrücken. Die vorauseilende Zustimmung zu sexuellen Handlungen bedingt, dass die Zustimmenden ihre Handlungen vorab definieren, abschätzen und eingrenzen können müssen. Es gibt also zwar festgelegte Handlungen, aber keine weiteren Handlungsfolgen.

Das organische Fließen der Interaktionsereignisse, die offene Situation, die das Überwältigtwerden einschlösse, ist abgeschnitten: »Kuscheln ja, aber nicht mehr! Küssen schon, aber nicht zu leidenschaftlich!«

Im amerikanischen College Antioch, Ohio, gibt es einen Katalog, in dem Studentinnen und Studenten korrektes sexuelles Verhalten festgelegt haben. Der Sexualwissenschaftler Gunter Schmidt berichtet davon. Jeder ist verpflichtet, zu fragen, ob er darf, was er will und der Befragte ist gehalten, deutlich auszudrücken ob er zustimmt oder nicht. Matthias Matussek sagt, hier werde der neue Mensch geformt:

> »Darf ich meine Hand auf deine Schulter legen?‹ ›Ja, Du darfst deine Hand auf meine Schulter legen.‹ Oder: ›Ja, du darfst mich auf die Lippen küssen.‹ Die jeweilige Erlaubnis muß laut und präzise geäußert werden. Eine Zustimmung unter Alkoholeinfluß ist wertlos. Sollte es dennoch zu Intimitäten kommen, ist der Tatbestand der Vergewaltigung erfüllt« (Matussek 1995, S. 108).

Franz Schandl (1996) schreibt zum Correctnesskomplex:

> »Wie verkehrt man richtig? – eine der verkehrtesten Fragen überhaupt – wird immer öfter gestellt. Der Verkehr der Geschlechter folgt jedoch keiner Straßenverkehrsordnung, auch wenn die sexual correctness ihn auf dieses Niveau erniedrigen will. Die bürgerliche Moral kommt noch einmal als linksliberale Verirrung zu sich. Sie will nicht Mut machen, sondern Angst erzeugen. Verfehlungen sind nach ihrem Kodex zu sanktionieren. [...] Das Korrekte beinhaltet immer schon die Korrektur in sich. Es will die konkreten Äußerungen des Daseins partout nicht zulassen, sondern drangsalieren, indem es korrigierend eingreift. Jede Abweichung gilt als verdächtig und unzulässig. Indes: wenn Liebe und Sexualität, Sinnlichkeit und Lust als Grenzgängerinnen menschlicher Kommunikationsmöglichkeiten aufgefasst werden, dann ist jedwede korrekte Vorgabe kontraproduktiv. Das Korrekte ist das Verrückte [...] ein sozialer Defekt.«

Aber beim *korrekten Verhalten* geht es nicht nur um gesittetes Benehmen in amerikanischen und deutschen Universitäten, das jegliche Übergriffigkeit bereits im Keim erstickt. Im Gegenteil: Im sexuellen Bereich sind gemäß der Logik der modernen Vereinbarungsmoral sogar höchst pikante Konstellationen denkbar und möglich, in denen zum Beispiel, wenn man es denn will und beschließt, der eine dem anderen seine einsame, pure Triebabfuhr gewährt und sich ihm willentlich als Objekt zur Verfügung stellt.[34] Später kann dann, wenn es nicht um schnödes Geld geht wie bei der Prostitution oder um geldwerte Vorteile, wie in mancher Ehe, die Gegenleistung in Form von sexuellen Handlungen mit zeitversetzt umgekehrten Vorzeichen eingefordert werden: Wie du mir, so ich Dich. Die Wechselseitigkeit des Genusses ist zumindest abstrakt, zeitlich entzerrt, gewährleistet. Und die Zustimmung ist es allemal, wenn die verabredete Handlung denn stattfindet.

Wir haben es in der modernen Konsenskultur also ganz zweifelsohne mit dem freien Tauschverkehr von sexuellen Dienstleistungen zu tun.

Immerhin, keiner wird zu etwas gezwungen, zumindest dem Ideal nach, alle kommen auf ihre Kosten, bei vorhandenem Konsens nach entsprechenden vorausgegangenen Verhandlungen, ist es sogar möglich, das erlebbar zu machen, was ansonsten in der Schmuddelkiste pornografischer Fantasie bliebe: den vorab definierten, beschlossenen und verkündeten Übergriff. Die ganze Sex-Industrie, die mit Oswald Kolle und der sogenannten Ehehygiene anfing, lebt davon, dass man zu Hause das ausleben darf, das heißt dem nacheifern soll, was die solcherart virtualisierten Gipfel der Lust auf die Leinwand projizieren. Wie gesagt, *Bildfolter* wurde das einmal genannt.

Voraussetzung ist eben, dass die sexuellen Partner zugestimmt haben. So kommt es, dass sich die sogenannten Perversionen auflösen. Verboten ist einzig und allein das, was keine Zustimmung findet.

---

34 ... damit der dann das machen kann, was Ariadne von Schirach so kommentiert: »Wenn man nur seine eigenen Projektionen fickt und den anderen als Erfüllungsgehilfen für die eigene Lust gebraucht. Wenn das Begehren nicht auf den anderen und seine Lust gerichtet ist, sondern nur darauf, was die Gegenwart eines fast austauschbaren Körpers mit einem selbst anstellt. Eine Art absoluter Einsamkeit« (2007, S. 116). Volker Caysa nennt das den »Körperservice«, dass nämlich »[d]urch diese mindestens partielle emotionale Entbindung von Körpergebrauch und Gefühl [...] aus dem Leib ein Dienstleister [wird], der (innerhalb eine[s] bestimmten Körperspektrums) alles zu befriedigen vermag, was gewünscht wird, ohne mit dieser Wunschbefriedigung als Dienstleistung emotionale Bindungen einzugehen« (2008, S. 96f.). Damit verhielten sich die Vereinbarungsmoralisten zueinander wie Prostituierte. Caysa räumt freilich ein, dass zwischen Liebe und Sex zu unterscheiden sei: »Zweifelsohne betrifft Liebe nicht nur den Körper, sondern den Körper einer Person. Das muss aber beim gekonnten Sex nicht so sein, der betrifft oftmals nur den Körper oder gar ein Körperteil. Ein zweckinstrumenteller Körpergebrauch ist aber auch in der Liebe Bedingung gelingender Sexualität« (ebd., S. 97). Wirklich?

Die Vereinzelung der Einzelnen wird mit der sexuellen Vereinbarungskultur aber weiter verfestigt, denn die Transgression, das Ineinander-Fließen, in dessen Folge man unter Umständen nicht der bleibt, der man war, ist dort nicht vorgesehen. Wo man vorher abmacht, wohin für einen die Reise geht, bleibt man letztlich auf dem Boden. Alles bleibt im Bereich des Zugelassenen und Erlaubten und Normierten, selbst und gerade das Verpönte.

... am anderen Ort

Es ergibt sich die Frage, welchen Stellenwert das Denken Batailles heute für uns und für die Liebe hat. Zweifelsohne stellt der *Heilige Eros* eine Utopie dar, die, wie jede Utopie, real kaum positiv, eins zu eins, umsetzbar sein dürfte. Genauso gibt es in der Realität den gelungenen Erwachsenen nicht oder die allseits entwickelte Persönlichkeit und schon gar nicht die befreite Gesellschaft, jedenfalls noch nicht, die ihre Voraussetzung wäre. Aber es gibt die durch reale Prozesse in der Gesellschaft hervorgebrachte Idee von ihr. Utopien sind Nicht-Orte. Utopien markieren eine starke transzendentale Perspektive, von der aus die Wirklichkeit beleuchtet und eingeschätzt werden kann – und vielleicht eines Tages überwunden.

Das Schwülstige am Begriff des Heiligen, das bei Bataille als utopischer Ort so zentral ist, wäre in unser säkulares Verständnis zu übersetzen.

Heilig wird bei Bataille die Sphäre genannt, die jenseits der Verbote und Tabus liegt. Dieses Überirdische ist gedacht als der Bereich, der hinter dem System der Vernunft und der Arbeit aufscheint. Ganz eindeutig gibt Bataille der Erotik diesen Stellenwert, der instrumentellen, warenförmigen Welt entgegengesetzt zu sein und sie zu überwinden. Die innere *heilige* Erfahrung der Erotik, und somit »die Idee der bedingungslosen Vereinigung von Mann und Frau, [stellt]«, nach Axel Honneth, heute »den einzigen Fluchtpunkt einer Überschreitung der herrschenden Ordnung dar: Orientiert am Prinzip der Verschwendung, ganz auf die symbiotische Verschmelzung mit dem Anderen gerichtet, verspricht die Liebe die Befreiung aus einer sozialen Welt, die zunehmend von marktförmigen, ›kalten‹ Beziehungen beherrscht ist« (2007b, S. 9).

Ob also die Liebe, zusammen mit der Kunst und der Religion lediglich »der Bereich der *Verleugnung* der sozialen Realität schlechthin« sei, wie Eva Illouz (2007a, S. 27; Hervorh. T. F. K.) Pierre Bourdieu (1987, S. 796) sagen lässt, sei dahingestellt. Verleugnung wäre nur ein kontingentes psychologisches Motiv jener dialektisch-dreifaltigen Aufhebung, die neben der vielleicht abwehrgespeisten *Negatio* und der restaurativen *Conservatio* stets auch die utopische *Elevatio* meinen dürfte, die Überwindung der Verhältnisse, und diese zöge ihre Kraft aus dem Traum (vgl. Elisabeth Lenk 1983) und nicht aus den Abwehrmechanismen. Wer aber die Welt der abstrakten Arbeit, der instrumentellen Vernunft und der ständigen Verwertung des Werts auf diese nichtapotropäische Weise hinter sich lässt, hat das Prinzip, welches das funktionale Diesseits zusammenhält, transzendiert und befindet sich *woanders*.

Wer die Welt des Eros betritt, hat die Welt der Mittel und Zwecke und des Tausches überwunden (vgl. Schmid-Noerr 1988, S. 62ff.; Marcuse 1955, S. 195ff.). Die Welt der Teilhabe, in der er sich befindet, ist eine gänzlich andere als die der Sachlichkeit, der Rationalität und der Verträge. Diese andere Welt erlaubt es ihm, ansatzweise das zu realisieren, was Adorno von einer gegenwärtigen Philosophie, »wie sie einzig noch zu verantworten« wäre, fordert, nämlich zu versuchen, »alle Dinge so zu betrachten, wie sie vom Standpunkt der Erlösung aus sich darstellten« (1951, S. 281). Mit Walter Benjamin hält Adorno freilich, »in der Tradition des jüdischen Messianismus daran fest, daß Erlösung innerweltlich zu denken, daß sie mit gesellschaftlicher Befreiung identisch sei« (1965b, S. 181ff.). Mit gesellschaftlicher Befreiung kann aber nur die utopische Perspektive der Aufhebung der Arbeit gemeint sein, eine bei Marx angelegte und von Herbert Marcuse bereits 1941 (S. 254ff.) in *Reason and Revolution* wiederbelebte zentrale Position (Habermas 1998b, S. 236) der 68er Revolte, die in der gegenwärtigen Krise der Arbeitsgesellschaft so utopisch und so fern von der Realität beileibe nicht ist (vgl. Gruppe Krisis 1999): »Adorno zufolge könnte ›die Erde, nach dem Stand der Produktivkräfte, jetzt, hier, unmittelbar das Paradies sein‹« (Jappe 1995; vgl. Adorno 1970, S. 56); und weiter heißt es: Dieses richtige Leben

»definiert Adorno als einen Zustand der befreit wäre von ›der Betriebsamkeit, dem Planen, seinen Willen haben, Unterjochen‹ und in dem ›[ne]
rien faire comme une bête, auf dem Wasser liegen und friedlich in den
Himmel schauen [...] an Stelle von Prozeß, Tun, Erfüllen treten‹ könnte«
(ebd.; vgl. Adorno 1951, S. 177).

Den Äther dieser säkularen Erlösungsutopie verströmt die Liebe und
macht uns hungrig nach dem Ungekosteten. Als »bevorzugter Ort
utopischer Erfahrung« (Illouz 2007a, S. 34), deren Oppositionsstel-
lung zur Arbeit selbst in ihren affirmativen Bildern aufscheint (ebd.,
S. 112f.), wird sie gespeist von der Kraft wirklich gelungener, gedeih-
licher Kommunikation und von der selbstauflösenden, identitätser-
weiternden Gewalt des Eros. Liebe »weist tief reichende Affinitäten
zur Erfahrung des Heiligen auf« (ebd., S. 34). Alle, die von der Liebe
kosten, träumen davon, dass sie sich liebend und geliebt im anderen
finden, dass sie dann zu fliegen beginnen und die tote Welt der Waren
und Dienstleistungen, die sie *down to earth* drückt, aus der Perspektive des ganz Anderen unter sich lassen. Alle träumen von der Liebe,
die ihnen Flügel verleihen könnte, doch nicht alle wagen den entscheidenden Schritt, der in den Taumel der Nicht-Identität führt. Dass
dies kein bloß geistiger Vorgang ist, sondern ein zutiefst sinnlicher,
ein körperlich-seelischer, ganzheitlicher, der gleichermaßen an die Dimension des Jenseits grenzt wie er einzig und allein in der Realität des
Hier und Jetzt und nirgendwo anders stattfinden kann, erschließt sich
denen, die die Liebe Wirklichkeit werden lassen, aufs Unmittelbarste.

Im Diesseits, in der wirklichen Welt, muss diese Liebe, die der Perspektive des säkularen Jenseits die Pforten öffnet, keine Utopie bleiben.
Sie ist kein seltsames Spiel und muss auch nicht zur wundersamen,
mystischen Begebenheit erhöht werden. Sie ist ganz real für diejenigen
möglich, die es wagen, aus sich und den Eigenheimwänden ihres Selbst
herauszutreten und sich gegen die gesellschaftliche Norm des Isolatio-
nismus und Individualismus auf den anderen wirklich einzulassen, um
sich mit seinem Selbst auszutauschen. Durch diese *Communio* können
sie der Finsternis entkommen, als die sich ihnen im Licht der Rettung
dann die überwundene Welt, freilich in geradezu kafkaesker Weise
(Adorno 1953b, S. 284; Adorno 1930, S. 114) präsentiert.

Die Vereinigung, die den Abgrund überwindet, der uns durch die universale Verdinglichungswand von dem anderen trennt und die uns in ein neues Universum führt, ist eine Vereinigung mit allen Sinnen. Sie ist sinnliche Vereinigung.

Woran uns Bataille gemahnt, ist die Tatsache, dass es einen Bruch geben muss mit jenen geltenden Normen, die diese Vereinigung nicht vorsehen, das heißt mit den Normen des instrumentellen, sachlichen, frigiden Weltbezugs. Deshalb ist der Eros bei ihm *heilig*. Heute würde das den Bruch mit dem narzisstischen Selbstbezug einbeziehen, der zum sozialpsychologischen Dauerhype wurde.

Und: Der Bruch muss als solcher, sozusagen als Krise, erfahrbar sein, um zur wirklichen Lust und zur Ekstase der Vereinigung zu gelangen.

Das Diesseitige, das Funktionale, das Instrumentelle, Sachliche ist für Bataille das Erlaubte und Konfliktlose. Für ihn ist es bloß profan und fade und verschwindet am Ende im Bereich des Gewohnten, wo die Leidenschaft freilich nicht zu Hause ist und dementsprechend Lust und Liebe es auch nicht sein können.

Das genau ist die Crux des Bataille'schen Œvres: Der *Heilige Eros* ist ein einziger Aufschrei gegen die Profanierung der Sexualität in modernen Zeiten, die gewissermaßen auf ein klinisches Niveau von Sauberkeit, Gesundheit und Funktionalität heruntergekommen ist. Er ist Inbegriff des Widerstands gegen das gesellschaftlich verordnete Technische und Flaue schlechthin, das Schale in der perfektionierten Sexualität, das Instrumentelle in der Begegnung der Geschlechter, das trüb Selbstverständliche in den sogenannten Beziehungen.

Was er, immerhin bereits 1957 damit meint, noch bevor Oswald Kolle und Beate Uhse den Sex *so richtig* befreiten, erfährt man an der Vehemenz, mit der er sich gegen die damals als revolutionär geltenden Befunde Kinseys wendet. Revolutionär war Alfred Kinsey seinerzeit, weil er der Erste war, der es gewagt hatte, Sexualität sozialwissenschaftlich zu untersuchen, um herauszufinden, wie sich die Menschen in den Betten und anderswo verhalten, wenn sie es miteinander treiben.

Heraus kam Statistisches: Koitusfrequenzen, alters- und geschlechtsspezifische Onaniehäufigkeiten, Zahlen über sexuelles Durchschnitts-

und Abweichungsverhalten, all das, was man mittlerweile in jedem Magazin lesen kann. Heute quasi Gähn.

Für Bataille war es offenbar unerträglich, wie Kinsey Sexualität von außen als eine Sache betrachtete. Dabei gehe das Wesentliche verloren, klagte und monierte er. Das Wesentliche sei die innere Teilnahme und es sei zu fragen, ob überhaupt vom Menschen und vom Sexualleben geredet werde, wenn nur die äußeren Realitäten wie objektive Dinge erfasst und nicht der innere Sinn geteilt wird. An dieser Stelle der Kritik bringt Bataille das Dinghafte, Verdinglichte, das er im Kinsey-Report aufdeckt, mit der Arbeit und mit der Sphäre des Animalischen zusammen. »Durch die Arbeit beherrscht der Mensch die Welt der Dinge, durch sie wird er in dieser Welt zu einem Ding unter anderen Dingen; die Arbeit macht aus dem Arbeiter ein Mittel« (Bataille 1984, S. 153). Genauso wie die leblosen Dinge sind die Tiere als Sachen anzusehen, wo der Mensch sie benutzt, zum Beispiel in der Zucht und als Lastenträger. Was zu einem Mittel gemacht wird und kein Zweck ist, kein Subjekt, das sich wehren kann, ist eine Sache und zu einer solchen Sache, nämlich zur reinen animalisch-biologischen Funktion, wird die Sexualität durch den objektivierenden Blick von außen. Auch für ihr Inneres, für die Beteiligten selbst wird sie zur Sache, wenn kein Inneres mehr vorhanden ist und die Sexualität, um es mit dem bereits gefallenen Wort Adornos zu wiederholen, zur bloßen *physiologischen Verrichtung* schrumpft.

Enterotisierung

Es ist nun sicherlich keine neue Erkenntnis, dass mit der Pornografierung und Verwissenschaftlichung des Sexus die Erotik am Ende ist: »Die bürgerliche Befreiung der Sexualität gerät zur Befreiung von der Sexualität. Je alltäglicher und selbstverständlicher sie uns auch entgegenzutreten versucht, desto weniger findet sie als gemeinsames sinnliches Erlebnis statt« (Schandl 1996).

Im Anschluss an Bataille hat man an vielen Stellen den Tod der Erotik verkündet, weil man davon ausging, dass, wenn alles erlaubt und nichts mehr verboten ist, auch die Spannung nicht mehr möglich

ist, welche die Begegnung in der Begierde zur Voraussetzung hat: »Die
Liberalisierung der Sexualität hat [...] die Abflachung des Gefühls zur
Folge« (Modena 2008, S. 154).

Seit Michel Houellebecqs Romanen ist die verzweifelte Sehnsucht
nach Liebe und Leidenschaft wieder heiß diskutiertes Thema geworden.
Der Kultautor benutzt für den Ausdruck dieses zutiefst menschlichen
Verlangens das literarische Mittel der Umkehrung ins Gegenteil. Er
beschreibt die desperate Suche seiner Protagonisten nach den letzten
moralischen Schranken, deren Durchbrechen den ultimativen Kick für
die große Ekstase versprechen soll. In seiner bewussten Pornografierung
der Episoden und seinen weitestgehenden Überschreitungen allerletzter
Grenzen verstecken sich allerdings inmitten der allgemeinen Barbarei, die
er beschreibt, in deren durch die allgemeine Verdinglichung gesetztem
Misslingen die zartesten, anrührendsten Liebesgeschichten.

Die gesellschaftskritische, anklagende Perspektive, die er subtil vermittelt, ist klar und deutlich: Sie lässt die Menschen als abgestumpfte,
nach immer stärkeren Reizen gierende Maniacs auftreten, die, über die
Maßen frigide, nur noch in ihrem blinden Getriebensein agieren und
Überschreitungsszenarien nachhecheln, die notwendig immer mons-
tröser werden. Durch die Pornografierung des Sexuellen haben die
Menschen ihre Spannkraft verloren. Sie sind, um es mit einem Bonmot
zu sagen, *oversexed but underfucked*, und meinen mit noch höheren
Dosen ihr müdes Sensorium aufpeitschen und das Verlorengegangene
wiederfinden zu können.

Charakteristisch für jeden Porno ist die Verachtung der wirklichen
Lust, und jeder Porno bestätigt, indem er sie so offenkundig negiert wie
der Teufel das Weihwasser scheut, die Sehnsucht nach der wirklichen
Sinnlichkeit. Es ist schon oft, sicherlich immer noch nicht oft genug,
von der Verachtung und Erniedrigung der Frauen gesprochen worden,
die sich in der heutigen Pornografie niederschlägt. Von den ebenso
eindeutig männerfeindlichen Zügen in der Darstellung der lustlosen
Szenen ist hingegen selten bis nie die Rede. Welches Bild von Männern
wird da transportiert! Welcher Hass auf die Liebe und welcher Selbsthass
gegen seine Körperfunktionen in all den Bildern! Dumpf akrobatisches
Rammeln mit ausdruckslosen Mienen, und am abrupten Ende das sicht-

bare Resultat der frustrierten Entladung. Der Porno repräsentiert eine Welt, in der sich Männer wie Frauen feindselig und voller Unverstand gegenüberstehen. Das ist die eigentliche Arena des Geschlechterkampfes, in der, wie am Ende des Römischen Imperiums, für die Massen *panem et circenses* geboten werden, und in der die Menschen selbst ans Messer ihrer eigenen Zerstörtheit geliefert werden.[35] Das ist aber nur die eine Seite.

Die andere Seite ist die von Houellebecq implizit immer mitgelieferte transzendentale Perspektive, aus der das Ganze so unsagbar traurig und sinnlos erscheint. Das ist die verschüttete Vision von der wirklichen Liebe und die Utopie der erfüllten Sinnlichkeit in der Erotik.

Beide, Houellebecq und Bataille, sind Propheten des Eros, und beide zeigen in ihrem Werk auf ihre Weise die Empörung über die Verdinglichung menschlicher Beziehungen.

Für Bataille war es empörend, dass das menschliche Sexualleben wie eine Sache behandelt wird, wenn es á la Kinsey statistisch untersucht wird und wenn, wie er Pater Louis Beirnaert klagen lässt, »wir mit unserer wissenschaftlichen und technischen Mentalität [...] aus der sexuellen Vereinigung eine rein biologische Realität gemacht« (1984, S. 218f.) haben. Der nächste Schritt aber wäre es gewesen, sich damit zu konfrontieren, dass es vielleicht nicht die Wissenschaft ist, die dem Untersuchungsgegenstand den sachlich-instrumentellen Stempel aufdrückt, sondern dass es der Untersuchungsgegenstand selbst sein mag, der sich derart reduziert zeigt.

Was, wenn Kinsey, der ja ein skurriler Erotomane gewesen sein soll,

---

35 Die Pornografierung des Sexuellen ist allerdings nur ein, wenn auch herausstechendes, Moment in der gesellschaftlichen Strategie der Gewährung von Brot und Spielen, denn alles, was medial angeboten wird, soll der massenhaften Entsublimierung dienen, welche die Gesellschaftsmitglieder an die Funktionsmechanismen des losgelassenen Marktes direkt anbindet: »Die manifeste Botschaft, die die Medien überbringen, gleicht dem Fleischbrocken, den der Einbrecher mit sich führt, um die Hunde abzulenken, die ihn an der Ausführung seiner wahren Absichten hindern könnten. Die ›Diktatur der Einschaltquote‹ (Pierre Bourdieu) hat dazu geführt, dass das Gros der Medien auf der Ebene der latenten Botschaft diffuse Begierden und Gewaltphantasien des Publikums bedient, statt an ihrer Humanisierung und Zivilisierung zu arbeiten. Blut, Sex, Tragödien und Verbrechen verkaufen sich am besten« und schwächen damit die psychosozialen Immunsysteme (Eisenberg 2000, S. 110).

freilich unbeabsichtigt, die Unfähigkeit der Menschen zur Lust aufdeckt und seine Wissenschaftssprache lediglich ein Reflex auf die bereits damals öden Zustände in der Realität ist? Auf welche Entdeckungen genau bezieht man sich, wenn von dessen Report, der sich zuvor fast 20 Jahre lang dem Studium der Insekten gewidmet hatte, die Rede ist?

Es ist nichts, was einen heute sonderlich überraschen würde: Eine höhere Prozentzahl der Bevölkerung sei zu einem gewissen Grad bisexuell; die Selbstbefriedigung sei, insbesondere unter Männern extrem weit verbreitet; auch Frauen tun es und die sind in ihrer Ehe nicht nur weniger befriedigt, sondern statistisch ist ihre sexuelle Zufriedenheit eher größer; schließlich sei abweichendes Verhalten viel weiter verbreitet als angenommen.

Heute weiß man, dass Alfred C. Kinsey mit seinen Daten gelogen und betrogen hat. Sein Auftraggeber, die Rockefeller-Stiftung, die ihn mit viel Geld sponserte, wollte im Rahmen ihrer psychologischen Kriegsführungsinteressen mit seiner Hilfe herausbekommen, wie man die menschliche Sexualität kontrollieren und den Menschen damit manipulieren kann. Auch ging es um den instrumentellen Einsatz von Sex zu Werbezwecken.

Um den Sex als gesellschaftliches Kontrollmittel einsetzen zu können, muss er in gewisser Weise *öffentlich* vorhanden und auch disponibel, also *frei* sein. Deshalb konnten die Daten, die Kinsey lieferte, so schockiert sie von den Mittelschichtamerikanern auch aufgenommen wurden, seinen Auftraggebern nur recht gewesen sein und deshalb ließen sie ihn mitsamt seinem bizarren eigenen Sexleben, das dem Geheimdienst längst bekannt war, auch gewähren als längst klar war, dass er seine Daten aus dubiosen Quellen destillierte. Es waren fast ausschließlich Menschen aus Schwarzen-Ghettos, Gefängnissen und Schwulenbars, die ihm, zuweilen für schnelles Geld, ihr Intimstes anvertrauten.

Was die manipulativ ermittelten Daten aber umso eindringlicher widerspiegeln ist der instrumentelle, manipulative Geist, der sie hervorgebracht hat. Das bezieht sich nicht nur auf die latente oder manifeste Soziopathie Kinseys, sondern auch auf das interessengeleitete Umfeld, in das sie sich einfügen. Insofern haben wir es in den Daten mit einer textuellen Tiefenstruktur, sozusagen mit einer Unterwelt zu tun, die sehr wohl etwas Typisches, Verallgemeinerungsfähiges ans Tageslicht bringt: nämlich, dass menschliche Sexualität in der Tat Mittel zum Zweck geworden und längst in das Bezugssystem instrumentellen Handelns hineingezogen worden ist.

Die Empörung des amerikanischen Mittelstandes angesichts der Kinsey-Veröffentlichungen gilt nur a prima vista den schockierenden Daten, die so schockierend gar nicht gewesen sein dürften. Im Gegenteil: Hier zeigt sich die paradoxe Einheit von kleinbürgerlichem Voyeurismus und dessen prompter Abwehr. Wer sich über Sexuelles moralinsauer empört, empört sich über das, was es Süßscharfes in ihm aufwühlt.

Da Kinseys, wenn überhaupt richtig ermittelte, Daten der Unterschicht entstammen und gegebenenfalls eher seinerzeit unterschichtstypisches Verhalten widerspiegeln, wäre ein soziologischer Hintergrund der Empörung der Mittelständler nachzuvollziehen: Sie fühlten sich in die Kaste der Deklassierten eingereiht und entfachten heftigste Abwehrmechanismen angesichts der nicht ganz unrealistischen Angst vor den eigenen drohenden Deklassierungserfahrungen.

Es besteht ein weiterer gravierender Anlass zur Empörung, der den Rezipienten nicht unbedingt bewusst gewesen sein muss; dieser ist überindividuell und erweist sich erst später als historische Zäsur: Es ist der epochale Tabubruch, dass menschliche Sexualität in die Öffentlichkeit gezerrt wird. Diesem Sakrileg gilt die Empörung. Zuvor war Sexualität, durch welche moralischen Motive und gesellschaftlichen Mechanismen auch immer, in ihrer Privatheit geschützt. Jetzt wird über das Intimste, die *private parts* und was man damit tut, in aller Öffentlichkeit geredet. »Kinsey räumte nicht nur mit Tabus auf. Er öffnete auch die Tür für offene Gespräche über Sex und bahnte populärwissenschaftlicheren Nachfolgerinnen wie Shere Hite und Ruth Westheimer den Weg«, hieß es unlängst fröhlich zustimmend im *Stern*.

Es ist der Beginn eines neuen gesellschaftlichen Diskurses, der, wie wir heute wissen, den modernen Menschen nicht nur »befreit« hat, sondern auch dem allgemeinen Klima von brutaler Soziopathie, ausuferndem Narzissmus und kalter Verdinglichung Tür und Tor öffnete. Die Entzauberung der Welt hat die Subjektivität und die Intimität erfasst. Die kalte Rationalität, die Max Weber 1920 heraufziehen sieht, ist in den Bereich eingedrungen, der sich ihr entgegenstellte.

Bataille reagiert darauf mit all der Feinfühligkeit, zu der seine erotische Utopie ihn sowohl befähigt als auch nötigt. Dass Erotik und Sexualität aus der Welt der inneren Erfahrung in die Welt der Gutachter und des Scheinwerferlichtes katapultiert werden, ist ihm ein grauenhafter Skandal. Noch schlimmer ist, dass die fehlende Erotik niemanden zu stören scheint. Sex als reine Sache: keine Verführungen mehr, keine Erschütterungen, keine Heiligkeit, keine Transzendenz, nur trostlose Immanenz.

Schutzlos dem gesellschaftlichen Mechanismus preisgegeben, unterliegt Sexualität fortan jenem Wandel, dessen traurige Resultate zurzeit von Houellebecq an den Pranger gestellt werden.

Was tun?

Philosophie und zuweilen auch Literatur erheben den Anspruch, ewige Probleme zu reflektieren. Zumindest interpretieren sie diese ewig neu, für das Alltägliche sind die Tageszeitungen und das Fernsehen zuständig. Liebe scheint ein solches Thema zu sein. Auf jeden Fall tritt Liebe heute für uns mit dem Anspruch auf, ein ewiges Thema zu sein, auch wenn sie dergestalt, wie wir sie unendlich herbeisehnen, erst seit dem Zeitalter denkbar und möglich ist, wo es in persönlichkeitsstruktureller Hinsicht auch *Individuen* gibt, die ihre Libido romantisch auf andere Individuen lenken können.

Heute jedenfalls fassen wir die Liebe als ein unvergängliches Thema und als ein solches dürfte sie in der Version der Philosophie Batailles, kaum mehr als 50 Jahre nach Veröffentlichung des *Heiligen Eros*, noch höchst aktuell sein. Das heißt: Es dürfte das alles noch ganz und gar sinnvoll erscheinen, was Bataille Mitte des letzten Jahrhunderts formulierte.

Auch und gerade heute gilt für fast alle, die sich ernsthaft auf die Liebe einlassen wollen, dass Liebe ohne Eros nur schwer beziehungsweise überhaupt nicht vorstellbar ist. Der *Heilige Eros* muss aber freilich für unsere Zeit aus dem hehr Philosophischen in die Sprache der tatsächlich stattfindenden Wirklichkeit wie wir sie heute zu fassen pflegen, rückübersetzt werden.

Für den realen Zusammenhang von Lust und Liebe bedeuten die Bataille'schen Einsichten in das Wesen der Erotik, dass menschliche Sexualität sich im Wesentlichen als innere Erfahrung bestimmt, nicht als Handlungsabfolge, nicht als technischer Vorgang, nicht als biologischer Fakt und auch nicht »als Gebet« (Schirach 2007, S, 140). Mit der inneren Erfahrung meint er zunächst etwas ganz Einfaches: dass man *von innen* an den emotionalen Regungen des anderen teilnimmt. Die Erregung des anderen, auch seine sonstigen Empfindungen, sein Lachen, seine Traurigkeit erfahren wir, indem wir sie teilen. Er meint explizit damit, dass diese Teilnahme gleichzusetzen ist mit Kommunikation.

Sexualität, Erotik, Sinnlichkeit ist Kommunikation, heute würden wir noch genauer sagen: Interaktion, weil die Antwort des einen bereits wieder eine neue Frage für den andern ist und vice versa. Interaktion ist zwischenmenschliches Handeln, mehr als nur der Austausch von Botschaften. Sexuelle Interaktion ist der Austausch und die Potenzierung von kommunikativen Handlungen. Sie ist Weg und Ziel zugleich, auf und in dem sich die Liebenden im Vereinen verlieren und zugleich bereichert wiederfinden.

Voraussetzung für diese tiefe innere Erfahrung ist die Erfahrungsfähigkeit der Einzelnen. Die volle Erfahrungsfähigkeit der Person, das ist nun aber ihrerseits eine utopische Größe, die, wie der *Heilige Eros* Batailles, als Vision des Gelungenen am Firmament des menschlich Möglichen leuchtet und die vollends womöglich gar nicht real je verwirklicht werden kann.

Man hat die volle Erfahrungsfähigkeit des Einzelnen in der Psychologie, namentlich der Psychoanalyse, als Synonym genommen für das Ideal der psychischen Gesundheit (vgl. Bach/Heine 1981, S. 25–28). Als vollkommene ist sie unerreichbar. Die Erfahrungsfähigkeit ist ein transzendentaler Bezugspunkt und ein qualitativer Annäherungswert, von dem aus gedacht und auf den hin gehandelt werden kann. Aus ihrer utopischen Perspektive, die vorwegnimmt, was sein könnte, erklärt sich der entsetzliche Zustand der Wirklichkeit, die objektiv kaum noch Erfahrungen zulässt. Götz Eisenberg macht in großer Eindringlichkeit darauf aufmerksam:

»Medien und Ökonomie treten an die Stelle der klassischen Sozialisations-
instanzen. Deren Vergesellschaftungsmodus aber ist die Zentrifugalkraft
von lauter Egoismen, an die sie unentwegt appellieren. Unternehmer
werden verehrt wie Popstars und die ›daily soap‹ prägt die Menschen bis
in die Art und Weise wie sie sich räuspern und küssen. Die Kids werden
mehr und mehr zu Kopien von Filmgestalten und Comic-Adaptationen,
ihre Sprache verarmt zu sprechblasenartig abgekürzten Halbsätzen wie:
›Cool, geil, genial, echt, krass, ey.‹ In der Werbung heißt es in zahllosen
Variationen: ›100 Prozent Styling, 100 Prozent du.‹ Kaum irgendwo noch
sind Erfahrungen zu machen, leibliche Anwesenheit und die sinnliche
Dichte der Welt verschwinden im opaken und konturenlosen Nebel von
Technik und Informationsmüll. Was bleibt ist die Benutzeroberfläche der
PCs, die alles auf einer Ebene präsentiert, wahllos nebeneinander, ohne
Tiefe und Hierarchie der Bedeutung und Wertigkeit« (2000, S. 120).

Die gesellschaftliche Wirklichkeit ist dafür verantwortlich, dass die
volle Erfahrungsfähigkeit immer mehr ins ferne Reich des faktisch
Unmöglichen weggedrängt wird. Dort nämlich, wo sie neu entstehen
könnte, bei den heranwachsenden Gesellschaftsmitgliedern, wird sie
systematisch verhindert, damit sich die synthetisierenden Ich-Instan-
zen gar nicht erst heranbilden, die der losgelassenen, auf Flexibilität
pochenden Gesellschaft nicht zweckdienlich erscheinen.

Ohne eine vorausleuchtende Vision eines Besseren, an dem das bloß
Seiende gemessen wird, wäre eine solche niederschmetternde Diagnose
genauso wenig vorstellbar wie ohne sie eine wahre psychische, soziale,
kulturelle Entwicklung hin zu jener Utopie unmöglich wäre, welche
die utopielose Wirklichkeit perfide hintertreibt. Das Utopische daran
hat mit romantischen Politikvorstellungen nichts zu tun: Ohne Träume
gäbe es überhaupt keine andere Wirklichkeit[36] als die immer gleiche.

Positiv ausgemalte Utopien, in welcher Sphäre auch immer, vor allem

---

36 Das scheint überall zu gelten: Selbst für diejenigen, die ansonsten *die normative Kraft
    des Faktischen* anbeten und der wirklichen Utopie ablehnend gegenüberstehen, sind
    Visionen von »Visionären« in Form von hoch bezahlten Managementberatern zum
    Bestandteil ihrer sogenannten Firmenphilosophien geworden. Auch die knallharte
    wirtschaftliche Entwicklung gäbe es nicht ohne die Fata Morgana der Fernziele, für
    die man sich in den Unternehmen dann permanent *neu aufstellt*, um Fakten zu schaf-
    fen, die es zuvor nicht gab und deren *normative Kraft* man dann zirkulär abermals
    anbetet als würde man fortgesetzt nur seinem eigenen Kreationismus huldigen.

aber in der gesellschaftlich-politischen, bringen nun allerdings stets das Problem mit sich, dass sie ihrerseits normative Kraft entfalten und zum Terror werden können, insbesondere dann, wenn interessierte Kräfte und partikularistische Interessen sich ihrer bemächtigen. Die politische Geschichte Deutschlands, und freilich nicht nur die, hat das zur Genüge gezeigt. Da wird die Idee zur materiellen Gewalt, wenn der Machtapparat von Partei, Gefängnis und Militär das Volk dazu trimmt, sie anzuhimmeln.

Im Bereich des Psychischen und der Persönlichkeitsentfaltung, wo die Utopie der vollen Erfahrungsfähigkeit Wegweiser sein könnte, droht tendenziell dieselbe Gefahr: Kaum ist eine Vorstellung von psychischer Gesundheit positiv umschrieben, wird sie zur normativen Definition und Heerscharen von Therapeuten, die nun wissen, was eine einwandfreie Mann-Frau-Beziehung ist, was die richtige Sexualität bedeutet, was ein echt tiefes Gefühl oder was Gesundheit ist, machen sich auf den Weg, um die Patienten von A nach B zu bringen. Da gibt es dann schon Therapeuten-Gurus, die selbst zwar auf keine eigene *gelungene Beziehung* zurückblicken können, ihren Schülern und Adepten aber eintrichtern, was zu tun sei. Vielleicht können sie es deshalb umso unbarmherziger. Richtig und Falsch, grundfalsche Kategorien, werden zu psychologischen Wegweisern und der gesunde, vor Vitalität und Kreativität strotzende Mensch zum Leitbild meist alternder Herren. Auf ihren Bühnen *stellen* sie dann zuweilen die Menschen *auf*, denen sie sich anmaßen beizubringen, was sie offenbar selbst versäumt haben.

Walter Benjamin hat darauf hingewiesen, dass die normierenden Modelle positiv umschriebener psychischer Gesundheit die Tendenz haben wie Varianten des blondblauen arischen Typus aufzutreten. Faschismus wäre das treffende Wort, das damit assoziiert ist:

> »Ob der Begriff des ganzen, vollen, allseitig entwickelten Menschen überhaupt zur Nacheiferung taugt, läßt sich bezweifeln. Schon Benjamin hat das Ideal des Genitalcharakters, das vor etwa zwanzig Jahren unter den Psychoanalytikern im Schwange war, die ihm mittlerweile ausgeglichene Leute mit well developed superego vorziehen, einen blonden Siegfried getauft. Der im Sinn des Freudschen Entwurfs ›richtige‹, also von Verdrängungen unverstümmelte Mensch sähe in der bestehenden acquisitiven

Gesellschaft dem Raubtier mit gesundem Appetit zum Verwechseln ähnlich, und damit wäre die abstrakte Utopie eines unabhängig von der Gesellschaft verwirklichten Subjekts getroffen, die heute als ›Menschenbild‹ sich solcher Beliebtheit erfreut« (Adorno 1955, S. 67).

Deshalb ist Vorsicht geboten bei Utopien und Visionen, die die Vervollkommnung des Menschen ausmalen. Das Diktum des Politikers Helmut Schmidt allerdings, wer Visionen habe, gehöre zum Arzt, ist nicht Ausdruck dieser Vorsicht vor der politischen Instrumentalisierung von Menschenbildern, sondern gehört einer hochgradig verfestigten Diesseitigkeitsverhaftung an, die ihrerseits aus einer politisch-transzendentalen Perspektive als fragwürdiges Politikum zu problematisieren und darüber hinaus tiefenpsychologisch zu analysieren wäre.

Denkbar ist, dass Menschen, die über eine entfaltete Erfahrungsfähigkeit verfügen, nicht in Gefahr stehen, sich vom konsumistisch gesteuerten Ausdruck ihrer romantischen Hoffnungen (Honneth 2007b, S. 19) und deren normativen Vorgaben terrorisieren zu lassen, schon gar nicht von Gesundheits- und Richtigkeitsvorschriften, welche die gesellschaftlichen Tendenzen und Mächte ihnen aufoktroyieren. Insofern bezeichnet die Utopie der vollen Erfahrungsfähigkeit ein offenes Prinzip, das den Widerstand gegen normative Zurichtungen der Lebenswelt nachgerade einschließt.

Wie also kann man auch nur ansatzweise zu jener vollen, unreduzierten Erfahrungsfähigkeit gelangen, die für die Verwirklichung der Liebe unerlässlich scheint? Da wir das Rad der Geschichte nicht zurückdrehen können und die historischen Beschädigungen des subjektiven Faktors einschließlich der objektiven Vergesellschaftung der Subjektivität (vgl. Krauß 1985) nicht ungeschehen machen können, wäre, ganz therapeutisch, erst einmal zu suchen nach den lebensgeschichtlich zentralen Erlebnisverarbeitungen und den verschütteten menschlichen Potenzialen.

Die Tatsache, dass Menschen zuweilen jahrelang unsagbar leiden angesichts der Vergeblichkeit ihrer Anstrengungen, ihre Schatten abzuwerfen und ihre Genussunfähigkeit zu überwinden, zeigt doch, dass in ihnen eine Instanz vorhanden ist, die transzendental weiß, dass ein erfülltes Leben möglich sein muss. Sonst würden sie nicht leiden. Vor allem in Paar- und Familientherapien ist immer wieder zu erleben, wie sehr die Ratsuchenden von der Liebe wissen, die ihre eigenen Beschädigungen ihnen verwehrt.

Das ist freilich die Frage aller therapeutischen Prozesse: Wie kann es gelingen, dass sich der unter seinen Einschränkungen Leidende zu einer Person entwickelt, die einmal das Glück und das volle Leben in die eigene Hand nehmen kann?

Es geht nicht ohne die Konfrontation mit sich selbst. Die Diskrepanzen zwischen dem Wollen und dem scheinbaren Nicht-Können haben ihre innere Quelle. Selbst dort, wo die gesellschaftlichen Mechanismen verantwortlich gemacht werden können für das Misslingen, also der objektive Irrsinn der gesellschaftlichen Barbarei, gibt es immer auch das subjektive Potenzial, das sich der Übermacht der Verhältnisse entgegenstellen kann – das gilt besonders, wenn die gesellschaftlichen Verhältnisse bloß vorgeschickt werden. Sonst wäre Heilung, psychotherapeutische zumal, die auf die kommunikativ mobilisierten internen Selbstheilungskräfte zurückzuführen ist, nicht möglich.

Nur wenn *vorwegnehmend*, im persönlichen Bereich (vgl. Adorno 1967, S. 688), das gelungene Leben in einer Annäherung an die Utopie verwirklicht werden kann, ist nicht alle Hoffnung verloren. Deshalb ist das viel gefeierte Buch von Frau von Schirach auch so unsäglich trist. Dem »gegenwärtigen Verlust der Kommunikationsbedingungen überhaupt« (Debord zit. in Jappe 1995), der sich wüstenhaft ausgebreitet hat, sind die individuellen Oasen ihrer Wiederauferstehung entgegenzusetzen.

Fundamentale therapeutische Prozesse, auch und gerade die ohne Psychotherapeuten, ziehen Veränderungen im Denken, Fühlen oder Handeln nach sich – am besten in allen Bereichen. Sie führen insgesamt zu einer veränderten Haltung sich selbst, den anderen und dem äußeren sozialen Leben gegenüber und sie bleiben dabei nicht stehen: Es gibt dann kein Ende, kein erreichtes Entwicklungsziel mehr, bei dem sich alles beruhigt, wenn wieder ein Leben vor dem Tod lebbar wird.

Voraussetzung dafür ist das Leiden, vielleicht sogar auch nur das Gefühl der Unzufriedenheit mit dem, was ist, das angesichts des Möglichen immer bohrender wird. Die therapeutische Konfrontation mit sich selbst findet statt im Medium der Selbstreflexion. Wer bin ich? Wo komme ich her? Wo will ich hin? Was denke ich? Denke ich überhaupt? Welche Form der Kommunikation pflege ich, welchen Interaktionen bin ich gewachsen, welchen nicht? Wie wirke ich auf andere, wie wirken andere auf mich? Was ängstigt mich? Wovor ekele ich mich? Gibt es Gefühle, denen ich ausweiche? Habe ich überhaupt tiefere Gefühle, kenne ich Trauer, Schmerz, Freude, Glück? Was mache ich dann? Greife ich zum Alkohol oder zur Droge oder halte ich das aus? Gibt es Muster, in denen ich mich ständig wiederhole? Löse ich bei anderen Leidensprozesse aus? Lösen andere bei mir Leidensprozesse aus? Welche Wünsche und Erwartungen habe ich an mein Leben? Welches ist die Sehnsucht, die mich leiden macht?

Einfache Fragen, die viele Menschen sich in dem Dahinvegetieren, das sie Leben nennen, überhaupt nicht mehr stellen.

Die Hauptfrage der Selbstreflexion allerdings ist: Wie stehe ich zu mir selbst? Sie ist deshalb die Hauptfrage, weil mein Verhältnis zu mir selbst meine potenziellen Verhältnisse zu anderen und zur Welt bestimmt.

Viele, wenn nicht die meisten, die sich mit sich selbst konfrontieren, denken dabei zuallererst an ihr Aussehen und die Gegebenheiten ihres Körpers, mit denen sie in der Regel unzufrieden sind. Aber bereits die Frage, welches Verhältnis ich zu meinem Körper habe, ist entscheidend für die Fähigkeit, Liebe zu geben und Liebe zu empfangen. Wie gesagt: Es ist kein seltsames Spiel, es ist nicht seltsam und es ist kein Spiel.

Körper-Ich

Zwischen »Ich habe einen Körper, ich habe eine Seele« und »Ich bin ganz Leib und Seele« liegt zugleich der Unterschied von Beobachter- und Teilnehmerperspektive wie der von Haben und Sein. Erich Fromm hat über *Haben und Sein* ein dickes Buch geschrieben. Der Leib-Seele-Zusammenhang, ein großes Thema der Philosophie, stellt sich heute, da Schönheitschirurgie und Fitnessdenken selbstverständlich geworden sind, recht unpathetisch dar. In der alltäglichen Lebenswelt besteht das Verhältnis des Ich zu seinem Körper in einer Spaltung, die wir offenbar ohne mit der Wimper zu zucken tagtäglich vornehmen. Wir kontrollieren unser Essen, um schlank zu bleiben, wir messen unser Gewicht und unseren Körperumfang, wir sind mit den Messergebnissen zufrieden oder wir sind unzufrieden. Wir, beziehungsweise unser geschultes Verstandesdenken, sind selbst die kritische, beobachtende Instanz, die unseren Körper gewissermaßen als Gegenstand von uns abstößt und unterscheidet. Ob wir eine Seele *haben*, die in unserem Körper wohnt, sei dahingestellt. Auf jeden Fall aber gibt es eine psychische Binnendynamik, die an dieser Spaltung im höchsten Maße beteiligt ist. Die Psyche allerdings ist ein Entstandenes. Am Anfang war der Körper.

Sigmund Freud selbst hatte gesagt, dass das Ich *vor allem ein Körperliches* sei. Mit der *Körperlichkeit des Ichs* ist gemeint, dass in der Frühphase unseres Lebens alle seelischen Phänomene mit biologisch wichtigen Körperfunktionen verknüpft sind: dass sowohl die triebhaften Bedürfnisse und deren Befriedigung, als auch vor allem die für die Ich-Entwicklung notwendig erscheinenden Versagungserlebnisse undifferenziert, vorsprachlich und unbewusst zunächst rein leiblich-körperlich als Wohlbefinden oder als Schmerz sich äußern. Zuallererst gibt es jene Instanz gar nicht, die es dem noch vor der Geburt seines Selbst stehenden Menschen ermöglichte, frustranes begriffsloses Warten, Mangelzustand und diffuse Panik mithilfe von Vorstellungsinhalten zu ertragen, ja zu internalisieren und in die psychische Struktur einzubauen. Es gibt noch keine Scheidung von innen und außen, von Ich und Mutter, von Emotion und Anlass. Alle Erfahrungen brechen in die ungeschiedene ganze Körperlichkeit ein. Nicht bloß Lust oder Unlust, sondern Wollust und Schmerz beherrschen den Körper.[37]

Im weiteren Entwicklungsverlauf werden die frühesten Körpermodi des Einverleibens, des Eindringens, des Ausscheidens usw. als basale

---

37 »Nature has placed mankind under the governance of two souvereign masters – pain *and* pleasure« (Bentham 1984, S. 1; vgl. Dessau/Kanitscheider 2000, S. 110; Hervorh. T. F. K.). Zur Rolle Jeremy Benthams im heraufdämmernden Kapitalismus vgl. Kurz 2002, S. 87ff.

archaische Strukturen überformt und von psychischen Repräsentanzen abgelöst: Der werdende Mensch lernt, sich ersatzweise der Symbole zu bedienen, die zum Baumaterial differenzierter seelischer Prozesse werden. Alle Sensationen und Affekte, die aus der asozialen Tiefe nach oben drängen und sprachlos und nachdrücklich die Vertreibung aus dem pränatalen Paradies beklagen, werden im Verlauf der Menschwerdung des Menschen auf eine höhere Ebene, in die Sprache des seelischen Apparats transformiert. Diese *Desomatisierung* des Gefühlten ermöglicht den zumindest neurotischen, zuweilen den psychisch aufrechten Gang: Von den archaischen Erlebnisformen, dem Terror der krampfenden Organe, der Unmittelbarkeit von Reiz und Reaktion hat sich am Ende der psychische Überbau emanzipiert und distanziert. Die Konflikte zwischen somatischem Trieb und Außenwelt und die zwischen den internen Instanzen, deren Abbild sie sind, werden nunmehr verdrängt und verwandelt. Austragungsort der Konflikte ist nicht mehr der Körper, sondern die Affekte, gebannt in den Symptomen.

Die psychosomatische Medizin hat später, nach Freud, erkannt, dass die *desomatisierten* psychischen Symptome sich ihrerseits in körperlichen Beschwerden ausdrücken können und dann sozusagen eine *Resomatisierung*, also einen Rückfall in archaische Ausdrucksformen darstellen.

Die Reduktion der innerseelischen Konflikte auf rein körperliche Ausdrucksformen gilt der Psychoanalyse als eine vergleichsweise schwere Störung, weil hier das leib-seelische Band durchschnitten scheint und die Betroffenen keinen Zugang mehr haben zu ihrem eigentlichen Konflikt. Als ein besonderes Kriterium psychosomatischer Erkrankungen gilt die Ausdrucksarmut, die sich im rein operationalen, emotionslosen Denken äußert.

Wenn es, wie zum gegenwärtigen Zeitpunkt, gesellschaftlich en vogue ist, seinen Körper zum zentralen Bezugspunkt von Zufriedenheit oder Unzufriedenheit zu machen und dessen Zurschaustellung in den Mittelpunkt psychischen Interesses rückt, dann drückt dies einen gravierenden Wandel aus, der dramatische massenpsychologische Hintergründe hat.

Fitness

Auf dem Banner des allgemeinen Wandels steht der Wert Gesundheit. Nach Wiederaufbau, Revolte und Reintegration der widerstrebenden Kräfte hat sich das gesellschaftliche System darauf kapriziert, positiv zu sein und allerorten nun zu heilen, zu reparieren oder gesund zu halten, wo der institutionalisierte Dauerverfall notwendig seine Opfer zeitigt. Das sind mehr als 11.000 gelungene Selbsttötungen, ein Zehntel bis ein Zwanzigstel aller Suizidversuche, die alljährlich in Deutschland stattfinden. Und das sind mindestens 15 Millionen westliche Bundesbürger, die nach einem Massenscreening des Mannheimer Instituts für Seelische Gesundheit weit noch vor der Wende, eine recht gravierende psychogene Störung aufweisen.

In den psychotherapeutischen Bemühungen, in Körper- und Seelenarbeit am gestörten Kunden offenbart sich praktisch-sinnlich das Verhältnis von Individuum und Gesellschaft genauso wie in den gesellschaftlich gratifizierten Definitionen von Gesundheit und Krankheit theoretisch-abstrakt. Weltanschauung und gehandhabte Praxis ergänzen einander aufs Trefflichste. Die Hinwendung zu scheinbar effektiveren Therapiemethoden und die Abwendung von anderen, beispielsweise von der Psychoanalyse, stehen in diesem Zusammenhang. Vorbei die Zeit, da psychologische Kategorien auch als politische gesehen wurden. Vergessen die Erkenntnis, dass Krankheit, zumal die psychogene des Körpers, »als selbstzerstörerische Flucht aus dem Gehäuse der Hörigkeit, als ins Organische übersetzte Unbehagen an der Kultur« (Greiff 1986, S. 63) gedeutet wurde. Dass Therapie auch wesentlich Gesellschaftskritik und Heilen immer auch Politikum ist, wird von einem Krankheits- und Gesundheitsverständnis vergessen gemacht, das, individualistisch wie die Massengesellschaft, die es hervorbringt, bloß auf die Leistungsfähigkeit der Einzelnen und bloß auf die soziale Kontrolle seines sonst abweichenden Verhaltens kapriziert ist.

Medizin und gelegentlich Jurisprudenz sind heute die gesellschaftlichen Medien, die *gesund* und *krank* voneinander abgrenzen. Die Krankheiten in der Gesellschaft, und schon gar die der Gesellschaft, bedürften aber nach wie vor eines viel umfassenderen Begriffs, der den in die einzelnen Lebensgeschichten eingebundenen Konflikt zwischen dem Individuum und dessen sozialen Verhältnissen zusammenfasst. Individuelle Krankheiten sind immer auch »als Resultate unterschiedlichen Umgangs mit psychosozialen Konflikten« (Horn/Beier/Kraft-Krumm 1984, S. 20) zu deuten. Aber das ist Gerede von gestern.

Heute befindet sich Krankheit im Alleinbesitz kurativer Medizin, und die hat mit kritischer Theorie nichts mehr am Hut. Angeschlossen sind die Fitnessstudios, die Wellness-Hotels und die Bräunungsinstitute. Durch die Medikalisierung der Konflikte bleibt die Definitionsmacht über Gesundheit und Krankheit beim System und seinen Experten, welche die Krankheiten, losgelöst von demselben gesellschaftlichen System, das sie vermittelt hervorbringt, in den heilenden Würgegriff nehmen.

Krankheiten waren einmal als adäquate Antwort des somato-psychischen Organismus auf Unerträglichkeiten verstanden worden, die zu verändern wären. Krankheiten, so die radikalisierte These, waren verzweifelte Selbstheilungsversuche (vgl. Beck 1985).

Heute hingegen dürfte just das Gesunde Teil einer allumfassenden Krankheit sein.

So will es scheinen, dass Georges Devereux zu spätem Recht kommt, wenn er sagt, dass es gesellschaftlich bereitgestellte Devianz-Modelle gibt, vorgeschlagene Pathologien, die »eine Kultur ihren Mitgliedern zur Verfügung stellt« und die es erlauben, »einen intrapsychischen Konflikt auszudrücken und eine Scheinlösung dafür zu entwickeln, ohne daß man deswegen gleich aus der Gemeinschaft ausgeschlossen wird« (Nathan 1979, S. 15). Diese gesellschaftlich erlaubten und vorgeschlagenen Formen abweichenden Verhaltens normieren die Psyche der Massen. Solche Normierung dürfte sich aber auch in den gesellschaftlich vorgeschlagenen Mustern für das verbergen, was der Zeitgeist mittlerweile als Wert an sich anpreist – in der offiziellen Gesundheit.

Gesundheit, Konsum- und Leistungsfähigkeit sowie entsprechend properes Aussehen sind, als realer Schein, mit dem der Zeitgenosse sein Selbst ins rechte Licht zu setzen hat, geradezu zur Pflicht geworden. Darauf hatte, genauso wie Erich Fromm, Theodor W. Adorno bereits Mitte des letzten Jahrhunderts hingewiesen: Dass die Krankheit gerade im Normalen, dass das Pathologische in der gesellschaftlich verordneten Gesundheit zu suchen ist.

Heute dürfte sich der damals kassandrahaft beklagte Integrationsprozess vollendet haben. An die gesellschaftliche Modellierung der Persönlichkeitsdefekte und Neurosen durch die Bewusstseins- und Kulturindustrie hat sich eine des Körperschemas, gar des somatischen Substrats selbst angeschlossen, welche die äußere Körpererscheinung, schizoid abgespalten ihrem Träger gegenüber, zum Gegenstand von Prestige und Status macht. Die Metrosexuellen, die in einer coolen Bar am Tresen hängen, im *Cookies* oder im *103*, wissen ein grelles Lied davon zu singen.

Davon zeugt die Sucht nach unaufhörlicher Fitness, dieser sozialpathologische Kleinkrieg gegen den eigenen Körper *im Dienste des Körper-Objekts*. Der französische Kultsoziologe Baudrillard merkte hier an, dass diese *moderne Ethik*, im Gegensatz zur traditionellen Ethik, die wollte, dass der Körper diene, »nunmehr jedem befiehlt, seinem eigenen Körper zu dienen« (Baudrillard 1981, S. 112) – die Befreiung des Körpers habe diesen zu einem Objekt repressiver Fürsorge werden lassen. Im sozialpathologischen Fitness-Terror wird das funktionalistische Gesundheits- und Krankheits-Konzept, nach welchem die Erkrankung Abweichung von gesellschaftlich normiertem Verhalten sein soll, zur lebendigen Realität, die Abstraktion zum empirischen Fakt.

Die gesellschaftlichen Bilder vom gesunden Körper sind klar und eindeutig: Gesund ist, wer sich so verhält und vor allem, wer so aussieht wie Lifestylemanagement und Beautyfarm es ausmalen. Die Oberflächen: Das sind ganz konkrete normative Vorgaben.

Alternativkörper

Dennoch, und vielleicht gerade deshalb, trotz der Totalvergesellschaftung des Körpers und insbesondere auch der daran angeschlossenen Sexualität, gibt es Lücken in der totalen Integration. Sonst würden die Menschen nicht leiden, wenn sie nicht insgeheim wüssten, dass es jenseits der Welt des realen Oberflächenirrsinns etwas anderes gibt: dass es, der Realität entrückt, Liebe und beglückende Sinnlichkeit gibt.

Kamper und Wulf weisen an zentraler Stelle darauf hin, dass es hier immer jeweils zwei Diskurse gab und auch weiterhin geben wird: den über den disziplinierten, zugerichteten Körper, der, stummer Diener der Verhältnisse, Kontrolle und Instrumentalismus transportiert und den über den listigen, widerständigen, den sprechenden Körper, der ein »letzter Hort der Offenbarung des Geheimen« (Kamper/Wulf 1984, S. 3f.) ist. Das klingt um ein Weiteres nach einer politischen Indienstnahme des menschlich Intimsten, und zwar von beiden Seiten, sowohl von der Seite der gesellschaftlichen Totalintegration als auch von der Seite der totalen Widerständigkeit.

Denn auch auf der alternativen Seite wird der Körper instrumentalisiert, wenn er in den Bannkreis einer sozialutopischen Heilslehre gezerrt wird. Das Heiligenbild vom *anderen Körper*, der »Garant der Zukunft einer menschlichen Erde« (ebd.) wäre, soll als die radikale Negation des herrschenden Terrorprinzips von Abstraktion und Positivität verstanden werden. Wir sind aber damit ganz nahe an einem grotesken Messianismus, der sich auf das eigene Selbst richtet: Du bist die Alternative! Sei Dein Körper!

> »Viele, die heute glauben, es sei höchste Zeit, wenigstens noch die eigene Seele zu retten, wo alles andere verloren scheint, greifen immer entschiedener auf ihren Körper zurück, ihn massierend, ihn besonders gut fütternd oder auf Schonkost setzend. Sie erwarten vom Körper Heil, Leben, Natur, Unterschlupf« (Heinrichs 1985, S. 7).

Die einstige Revolutions-, Veränderungs- und Emanzipationsdebatte wird, ganz postmodern, von Naturalismus (Bopp 1987, S. 52) und neuer Eigentlichkeit heimgeholt.

Mit dem alternativen gesundgepflegten Körper befinden sich die Ökologisten allerdings nicht sehr weit entfernt von denen, die ebenfalls mit ihrer Körperlichkeit gegen die gesellschaftliche Vereinnahmung zu rebellieren meinen. Das ist der Bondage-Fan genauso wie der Totalgepiercte oder der Glattrasierte. Alle, die ihre Entwürfe von besseren und sehr anderen Welten in scheinbar noch nicht erfassten Zonen ansiedeln, sind längst zu Hause im Reich des gesellschaftlichen Diesseits. Je mehr sie sich von dieser Welt zurückgezogen wähnen, je mehr sie ihre privatskurrile Psychodynamik ausagieren und in der herrschenden Bizarrerie kultivieren, desto integrierter in die bestandserhaltende Anomie dürften sie sein. Die gesellschaftliche Normierung des sogenannten abweichenden Verhaltens singt davon ihren gellenden Sirenengesang. Der Satz Adornos, es gäbe kein richtiges Leben im falschen wird von der Totalintegration der entfesselten Abweichler praktisch widerlegt: Jeder darf, ja soll, sein kleines richtiges Leben gegen das große falsche ausleben. Ob es in diesem Malstrom den wirklich *anderen Körper*, den entfesselten, widerständigen Körper überhaupt gibt, ist zu bezweifeln.

Körperzeichen

Der Körper jedenfalls ist heute, inmitten der sich fortentwickelnden Gesellschaft zum zentralen Vorzeigeinstrument seiner Träger geworden. Es sind sein Aussehen und seine überoptimale Intaktheit, die ihnen Lebenssinn geben. In Form von Gesundheits- und Fitness-Trainings, Jogging und Körpertherapie auf der einen Seite und von Verweigerungs- und Verfalls-Uniform auf der anderen Seite wird er, getrennt vom leeren Selbst, zum abstrakt-materialen Identitäts-Ticket seiner heteronomen Besitzer. Er ist nur noch ein soziales Zeichen, so Baudrillard, das in den Orten der Begegnung vorgezeigt und ausgetauscht wird. Ihre *Gebrauchswerte*: ihre Gesten, ihr Sex sind nur noch auf den ästhetisch-erotischen Tauschwert eines supernarzisstischen Spektakels reduziert.

Ihre Tempel sind die Diskotheken, die Urlaubsstrände, die Büros, die Boutiquen und Einkaufspassagen genauso wie die Therapiezentren, die Jogging-Waldwege und die kultigen Stadtteile der Metropolen: Hier werden, zur scheinbar verabredeten Zeit in manischer Erregung oder cooler Distanz die Identitätsfragmente inszeniert und beschworen. Allem voran inszenieren sich die gestylten Körper; der laszive Blick, die entblößte Schulter, der rasierte Schädel, der gepiercte Bauchnabel. Sie meinen sich vielleicht noch als Ganzes, doch in ihrer »Fragmentalisierung« (Schirach 2007, S. 198), in der sie ostentativ einzelne Teilaspekte darstellen, dokumentieren sie ihren bereits geschehenen Identitätszerfall. Sie kommen damit dem nahe, was die Callgirls in ihren Inseraten machen: vollbus., schl., moll., ras., beh., naturg., präsentieren sie fragmentierte Realaspekte als Verkaufsschlager. In den Discos geht es strukturell ähnlich zu.

Eine der zeitgenössischen Paraden neuer Körperphantome – eine »Parade einiger der prominentesten neuen Körperbilder« – lässt Mattenklott (1984, S. 76f.) bereits vor mehr als 25 Jahren – im Jahre des gleichnamigen Orwell'schen Zukunftsromans – in einem Essay zur Wiederkehr des Körpers Revue passieren und es will scheinen, als ob jegliche Übereinstimmung mit der Wirklichkeit so rein zufällig hier nicht ist. Da gibt es den *Öko-Körper*, der, biodynamisch ernährt, Nüchternheit, Hygiene und Vergiftungsangst verkörpert. Da gibt es, als Gegenstück, den *apokalyptischen Körper*, vorgelebt im Punk der Großstädte, der sich krankheitszerfressen, verseucht, übernächtigt und durch Verwüstung gezeichnet herausputzt. Der *kalte Körper* wiederum ist der Gegner sowohl des *grünen* wie des inferno-verschwisterten: glattrasiert und distanziert verkehrt er per Sie und kokettiert mit alter Ordnung; ganz im Gegenteil wiederum zum *mythentrunkenen, übersinnlichen Leib* der Esoterik und des New Age, der schamanenhaft, mit Selbstheilungskräften und Spiritualität durchtränkt, sozusagen in Trance, zu anderen Ufern schwebt. Wie gesagt: 1984. Da kamen die metrosexuellen Narzissten der Jetztzeit gerade in die Grundschule.

Andere, neue und noch ostentativere Typologien sind denkbar, insbesondere wenn man an psychoanalytische Charakterologien und körpertherapeutische *Body-Structures* denkt. Entstehen aber diese Paraden nicht mehr nur an den Schreibtischen der Essayisten, sondern finden sie als real gewordene Abstraktionen draußen vor der Tür statt, dann ist ein Niveau gesellschaftlicher Evolution erreicht, das wahrlich das Ende aller Spannungen zwischen Individuum in der Gesellschaft darstellt.

Klon

Als transtypologischer Typus, der die pluralistisch aufpolierten aufhebt, imponiert indes heute der *geklonte Körper*. Es gibt ihn noch nicht real, aber alle reden ihn schon herbei. Die im TV serienmäßig gezeigten Schönheitsoperationen und die Anabolikashops im Internet lassen ihn, vorerst noch mit der vorzeitlichen Dampfmaschinenmethode, bereits entstehen.

Der geklonte Körper ist in der Tat die Fleischwerdung des Zeitgeistes. Er ist die künstlich belebte Serialisierung und Sistierung allumfassender Dekompensation und Verwahrlosung des Lebendigen. Er ist nicht Widerspiegelung des Zustands der Spätgesellschaft, sondern ihre sie reproduzierende Ausgeburt.

Wer die quasi geklonte Gleichheit bestimmter Arten sich zu verhalten, zu reden, zu tanzen, zu gestikulieren, über die Straße zu gehen, in der Szene oder anderswo, gesehen hat und wem urplötzlich auffällt, dass sich alle so vorwärts bewegen, der dürfte sich wahrhaft die Frage stellen, wie wirklich die Wirklichkeit (vgl. Watzlawick 1976) noch ist. Das genormte Auftreten, das aussieht wie gewisse Trickfilm-Sequenzen oder, noch drastischer, die reallebendigen Imitate von Comic-Strips, die in den Discos und unter anderem in der Wrestlemania-Szene immer mehr Zulauf finden, entsprechen wirklichen Realabstraktionen: Was hier die Menschen ostentativ zur Schau tragen, ist nur noch die Hülle ihrer entleerten Seele.

> »Die Hingabe an die ›schöne Maschine‹ [gemeint ist das quasi-automatisch verlaufende System der warenproduzierenden Gesellschaft (vgl. Kurz 2002)] geht jetzt bis zum Wunsch, die Selbstdomestizierung auch biologisch zu verankern und sich bis in die Gene an den Arbeits- und Vergnügungsmarkt und die warenförmige Vorstellung von Schönheit und Wohlbefinden anzupassen. Bei einer Befragung gaben 11% der US-amerikanischen Paare, die eine Fruchtwasseruntersuchung durchführten, an, sie würden einen zur Fettleibigkeit genetisch prädisponierten Fötus abtreiben lassen, wenn man diese Disposition feststellen könnte« (Jappe 2001, S. 99).

Imponierendes Kennzeichen des geklonten Körpers, des in Serie auftretenden Typus, der sich gentechnologisch selbst herbeisehnt, ist die »Übertriebenheit jeden Details« (Baudrillard 1985, S. 407), das jede Ausgabe wieder identifizierbar macht. Das Subjektive und Sinnliche wird zur eigenen Imitation und dieses Surrogat zur Norm; nachgeeifert werden Bilder, Modelle.

Das Endresultat solcher Klonung ist, dass der andere, wie ein Automobil, nur mehr noch als andere Ausgabe derselben, der x-ten oder der n-ten Körperserie realisiert wird. In der Kommunikationsgesellschaft, die von solchen Codes und von binärer Logik lebt, wird am Ende jeder jeden und jedes verstehen und wiederholen: Alle verstehen sich im Großen und Ganzen, nur keiner versteht bis heute das Ganze.

Überaus hellsichtig beschreibt zu den Zeiten als Bataille seinen *Heiligen Eros* verfasste, Adorno bereits jene zeitgemäßen Typen, »die weder ein Ich haben noch eigentlich bewußt handeln, sondern reflexartig den objektiven Zustand widerspiegeln« (1955, S. 83). Er bezog sich damals auf die psychodynamische Seite des ganzen Irrsinns, nämlich den um sich greifenden Narzissmus der Menschen, der zur Signatur des Zeitalters wurde.

Heute dürfte die Anthropologisierung des falschen Lebens in den subpsychischen Körper-Klons terminieren. War es zu Zeiten der Narzissmus-Diskussion das nicht mehr vorhandene Selbst, das sich irgend zu besetzen und zu verwirklichen suchte, so dürfte an dessen Stelle der Körper getreten sein, der jetzt den Großteil der affektiven Energien für sich in Anspruch und sich als psychisch in Besitz genommenen Gegenstand nimmt.

Weil am Ende der Verfallsgeschichte von warenförmiger Subjektivität kein substanziell Subjektives mehr vorhanden ist, werden die Körper besetzt. Die narzisstischen Investitionen richten sich nun auf ihn als Ersatz-Gegenstand.

Das Entsetzliche daran ist, dass die jungen Leute, die an vorderster Front dieser ganzen Entwicklung stehen, sich für ihr ganzes Leben ruinieren. Den Gipfel der Verdinglichung stellen, wie schon erwähnt, jene heranwachsenden Männer dar, die muskelbepackt schön aussehen wollen und illegal erworbene Anabolikapillen aus Russland oder sonst woher schlucken. Ironie ihres Schicksals: Sie werden gesehen, fallen auf, aber im Bett, wo sie mit ihrer Eroberung landen, wird ihnen das Zeugs fehlen, weil die Pillen ihnen die sexuelle Potenz und, später dann auch noch das wohlproportionierte Aussehen rauben, das sie ja doch in den Discos und Szenetreffs unbedingt in die Münze des Begehrtwerdens umsetzen wollten.

Anabolika sind Gleiches wie Energy-Riegel, Power-Drinks und andere ess- und trinkbare Kosmetika, die für frisches, supergesundes Aussehen zu sorgen versprechen. Es geht um die Fitnessfassade, die zu einem Wert an sich geworden ist. Und da gibt es junge Mädchen, die sich für einen Fernsehsender und die berühmte Zeitung ausziehen, ihre Bäuche und Brüste zeigen, um sich dann, wenn die den *Contest* gewonnen haben, unters Messer zu legen, wo sie von einem Schönheitschirurgen, wenn sie Pech haben, verstümmelt werden. Als es kürzlich in Frankreich gelang, einer von ihrem Hund schwerstverletzten Frau die Gesichtshälfte einer Leiche zu verpflanzen, um ihr Aussehen wieder einigermaßen menschenwürdig sein zu lassen, gingen bereits die fernsehmedialen Spekulationen darüber los, ob man nicht in absehbarer Zukunft sich Wunschgesichter bestellen können wird. Brüste, Bäuche, Hintern und Nasen gibt es ja bereits.

Und wenn dann erst das echte Klonen möglich ist, wird der *designte* Mensch (vgl. Habermas 2001)[38], die anthropologische Normalität geworden sein.

Das Verhältnis vieler Menschen zu ihrem Körper ist so, als würden sie ihn als eine Ware anbieten, ein Mittel, das man zum Zwecke des besseren Verkaufs permanent aufpolieren muss. Abermals war es Adorno der das Ganze schon antizipierte:

> »Prototyp ist das Verhalten jener, die in der Sonne sich braun braten lassen, nur um der braunen Hautfarbe willen, und obwohl der Zustand des Dösens in der prallen Sonne keineswegs lustvoll ist, möglicherweise physisch unangenehm, gewiß die Menschen geistig inaktiv macht. Der Fetischcharakter der Ware ergreift in der Bräune der Haut, die ja im übrigen ganz hübsch sein kann, die Menschen selber; sie werden sich zu Fetischen. Der Gedanke, daß ein Mädchen, dank seiner braunen Haut, erotisch besonders attraktiv sei, ist wahrscheinlich nur noch eine Rationalisierung. Bräune ist zum Selbstzweck geworden, wichtiger als der Flirt, zu dem sie vielleicht einmal verlocken sollte. Kommen Angestellte

---

38 Habermas reagiert hier in diesem Essay, ohne ihn explizit zu nennen, auf Peter Sloterdijk, der sich in seinem Vortrag »Regeln für den Menschenpark« (1999) positiv zur Gentechnik äußerte und daraufhin, so Wikipedia, »eine intensive öffentliche Debatte über die Anwendung von Gentechnologie auf den Menschen« auslöste (vgl. auch das Interview mit Habermas, das Thomas Assheuer mit seinem philosophischen Lehrer geführt hat, in: Die Zeit 5/2002, S. 33).

aus dem Urlaub zurück, ohne die obligate Farbe sich erworben zu haben, so dürfen sie dessen versichert sein, daß Kollegen spitz fragen: ›Sind Sie denn gar nicht in Urlaub gewesen?‹« (1969, S. 648).

In Zeiten der Arbeitslosigkeit und von Hartz IV, wo den meisten ein Mittelmeerurlaub zu teuer ist, tun es heute freilich auch die Bräunungsstudios. Hautkrebs inklusive.

Wer derart verdinglicht mit sich umgeht, kann auch zu anderen keine wirklich mitmenschlichen Beziehungen haben. Schon gar nicht kann sich sinnliche Liebe entwickeln, die an ein gänzlich anderes Verhältnis zum Körper gebunden ist. Der verdinglichte Köper liebt nicht und kann nicht geliebt werden. Hinter dem gesteigerten Interesse an Schönheit und gesundem Aussehen, das die Körper ruiniert, steckt die Gleichgültigkeit und Kälte den realen Menschen und sich selbst gegenüber. Kein Wunder, wenn die verlassenen und ausgetauschten sexy Girlies dann klagen, sie seien nur ein Spielzeug für ihn gewesen und er habe sie nur für den Sex haben wollen: »Und danach hat er 'n Abgang gemacht, Mann ey! So 'n Scheiß'!«

Die mit den Plateau-Schuhen damals und die mit den bauchnabelfreien Bäuchen heute, das sind die Girlies aus dem Prekariat. Wenn sie aber privilegiert sind und studieren konnten und Knete haben, gehören sie zur metrosexuellen Avantgarde und maßen sich das Definitionsmonopol an über das, was im beginnenden 21. Jahrhundert auf dem Gipfel der Menschheitsentwicklung in Berlin und anderswo der Fall zu sein hat (vgl. Eisenberg 2000, S. 202).

Ficken

Wer von sinnlicher Liebe redet, kann vom *Ficken* (vgl. Reichlin 2006) nicht schweigen. Jedenfalls nicht in heutigen Zeiten. Das muss einfach mal gesagt werden. Quasi Pflichtübung. Die Enttabuisierung des Wortes, das einem früher rote Ohren bereitete und, wenn nicht, von den Eltern einen Satz derselben einhandelte, ist augenfällig.

Aus der privaten Schmuddelecke ist zu erzählen, dass einem das gesichtshautdurchblutende Unwort auf der Straße erstmals entgegenkam in der intransitiven Version. Ja, es gibt transitives und intransitives Ficken, und im Geburtsort Dresden hieß es 1957: Der Alexander *fickt mit* der Sonja, eine Interaktion also, an der beide, hoffentlich lustvoll, teilhatten, weil dann ja auch die Sonja *mit* dem Alex *fickte* und woanders die Gabi *mit* dem Helmut und überhaupt vice versa.

Bis heute hat sich das mit dem Transitiv und Intransitiv nicht wirklich eingeprägt – also Nachschauen. Im Internet unterrichtet ein Juergen:

> »Transitiv sind alle Verben, die ein persönliches Passiv bilden. Ich mache es mal am Deutschen deutlich: Am einfachsten ist die *man*-Probe. Also einen Satz mit *man* bilden und dann gucken, ob man ihn ins Passiv setzen kann. Geht das nicht, ist das Verb intransitiv. z. B. ›Man sah ... man wird gesehen‹. Sehen ist transitiv; ›Man sinkt ... man wird gesunken‹ geht nicht. Sinken ist intransitiv.«

So wie der Alex und die Sonja ficken, nämlich *miteinander*, fällt die man-Probe, trotz scheinbarer Passung, dennoch negativ aus. Man fickt *miteinander*, keinesfalls aber wird man dabei gefickt oder wird man *miteinander gefickt*. Dennoch: Es war ein Skandal – damals.

Später, nach der Flucht meiner Eltern mitsamt ihren Kindern in den Westen war das andere Ficken zu kapieren, das transitive: Der Winfried fickt *die* Linda. Er macht es nicht mit ihr zusammen; er macht es ihr – einfach so. Wiederum macht er es in erster Linie ganz offenkundig gerade nicht ihr, sondern er macht es sich. Man fickt nun einmal eben so, für sich und sein eigenes Vergnügen. Oder man wird gefickt. Das erinnert an den leicht derben Witz, den uns Eike Christian Hirsch in seinem *Witzableiter* erzählt:

> »Ein Mann und eine Frau liegen im Bett. Der Mann gibt sich mächtig Mühe und will sein Nümmerchen schieben. Plötzlich fängt die Frau auch an und macht mit. Darauf hält der Mann ganz erstaunt inne und sagt: ›Wer fickt hier eigentlich, du oder ich?‹« (2001, S. 193).

Man fickt im Westen transitiv. Ein weiterer, noch viel größerer Skandal! Kapitalismus!

Heute verursacht das alles keine besonderen Regungen mehr, weder in West noch in Ost. Es ist kaum noch ein Fernsehabend ins Auge zu fassen, an dem nicht das ehemalige Schmuddelwort fallen wird. Dort tritt es zwar meist noch als ein vulgärer Ausdruck für den Geschlechtsverkehr auf, das ein bisschen schockieren soll. Aber die Faszination ist vorbei, denn das unholde Kraftwort verdünnt sich in der medialen Inflation.

Neuerdings kann man ein Handy-Label oder einen Klingelton oder so etwas downloaden, der *Fick dich!* heißt. Der übernommene Amerikanismus heißt aber nicht mehr das sexistisch Transitive, das es einmal war, sondern in etwa wie dort in Übersee: »Geh' mir aus dem Weg, mach was Du willst, leck' mich am Arsch!« Es ist ein Schimpfwort geworden. Wer im Land der unbegrenzten Möglichkeiten »Fuck!« sagt, stößt einen Fluch aus, so wie man »Verdammt!« sagt oder »Scheiße! Mist!«

Die Abwertung des Geschlechtsverkehrs, auf die bereits damals das Tabuwort hinauswollte, sollte dazu dienen, die Menschenwürde zu verletzen und das Geschlechtliche zu erniedrigen: Die Zoten-Sprache drückt Hass aus, sagt Georges Bataille.

Und hinter dem Hass und der Entwertung steckt die verdrängte Angst. Das weiß man inzwischen durch die Psychoanalyse, namentlich die Angst des Mannes vor der Frau und ihrer Sexualität, wenn sie ihr denn bei solchen Männern überhaupt je erwacht.

Heute, da die Enttabuisierung derart um sich gegriffen hat, dass kaum einer noch wissen, geschweige denn spüren kann, wie groß die Entfernung zur Erotik mittlerweile ist, weil der Bruch zwischen ihr und dem puren Sex nahezu irreversibel sein dürfte, scheint Ficken auf drastische Weise entsexualisiert. Wer sagt, er habe jemanden gefickt, meint heute, er habe jemanden gedemütigt oder besiegt. Und ganz fern von der Wahrheit liegt er damit nicht, ohne das freilich bewusst zu wissen.

Dies allerdings hat nichts zu tun mit der allgemeinen »psychischen Umweltverschmutzung«, wie Alexander Mitscherlich einmal das Phänomen benannt hat (1980, S. 263), der um sich gegriffenen Verflachung und Brutalisierung der Sprache auf ein allgemeines Unterschichtniveau. Sondern es liegt an der Art und Weise des Geschlechtsverkehrs selbst, der in den Dienst der Demütigung und Beherrschung gestellt wird. Und dieses Phänomen ist eigentlich uralt.

Schon die Alten Römer und die Kriegsführenden vor und nach ihnen wussten und praktizierten es, dass sie die in der Schlacht Besiegten, die sie nicht oder noch nicht töteten, durch *Ficken* erniedrigten. In dem Abschnitt »Das ›Ficken‹ von Feinden und Rivalen« beschreibt Hans Peter Duerr in seinem Buch *Obszönität und Gewalt* (1995) ganz eindringlich, wie zu allen erdenklichen Zeiten die Sieger den unterlegenen Gegner den After pedikierten, sei es mit Stöcken, Schwertern oder anderen spitzen Gegenständen oder sei es durch reale Vergewaltigung mit dem Penis. Es war die schmählichste Methode, dem unterlegenen Manne symbolisch zu zeigen, dass er zur Frau gemacht werde. Sogar in der Bibel, so Duerr, heiße es in Psalm 78,66: »Er stieß seine Feinde in den Hintern (ähör) und gab sie ewiger Schande preis« (ebd., S. 246). Der gewaltsam herbeigeführte Analverkehr ist, wie man unschwer begreifen kann, keineswegs homosexueller Natur, sondern im Gegenteil Ausdruck testosterongesättigter, überaus aggressiver Machos, die im Rausch ihren soziopathischen Narzissmus und ihre Macht ausleben und eines, wie Duerr betont, keinesfalls wollen: den Opfern Lust bereiten.

Wer es jemals erleben musste, wie im Erziehungsheim, im Internat oder anderen Nacherziehungsanstalten des gesellschaftlichen Anpassungsterrors sein Mitbewohner oder er selbst auf gemeinste Weise vergewaltigt wurde, liegt mit seinem abgrundtiefen Hass gegen die Homosexuellen, der sich ihm als lebensgeschichtliches Fazit aus dem Trauma aufgedrängt haben mag, einer abgrundtiefen Täuschung auf. Nicht drückt derjenige etwas über die Homosexuellen aus, sondern über sich. Die Täuschung lässt sich nur dadurch erklären, dass ihm sein reaktiver Hass das Hirn zerfressen hat. Gerade der anale Vergewaltiger im Männergefängnis »nutzt die Homophobie der Männer [...] um sie zu demütigen und ihnen die Selbstachtung zu nehmen« (ebd.). Der Hass des Gedemütigten müsste vielmehr dem Prinzip der Macht und Gewalt gelten, der faschistoiden Kultur der Verherrlichung des Überlegenen, die gerade nicht vom Homosexuellen, sondern vom heterosexuellen Krieger und seinen kaum sublimieren Nachfolgern in Anzug und Krawatte verkörpert wird.

Freilich wird diese Erkenntnis in der Regel durch die unbewusste Identifizierung mit dem Aggressor verhindert, die das psychische Überleben in den Zuchtanstalten und Gefängnissen und später in der in Welt der sozialdarwinistischen Eliten und Spitzenkräfte überhaupt ermöglicht. Am Ende dürfte der aufs falsche Objekt gelenkte Hass sich selbst gelten und eine Projektion sein, die verschleiert, dass man sich eigentlich von Anfang an selbst gern auf der Seite der Sieger und Überlegenen sähe und sich längst mit dem Aggressor identifiziert hat, den man, abgespalten, im verfemten *brutalen Homo* zu bekämpfen sich vorgaukelt.

Homosexualität kommt jetzt in der Öffentlichkeit überall vor, sogar und gerade – ob das gut so ist, wissen wir nicht – in den oberen Etagen der Macht, sodass der umgeleitete Hass des Homophoben so ohne Weiteres nicht mehr agiert werden kann. Vielleicht macht man sich am besten neue Freunde. Nach dem Motto: Also, ich kenne da persönlich einen Schwulen, der ist schwer in Ordnung. Der könnte einem dann einmal erklären, dass Homosexuelle in der Regel Männer lieben und nicht demütigen wollen, und dass Analverkehr gar nicht unbedingt das originäre Ziel gleichgeschlechtlicher Befriedigungen zwischen Männern ist, sondern das von Pornoproduzenten, die in der Regel heterosexuell sind und von der Art wie es die vergewaltigenden Krieger in der ewigen Gewaltgeschichte sein dürften.

Allgemein kann und muss man annehmen, dass die Koitierung unterlegener Männer und natürlich auch deren Frauen durch ihre Bezwinger heterosexueller Natur ist, denn im heterosexuellen Verkehr verbirgt sich strukturell und ab ovo ein uraltes Macht- und Gewaltverhältnis.

Im Fortgang der Menschwerdung des Menschen musste dieses Gewaltmoment im höchsten Maße sublimiert werden, bis Sexualität sich in Form differenzierter Erotik kulturell zum Ausdruck und Inbegriff von wechselseitiger Lust und Liebe zwischen Erwachsenen verfeinerte.

Aber das Ganze ist und bleibt absolut fragil und hängt von dem seelischen Entwicklungszustand und vor allem der sozialen Stellung der Beteiligten ab. Manche, und gar nicht so wenige, Frauen und auch Männer empfinden noch heute den Geschlechtsverkehr als Vergewaltigung und Zumutung. Kein Wunder, wenn sie lediglich *ficken und gefickt* werden.

Drei Stufen des Sexuellen: Autismus, Verhandlungsmoral, Erotik

Stufe 1

Sexueller Autismus

Auch der beziehungslose, rein selbstbezogene Sex außerhalb der Gefängnismauern in der *Normalität* draußen stellt sich für das Objekt der koitalen Handlung, sofern dies ein Mensch ist, als Demütigung, Beschmutzung und Vergewaltigung dar, falls dieser nicht – lustvoll – eingewilligt hat.

Die allerflachste Form des Sexes ist die bloße Triebentsorgung. Sie findet statt, wo ein Mensch seinen Körper und gegebenenfalls den anderer Menschen ohne Subjektivität, wie eine Sache, ein Instrument behandelt. Männliche Jugendliche gehen mal schnell in der Pause aufs Klo, um sich des Triebdruckes zu entledigen. Sie *holen sich einen runter* und *spritzen ab*: »Selbstentsaftung« nennt das Joseph von Westphalen (2005), der es gern drastisch hat. Ihr Verhältnis zu ihrem Körper ist dabei eher lieblos, ja mechanisch. Ohne größere Gefühlsregung wird hier an sich selbst gearbeitet. Man ist eben cool und hat vergessen, dass das mal kühl, desinteressiert und leidenschaftslos hieß. Der Junge manipuliert sein Glied, bis es von sich gibt, was ihm aus seiner Sicht den Triebdruck bereitete. Männer, die keine Milchbubis mehr sein wollen und, wie dereinst der Sexualforscher Prof. Dr. Ernest Bornemann, stolz darauf sind, dass sie die Onanie nicht nötig haben, weil sie erwachsen sind, verrichten ihre Triebentsorgung in sogenannten *Verrichtungsboxen*. Diesen Begriff haben in der Tat rheinische Behördenmitarbeiter, alles Adorno-Kenner vom Feinsten, in subtiler Ironie gewählt für die vielen kleinen mobilen Bordellräume, die man in Köln aufgestellt hat für den Fall, dass die vielen Besucher der Fußballweltmeisterschaft ihren wahrhaft männlichen Triebdruck nicht mehr aushalten können. Wir halten fest: In *Verrichtungsboxen* entsorgt der erwachsene Mann sein Sperma in der Scheide der Frau. Samenklo, wie gesagt.[39]

Beide, die Jugendlichen und die anderen Retardierten, beseitigen eigentlich, mehr oder weniger aufgeregt, eine Unlust, die ihnen die sexuelle Erregung bereitet. Es soll Männer geben, die beim Orgasmus keinen Laut von sich geben, geschweige denn schneller atmen oder gar ihre Lust herausstöhnen. Höchstwahrscheinlich haben sie gar keine. Die Psychologie würde hier von Menschen reden, die keinerlei Spannungsbogen aufbauen können, die kein Begehren, keine Erwartungsfreude, keinen psychischen Drang aushalten können, ohne diesen nicht direkt und kurzerhand abtöten zu müssen: Momentpersönlichkeiten ohne jegliche Frustrationstoleranz. Der nicht sofort befriedigte Trieb frustriert. Total lust- und lautlos wird er abgeführt.

Die Parallele zum reinen Ausscheidungsvorgang ist nicht zu übersehen. Aber das ist nicht neu und auch nicht das Ende aller Kultur. Historisch kommt die Vorstellung des notwendigen Samenausstoßes bei maßgeblichen Medizinern vor, in der römischen Hochkultur, namentlich beim berühmten griechischstämmigen Arzt Galen, auch Claudius Galenus aus Pergamon genannt, der etwa 150 n. Chr. meinte, dass die Ejakulation von Samenflüssigkeit, die er sowohl für den Mann als auch für die Frau annahm, ebenso natürlich wie notwenig sei, weil nicht ausgeschiedener Samen giftig werde und zu Krankheiten führe: »Aus diesem Grunde empfahl Galen mäßige, aber regelmäßige sexuelle Betätigung. War Koitus unmöglich, wurde Masturbation empfohlen« (Haeberle 2003). Wir erinnern: Harald Schmidt thematisierte das unlängst im Unterschichtenfernsehen, zeitgemäß (vgl. Die Zeit 43/2006, S. 4) in den Kanälen des *abgehängten Prekariats*.

Was etwa 1.700 Jahre lang bis zur neuzeitlichen Repression der Sinnlichkeit als gesund und richtig galt, kann eigentlich so falsch nicht gewesen sein. Sogar vom griechischen Philosophen Diogenes wird seitens Galens voller Lob überliefert, »dass er um der Gesundheit willen häufig masturbiert hatte«. Aber um Richtig und Falsch geht

---

39 Etwas von diesem Entleerungsmodus transportiert auch die Psychoanalyse Freuds, wenn sie davon ausgeht, dass die Libido durch Befriedigung *abgeführt* werden müsse, da sonst Neurosen zu entstehen drohen.

es hier gar nicht, sondern um eine bestimmte Haltung der Sexualität gegenüber, die zum Tode von Erotik und Liebe führt, dazu gehört auch die problematische Haltung, Sex aus rein medizinischer Sicht als Gesundheitsmittel zu betreiben – oder als Sport oder als bloße Triebentsorgung. Diese Form von klinischer Gesundheit korrespondiert heute mit der Krankheit des Bestehenden, welche die liebende Teilhabe durch und durch infiziert.

Entfremdung

Die Krankheit des Bestehenden heißt heute nach wie vor: Entfremdung (vgl. R. Jaeggi 2005). Sexualität die von der allgemeinen Entfremdung erfasst ist, geschieht nicht mehr um ihrer selbst willen[40], sondern weil heute etwas anderes zugrunde gelegt, beziehungsweise vorgeschoben wird. Das Wellness- und Gesundheitsmotiv, aber auch die verschiedensten anderen in der Regel naturwissenschaftlich untermauerten »Gründe«, die heutzutage hoch im Kurs stehen, sind dabei als *Rationalisierungen* im Sinne Freuds anzusehen, der ja darauf hingewiesen hat, dass wir stets dazu neigen, uns unsere impulsiven und vernunftlosen Handlungen vernünftig zu machen, indem wir sie im Nachhinein mit allerlei rationalen Gründen ausstatten.

Hinter und unterhalb der Rationalisierungen stehen zutiefst unbewusste Motive und auch diese stellen entfremdete, das heißt: uns fremde Beweggründe für sexuelle Handlungen dar. Gunter Schmidt macht mindestens zweimal (Schmidt 1988, S 103ff.; 2004, S. 85ff.) darauf aufmerksam, dass insbesondere der amerikanische Psychoanalytiker Robert J. Stoller (1979) herausgearbeitet hat, dass sich in sexuellen Spannungsentladungen mitunter und gar nicht so selten nichtsexuelle Affekte und Motive ausdrücken. Sexualität folgt in diesen Fällen einem

---

40 Eudoxos von Knidos (407–357) »begründet den superioren Charakter der Lust mit der Tatsache, dass diese [...] als Selbstzweck angesehen wird und nicht als etwas, das man um einer anderen Sache willen begehrt. [...] Begründungen mit Hinblick auf den Lustcharakter einer Handlung sind gemäß Eudoxos' Argument Letztbegründungen, sie können nicht auf ein tieferes Prinzip zurückgeführt werden« (Dessau/Kanitscheider 2000, S. 25). Hinter der sexuellen Lust ein noch *wichtigeres* Motiv verborgen zu sehen, derentwegen man sie praktiziert, entfremdet sie von sich selbst.

anderen inneren Drehbuch als dem genuin lustvollen und verkörpert und befriedigt ganz andere Wünsche und Affekte. Vor allem werden außer den tiefen Gefühlsdimensionen von Liebes- und Geborgenheitssehnsüchten »Wut, Rache, Hass, Triumph, Angst, Selbstdarstellung usw. u. s. f.« (Schmidt 2004, S. 88) ausagiert, sodass man davon ausgehen muss, dass Sex hin und wieder von seinen psychologischen Bedeutungen der Linderung verschiedenster Konfliktspannungen überlagert und determiniert wird. Dabei macht für einen derart sexuell Agierenden die »unbewusste Bedeutung der sexuellen Akte – die triumphale kurzfristige Aufhebung seiner Beschädigung – [...] die Intensität des sexuellen Erlebens aus« (ebd., S. 97), was zumeist die Tendenz süchtigen Verhaltens nach sich zieht, da die zugrunde liegenden Spannungen immer nur vorübergehend und kurzfristig gelindert werden. Das wissen die Besucher der Discos und Clubs natürlich nicht. Sie ahnen es allenfalls und verleugnen es deshalb.

Ob eine solchermaßen psychisch überdeterminierte Triebabfuhr onanistisch erledigt oder ob die Befriedung der somatisch sich äußernden Konvulsionen an einem anderen Menschen absolviert wird: Es geht schnell und will auf die Spannungslosigkeit hinaus – und es ist zutiefst einsam.

Nur Ich

»Die einfache Psyche kennt nur sich selbst«, hat einmal ein kluger Kopf gesagt, dessen durchaus bekannter Name mir leider einfach nicht erinnerlich ist. Der psychisch primitivste, krudeste Hintergrund sexueller Handlungen ist die Tatsache, dass die so Agierenden sonst nicht wüssten, dass sie da sind: Sie stimulieren sich selbst, um sich überhaupt zu spüren. Alles reduziert sich auf den kleinen Punkt, welcher der Mittelpunkt ist; das reduzierte, geschrumpfte, seiner selbst unbewusste leere Selbst. Bei den sexuellen Äußerungsformen, die damit einhergehen, sieht es nicht anders aus. Sie finden statt auf dem psychodynamischen Niveau derjenigen, die sich selbst schneiden und verstümmeln.

Diese geschrumpfte Form von Sex kann ohne Schnörkel autistisch genannt werden, sofern man die Krankheit *Autismus* als Allegorie nimmt für die abgrundtiefe Unfähigkeit des modernen voll sozialisierten Menschen, zu anderen, und in diesem Fall auch zu sich selbst, verstehenden, einfühlenden Kontakt aufzunehmen. Es ist die totale Kommunikationslosigkeit, die in der gegenwärtigen Kommunikationsgesellschaft so selten nicht vorkommt. Im Gegenteil: Eher scheint sie epidemische Ausmaße angenommen zu haben. Die Massenausstattung aller mit Handys ändert daran nichts. Sie haben sich im Grunde nichts zu sagen, weil sie zu sozialem Kontakt nicht wirklich in der Lage sind.

Immer wieder muss man in den Gazetten lesen, dass ein Täter an seinem Opfer *sexuelle Handlungen vorgenommen* habe. Die Sexualverbrechen mögen vielleicht am dunklen Ende einer Reihe stehen, die der autistische, purifizierte Triebentsorgungssex ausmacht. Hier spielen allerdings bereits wieder verquere emotionale Additive eine Rolle, etwa die Erregung an der Macht über den Gepeinigten und dessen verzweifelten Reaktionen und insofern sind klinische Kriterien anzulegen.

Aber auch beim gesellschaftlich normalen, beziehungsweise normalpathologischen Fall, der nicht bestraft und nicht therapiert wird, ist es so, dass *sexuelle Handlungen* an jemandem oder an etwas *vorgenommen* werden ohne dessen Hinzutun. Das kann ein Gegenstand oder ein Lebewesen sein und wenn das Lebewesen ein Mensch ist, gehört es zu dieser Form von Sex, dass die Person pures, depersonalisiertes Objekt, interaktiv also wesentlich unbeteiligt und in der Regel passiv ist. In manchen kulturellen Zusammenhängen wird solche Passivität gar zur Norm erhoben: »Du legst dich hin«, sagt die türkische Tante zu ihrer Nichte, um sie aufzuklären, »machst die Hände zur Faust und schließt die Augen. Und ›o gelir ve bosalir‹, er kommt und entleert sich. Aber wenn du dich bewegst, wird er sich lange in dir aufhalten« (Kelek 2006, S. 230).

Man sieht: Auch der, der die sexuelle Handlung am Objekt seiner Begierde vornimmt, ist dank der Antwort auf sein Verhalten, die er evoziert, vom Prinzip der Teilhabe selbst völlig abgeschnitten. Rationalisiert wird dann das Erstarren der Frau positiv damit, dass sie eine Hure wäre, wenn sie sich zu bewegen wüsste und etwa eigene Lust empfände. Dies freilich käme einem emanzipatorischen Akt gleich, der ein ganzes Gesellschafts- und Glaubenssystem aus den Angeln heben könnte.

In modernen Zeiten im Westen Europas und in den Ländern, in denen sich der Fortschritt abspielt, stellt sich das Vornehmen sexueller Handlungen kaum anders dar. Gäbe es heute einen neuen, ehrlichen Kinsey, dem es gelänge, in den deutschen und anderswo befindlichen Schlafzimmern wissenschaftliches Mäuschen zu spielen, so würde dieser uns valide Zahlen liefern über das mehr oder weniger ausgeprägte Massenvorkommen von sexuellen Handlungen, die Menschen hier und heute an Menschen vornehmen, ohne miteinander wirklichen kommunikativen Kontakt und eine mitmenschliche Beziehung herzustellen.

Ein bisschen etwas davon lassen uns die Zeitschriften und Magazine ahnen, die zwar nur um der Verkaufszahlen willen von solchem total reduziertem Sex berichten, die aber keine interessierten Konsumenten fänden, wenn es für die allgemeine Empörung, sprich Identifikation, nichts gäbe, was dem in der realen Wirklichkeit entgegenkäme. Keine validierten Zahlen zwar und kein Massenscreening, aber qualitative Daten sind es schon, die ebenso wie die Kinsey'schen den Zeitgeist widerspiegeln.

So liebt die Welt ...

... hieß eine Artikelserie im *Stern* (ab Nr. 30/2005) und es überrascht einen nicht, wenn man dort erfährt, dass in den industriell fortgeschrittensten Länder die augenfälligsten Formen der Verdinglichung und der Kommunikationslosigkeit vorkommen, dort also, wo die kulturellen Regeln am stärksten aufgeweicht sind, die das sexuelle Verhalten ritualisieren. Es ist wie mit den Drogen. Drogen hat es in der Menschheitsgeschichte immer und überall gegeben, insbesondere im Zusammenhang mit Göttern und Religionen. Noch nie aber gab es einen solchen Zustand der Vereinsamung und Isolierung der Menschen, die am Gebrauch ihrer Lüste aufgrund der Kommunikationslosigkeit und der Sinnentleerung dessen, was sie tun, leiden und erkranken.

Sex ist Ersatzbefriedigung, keine Befriedigung wenn er ohne Bezug zum anderen stattfindet.

In Japan, so berichtet der *Stern*, stellt sich das besonders krass dar. Das Land der boomenden Pornoindustrie sei aber trotz allem oder gerade deswegen eine »Insel der Unlust« (Rienhardt 2005, S. 88), denn die statistischen Zahlen besagen, dass nirgendwo auf der Welt in den Ehen so wenig Sex stattfindet wie dort. Allerdings, so heißt es, seien für die Männer alle anderen Frauen Lustobjekte, außer eben die eigenen und die Mütter. Weil die Männer eher hochgradig gehemmt sind, ziehen sie es vor, sich mit käuflicher Liebe zu versorgen statt das riskante Spiel mit dem Flirt und dem Kennenlernen real einzugehen. Bezeichnenderweise tun sie es, statistisch gesehen, zum ersten Mal mit 18,6 Jahren, also recht spät, im internationalen Vergleich zu den Isländern, die mit 15,7 und den deutschen, die gar mit 14,9 bei den Mädchen und 15,1 bei den Jungs *anfangen*. Dafür geben die gehemmten Japaner jährlich umgerechnet 17,2 Milliarden Euro in Bordellen aus.

Hier können sie sich, wie wohl überall in den Puffs, wenn man das nötige Kleingeld hinblättert, ihre verklemmten Wunschträume erfüllen und die Frauen in der Rolle als Sekretärin oder Stewardess haben. Sie können sie auch in speziellen Kabinetten fesseln oder es gibt künstliche Straßenbahnwaggons für *Frotteure*, zum anonymen Begrapschen fremder Hintern, und medizinische Untersuchungsräume für Hobbygynäkologen, nebst elektrischem Untersuchungsstuhl und Metall- oder Plastikinstrumenten.

Alle Träume werden erfüllt, und es wäre die Gestalt derselben tiefenlogisch näher zu beleuchten. Die dahinter verborgene Versagungsangst der Männer angesichts der ökonomischen Ansprüchlichkeit der realen Frauen draußen im Alltag, züchtet die bizarrsten Bewältigungsfantasien, die in sexualisierter Form im anonymen Bordellbetrieb die Unsicherheit und Verzagtheit überwinden helfen. Doch nur zum Schein. Die Befriedigung, gar die echte Problembewältigung kann mit den sicherlich hochprofessionellen Huren nicht gelingen.

Viel ehrlicher als die Verklemmten sind dagegen die *Otakus*[41]. Das sind die total Scheuen, die sich über Jahre zu Hause einigeln. So müssen sie gar nicht erst Sozialkontakte aufnehmen, die bekanntlich den Keim des Misslingens in sich tragen. Isolationsfolter aus vermeintlich freien

---

41 Ariadne von Schirach (2007, S. 74) berichtet fast in denselben Worten davon, was zeigt, das sie das vom selben Blatt übernimmt, also dem *Stern* (30/2005) und wahrscheinlich nicht »von einem Freund«, wie sie sagt. Der jedenfalls dürfte es dann aber vom *Stern* haben.

Stücken. Die *Otakus* sind junge Männer, die noch nie in ihrem Leben mit einer Frau irgendeinen Kontakt gewagt haben, einen sexuellen schon gar nicht. Man geht von etwa 2,8 Millionen jungen Leuten aus, die tagtäglich vor ihrem Rechner sitzen und dort ihren Sex ausleben, indem sie sich mit skurrilen Masturbationsfantasien aufladen. Der *Stern* sei hier einmal als leuchtendes Gestirn der Erkenntnis über den Zustand des Eros zitiert. So liebt die Welt: »Manchmal sitzt er 23 Stunden am Stück vor seinem Computer und masturbiert. 33 Mal an einem Tag ist sein Rekord. Es gibt Wettbewerbe [...] wer es innerhalb von 24 Stunden am häufigsten schafft. [...] Der Gewinner kam auf 48 Orgasmen« (Rienhardt 2005, S. 100). Leistung aus Leidenschaft.

Die Flucht in die virtuelle Welt hat einen Grund: Bereits der *normalste* Sozialkontakt, zumal der mit dem anderen Geschlecht, wird als unzumutbarer Leistungsdruck empfunden, der nicht auszuhalten zu sein scheint. Und aus der Flucht wird Sucht. Süchtige zeigen immer weniger Gefühle, wenn es darum geht, ihr Suchtmittel einzusetzen. Je verzweifelter sie sich damit zu befriedigen meinen, desto mehr entfernen sie sich von der wahren Befriedigung, die sie kaum noch in der Lage sind, herbeizusehnen.

Der Kontaktverlust zur Wirklichkeit ist am Ende so total, dass die Scheinwelt zum Eigentlichen wird und die Realität zum Schattenreich. Das hat gewissermaßen platonische Züge, sofern die Idee, das vom Empirischen und der realen Körperlichkeit freie (vgl. Illouz 2007b, S. 114f.) und gereinigte Bild, sich über die Wirklichkeit und die kleinen unfertigen Dinge, eingeschlossen die unvollständigen Menschen, legt und viel mehr Wert und Schwerkraft hat als das krude, widerspenstige Sein.

Wem das denn aber doch zu virtuell ist mit den elektronischen Strichmännchen und den idealen Pixelweibchen auf dem Desktop, wer sich aber nicht traut, mit einem irgend lebendigen Sexobjekt ins Lotterbett zu gehen, die die unzähligen Bordelle vorhalten, dem bietet sich im Land der aufgehenden Sonne die Möglichkeit – an sieben Stellen allein in Tokio und etwa zehnmal so vielen im ganzen Land – in einen *Puppenpuff* zu gehen. Ja, das gibt es wirklich. Das sind Freudenhäuser, die Gummipuppen, sozusagen die Material gewordene Idee des perfekten Weibes auf Erden, zur Verfügung stellen, mit denen es der so weiterentwickelte Otaku-Mann, der mal endlich *was berühren* will, wunschweise mit Vaginas in A- und B-Größe, echt entvirtualisiert treiben kann. Und am Ende wird wahrscheinlich alles mit Sagrotan nachbehandelt.

PARO

> »Wer die Wahrheit übers unmittelbare Leben erfahren will, muß dessen entfremdeter Gestalt nachforschen, den objektiven Mächten, die die individuelle Existenz bis ins Verborgenste bestimmen« (Adorno 1951, S. 13).

Zur Wahrheit des unmittelbaren Lebens im dritten Jahrtausend gehört die Zunahme der Verdinglichung. Das bedeutet nicht nur, dass die Menschen sich zueinander wie zu Dingen verhalten, sondern auch, dass sie Dinge mehr zu lieben geneigt sind als ihresgleichen.[42] Während sie sich immer fremder werden, werden sie von der Dingwelt, der Welt der Waren und Dienstleistungen, immer abhängiger. Nicht nur im Bereich des Sexuellen ist das so, wo mittlerweile eine ganze Industrie von Lustmitteln aus Plastik und Gummi mit Milliardenumsätzen dafür sorgt, dass die Massenselbstbefriedigung erleichtert und vibratorisch beschleunigt wird, sondern auch im Bereich der menschlichen Gefühlsbedarfsdeckung. So ist, abermals in Japan, wie man unlängst erfuhr, ein Kuschelroboter namens *Paro* auf den Markt gebracht worden. Das ist ein mit weißem Fell ummanteltes robbenbabyähnliches Tier, welches auf menschliche Stimmlagen, seine Gemütsverfassungen, seine Handbewegungen, das heißt, sein Streicheln und Kraulen und so weiter, verschieden reagieren kann. Das sieht dann so aus und fühlt sich so an, als ob das süße Robbenbaby tatsächlich live antwortet. Es schlägt die Kulleraugen auf, es gibt Wohllaute von sich oder süße kleine Klagelaute, es räkelt sich, bewegt das Köpfchen, je nachdem, was der seinerseits auf es reagierende Mensch mit ihm an-

---

42 »Menschliche Beziehungen sind heute noch weniger [...] primär Beziehungen von Menschen zu Menschen. Technikfetischismus, mediale Idiotisierung, Automobilobsessionen und Computersymbiosen sind die heutigen Alltagspsychosen und die Quellen von gängigen Omnipotenzphantasien« (Eisenberg 2000, S.23).

stellt. Das wirkt wie eine reale Interaktion. Im ZDF *Auslandsjournal* vom 23. März 2006 sah man, wie ein paar hochbetagte Greisinnen in einem japanischen Altersheim in der Tat mit Rührung und Zärtlichkeit auf das Stofftier reagierten, es streichelten und es voller Gefühl an sich drückten.

Der Erfinder des therapeutischen Roboters, Dr. Takanori Shibata, sagt dazu:

> »›Umfangreiche Studien haben ergeben, dass der Umgang mit Paro das Wohlbefinden steigert. Und mehr noch: Er verhindert oder verlangsamt Krankheiten wie Demenz oder Alzheimer, die Menschen bleiben geistig und körperlich fit.‹ Zwölf Jahre Arbeit und zehn Millionen Euro Entwicklungskosten stecken in der Roboter-Robbe. Sie soll das Personal entlasten und den Spaß und Gesprächsstoff der Senioren steigern. Dass Paro das mit großem Erfolg tut, konnten auch Kliniken in Italien, Schweden und Großbritannien bestätigen. Die japanischen Elektronikkonzerne wittern das große Geld und wollen bis 2015 mehr als zwei Milliarden Euro verdienen.«

Das sind notabene jene objektiven Mächte, die das Leben im Verborgenen bestimmen. Die Reportage fährt fort:

> »Was früher im Science-Fiction-Kino auf der Leinwand lebte, soll in naher Zukunft das heimische Wohnzimmer beherrschen, um die Hausarbeit zu erledigen oder gezielt als Altenhelfer einsetzbar sein. Den Anfang macht der menschenähnliche Pflegeroboter ›Ri-Man‹, der bereits eine zwölf Kilogramm schwere Puppe tragen kann. Bald soll er in Kliniken und Altenheimen den Bewohnern aus ihren Betten helfen. ›Hochentwickelte Roboter mit denen sich einsame, ältere Menschen richtig unterhalten können, werden in Japan bald zu haben sein. Und von hier aus werden sie die Welt erobern.‹«

Wer meint, das alles sei superneu, sei erinnert an das Buch *Eine Anthropologin auf dem Mars* von Oliver Sacks, dem Neuropsychiater. Dort macht er die Leser mit einer hochintelligenten Frau bekannt, Dr. Temple Grandin, die sich eine *Drückmaschine* oder auch *Schmusemaschine* konstruiert hat, in die sie sich hineinlegen kann, um von einem entsprechend umgebauten Industriekompressor *umarmt* zu werden:

»An Menschen konnte sie sich nicht wenden, wenn sie Trost und Zuwendung brauchte, an die Maschine immer. [...] Die Maschine ist für Temple nicht nur eine Quelle der Freude und Entspannung, sondern vermittelt ihr auch, wie sie betont, ein Gefühl für andere« (1995, S. 362ff.).

Andere Menschen kann sie nicht allzu nah an sich herankommen lassen, damit ist sie psychisch überfordert; die Maschine ermöglicht ihr, Sinnlichkeit zu erleben, ohne Panik zu bekommen. Denn Dr. Temple Grandin leidet unter Autismus. Sie hat es mit äußerster Kreativität dazu gebracht, mit ihrer Krankheit leben und arbeiten zu können. Eine ähnliche Drückmaschine hat sie im Rahmen ihrer beruflichen Tätigkeit auch für Kühe und andere Tiere erfunden, und auch die fühlen sich sauwohl damit.

Dem ist gleichwohl hinzuzufügen, dass die Steigerung des Wohlbefindens mittels Maschinen oder virtueller Partner für nicht derart erkrankte, einfach nur einsame Menschen einen weiteren Gipfel der Entfremdung und Verdinglichung darstellt, weil hier auf sie wie auf Menschen reagiert wird, die es in Ermangelung von Partnern nicht können und mit menschlicher Zuwendung auch nichts anzufangen wüssten. Durch diese »Behandlung« werden psychische Unfähigkeiten unterstellt, die sich am Ende, durch Gewöhnung an das prekäre Hilfsmittel, real einstellen können, und wir hätten es in der Umkehrung von Ursache und Wirkung mit jenem sozialen Konstruktivismus zu tun, der in handgreifliche asoziale Wirklichkeit umschlagen lässt, was zunächst bloß ideell war. Die Psychiatrie nannte dieses Phänomen *Labeling Approach*, dass nämlich die Menschen in institutionellen Zwängen just jene Züge der Krankheit annehmen, die bei ihnen diagnostiziert, und das heißt: unterstellt wurden, weil sie die untergründigen Verhaltenserwartungen, die im Raum sind, interaktiv zu erfüllen trachten. Es wird sich zeigen, ob die gut gemeinte Stimulation für die dementen Altersheiminsassen durch die Paro-Roboter *längerfristig* tatsächlich zu mehr Lebendigkeit führt oder am Ende lediglich die psychosoziale Verarmung bestätigt oder gar verstärkt.

Nun sollte und muss man unterscheiden zwischen Heimen, in denen Demenz- und Alzheimerkranke untergebracht sind und der soziokulturellen Wirklichkeit, in der die Kuschelmaschinen aus dem Katalog von

Beate Uhse stammen. Jedenfalls zeigt der japanische Liebhabroboter in Reinkultur, dass man die technokratisch-medizinische Definition von Glück, nämlich die vermehrte Ausschüttung diverser Kuschel- und Wohlfühlhormone, zur leiblichen Realität werden lassen kann, was zumindest für Kranke auf den ersten und vielleicht auch zweiten Blick wie ein Segen aussehen mag.

KUSCHELECKEN

Mit dem *Tamagotchi* fing man in der fortgeschrittenen Industriegesellschaft an, Zuwendungs- und Kommunikationsmaschinen für den Massengebrauch unters Volk zu bringen, und man kann und muss wohl davon ausgehen, dass die damit beglückten Menschen tatsächlich auch subjektiv mit einem entsprechenden gesteigerten Empfinden reagieren und gewissermaßen unabhängig von ihrer objektiven Verarmung sich bereichert sehen. Die Reduktion ihres Seelenlebens auf ein wenn auch sehr viel komplexer strukturiertes Reiz-Reaktions-Schema reduziert sie dennoch und nach wie vor auf das Niveau von reflexhaften Monaden, die ohne wirklichen mitmenschlichen Kontakt, losgelöst von Kommunikation und Interaktion mit ihresgleichen, den bloß chemisch-zellulären Wellnessablauf ihres Inneren zu reproduzieren gezwungen sind. Denn individuell lieben und sinnvoll antworten kann ein noch so ausgeklügelter Roboter nicht. Selbst die lobenswertesten Anstrengungen von Technik und Wissenschaft lenken hier ihre libidinöse Energie in eine Richtung, die dem entgegengesetzt ist, was zu verwirklichen sie sich anstrengen.

Etwas weniger traurig aber gleichsam skurril genug mutet die amerikanische Variante solcher Einsamkeitskompensationen an. In Amerika gibt es, und das sieht im Vergleich zur japanischen Plastikwelt nachgerade aus wie die verwirklichte Humanität, sogenannte *Kuschelecken*. Da geht man hin, wenn man sich allein fühlt. Auf dem zehnten Deutschen Trendtag in Hamburg berichtet ein Professor Wippermann, dass zwar eine lebenslange Partnerschaft zum Mythos werde, die Menschen aber »trotzdem [...] romantisch-zärtliche Bedürfnisse [hätten], die befriedigt werden wollen.« Und deshalb sei es so, dass in den USA *Kuschelecken* im Trend liegen: »[...] Orte, an denen sich Menschen treffen, um einander in den Arm zu nehmen – ohne sexuelle Absichten, einfach nur, um das Gefühl von Nähe zu spüren« (vgl. Große-Wilde 2005). Das ist also die nicht-autistische Variante, bei der reale Menschen sich einander real anfühlende Nähe und Wärme in kalten Zeiten spenden (vgl. auch Schirach 2007, S. 40). Einfach nur so.

Ein qualitativer Unterschied zu den virtuellen und gummifizierten Sexpartnern der trendigen Onanisten in japanischer und aller Welt ist freilich hier nicht wirklich auszumachen. Der asexuelle Kuscheleckentrend, mit seinen denkbaren Roboterversionen und entsinnlichtem Sex am PC, mit Vibrator und elektronischer Seemannsbraut, sind miteinander verschwistert. Beide hegen den Wahn, dass es offenbar im Wesentlichen darum gehe, auf diesem Weg eine Art körperinternen Wohlfühlfaktor anzufeuern und mittels immer noch effizienterer Techniken das Ganze ohne die qualvollen Mühen der sozialen Kommunikation und Interaktion um ein Vielfaches zu steigern. Statt daran zu arbeiten, in wirklich liebevollen intimen Beziehungen glücklich zu werden, produziert man hormonell definierte Wellness. Letztlich geht es bei allem, was hier als Trend bestaunt wird, um die Erweiterung der ganzheitlichen Selbstbefriedigung vereinzelter Einzelner, die sich gelegentlich auch schon mal zu Gruppen zusammenrotten. Dank der herrschenden Ideologie glauben sie, eine Gemeinde zu sein und sich Gesundes anzutun.

VON WO AUS GEDACHT WIRD: GESUNDHEIT

Aus der Sicht von Diogenes, dem *alten Wichser*, von Claudius Galenus und der heutigen Medizin, die explizit die Selbstbefriedigung bei der regelmäßigen prophylaktischen Prostataentleerung für zuträglicher hält als den koitalen Sex, müsste das weltweite Onanieren an den PCs als eine Art kollektive Gesundheitsverbesserungsmaßnahme der individualistischen Massengesellschaft anzusehen sein.

Doch halt! Weit gefehlt! Galen und die anderen sind Vertreter der Diätetik! Sie sind keinesfalls Apologeten der Gier und der Quantitäten. Das heißt, sie lobpreisen und empfehlen die Mäßigung, nicht den Masturbationsmarathon und nicht die Sexsucht. Es herrschten vor knapp 2000 Jahren schon diesbezügliche Normen, weit vor Luthers »in der Woche zwier«, die eine »mäßige, aber regelmäßige sexuelle Betätigung« (Haeberle 2003) befürworteten. Auch in der bereits damaligen Parallelkultur, dem Islam, gab es berühmte Ärzte, die der sexuellen Diätetik zugetan waren:

> »Die beiden wohl bekanntesten von ihnen sind Rhazes (860–930), der ›persische Galen‹ [...] und Abu Ali Al-Hussein Ben Abdallah Ibn Sina, heute eher unter seinem latinisierten Namen Avicenna (980–1037) bekannt. Avicenna glaubte wie Galen, dass mäßige sexuelle Aktivität zur Erhaltung der Gesundheit notwendig sei und dass Samen, der nicht ausgeschieden wurde, möglicherweise giftig würde. Er erklärte außerdem, der Penis eines Mannes schrumpfe, wenn man ihn nicht durch regelmäßigen Gebrauch stärke. Andererseits könne exzessiver Geschlechtsverkehr zur Beeinträchtigung des Seh- oder Hörvermögens führen, aber auch zu Zittern, Schlaflosigkeit, Haarausfall und Epilepsie. Die genaue Definition von ›exzessiv‹ war individuell verschieden festzusetzen, da die Menschen unterschiedlich stark seien« (ebd.).

Die Diätetik Galens lehrt, dass von der geschlechtlichen Betätigung sowohl therapeutische Wirkungen als auch pathologische Konsequenzen ausgehen (Foucault 1984, S. 155). Diätetik ist immer eine Lehre der Mitte und der Mäßigung. So verwundert es nicht, wenn vor fast 2000 Jahren gesagt wird, dass der Geschlechtsakt und die Ausstoßung des Samens *die Seele ruhig stimmt und den rasenden Menschen in einen vernünftigen Zustand versetzt*. Das erinnert an die gelegentlich zitierten hypermodernen Eltern, die ihrem nervösen Sohn raten, doch mal wieder zu onanieren (Schmidt 1988, S. 47), um sich zu beruhigen und an Alex Comfort, der vom Sex sagte, er sei »biologisch dazu geeignet, Spannungen aller Art zu lösen, wozu er einen physiologischen Mechanismus – den Orgasmus – besitzt« (zit. n. Glaser 1985, S. 221). Es geht bei Galen (129–199 n.Chr.) bis Comfort (1964 n.Chr.) um, wenn man so will, Reinigungsprozeduren, die den Betreffenden säubern sollen von dem, was ihn bedrückt (vgl. Foucault 1984, S. 156). Ein implizites Wissen von den nichtsexuellen Motiven sexueller Handlungen à la Stoller gab es also schon damals. Was aber die Diätetik des Altertums von der heutigen Gesundheitstechnokratie unterscheidet, ist, dass sie von einer Leib-Seele-Einheit ausgeht. In der genauesten Abstimmung und Koordination körperlicher und seelischer Begierden sieht sie die Lösung, nicht in der Abtrennung des Physischen vom Psychischen. Wenn sich der Körper »ganz allein betört und nichts in der Seele dieser Erregung entspricht«(ebd., S. 177), dann ist das genauso krankheitsverdächtig wie umgekehrt die *Doxa*, in der sich die Seele von Vorstellungsinhalten ohne körperliche Entsprechungen hinreißen lässt. Ein ganz besonderes Misstrauen, so berichtet Foucault, hegten die Diätetiker daher gegenüber den »furchtbaren Bildern«, die solche Erregungen hervorrufen (ebd., S. 180ff.). Die Diätetik des Altertums, die die Vernunft des Menschen gegen seine unvernünftigen Triebregungen setzt, lässt den Körper im Grunde nur »entsprechend seinen eigenen Reinigungsbedürfnissen« zu Wort kommen. Als höchstes Ziel propagiert sie die Unabhängigkeit des Menschen von der Lust: »Die keuschen Menschen (tùs sóphronas) gebrauchen Sinnenlüste nicht um der damit verbundenen Wollust willen, sondern um eine Unpässlichkeit zu kurieren, so als gäbe es in Wirklichkeit keine Wollust« (ebd., S. 183). Der hygienische Akt, den Diogenes schließlich für sich schlussfolgerte, war, dass er »ohne erst auf die Prostituierte zu warten, die er zu sich bestellt hatte, [...] sich selbst von dem ihm lästigen Saft befreite; er wollte damit, so Galen, sein Sperma ausscheiden, ›ohne die Lust zu erstreben, die diese Entleerung begleitet‹« (ebd.). Den *alten Wichser* sollte man also tunlichst zurücknehmen: Diogenes ist eher als eine Art Asket zu begreifen. Masturbation ist in der Diätetik eine leidenschaftslose, vernünftige Geste der einsamen Reinigung, die streng von der Wollust abgetrennt ist: Es wird, der Tendenz nach lustlos, schnell mal etwas Ungutes wegonaniert – quasi Katharsis.

Heutzutage, wo der Computer alles blitzartig berechnen kann, geht man, rein gesundheitlich gesehen, wie aus der australischen Studienergebnisse zu schließen ist, von gesunden 13 bis 20 Mal für die reinigende Prostataentleerung pro Monat aus, wobei die Erkenntnis, dass da vielleicht auch etwas anderes wegmasturbiert werden könnte als nur schadstoffhaltiges Sperma der, aus naturwissenschaftlicher Sicht unwissenschaftlichen, Psychologie vorbehalten bleibt. Bezeichnenderweise wird immer nur vom Mann geredet – macht jedenphalls für ihn 2,992 bis 4,602 Mal die Woche. Wer will schon gegen die echte Wissenschaft und die daran angeschlossene Medizin etwas sagen, die so objektiv sind, wie kein anderes Denken.

Die Liebe aber, von der wir in den verschiedensten Facetten weltweit träumen und sie herbeisehnen, ist kein medizinisches Thema, und aus der Perspektive und Sicht der Liebe ist der klinische Sex ein Frevel. Die Haltung, die sich hinter den rein naturwissenschaftlichen Gesundheits-vorstellungen der Medizin verbirgt, ist eine, die sich unter Umständen als höchst ungesund erweist, zumindest für die Liebe.

Wie kann Gesundheit krank sein? Von welcher Warte aus bilden sich solche Urteile? Die Utopie der Liebe ist doch eigentlich keine wissen-schaftlich *belastbare Größe*, von der aus geschlussfolgert werden kann. Könnte man deshalb gegebenenfalls nicht sogar echt wissenschaftlich ableiten, dass der pure Triebentsorgungssex unter Umständen so gesund nicht ist?

Was ist gesund, was ist krank?

Der Bundesgerichtshof legt 1957 fest, dass Krankheit definiert wird als jede Störung der normalen Beschaffenheit oder der normalen Tätigkeit des Körpers, die geheilt, d. h. beseitigt oder gelindert werden kann. Wenn kein organpathologischer Befund nachzuweisen ist, dann ist das keine Krankheit. Krankheit wird auf das rein individuelle Funktionie-ren bzw. Nicht-Funktionieren physikalischer, chemischer, zellulärer, jedenfalls mit naturwissenschaftlichen Methoden nachweisbarer, Ab-läufe bezogen: Zahlen, Fakten, Werte. Hier ist also ein rein techni-sches, funktionales Erkenntnisinteresse am Werk.

Sex ist wäre demzufolge *gesund*, weil bei der physiologischen Verrich-tung die Sollwerte und Messnormen des geordneten Zusammenspiels organismusinterner Funktionsabläufe optimal bestätigt werden.

Aber selbst die berühmte Definition der Weltgesundheitsbehörde, die ja keineswegs im Verdacht steht, medizinische, naturwissenschaftlich erforschte Gesundheit zurückzuweisen, macht mit ihrer ganzheitlichen

Herangehensweise darauf aufmerksam, dass es um sehr viel mehr geht. In ihrer Gründungsurkunde aus dem Jahre 1946 heißt es: Gesundheit ist »ein Zustand vollkommenen körperlichen, geistigen und sozialen Wohlbefindens [...] und nicht allein das Fehlen von Krankheiten und Gebrechen«. Mit ein bisschen Vorstellungskraft kann man sagen, die WHO schließt die Utopie der Liebe in ihrer Gesundheitsdefinition ein. Geistiges Wohlbefinden summiert sich, wenn man so will, aus den für die psychischen Belange so bedeutsamen Elementen des Glücksempfindens, des Lebensgenusses, der vollen Erfahrungsfähigkeit insgesamt; dies sind auch die Urstoffe, an denen die Liebe teilhat. Beim sozialen Wohlbefinden, also wesentlich der Möglichkeit befriedigender Kommunikation und Interaktion, ist es nicht anders.

Fazit: Der kommunikationslose Ausscheidungssex, so gesund er vielleicht als zellulärer Vorgang sein mag, ist sowohl aus der Perspektive einer umfassenden Gesundheit als auch aus der Perspektive der Liebe und der Erotik ein Sakrileg.

Von wo aus gedacht wird: Ethik

Sakrileg, Sünde, Entweihung: welch eine Anmaßung! Steht die Utopie der verwirklichten Liebe, in deren Namen die autistische Triebentsorgung als krank und frevelhaft diagnostiziert wird, hier nicht in Gefahr, ihrerseits zum normativen Terrorinstrument zu werden? Eine schwierige Frage. Der moralische Zeigefinger scheint hintergründig wieder aufzutauchen, und das totgesagte Onanieverbot winkt mit knorrig verfaulter Hand.

Es klingt alles ein bisschen wie am Ende des Mittelalters, wo man begann, letztlich alles außer dem ehelichen Zeugungsakt zu verteufeln und davon *abweichende Sexualität*, insbesondere die Selbstbefriedigung, als krank zu brandmarken. Das kann es in modernen Zeiten allerdings nicht sein! Immerhin weiß man, zeitgemäßen wissenschaftlichen Studien zufolge, dass heutzutage 96% aller Männer und 86% aller Frauen *es* regelmäßig tun und viele junge Leute die Masturbation mittlerweile als eigenständige Befriedigungsform begreifen (vgl. Matthiesen 2008, S. 83; Honneth 2007b, S. 20; Sigusch 2001). Schließlich war doch die

Aufhebung solch verklemmten Verbotsterrors nach den 60er Jahren eine historische Errungenschaft im Namen der Befreiung des Subjekts und seines Körpers, und die gesellschaftlich freigegebene Onanie, die ja, wie es heißt, in vielen Fällen der bestmögliche Sex mit jemandem ist, der einem nahe steht, hat sich über alle Altersgrenzen hinweg, insbesondere gerade für die Alten, zur segensreichen Einrichtung gewandelt. Was also soll man glauben? Woran kann man sich orientieren?

Orientieren könnte man sich zweifelsohne an etwas Allgemeingültigem, sprich: einer generellen Norm. Aber das bringt abermals in ein Dilemma mit sich, denn die Sollwerte, Richtschnüre und Regeln haben ja gerade, indem sie Verhalten normieren und damit die Freiheit des befreiten Verhaltens einschränken, wie gehabt, an der ganzen Verklemmung und den sich daraus ergebenden Krankheiten und Neurotizismen ihren maßgeblichen Anteil.

Weiter hilft da möglicherweise so etwas wie eine Meta-Norm, sozusagen ein allgemeines Prinzip, dem die verschiedenen Normen untergeordnet sind. Diese Meta-Norm wäre in einer allgemeinen Ethik festzuhalten, die das normeninterne Dilemma von Freiheit und Notwendigkeit aufhebt, indem sie für alle Menschen aller Zeiten, also auf dem höchsten Niveau der Verallgemeinerungsfähigkeit, bindend zu fassen sucht, was alle zugleich *sollen* und vor allem auch *wollen* müssten.

Bekanntlich ist das kein neues Thema. Immanuel Kant fällt einem sofort ein, der in seinem kategorischen Imperativ davon ausgeht, dass doch eigentlich alle Menschen sich vernünftigerweise so verhalten müssten, dass die inneren Richtlinien ihres Handelns immer auch die Maximen einer allgemeinen Gesetzgebung bilden können. Kant wollte mit diesem Gedanken ein transzendentales Moralgesetz fassen, das er als Selbstgesetzgebung der Vernunft konzipierte. Obwohl der kategorische Imperativ gern von den Predigern der Ratio, den Politikern zumal, ins Feld geführt und idealisiert wird, ist er heute so nicht haltbar, weil Vernunft sich längst mit Macht und Herrschaft verpaart hat und im zeitgemäßen Instrumentalismus von Denken und Handeln zu einer irrationalen Einheit geworden ist.

Jürgen Habermas, einer der größten Moralphilosophen der Gegenwart, sucht und findet in der Tradition Immanuel Kants das transzendentale, also das den Einzelmenschen und den Kulturen vorgeordnete vernünftige Moralprinzip in den Gesetzmäßigkeiten, die unterirdisch der menschlichen Kommunikation innewohnen. Seine Diskursethik lässt es zu, anachronistisch anmutende Kategorien wie Wahrheit und Wahrhaftigkeit ganz ohne moralischen Zeigefinger und ganz ohne Zwang ins zeitgemäße Licht zu rücken und, ebenfalls ohne moralinsaure oder gar psychiatrische Attitüde, einen positiven Begriff der Zurechnungsfähigkeit von Menschen zu etablieren. Die Zurechnungsfähigkeit der Subjekte ist bei ihm Voraussetzung für die Teilnahme am herrschaftsfreien Dialog, in welchem argumentativ Moral generiert wird. Dass dabei auch über Liebe und Sexualität in einem nicht-normativen Sinne verhandelt wird, ist anzunehmen, denn es geht nicht um Theorie, sondern um die vitale Realität der Menschen: Moralphilosophie gehört schließlich zum Zweig der *praktischen* Philosophie. Ihre zentrale Frage ist die nach dem richtigen Leben.

Wo aber, um mit F. K. Waechter zu reden, *kein Schwein* sich um die Moral zu kümmern scheint, wo sich in den Talkshows der Fernsehsender der allgemeine Verfall von Moral und Kommunikation breit macht, und wo die gesellschaftlichen Eliten, die man tagtäglich mit staatsanwaltlicher Verfolgung assoziiert sieht, keinen Deut anders sind, nur eben weiße Kragen tragen und elaborierter daherreden, fällt es schwer, an die Durchsetzungskraft ethischer Maximen zu glauben. Das Niveau der Kommunikationsmoral mag zwar hoch sein, aber wenn keiner drauf ist ...

Umso interessanter und nachhaltiger scheint in der verwahrlosten Spaßgesellschaft daher der Gedanke einer *hedonistischen Ethik* zu sein, die weiter reicht als die vernunftgeleitete, der in Modernisierungszeiten ohnehin keiner zu folgen scheint.

Eine hedonistische Ethik? Eine Moralphilosophie des richtigen Lebens, die sich aus der Perspektive der Lust und des Genusses ergibt? Sehr vereinfacht stellen sich die Niveaus von Moral wie folgt dar:

Es gibt eine Moral, die einfach *gesetzt* ist – die von Gott in den Geboten gesetzte oder die elterliche Moral oder die von allen möglichen sich so sehenden Autoritäten. Der dümmliche Versuch der politischen

Heuchler, die alten Werte[43] wiederzubeleben, statt die richtigen, gehört dazu. Eine solche autoritativ gesetzte Moral muss nicht weiter begründet werden. Sie wird mit der Androhung von Strafen und anderen unterwerfungsfördernden Mechanismen ins Gewissen gehämmert. Einer solchen Moral folgt man aus Angst. Angst vor Strafe oder Angst vor Liebesverlust. Vor allem kann man sich in einer solchen Moral auch gegen sich selbst »versündigen« (Schmidt-Salomon 2006, S. 103), weil hier bestimmte Verhaltensweisen als amoralisch gebrandmarkt werden. Deshalb dient die gesetzte Moral in der Regel der Repression und der Selbstkasteiung. Eine Moral, die sich gegen die lebendigen Tendenzen der Entfaltung des eigenen Wohlbefindens richtet und über Pflicht und Gehorsam die menschlichen Regungen für fremde, gar »höhere« Zwecke instrumentalisiert und dabei Unlust erzeugt, kann am Ende als »Sklavenmoral« (vgl. Russel 1971, S. 170; Dessau/Kanitscheider 2000, S. 119) bezeichnet werden.

Die Psychoanalyse nennt die innere Instanz, in der die Gebote und, vor allem, die Verbote vereint sind, das *Über-Ich*. Über ein gut verinnerlichtes, dominantes Über-Ich verfügen die Pflicht- und Gehorsamsmenschen, die, wie man weiß, auch den Befehlen der amoralischen Machthaber allzu gern sich beugen. Eric Berne nennt in seiner transaktionsanalytischen Theorie den inneren Teil, in welchem sich das »Man soll« und »Man soll nicht« befindet, bildhaft das *Eltern-Ich*. Trifft einer mit aufgeblähtem Eltern-Ich auf einen anderen, so passiert es schnell, dass dieser, hochgradig beeindruckt, auf die elterlich an ihn herangetragene Norm aus seinem inneren *Kind-Ich* heraus reagiert, dem Teil, das aus Abhängigkeitsbedürfnissen zur Unterwerfung neigt. Das ist dann, nach Berne, *eine gelungene Transaktion*, weil zwischen *elterlichem* Sender und *kindhaft* antwortendem Empfänger eine Korrespondenz und kein Widerspruch entstanden ist. So erklärt sich manche Transaktion vor

---

43 »Wenn in Gesellschaften anhaltend über ›Werte‹ gesprochen werden muß, ist es bereits zu spät, und der ganze Wertediskurs zeugt nur noch vom Krisencharakter der Epoche. Denn Werte wie etwa Toleranz und zwischenmenschliche Rücksichtnahme lassen sich nicht predigen oder von oben dekretieren: Tolerant und rücksichtsvoll kann nur sein, wer in seinen frühen Bedürfnissen nicht ständig mißachtet und wem in den Zeiten extremer Abhängigkeit die Erfahrung vom Empathie und Schutz zuteil wurde« (Eisenberg 2000, S. 10f.).

oder hinter einem deutschen Behördenschalter, selbst wenn der hinter dem Tresen erheblich jünger ist als sein devoter *Kunde*. Wenn aber jemand zu dem aufgeblähten Eltern-Ich seines Gegenübers hinter dem Tresen zum Beispiel sagen würde: »Ich möchte nicht, dass Sie so mit mir umgehen.«, dann durchkreuzte er das Gelingen der bis in die 60er Jahre prästabilisierten Transaktionsharmonie des *Eltern-Ich-korrespondiert-mit-Kind-Ich* und wiese darauf hin, dass er ein Erwachsener ist. Das *Erwachsenen-Ich*, das dritte im Bunde von Berne, ist der innere Bereich, der auf Rationalität und Verhandlungslogik, auf den Austausch von Gründen setzt. Keine Unterwerfung, kein Gehorsam.

Eine weitaus akzeptablere Moral als die quasi elterlich-autoritär gesetzte ist allemal die aus rationalen Gründen abgeleitete von Erwachsenen für Erwachsene. Immanuel Kant und Habermas und viele andere der Vernunft Verpflichteten machen das und rekonstruieren Moral und Ethik aus nachvollziehbaren *Gründen*, die, weil sie für alle nachvollziehbar sind, auch für alle gelten können. Eine solche Moral hat ihren psychischen Ort im *Ich*, der Instanz die mit dem Realitätsprinzip verbandelt ist. Bei Habermas vor allem geht es um den Akt der Kommunikation und das, was dort argumentativ für alle Diskursteilnehmer konsensfähig ist. Einer in der intersubjektiven Vernunft gründenden Moral folgt man aus Einsicht, nicht aus Angst und Gehorsam.[44]

Eine wirklich allumfassende Vernunft muss aber zwangsläufig so weit reichen, dass sie die Vorherrschaft des Realitätsprinzips selbst zu kritisieren erlaubt, vor allem, wenn dieses das Faktische zur Religion erhebt und die Sehnsucht nach einer metaphysischen Ebene des Seins gnadenlos rational abwürgt. Eine solche Vernunftkritik auf dem Boden eines erweiterten Vernunftbegriffs richtet sich nicht gegen die gelungene Erwachsenheit und auch nicht gegen die Begründungslogik, sondern sie richtet sich, begründet, gegen den Zwangszusammenhang, dass die Rationalität, die dem faktischen Sein zugrunde liegt, keine volle verwirklichte Vernunft ist, sondern das bloß noch schlechte Amalgam von

---

44 Hier scheidet sich Moral von Ethik: »In der Moral geht es um die subjektive Wertigkeit von Menschen vor dem Hintergrund vermeintlich vorgegebener metaphysischer Beurteilungskriterien (gut und böse), in der Ethik hingegen um die objektive Angemessenheit von Handlungen anhand intersubjektiv festgelegter und immer wieder neu festzulegender Spielregeln« (Zitatgeber unbekannt, vgl. aber Habermas 1988).

gesellschaftlichen und nur vorgeblich humanen Interessen (vgl. Honneth 2007a). Eine Ethik, die dieses vernunftkritische Motiv aufnimmt, muss daher diesseits der Sphäre des kontaminierten Rationalen ansetzen. Sie sucht vielmehr statt im *Ich* in der Sphäre des *Es* den Urgrund für die Moral, welches sich dieser irrationalen Ratio entzieht.

Eine solche hedonistische Ethik aus der Perspektive der Lust will die unmoralische Seite der Moral, »ihr latentes Motiv, zu strafen und zu verfolgen, wie ihre Absicht, zu zwingen« (Kohlmann 1997, S. 102; Knoll 2002, S. 17), überwinden. Sie weigert sich, Handlungsimperative einzurichten, die zwangsläufig zum Terror mutieren, denn sie besteht auf der Implikation, dass nichts, was normativ sein soll, dem vollkommenen Lebensgenuss in allen seinen Gesichtspunkten entgegenstehen darf, auch nicht die Moral.

Weil aber niemand wissen kann, was das genau positiv formuliert heißt: das unverstellte Leben und dessen wirklicher Genuss: weil nämlich gänzlich alles Leben im Ruch steht, durch und durch vergesellschaftet zu sein, verdinglicht und entfremdet, und weil niemand davon ausgenommen ist, auch der allgemeine Diskursteilnehmer nicht, lässt sich eine hedonistische Ethik nur *negativ* bestimmen in dem Sinne, dass klar sein muss, was, aus der Perspektive der Lust, nicht sein soll und nicht sein darf. Einer solchen Moral folgt man nicht aus Angst wie der im *Über-Ich* verankerten, auch nicht aus Einsicht des *Ich* in die Vernünftigkeit der Gründe, sondern weil es einen *von innen* dazu drängt.

Die Perspektive, von der aus gedacht und empfunden wird, ist dabei die eines realen oder fiktiven Menschen, der das Privileg hat, sich dem totalitären gesellschaftlichen Anpassungsdruck und der *kollektiven Regression* partiell entziehen und widersetzen zu können, zumindest in seinem Denken. Würden sich viele solcher privilegierten Menschen zusammensetzen, sagen wir die Diskursteilnehmer von Habermas, und sich über das verständigen, was aus der Perspektive der Lust nicht sein soll, so kämen sie zumindest auf den einen Nenner, *dass Leiden nicht sein soll*. Das äußert sich zum Beispiel in dem Satz: »Richtig wäre, dass in all dem, was Menschen tun, keinem anderen Lebewesen Leid zugefügt wird« (Wischke 1993, S. 133f., vgl. Knoll 2002, S. 13). Nicht der Wert einer Handlung sei ausschlaggebend, sagt Jeremy Bentham sondern »die

Folgen der Handlung [sind] zu beurteilen, je nachdem, ob sie Glück oder Unglück bringen« (Dessau/Kanitscheider 2000, S. 111).

Das ist eine durch und durch hedonistische Position, denn wenn man aus der Perspektive des Lebensgenusses denkt, die vielleicht positiv so eindeutig nicht bestimmbar ist, so weiß man doch, dass das Gegenteil von all dem das Leiden ist. Ja, aus der Perspektive ihres Leidens, über das sich die Diskursteilnehmer verständigen würden, entstünde erst diese überindividuelle allgemeine Meta-Norm[45]: dass Leiden nicht sein soll.

Dies genau ist die normative Prämisse der hedonistischen Ethik. Implizit in all seinem Denken findet diese Ethik sich in Adornos Gesamtwerk, der eine explizite Moralphilosophie nie ausgeführt hat. Das hat Manuel Knoll in seinem Buch *Ethik als erste Philosophie* (2002) aufs Eindringlichste herausgearbeitet.

Die hedonistische Ethik ist keine abstrakte, intellektuelle Kopfgeburt, sondern hat ihren tiefen Grund in der physischen Negation des Leidens, in den somatischen, kreatürlichen Impulsen, die den Menschen geblieben sind. Zuallererst ist der Körper der Ort des Leidens; die von hier sich bestimmende Ethik ist materialistisch. Nicht kommt sie aus dem Geiste oder der Wesensart des Menschen, die historisch ohnehin keine festen Größe sein kann. Die Position der hedonistischen Ethik ist ganz klar und einfach, *dass Leiden nicht sei*. Nietzsche sagt: »Weh spricht: Vergeh!« Dass Leiden nicht sein soll, beansprucht, nach Ulrich Kohlmann, bei Adorno »universelle Gültigkeit« (vgl. Knoll 2002, S. 151).

Der Körper, alle Körper aller Menschen, sagen: »›Weh spricht: Vergeh! Doch alle Lust will Ewigkeit …‹« (ebd., S. 142). Auch bei Feuerbach heißt es, dass alles Lebendige glücklich sein will (Sigusch 1984, S. 29). Dieser Gedanke knüpft an die uralte Tradition des philosophischen Hedonismus an, dessen faktische Basis die Lust (Dessau/Kanitscheider 2000, S.13) ist. Alle Lebewesen streben Lust an und suchen sich vor Unlust zu bewahren (ebd., S. 112).

Der Mensch ist für Adorno wie für Nietzsche wesentlich Leib, alle seine Erfahrungen gehen auf das leibnahe Lust- und Unlust-

---

45 … in der die große »Minimalbedingung einer ethischen Regel« eingehalten wird, nämlich »universalisierbar« zu sein (Dessau/Kanitscheider 2000, S. 35).

prinzip zurück (vgl. Adorno 1974, S. 176f.). »›Die Sinnlichkeit‹, heißt es bei [Feuerbach], ›ist die Quelle der Lust, aber sie ist auch die Quelle der Schmerzen, der Leiden, der Krankheiten.‹« (Sigusch 1984, S. 29)

Insofern ist es eine wunderbare Bestätigung der materialistischen Philosophie und der hedonistischen Ethik bei Adorno, wenn die moderne Hirnforschung ein materiales Korrelat dieser ethischen Haltung in den sogenannten *Spiegelneuronen* findet. Das sind jene Zellen, deren Aktivität der aus Indien stammende amerikanische Neurologe Vilayanur Ramachandran von der University of California in San Diego vor einigen Jahren entdeckt hat und die er als *Einfühlungszellen* oder auch *Dalai-Lama-Neuronen* bezeichnete. Die Wissenschaft stellte fest, dass bestimmte sensorische Zellen im Hirn gewissermaßen spiegelnd immer dann aktiv werden, wenn bei einem Gegenüber etwas Schmerzhaftes oder in anderer Weise sensorisch Relevantes passiert. Jemand tut sich weh und bei einem anderen, der das sieht, werden genau dieselben Neuronen in seinem Gehirn aktiv, ohne dass er sich gestoßen oder verletzt hat. Das heißt, sie erkennen spiegelnd, was im anderen vorgeht und ermöglichen so Einfühlung.

Einfühlungsvermögen und Mitleidenkönnen stellen die Basis aller Kultur und Zivilisation. Die Spiegelneuronen sind, so Vilayanur Ramachandran, »unsere Grundlage für Ethik und Moral« (Der Spiegel 10/2006, S. 138ff.). Interessanterweise geht man davon aus, dass die Spiegelneuronen bei dem absoluten Fehlen von Einfühlungsvermögen bei Autisten eine Rolle spielen. Die prinzipielle hirnorganisch verankerte Fähigkeit des Menschen, mittels innerer Simulationsprozesse Empathie für andere Menschen und andere Lebewesen aufzubringen, würde daher die somatische Voraussetzung für das bilden, was Feuerbach, Nietzsche und Adorno ganz fundamental meinen, wenn sie sagen, dass Leiden nicht sein soll.

Damit ähnelt dieses Desiderat auch dem Ethikprogramm des *evolutionären Humanismus*, das von Schmidt-Salomon auf der Basis eines nicht-psychologischen und nicht-soziologischen Naturalismus entworfen wird, so als ob es tatsächlich denkbar wäre, ohne die objektiven soziokulturelle Umwelten mit deren normativen Kräften und ohne den objektiven Faktor Subjektivität mit dessen Interpretationsleistungen und, vor allem, ohne eine kritische Theorie der Gesellschaft, welche die Schwerkraft der Macht- und Herrschaftsverhältnisse thematisiert, eine allumfassende Ethik zu formulieren. Gleichwohl scheint der *evolutionäre Humanismus, als Geistesprodukt,* ein guter Ansatz, der endlich zwischen den Naturwissenschaften und den Geisteswissenschaften eine Menge konsensfähige Topoi anbietet und eine die Wissenschaftszweige übergreifende philosophisch fundierte Ethik des 21. Jahrhunderts zu entwerfen erlaubt. Vielleicht ist das vor allem deshalb möglich, weil *Naturalismus* als Begriff nicht ohne Grund erstmals bei Kant auftaucht, dem bewusstseinsphilosophischen Ethiker und Verfasser des kategorischen Imperativs, und zwar als Synonym für »den materialistischen Atheismus« (Böhme/Böhme 1985, S. 87), den er sicher nicht ohne die Vernunft denkt.

Freilich darf die »naturalistische« Entdeckung der Spiegelneuronen nicht dazu führen, dass man immer mehr psychisches Geschehen auf deren Tätigkeit zurückführt und die Psychologie an die Physiologie verkauft. Die gegenwärtige Entpsychologisierung des Denkens, die auch von Psychologen betrieben wird, zeichnet es aus, alle möglichen bekannten Phänomene aus ihren komplexen Symbolbildungszusammenhängen und interaktionsdynamischen Einbettungen herauszureißen und mittels einer cerebralen Reduktion von Komplexität auf hirn-interne Vorgänge oder, an anderer Stelle, gar auf die Gene, zurückzuführen. Zum Beispiel geht man sicher zu weit in der gedanklichen Engführung, wenn man jetzt plötzlich das psychoanalytisch durchdrungene Phänomen von Übertragung und Gegenübertragung auch noch auf die Spiegelneuronen bezieht (vgl. Hantel-Quitmann 2007, S. 74f.) und mutmaßt, dass die Übertragungsliebe eine Reaktivierung alter Spiegelneutronenladungen sein könnte. Es ist hier wie mit allen naturwissenschaftlich entdeckten Ingredienzien der Liebe: kaum weiß man von ihnen, spielen sie eine geradezu *ursächlich*-verantwortliche Rolle für das komplexe subjektive Erleben. Das aber dürfte gerade kein bloßes Abbild biochemischer Hardwaremechanismen sein, sondern, wenn schon: wesentlich softwarebedingtes Resultat symbolvermittelter Interaktionen!

Lust und Liebe

Die dezidierte Negation des Leidens in seiner ursprünglichen Form des physischen Schmerzes ist ganz einfach lediglich die andere Medaillenseite jenes *Hedonismus*, der philosophisch ursprünglich auf der einen Seite von Epikur und auf der anderen von Aristipp von Kyrene entfaltet wird. Bei beiden ist, ganz am Lebensgenuss orientiert, alles in allem das höchste Gut die *Lust*.

Das Streben nach Lust bedarf »keiner weiteren Rechtfertigung«, weil Lust Selbstzweck ist. Aristipp von Kyrene sagt, dass »es ein Grundstreben bei allen höheren Lebewesen gibt, bei Tieren und Kindern ebenso wie beim erwachsenen Menschen, dass sie der Lustempfindung spontan zuneigen und ebenso unmittelbar bemüht sind, der Unlust zu entfliehen« (Dessau/Kanitscheider 2000, S. 24). Diese ur-hedonistische Erkenntnis greift Sigmund Freud im Lust-Unlustprinzip auf (ebd., S. 125).

Äußerst verkürzt lässt sich sagen: Epikureer zielen Glückseligkeit an, indem sie nach den wahren Lüsten suchen, die sie von den falschen unterscheiden. Falsche Lüste schaffen Unlust: »Es gibt Bedürfnisse und Begierden, deren Befriedigung den Schmerz zur Folge hat, immer nur wieder neue Begierde anstachelt und die Seelenruhe und Gesundheit des Menschen zerstört« (Marcuse 1938, S. 137). Der Verzicht auf Annehmlichkeiten, die Unannehmlichkeiten nach sich ziehen, ist also naheliegend und ihr Programm.

Die Kyrenaiker dagegen sagen, Glückseligkeit entsteht als Summe der einzelnen realen Lustempfindungen. Es kommt nur auf den Genuss an; zwischen Lust und Lust gibt es keinen Unterschied. Der Genuss der Lust ist das einzige Glück, das dem Individuum beschieden ist (ebd., S. 131). Interessant am kyrenaischen Hedonismus ist sein radikaler Materialismus: »Weit besser als die seelischen seien die körperlichen Lüste und die körperlichen Leiden weit schlimmer (als die seelischen)« (ebd.).

Es fällt auf, dass es beim epikureischen Hedonismus letztlich die Vernunft ist, die das Sagen hat (ebd., S. 137). Aber auch bei Aristipp spielt Vernunft eine Rolle, und zwar »als Verrechnungsorgan für die Lustmaximierung« (Dessau/Kanitscheider 2000, S. 25). Ganz ohne Vernunft, sozusagen so totalregressiv wie exemplarisch beim Sexsüchtigen, scheint es also nicht zu gehen, wenn es um die Lust geht, um nicht den selbstzerstörerischen Folgen bestimmter Genüsse anheimzufallen. Auch beim kyrenaischen Hedonismus ist »nicht ein blindes Befolgen eines punktuellen, kurzzeitigen Luststrebens« gemeint, sondern ganz offenbar eine qualitative Vorstellung von Lust. Die Vernunft bewertet und differenziert die einzelnen Lüste in zuträgliche und schädliche, wobei der kyrenaische Hedonismus die Spontaneität und Archaik des Lustprinzips insgesamt betont. Der Epikureer ist letztlich der Bürger, der mit vorübergehendem Triebverzicht Unlustvermeidung und Gemütsruhe betreibt. Das Sicherheitsprinzip bietet ihm seine eigentliche Glückseligkeit, während der Kyrenaiker sich dem Aufruhr der Triebe stellt. Adornos hedonistische Ethik bezieht sich interessanterweise nicht auf Epikur von Athen, dessen ἡδονή-Begriff letztlich eine Abwendung von der aktiven Sinneslust beinhaltet (Dessau/Kanitscheider 2000, S. 39), sondern auf Aristipp von Kyrene: An den knüpft, nach Adorno, bereits Nietzsche an, auf den sich seine Ethik bezieht. Arist sei der, »der gedrungen hat auf die unmittelbare, nicht vertagte Befriedigung der Begierde, auf das Glück jetzt und hier« (Adorno 1996, S. 207f.). Dem epikureischen Hedonismus wirft er vor, dass dieser mit seinem tendenziellen Triebverzicht und dem ins Private zurückgezogenen Sicherheitsstreben just jene gesellschaftlichen Verhältnisse verewigt, welche die wirkliche Erfüllung der Lust versagen (Knoll 2002, S. 148). Das Glück jetzt und hier aber ist für Adorno in der bestehenden Gesellschaft nicht möglich, weil in ihr alles kommerzialisiert und verdinglicht wird, was in der wahren Freiheit Glück wäre: »Es gibt kein richtiges Leben im falschen« (1951, S. 43).[46]

Deshalb kann und muss man Adornos Hedonismus auch utopisch nennen. Er ist genauso utopisch wie der *Heilige Eros* utopisch ist, den

---

46 Zwar hat Adorno diesen berühmten Satz möglicherweise nur auf das Leben in Amerika bezogen, wohin er im Hitlerfaschismus emigriert war; seine Totalisierung aber ist zur gängigen Lesart geworden (vgl. Claussen 2003, S. 222f.). Totalisiert hat sich der Satz deswegen, weil sich die Amerikanisierung der Kultur durch die Massenmedien mittlerweile weltweit ausgebreitet hat und total geworden ist. Gleichwohl muss es ein »richtiges Leben im falschen« geben, denn sonst wäre eine Kritik des falschen Lebens, das sich aus einer Perspektive jenseits davon speist, nicht möglich. Es wäre letztlich auch Liebe nicht denkbar und möglich, wenn der berühmte Satz Adornos diese totale Gültigkeit hätte, die manche ihm unterstellen.

sein sechs Jahre älterer Zeitgenosse Bataille zum positiv formulierten Ausgangspunkt seiner radikalen Thesen über die erfüllte Lust nimmt.

Bei Adorno, der sich dem jüdischen Bilderverbot verpflichtet sieht, gibt es so gut wie keine positiven Bestimmungen der Utopie, weil das ganz Andere nicht mit den Farben des Diesseits ausgemalt werden kann, ohne es zu beschmutzen. Die ganz wenigen Textstellen, die benennen, um was es ihm geht, sind allerdings umso eindringlicher.

Das Glück, von dem aus gedacht wird, hat nach Adorno für alle Menschen eine zutiefst empirische Dimension: »Urbild des Glücks ist die Geborgenheit und das Umfangensein im Mutterleib, da es für die ganze Erfüllung steht« (Knoll 2002, S. 146; vgl. Adorno 1951, S. 124).

> »Alle späteren Liebesbeziehungen werden von der unbewußten Rücker-
> innerung an das Erlebnis der ursprünglichen Verschmelzung angetrieben.
> Zum Gefühl der Liebe wird dieser Verschmelzungswunsch allerdings erst,
> wenn er durch das unvermeidliche Erlebnis der Trennung so weit ent-
> täuscht worden ist, daß in ihm von nun an die Anerkennung des anderen
> als eine unabhängige Person einbezogen ist« (Eisenberg 2000, S. 168).

Das heißt, wirkliche Liebe zwischen Erwachsenen kann nur entste-hen, wo die Rückwärtsgewandtheit der archaischen Sehnsucht nach der Mutterliebe aufgehoben ist und die Liebenden sich wechselseitig das geben, was sie sich ausschließlich als Erwachsene geben können und brauchen, und das ist nicht die ursprüngliche Verschmelzung des thalassalen Zustandes, sondern die wahrhaft hedonistische Ver-schmelzung von Leib und Seele in der somato-psychischen Vereini-gung zweier autonomer Personen. Es geht Adorno explizit um dieses früh erfahrene Glück, die alle spätere Glückssuche antreibt: Bei Alex-ander Kluge heißt es: Adorno

> »hat in seiner Kinderzeit in der Beziehung zu seiner Mutter ein Glück
> kennengelernt, das er sich nun ein Leben lang nicht mehr ausreden läßt.
> [...] Nun ist Adorno natürlich nicht einer, der sagt: ›Wer Glück erlebt
> hat, lebt von diesem Glück‹. [...] Sondern, wer Glück erlebt hat, entbehrt
> es gleich darauf; darunter leidet er, und das macht ihm ein Gedächtnis.
> Und nur wer dieses Gedächtnis hat, hat die Sehnsucht nach dem Glück
> in sich« (Eisenberg/Gronemeyer 1993, S. 30).

Die erste fundamentale Glückserfahrung verlegt Adorno in den Bereich des Körpers, in dem sich, nach Pierre Bourdieu, »soziale Erfahrungen [...] speichern« (vgl. Illouz 2007b, S. 149). Orban spricht nicht umsonst von der Sozialisation des Körpers (1981). Das in der äußeren Wirklichkeit sich verwirklichende Glück, sozusagen das extrauterine Abbild davon, ist für Adorno »die geschlechtliche Vereinigung« (Adorno 1951, S. 246) und damit, untrennbar verbunden, die höchsten Gipfel der sinnlichen Lust. Ob »wir in der Liebe ein verlorenes Objekt lieben« (S. Freud lt. Illouz 2007b, S. 151f.) sei dahingestellt. Nach Adorno trachten wir vielmehr danach, eine vollkommene Glückserfahrung zu wiederholen.

Die sinnliche Lust und das sinnliche Glück sind für Adorno die Grundlagen seines impliziten Liebesverständnisses.

FALSCHE LUST

Wie aber kann man sich im Namen sexueller Lust sexueller Lust entgegenstellen? Das war ja der Ausgangspunkt der moralisch-ethischen Überlegungen: dass die sexuelle Lust, die mit dem Modus der Triebentsorgung einhergeht, obzwar sie einer verengten klinischen Gesundheitsdiskussion vielleicht gerade noch standhielte, in einem anderen Sinne als krank gelten kann. Und es mischte sich die Irritation ein, ob es nicht eine ungeheure Anmaßung sei, die befreite, losgelöste Triebhaftigkeit als Frevel anzusehen. Zu erinnern sei an die Empörung, mit der Adorno von jenen *zeitgemäßen Typen* sprach, »die weder ein Ich haben noch eigentlich bewußt handeln, sondern reflexartig den objektiven Zustand widerspiegeln« (Adorno 1955, S. 83), und jetzt soll das Umfangensein im Mutterleib das Sinnbild für utopisches Glück sein, der Zustand also, in dem die *Ichlosigkeit* des Menschen in tiefstem Grunde gegeben ist?

Die totale Regression, die in der Psychoanalyse einmal die *thalassale* genannt wurde, weil sie ins *Meer* des Fruchtwassers zurück will, hat ihre Parallele im ekstatischen Außersichsein und dem Ich-Verlust, von dem Bataille im *Heiligen Eros* spricht.

Wo also ist der Unterschied zwischen jenem zeitgemäßen Typen, der kein Ich hat und der Regression des Glückseligen? Eine Textstelle bei Adorno, auf die Knoll hinweist, könnte hier Aufschluss geben: Er spricht in der *Negativen Dialektik* davon, dass es »am Ende der geschichtlichen Sublimierung« ein abgespaltenes sinnliches Glück gibt, das »etwas ähnlich Regressives annimmt, wie das Verhältnis von Kindern zum Essen den Erwachsenen abstößt.«

Er betont: »Jenen darin *nicht* zu gleichen, ist ein Stück Freiheit« (Adorno 1964, S. 243; Hervorh. T. F. K.; vgl. Knoll 2002, S. 145ff). Die Freiheit, die er meint, ist die der Selbstbestimmung, sich nicht von der gesellschaftlich verordneten Regression erfassen zu lassen. Es geht definitiv nicht um »jede beliebige Lust und auch nicht die Befriedigung jedes beliebigen lustgewährenden Bedürfnisses« (Knoll 2002, S. 150), es geht nicht um die Unmittelbarkeit und schon gar nicht um die Infantilität, die Adorno zu seiner Zeit bereits als allgemeine Signatur des Zeitalters sieht.

Die Vergesellschaftung des Subjektiven besteht darin, sexuelle Lust bloß partiell freigegeben zu haben, um sie energetisch im Dienste von Profitinteressen und der Stabilisierung von Herrschaft zu nutzen. Derart regredierte Menschen konsumieren schneller und gieriger und sind auch ähnlich genussorientiert wie die frustrationsintoleranten Kinder. Dieses fragmentierte, inmitten der allgemeinen Entsublimierung zugelassene Glück, ist gerade das, was das wirkliche Glück desavouiert. Gegen das verordnete Glück, setzt Adorno die »hedonistische Utopie der vollständigen Triebbefriedigung« (Schnädelbach 1983, S. 91, vgl. S. 149). Die aber sieht Adorno in der geschlechtlichen Vereinigung, und damit der sinnlichen Liebe gegeben.

Der Unterschied zwischen falschem und richtigem Glück besteht am Ende darin, dass im falschen die Menschen sich vom gesellschaftlich kanalisierten Triebentsorgungssex wegtreiben lassen ins Nirwana der totalen Selbstbezogenheit, während die Menschen im richtigen die vollständige Befriedigung mit einem anderen finden. Es gehören mindestens zwei zum Glück.

Und auch hier gilt: »Wahres erotisches Triebleben, die Beziehungen, in denen Lust sich realisiert, ist keineswegs jenes healthy sex life, das in den fortgeschrittensten industriellen Ländern heute alle Branchen der

Wirtschaft, von der kosmetischen Industrie bis zur Psychotherapie, ermuntern« (Adorno 1963, S. 537). Wahres erotisches Triebleben ist nicht das, was in den metrosexuellen Clubs abläuft. Dort leidet man diffus, wird doch im Dauertanz um die Lust jener falsch befreiten gehuldigt, die auf perfide Weise zugleich neue Heteronomie und Sinnleere mit sich bringt. Eine immanente Kritik der falschen Lust aus der Perspektive der Lust ist daher dringend nötig.

Wahres erotisches Triebleben, und damit die hedonistische Utopie, ist verknüpft mit der höchst realen, sinnlichen, kommunikativen Erfahrung von Erfüllung. Keine Triebbefriedigung an sich, schon gar keine verordnete wie die permanente Selbstbefriedigung der sexuell Befreiten, die zum Richtmaß der *Fun Society* geworden ist. Und schon gar nicht »Ficken als Gebet« (Schirach 2007, S. 140), um etwa einem völlig falsch verstandenen Bataille zu huldigen.

Sicherlich, just for fun Sex zu haben ist heute irgendwie gesund, prima und toll, und Gott sei Dank wird das nirgendwo mehr verboten, außer vielleicht in zurückgebliebenen ländlichen Bereichen. Aber die Unglücklichen, die dann in ihren Beziehungen daran scheitern, dass der Augenblicksgenuss nicht trägt und die in die Therapie kommen, wissen untergründig, dass sie sich ein erfülltes Leben anders vorgestellt haben. Schmerzhaft müssen sie erkennen, dass die Kombipackung von Fun und Sex nachhaltiges Glück nicht mit sich bringt. Ein Glück, das »einzig auf die verzerrte, von der ganzen Erfüllung abgespaltene Gestalt einer somatisch-lokalisierten Befriedigung zielt« (Adorno 1955, S. 60), ist keines.

Die sogenannte sexuelle Befreiung, die bloß den Körper adressiert, ist stets nur darauf aus gewesen, die Fülle und Möglichkeiten der gesellschaftlich sinnvollen Ersatzbefriedigungen zu erweitern. Eva Illouz hat vortrefflich herausgearbeitet, dass im Umfeld des erotischen und romantischen Verlangens »der Konsum [...] ein Äquivalent zu und sogar einen Ersatz für erotische Intimität bietet«, wo er mit dem Bereich der Emotion »verschmilzt« (2007a, S. 106f.)

Die Liebe und die Befriedigung in der geschlechtlichen Vereinigung aber können am Ende nicht dazugehören. Denn sie stellen sich quer zu den Bereichen des gesellschaftlich Gewollten und Zugelassenen.

Liebe heißt für Adorno das Streben nach Vereinigung, das mit der Lust verquickt ist, und das kann nur heißen: Liebe ist die vorwegnehmende Verwirklichung der immanenten Utopie des Hedonismus.

Aus deren Perspektive erscheint das Gesunde zuweilen so krank.

LUSTOBJEKT

Manuel Knolls Fazit lautet an dieser Stelle: »Es zeigt sich, dass für Adorno im Grunde genommen alles auf die Beziehung des Einzelnen zu seinem Körper und seinen Trieben hinausläuft« (2002, S. 183). Das heißt, die Art und Weise, wie wir uns im Sinne einer hedonistischen Ethik *moralisch* orientieren und verhalten, ist aufs Engste an einen liebevollen und unverkrampften Umgang mit uns selbst gekoppelt.

Wer mit seinem Körper befreundet ist, kann ihn nicht behandeln wollen wie einen Gegenstand. Aber das ist nur die halbe Wahrheit. Wer mit seinem Körper befreundet ist, kann auch seine Seele nicht unbefriedigt lassen, und wer seine Seele erlaben will, kann seinen Körper nicht unbefriedigt lassen. Beide Dimensionen durchfluten sich wechselseitig.

Und es geht noch darüber hinaus: Wer sich selbst, in seiner leibseelischen Ganzheit verstehend und, wenn man so will, liebend begegnet, kann auch dem anderen kein Leid zufügen. Er kann ihn nicht ausbeuten und als Objekt nehmen, er kann ihn und auch die ihn umgebende lebendige Natur nicht ohne Weiteres auf den vergegenständlichten Status egozentrischer Interessen herabwürdigen.

Auch Lust kann nicht erblühen, wenn sie mit dem Leiden anderer erkauft wird: Lust muss reziproke Lust sein, wenn sie sich entfalten können will. Das automatische Vorurteil gegen den Hedonismus, »dass das konsequente Verfolgen des Prinzips der Lustmaximierung [...] immer in blanke Inhumanität umschlagen wird«, das hier gern immer wieder, insbesondere anhand des Marquis de Sade, einrastet (vgl. Dessau/ Kanitscheider 2000, S. 95), ist immanent damit widerlegbar, dass der Lustbesessene in der Negation des Gegenseitigkeitsprinzips niemals ausschließen könnte, »dass sich in der Gruppe der unterjochten Lustobjekte der Widerstand formiert [und] ihn selbst als Gegenstand behandelt und unter Umständen vernichtet« (ebd., S. 100). Auch in der reduziertesten hedonistischen Situation ist es also besser, zu »kooperieren«[47], weil ein »gemeinschaftliches Ansteuern des beiderseitigen Lustoptimums«, also »das evolutionsbiologisch wohlbekannte Grundprinzip des reziproken Altruismus«, auch hier eine »stabile Strategie« zu sein verspricht gegenüber der ansonsten nicht auszuschließenden Konsequenz der Selbstvernichtung (ebd., S. 100f.), die ihrerseits eine Art *reziproke* Antwort wäre auf den Versuch, den anderen als bloßen Gegenstand zu vernichten, der sich nun rächt und sich damit machtvoll als Subjekt restituiert. Die eigene potenzielle Selbstvernichtung, sei sie durch die Verwerfung der Reziprozität provoziert oder sei sie durch Selbstisolation herbeigeführt, kann aber nicht das Telos einer Lust sein, die sich, weil sie doch so schön ist, stets wiederholen und hedonistisch steigern will. Deshalb sei im Hedonismus, auch im Sade'schen, die Gegenseitigkeit als »rationale Minimalbedingung menschlichen Verhaltens« (ebd., S. 104) nach Dessau und Kanitscheider zwingend enthalten.

Dem ist entgegenzuhalten, dass es die kalkulatorische Ratio doch wohl nicht sein wird, die den antizipierenden Hedonisten aus Furcht vor der Vergeltung letztlich zum Prinzip der Wechselseitigkeit drängt. Denn die blasse Vernunft dürfte an den bacchantischen Lusttaumel begründungslogisch nicht heranreichen. Bloß aus Angst vor der Rache des Erniedrigten wird der einsame Lustmolch wohl kaum seine Haltung ändern. Es müssen schon andere Motive hinzukommen.

Vielleicht überlegt er sich, und das wäre zumindest genauso antizipatorisch wie die Vorwegnahme der Rache des Objekts, was denn für ihn nach dem Lustvollzug passiert. Denn nach der Lust ist dem Augenblicksgenuss nicht sogleich automatisch vor der Lust, sondern erst einmal das momentane Ende der Lust. Und er realisiert: Nach der Lust wird er einsam und allein sein, wenn er das Objekt benutzt und kein Subjekt zur Seite hat, das mit ihm das Abklingen der Exitation auf abermals lustvolle Weise thematisiert. Für den einsamen Lustmolch ohne kommunikativen Kontakt zum anderen gilt, was Adorno so gern

---

47 Kanitscheider verwendet hier diese ständig sich wiederholende Denkfigur aus der Soziobiologie, dass alle Lebewesen aus Eigennutz handeln und nur dann *kooperieren*, wenn es dem Eigennutz dient. Bei Lustzusammenhängen wirkt es etwas abgegriffen, es sei denn, man sieht das Ganze biologistisch. Wie gehabt.

deklamierte: »Omne animal post coitum triste«, wobei die *Tristesse* in der Leere bestehen dürfte, die sich für all die Lebewesen einstellt, die qua Kommunikationsunfähigkeit keine wechselseitigen Beziehungen eingehen können.

Noch nicht einmal wird jemand da sein, der ihn auf dem Wege des Feedbacks in jenes Stadium des Narzissmus zurückbringt, aus dem er vor der Lust kam und in das er nach dem Außersichsein zurück will, weil dort sein Ich *für sich* sein zu können verspricht. Nein, gänzlich isoliert und einsam muss er sich selbst weismachen, wie toll er, beziehungsweise *es* soeben war.

Aber bloß aus Unlustvermeidungsgründen, mithilfe einer Antizipation dieses unlustvollen postekstatischen Zustandes, den er *epikureisch* nicht wollen kann, wird der Hedonismus wohl auch nicht zwingend zum Wechselseitigkeitsprinzip gedrängt, sondern am ehesten wäre doch der wirklichen, also: *kyrenaischen* Lust ein genuin hedonistisches Motiv zuträglich, das sie dazu bringt, ja das sie dazu verführt, sich reziprok zu verhalten und das ist allein die Aussicht auf eine Steigerung der Lust. Durch deren Spiegelung im anderen oder gar durch deren Teilhabe am anderen, der seinerseits dieselbe Bewegung vollzieht, erringt die Lust ein Mehrfaches dessen, was ihr isolierter Vollzug gewährt, und deshalb ist eine nicht-reziproke Lust für den Hedonismus *aus Lustgründen* abzulehnen und der gängige Vorwurf, er führe ein antisoziales Dasein, grundfalsch.

Dementsprechend ist der pure isolationistische Triebentsorgungssex genauso wie der armselige Selbstbespiegelungssex, mit dem wir in seinen bizarren Formen heute in den Medien und der Wirklichkeit konfrontiert sind, im Prinzip anhedonisch. Er tut der Seele selbstvernichtende Gewalt an, indem er ihr genuin lustorientiertes Kommunikationsbedürfnis missachtet, und er tut dem Körper lustvernichtende Gewalt an, indem er ihm vorgaukelt, ihn, jenseits der wirklichen, d. i. durch Teilhabe vermehrten Lust, egozentrisch-schizoid befriedigen zu können. Das bezieht sich auf den vereinzelten Einzelnen und seinen eigenen Körper wie auf den des anderen Einzelnen, den er genauso verbissen als nicht-reziprokes Lustobjekt sich hernimmt wie den seinen.

In seiner totalen Vergegenständlichung drückt sich der kaum noch ambivalente Widerwille gegen den so betrogenen Körper aus. Er wird als entfremdetes Ding begutachtet, meist hyperkritisch, er wird kosmetisch und chirurgisch optimiert (vgl. Caysa 2008), er wird begehrt, er wird erobert und besessen, er wird manipuliert bis er formal befriedigt ist. Danach wird kontrolliert und gemessen, ob die wissenschaftlich vorgegebenen Werte stimmen. Die rapide zunehmenden psychischen Störungen und Krankheiten bereits bei Kindern, die magersüchtig werden oder hyperaktiv oder zur Selbstverletzung neigen, sind ein untrügliches Zeichen für die destruktive Binnendynamik des bloßen Selbstbezugs, der freilich gesellschaftlich gewollt ist. Im *Spiegel* (10/2006, S. 76ff.) erzählt der Kinderpsychologe Wolfgang Bergmann von geschminkten, herausgeputzten zehnjährigen Mädchen, die bereits Diäten hinter sich haben und mit ihrem Körper in Feindschaft leben. Frank Schirrmacher nennt das in der dortigen Vorstellung seines neuen Buches *Minimum* (2006) die *Wohlstandsvariante zur Verwahrlosung aus Ignoranz*. Der Zustand einer Gesellschaft, die egozentrischen *Fun* mit Glück verwechselt und Schein mit Sein kann sich nicht trostloser darstellen.

In der zeitgemäßen und viel verkauften Reduktion von Glück auf eine *Glücksformel* (vgl. Klein 2003), die im Wesentlichen chemische Abläufe umschreibt, drückt sich das entfremdete Verhältnis des zeitgemäßen Menschen zu sich selbst am sinnfälligsten aus. Nicht nur die Beherrschung der Natur durch Wissenschaft und Technik ist dem Menschen gelungen, auch die seines innersten Sehnens und Strebens.

Vergewaltigung

Von der Selbstvergewaltigung des eigenen Körpers zur Vergewaltigung anderer Körper ist es manchmal nur ein kleiner Schritt.

Vergewaltigungen fallen in den Bereich der Kriminalistik. Nicht amtlich kriminell sind hingegen alle anderen Formen der Sexualität, die ansonsten den Vergewaltigungen gleichen, aber kulturell gebilligt, wenn nicht gewollt sind.

Interessant ist, dass überall dort, wo lustvolle Sexualität und sinnliche Liebe als gefährlich angesehen werden, es die Frau ist, die man als Gefahr für die Moral anprangert und deswegen einsperrt, um ihre lebendige

Interaktion mit anderen zu unterbinden, so als ob sie, die ewige biblische Eva, stets jeden mit ihrer Sinnlichkeit in den Abgrund ziehe. Die Frau verkörpert die fleischliche Begierde, die Sünde, das Übel, nicht die Herrscher über sie, die sich an ihren eigenen Projektionen aufgeilen. Und dieses projektiv lüsterne Weib muss natürlich weggesperrt werden, damit es einzig ihrem Besitzer zur Verfügung steht, dem allein sie dann diesen erregenden unersättlichen Schoß nicht verweigern darf.

Geografisch überhaupt nicht weit entfernt von der fundamentalistischen Unterwerfung der Frau unter den Mann war bis vor Kurzem noch das Eheverständnis im hiesigen Bürgerlichen Recht: Die Verweigerung des ehelichen Verkehrs galt bis 1977 als Scheidungsgrund, und es wurde höchstrichterlich davon ausgegangen, dass eine Ehefrau den Beischlaf zu vollziehen hatte. Dem Manne war somit das sexuelle Zugriffsrecht auf die Frau verbürgt, und erst am Ende des letzten Jahrhunderts, 1995, vor wenigen Jahren also, wurde die Vergewaltigung in der Ehe strafbar. Doch bis es zu diesem Gesetz kam, argumentierten die Politiker, die gern die alten Werte hochhalten: »Die Ehe ist eine Geschlechtsgemeinschaft und verpflichtet grundsätzlich zum ehelichen Verkehr. [...] Der Ehemann ist nicht darauf aus, ein Verbrechen zu begehen – manche Männer sind einfach rabiater« (vgl. Rudolph 2003).

Bis sich die neue Haltung hinter dem Buchstaben des Gesetzes in den Köpfen und Herzen auch der am weitesten Zurückgebliebenen verinnerlicht hat, werden noch ein paar Jahrzehnte vergehen. Anzunehmen ist, dass hinter den Mauern der deutschen Eigenheime zuweilen noch das Gesetz vom Ende des 19. Jahrhunderts herrscht, nach dem eine Frau per Urteil zum ehelichen Geschlechtsverkehr gezwungen werden konnte. Von einer interaktiven Gemeinschaft kann da keine Rede sein. Es geht um das Vorrecht des Mannes an seiner sexuellen Alleinbefriedigung. Der Modus der Vergewaltigung ist, für viele bis dato, die sexuelle Selbstverständlichkeit zwischen den Geschlechtern.

Der Modus der Vergewaltigung liegt am reduzierten Triebverständnis selbst, das ausschließlich den Mann meint. Hier geht man davon aus, dass der *Mann* wohl explodiert, wenn die Spannung und der Druck nicht abgeführt werden.

Es soll hier nicht zur Debatte stehen, ob es einen solchen imperativen männlichen Trieb in der Tat gibt. Viel interessanter ist die Frage, welche Haltung hinsichtlich seiner oder ihrer Sexualität aus der Annahme eines solchen drückenden Dampfkessels resultiert und welche Handlungsweisen sich daraus ableiten. Ganz offenbar gibt es Gesellschaften und Politiken, die an einer feindseligen Einstellung zu Frauen überaus interessiert zu sein scheinen. Die Männer mit diesen Überzeugungen in jenen Gesellschaften sehen sich natürlich zirkulär in dem bestätigt, was sie sexuell denken und tun: Gewalt ausüben.

Rolf Pohl, Psychologe an der Universität Hannover, sieht den Hass und die Gewaltbereitschaft gegenüber Frauen

> »auch als Ergebnis einer Leugnung und Abwehr der männlichen, auf den weiblichen Körper gerichteten Begierde [...]. Die durch Frauen ausgelöste sexuelle Erregung bestätigt die Abhängigkeit des Mannes und entlarvt die im männlichen Autonomiewunsch enthaltene Idee vollkommener Beherrschung und Kontrolle als wahnhafte Illusion« (Pohl 2004).

Damit freilich enthält der Hass der Männer auf die Frauen auch den nach außen gewandten Selbsthass, der sich insgeheim auf das eigene sexuelle Verlangen richtet. Diese Externalisierung der Feindseligkeit gegen höchstpersönliche körperliche Regungen, die im Ziel auf die sexuelle Vereinigung hinauswollen, gelingt nur um den Preis der Ausschaltung seelischer, emotionaler und empathischer Dimensionen: »Be cool, man!«

STRIPTEASE

Mindestens genauso herzlos und gefühlskalt ist die komplementäre Praxis der Damen, die dem Triebentsorgungstrieb der Männer entsprechen und ihn anstacheln, um sie in ihrem Entladungsdrang zu verhöhnen. Sie reizen ihn so lange, bis sie den isolierten Triebtäter, als den sie ihn dann vor sich haben, in seiner heteronomen Geilheit ganz unbeholfen stehen lassen und ironisch begaffen können. Keine Antwort vom Ich zum Du, kein eigenes Lustinteresse. Allenthalben ökonomische Begehrlichkeiten: Wenn du mir einen Geldschein dort und dorthin steckst, dann zeig' ich dir noch mehr! Ich weiß ja, wie sehr es dich erregt. Du Armer! Aber bitte nicht anfassen, bloß keine lebendige Interaktion! Die Striptease-Lady lässt den Mann mit seiner Erregung so allein wie seine Lust autistisch ist – *noli me tangere* auf beiden Seiten.

Die Frau, die den Mann mit ihrem kaum verhüllten Körper neckt, um ihm zu verweigern, wozu sie ihn reizt, zeigt ihm kalt lächelnd, was sie von ihm hält: Sie verachtet ihn. Sie verachtet seine ganze simple Triebnatur, die sie so einfach manipulieren zu können wähnt. Sie verachtet seine widerliche Art, die ihr ansonsten Angst macht, sie verachtet sein Begehren, vor dem sie sich ekelt. Und vielleicht verachtet sie auch sich selbst, weil sie ihre eigenen Sehnsüchte längst begraben hat.

Beim Striptease begegnen sich widerliche Männer und angewiderte Frauen, um sich zu bestätigen, dass solcher Sex widerlich ist. Es begegnen sich latente Psychopathen, die ihre Angst und ihren Ekel vor dem anderen Geschlecht blind agieren. Das Ganze findet natürlich zumeist voller Spaß und Gejohle statt. Von Hedonismus keine Spur.

Der vernünftige Mann, der sich natürlich nichts anmerken lässt von seiner so angestachelten Triebnatur, bleibt an der Bühnenrampe des Geschehens ganz *cool*, wenn er der Dame in den Schritt stiert und vertagt, falls er es kann, seine Triebentsorgung auf die nächste Gelegenheit. Kleinbürgerlich stolz auf den kurzfristig geleisteten Verzicht, redet er dummes Zeug: »Appetit holen kann man sich schon mal woanders! Gegessen aber wird zu Hause!« Und wenn er es dann bis nach Hause geschafft hat, das Bild mit den perfekten Brüsten und den aufreizenden Schenkeln noch vor Augen, die so nah und doch so fern waren, überrascht er vielleicht seine Frau, die er »Mutti« zu nennen pflegt, mit seiner für sie völlig unvermittelten und für ihn kaum noch übrig gebliebenen Erregung und verlangt von ihr den Sex, den sie ihm zu geben nicht in der Lage ist. Also nimmt er sich ihn. Er genehmigt sich ihn. Etwas mühsam entledigt er sich des Restes. Und danach prahlt er unter Männern vom gepflegten Verkehr und verschweigt dabei, dass er die Frau, die er als die seine sieht, gedrängt hat, sich so aufs Sofa zu legen, dass er dabei die Sportschau kucken konnte. Gegessen wird zu

Hause, gepflegt, der Appetit kam von irgendeinem *Happy-Dream-Land* mit Herrengedeck.

Woanders ist das der Bauchtanz, bei dem Mann sich Appetit holt und Hunger macht. Frauen lassen ihr Becken kreisen, bis die Männer schwitzen und aufjaulen vor lauter unbefriedigtem Erregungsdruck. Dass das in ihrer lustfeindlichen Kultur nicht wirklich die ehrenhaften Frauen sind, bei denen ihre unterdrückte Lust aufsteigt, macht die ganze Verrücktheit der Triebunterdrückung deutlich: Die übliche Gewalt gegen Frauen, die mit dem aufgestachelten unterdrückten Männertrieb einhergeht, bestätigt zirkulär die zugrunde liegende Annahme einer explosiven, kaum noch steuerbaren, gefährlichen Dynamik zwischen den Geschlechtern, die unter dem Deckel gehalten werden muss.

Vielleicht sind es die mangelnden Sublimierungsmöglichkeiten, die in solchen Unterdrückungskulturen das Sexuelle so dämonisch und kaum beherrschbar erscheinen lassen. Dort, wo ein Stück gezeigte Haut oder offenes Haar bereits des Teufels sind, wird der Wahn vom unseligen Triebdurchbruch kulturell gleich mitgeliefert, und wo der Triebdurchbruch unvermittelt, beziehungslos und höchst ambivalent erlebt wird, ist er auch deshalb unselig, weil er stets unbefriedigend bleibt, indem er von Akt zu Akt die unendliche Kommunikationslosigkeit bestätigt, unter der die Angst und die Feindseligkeit brodelt.

Aber auch in unserer Kultur hat die Unkultur der mangelnden Sublimierungsmöglichkeiten sich breitgemacht. Man soll, ja man muss sich heute den allseitigen Gelüsten ergeben, die allerorten auf Werbepostern und im Fernsehen angepriesen werden. Was noch vor wenigen Jahren eine vorzügliche Exitationsvorlage abgab, prangert heute als H&M-Reklame an jeder Bushaltestelle. Du sollst *es* wollen, lautet der Imperativ. Jeder soll durchlässig und aufnahmebereit sein, eben keinesfalls retentiv, damit jeder die angestachelten Bedürfnisse ohne großen inneren Zensor und möglichst zeitnah zu befriedigen trachtet.

Wer sich also beim Striptease und seinen artverwandten elektronischen Surrogaten in den Medien schnell anstacheln lässt, verhält sich zeitgemäß und gesellschaftlich angemessen, weil es vom Konsumsektor so gewollt ist.

Doublebind

Umso unverständlicher erscheint dem triebnahen Simpel, und nicht nur ihm, das gleichzeitige gesellschaftliche Stoppschild, das ihm verbietet, sich so egozentrisch zu befriedigen, wie es ihm durch die Dauerreizung befohlen dünkt. Juristisch und mit allerlei drastischen Strafen und Verfemungen wird ihm am modernen Pranger der keimfreien *Correctness* beigebracht, dass es so nicht gemeint ist mit der sexuellen Sofort- und Direktbefriedigung, und dass es sich überhaupt nicht gehört, von halb bekleideten und halb entkleideten Mädchen auf eine Weise beeindruckt zu sein, die es ernst meint mit dem alten Ablauf von Reiz und Reaktion. Im Gegenteil, wer den Weibern allzu gierig hinterherschaut, die sich ihm anbieten, kriegt gesellschaftlich ordentlich ein paar hinter die Ohren, und wer es sich verbittet, dass ständig bauchnabelfreie Girlies um ihn herumtänzeln, wie unlängst der Direktor einer ländlichen Schule, der gegen die im Unterricht zu aufreizend gekleideten Schülerinnen vorging, um das seiner Meinung nach *flittchenhafte* Treiben an seiner pädagogischen Einrichtung zu unterbinden, der wird als neurotischer Kauz diffamiert und kriegt's sogar ordentlich und extra hinter die verklemmten Löffel, weil er persönliche Freiheiten einschränkt. Erregt sein gilt nicht!

Sich auf dem kulturell gültigen Niveau der geltenden Sublimierungs- und Entsublimierungsakrobatik zu bewegen heißt heute anscheinend etwas anderes, als der lüsterne Triebtäter und der verstörte Triebunterdrücker naiv sich vormachen. Sie haben nicht kapiert, dass man sich nicht beeindruckt zeigen darf: »Be cool man!« Der gesellschaftliche Doublebind, dass nämlich beiderlei Verhalten sanktioniert wird, das wirklich unsublimiert gierige und die verzweifelte Abwehr des Reizterrors, hat zur Folge, dass sich niemand mehr seiner naiven Reaktionen und Impulse sicher ist. Das Beste scheint es zu sein, sich gegen das Lebendige überhaupt abzukapseln. Die leibhaftigen Affekte und Handlungsantriebe werden daher sinnvollerweise verleugnet und in einer allgemeinen Unberührtheit kaschiert, die vorgibt, das Triebhafte schon souverän im Griff zu haben beziehungsweise es nicht allzu ernst zu nehmen.

Das Handling des permanent angestachelten Triebes findet, trotz permanenter Reizüberflutung und ostentativen Spaßbetriebs, gleichsam immer zurückgezogener statt, um den normativen Blick des allgemeinen anderen, der im Grunde die richtige Befriedigung nicht zulässt, zu entgehen. Und das heißt: Das Handling findet am besten allein statt. In den vier Wänden hinter den heruntergelassenen Jalousien beim geliehenen Sexvideo.

Die menschenverachtende Verhöhnung der Lust und der Einsamkeit in den Sexfilmen ist mit einer Gesellschaft kompatibel, der die wirkliche Sinnlichkeit verdächtig ist, und man fragt sich, warum die konservativen Modernisierer, die heute a priori und ohne mit der Wimper zu zucken den debilsten Mist des Unterschichtenfernsehens gegen die subventionsabhängige Kultur in Schutz nehmen, so lange gewartet haben, bis sie die Pornografie freigaben. Ihr Gefasel von der Familie und den alten Werten, an das sie, wie man sieht, selbst nicht glauben, kann es nicht gewesen sein, denn in der Familie selbst fand jener affektlose sexuelle Triebtechnokratismus doch längst statt, und das womöglich bereits seit Jahrhunderten. Es war ja schließlich nichts Neues, dass die Frau dafür sorgte, dass der Mann ohne viel Umstände bekam, was er brauchte, wenn er kam.

Alte Werte, das sind alte Leitideen, die als alte Hintergrundmotive für alte Orientierungs- und Denkschemata fungieren und die es seit langer, langer Zeit gibt. Offenbar nimmt man schon allein deshalb von ihnen an, dass sie gut sind.

Uralt im Sinne eines nachhaltigen Verhaltensmusters ist das auch in unserer Kultur überall verbreitete Prinzip, den Männern den Sex aus freien Stücken eben zu *gewähren*, mechanisch, schnell und emotionslos.

CARITAS

Den Sex *verweigern* oder ihn *gewähren* sind im Grunde zwei Seiten derselben Medaille. Das der Verweigerung verschwisterte Prinzip der *Sozialarbeit im Bett* ist von der Prostitution nicht allzu weit entfernt: Beide Male wird die Einsamkeit und Beziehungslosigkeit ihrer Protagonisten bestätigt. Sie können zusammen nicht finden. Nur die

Motive sind etwas anders. Während die Ehefrau dem Manne Sex gewährt, weil sie meint, es stünde ihm zu, da er sie doch geheiratet hat, will die Käufliche für den Sex ohne viel Umschweife sein Geld – vorab.

Viele Ehen stellen sich nach wie vor in den Augen der Gattinnen als Versorgungseinrichtungen dar, in denen sie dankbar sein zu müssen meinen, dass er sie einmal erwählt und genommen hat. Jetzt ernährt er sie mit seiner Arbeit. Vielleicht wissen sie gar nicht, welchen Marktwert sie haben oder gehabt haben mögen, weil sie nie auf dem Markt waren und auch nie dorthin durften. Sie gewähren den Sex, weil sie dankbar sind oder weil sie finden, dass der Mann das braucht.

Oder sie gewähren den Sex aus Zuneigung. Sie meinen, es sei Liebe. Und der Mann ist unendlich dankbar, dass die Frau ihm Sex gewährt. Doch selbst in solch selbstloser Zuneigung und Dankbarkeit ist ganz tief die Trostlosigkeit verborgen, dass die beiden erotisch sich nie werden treffen können, denn der gewährte und genommene Sex, bezahlt oder unbezahlt, besiegelt ein Geschlechterverhältnis, das partout keines ist: Die Frau, die herzensgut gewährende in der Ehe wie die abgebrüht sich prostituierende auf dem Lotterbett, die dem Mann ihren Körper zur Verfügung stellt, kennt nämlich keine Lust. Und das merkt er. Und es stinkt ihm.

Das macht ihm nun wirklich keine Lust. Deshalb beklagt er sich bei ihr, und wenn sie nichts erwidert, weil sie nichts erwidern kann, beklagt er sich woanders. Er geht zum Anwalt und zum Gericht. Und er bekommt Recht.

Höchstrichterlich wird ihm bescheinigt, und zwar war das 1967, dass er ein Recht auf eine bessere Sexualität hat als die bloß gewährte, weil sie qualitativ der verweigerten gleichkommt. Er muss es nicht hinnehmen, wenn die Einstellung der Frau zum ehelichen Verkehr sich so darstellt, dass sie »ihm erklärt, sie empfinde nichts beim Geschlechtsverkehr und sei imstande, dabei Zeitung zu lesen; er möge sich selber befriedigen. Der eheliche Verkehr sei eine reine Schweinerei. Sie gebe ihm lieber Geld fürs Bordell« (BGH-Urteil von 1967). Die Beklagte, die den ehelichen Verkehr nicht verweigert, sondern sich für den Sex des Mannes karitativ zur Verfügung stellt, verhält sich freilich bei selbigem Verkehr entsprechend apathisch. Eine solch frustrierende Praxis muss nicht hingenommen werden, so das darob gesprochene allerhöchste BGH-Urteil. Begründet wird dies in längerer Ausführung wie folgt:

>»Die Frau genügt ihren ehelichen Pflichten nicht schon damit, daß sie die Beiwohnung teilnahmslos geschehen läßt. Wenn es ihr infolge ihrer Veranlagung oder aus anderen Gründen, zu denen die Unwissenheit der Eheleute gehören kann, versagt bleibt, im ehelichen Verkehr Befriedigung zu finden, so fordert die Ehe von ihr doch eine Gewährung in ehelicher Zuneigung und Opferbereitschaft und verbietet es, Gleichgültigkeit oder Widerwillen zur Schau zu tragen. Denn erfahrungsgemäß vermag sich der Partner, der im ehelichen Verkehr seine natürliche und legitime Befriedigung sucht, auf die Dauer kaum jemals mit der bloßen Triebstillung zu begnügen, ohne davon berührt zu werden, was der andere dabei empfindet. Ob eine solche allein auf die eigene Befriedigung ausgehende Haltung überhaupt eine tragfähige Grundlage für eine dauerhafte menschliche Verbindung der Ehegatten abgeben kann, ist hier nicht zu erörtern. Denn in der normalen Ehe sucht und findet der Ehegatte die eigene Befriedigung in der Hingabe und in der Befriedigung des anderen. Wird dies nicht erreicht, so ist das eheliche Verhältnis häufig bereits dadurch schwer gefährdet. Seine Grundlage wird aber in aller Regel vollends zerstört, wenn der innerlich nicht beteiligte Ehegatte den anderen durch eine zynische Behandlung des Geschlechtsverkehrs vor sich selbst erniedrigt, indem er ihm unverhüllt zumutet, seinen Partner als bloßes Objekt seiner Triebe zu gebrauchen. Deshalb muß der Partner, dem es nicht gelingt, Befriedigung im Verkehr zu finden, aber auch nicht, die Gewährung des Beischlafs als ein Opfer zu bejahen, das er den legitimen Wünschen des anderen um der Erhaltung der seelischen Gemeinschaft willen bringt, jedenfalls darauf verzichten, seine persönlichen Gefühle in verletzender Form auszusprechen. Eine Behandlung, die die eigene Beteiligung mit der Teilnahme der Dirne gleichsetzt, ist geeignet, den Ehepartner zu demütigen und die eheliche Gemeinschaft, zu deren Vollzug in der Regel die ständige Wiederholung der geschlechtlichen Vereinigung gehört, an ihrer Wurzel zu untergraben. [...] Unterstellt man mit dem angefochtenen Urteil, daß die Beklagte während ihres mehrjährigen Zusammenlebens mit dem Kläger den Verkehr als reine Schweinerei betrachtet und bezeichnet hat, bei der sie Zeitung lesen könne, daß sie den Kläger aufgefordert hat, sich selbst zu befriedigen oder ein Bordell aufzusuchen, und daß sie erklärt hat, sie wolle keine Kinder, mit Kindern wisse sie nichts anzufangen, dann hat während ihres Zusammenlebens eine Bindung an die Ehe im Sinne des §48 Abs. 2 EheG nicht bestanden. Denn diese setzt eine Gesinnung und Haltung voraus, in der der ehelichen Hingabe wie oben ausgeführt

mindestens der Wert des aus ehelicher Liebe gebrachten Opfern belassen und dem Partner nicht angesonnen wird, im ehelichen Verkehr das gleiche zu sehen wie im Umgang mit der Dirne. Mit einer derartigen Einstellung zu Grundlagen der ehelichen Gemeinschaft kann eine Bindung an die Ehe im Sinne des Gesetzes, wenn überhaupt, dann allenfalls einhergehen, wenn und solange sich die Partner einig sind, im Verkehr nur das Mittel zur einseitigen Befriedigung ihres Geschlechtstriebes zu finden und ihn untereinander auch offen als ein solchen zu behandeln.«

Das war vor mehr als vier Jahrzehnten.

Eingeleitet wurde mit diesen Bestimmungen eine ganz neue Sexualmoral, nämlich die Moral der Übereinkunft.

Stufe 2

ROLLENSPIEL

Dass die Partner sich einig sein sollen über die sexuellen Handlungen, die zwischen ihnen stattfinden, und sei es, dass sie einig darin sind, dass der eine sich mithilfe und mit Zustimmung des anderen befriedigt, ist ein großer historischer Schritt. Endlich kommen Mann und Frau, zumindest der Möglichkeit nach, heraus aus ihrer trostlosen Einsamkeit und Beziehungslosigkeit, wenn sie Sex haben.

Es entstammt der Forderung des unbefriedigten Teils, dass die Person, die ihm zu Willen ist, mehr als nur teilnahmslos ihren Körper zur Verfügung stellen soll. Er will um seiner Lust willen, dass sie ihm zeigt, dass sie etwas dabei empfindet. Er will die ganze Lust. Er will die Reziprozität. Und das BGH-Urteil von 1967, das den Zeitgeist aufgreift und widerspiegelt, bestätigt ihm explizit seinen Wunsch, indem es der Frau »verbietet [...], Gleichgültigkeit oder Widerwillen zur Schau zu tragen«. Auch wird vom obersten Gericht bestätigt, dass es zur sexuellen Lust gehört, »davon berührt zu werden, was der andere dabei empfindet«.

Freilich kann das zunächst erst einmal nur als eine Aufforderung zum Rollenspiel verstanden werden, denn eine spontane Reaktion kann aufgrund einer Aufforderung oder eines Wunsches nicht entstehen, und das erst recht nicht, wenn die zur Reaktion aufgeforderte Person just dieselbe ist, die sich für die Lust bloß passiv und leicht angewidert zur Verfügung stellte. Und deshalb verklagt wurde.

Also spielen viele, mehr oder weniger gekonnt, Rollenspiele, wenn sie auf die sexuellen Reziprozitätswünsche ihrer Partner eingehen. Damit kommen sie freilich dem Treiben genau jener Dirnen nahe, zu deren Besuch die gefühlskalte Frau den unzufriedenen Ehemann riet. Der aber zog dann vor Gericht, um sich seines Rechts darauf zu versichern, dass es der eigenen Frau beim Sex verboten ist, Gleichgültigkeit oder Widerwillen zur Schau zu tragen. Die Katze, beziehungsweise der Kater, scheint sich in den Schwanz zu beißen.

Aber das Verbot der Gleichgültigkeit beziehungsweise das Gebot des sexuellen Engagements zeitigt seine dialektische Eigendynamik: Obgleich es nämlich hieß, eine Behandlung, welche die eigene Beteiligung mit der Teilnahme der Dirne gleichsetzt, sei geeignet, den Ehepartner zu demütigen, macht es die Dirne doch, wenn sie wirklich gut ist und ihr Geld wert, genau so, dass sie nicht nur nicht Gleichgültigkeit, sondern lüsternes Interesse und nicht nur nicht Widerwille, sondern ihre eigene positive Betroffenheit vortäuscht.

Den Mann zu demütigen und in seiner sexuellen Lust zu verhöhnen pflegen die, die ihrem Ekel und Widerwillen freien Lauf lassen, also die, die in ihrer Lustlosigkeit und Ablehnung authentisch sind. Anstatt ihm etwas vorzumachen, das ihn *schneller fertig werden* lässt, ziehen sie es aus sicherlich psychologisch nachvollziehbaren Gründen vor, ihm ihre echten Gefühle zu zeigen. Prostituierte, die dies tun, haben aber ihr Geschäft schlecht verstanden. Der Freier wird sie nicht wieder aufsuchen. Das scheint genau das zu sein, was sie, zumindest unbewusst, auch wollen, zumal das Geschäft nicht ihr eigenes sein dürfte, sondern das des brutalen Zuhälters.

Die Dirne allerdings, die ihr Geschäft versteht, vielleicht, weil es ihr eigenes ist oder weil sie darauf aus ist, immer mehr Gewinne und Vorteile einzuheimsen und ihren Zuhälter übers Ohr zu hauen, spielt ihrem Kunden ihre Lust als Reaktion auf die seine vor. Je gekonnter sie das tut, je authentischer ihre Lust wirkt, desto besser findet das der Gast. Nicht umsonst macht dieser Geschäftszweig in Deutschland jährlich mehr als fünf Milliarden Euro Umsatz. Befriedigt von der aus seiner Sicht gelungenen erotischen Interaktion verlässt der Freier das Etablissement, nachdem er vielleicht sogar noch einen dicken Schein draufgelegt hat, und freut sich schon jetzt auf ein Widerkommen.

In den ehelichen und sonstigen Betten ist das nicht anders mit der Befriedigung der Männer. Vor Kurzem fanden Wissenschaftler heraus, dass es immerhin etwa 90% der Frauen sind, die ihren Männern *etwas vorspielen* und ihren Orgasmus nur vortäuschen. Eine Untersuchung der ehrwürdigen Charité vom Herbst 2004 kam zu einem ähnlichen Ergebnis. Interpretiert werden solche Zahlen folgendermaßen: 41% wollen ihrem Partner damit Bestätigung verschaffen, 25% wollen auf diese Weise erreichen, dass der Partner schneller fertig wird; 15,9% denken, sie wären es dem Partner schuldig und 14,7% haben bloß Angst, ihrem Partner die Wahrheit zu gestehen.

Immerhin, die Mehrheit tut es *im Hinblick auf den Partner*, dem sie auf diese Weise Lust bereiten wollen, und nur noch ein Viertel, um die Schweinerei, von der die Ehefrau vor dem Bundesgerichtshof 1967 sprach, schnell hinter sich zu bringen. Es hat sich also innerhalb der letzten 40 Jahre etwas geändert.

SEX-VERTRÄGE

Zwischen einem guten Rollenspiel und der wirklich authentischen Wirklichkeit ist es oft nur ein kleiner Schritt. Wer im psychologischen Coaching tätig ist, berät die Geschäftsleute und Politiker dahingehend, dass sie aufhören sollen, im Rahmen ihrer Anstrengungen zu einer besseren Kundenorientierung ihr Klientel zu belügen und ihm etwas vorzugaukeln und stattdessen einmal zu versuchen, die Qualitäten des angepriesenen Produktes und die potenziellen Abnehmer ernst zu nehmen und zu schauen, was ihnen persönlich am Produkt und vor allem am Kunden wirklich gefällt, sodass sie in der Kundenbetreuung und -beratung selbst zunehmend begeistert sein können und diese Begeisterung nicht mehr nur zu mimen brauchen. In der sexuellen Interaktion ist das, der Möglichkeit nach, nicht anders, sondern sogar noch einfacher.

Denn die zunächst gut gespielte Begeisterung als Reaktion auf die

Lust des einen löst ihrerseits bei diesem Reaktionen aus, die in mehr Korrespondenz und Interaktivität münden. Der Antwortende bekommt immer mehr Interesse, die gezeigten Reaktionen hervorzurufen, weil sie ihn anfeuern und wird sich bemühen, sensibel und einfühlsam immer mehr genau das zu beleben und zu vermehren, was ihm die begeisterten Reaktionen einbringen. Man erkennt sukzessive: »Sex mit Gefühlen ist besser ...« (Schirach 2007, S. 269).

In dem Bemühen um die Lust des anderen entsteht nämlich die Ahnung von Wechselseitigkeit, und selbst wenn es misslingt, was der eine beim anderen auslösen will, nämlich Lust durch Lust, so können beide doch nicht mehr zurückfallen hinter diesen neuen Stand ihres Bewusstseins, der besagt: Lust entsteht zu zweit.

Schon in dem einseitigen Bemühen, sagen wir: dem Bemühen der Frau, dem Manne durch ihr gekonntes Rollenspiel den Auslösereiz für seine Lustlösung zu bieten, steckt strukturell die Idee eines Vertragsverhältnisses, in welchem, wenn einer dem anderen zur Verfügung steht, letztlich auch der andere dem einen zur Verfügung stehen muss. Kein geringerer als Immanuel Kant hat es knapp 170 Jahre vor dem BGH-Urteil in seiner *Metaphysik der Sitten* klar und unmissverständlich ausgedrückt, dass die Sexualität zwischen Mann und Frau als Kontrakt zu fassen sei:

> »[Die] Geschlechtsgemeinschaft (commercium sexuale) ist der wechselseitige Gebrauch, den ein Mensch von eines anderen Geschlechtsorganen und Vermögen macht (usus memborum et facultatem sexualium altris) [...]. Die Ehe (matrimonium), d[as]i[st] die Verbindung zweier Personen verschiedenen Geschlechts zum lebenswierigen wechselseitigen Besitz ihrer Geschlechtseigenschaften« (Kant 1798, §24),

wobei die Betonung nicht auf *Gebrauch der Geschlechtsorgane* sondern auf *wechselseitig* zu legen ist. Verträge gelten immer und überall für beide Vertragspartner. So modern ist Kant.

Noch 1967 in dem BGH-Urteil fehlt im Grunde der Verweis auf die Wechselseitigkeit, also darauf, dass genauso wie der Mann auch die Frau ein Recht hat, sich der Geschlechtsorgane ihres angetrauten Gegenübers zu bedienen. Die Entdeckung der weiblichen Sexualität begann so recht erst in den 70er Jahren.

Vorläufer wie Kinsey & Co antizipierten lediglich, was dann mit der sogenannten sexuellen Revolution ins Allgemeinbewusstsein gelangte: dass Frauen *auch eine Sexualität* haben. Und dass die möglicherweise anders funktioniert.

Nur wenn allgemein angenommen wird, dass Frauen und Männer eine je eigene Sexualität haben und sexuelle Lust unterschiedlich empfinden, ergibt es einen Sinn, Verträge über sexuelle Handlungen zu schließen, Übereinkünfte der Akteure also, in denen beide mit einer gewissen Verbindlichkeit auf der Handlungsebene festlegen, wozu sie sich in lustfördernder Hinsicht gegenüber dem anderen bereit erklären. Das nennt man kommunikatives Handeln. Man stellt sich also in vollem Bewusstsein und mit klaren Absichten sexuell zur Verfügung.

»Verfüg über mich, lieber Klaus«, schreibt Ulrike Meinhof in einem Liebesbrief an Klaus-Rainer Röhl im Mai 1959 (vgl. Stern 12/2006, S. 64). In dieser erregenden Aufforderung macht sich, kantisch gesehen, die Frau, die dem Mann ihre Sexualorgane, und mehr noch, sich ganz zur Verfügung stellt, zur Sache:

> »Denn der natürliche Gebrauch den ein Geschlecht von den Geschlechts-
> organen des anderen macht, ist ein Genuß, zu dem sich ein Teil dem
> anderen hingibt. In diesem Akt macht sich ein Mensch selbst zur Sache,
> welches dem Rechte der Menschheit an seiner eigenen Person wider-
> streitet« (Kant 1798, §25).

Kant formuliert damit eine frühe Verdinglichungskritik, die später, in der Kritischen Theorie der Gesellschaft, auf den Begriff kommt. Es ist dem vernünftigen, aufklärerischen Denker ein Gräuel, Menschen als Objekte zu fassen und dennoch kommt er über die Kategorie des isolierten Einzelindividuums nicht hinaus, das sich da einem anderen isolierten Einzelindividuum »zum Gebrauch« anbietet. Genauso verfährt Sigmund Freud, der Anfang des 20. Jahrhunderts auf eine für heutige Begriffe befremdliche Weise vom *libidinösen Objekt* spricht, das die Geliebte für die Psyche des Liebenden sei. Sie können sich noch nicht wirklich begegnen. Sowohl für Kant als auch für Freud gibt es noch keinen Kommunikations- und Interaktionsbegriff, das heißt, keine entfaltete Vorstellung von zwischenmenschlichen sinnlichen

Beziehungen. Dennoch versucht Kant, eine Brücke von Individuum zu Individuum zu schlagen, die, hölzern noch, das Wesen der Erotik ertastet: »Nur unter der einzigen Bedingung ist dies möglich, dass, indem eine Person von der anderen, gleich als Sache, erworben wird, diese gegenseitig wiederum jene erwerbe; denn so gewinnt sie wiederum sich selbst und stellt ihre Persönlichkeit wieder her« (ebd.).

Was bei der Prostituierten der Tausch von Geld gegen eine vorher festgelegte lustbringende Dienstleistung ist, und damit Verdinglichung bleibt, wird bei egalitären Partnern zum Austausch von lustvollen Handlungen gegen lustvolle Handlungen und damit potenziell zu Humanität und Eros. Wer sich *wechselseitig* »benutzt« (vgl. Caysa 2008), hat den ersten Schritt aus der existenziellen Einsamkeit gewagt, das heißt, wenn zwei isolierte Monaden *Es* sich gegenseitig gestatten, dann ist das der Beginn einer wunderbaren Beziehung.

Im optimalen Fall finden diese potenziell brückenschlagenden Handlungen simultan statt; im suboptimalen Fall zeitversetzt. Man ist sich, wenn es nicht so recht klappen will, gegenseitig Sozialarbeiter im Bett und gewährt dem anderen karitativen Sex, bis der befriedigt ist. Indem man nun wechselseitig sexuelle Handlungen aneinander vornimmt, befindet sich Sexualität auf einer höheren, differenzierteren Kulturstufe. Aus der ehemals egozentrisch-autistischen Triebentsorgung ist wechselseitige Lustbefriedigung geworden. Jedenfalls der Tendenz nach.

Verhandlungsmoral

Nach Gunter Schmidt, Professor für Sexualwissenschaft an der, wohlgemerkt, Psychiatrischen und Nervenklinik der Universität Hamburg, besteht die Modernisierung des Sexuellen im Wesentlichen darin, dass, wenn die Partner damit einverstanden sind, alles möglich ist. Und überall tönt es: »Nichts ist unmöglich.«

Die sexuelle Selbstbestimmung gleich starker und gleich berechtigter Frauen und Männer erlaubt es sogar, wenn beide es denn wollen, dass sie die unerlaubtesten Dinge miteinander treiben können. Allein, sie müssen es beide wollen und vereinbaren: »Werkzeug der sexuellen Lustbefriedigung eines anderen zu sein, ist schön, wenn der andere es will« (Caysa 2008, S 101). Perversionen gibt es dort nicht mehr, wo das obskure Objekt der Begierde Subjekt der eigenen Einwilligung in seinen Objektstatus ist, was dann mit der nachfolgenden Rollenumkehr beglichen werden kann, wenn das zur Abmachung gehört.

Die wirklich historische Errungenschaft daran ist die Realisierung der Wechselseitigkeit und die Verwirklichung der Chancengleichheit der Geschlechter, ihre sexuelle Lust in Eigenregie selbst zu bestimmen, wie gesagt, zumindest der Möglichkeit nach. Deshalb sagt man auch Alice Schwarzer nach, mit Gunter Schmidt einverstanden zu sein. Die neue Verhandlungsmoral lässt das einst unbeherrschbar Explosive und scheinbar Gefährliche am Sexus zu einer gebändigten, aushandelbaren Angelegenheit werden, die man zeitlich, räumlich und szenisch für beide Partner festlegen kann. Und das möglichst gerecht verteilt.

Damit steht Sexualität freilich in Gefahr, entzaubert zu werden: Es verhandeln zurechnungsfähige Subjekte über Begegnungen, die einmal der Sphäre des Unzurechnungsfähigen zuzurechnen waren. Jetzt wird alles, was nicht explizit gesagt wurde und vielleicht nur insgeheim gemeint war, zum Tabu, denn nur das Vereinbarte darf geschehen.

Pacta sunt servanda: Verträge sind einzuhalten. Wer sich nicht an die Abmachungen hält, hat die Konsensgemeinschaft zu verlassen.

Überhaupt hat das alles viel Ähnlichkeit mit dem, was mittlerweile, seit fast drei Jahrzehnten, in den Sex-Clubs vonstattengeht: Auch dort hat man alle Regeln zur orgiastischen Zusammenkunft strikt einzuhalten. Zuallererst, am 6. Februar des Jahres 1978, lasen diejenigen, die mehr zu wissen pflegen, darüber:

> »Sex. Schwarze Zellen. Die erste öffentliche Sex-Diele – Partnertausch für 25 Dollar Eintritt – lockt allabendlich Hunderte von New Yorkern [...] Der Mann dreht sich um, erblickt das Mädchen und sagt: Wollen wir mal? Das Mädchen nickt, beide waten aufeinander zu, und nach kurzem Befingern fangen sie wortlos an zu kopulieren« (Der Spiegel 6/1987, S. 198).

Inzwischen gibt es Tausende solcher Clubs, und sie heißen nicht mehr sinnfällig *Plato's Retreat*, sondern *Traumland* oder *Pfalz-Party* und befinden sich in Bad Honnef oder in einem unscheinbaren Dorf nahe der Autobahn in Mecklenburg-Vorpommern. Der Idee nach kann sich jeder mit jedem nach seiner Façon befriedigen. Voraussetzung ist, dass es vorher verhandelt wurde, und dass man zugestimmt hat.

Ein Vierteljahrhundert später beschreibt Michel Houellebecq wie trostlos sich das weiterentwickelt hat: Es existiert nämlich bei Weitem keine »erotische Stimmung wie in italienischen Diskos oder einem Rotlichtviertel«, sondern eine

> »rein sexuelle Atmosphäre, die etwas ›Sozialdemokratisches‹ hat. Die Männer stellen sich brav bei den Frauen an, lösen sich ohne Hast und stets höflich nacheinander ab, nachdem sie (natürlich!) die Frauen vorher ausdrücklich um ihr Einverständnis gebeten haben – harmonisch, nett und gesittet« (Hanke 2003).

Partnerwechsel und sich so gerierende perverse Orgien: Alles geht. Wir leben mit der neuen Verhandlungsmoral in der *Brave New World*, die Aldous Huxley 1932 in seinem weltberühmten Roman literarisch entstehen lässt, so als ob er es haargenau geahnt hätte. Es dauert nicht lange, und Adorno kommentiert den Roman, als beschriebe Huxley darin jene reale Gegenwartsgesellschaft, die der Philosoph mit elaboriertem Grausen heraufdämmern sieht. Vor allem nimmt er die liberalisierte Sexualität der *Brave New World* aufs Korn, die der heutigen so ähnlich ist. Sein hochdialektischer Befund: Der stumpfsinnig-offizielle Sexualbetrieb macht aus der Lust einen Spaß und damit wird die Lust durch Gewährung verweigert:

> »Lust selber verfällt zum armseligen fun und zur Gelegenheit für die narzißtische Befriedigung darüber, daß man diese oder jenen ›gehabt‹ habe. Der Sexus wird gleichgültig durch die Institutionalisierung der Promiskuität, und noch der Ausbruch aus der Gesellschaft wird in dieser angesiedelt. Die physiologische Auslösung ist, als ein Stück Hygiene, erwünscht; der Affekt dabei, als Energievergeudung ohne gesellschaftlichen Nutzen, kassiert. Um keinen Preis darf man ergriffen sein« (Adorno 1942a, S. 106).

Wer je die Sendung *Wa(h)re Liebe* verfolgt hat und am Fernsehapparat hautnah mit dabei war und gesehen hat, wie es heutzutage in den

Swinger-Clubs zugeht, der weiß, wovon der 1969 gestorbene Philosoph, vor 50er Jahren noch wahrsagerisch, spricht.

Immerhin sei es fair, was da abgeht, meinte unlängst Houellebecq in einem Interview: »Das Bedürfnis nach etwas Neuem in einem organisierten Swinger-Club zu stillen ist doch viel fairer als das alte bürgerliche Modell, wo sich der Mann eine Jüngere nimmt und die andere, von Vergänglichkeit gezeichnete Frau zurücklässt, die sexuell kaum mehr einen Marktwert hat« (Der Spiegel 48/2000, S. 199).

Da aber die sexuelle Lust ihre eigene subkutane Dynamik hat und mit Frustration, d. h. mit Enttäuschungsreaktionen in den Körpern und Seelen der Betroffenen einhergeht: weil sie durch die bloßen Verrichtungen in den Clubs nicht zu sich kommt, mündet der ganze gesellschaftlich zugelassene Spaßbetrieb entweder in der Sucht, in der kontinuierlich die Dosen erhöht werden müssen, um überhaupt noch etwas zu spüren, oder in einem qualitativen Sprung: Die Lust will dann nicht noch mehr des Falschen sondern das Bessere. Begehrenswerter als Sex scheint das zu sein, was man im Allgemeinen mit *gutem Sex* meint.

GUTER SEX

> »Die Geschlechtsorgane sind eine Quelle ständig verfügbarer Lust.«
> *Michel Houellebecq, Plattform*

Wie die moderne Verhandlungsmoral, ist es ebenfalls Zeichen einer enormen gesellschaftlichen Fortentwicklung, wenn man sich an entsprechender Stelle Gedanken macht und Anstrengungen unternimmt, die gemeinsam praktizierte Sexualität qualitativ zu verbessern. Es ist gut, wenn man frustriert ist vom banalen, schlechten Sex, denn das beweist, dass es hintergründig eine Instanz gibt, die genau weiß, dass da noch etwas anderes sein muss. Hinter jeder Klage steckt ein Wunsch.

Schon früh beginnen gut meinende Wissenschaftler und Therapeuten daran zu arbeiten, die Sexualität der Menschen für die Menschen zu kultivieren und ins Allgemeinbewusstsein zu heben, dass es in den Betten nicht um die Befreiung sondern um Befriedigung von Bedürfnissen gehen sollte, und das wechselseitig und möglichst gediegen. Schließlich ist zu bedenken, dass Millionen von Menschen in den prüden 60er Jahren keine blasse Ahnung haben, was erogene Zonen sind, wo die sich befinden und vor allem, was man damit machen soll. Dass beide Partner es schön finden sollen, wird sukzessive zu einer zentralen Wertvorstellung (Schmidt 2004, S. 70): sexuelles Qualitätsmanagement zur gesellschaftlichen Dauereinrichtung. Was heute mittlerweile in allen Provinzgazetten steht: wie man es gut und richtig macht, um glücklich zu sein, begann mit Paar- und Sexualtherapie Anfang der 70er Jahre. William H. Masters und Virginia E. Johnson sind die Namen, die dafür stehen. Sie entwickelten therapeutische Techniken, mithilfe derer die, die es nicht können, lernen, sich glücklicher zu machen, indem sie ihre sexuellen Handlungen verfeinern. Ihr maßgebliches Buch aus dem Jahr 1974 trägt den Titel *Spaß an der Ehe*. Ihr erster Schritt auf dem Weg zur richtigen Intimität bestand laut Eva Illouz darin, sich über seine Gefühle klar zu werden, und das heißt, sich selbst und seinem Partner gegenüber eine therapeutische Haltung zu etablieren:

> »Sobald Sie sich ihrer Gedanken und Gefühle bewußt sind, teilen Sie sie ihrem Partner mit. Wenn Sie Angst haben, sagen Sie es. Vielleicht können Sie gemeinsam herausfinden, wovor Sie sich fürchten und warum, und vielleicht kann Ihnen Ihr Partner Wege zeigen, wie Sie Ihre Angst allmählich überwinden lernen. Mit der Zeit werden Sie dann in Einklang mit Ihren Gefühlen, nicht mehr in Widerspruch zu ihnen handeln« (Masters/ Johnson 1974, S. 24f.; Illouz 2007b, S. 47).

Die weitere sexualtherapeutische Herangehensweise war dabei explizit behavioristisch, was natürlich heißt, dass die lernbare Oberfläche und nicht die gegebenenfalls dahinter liegenden Konflikte das *thema probandum* sind. Man lernt, sich zu betrachten, sich zu streicheln, sich zu küssen, sich zu stimulieren; man lernt die Erregungspunkte und relevanten Körperregionen des anderen kennen und wie man damit einfühlsam und optimal zu verfahren hat, man lernt es, beim andern einen realen Orgasmus auszulösen, damit der den nicht mehr vorspielen muss. Immerhin lernt man, »daß Sex dann am beglückendsten ist, wenn nicht der Mann etwas mit seiner oder für seine Frau tut, sondern wenn beide als gleichwertige Partner etwas gemeinsam tun« (Masters/ Johnson 1974, S. 84; Illouz 2007b, S. 49).

Damit etablieren der Gynäkologe und die Psychologin ein neues kulturelles Modell der Intimität, das sich mehr als 30 Jahre später zur sexuellen Vereinbarungsmoral gemausert haben wird. Solche gelernte Lust ist inzwischen zur Pflichtübung geworden und die weitere sozio-kulturelle Instrumentalisierung von Sexualität fürs Gesundheitswesen zur Selbstverständlichkeit: Für 5,90 Euro kann im März 2006 jedermann und jede Frau lesen, was zu tun ist, denn dem, der 's immer noch nicht kapiert hat, wird es noch einmal eingehämmert: »Sex macht gesund und glücklich.«[48]

Von der Weckung der Lust durch »Vorspiel und Partnermassage« geht es zu den »besten Stellungen für Lust und Gesundheit«, wobei zunächst erst einmal zu Bedenken gegeben wird, dass die Haut das größte Sexualorgan des Menschen ist und über sie jene Reize ins Gehirn gelangen, die zur sexuellen Erregung und zur Produktion der Sexualhormone führen. Bei dem Abschnitt über Partnermassage gibt es viele Fotos, die zeigen, wie man das macht: Schultern, Brüste, Bauch und Po; es sieht alles aus wie in einem Fitnessstudio. Auf den ganzen 35 Seiten der Broschüre sucht man allerdings vergebens den G-Punkt, den man doch noch vor Kurzem als Conditio sine qua non erachtet hat. Dafür dürfen aber beim Vorspiel Cunnilingus und Fellatio nicht mehr fehlen, selbst wenn das im Freundesland Amerika in manchen Staaten noch immer unter Strafe steht. Beim realen Akt versprechen die besten Stellungen dann höchste Wonnen, »wenn Sie denn gelenkig und experimentierfreudig genug sind«; vor allem findet man jene »Stellungen, die wissenschaftlichen Erkenntnissen folgend, die Produktion von Sexual-hormonen nachweislich verstärken«. Und man kann üben, die Sinne zu schärfen, denn »schon Sex pur verbessert Ihre körperliche Fitness und Gesundheit. Doch Liebe und Partnerschaft machen Sex zu einem noch umfassenderen Glückserlebnis.« Man liest in diesem Kapitel, »warum die Macht der Sexualhormone in einem Klima der Liebe noch wirksamer

---

48 Das liest man am 14. März 2006 in der Fernsehbeilage »Prisma« der *Elbe-Jeetzel-Zeitung* für den Landkreis Lüchow-Dannenberg mit dem Titel »Sex macht froh« und dem Hinweis auf einen Internet-Download, wo man auf über 30 Seiten erfahren soll, wie man die Lust steigern kann: www.prisma.de (kauft Leute, ist hochinteressant!). Illouz hierzu: »Intimität [wird] zum Codewort für Gesundheit« (2007b, S. 73) – der sexualtherapeutische Diskurs hat sich massenhaft verinnerlicht.

wird«. Am Schluss schließlich kriegt man noch auf den Weg, wie man
Pilzinfektionen, Tripper und AIDS vermeidet, denn »beim Sex kann
man sich mit Krankheiten anstecken. Das muss nicht sein.«
Nicht von ungefähr klingt das alles ein bisschen aseptisch. Das hat
damit zu tun, dass das Interesse an der Gesundheit, fast möchte man
sagen, an der Volksgesundheit, immer schon verschwistert war mit
dem Gegenteil von sinnlicher Lust. Bei den alten Diätetikern war das
so, und bei dem modernen Gesundheitssex ist das nicht anders: »Die
dauernde Selbstbeschäftigung damit, was fit hält, gesund ist [...], die
[...] Selbstbeobachtung von Körper und Gesundheit – und komme
sie noch so alternativ daher – ist [...] tief und unauflösbar verbunden
mit Prüderie und Sinnenfeindlichkeit, mit Sauberkeit und Disziplin«
(Schmidt 1988, S. 42f.).[49]
Vielleicht empfiehlt es sich, nach getaner Übung Kellogg's Cornflakes
mit frischer Milch zu sich zu nehmen? Nein, das ist keine Ironie. Es war,
wie Gunter Schmidt zu berichten weiß, zusammen mit Sylvester Graham
genau jener Cornflake-Cracker-Hersteller John Harvey Kellogg, der
zeitlebens sowohl für körperliche Fitnessübungen und gesundheitsbe-
wusste Essgewohnheiten gekämpft als auch einen regelrechten Kreuzzug
gegen die Sexualität, namentlich die Onanie geführt hat.
Die moderne Verwissenschaftlichung der sexuellen Abläufe und deren
Ausfluss in den millionenfach verkauften Ratgebern transportiert ihre
totale Entsinnlichung. Eva Illouz spricht hier, ganz im Sinne von Max
Weber, von einer Rationalisierung (2007b, S. 53f.) der intimen Bezie-

---

49 Neuerdings diskutiert man, ob nicht die extreme Fixierung auf gesunde Nahrung
ihrerseits ein pathologisches Geschehen ist, und man hat der »Krankheit« auch schon
einen Namen gegeben: »Orthorexia nervosa« (Bär 2008, S. 52f.). Interessant daran
ist die potenziell psychodynamische Erkenntnis: »Die Orthorexie speist sich aus der
Selbstwertproblematik«. Allerdings fallen die Ärzte, die das in ihrer Klinik entdeckt
und beschrieben haben, indem sie sich auf die plane Phänomenologie der ICD-
Klassifizierungen kaprizieren, hinter die eigenen Erkenntnismöglichkeiten zurück
und schlagen Verhaltenstherapie vor, also Gegenerziehung: Glauben sie tatsächlich,
mit therapeutischen Essplänen die Fixierung aufs Essen behandeln zu können? Zu
fürchten ist, dass sie damit Teil jenes Problems sind, das zu heilen sie vorgeben. Der
Essstörung mit »Schulungen zu Planung, Einkauf und Zubereitung von Speisen«
zu Leibe zu rücken, wirkt grotesk. Statt palliativ am Symptom herumzukurieren
wäre dem inneren Konflikt nachzugehen, der die brüchige Selbstwertproblematik
bedingt.

hungen und der emotionalen Bande, sodass diese »fungibel werden […],
also zu Objekten […], die gehandelt und ausgetauscht werden können«
(ebd., S. 59).

Diese gesellschaftliche »Vervollkommnung des Liebesgeschehens«
durch den psychologischen Diskurs, die Selbsthilfe- und Ratgeberin-
dustrie, die Pharmazie und die Internettechnologie (ebd., S. 161) täuscht
freilich darüber hinweg, dass dies alles längst brüchig und fragmentiert
ist. Selbstunsicherheit und Perfektionismus gehen eine prekäre Allianz
ein und machen den Teilnehmer am intimen Geschehen zu seinem
eigenen gestrengen Beobachter. Seine Verwissenschaftlichung hat den
Sexus durch und durch normiert und abgekühlt. Das entsinnlichte
Excitement ist so totalitär in Regie genommen, dass, in einer grotesken
Amalgamierung von persönlichen Glücksbestrebungen mit objektiven
wissenschaftlichen Daten, nunmehr bloß noch massenhaft Sexualhormone produziert und nochmals wirksamer gemacht werden, so als ob
es zentral darauf ankäme, die im Taschenbuch von Stefan Klein zu-
sammengefassten wissenschaftlichen Erkenntnisse zur »Glücksformel«
(2003) zu bestätigen und deren Biochemie statt die eigentliche Lust zum
gemeinsamen Erlebnis werden zu lassen. Wie sagte noch Ernst Jandl:
»In die Effnung vier dein Glied ein, glicklich zu sein: glick, glick …«

»Klitoris und Eichel sind mit Krause-Endkolben übersät, in denen
sich sehr viele Nervenfasern befinden. Wenn man sie streichelt, werden
im Gehirn Endorphine in großen Mengen freigesetzt« (Houellebecq
1999, S. 159f.). Auf der subjektiven Seite des Geschehens, sozusagen
im inneren Erleben derjenigen, die *guten Sex* haben, sieht das dann so
aus: Als Kriterium der Satisfaction steht für Männer an erster Stelle der
Blowjob durch die Frau, nebst ihrer stetigen Bereitschaft und Willigkeit,
an erster Stelle für Frauen der subjektive Fakt, sich wirklich geliebt und
verwöhnt zu fühlen, gerne auch mal ohne Orgasmus, und dass er ohne
zu fragen ihre Wünsche errät (Bode 2004, S. 106ff.). In der Zeitschrift
Woman, wo man alles Diesbezügliche erfährt, verraten die Frauen, was
Er ohne viel Worte erahnen soll: dass zum Beispiel jede fünfte Frau gern
öfter Oralsex hätte und dass 19% davon träumen, einmal mit einem
deutlich jüngeren Mann ins Bett zu gehen (Woman 25/2002, S. 136ff).
Und eines ist klar: »Fast die Hälfte aller Frauen möchte fantasievoll

verführt werden, 26% brauchen mehr Streicheleinheiten. Nur jede dritte Frau findet es [...] entscheidend, dass ihr Partner einen Orgasmus hat. 15% wünschen sich, dass der Mann sich beim Sex mehr Zeit nimmt.«

Sagt er zu ihr: Wenn ich gewusst hätte, dass Du noch Jungfrau bist, hätte ich mir mehr Zeit genommen. Sagt sie zu ihm: Wenn ich gewusst hätte, dass Du mehr Zeit hast, hätte ich die Strumpfhose ausgezogen.

Würden sich die Partner in der Tat mehr Zeit nehmen, könnte unter Umständen herauskommen, dass sie miteinander herzlich wenig anzufangen wissen. Oder ungekehrt: Es hat schon seine Gründe, weswegen der Sex so absolviert wird, wie er absolviert wird; die Unfähigkeit der meisten zur differenzierten Nähe, die in den paartherapeutischen Sitzungen regelmäßig Thema ist, kann mit dieser Art vom gesundem, perfekten Sex normalerweise recht gut überdeckt werden.

Bei all den Berichten und Befunden, die man hundertfach in den Journalen und Zeitschriften nachlesen kann, fällt auf, dass die Betroffenen eher darüber klagen, was *nicht* der Fall ist und was sie gern einmal wollten, statt dass sie dem interessierten Leser beibringen, was unter wirklich *gutem Sex* zu verstehen ist. Die Autorin des Artikels »Was Sie schon immer über guten Sex wissen wollten« schreibt denn auch bereits einleitend, dass heute »mehr Verunsicherung und Kopfzerbrechen über wahre Lust und erotische Erfüllung« herrschen als je zuvor (Bode 2004, S. 107). Auf dieses Paradox, dass im Gesundheits- und Positivitätsdiskurs das Leiden zum Hauptthema wird, macht Eva Illouz aufmerksam. Das allgegenwärtige »Narrativ der Selbstverwirklichung« und das Ideal der Gesundheit »definiert e contrario eine Vielfalt von Dysfunktionalitäten. Mit anderen Worten: Emotional ungesunde Verhaltensformen werden aus impliziten Bezügen zu und Vergleichen mit dem Modell und Ideal des ›vollständig selbstverwirklichten Lebens‹ abgeleitet« (2007b, S. 73). Oder:»Wie Foucault in *Die Sorge um sich* lakonisch bemerkt, bekräftigt jene Sorge um sich, wird sie in die medizinische Metapher der Gesundheit gekleidet, auf paradoxe Weise das Bild eines ›kranken‹ Selbst« (ebd., S. 84, vgl. auch S. 85ff.).

Man kann nicht jedem Zeitungsartikel nachgehen, aber wenn es sich häuft, dass die Menschen sich, selbst in den Hochglanzblättern, wo es doch funny und positiv zugehen soll, ratlos zeigen, und wenn die Statistiken über Suizidraten, psychische Erkrankungen und sexuell motivierte Kriminalität einen dementsprechenden sozialpsychologischen Trend in der Gesellschaft bestätigen, dann scheint etwas faul zu sein im allgemeinen Gesundheits- und Glücksgetummel. Das therapeutische Narrativ allein dürfte es freilich nicht sein, das seine Adepten »als Kranke konstituiert« (ebd., S. 80). Viel eher kompaktiert dieses doch mit dem gesellschaftlichen Schein, den es gleichsam poliert, statt ihn endlich aufzubrechen.

GUTE MIENE

Vielleicht ist es ja gerade diese immer perfekter werdende Oberfläche, die sich wie eine fette Kosmetiktünche über das reale Leben gelegt hat, die alle lebendige Atmung erstickt. Jenes *Healthy-Sex-Life*, welches der Philosoph Adorno bereits 1963 beklagt, ist so allumfassend und perfekt eingetreten, dass heute kaum noch jemand seinen Kassandraruf in den *Minima Moralia* verstehen kann: »Sexualität, um deretwillen angeblich doch das Getriebe sich erhält, ist zu dem Wahn geworden, der früher in der Versagung bestand« (Adorno 1951, S. 192). Gemeint ist damit die reale Dialektik, dass mit dem gesunden Sexleben den Menschen die Liebe und das Glück ausgetrieben wurden (Adorno 1955, S. 60).

Die Befreiung der Sexualität ist bloßer Schein (Adorno 1963, S. 534). Er soll den Tatbestand kaschieren, dass die Menschen bei diesem geduldeten, gegängelten und gesellschaftlich integrierten Sex, der mittlerweile unwidersprochen zur psychischen und physischen Hygiene gehört, sich mit medizinisch-psychologisch ausgefeilten Ersatzbefriedigungen zu begnügen haben. Diese haben die eigentliche Lust längst überflügelt und damit weitgehend verdrängt.

Nicht umsonst wird heute Sexualität als eine Art Körperertüchtigung angepriesen, ähnlich wie Sport. Die permanente Verquickung von Sex mit Gesundheit und Fitness ist augenfällig. Liebe, heißt es, vermindere die Gefahr von Schlaganfall und Herzinfarkt, komplementär dazu lautet eine dpa-Meldung vom 19. Oktober 2004: »Singles haben ein höheres Herztod-Risiko«. Wer Sex hat, bekommt sogar weniger Erkältungskrankheiten, sagt die Wissenschaft. Zwei Liebesakte pro Woche, und auch die Wundheilung klappt besser und das alles, weil die Abwehrkräfte steigen. Kreislauf, Stoffwechsel und körperliche Leistungsbereitschaft, alles wird besser.

Man merkt die Absicht und ist verstimmt. Wo die letzten Störche ein Tourismusmagnet sind und keine vom Aussterben bedrohte Vögel und wo Häuser Finanzanlagenobjekte sind und nicht mehr Heimstätten, passt es gut, dass Liebe eben der Gesundheit zugute kommen soll. Dabei ist Gesundheit abermals kein Wert an sich, sondern am Ende soll das alles wiederum *der Wirtschaft* dienen. Die Totalentfremdung, die mit dem gesunden Sex gleich mitgeliefert wird, ist nun wirklich kaum noch zu überbieten.

Die Menschen sollen immer noch fitter werden, auf Teufel komm' raus. Das ist die Botschaft. Früher hätte es in der Kritischen Theorie geheißen, sie sollen mit Haut und Haar für die Arbeitswelt zur Verfügung stehen. Das ist aber längst passé. Quasi Old Europe. Denn die strukturelle Arbeitslosigkeit hat dazu geführt, dass so viele Plätze nicht mehr vorhanden sind, für die man fit sein könnte und es werden auch keine wirklichen kommen, die sinnvolle Arbeit bieten, zuversichtliche Stimmung der Großen Koalition in Deutschland hin oder her. Also geht es heute nur noch um das *Als-ob*. Man muss sich wie in einem permanenten Bewerbungsgespräch verhalten, als ob man für den Job fit sei, den es nicht gibt. Mit dem nicht verdienten Geld muss man dann mit Körper und Seele und mit allen lebendigen Impulsen, die noch übrig geblieben sind, in die Kunstwelt des Konsums eintauchen und dort abermals so tun als ob: Als ob man das alles ganz toll findet und als ob man sich das alles leisten kann; die Kreditwirtschaft hilft da aus. Denn dort findet das Glück statt, schreien die Plakate, und nicht etwa in der Begegnung der Menschen. Strichmännchengrinsend hat man vor allem gute Stimmung zu haben und guten Sex und eine gute Kondition, Hartz IV hin oder her.

Dass der Namensgeber des sozialpolitischen Desasters seinerseits wie ein Krimineller, wenn auch bezeichnenderweise aufgrund eines *Deals* viel zu milde, in der VW-Sache abgeurteilt wurde, in der er die zentrale Rolle spielte, ist mehr als nur Realsatire. Genauso bezeichnend für den

Zustand des Zeitgeistes ist die Wucht der veröffentlichten Meinung, die auf Peter Sodann zurückfiel, als er in seiner neuen Rolle des Bundespräsidentenanwärters der Linken im Oktober 2008 in der *Sächsischen Zeitung* äußerte, dass er gern Josef Ackermann hinter Schloss und Riegel sähe. Allein schon diese satirisch vorgetragene und sicherlich in den Köpfen der Menschen massenhaft vorhandene Option, dass die *gewissenlosen Verursacher* der weltweiten Krise nicht nur in Form von haftendem Privatvermögen zur Kasse zu bitten wären, sondern dass die zynischen Herren der Welt darüber hinaus endlich auch einmal selbst strafrechtlich zu belangen wären, scheint bei einigen Zeitgenossen der schreibenden Gilde, die offenbar nach wie vor dem Deregulierungsglauben aufsitzen und das Goldene Kalb anbeten, obwohl es gerade in Staub und Asche zerfällt, stellvertretend für die globalen Zocker eine solche Panik auszulösen, dass sie wutentbrannt auf den recht naiv wirkenden Schauspieler hauen statt auf die realen Hintermänner des Unheils. Dass es nicht nur ein linker Spinner ist, als den man Sodann diffamiert, der mit seinem Ansinnen die Finanzjongleure attackiert, beweist das Interview mit dem renommierten Historiker Hans-Ulrich Wehler im *Stern* (16.10.2008, S. 54ff.), der für ihn zwar nicht eine Gefängnisstrafe aber doch den Rücktritt Ackermanns fordert. Explizit ist hier von einer »kriminellen Mentalität« der hemmungslosen Hasardeure die Rede. Wer hier einwirft, auch Wehler sei als SPD-Naher ein Linker, der sei letztendlich auf Loriot alias Victor von Bülow verwiesen. Der spricht in der *Frankfurter Rundschau* vom 24. Oktober 2008 ebenso und ebenso drastisch von »Verbrechern in eleganter Maske«. Außerdem ist es fraglich, ob man die SPD Müntefefrings noch links verorten kann, bzw. was überhaupt heute noch *rechts* und *links* ist. Jürgen Habermas hingegen (2008c, S. 53) weist unseres Erachtens zu Recht darauf hin, dass die Spekulanten doch schließlich Teil des Systems seien:

> »Jetzt mit dem Finger auf Sündenböcke zu zeigen, halte ich allerdings für Heuchelei. Auch die Spekulanten haben sich im Rahmen der Gesetze konsequent nach der gesellschaftlich anerkannten Logik der Gewinnmaximierung gehalten. Die Politik macht sich lächerlich, wenn sie moralisiert [...].«

Sehr viel radikaler entfalten die Autoren der Gruppe KRISIS (www.krisis.org), und das bereits vor zehn Jahren, den Gedanken: Nicht die Hintermänner des Unheils seien zu skandalisieren, sondern das allübergreifende universale System der Verwertung des Werts aufs Korn zu nehmen:

> »Wer die Spekulation zerstören will, ohne den Kapitalismus abschaffen zu wollen, handelt zumindest grob fahrlässig. Spekulation ist nie schlimmer als der Markt, dem sie dient. Sie ist nicht seine Ursache, sondern eine seiner Folgen. [...] Jede Marktkalkulation ist eine Spekulation. [...] Der Kapitalismus wird gegen die Kritik immunisiert, indem man bestimmte Kapitalisten zum Abschuss freigibt [...] woran sind sie schuldig? Dass sie sich als Geldkapitalisten wie Geldkapitalisten aufführen? [...] Aus dem Elend der Charaktermasken ist nicht auf die Elendiglichkeit ihrer individuellen Träger zu schließen« (Schandl 1998; vgl. auch Trenkle 2008).

Zu Hartz, Ackermann und Zumwinkel schreibt Schandl (2008) unter dem Titel »Wir bauen uns einen Skandal«: »Via Aufdeckung und Konstruktion von Affären demonstriert das System nicht seine Instabilität, sondern im Gegenteil seine Stabilität.«

Böses Spiel

> »Die sinnliche Begierde bis ins Unerträgliche zu steigern und deren Befriedigung immer mehr zu erschweren, das war das Grundprinzip, auf dem die westliche Gesellschaft basierte.«
> *Michel Houellebecq, Die Möglichkeit einer Insel*

Wer zum schlechten Spiel keine gute Miene macht, weil er es einfach nicht kann, hat schon verloren. All die, die *deprimäßig* und verstört dem gesunden Treiben den Rücken kehren, fallen raus. War es zu Beginn des Kapitalismus absolut wichtig, tunlichst kreditwürdig zu sein, wie es Benjamin Franklin vor Jahrhunderten mahnend hervorhebt, so ist es heute absolut überlebensnotwendig, einen leuchtend hellen Schein von *Happiness* und *Healthyness* und *Youthfulness* an den Tag zu legen, und zwar so überzeugend, dass die vielen Türsteher vor den hypermodernen Tempeln, in denen das sogenannte richtige Leben simuliert wird, einen auch hinein lassen und nicht etwa auf die Idee kommen, man sei ein Spielverderber.

Michel Houellebecq ist ein solcher, aber als Kultautor ist er mittlerweile so erfolgreich, dass er als Hofnarr in der Nähe des herrschenden Prinzips über dessen Irrsinn stänkern darf, ohne wirklich Kopf und Kragen zu riskieren. Deshalb sieht er, der in die Maske des Bösen geschlüpft ist, um irgend der Güte zu Wort zu verhelfen, das Grausame nicht im gesunden Sex an sich, sondern darin, dass so mancher, der gern mitmachen wollen würde, allein schon deshalb ausgeschlossen ist, weil er den gesellschaftlich verordneten Normen nicht entspricht. So klagt er in einem Interview, und Klagen ist ja schon ein Sakrileg in der Spaßgesellschaft, dass »der sexuelle Liberalismus die Gesellschaft in Sieger und Verlierer spaltet« (Der Spiegel 9/1999, S. 194).

In der modernen Vereinbarungsmoral geht es zwar darum, dass man gemeinsam verabredet, sich gegenseitig sexuell Gutes zu tun; demgemäß tauscht man dann auch erotische Handlungssequenzen aus und befindet sich somit im einem System gesellschaftlichen Tauschverkehrs von Dienstleistungen. Aber getauscht werden können nur Äquivalente, und insofern ist es nachgerade zwingend und logisch, dass sich nicht jede mit jedem sexuell verabreden wird, sondern nur diejenigen, die nach mehr oder weniger informellen sozialen Beurteilungskriterien zueinander passen, weil sie im weitesten Sinne im Bezug auf die Tauschhandlung *gleichwertig* sind. Eine sexuelle Sozialdemokratie wird in der Welt der Konsensmoral nicht eingelöst, weil viele Tauschwillige vorab schon ausgeschlossen sind: Sie gelten überhaupt nicht als *konsensfähig*.

Die Gleichheits- und Selbstbestimmungsfassade, welche die sexuelle Verhandlungsmoral transportiert, ist Lug und Trug, weil sie brutaler als je zuvor den unterschiedlichen Tauschwert der Einzelnen hervorhebt und die Unterschiede der Attraktivität und des sozialen Ranges in die Wagschale wirft. So kommt es, dass in den Swinger-Clubs immer nur dieselben fettleibigen Typen herumlaufen und sich mit immer denselben adipösen Damen auf die Matte legen.

Der befreite Sex ist Terror für die Menschen, indem er zu einer *Ausweitung der Kampfzone* wird:

»In einem völlig liberalen Sexualsystem haben einige ein abwechslungs-
reiches und erregendes Sexualleben; andere sind auf Masturbation und
Einsamkeit beschränkt. Der Wirtschaftsliberalismus ist die erweiterte
Kampfzone, das heißt, er gilt für alle Altersstufen und Gesellschafts-
klassen. Ebenso bedeutet der sexuelle Liberalismus die Ausweitung der
Kampfzone« (ebd.).

Houellebecq diagnostiziert im Zusammenhang mit der modernisierten
Sexualität keinesfalls Gesundheit oder die Verwirklichung der großen
Glücksformel, sondern er sieht darin eine allumfassende Grausamkeit
und Destruktivität, welche die Menschen noch mehr als je zuvor ato-
misiert, sodass sie zu winzigen particules élémentaires, *Elementarteilchen* zerfallen. Die Hochglanzbildersexualität, an der nur wenige die
soziale Chance haben zu partizipieren, verschleiert, so Houellebecq,
die wahren Hintergründe: soziale Probleme, Versagen der Eltern,
Drogen und eine Gesellschaft, die Menschen das Gefühl gibt, wertlos
zu sein (vgl. ebd., S 212).

»In einer Gesellschaft, in der man überall Bilder von unerreichbarem,
perfektem Sex sieht, wird Sexualität entspiritualisiert. Sex wird zum
Statussymbol« (ebd., S. 215). Nur wer sich ihn leisten kann, wird in
dieser Gesellschaft zu dem Sex kommen, der ihm als erstrebenswert
vorgegaukelt wird: Neben dem Geld sei es heute die physische Attraktivität, die den abzählbar wenigen Glücklichen Zugang gewährt. Versuch
einer mal, in den Berliner Discos Einlass zu bekommen, von denen im
Tanz um die Lust die Rede ist.

Zwei Jahre später, als er schon hunderttausendfach gelesen wird, sagt
es Houellebecq, abermals im *Spiegel*, überdeutlich:

»Weil wir dem Ideal von Schönheit und Jugend in unserer hypersexuali-
sierten Welt nicht entkommen, werden bald Bilder unsere Vorstellungen
von Sex bestimmen, die nichts mehr mit der Realität zu tun haben: mit dem
schleichenden körperlichen Verfall, den Figur- und Hormonproblemen.
Also wird man zu professionellen Sexarbeitern gehen, um zu bekommen,
was man für Realität hält. Man wird Pornofilme gucken oder sich vorm
Internet einen runterholen. Wir werden nicht mehr aus Liebe miteinander
schlafen. Den Optimismus habe ich verloren. Der Kampf um Attraktivität würde aufhören, wenn man zu Sex genauso leicht Zugang hätte wie
etwa zur Luft. Doch im Grunde will kein Mensch diesen friedlichen

Zustand. Niemand möchte wirklich auf den Teufelskreis aus Sexualität, Bestätigung und Selbstverliebtheit verzichten. Dazu sind wir Menschen zu narzisstisch. Dumm nur, dass Narzissmus und Liebe sich eigentlich ausschließen. Ein Narzisst ist unfähig, jemand anderen als sich selbst zu lieben. Er kann sich aber auch nicht lieben lassen, weil ihm keiner dafür auserwählt scheint. Das habe ich schon als Jugendlicher in der Disco begriffen: Die Mädchen, die nur ihre eigene Wirkung im Kopf hatten, waren immer die falschen. Wer zu verliebt ist in seinen eigenen Körper, kann ihn nicht hingeben« (Der Spiegel 35/2001, S. 190ff.).

Neben dem Internet mitsamt seinem virtuellen Sex sieht Houellebecq den Sextourismus als Paradigma der modernen, auf den Punkt gebrachten schlechten geschlechtlichen Betätigung. Hier können die »Brieftaschen auf Beinen«, als welche die unbefriedigten geilen Westeuropäer und Amerikaner und Araber und Russen dort angesehen werden, für verhältnismäßig wenig Geld die *Ware Liebe* kaufen und ihre abgrundtiefen wahren Sehnsüchte zu erfüllen suchen.

Dazu gehört freilich eine große Portion Abstraktionsvermögen, denn auch die echte Menschensexualität auf dem asiatischen oder kubanischen Fleischmarkt ist, was die Einlösung der dahinter liegenden Sehnsüchte angeht, virtuell. Denn in der Begegnung zwischen den Satten, die alles haben außer die wirkliche Befriedigung und den Hungrigen, die nichts als ihre schmächtigen Körper feilbieten können, findet zwar vielleicht das statt, was Houellebecq als »die ideale Tauschsituation« (ebd.) bezeichnet, aber es findet kein wirklicher Austausch statt, keine wirkliche Wechselseitigkeit des Gebens und Nehmens, keine tragende menschliche Beziehung, selbst wenn hin und wieder manche davon naiv einander heiraten. Was stattfindet, sei es beim Sextourismus, sei es im Internet-Chat oder sei es in den Begegnungsstätten der *Happy Few*, die von den Türstehern durchgelassen wurden, ist ein weiteres Mal die Reduktion der Individuen auf entfremdete Objekte.

Genauso, nämlich wie leibhafte Objekte der gesellschaftlichen Gesundheitsmafia mitsamt ihren Hochglanzverlagen, sehen die waschbrettbäuchigen Schönheiten aus, die sich für die Broschüren à la »Sex macht gesund« in Farbe ablichten lassen, um für die Abermillionen grauen Alltagsmenschen Orientierungsmodell zu sein.

Die Nähe der Houellebecq'schen Visionen zu denen von Aldous Huxley in dessen Roman *Schöne Neue Welt*, wo ja auch völlige sexuelle Freiheit herrscht, wird von den Hauptfiguren der *Elementarteilchen* selbst thematisiert:

> »Ziemlich genau in der Mitte des Buchs wird ein direkter Bezug zum berühmten Zukunftsroman Brave New World hergestellt. Aldous Huxleys Voraussagen von 1932, lässt Houellebecq Bruno Clément, den Bruder Michels, im Jahr 1998 sagen, haben sich als ›unglaublich zutreffend‹ erwiesen. Wir leben heute tatsächlich in einer Gesellschaft ohne Ethos, die ausschließlich damit beschäftigt ist, die Befriedigung unserer Bedürfnisse zu verwalten. ›Es herrscht völlige sexuelle Freiheit, die persönliche Entfaltung und die sinnliche Begierde werden durch nichts mehr eingeschränkt.‹ Doch obwohl wir uns der Vision Huxleys so sehr angenähert haben, sind wir doch von der vermeintlich daraus resultierenden, ruhig gestellten, aber ›glücklichen Gesellschaft‹ unendlich weit entfernt. Denn in einem entscheidenden Punkt, sagt Bruno, hat Huxley – wie alle Philosophie vor ihm – sich geirrt. Man könne das Leid nicht aufheben, indem man alle Begierden stillt. Im Gegenteil würden diese dadurch erst recht unentwegt angestachelt. ›Er hat nicht begriffen, daß Sex, sobald man ihn von der Zeugung loslöst, nicht so sehr als Lustprinzip, sondern vielmehr als Prinzip narzißtischer Unterscheidung fortbesteht.‹ Die Folge sei ein brutaler sexueller Wettbewerb auf dem Niveau von Rangordnungskämpfen im Primatenrudel« (Niemann 1999; vgl. Houellebecq 1999, S. 177ff.).

Während in der *Schönen Neuen Welt*, wie Adorno anmerkt, die Möglichkeit der sexuellen Verfügung aller über alle aufscheint und damit ein Menschenrecht in der verwirklichten Utopie (Adorno 1942a, S. 17), ist es in der unsrigen gerade andersherum: Es sind, zumindest in den Bildern Michel Houellebecqs, die ja durch ihre Übertreibung[50] auf die Demaskierung der Gegenwartsgesellschaft hinaus wollen, immer weniger, und eben nicht die ganze befreite Menschheit, die frei über Sexualität verfügen können. Die sexuellen Underdogs müssen bei Houellebecq ihr erotisches Heil in der Welt der Bordelle, Sexclubs und südfranzösischen Kopulationsstrände suchen oder sich eben mit dem Onanieren begnügen.

---

50 »Ich habe das Düstere übertrieben, der Maxime folgend, daß heute überhaupt nur Übertreibung das Medium von Wahrheit sei«, schreibt Adorno (1959, S. 567). Dasselbe gilt, meine ich, für Houellebecq.

Es drängt sich der Verdacht auf, dass die moderne Vereinbarungsmoral, welche die alte Sexualmoral abgelöst haben soll, nicht wirklich der große qualitative Fortschrittsrenner zu sein scheint. Vielmehr leidet so mancher unter dem verordneten Frohsinn und unter dem Fitnesswahn, wendet sich angewidert ab und versucht, jenseits der Vorschriften zu leben.

So schlimm die Verzweiflung auch sein mag, die manche angesichts der universal sich ausbreitenden Happiness anfällt; sie ist ein Zeichen der Hoffnung. In ihr wird dem nachgespürt, was bei der kulturell fortentwickelten Sexualität auf der Strecke geblieben ist.

Stufe 3

Auf der Strecke geblieben ist all das, was die Entzauberung und Banalisierung der Sexualität vergessen gemacht hat. Die sexuelle Modernisierung hat den Trieb begraben, das Unanständige, den Eros, die Ekstase, die Leidenschaft, die Tabus, die Abweichungen, das Erröten und Herzklopfen, und sie hat das einstmalige Gefühl begraben, dass Sexualität für die, die es miteinander tun, keine Selbstverständlichkeit ist und auch nichts Natürliches oder banal Gesundes. Sie hat die Gewissheit begraben, dass Sexualität etwas Einzigartiges ist.

»Wenn dich der böse Trieb anficht ...

... dann leiste lieber Triebverzicht« deklamierte man in einer oberhessischen Universitätsstadt einmal in ironischer Absicht, um die verklemmten Spießbürger auf den Arm zu nehmen. Heute sind dieselben Biedermänner und ihre Gattinnen in den Sex-Clubs und merken gar nicht, dass sie es immer noch nicht kapiert haben: Wo es keine Überwältigung gibt, gibt es auch nicht die Gewalt der sinnlichen Liebe, die einen dorthin mitreißt, wo man eigentlich auf dem Wege der Lust ankommen will.

Und in Ratgebern, die den perfekten Sex mit dem perfekten Liebhaber in perfekter Exaltation propagieren, steht es bezeichnenderweise auch nicht geschrieben, um was es geht. Eher beschreiben sie, ohne es zu ahnen, um was es eher *nicht* gehen sollte: den kontrollierten Ablauf.

Wirkliche Sinnlichkeit, die anders ist als der gesunde Mainstreamsex, entzieht sich einer banalen Bestimmung. Mit einem *Simplify*-Denken ist nicht zu fassen, was das andere an ihr ist. Es ist deshalb schwer, weil jede definitive Benennung sogleich in der Gefahr steht, vom Malstrom der gesellschaftlichen Integration beim Wickel genommen und in weiteren Hochglanzbroschüren über den wirklich richtigen, noch besseren, noch perfekteren Sex verarbeitet und verramscht zu werden.

In der *Großen Weigerung* hingegen, wie sie einmal propagiert wurde, ist die Alternative nicht zu finden, denn die Liebe lebt davon, gelebt zu werden. Sie kann nicht jahrelang im Überwinterungskeller auf bessere Tage warten, bis vielleicht eine schönere Zeit anbricht. Im Gegenteil: Liebe hat genuin etwas mit Widerstand zu tun, gerade in lieblosen Zeiten. Noch die zartesten Sprossen haben die Kraft, das zubetonierte Leben aufzusprengen. Wer wirklich den Mut hat, den vergrabenen und verschütteten Impulsen nachzugehen, stößt auch über kurz oder lang auf den Quell, der ihm das Leben bedeutet.

Allerdings wäre es ziemlich einfältig, hier alte Werte und ehemalige Weisen zu revitalisieren. Erstens geht das nicht mit der Wiederbelebung, und zweitens gehörten die alten Einstellungen und Verhaltensweisen, welche die Liebe betreffen, just jener Ideologie an, die es dann hinterrücks erlaubte, dass alles erst so verklemmt und dann so gesund und gesellschaftsfähig wurde.

Verschüttet und begraben sind im modernisierten Sex allemal jene Elemente der sinnlichen Liebe, die offiziell nicht zugelassen sind, weil sie schlicht und einfach nicht integrierbar, das heißt nicht in Formeln zu gießen und nicht in Verhaltensregeln zu fixieren sind. All das, was nicht reguliert und was nicht technisch erzwungen werden kann, beherbergt noch immer potenziell den Zauber und das Geheimnis, ohne die die Liebe nicht wäre.

So hat zum Beispiel die moderne Verhandlungsmoral das triebhafte Moment an der Sexualität in den Arkanbereich des Verpönten und Vergessenen verdrängt. Warum? Gerade das residual Naturhafte und Unbeherrschbare ist ihr suspekt, wenn nicht zuwider, weil es der geltenden selbstherrlichen Machbarkeitsideologie und der Vorherrschaft der instrumentellen Rationalität eine andere, stärkere Wirklichkeit entgegenstellt. Sexualität wird von den Modernitätsaposteln zwar allzu gern *natürlich* genannt oder *normal*, aber gerade das ist die trügerische Chiffre dafür, dass die Entschärfung gelang. »Mum, ist Sex eigentlich etwas Schmutziges?« fragt die amerikanische Tochter. – »Nein, nur wenn man es richtig macht.« Das Triebhafte muss als *schmutzig* abgewehrt und diffamiert werden. »Das ist doch nicht normal!«, heißt es dann bei den realitätsangepassten Bürgern, oder: »Das ist doch unnatürlich, was die da machen …«

Mit dem lauten Theaterdonner der Abwehr wird die Aufregung übertönt, damit nur ja keiner auf die Idee kommt, dass Menschen Lebewesen sind, die, ganz fragil und ambivalent, noch an den Naturkreislauf angeschlossen sind, obwohl sie sich als hoch entwickelte Kulturwesen definieren, die mit Wissenschaft und Technik zu den unbesiegten und unbesiegbaren Herren und Herrinnen über die ganze kontrollierbare Natur wurden. Der unkontrollierbare kreatürliche Rest in ihnen, der noch nicht ganz beherrschbar ist, tritt allenfalls dämonisiert als Hollywood-Fratze in dümmlichen Horrorfilmen auf, um dort am Happyend umso mehr mit Gebrüll und Flammen vernichtet zu werden. Das alte Lied seit Graf Dracula und Frankenstein, nur wird es heute computeranimiert vorgetragen.

Der allgemeinen körperlichen Disziplinierung durch Fitness- und Gesundheitssex entgegen steht der Trieb. Er ist die Inkarnation des Bösen.

Eigentlich ist das Böse das, was stattfindet, wenn die Verabredungen der Verhandlungsmoralisten nicht eingehalten werden. Es ist das, was jenseits des vorab Gewussten liegt. *Ein Kuss ist nur ein Kuss. Schmusen ja, aber …*

Aber wenn die Sicherungen durchbrennen? Wenn's gefährlich wird?

Nein, die Vergewaltigung durch den Triebtäter ist hier nicht gemeint; mit diesem diffamieren die Triebfeinde immer schon den Trieb, indem sie auf dessen inhärente Gewalttätigkeit verweisen, um ihn zu kriminalisieren. Um kriminelle Auswüchse geht es aber gar nicht. Ganz ohne

Zweifel hat ein jedes Mädchen immer das Recht, allerlei Ängste vor dem Sex zu haben und sich gegen reale Übergriffe zur Wehr zu setzen wie überhaupt alles, was sie nicht will, abzulehnen. Insbesondere darf, soll und muss sie es ablehnen, sich mit dem Falschen einzulassen, irgendeinem x-beliebigen Typen, der zwar vielleicht die Klamotten anhat, die *in* sind oder das richtige tiefergelegte Auto fährt, bei dem sie aber, wenn es enger wird, spürt, dass sie überhaupt nicht ergriffen wird. Und höchstwahrscheinlich wird sie, wenn sie einigermaßen Gespür für die allzu menschlichen Realitäten hat, ein solches *Date* auch nicht verabreden, das gefährlich werden könnte und ihre psychischen Verhältnisse übersteigt. Vielleicht reicht es fürs Erste, wenn sie sich ein bisschen mehr Gedanken macht, was sie beim ersten Date anzieht. Einer dpa-Meldung vom 31. Januar 2004 konnte man entnehmen, dass sich ein Drittel aller Frauen sich beim ersten Treffen verführerisch präsentiert.

Und ganz ohne Zweifel hat ein junger Mann dieselben Rechte wie das Mädchen, sich jeglicher interaktiven Überforderung zu entziehen, wenn es beim Date zum »Äußersten« zu kommen droht. Sie sollten sich dessen bewusst sein, dass es sich bei der Sexualität eben nicht bloß um *Fun* und Trallala handelt.

Sie spielen mit dem Feuer, das sie nicht werden beherrschen können. Und insgeheim, aber zutiefst verdrängt, wissen sie es auch: Beim Trieb geht es in der Tat um etwas höchst Gefährliches, das dem kontrollierenden, realitätstüchtigen Ich passieren kann, und das ist psychodynamisch nicht weit entfernt von der Vergewaltigung, dass nämlich einer, oder besser beide, überwältigt werden vom Ansturm ihrer Lust und dann die Kontrolle über sich verlieren. Wer dazu nicht den Mut hat und nicht die Kraft, seine Beherrschung zu verlieren, sollte sich vielleicht gar nicht erst auf die Liebe einlassen. Er wird es auch nicht müssen, denn die Verabredungsmoral schont ihn davor.

Sie schont ihn vor dem Trieb, weil sie die Rationalität des Kontraktwesens und die Zustimmungsfähigkeit des Verabredeten über die Spontaneität und die Sinnlichkeit stellt. Die Verabredungsmoral kommt, psychodynamisch gesehen, selbst einem Abwehrmechanismus gleich, der sich vorab auf das später eintretende Hier und Jetzt bezieht und es sediert.

Gemeint ist die Sphäre des Unberechenbaren, die beide betreten würden, wenn sie sich auf ein echtes Rendezvous mit offenem Ausgang einließen, ganz ohne Absprachen. Das nämlich ist Voraussetzung dafür, dass sich die Liebeslust entfalten kann. Es darf eben nicht schon ein Drehbuch feststehen, welches das Sinnliche durch die Vorgaben »zu seiner eigenen Imitation« (Sigusch 1985, S. 79) werden lässt. Volkmar Sigusch macht darauf aufmerksam, dass der gedankliche Ansatz von Gunter Schmidt, welcher ohne Triebbegriff auskommt, dafür aber behelfsmäßig mit Sexualhormonen und Neurophysiologie arbeitet, aufs Heftigste mit dem Zeitgeist kopuliert. Indem sie den erotischen Aufruhr in einem *Motivationsmodell* (vgl. Sigusch 1984, S. 27ff.) pazifiziert, nimmt eine solche Psychologie dem Sexuellen seine politische und gesellschaftliche Sprengkraft.

Sigusch meint das ideologie- und gesellschaftskritisch. Er redet ja auch vom Triebbegriff im sexuellen Diskurs und nicht vom wirklichen Trieb in den Betten oder auf der Waldwiese. Man kann die Frage nach der wirklichen Wirklichkeit, wie schon mehrfach betont, unentschieden lassen, denn die erwartbaren dogmatischen Antworten, denen in aller Regel dogmatische Gegenantworten gegenüberstehen, sind irrelevant und energieraubend. Sehr viel wichtiger ist die Haltung, die sich in realen Interaktionen niederschlägt, die sich aus der Annahme einer etwaigen Triebhaftigkeit seiner Sexualität oder ihrem Nichtvorhandensein ergibt.

Alles in allem bringt eine höhere Triebfreundlichkeit, welche im Übrigen das Ziel aller psychotherapeutischen Bemühungen gegen die Verklemmungen spontaner Lust ist, sei sie nun durch prüde Repression oder durch gesunde zeitgenössische Sexualität hervorgebracht, andere verhaltensrelevante Freiheitsgrade mit sich als Annahmen, die das Triebhafte rundweg abweisen und negieren.

Auch für die beiden jungen Leute, die in dieser Gesellschaft an einem lauen Abend ein Rendezvous haben, ist es ein Unterschied, ob sie sich selbst und der Sexualität gegenüber eine Haltung einnehmen, die davon ausgeht, dass Lust und Liebe einen überwältigen können, oder dass Lust und Liebe ein Ereignis darstellen, das bei einem *Date* mit Anfang, Höhepunkt und Ende abzuhandeln ist. Wo das Drehbuch – das für Unerfahrene sicher zunächst auch die Funktion der Orientierungshilfe haben kann –

so gut wie feststeht, vor allem, wenn es um Sex geht, kann es passieren, dass nichts klappt, und es kommt zu jenem »fantasielosen Gequetsche der Klitoris und dem potenziellen Zungenkrampf«, der im Fokus-Artikel über guten Sex erwähnt wird (Bode 2004, S. 108). Leistungsdruck sei heute Lustkiller Nr. 1, heißt es gern immer wieder, und beim Sex fällt die Lust insofern in sich zusammen, als die beiden bei ihrem *Date* an die Sache rangehen, als gälte es, eine termingerechte Arbeit abzuliefern.

Es ist nun einmal so: Verabredeter Sex bringt die beiden Akteure stets in die »Sei-spontan-Paradoxie«. Man kann nicht spontan das tun, was man spontan tun würde, wenn es denn nicht als ein Muss im Raum stünde. Das ist für die Jüngsten genauso das Problem, die mit Kondomen und Ängsten und kulturellen Leistungsvorgaben hantieren lernen müssen wie für die Älteren, die innerhalb der vorgegebenen Zeit zur Leidenschaft finden müssen, bevor die segensreiche toxische Wirkung des *Phosphodiesterase-5-Hemmers* in den Potenzpillen nachlässt.

Spontaneität kann sich nur entfalten, wo es eine innere Freiheit gibt, sich dem zu überlassen, was der andere in der spezifischen Situation bei einem auslöst. Spontaneität kann daher niemals zur Verhandlungsmasse der Verabredungsmoral gehören. Es sein denn …

… es sei denn, es ist Konsens zwischen den beiden, die Lust aufeinander haben, dass ihre erregten Körper tun dürfen, wozu es sie treibt. Dazu muss man sich fallen lassen können, Vertrauen haben, Selbstvertrauen in die eigenen Höhenflüge und Vertrauen in den anderen, der das Vertrauen nicht missbraucht. Zur triebfreundlichen Haltung gehört notwendig auch ein hintergründiges Wissen, was eine erfüllte Sexualität ist. Und eine basale Vorannahme über andere Menschen, die von jenem Urvertrauen gespeist ist, das die Anfänge aller Interaktionen begleitet, wenn es denn gelungene Interaktionen sind.

Das ist nicht angeboren, aber auch keine rein kulturabhängige Größe, sondern das apriorische Wissen um Vertrauen und Liebe hat seine Grundlage in den individuellen frühen Erfahrungen. Wer in frühester Kindheit nicht die Erfahrung des liebevollen Gehaltenwerdens und der kontinuierlichen Zuwendung und Fürsorge machen konnte, wird es schwerer haben als andere, Liebe herzustellen und vor dem Triebe nicht wegzulaufen.

ICH-VERLUST

Wo Verabredungen und Vereinbarungen den obersten Rahmen bilden, ist Verführung nicht nötig und aber auch nicht möglich. Die Fähigkeit und Bereitschaft zum Kontrollverlust ist gebunden an das Vorhandensein einer inneren Instanz, der sowohl Festigkeit und Stärke als auch Durchlässigkeit und Regressionsvermögen innewohnt.

Die Offenheit für Erfahrungen ist selbst ein Produkt erfahrenen Lebens, und so kann es gar nicht anders sein, als dass man irgendwann zum ersten Mal den Mut hat aufbringen müssen, das Leben ernst zu nehmen und es beherzt zu beginnen. Dazu ist es eigentlich nie zu spät, denn aus gelingenden Therapien ist zu erfahren, dass es meist ein bequemer Mythos ist, wenn jemand sich vormacht, die Übermacht seiner Sozialisationsverhältnisse hindere ihn dran, frei zu sein.

Wer frei ist und darauf aus, neue Erfahrungen zu machen, legt sich und den anderen nicht fest. Im Sexuellen entspricht dabei der Erfahrungsfähigkeit die Kraft, sich von der Leidenschaft wirklich überwältigen zu lassen. Dieser Ausbruch der Gefühle und Körpersensationen, die sich im Begehren zwischen zweien entfalten, wäre ohne deren Bereitschaft und ihren Mut zur Erschütterung nicht möglich.

Der routinierte, gekonnte Sex, den die ratgebergeschulten Vereinbarungspartner miteinander haben, mutet dagegen wie ein schales Hochglanzfoto an. Bei der sinnlichen Liebe, bei der die Leidenschaft beide mitreißt, ist nichts gekonnt, nichts richtig, nichts perfekt und nichts falsch. Wer außer sich gerät, verliert sich und den sicheren Boden, auf dem sein Ich zuvor stand. Wer sich den autonomen Regungen überlässt, welche die Erregung von ihm fordert, ist nicht mehr der, der er soeben noch gewesen ist. Das gilt für beide, die sich, wechselseitig angestachelt von der Lust des anderen in sich, vom Verlangen nach der Überschreitung der Ich-Grenzen treiben lassen. Sie waren, für sich, das kontrollierende Ich, aber sie werden füreinander das zerfließende Sein sein.

Die lustvolle Krise, in welche die gemeinsame Lust sie treibt, ist die des Ich-Verlusts in der Ekstase, in der sich, jenseits der Grenze, ein Neues bildet. Dieses Neue ist die Symbiose ihres gegenseitigen Begehrens: Ich begehre dein Begehren, du begehrst das meine. Ich begehre dich, mich begehrend und spüre dein Begehren, das mein Begehren begehrt. Sinnliches Glück ist die wechselseitige Teilhabe beider Begehren, die jeweils auf den anderen gerichtet sind und die ihre Erfüllung in der körperlich-seelischen Vereinigung finden.

Die sinnliche Liebe ist etwas ganz anderes als die wie auch immer gekonnte reziproke Stimulation und Befriedigung erogener Zonen und Organe, wenngleich die Liebenden phänomenologisch gleiche oder ähnliche Handlungen vornehmen mögen. Der qualitative Unterschied liegt in der Haltung und der Offenheit für Erfahrung, mit der sich die beiden begegnen. Sind sie in der Lage und willens, sich auf den anderen wirklich einzulassen und damit gleichsam auch auf sich selbst und die eigenen Reaktionen auf den anderen, oder *wissen* sie vorab, was sie wollen und damit, wer der andere in diesem abgesteckten Rahmen für sie sein wird?

Sinnlichkeit heißt, die Sinne als Tastorgane für die Entdeckung unbekannten Terrains zu benutzen. Sinnlichkeit heißt auch, das Tasten der anderen Sinne als ihr Ertasten des Neuen zuzulassen. Diese subkutane Kommunikation mit allen Sinnen, die auf beiden Seiten nicht schon alle möglichen Schubladen bereit hält, um das Andere einzuheimsen und die Erfahrung zu stoppen, ist ein offener, äußerst sensibler, fragiler Prozess, der von beiden in ihrer Unsicherheit und Aufregung die Kraft verlangt, die Grenzen des anderen nicht zu überrennen, während sie doch, in einem nie zuvor aufeinander abgestimmten Reigen, gleichsam durch die simultan entstehende Wechselseitigkeit, erst tastend und dann rauschhaft transzendiert werden. Die Kraft und Fähigkeit zum vereinigten Rausch werden gemeinsam, im erstmaligen Begegnen der sinnlichen Zustimmungen ins Leben gerufen, sie sind ebenfalls nicht a priori vorhanden oder liegen schon bereit, sondern sie entstehen interaktiv im Hier und Jetzt und reichen dann immer weiter.

Es begegnen sich dabei nicht allein begehrend-begehrliche Körper, sondern insbesondere auch einander begehrende Seelen. Der qualitative Unterschied der sinnlichen Liebe zum perfekten und wie auch immer klinisch gesunden Sex besteht darin, dass sich beide als lebendige, ihre Einzigartigkeit realisierende Menschen begehren und nicht nur als attraktive Fassaden, an deren Putz man nur ein klein wenig kratzen will.

Um das Pathetische daran etwas abzumildern, sei an etwas ebenfalls stark Pathosverdächtiges erinnert, was viele schon einmal erlebt haben mögen: Man stelle sich vor und erinnere, dass man sich, im Alter von acht oder zehn Jahren vielleicht, in der Schule in ein hübsches Mädchen oder einen interessanten Jungen verliebt hat. Diese unendlich aufregenden Gefühle, die einen durchfluten, wenn man von diesem zunächst unerreichbaren Wesen auf dem Schulhof dann zum ersten Mal in die Augen geschaut bekommt oder gar verschämt angelächelt wird! Und die Unerträglichkeit, mit der, wenn man zurück in den Unterricht muss oder wenn ein ganzes Wochenende bevorsteht, dieses obskure Gefühl, das wiederholt werden und sich steigern will, zur Qual gerät. Der Segen dann, der einem das Herz bis zum Hals hüpfen lässt, wenn *sie* oder *er* zum Wochenbeginn wieder auf dem Schulhof ist und gleich den Blickkontakt sucht. Dieses wahnsinnige Begehren, das einen erfasst, wenn das unerreichbare Wesen so nah und doch so fern ist. Dieses Begehren ist viel stärker ein seelisches als ein irgendwie durch vorpubertäre Regungen gespeistes körperliches; Peter Brückner spricht hier in einer fast verlorenen Textstelle vom »Glück der Nichtsexualität« (1980, S. 19). Zudem richtet es sich auf diese spezifische Person und keine andere. Meine Seele will deine Seele; nicht haben, nicht besitzen, aber doch an sich reißen, ganz zärtlich und behutsam. Behutsam zwar und doch voller Ungestüm, um von ihr bestätigt zu wissen, dass dort dieselbe Sehnsucht nach Nähe und Verschmelzung aufflammt, wie hier, sobald sich die Blicke kreuzen: *Ich schau' dir in die Augen!*

Dieses seelische Begehren richtet sich immer nur auf einen spezifischen Menschen[51], höchst selten zum selben Zeitpunkt auf zwei oder gar mehr. Man will diesen Menschen mit all diesen aufkommenden Gefühlen be-

---

51 Die Idee der seelischen Begierde ist uralt: Sie findet sich sowohl bei den Diätetikern vor fast 2000 Jahren als auch bei Papst Benedikt XVI im Jahre 2005. Und auch zwischendrin griff die Philosophie sie auf, so etwa bei Rousseau: »Nach Rousseaus Auffassung lassen sich im Liebesgefühl zwei Teile unterscheiden, der ›leibliche Teil‹ und der ›geistige Teil‹. Der ›leibliche Teil‹ bewirkt die allgemeine Begierde, die ein Geschlecht dazu bringt, sich mit dem anderen zu vereinigen. Der ›geistige Teil‹ des Liebesgefühls richtet die Begierde auf eine Person und legt sie fest. [...] Im Unterschied zum bloßen geschlechtlichen Begehren, das von vielen Personen hervorgerufen werden kann, wird Liebe durch eine bestimmte Person und ihre Ausschließlichkeit als Liebesobjekt erregt« (Wulf 1985, S. 18).

schenken, die er bei einem auslöst. Das seelische Begehren will für ihn, und nur für ihn, da sein. Es will sich mit seiner Gefühlswelt vereinigen, will rauschhaft verschmelzen zu einer höheren Einheit, will eins sein.

Die körperliche Vereinigung in der sinnlichen Liebe ist Abbild davon. Es vereinigen sich diese speziellen zwei Menschen und keine anderen, es erregt sich nicht der eine an dem Waschbrettbauch des anderen oder den perfekten Brüsten oder dem runden Hintern, es erregt sich auch nicht der eine mit seiner eigenen abgekapselten Geilheit, die seine selektiven Bilder vom anderen in ihm erzeugen, sondern die Erregung, die es bei beiden auslöst, wenn sie sich auch nur in die Augen sehen, ist eine allumfassende, fundamentale. Die sich daran anschließende Erfahrung des wechselseitigen Genusses der Körper ist der Versuch die existenzielle Einsamkeit zu überwinden. Vorübergehend gelingt er in der Ekstase. Sie geht einher mit der Erschütterung darüber, nicht mehr der zu sein, der man war. In der sinnlichen Vereinigung vollziehen wir das, was Schopenhauer für das Mitleid sieht, das rückübersetzt ja auch *Compassion* heißen könnte: Hier »ist die Scheidewand, welche uns vom anderen Wesen trennt, aufgehoben« (Schopenhauer 1988, S. 565). In der leidenschaftlichen sinnlich-sexuellen Vereinigung gehen wir, vorübergehend, im anderen auf, verlieren uns, finden ihn, finden uns, lassen ein Wir entstehen, das nicht in der Addition von Ich und Du verharrt, sondern ein Fließendes ist, Prozess, nicht Resultat. Das Wir ist die Interaktion selbst, die das Begehren vollzieht: Beide erregen sich an der Erregung des anderen, die sie erregt haben.

Beide lassen ihre einsamen Erregung nicht mehr am anderen *ab*, wie es beim Vereinbarungssex der Fall war: Es geschieht mehr als der reine Austausch ichbezogener Handlungen. Es vollzieht sich eine Durchdringung der autonomen Begehren. Indem wir dem Begehren die Handlungsmacht überlassen, überwinden wir, zumindest partiell und vorübergehend, das Ich-Prinzip, das uns in uns selbst gefangen hält.

Im bloßen Bei-sich-Sein des Ichs dagegen, also im Subjektsein, spielt sich der Vorgang der Wechselseitigkeit des Begehrens lediglich als ein projektiv-reprojektiver Vorgang ab: Wir schreiben dabei unsere Erregung dem anderen zu und nehmen an, wir seien scharf auf ihn. Hier, in der sinnlichen Vereinigung aber, wo sich etwas amalgamiert, das nie zuvor zusammengehörte, sind wir nicht auf jemanden *scharf*, von dem wir uns ein erregendes Bild gemacht haben, sondern wir öffnen uns dem anderen unseres Selbst, das heißt dem, was wir zuvor nicht waren und was wir allein in der Interaktion mit diesem spezifischen Du werden können.

Im Vereinbarungssex kann man im Allgemeinen mit dem jeweiligen Partner alles Mögliche machen und genießen, sogar und gerade Verruchtes und Verpöntes. Die Lust bleibt aber dabei jenes allgemeine, nicht an eine Person gebundene Verlangen (Wulf 1985b, S. 7), das genauso gut onanistisch oder mit einem anderen Helmut oder einer anderen Brigitte befriedigt werden könnte. Die Lust bleibt bei den Einzelnen und deren Ich bleibt einsam. Die Verhandlungsmoral ist eine Konzeption, die untergründig auf zutiefst schizoiden Annahmen über die fundamentale Beziehungslosigkeit ihrer individualistischen Akteure fußt.

Dagegen ist das Genießen des Körpers des spezifisch anderen und dessen Genuss meines Körpers in der sinnlichen Liebe eine besondere, eine einzigartige Erfahrung, die über den wechselseitigen Gebrauch, wie Kant ihn sich wohl vorstellte, weit hinausgeht. Begehren findet hier als offene Interaktion statt, entsteht erst kommunikativ in der Begegnung und Verschmelzung mit dem anderen, dem ich jenseits meiner Grenzen begegne.

Wenn Houellebecq sagt, »dass die konsequente Auslebung der Individualität unweigerlich zum Tod der Liebe führen muss« (Der Spiegel 1/1994, S. 200), dann hätten wir es hier, in der offenen Interaktion der Begehren und ihrem konzertanten Verschmelzen umgekehrt mit der Aufhebung dieses bloßen individuellen Für-sich-Seins zu tun – und damit mit dem möglichen Anfang von Liebe.[52]

Sex, Erotik, Liebe

Wir wissen, dass Sex völlig ohne Liebe stattfinden kann. Lust kann sogar in Interaktionszusammenhängen erlangt werden, die der Liebe

---

52 Deshalb hat Arnold Retzer vollkommen recht, wenn er sagt: »Die Liebe stellt einen radikalen Angriff auf die Vorstellung von der eigenen Autonomie dar« (2004, S. 30; vgl. Mary 2006, S. 40).

völlig entgegengesetzt sind (Wulf 1985b, S. 9).[53] Dass das alles nicht mehr so wahnsinnig verteufelt wird, ist sicher auch ein Segen, der die Lust zum freien Dispositiv gemacht hat. Was nun aber hat Sex mit Liebe zu tun? Liebe, heißt es überall, ist mehr als das Sexuelle. Es schließt demzufolge auf jeden Fall das Sexuelle ein.

Alle drei genannten sexuellen Differenzierungsstufen, die bestimmte Grade der affektiven Bezogenheit auf einen spezifischen anderen Menschen charakterisieren, sind als Teilmomente des gesamten Geschlechtslebens in der Kultur unserer Epoche zu sehen. Alles gehört zur Sexualität, das einsame Vergnügen mit sich selbst und die Egozentrik der sexuellen Handlungen, das wechselseitig vereinbarte Verleihen der Körper mitsamt ihrer Befriedigung und, am Ende, die partielle Verschmelzung der Wesen in der Ekstase.

Und alle diese Weisen können und sollen Lust bereiten, möglichst erfüllte Lust, wirkliche Lust, wenn es denn geht.

Sie ermöglichen wirkliche Lust dort, wo eine bestimmte Haltung zugrunde liegt, die sich als Widerstand gegen die allgemeine Verdinglichung der menschlichen Beziehungen, zu uns selbst und zu anderen, manifestiert. Gelebt wird diese Auflehnung ganz direkt als idiosynkratischer Widerwille gegen jegliche Formen der Entwertung, Verachtung, Banalisierung und Technisierung des Sinnlichen. Die Haltung, welche die wirkliche Lust bejaht und sich ganz organisch der verkümmerten versperrt, ist die der Erotik.

In der Erotik fallen die leiblich-sinnlichen Manifestationen mit der seelischen Bejahung von Lust zusammen. Zu ihrem Wesen gehören das Herzklopfen und Zittern, die Scham und deren Überwindung, das Wissen um die Einmaligkeit des Hier und Jetzt. Wesentlich an der erotischen Haltung ist die Realisierung einer Distanz zum anderen und genauso auch zu sich selbst und den eigenen rein somato-sexuellen Begierden. In diesem Zwischenraum, den die Distanz bildet und der auf Individualität und Selbstbestimmung beruht, spielt sich das Verlangen ab und die Leidenschaft, der es bedarf, die Grenzen vorübergehend

---

53 »Liebe ist freiwillig; sie kann nicht erzwungen werden, während Lust wenigstens für einen Beteiligten auch aus einem Gewaltakt gewonnen werden kann« (Wulf 1985, S. 9).

im Rausch zu überwinden. Ohne Distanz und Grenzen entsteht keine Nähe und geschieht keine Transgression. Die sinnliche Vereinigung setzt voraus, dass die sich Vereinigenden zuvor *für sich* waren. Und bei sich. Das ist gemeint mit der Zurechnungsfähigkeit und Autonomie, die im Rausch der Lust tendenziell aufgelöst wird. Ohne die Scheidewand zwischen den getrennten Wesen, wäre jene Spannung nicht möglich, die das Begehren und die Lust bildet.

Das allererste Medium, in dem die Distanz überbrückt und die Spannung sublimiert wird, die ihr innewohnt, ist die Fantasie. Sie ist die wirkliche Virtualität und nicht die vorgegebenen Plastikbilder der Sexindustrie. In ihr entstehen der Wunsch und die Antizipation, die den Mut zum Erotischen befeuert. Je mehr eigene Fantasie, desto mehr erotische Spannung.

Wer diese Spannung aushalten, ja genießen kann und sie nicht sogleich abführen muss, wird darauf aus sein, wirkliche Lust herzustellen, selbst wenn es sich zunächst um die einsam selbststimulative oder wenn es sich um jene wechselseitige Sexualität handelt, die rational verabredet war. Wirkliche Lust besteht in einem eskalatorischen Wechselspiel, das die erotische Spannung erst später aufheben und in die Erfüllung münden lassen will. So ist selbst der Onanist, der in Ermangelung eines leibhaftigen Gegenübers Hand an sich legt und sich einsam Lust verschafft, potenziell ein erotisch Handelnder, sofern sich sein Begehren auf eine begehrte Person und auf das Wechselspiel mit ihr richtet. Auch in der Selbstbefriedigung werden zuweilen, wenn auch nur binnenpsychisch und daher virtuell, die Eigenheimsgrenzen der Selbste gesprengt.

Sexuelle Selbstbestimmung und in ihrem Gefolge die neue Verhandlungsmoral bieten insofern die historische Möglichkeit eines ganz neuen sexualkulturellen Stadiums der bisherigen Geschlechtergeschichte, als der Schritt heraus aus der egozentrischen Selbstbezogenheit der sexuellen Befriedigungshandlungen auf die kommunikative Ebene der Reziprozität einen neuen Bewusstseinsstand markiert, hinter den Männer und Frauen, ohne einen hohen Preis zahlen zu müssen, nicht mehr zurückfallen können.

Jetzt ist es nicht nur möglich, sondern es wird auch nötig, sich in den anderen einzufühlen. Der andere wird vom sexuellen Objekt zum sexuellen Mit-Subjekt. Die bisherige Subjekt-Objekt-Spaltung, in welcher derjenige, der sexuelle Handlungen vornimmt, einsam und fremd gegen sein Objekt bleibt, ist aufgehoben.

Nicht nur empathisch das Fremdseelische zu erahnen, sondern auch den anderen, fremden Körper kennenzulernen, wird zur Bedingung, ohne die es nicht geht. »Der Mann muss den Körper der Frau kennen und dafür sorgen, dass sie beim sexuellen Verkehr Vergnügen empfindet.« Das sagt nicht etwa Oswald Kolle, sondern, jedenfalls sinngemäß, der in seiner TV-Vita cineastisch wiederauferstandene Papst Johannes Paul II, der Oberhirte christlicher Moralität. Sich wechselseitig Vergnügen und Genuss bereiten, wenn das nicht der Beginn wunderbarer Liebesbeziehungen zwischen Mann und Frau ist. *Die Kultur des Todes*, die von Karol Wojtyla angeprangert wird und die in der Verdinglichung[54] und der Instrumentalisierung der menschlichen Objektbeziehungen besteht, geht auch in sexueller Hinsicht zu Ende und stirbt ab, wo Menschen es einfach spontan aus tiefem Widerwillen und existenziellem Ekel nicht mehr ertragen wollen, und im Verlauf ihrer weiteren Emanzipation von den falschen Göttern es auch nicht mehr ertragen *können*, einander wie fremde, abgeschottete, dinghafte Wesen zu begegnen, die sich nie im emphatischen Sinne berühren werden. Ob die Kirche allerdings je die verwirklichte sinnliche Liebe begrüßen wird, deren Möglichkeit sich im Widerstand gegen die Verdinglichung real eröffnet, sei dahingestellt.

In der Tat beginnt das Ende von instrumentellen und versachlichten

---

54 Eine ebensolche Verdinglichungskritik, wie sie Papst Johannes Paul II mit dem Wort von der Kultur des Todes meint, formuliert Benedikt XVI in seiner Enzyklika *Deus caritas est*, indem er dort sagt: »[D]ie Art von Verherrlichung des Leibes, die wir heute erleben, ist trügerisch. Der zum ›Sex‹ degradierte Eros wird zur Ware, zur bloßen ›Sache‹; man kann ihn kaufen und verkaufen, ja, der Mensch selbst wird dabei zur Ware. In Wirklichkeit ist dies gerade nicht das große Ja des Menschen zu seinem Leib. Im Gegenteil: Er betrachtet nun den Leib und die Geschlechtlichkeit als das bloß Materielle an sich, das er kalkulierend einsetzt und ausnützt. Es erscheint nicht als Bereich seiner Freiheit, sondern als ein Etwas, das er auf seine Weise zugleich genußvoll und unschädlich zu machen versucht. In Wirklichkeit stehen wir dabei vor einer Entwürdigung des menschlichen Leibes, der nicht mehr ins Ganze der Freiheit unserer Existenz integriert, nicht mehr lebendiger Ausdruck der Ganzheit unseres Seins ist, sondern gleichsam ins bloß Biologische zurückgestoßen wird. Die scheinbare Verherrlichung des Leibes kann ganz schnell in Haß auf die Leiblichkeit umschlagen.«

Sexualbeziehungen an der Stelle, wo das Prinzip der Wechselseitigkeit ernst genommen wird und in mehr umschlägt, als in der verabredeten Dienstleistung gemeint war. Schön wäre es, wenn die Verhandlungsmoralisten, die mal so *richtigen Sex* verabreden, nicht so sehr sich selbst sondern ihre Sinnlichkeit ernst nähmen: Dann müsste nämlich die Vereinbarungsmoral sich mit ihrem Paradox konfrontieren, dass mit ihrer Hilfe und auf dem Boden ihrer Regeln etwas vereinbart ward, was, wenn es wirklich geschieht, wesensimmanent über Vereinbarungsfähiges hinausschießt: Sexualität, wenn sie denn in der Tat wechselseitig Lust und Genuss und Vergnügen bereitet, bricht die Dämme, die ihr von den Akteuren vorab gesetzt sind. Eine solche Sexualität will und kann von sich aus nicht banal und fade sein.

Deshalb müssen derzeit immer auch ungeheure gesellschaftliche und individuelle Kräfte mobilisiert werden, um den sinnlichen Durchbruch, auf den die wirkliche Lust hinaus will, abzuriegeln. Die heute im höchsten Maße befreite Sexualität ist zugleich die im höchsten Maße eingeengte. Davon zeugt die zunehmende Hartnäckigkeit der meisten psychischen Störungen und Beeinträchtigungen ebenso, wie deren gegenwärtiger Symptomwandel in therapieresistente Richtungen. Es zeugt davon, welche Gewalt sich Menschen antun, um die Hingabe an das wirkliche Leben zu vermeiden. Auch und gerade bei den sogenannten Perversionen, die bekanntlich von der Verhandlungsmoral aufgelöst, d. h. aus ihrer Sicht ›befreit‹ wurden, kann man davon ausgehen, dass deren geheime Psychodynamik gerade nicht in der Steigerung der lebendigen Lust sondern, im Gegenteil, darin besteht, »die Intensität der sexuellen Erlebnisse einzuschränken, aus Angst, ein totales Lusterlebnis könnte zu einem ›Kontrollverlust‹ führen« (Nathan 1979, S. 53). Wo Menschen sexuelle Arrangements vereinbaren und nicht *richtigen Sex* meinen, dürfte der geheime Konsens gelten, die Lust unter Kontrolle zu halten. Die Emanzipation der Sexualität in der modernen Vereinbarungsmoral betrifft allein die Autonomie der Akteure, nicht aber die der Sexualität. So lebt die moderne sexuelle Selbstbestimmung davon, dass die Eigendynamik der Lust, abermals im Namen einer Moral, kassiert wurde.

Mittlerweile haben sich alle erdenklichen Frauenzeitschriften und andere Magazine des Themas bemächtigt, und allerorten wird ins All-

gemeinbewusstsein gehoben und gehämmert, dass *alles geht*. Gemeint
ist natürlich in der Regel, dass nun allerlei stattfinden darf, beziehungsweise stattfinden kann, was früher norddeutsch *Schweinkram* war. So
textet zum Beispiel *Brigitte*: »Heute ist alles erlaubt, jeder Mann darf
sich austoben und sich in Lack und Gummi schnüren. Doch es gibt eine
entscheidende Bedingung: Es muss im gegenseitigen Einverständnis mit
der Frau geschehen – die neue Verhandlungsmoral« (Holzberg 2006,
S. 129).

Wenn aber das, was heutzutage alles geht, alles sein soll, was geht,
wäre es das Ende der lebendigen Lust.

Nun kann es aber, Gott sei Dank, geschehen, dass zwei zwar ganz
verhandlungsmoralisch vereinbaren und darauf bestehen: »You must
remeber this: a kiss is just a kiss!« Und mehr nicht! Aber dieser Kuss
ist so süß und unwiderstehlich, dass er die ganze Welt der Sinnlichkeit
verheißt. »Ich schau' dir in die Augen, Kleines«, und schon verliert sich
die Vernunft. Das Über-Bord-Werfen der Vereinbarung, der Regelbruch,
der unterhalb des Vereinbarten längst lauert, lässt dann, im glücklichen
Fall, die Vereinbarungsmoral Moral sein, und in der Hingabe an das, was
planlos und ungewollt geschieht, öffnet sich die Tür zur anderen Welt.
Hier, und erst hier, ermöglicht die autonome Dynamik des Begehrens
und der Lust all das, was jenseits der Vereinbarung liegt und was auch
niemals hätte vereinbart werden können. Der Herrschaftsverlust über
sich selbst kann stattfinden, weil der gemeinsame organische Bewegungs-
fluss die Gewissheit mit sich bringt, dass man sich halten wird, wenn
man fällt. Im Nachhinein heißt der Türöffner zum Weg ins unbekannte
Reich: Überwältigung.

Überwältigung geschieht im wechselseitigen Fluss der Interaktion, ist
kein bloß raffiniert technischer Effekt einer Subjekt-Objekt-Beziehung.
Die Kraft der Lust, der beide zusammen unterliegen, transzendiert deren
Verhandlungsmoral, ohne sie zu desavouieren. Zwar wird das rationale
Prinzip im exzessiven aufgelöst und die Verbindlichkeit des Vertragswe-
sens mit der Unverbindlichkeit der Ausschweifung korrumpiert, doch
noch im Rausch gilt zutiefst das bindende Versprechen, den Verlust aller
Regeln nicht als Waffe gegen den Wehrlosen zu missbrauchen. Diese
abgrundtiefe Gewissheit, dass die Angst vor dem Fall von beiden, ge-

meinsam, sowohl hervorgerufen und erlitten wie am Ende überwunden sein wird, stellt sich subkutan und vorsprachlich her: in der Interaktion und durch die Interaktion selbst.

Die Spannungsdynamik der Erotik, welche die Verführung evozierte, und die das unreglementierte Treiben der synchronen Begierden ermöglichte, hebt sich auf in der Lustkrise.

Kurz vor der Auflösung der Begierden in der nächsten Dimension, die jetzt folgen könnte, endet die Erotik.

Die Erotik, die alles hinter sich gelassen hat, was zum reglementierten Leben gehörte und in das Reich der Sinnlichkeit und Lust vorgedrungen ist, bleibt zwischen Tür und Angel stehen. Das Universum jenseits davon wagt sie nicht zu betreten. Sie kann es nicht, weil sich die beteiligten Ichs wieder in sich zurückziehen, vielleicht aus Angst, vielleicht aus Selbstsucht, vielleicht, um das Spannende ständig neu wiederholen zu können, das doch so schön war.

Das Universum, von dem sich die Erotik hier scheidet, indem sie es, kurz davor, dennoch nicht betritt, ist das der *Verschmelzung*. Vor diesem Selbstverlust zuckt das Ich des Erotikers zurück: Es könnte die erneute Erfahrung des Eros vielleicht nicht machen, wenn es ein anderes wäre als das, was es ist. Also bleibt es, kurz vor der Selbstauflösung beim *closed shop*, um gegebenenfalls einen neuen aufzumachen. Casanova lässt grüßen.

Erotik ist grenzüberschreitender Sex mit jemand Unbekanntem. Die sinnliche Vereinigung aber findet statt zwischen Menschen, die sich lieben werden.

In der Erschütterung derjenigen, in der sich die beiden begegnen, die die sinnliche, erotische Vereinigung wagten und einen Schritt weiter gehen, kommt die Erkenntnis auf, sich einander geöffnet und leibseelisch anvertraut zu haben wie nie jemandem zuvor. Die tiefe Glückserfahrung, die sie in der sinnlichen Vereinigung miteinander machen und zuvor nie gemacht haben, werden sie nie vergessen können. Sie wird sich ihnen einschreiben. Das Unwiederholbare, Einzigartige drängt hier nicht bloß zur Wiederholung des Spannungsbogens sondern will ein *Open End*, will Ewigkeit. Bleibe doch! Ihr im Moment der tiefen Vereinigung entstehender Text heißt Liebe.

Es ist eine Liebe, die real ist, weil sie sinnlich und lebendig ist und weil sie im Hier und Jetzt in real stattfindender Interaktion verwirklicht und gefeiert wird. Aus der Sinnlichkeit kommend, geht sie noch weiter als die Erotik erlaubt. Sie maßt sich an, das Glück zu fassen.

Insofern widerspricht sie ohne Worte, durch sich selbst, dem, was die vorerst jüngste Päpstliche Enzyklika mit einer kleinen Subreption den real Liebenden von der Liebe beibringen zu können glaubt. Mittels einer Subreption wird die logische Erschleichung eines Sachverhaltes durch Schlussfolgern aus falschen Prämissen vorgenommen. Und das macht Benedikt XVI, wenn er in seiner Enzyklika sagt: Es »erscheint aber doch die Liebe zwischen Mann und Frau, in der Leib und Seele untrennbar zusammenspielen und dem Menschen eine Verheißung des Glücks aufgeht, die unwiderstehlich scheint, als der Urtypus von Liebe schlechthin« (Enzyklika 2005). Es fällt auf, dass just an dieser Stelle, mit dem Wort *Verheißung*, welches ja Versprechen meint, stillschweigend davon ausgegangen wird, dass es anscheinend ein noch sehr viel größeres Glück gibt als das Glück der Liebe, auf das jenes lediglich hinweist beziehungsweise hin *verheißt*. Interessant, dass selbst bei der fortgeschrittensten Gangart in den dekadenten Metropolen dieselbe Annahme besteht, Liebe habe lediglich diesen Verweischarakter: »Liebe ist das letzte große Versprechen« (Schirach 2007, S. 284). Die Autorin meint, »dass alles hier, unser Leben, unsere Existenz doch einen Sinn ergeben« müsse. Auf S. 289 sagt sie sogar, fast wortgleich mit dem Papst: »Liebe ist das letzte große Glücksversprechen.« Die gelebte lebendige Liebe stellt demnach für den Papst und die Kirche und ihre Lämmlein nur einen Abklatsch dar, sozusagen eine empirische Untervariante des Glücks, das wohl, wie bei Platon, nur am Ideenhimmel des Ewigen vollendet und allumfassend ist.

Mit Verlaub und bei allem Respekt gegenüber dem, den die geneigten Medien liebevoll *Papa Razzi* genannt haben: Die wirklich Liebenden dürften das entschieden anders sehen. Sie spüren und wissen, dass ihr Glück diesseitiges, höchstes Glück auf Erden ist. Denn sie lassen sich nicht abspeisen mit der Verlagerung der Freuden ins Jenseits, welches das Diesseits zum Probefall entwertet und das wahre Glück auf den Sankt-Nimmerleins-Tag hinauszögert.

Die wirkliche Liebe und das wirkliche Glück, die ganz zweifelsfrei im Hier und Jetzt und nicht im Dort und Dann stattfinden, speisen sich aus der Erfahrungs- und Genussfähigkeit, die sich auf das reale Leben und die lebendige Interaktion beziehen. Die kirchlich definierte Ansicht über die Liebe und das heißt, die Ansicht des *Heiligen Vaters*, dessen exquisite Definitionsmacht seine erste Enzyklika als kirchliche Generalmeinung auszugeben erlaubt, lässt in ihrer überwiegenden Jenseitsorientierung durchblicken, dass sie, nach wie vor, das hedonistische, an der Lebenslust orientierte Prinzip ablehnt und bekämpft. Damit kultiviert auch die katholische Kirche, trotz Beichte und Vergebung, jene Genussunfähigkeit, die der evangelischen wesensimmanent ist.

Im Prinzip war dem guten Christen das irdische Glück immer schon als heidnische Lebenseinstellung verdächtig; Religionen setzen auf Überirdisches, Höheres, und deshalb gibt es zwar den »Heidenspaß, [...] aber religiöse Äquivalente wie ›Christen-‹, ›Muslimen-‹ oder ›Buddhistenspaß‹« eben nicht (Schmidt-Salomon 2007a, S. 25). Hedonismus ist also zutiefst unreligiös, in unserer Glaubenskultur unchristlich, obwohl unser Christentum doch das Leben als Schöpfung verehrt. Wahrscheinlich kann man Epikur, dem großen Philosophen der Sinnlichkeit, nicht verzeihen, dass er die Frechheit hatte, von Religion wenig zu halten und den Menschen die Furcht vor den Göttern und dem Tod nehmen wollte (ebd., S. 26). Das freudvolle Leben im Hier und Jetzt des Erdendaseins und das geglückte Leben jedenfalls ist die Botschaft der päpstlichen Glücksverheißung nicht.

Menschen, die das sinnliche Leben nicht nur nicht genießen können, sondern, als Reaktionsbildung auf ihre ecclesiogenen Verklemmungen sogar dazu übergegangen sind, den Verzicht und die Entsagung libidinös zu besetzen und sich an ihr aufzurichten, entfernen sich immer mehr von der Liebe, in deren Namen sie sich vom lebendigen Treiben voller Stolz zurückziehen zu müssen glauben. Die kirchlich-religiöse Hedonismusfeindlichkeit scheint nichts von der humanistischen Utopie wissen zu wollen, dass Hedonismus wesentlich heißt, dass Leiden nicht sei und dass die Menschen deshalb einander nicht schädigen sollen. Im Gegenteil: Das Leiden auf Erden ist dem kirchlich definierten Glauben nach wie vor der geheiligt geharnischte Probefall, der den Eintritt in die Ewigkeit dadurch ermöglicht, dass das Irdische als *Jammertal* zu durchschreiten sei. Der Lebensgenuss dagegen ist ihr das Skandalon. Die utopische Logik der Lustorientierung, die in der radikalen Negation des empirischen Leidens besteht und die ihr Urbild von Glück in der sinnlichen Vereinigung im Diesseits und nicht in der göttlichen Erlösung im Jenseits hat, scheint dem kirchlich-religiösen Liebesverständnis hingegen zu anrüchig, wenn nicht gar zu gefährlich. Liebe ja, aber bitte wesentlich als Aufopferung. Und bitte nicht allzu lebendig und nicht allzu real. Liebe ja! Aber am besten nicht hier und jetzt!

Im Hier und Jetzt des irdischen Daseins gehören Glück, Liebe und Sexualität aber ganz ohne Zweifel zusammen. Das Glück der Liebe ohne die gelebte Lust ist nicht denkbar, jedenfalls heute nicht im Zeitalter der wie auch immer befreiten Sexualität, die in der Tat ihr Glücksversprechen erst noch einzulösen hat. Dieses Versprechen aber kann sie ohne *Eros*[55] allein in der *Fürsorge* und auch allein in der *Freundschaft* nicht einlösen. Deshalb ist es auch nur vordergründig ein billig kalkulierter Lapsus, wenn allerorten Liebe gesagt wird und Sex gemeint ist.[56] Hintergründig und wesensimmanent nämlich will Sexualität, Lust und Erotik tatsächlich darauf hinaus, den anderen in seinem Wesen zu erreichen, um ihn zu erschüttern und in einen neuen Zustand des Wir aufzulösen.

Es beginnt mit einem Lächeln, es entwickelt sich zu einem heftigen Flirt und zu einer erotischen Episode, und dort, wo sie sich in ihrem leiblich-seelischen Begehren erreichen und lustvoll und sinnlich sich vereinigen, beginnen sie, einander zu lieben.

Ihre Liebe ist wirkliche Liebe.

---

55 »Der Liebe zwischen Mann und Frau, die nicht aus Denken und Wollen kommt, sondern den Menschen gleichsam übermächtigt, haben die Griechen den Namen Eros gegeben« (Enzyklika 2005).

56 »In der Alltagssprache wird Liebe kurzerhand mit Erotik und Sexualität, sogar mit Geschlechtsverkehr gleichgesetzt«, heißt es in »Das Neue Lexikon der Sexualkunde« (Der Spiegel spezial 5/95).

Teil 3
Verliebtheit & Liebe

Später versuchen Lucie und Jan mehrfach, ihren *Abend davor*, wie sie ihn nennen, zu rekonstruieren. Aber es gibt viele verschiedene Versionen über den Anfang ihrer Liebesbeziehung, denn so genau können sie gar nicht erinnern, was geschah, als sie irgendwann zum ersten Mal in Jans Studentenbude in einem Hinterhof in Schöneberg eingetroffen waren. Lucie weiß jedenfalls noch, dass sie Jans Einrichtung und den Zustand seiner kleinen Wohnung chaotisch, aber dennoch sehr gemütlich fand. Und Jan weiß noch, dass er als Erstes heimlich nachschaute, ob er noch Kondome hatte.

Er hatte. Die Leichtigkeit und Vertrautheit, mit der sich Lucie der ersten körperlichen Lust mit Jan hingeben konnte und mit der sie sich ihm ohne ihre sonstigen Schranken erstmalig zu Erlebenshöhepunkten öffnete, war ihr bislang völlig unbekannt gewesen. Irgendwann in dieser Nacht verlor sie ihre Scham und wurde sehr laut. Für Jan war es so, dass er diese Frau so sinnlich fand wie keine je zuvor. Noch nie hatte jemand ihn so berührt. Auch für ihn war es ein erstes Mal. Es war das erste Mal, dass er nicht nur die Kondome vergaß, sondern auch, auf seine eigenen und die körperlichen Regungen seiner Sexpartnerin zu achten. Er ließ einfach geschehen, was geschah, und es war wie ein Rausch, der nicht enden wollte.

Am anderen Morgen, es war fast Mittag als die beiden Arm in Arm aufwachten, spielte sich das ab, was von dem französischen Soziologen Jean-Claude Kaufmann so trefflich beschrieben wird: *Le Premier Matin* (2004).

The Day After

Der Morgen danach, nach dem Erlebnis der ersten sinnlichen Vereinigung, ist insofern von äußerster Bedeutung, als er der Testfall ist;
quasi die Realitätsprüfung an und für sich. Ungewollt, unvorbereitet,
unvermittelt. Noch im fast somnambulen Zustand, ohne die üblichen
Abwehrmechanismen, die einem erlauben, fit für den Tag zu sein und
deshalb neudeutsch *Coping* heißen, entdecken sich die Liebespartner
so wie sie sein werden, wenn sie in den Alltag eintauchen, ohne es freilich bereits zu diesem Zeitpunkt zu antizipieren oder es gar bewusst
zu wissen. Denn sie sind noch kein Liebespaar. Jedenfalls noch nicht
richtig, weil sie noch gar nicht darüber nachgedacht, geschweige denn
gesprochen haben. Aber sie erleben an diesem ersten Morgen, ganz
arglos und ohne Absichten, wie es sein könnte, miteinander zu leben.
An diesem Morgen entscheidet sich, ob die beiden sich auf eine »Geschichte als Paar« einlassen (Kaufmann 2004, S. 16), in deren Verlauf sie
ein Wir bilden. Deshalb diagnostizieren sie, mehr oder weniger unbewusst aber mit der Wachheit und Präzision des intuitiven Erkennens,
was ihnen im neuen Umfeld und am neuen Partner gefällt und was sie
stört. Den Geruch des anderen, der sich vielleicht anders ausnimmt
als im Moment der sinnlichen Begierde, Varianten von Sauberkeit und
Schmutz, Ordnung und Chaos in seinem Zimmer, die von der eigenen
höchst persönlichen Weise abweichen, es sich behaglich zu machen.
Das zerknautschte Gesicht des Erwachens, sein hingehauchter Kuss,
der einen Guten Morgen wünscht, das ungeordnete Haar, Gähnen –
natürlich kein Mundwasser. Das sowieso nicht! Tötet die natürliche
Flora!

Wir haben unsere Körpersäfte genossen. Können wir aber notfalls
dieselbe Zahnbürste benutzen? Sigmund Freud hat darüber Kluges
geäußert. Aber trotzdem! Der Toilettengang steht an. Ungewohnte
Intimität – sehr ungewohnt!

Entstünden vielleicht kognitive und emotionale Dissonanzen, körperliche Zwiespälte gar, wenn es danach ungeduscht wieder ins Bett
gehen sollte? Sollte man sich duschen? Wie sähe das aus? Die vergangene
Nacht abwaschen? Lieber doch gleich das Frühstück? Der halbnackte

Körper des anderen, sein Aussehen in Unterhosen. Irgendwie witzig! Er geht ins Bad, lässt die Tür einen Spalt auf. Macht er das bewusst? Soll ich auch? Nee, ich mache lieber zu! Will er, dass ich mit ihm zusammen aufstehe? Wo sind eigentlich meine Socken? Und wo, verdammt noch mal, ist meine Unterwäsche? Wird es Kaffee geben oder Tee, wie ich es gewohnt bin? Eher Brot, Wurst und Käse oder eher Müsli mit viel Obst und viel Milch? Alles öko, oder was? Musik? Wenn ja, welche? Sollen wir angezogen frühstücken oder in Unterwäsche? Oder, oder, oder. Tausend kleine Kleinigkeiten, die jetzt alles aus der Balance bringen zu können scheinen.

Wichtig daran ist, von welchem Basisgefühl der erste Morgen danach begleitet ist. Ist die Grundwahrnehmung eher positiv oder eher negativ, wird alles mögliche kritisch beurteilt, was jetzt im nüchternen Zustand passiert, oder werden die Ereignisse des ersten Morgens willkommen geheißen? Die Interpretationsrichtung für das, was in den ersten Alltagsstunden der beiden geschieht, ist deshalb so entscheidend, weil mit ihr jetzt schon ungewusst vorentschieden wird, ob das, was vor dem *Morgen danach* passiert ist, später einmal zum erklärten Datum des Beginns einer Liebesgeschichte wird. Für die meisten Paare ist es so, dass, wenn die Beziehung erst einmal *fest* ist, die erste Nacht zu ihrem Beginn erklärt wird. Aber ohne eine grundsätzlich positive Wahrnehmung des ersten Morgens, die eigentlich die Bedeutsamkeit der Nacht besiegelt und mehr oder weniger bewusst probehalber den Beziehungsalltag vorwegnimmt, würde es wohl kaum ein Später geben. Der erste Morgen ist eine Weichenstellung. Ist er ein Morgen voller Zauber, dann ist ein Später höchst wahrscheinlich, wenn nicht gar die zwingende Konsequenz.

»Jedem Anfang wohnt ein Zauber inne«, heißt es in Hermann Hesses Gedicht *Stufen*. Der berühmte Satz gilt allerdings in der Tat nur jenen Anfängen, die sich aus der Retrospektive einer erfüllten Geschichte als deren Beginn darstellen. Dieser Zauber, der die sich entfaltende Geschichte scheinbar verursacht, ist aber nichts anderes als das Abbild oder die Spiegelung des seelischen Zustandes der beiden Protagonisten im Moment der beginnenden Geschichte, seinerseits Verursachtes eher denn Verursachendes. Er ist der emotionale Filter, der es den beiden ermöglicht, die ersten profanen Dinge des Alltags als ganz zauberhafte Gegebenheiten zu sehen, die noch höchst unbewusst anzeigen, dass man gerade im Begriff ist, sich auf eine Geschichte zu zweit einzulassen. Der Zauber des Anfangs speist sich aus der absolut neuen Erfahrung der gemeinsamen Sinnlichkeit, die zuvor noch keiner von beiden je so intensiv gemacht hat.

Die reale und ganz wunderbare körperlich-seelische Erfahrung bildet die Grundlage des Zaubers – von Zauberei oder anderen esoterischen Vorgängen kann natürlich überhaupt keine Rede sein. Der Zauber des Anfangs ist *selbst gemacht*; hat seine somato-psychische Hintergrundrealität. Und weil beide ohne ein bewusstes Wissen darum intuitiv bereit sind zum Wagnis des Neuen und Unbekannten, gibt es auch keine Ernüchterung, wie jene sie kennen, die sich höchstens auf einen One-Night-Stand einlassen. Sondern die beiden zahlen ohne viel Vorbehalte den Preis, den diese Verzauberung nun eben einmal kostet: Das ist das »Zurücklassen des alten Ichs, das, wenn es sich weigert, die Bühne zu verlassen, einen Morgen mit bösem Erwachen produziert« (Kaufmann 2004, S. 35f.).

So ist die Bedingung der Möglichkeit einer beginnenden Liebesgeschichte bereits eingelöst: Lucie und Jan, die am ersten Morgen auf die Gewohnheiten des anderen stoßen, nehmen die ungewohnte Situation nicht zum Anlass, all ihre Abwehrmechanismen zu reaktivieren, die das alte Ich wiederherzustellen helfen würden, und etwa falsche Nähe zu schauspielern oder die Nase des Pikiertseins und der kühlen Distanz zu rümpfen, sondern sie regulieren, verzaubert wenn man so will, auf dem Boden ihrer unbewussten Bereitschaft zu *etwas Größerem*, ihre erste Feinabstimmung als ein Wir.

Naven

Kleine, herausragende Momente ihres ersten Zusammenseins werden sie auf jeden Fall in Erinnerung behalten. Denn sie tun in dieser Zeit etwas, was sich in seiner Ungewohntheit tief in ihr Gedächtnis einschreiben wird, vergleichbar mit dem, was auf der anderen Seite der

Erlebnisverarbeitung ein traumatisches Ereignis auslöst, nämlich eine unauslöschliche Wegmarkierung, die eine lebensgeschichtlich prägende Weichenstellung anzeigt. Zum Beispiel springen sie nachts nackt in einen Teich oder sie klauen eine Flasche Champagner, die sie mit in ihre Bude nehmen.

Sogenannte primitive Gesellschaften, die keinerlei Psychologiekenntnisse haben und auch keinerlei ethnologisches Wissen und vielleicht deshalb von den Besserwissenden *primitiv* genannt werden, behandeln diese Weichenstellungen mit höchst intuitiver Kenntnis von deren biografischen und identitätsstabilisierenden Funktionen. Gregory Bateson entdeckte in den 30er Jahren des letzten Jahrhunderts bei der Jatmul-Ethnie auf Neuguinea eine sonderbare Zeremonie, die sich in Form erschreckender oder verblüffender Gestikulierungen, Grimassen und Verkleidungen unter Familienmitgliedern immer dann vollzieht, wenn etwas passiert, das einen, wir würden sagen, entwicklungspsychologischen Schritt in eine nächste Ebene der Differenzierung oder auch eine andere bedeutsame Abweichung von bisherigem gewohnten Verhalten ausdrückt. »»Naven‹ […] fanden statt, wenn [ein Kind] von einem Status zum anderen wechselte oder wenn ihm gewisse kulturell anerkannte Dinge zum ersten Mal gelangen (der erste Fischfang mit dem Speer …)« (Hofman 1982, S. 39).

Das *Naven* besteht aus überraschenden, verwirrenden Verhaltensweisen der erwachsenen Gruppenmitglieder, die, selbst aus der Reihe tanzend, ein Kind einprägsam darauf aufmerksam machen, dass es gerade in bedeutsamer Weise aus der Reihe tanzt. Damit wird ein Lernschritt, beziehungsweise ein wesentlicher Entwicklungsschritt für das Kind und auch für alle anderen Familienmitglieder markiert. Gewissermaßen wird das neue, vom bisherigen abweichende Verhalten *sanktioniert*: Es wird sowohl spontan gefeiert als auch schockhaft ins Gedächtnis eingebrannt, dass in diesem Moment etwas passiert ist, was die bisherige soziale Stabilität der Gruppe tangiert. Systemisch interpretiert, bedeutet eine solche Naven-Zeremonie, dass die drohende Instabilität der sozialen Gruppe durch abweichendes Verhalten mit ritualisiert abweichendem Verhalten beantwortet und damit geglättet wird.

Moderne Gesellschaften zeichnen sich dadurch aus, dass sie solcherart quasiorganische Zeremonien abgeschafft haben, welche die Verunsicherung der Identitätsentwicklung abpuffern und gesellschaftlich reintegrieren helfen. Die Restbestände von Übergangsriten, die eine neue Identität inthronisieren und damit den unweigerlichen Tod der alten unterstreichen, finden sich in pervertierter Form noch in so etwas wie der Konfirmation oder Jugendweihe. Die aber sind zu einer reinen Konsumorgie verkommen.

Lucie und Jan vollziehen in diesen ersten Tagen irgendeine mehr oder weniger spektakuläre gesellschaftliche Ungeheuerlichkeit, die ihnen als Wegmarkierung ihrer Beziehung im Gedächtnis bleibt. Sie inszenieren spielerisch, aber doch mit einiger Aufregung, der Struktur nach ein spontanes *Naven* auf eigene Faust, das für sie beide die Funktion hat, den Tod der alten vereinzelten Ich-Identität und den Entwicklungsschritt in das neue, unbekannte Terrain des Wir der Liebesbeziehung in den Lebenslauf einzukerben. Mit *ihrem Naven* markieren sie, dass sie und wie sehr sie ineinander verliebt sind.

Verliebtheit

»Verliebte Köchin versalzt die Speisen«, lautet ein deutsches Sprichwort. Gemeint sein dürfte, dass jemand, der verliebt ist, nicht richtig *tickt*. Verliebte haben ihren Realitätsbezug verloren, sie schweben in einer anderen Welt, bewegen sich in anderen Sphären.

Wer je verliebt war, weiß, welch heftige Gefühle von himmelhoch jauchzendem Glück und, kurze Zeit später, todtrauriger Verzweiflung ihn durchwallen können, je nachdem, ob der andere, dem das Verliebtsein gilt, anwesend oder abwesend ist, zugeneigt oder abgeneigt, kuschelig oder cool distanziert.

Das Ganze sieht nach einer profunden Verwirrung, ja einer Krankheit aus, und in der Tat kursiert seit unvordenklicher Zeit der kulturelle Diskurs, der das Verliebtsein als pathologisches Phänomen fasst. Und weil es sich bei der Verliebtheit um eine intensiv betriebene Leidenschaft handelt, wurde, mithilfe des dazugehörigen Fremdwortes *Obsession* und des wiederum hierzu gehörenden klinischen Begriffs des *Obsessive*

Characters, der verblüffende Rückschluss gezogen, der mittlerweile allerorten ausposaunt wird: Verliebte verhalten sich wie Leute, die eine Zwangsstörung aufweisen.

So entstehen moderne Weisheiten: aus falschen Übersetzungen, irrigen Schlussfolgerungen und vor allem aus Diskursvermischungen.

Natürlich werden jetzt hierzu die entsprechenden phänotypischen Merkmale herangezogen, um die These zu untermauern. Da gibt es die diagnostische Beobachtung, dass bei Verliebten die normalen rationalen Funktionen nicht mehr in Kraft sind, dass das emotionale Gleichgewicht konfus und verdreht ist und dass zum Beispiel normale Vorgänge wie Essen und Trinken zeitweilig vernachlässigt werden. Vor allem die neurowissenschaftlichen und hirnphysiologischen Untersuchungen Helen Fishers (vgl. Fisher 1993, 2004, 2005) haben dieses »Ich-kann-an-nichts-anderes-mehr-denken-Stadium« (Fisher 2004, S. 10) unter die Lupe genommen und mit Krankheitszuständen verglichen. Weil die Mitwirkung bestimmter prominenter Neurotransmitter: Dopamin und Noadrenalin, zu verzeichnen ist, aber auch und vor allem das Fehlen eines bestimmten anderen, nämlich Serotonin, zieht man das Fazit: »Verliebte ähneln in ihrer Fixierung auf die geliebte Person Menschen mit Zwangsstörungen. Deren Zwangsfixierung wird mit Medikamenten behandelt, die den Serotoninspiegel im Gehirn erhöhen« (Scheiner 2006, S. 45). Selbstverständlich gibt es auch Nachfolgestudien, etwa in Nr. 29 der Zeitschrift *Psychological Medicine*, die noch einmal sauber und ordentlich belegen und bekräftigen, »dass sowohl bei Verliebten im Frühstadium, als auch bei Personen, die unter einer Zwangsneurose leiden, der Serotoninspiegel niedriger liegt als bei nicht-verliebten, nicht zwanghaften Personen« (Scheiner 2006, S. 45). Dass bei frisch Verliebten die Dopaminrezeptoren im Gehirn aufs Heftigste arbeiten, und zwar auf eine Weise wie sie auch von einem Stück Schokolade angeregt werden, macht die Sache offenbar noch erkenntnisträchtiger (Fisher 2004).

Erst einmal aus der *Psychologie Heute* von den Frauen- und Männer-Zeitschriften übernommen, wird solch eine wissenschaftliche Erkenntnis schnell zum Allgemeinwissen: Verliebtsein ist 'ne Art Zwangsstörung – also etwas Psychokrankes. Auch *Wikipedia*, das Gesamtwissen der »Idiotae« (vgl. Bolz 2006, S. 69), tut sein oder ihr Übriges dazu:

»Im Gesamtkomplex *Verlieben* und Liebe sind Veränderungen bei Neurotransmittern und Neurohormonen gefunden worden. Das Gehirn eines Verliebten unterliegt einer gesteigerten Produktion des Belohnungs-*Neurotransmitters Dopamin*, der den Verliebten in die Lage versetzt, einige Anstrengungen auf sich zu nehmen, auf Essen und Trinken zu verzichten und kaum *Schmerzen* zu empfinden. Auch *Adrenalin* (sorgt für die Aufregung) tritt verstärkt in Erscheinung. Hingegen sinkt der *Serotoninspiegel* (Glückshormon) stark ab und dieses ähnelt dem Zustand bei einem psychisch Kranken.«[57]

Zwangsneurosen, so weiß man, gehen wesentlich einher mit dem Kontrollaspekt. Zum Zwangscharakter gehört seine eher leblose, eigentümlich themenzentrierte Psychodynamik, die um innere Leitgedanken wie Pflicht, Sauberkeit, Ordentlichkeit kreist. Ordnung und Sauberkeit eignen sich vorzüglich zur Herstellung von Distanz; ihr Gegenteil, Unordnung und Schmutz, die der Zwanghafte meidet wie der Teufel das Weihwasser, sind »die Stigmata von Distanzlosigkeit und Triebhaftigkeit« (Lüders 1975, S. 1061). Weil er so wesensmäßig affektarm ist und hautnahe Berührungen abwehrt, eignet sich der Zwangsneurotiker mit Sicherheit gerade nicht zur Umschreibung der Verliebtheitskrankheit, denn, wie wir herausarbeiteten, das anarchische Leben der Impulse und Leidenschaften sind sein Ding nicht. Insbesondere die Gefühle und die ganze Erotik sind spezifisch eingeschränkt:

»Er distanziert sich nicht nur von der Umgebung, die zu einem triebhaften Verhalten animieren könnte, er schwächt auch bei sich die Signale ab, die zur Nähe einladen könnten. Er gibt den sinnlichen Bedürfnissen anderer keine Nahrung und sein Verhalten verrät keine Merkmale, die die Suche nach Nähe auslösen könnten« (ebd.).

---

57 Ariadne von Schirach lässt hier Utz Thimm reden, der dasselbe sagt, aber auf etwas andere Art und Weise: »Manche Biologen sagen, dass es (das Verliebtsein) eine chemisch induzierte Form von Geisteskrankheit sei. Und tatsächlich ist es so, dass aus psychiatrischer Sicht Verliebtheit in sehr vielen Aspekten einer leichten Manie ähnelt« (Schirach 2007, S. 313; vgl. Thimm 2005). Tja, aus Sicht der Psychiatrie mag das so aussehen. Allein, die Erklärungsmischung aus Biologie und den Paradigmen der Irrenhäuser fürs Verliebtsein ist selbst nicht ganz frei von einer gewissen Irrigkeit.

Wenn schon Analogieschlüsse am diskursvermischenden Wirken sind, die sich an Phänotypen und nicht an der eigentlichen Psychodynamik orientieren, dann muss man auch fragen, ob das überbordende Dopamin und das fehlende Serotonin nicht vielleicht auch noch woanders, bei anderen Krankheitsbildern als denen aus dem zwanghaften Formenkreis, aufzufinden sind. *Wikipedia* nennt da auch die Rauschzustände oder die hysterische Aufgeregtheit oder die depressiven Stimmungsschwankungen.

Eine ganz andere Variante, die einmal als Klassiker kursierte, klärt die Irrungen und Wirrungen der Verliebtheit besser auf. Sigmund Freud nennt die Verschmelzung von Ich und Du, von Ich und *Objekt* in der Verliebtheit, einen zwar außergewöhnlichen, aber doch einen Zustand, den man eher gerade nicht als krankhaft verurteilen kann (vgl. Freud 1929, S. 198f.). Allerdings geht er davon aus, dass Verliebtheit dem Hypnosezustand ähnelt. Hat man schon einmal Hypnotisierten den Dopamin- und Serotoninspiegel gemessen? Psychische Zustände wie Verliebtheit, aber auch Trauer und Träumen begreift Freud als »Normalvorbilder krankhafter Affektionen« (Freud 1917, S. 179) und eben gerade deshalb nicht als Krankheiten.

Hirnphysiologische Untersuchungen von Verliebten, Trauernden oder Träumenden oder auch nur von Leuten, die Schokolade essen und sich dabei sauwohl fühlen, oder Untersuchungen gar von Süchtigen oder hysterisch Überdrehten können deshalb nicht Grundlage für die Erfassung dieser inneren Gefühlszustände sein, weil mit Neurotransmittern die spezifische innere Psychodynamik des Verliebtheitszustandes nicht zu erklären ist. Diese Glücksformel ist keine.

Man kann sich allerdings anhand Freuds weiterer Überlegungen entschließen, Verliebtheit sozusagen von den inneren psychischen Kräften her zu begreifen, die sie konstellieren. Verliebtheit wäre dann als ein narzisstischer Auf- beziehungsweise Überladungszustand zu fassen, in welchem beide sich gegenseitig dermaßen idealisieren, dass sie die Bodenhaftung verlieren. Mit dieser Konzeption wäre man dann wieder bei den Menschen und dem, was sie tun, und nicht bei den Bio-Ingredienzien, die sie mit den Präriewühlmäusen teilen. Das teenagerhafte Himmelhoch-jauchzend-zu-Tode-Betrübt ließe sich hier viel trefflicher, sogar ohne die Rolle der Chemie, verstehen.

Freud bringt den Hypnosezustand in die Debatte, weil hier ebenso nichts anderes gilt als die Ausschließlichkeit der Beziehung: »Von der Verliebtheit ist offenbar kein weiter Schritt zur Hypnose. Die Übereinstimmungen beider sind augenfällig. [...] Der Hypnotiseur ist das einzige Objekt, kein anderes wird neben ihm beachtet« (Freud 1921, 104ff.). »Auf der Höhe des Liebesverhältnisses bleibt kein Interesse für die Umwelt übrig; das Liebespaar genügt sich selbst« (Freud 1929, S. 198f.). Er fasst die Verliebtheit also im Zusammenhang mit einer speziellen Modalität der Objektbeziehung, und die ist, aus seiner Sicht, wesensmäßig hochgradig narzisstisch.

Freud fängt ganz unten an, bei den somatisch-materiellen Grundlagen: »In einer Reihe von Fällen ist Verliebtheit nichts anderes als Objektbesetzung von seiten der Sexualtriebe zum Zwecke der direkten Sexualbefriedigung, die auch mit der Erreichung dieses Zieles erlischt; das ist das, was man die gemeine, sinnliche Liebe heißt« (Freud 1921, S. 104).

Weil aber die gemeine sinnliche Liebe sich fortsetzen will, vielleicht weil sie so schön ist und einen über sich hinauskatapultiert, vielleicht aber auch bloß weil ein gewisses kalkulatorisches Sicherheitsbedürfnis den Sexualproviant auf Dauer bunkern will, kommt es im Laufe der Menschwerdung des Menschen zur Dauerbesetzung des Sexualobjekts, d. h. zu der Fähigkeit, »es auch in den begierdefreien Zwischenzeiten zu ›lieben‹« (ebd.).

Man kann getrost davon ausgehen, dass es eher das Sicherheitsbedürfnis als der ausdifferenzierte Hedonismus ist, denn die Möglichkeit, in den begierdefreien Zwischenräumen, also den Refraktärzeiten, wegzulaufen und ein anderes Objekt der Begierde aufzusuchen, ist nur eine virtuelle Größe. Empirisch dürfte der ständige sexuelle Partnerwechsel an der begrenzten Verfügbarkeit und der noch stärker begrenzten Kopulationsbereitschaft der so Begehrten mit gehäuftem Scheitern konfrontiert sein. Das lernt der Mensch peu à peu, der sein Weib deshalb lieber behalten will. »Es sind reichlich Anzeichen dafür vorhanden, dass die Verliebtheit erst spät in die Sexualbeziehungen zwischen Mann und Weib Eingang fand« (ebd., S. 131).

Der gesunde triebgesteuerte Objektbesetzer begreift im Laufe der

Jahrtausende, dass das kurzfristige Sich-Verlieben zum ausschließlichen Zwecke der direkten Sexualbefriedigung unökonomischer Quatsch ist. Aber entschließt er sich deshalb gleich, sich in einen ungesunden, krankheitsähnlichen Zustand zu begeben? Bietet ihm nicht die Verliebtheit, die er als psychische Erregung gewissermaßen über die begierdefreien Zeiten hinaus prolongiert, eine eigene emotionale Qualität, die zu genießen das Ganze höchst sinnvoll erscheinen lässt?

Zunächst einmal sieht Freud den Sachverhalt ganz trocken und sehr männlich:

> »Die zielgehemmten Sexualtriebe haben vor den ungehemmten einen großen funktionellen Vorteil. Da sie einer eigentlich vollen Befriedigung nicht fähig sind, eignen sie sich besonders dazu, dauernde Bindungen zu schaffen, während die direkt sexuellen jedesmal durch die Befriedigung ihrer Energie verlustig werden und auf Erneuerung durch Wiederanhäufung der sexuellen Libido warten müssen, wobei inzwischen das Objekt gewechselt werden kann« (ebd., S. 129).

Nach Freud sind es die »zielgehemmten Triebe«, die die eigentliche Verliebtheit ausmachen, also all das, was sich dann als Zärtlichkeit, Schmusen, Turteln, ausdrückt. Ja, er sagt sogar: »Nach dem Beitrag der zielgehemmten Zärtlichkeitstriebe kann man die Höhe der Verliebtheit im Gegensatz zum bloß sinnlichen Begehren bemessen« (ebd., S. 105).

Und andersherum verweise das Fehlen von Zärtlichkeit auf jene reine, unsublimierte Sexualität, die dem früheren Zustand der Geschlechterbeziehungen entspricht: »Nur wenn der zärtliche, also persönliche Faktor der Liebesbeziehung völlig hinter dem sinnlichen zurücktritt, wird der Liebesverkehr eines Paares in Gegenwart anderer oder gleichzeitige Sexualakte innerhalb einer Gruppe wie bei einer Orgie möglich« (ebd., S.131). Ein hellsichtiger Hinweis auf die Partnertausch-Clubs und die Pornografierung des Sexuellen heutzutage, die dann folglich einen Rückfall in die Barbarei darstellten.

Findet also in der Verliebtheit, die von heftiger Sinnlichkeit durchtränkt ist, weil sie aus dem sexuellen Begehren stammt, gleichwohl auch eine Hemmung statt? Ist das vielleicht das Krankheitsverdächtige, das ihr anhaftet? Was wird gehemmt?

Wer verliebt ist oder je verliebt war, wird es wissen: Gehemmt, ganz und gar gehemmt sind all die Impulse, die den *Solipsismus*, das Nur-Ich-und-Ich-Allein des triebhaften Begehrens ausmachen und es zur Asozialität verdammen. Ich-und-nur-Ich hieße, dass mein Begehren, mein solipsistischer, d. i. egozentrischer Trieb, nicht zwischen dir und deinen Nächsten, zwischen Lucie und ihrer Freundin, zwischen diesem und jenem unterscheidet. Verliebtheit aber hat unendlich viel damit zu tun, dass man sich mit diesem einen identifiziert, sich in ihn hineinversetzt, fühlt, was er fühlt, denkt, was er denkt, hofft, was er hofft. Zeitweilig sieht es danach aus, dass das eigene Ich gar verloren zu gehen droht. To fall in Love: Ich stürze, ich verliere mich.

Es regiert nicht mehr der brutale Egoismus des unsublimierten Triebs, sondern das Gegenteil tritt ein:

> »In der vollen Verliebtheit trifft [...] der Altruismus mit der libidinösen Objektbesetzung zusammen. Das Sexualobjekt zieht in der Regel einen Anteil des Narzissmus des Ichs auf sich, was als sogenannte ›Sexualüberschätzung‹ des Objekts bemerkbar wird. Kommt noch die altruistische Überleitung vom Egoismus auf das Sexualobjekt hinzu, so wird das Sexualobjekt übermächtig; es hat das Ich gleichsam aufgesogen« (Freud 1916/1917, S. 403).

Sigmund Freuds *Verliebtheit* fasst diesen Ich-Verlust als narzisstischen Vorgang:

> »Im Rahmen dieser Verliebtheit ist uns von Anfang an das Phänomen der Sexualüberschätzung aufgefallen, die Tatsache, dass das geliebte Objekt eine gewisse Freiheit von der Kritik genießt, dass alle seine Eigenschaften höher eingeschätzt werden als die ungeliebter Personen oder als zu einer Zeit, da es nicht geliebt wurde. Bei einigermaßen wirksamer Verdrängung oder Zurücksetzung der sinnlichen Strebungen kommt die Täuschung zustande, dass das Objekt seiner seelischen Vorzüge wegen auch sinnlich geliebt wird, während umgekehrt erst das sinnliche Wohlgefallen ihm diese Vorzüge verliehen haben mag. Das Bestreben, welches hier das Urteil fälscht, ist das der *Idealisierung*. [...] Wir erkennen, dass das Objekt so behandelt wird wie das eigene Ich, daß also in der Verliebtheit ein grö-

ßeres Maß narzisstischer Libido auf das Objekt überfließt. Bei manchen Formen der Liebeswahl wird es selbst augenfällig, dass das Objekt dazu dient, ein eigenes, nicht erreichtes Ichideal zu ersetzen. Man liebt es wegen der Vollkommenheiten, die man fürs eigene Ich angestrebt hat und die man sich nun auf diesem Umweg zur Befriedigung seines Narzissmus verschaffen möchte« (Freud 1921, S. 104–107; Hervorh. i.Orig,).

Diese Idealisierung des libidinösen Objekts – wir würden in diesem Falle sagen, der Person, in die man verliebt ist – ist nun dafür verantwortlich, dass krankheitsverdächtige Zustände auf den Plan treten. Genau hier, im Zusammenhang mit der narzisstischen Psychodynamik der Verliebtheit, erwähnt Freud, dass es zuweilen den Anschein haben mag, dass sie als etwas Zwanghaftes erscheint: Die Sexualüberschätzung, »welche wohl dem ursprünglichen Narzissmus entstammt und somit eine Übertragung desselben auf das Sexualobjekt entspricht [, …] gestattet die Entstehung des eigentümlichen, an neurotischen Zwang mahnenden Zustandes der Verliebtheit, der sich so auf eine Verarmung des Ichs an Libido zugunsten des Objektes zurückführt« (Freud 1914, S. 55). Das *mahnend* aber bedeutet gerade nicht eine Gleichsetzung, wie sie von den heutigen Physiologen vollzogen wird, sondern meint so viel wie *erinnert an, ähnelt, sieht so aus.*

Auch an einer zweiten Stelle wird der Ähnlichkeitshinweis gegeben. Freud konzediert der Verliebtheit einen gewissen Charakter von Zwanghaftigkeit, die er darin sieht, dass der Verliebte die Liebesbeziehung »mit dem höchsten psychischen Aufwand bis zur Aufzehrung aller anderen Interessen« betreibt (Freud 1910, S. 189). Ließe sich also hier die Affektarmut erkennen, die den Zwangstypus mit dem Verliebten vereinigt? Seine Besessenheit, so könnte man annehmen, lässt seine Psyche schrumpfen: Genauso wie jemand, der im Keller ausschließlich seinem Hobby nachgeht oder jemand, der nur noch in einer einzigen Weise denkt und ständig die ganze Welt aus einer einzigen Formel erklärt[58], erschiene der Verliebte dann als komischer Kauz, der, hochgradig reduziert, der lebendigen, komplexen Welt Adieu gesagt hat.

---

58 Früher, im *Roten Jahrzehnt* (Koenen 2004), nannte man solche Leute *Ableiter;* sie rotteten sich gern in der *Ableiterfraktion* zusammen. Vgl. zum Thema auch Kappeler 2000, S 120ff.; hier geht es um den *Monismus,* eine »Wissenschaftsreligion«, mit der

Fast will es scheinen, dass der Krankheitsvergleich psycho-logisch nicht von der Hand zu weisen ist. Sigmund Freud leitet die Reduziertheit des Verliebten aus der narzisstischen Dynamik ab:

> »Wir sehen [...] einen Gegensatz zwischen der Ichlibido und der Objekt-libido. Je mehr die eine verbraucht, desto mehr verarmt die andere. Als die höchste Entwicklungsphase, zu der es die letztere bringt, erscheint uns der Zustand der Verliebtheit, der sich uns wie ein Aufgeben der eigenen Persönlichkeit gegen die Objektbesetzung darstellt« (Freud 1914, S. 43f.).

Will sagen: Wer sich total verliebt, macht einen seelischen Schrumpf-fungsprozess durch, weil sein Ich, nach Freud, durch übermäßige Objektbesetzung und Libidoverschwendung verarmt. Das wäre nun in der Tat ein krankheitsverdächtiger Vorgang, der die Verliebtheit zu einem nicht sehr erstrebenswerten Zustand machte.

Allein, Verliebte wissen, dass dem nicht so ist. In der Regel sind sie nämlich überglücklich, haben *Schmetterlinge im Bauch* und schweben zwei Meter über der Erde. Ihre Verliebtheit ist für sie das Gesündeste, Lebensbejahendste und seelisch Bereicherndste, was es gibt auf der Welt.

Lediglich in bestimmten Konstellationen fühlen sie sich leer, melan-cholisch, zu Tode betrübt, und genau an dieser Stelle könnte sich die Irritation endlich aufklären: Krank, reduziert, leer, geschrumpft nämlich dürften sich jene Verliebten fühlen, die *unglücklich verliebt* sind, weil eben der andere nicht da ist oder weil er nicht antwortet.

---

als erster Ernst Haeckel die Darwin'sche Lehre als Erklärungsmonopol in Deutsch-land verbreiten wollte: »Die Möglichkeit, nach Darwins Theorie alle Erscheinungen in der organischen Natur durch einen einzigen Gedanken zu verbinden, aus einem einzigen Gesichtspunkt zu betrachten, aus einer einzigen Ursache abzuleiten, [...] die Möglichkeit, die meisten Probleme daraus aufs schlagendste zu erklären, drücken ihr den Stempel der reinen Wahrheit auf« (Haeckel-Vortrag am 19.9.1863, zit. ebd., S. 129). Kappeler fügt ergänzend hinzu: »Danach ist Monismus im Sinne Haeckels eine rein natürliche Weltanschauung oder eine einheitliche Auffassung der Gesamt-natur. Haeckels Naturbegriff umfasst die gesamte wissenschaftlich erkennbare Welt, weswegen die Naturwissenschaft die Wissenschaft schlechthin ist« (ebd.). Warum führen wir das aus? Weil wir wissen, dass *Erklärungsmonismen* zumeist geistigen Terror ausüben, selbst und gerade die, die zuweilen die Liebe predigen und doch den Hass säen.

Wenn ich in jemanden total verliebt bin und der antwortet nicht, dann bin ich am Boden zerschmettert. Genauso sieht es auch Sigmund Freud: Verliebtheit solo ist nicht so prickelnd, denn es ist klar,

> »dass im Liebesleben das Nichtgeliebtwerden das Selbstgefühl erniedrigt, das Geliebtwerden dasselbe erhöht. Wir haben angegeben, dass Geliebtwerden das Ziel und die Befriedigung bei narzisstischer Objektwahl darstellt. [...] Die Abhängigkeit vom geliebten Objekt wirkt herabsetzend; wer verliebt ist, ist demütig. Wer liebt, hat sozusagen ein Stück seines Narzissmus eingebüßt und kann es erst durch das Geliebtwerden ersetzt erhalten« (ebd., S. 65).

Freud merkt hier an, dass dies genau jene »Heilung durch Liebe« sei, die der durch übermäßige Objektbesetzung im Ich verarmte Neurotiker suche, eine Heilung, »welche er in der Regel der analytischen vorzieht« (ebd., S. 67).

Heilung durch Liebe, wunderbar, aber, so möchte man kopfschüttelnd fragen, soll es denn nun so sein, dass der Verliebte sich sozusagen erst in eine Art Krankheitszustand begibt, um hernach durch Geliebtwerden wieder geheilt zu werden, und dann auch noch *privatissime* anstatt in die offenbar viel nachhaltigere Psychotherapie zu gehen? Seltsame Verhältnisse, die Freud da konstruiert: »Das Lieben an sich, als Sehnen, Entbehren, setzt das Selbstgefühl herab, das Geliebtwerden, Gegenliebe finden, Besitzen des geliebten Objektes hebt es wieder« (ebd., S. 66).

Heute können und wollen wir kaum noch verstehen, wie man je überhaupt darauf kommen konnte, Liebesverhältnisse mit solch negativen Konnotationen zu versehen. Verliebtsein und Liebe, das ist doch für ein Paar das Medium des Glücklichseins schlechthin.

Man darf aber dabei nicht vergessen und muss bedenken, dass unser modernes, psychosoziales und interaktives Liebesverständnis, welches die Liebe als eine im Hier und Jetzt verwirklichte Liebe zweier Liebender fasst, historisch ziemlich neu ist. Seit dem Mittelalter bis in die letzten Tage der 50er, 60er Jahre des letzten Jahrhunderts war das allgemeine Liebesverständnis sehr viel mehr von der melancholisch-depressiven Annahme geprägt, dass die schmachtend ersehnte Liebe ohnehin scheitern wird oder nicht eintritt oder, noch schlimmer, gar nicht eintreten kann.

Im Minnegesang (vgl. Modena 2008, S. 152f.) wird die Unerreichbare besungen, die in den höfischen Zwängen gefangen ist und zur wahren Liebe zwischen Mann und Frau nicht absteigen darf. In den Schlagern der 50er Jahre, geradezu exemplarisch in Miras *Heißer Sand*, kann die Liebe zum schwarzen Tino im heißen Sand nicht eintreten, weil die Nina dem Rokko »schon im Wort« ist; überall Schmachten, Tränen, Hoffnungslosigkeit: »Es waren zwei Königskinder, die hatten einander so lieb, sie konnten zusammen nicht kommen, das Wasser war viel zu tief.«

Die Fundamentalannahme, dass Liebe nicht wirklich stattfinden kann, Männer und Frauen zueinander nicht finden, zieht sich durch bis in die hochmodernen Thesen vom Geschlechterkampf, und noch nicht sehr viele haben begriffen, dass der Kampf zum Krampf verkommen ist, weil das Gefecht doch mittlerweile geschlagen und der Krieg im Grunde vorbei ist. Jedenfalls an der vordersten Front der historischen Entwicklung.

Dort, wo Frauen in aller Selbstverständlichkeit als gleichwertige, autonome Subjekte auftreten, mehr noch: Wo sich hierarchische Fragen gar nicht mehr stellen, auch nicht verkleidet in raffiniert festgelegten Arbeitsteiligkeiten, können die Geschlechter in Gleichheit und Freiheit zueinander finden. Die objektiven, materiellen Voraussetzungen dafür sind in vielen Ländern der Erde gegeben, jedenfalls der Möglichkeit nach[59], keinesfalls jedoch die subjektiven: die geistigen und psychischen.

Ein Indiz dafür, dass es vor nicht allzu langer Zeit noch nicht so weit war mit der Vorstellung, dass Liebe sich in der Tat auf Erden

---

59 Wer das nicht glauben mag, dem sei das eindrucksvolle, bedrückende Buch von Jean Ziegler *Das Imperium der Schande* (2005) empfohlen, wo sehr klar nachgewiesen wird dass die Güterknappheit, die weltweit zu millionenfachem Hunger und Tod führt, künstlich herbeigeführt und aufrechterhalten wird. Darauf, dass auf der Welt niemand zu hungern bräuchte, bestanden Herbert Marcuse und andere kritische Geister schon vor 60 Jahren. Was hat sich seitdem getan? Man stellt Hunderte von Milliarden den Bankern und Banken zur Verfügung, damit das System nicht zusammenbricht, zu dem man mittlerweile einfach keine Alternative mehr denken kann (vgl. Kurz 2002).

verwirklichen lässt, findet sich auch im Menschenbild von Sigmund Freud und in der von ihm geprägten Psychologie. Freuds Psychologie ist eine Individualpsychologie. Sie berichtet lediglich von den inneren Prozessen im Einzelindividuum, nicht aber von dem, was zwischen den Menschen passiert. Dass er stets vom *Objekt* spricht, ist für uns heute zwar befremdlich, aber aus der Perspektive des existenziell isolierten Subjekts, das keine wirkliche Brücke zum andern hat, nur allzu konsequent und ehrlich. Der individualistische, nicht-interaktive Psychologieansatz wird erst in den 60er Jahren des letzten Jahrhunderts mit Paar- und Familiendynamik, systemisch-ökologischem Denken und dem Kommunikationsparadigma aufgebrochen. Das ist auch die Zeit, als die Schlager, die eh immer nur das eine besingen, aufhören, der Unmöglichkeit der Liebe hinterherzuschmachten. »Let's spend the night togehther«, und »Touch me, I want to feel your body«, heißt es jetzt und nicht mehr: »Die Liebe ist ein seltsames Spiel/sie kommt und geht vom einen zum andern«, quasi selbsttätig, ohne dass ihre Objekte und Opfer etwas dazu können.

Wo das isolierte, nicht kommunizierende Subjekt ohne Brücke zum anderen in Verliebtheit »fällt«, ist es verloren. Wo seine entsprechende Liebesauffassung von der insgeheimen Unmöglichkeit des gemeinsamen Glücks ausgeht, kann es nichts anderes als darauf schmachtend zu warten, dass der tendenziell unerreichbare Andere doch noch, gewissermaßen unverhofft und kontrafaktisch, aus intrinsischen Gründen *zurückliebt*. Das klingt zwar alles so selbstverständlich, wenn Freud uns bestätigt, wie wichtig es für das Selbstgefühl des Verliebten ist, die investierte Libido durch Geliebtwerden zurückzubekommen, aber genau hinter diesem Tauschmodell verbirgt sich sein nicht-interaktives Liebesverständnis, das psychologiehistorisch noch nicht überwindbar ist, da die Beziehungspsychologie noch nicht auf den Plan treten kann. Sie kann es freilich nicht, weil sie die bahnbrechende Freud'sche Psychoanalyse ja erst zur Voraussetzung hat.

Es könnte also möglich sein, dass all die Annahmen vom Krankheitscharakter der Verliebtheit auf ein Liebesverständnis zurückverweisen, das selbst nicht krank, aber hinsichtlich seiner Grundannahmen über die Verwirklichungschancen der Liebe eigentümlich begrenzt ist, und zwar deshalb, weil es Liebe und Verliebtheit nicht interaktionsdynamisch behandelt.

Interaktionsdynamisch sieht es eben nicht so aus, dass der eine liebt, wartet und vielleicht hoffentlich, wenn's gut geht, im gleichen Maße, zurückgeliebt wird, sondern: *Das Tun des einen ist das Tun des anderen.* Sie tauschen nicht, sondern sie tauschen sich aus.

Interaktionsdynamisch nimmt die Erkenntnis, dass Verliebtheit mit Narzissmus und Idealisierung zu tun hat, eine ganz neue Wendung. Natürlich idealisieren Verliebte einander wie die Wahnsinnigen. Aber sie tun es beide. Sie tun es gegenseitig. Sie spiegeln sich in ihrem psychischen Begehren.

Wir reden von der stürmischen, absolut umwerfenden Bereitschaft zur Liebe, die sie im anderen gespiegelt vorfinden. Das mag zwar ein reiner Projektionsvorgang sein und damit gleichermaßen pathologieverdächtig, aber hier geht es um real stattfindende Interaktionen zwischen zweien, die sich gerade zu lieben beginnen und Interaktion heißt, dass das wechselseitig stattfindet, dass sich beides aneinander entzündet. Beide externalisieren ihre heftigste Liebesbereitschaft *in* den anderen und sehen sich wechselseitig als Verwirklichung eines Traums, den sie lange schon gehegt, vielleicht sogar fast schon verdrängt hatten. Und dann trifft es sie wie ein Blitz, zum selben Zeitpunkt.

Zur Externalisierung, also Projektion meiner Liebesbereitschaft in den anderen und seiner Liebesbereitschaft in mich, die sich in einem Simultangeschehen verstärken, kommt ein weiterer Mechanismus hinzu, den man ebenfalls in die Nähe der psychischen Erkrankungen rücken könnte und auch gerückt hat. Der Märchenprinz erscheint nicht bloß, sondern er *ist* der Märchenprinz an und für sich, weil er mir als der ideale Lebenspartner gegenübertritt, so als wäre er die Fleischwerdung einer grandiosen Idee – meiner Idee. Den Mechanismus, der das bewirkt, kann man freilich als Idealisierung identifizieren. Aber erst wechselseitige Idealisierung kann man Verliebtsein nennen.

Natürlich befinden sich solcherart Verliebte in einem Wahn. Wechselseitige Idealisierung heißt nämlich, dass sie eventuell störende, unangenehme Seiten am anderen, die das zarte Pflänzchen, das so mächtig daherkommt, umwerfen könnten, aus ihrer Wahrnehmung einfach aussparen. Verklärend kommt hinzu, dass sie das, was sie am anderen im besten Sinne selektiv wahrnehmen, als Bestätigung ihres gerade aufwallenden Gefühls für den anderen nehmen und immer mehr von diesem Tollen und Guten *entdecken*. Sollten Psychologen und Psychiater diesen Vorgang tatsächlich wie eine Krankheit sehen, dann würfe das ein Licht nicht vielleicht so sehr auf die Verliebten, sondern ganz sicher auf die klinischen Interpreten. Genauso wie der Märchenprinz ein *Konstrukt* der daran interessierten Psychen ist, ist es die therapeutische Psychodiagnostik.

Die entscheidende Frage ist: Welche Folgen entfalten sich bei welchem Konstrukt in welchen zwischenmenschlichen Interaktionen, die darauf aufbauen?

Die Antwort wissen wir: Das Verliebtsein, das hier wie auch immer auf wahnhafter Grundlage entsteht, fühlt sich für die Beteiligten höchst real an und ist es auch, es wächst und gedeiht, je mehr Wahn und *Konstruktivismus* sie investieren. Ohne die Idealisierung des anderen, also die partielle Verleugnung seiner komplexen Realität, und ohne die Annahme, er sei in Wirklichkeit genauso unübertrefflich toll, wie man ihn sieht, würde Liebe vielleicht gar nicht entstehen können. Niklas Luhmann hätte das wohl *Reduktion von Komplexität* genannt und wir ahnen, dass von dieser Komplexitätsreduktion mächtige, höchst reale Handlungsimpulse ausgehen.

Einen analogen wahnhaften Zusammenhang kennt man aus einem ganz anderen Bereich, nämlich der Krebsforschung: Heilung entsteht bei manchen Krebsarten, deren Verlauf man untersucht hat, nachweislich durch Verleugnung der Realität und zwar dergestalt, dass die körpereigenen Selbstheilungskräfte bei denjenigen Erkrankten nachhaltiger und erfolgreicher stimuliert werden, die sich von der realen Todesgefahr nicht allzu sehr beeindrucken und auffressen lassen, indem sie voller Zuversicht und Hoffnung, also mithilfe eines Wahns, gewissermaßen zugespitzt ihre Kräfte idealisierend, davon ausgehen, dass sie die todesbedrohliche Krise auf jeden Fall meistern werden. Es entsteht also Krankheitsüberwindung, ja Gesundheit auf dem Boden von Verleugnungen und unrealistischen Annahmen. Und diese so entstehende Gesundheit ist kein Wahn, sondern höchst real.

Genauso ist die real erlebte und von beiden lustvoll genossene Verliebtheit kein Wahn. Noch nicht einmal die Idealisierungen, welche die beiden Verliebten gewissermaßen aneinander vornehmen, sind Wahn, denn in der Regel stellen sich bei einem entwicklungsfähigen Menschen, der keine Angst vor Veränderung hat, auf der Basis positiver Annahmen jene Züge ein, die der andere zunächst vielleicht bloß idealisierenderweise unterstellt. Spiegelt mir jemand, dass just dieser Zug oder dieses Verhalten bezaubernd ist und will ich diesem Menschen aus meiner inneren großen Liebesbereitschaft heraus gefallen und seine Zuwendung vergrößern, achte ich ganz spontan, ohne große strategische Verrenkung und instrumentelles Kalkül intuitiv darauf, dieses alles vermehrt hervorzuzaubern, was mir bei diesen idealen Feedbackbedingungen leicht gelingen wird. Andere Verhaltenszüge, Interaktionsformen, Reaktionsmuster kommen hinzu. Meine individuelle Form, ernst zu sein, meine Sprache, mein Denken, die Art, wie ich die Welt erkenne, wie ich dies Wissen kommuniziere, wie ich auf den anderen eingehe, wie ich Nähe und Distanz aushalte. Über kurz oder lang werde ich zu dem, in den sich mein Traumpartner oder meine Traumpartnerin verliebt hat. Das ist damit gemeint, wenn von der Fähigkeit oder Unfähigkeit zur Veränderung die Rede ist: Wenn wir mit dem Spiel der Liebe beginnen, indem wir uns verlieben, können wir zwar nicht wissen, wer wir dereinst sein werden, wenn wir verzaubert werden, aber eins ist uns gewiss: Wir verlieren unser altes Ich. Wir werden niemals mehr der sein, der wir waren. Wer die Kraft nicht hat, in diesen Abgrund zu schauen, kann die Liebe nicht erleben. Der Abgrund aber, das kann nicht antizipatorisch gewusst sondern muss erfahren und durchlebt werden, ist gar keiner, sondern der Höhepunkt des Lebens.

Verliebtheit kann also gar nichts Krankes sein, wenngleich die Analogien intellektuell heftig auf den Geist drücken.

Einmal davon abgesehen, dass alles menschliche Denken, Fühlen und Verhalten von neurologischen, physiologischen, psychologischen, soziologischen, kulturhistorischen usw. Komponenten durchzogen und determiniert ist, und dass insbesondere psychische Prozesse den Gesetzmäßigkeiten folgen, die für gesunde und gestörte Psychen eben nun einmal dieselben sind; davon abgesehen also, dass bei unüblichem Verhalten

Vergleiche mit Krankheiten sich geradezu aufdrängen, wäre doch am Ende eins zu fragen: Falls Verliebtheit überhaupt und im Entferntesten als etwas Krankheitsähnliches imponiert, aus der Perspektive welcher *Gesundheit* stellt sich denn diese *Krankheit* als Krankheit dar?

Bollywood

Kulturell weit verbreitet, bis hin nach Indien, wo die Bollywood-Filme sich des Themas bemächtigt haben (Lau 2006, S. 221ff.), ist die zur beziehungsprägenden Gewissheit gewordene Annahme, dass Verliebtheit, oft gleichgesetzt mit *romantischer Liebe*, ein Ausnahmezustand ist. Und Ausnahmezustände sollten wie Krankheiten am besten schnell vergehen.

Noch einmal die Zustandsbeschreibung auf der Basis von Helen Fishers Interpretationen:

> »Die Symptome dieser [romantischen] Liebe sind ihren Beobachtungen nach folgende: Verliebte sind oft sehr energiegeladen, sie konzentrieren ihre Leidenschaft exklusiv auf eine einzige Person, verherrlichen diese und vernachlässigen andere Bereiche ihres Lebens. Sie empfinden Empathie für ihre Liebesobjekte, sehnen sich nach emotionaler und sexueller Vereinigung und sie wünschen sich sexuelle Exklusivität. Verliebte sind emotional abhängig und zeigen eine Reihe körperlicher Symptome, wie Herzklopfen, Zittern, Schweißausbrüche, beschleunigte Atmung, ›Schmetterlinge im Bauch‹, Erbleichen, Erröten, Schlaflosigkeit, Appetitlosigkeit« (Scheiner 2006, S. 42).

Menschenskind, möchte man fragen, was ist denn da krankheitsverdächtig an diesem wunderbaren Zustand?

Es hat mit den gesellschaftlichen Normen zu tun; verliebte Köchinnen versalzen die Speisen, heißt: Verliebte Köchinnen und andere Gesellschaftsmitglieder können sich nicht mehr auf das konzentrieren, was ansonsten als gesellschaftliche Anpassungsleistungen von ihnen verlangt wird. Besser noch, beziehungsweise schlimmer: Sie *wollen* gar nicht! Können könnten sie vielleicht.

In den Bollywood-Filmen, das arbeitet Janna Lau in ihrem Aufsatz trefflich heraus, wird anhand der *romantischen Liebe* zweier, die sich außerhalb der Konventionen in Freiheit finden, genau das abgehandelt, was vielleicht weltweit dem irritierenden Phänomen der Verliebtheit gilt: dass nämlich das *Kranke* darin besteht, dass die Verliebtheit zuweilen gewisse Normen verletzt, die der sozialen Ordnung zugrunde liegen. Eva Illouz sagt: »Viele Autoren haben gezeigt, dass romantische Liebe in den meisten Gesellschaften [...] als subversive Macht galt, welche die rechtliche und soziale Ordnung bedrohte« (2007a, S. 35). Insbesondere werden »die sozialen und ökonomischen Pflichten« gegenüber denjenigen »verletzt« (Lau 2006, S. 225), die diesseits der romantischen Liebe zum Pool der gesellschaftlich obligaten Nutznießer dieser Schuldigkeiten gehören. In Indien sind das die kompatiblen Kandidaten samt deren daran hängendem Netzwerk als Dispositionsmasse der traditionell von den Eltern arrangierten Zwangsehen. Im großen Allgemeinen sind das alle Profiteure der sozioökonomischen Verhältnisse, die durch die Pflichtvergessenheit der Verliebten Schaden nehmen könnten.

Wer sich verliebt gerät, ob in Indien oder anderswo, in die Gefahr, durch seine *Krankheit* an den institutionalisierten Zwängen zu rütteln und deshalb gesellschaftlich ausgesondert zu werden. Damit gerät die Verliebtheit ins Fadenkreuz des sozialen Zwangszusammenhangs. Verliebtheit ist aus gesellschaftlicher Sicht *abweichendes Verhalten* und abweichendes Verhalten ist, soziologisch gesehen, neben der Kriminalität die *Krankheit*. Krankheit bestimmt sich soziologisch deshalb als abweichendes Verhalten, weil es der Gesellschaft aus Stabilitätsgründen stets um rollenkonformes Benehmen ihrer Mitglieder geht. Hauptvertreter dieser These ist der Amerikaner Talcott Parsons. Indem er nun sagt, dass Gesundheit die Fähigkeit ist, bestimmte soziale Rollen zu übernehmen und Rollenerwartungen anderer zu entsprechen, liegt die Qualität und Stoßrichtung des sozialkonservativen Krankheitsbegriffs auf der Hand: Krankheit ist deshalb abweichendes Verhalten, weil sie die gesellschaftlichen Normen verletzt.

Damit ist Krankheit mit Phänomenen wie Sünde und Kriminalität vergleichbar, die gleichermaßen die allgemeine Ordnung und Moral verletzen. Und in der Tat muss der These vom abweichenden Verhalten ein normativer Bezugspunkt zugrunde liegen, denn sonst könnte entgegnet werden, der Kranke verhalte sich in der Regel nicht abweichend, und das Definitions- bzw. Aussonderungskriterium wäre gegenstandslos. Dieser normative Bezugspunkt ist die *Konformität*. Parsons selbst hat gesehen, dass solchen Definitionen immer auch Wertvorstellungen zugrunde liegen, nämlich Wertsetzungen eines politischen Systems. Für ihn als Amerikaner ist dies aus naheliegenden Gründen das Wertesystem von *God's Own Country*. Wie sehr dem Ermessen anheimgestellt ist, was als Krankheit oder Kriminalität, beides abweichendes Verhalten, angesehen wird, sehen wir in totalitären Systemen, die je nach willkürlichem Maßstab ihre Dissidenten ins Gefängnis, ins Arbeitslager oder in die Psychiatrie schicken, wenn sie sie nicht gleich töten. Es hat also alles auch seine realen Folgen.

Um Folgen geht es auch Parsons. Er ist ausdrücklich für die Aussonderung der Kranken. Sein Begriff der psychischen Störung, also der Unfähigkeit, soziale Rollen zu übernehmen, ist nicht nur ein Deckmantel, wie es an einer Stelle heißt, für die Ausgrenzung missliebiger Personen. Parsons definiert auch die somatische Krankheit strukturell isomorph als die *Unfähigkeit zur relevanten Aufgabenerfüllung* und meint damit insgesamt die Rollen und Aufgaben, für die jemand sozialisiert worden ist. Krankheit ist am Ende mit Arbeitsunfähigkeit gleichzusetzen. Und Parsons selbst sagt unmissverständlich, dass der Kranke abgesondert werden muss, weil er sowohl bakteriologisch als auch, was die Motivationsebene betrifft, ansteckend ist. Das heißt: Krankheit kann zur *Stimulierung von Motivgruppen* führen, und das ist für die Gesellschaft potenziell schädlich. Krankheit ist unerwünscht, und in der Absonderung soll alles getan werden, um so schnell wie möglich Gesundheit wiederzuerlangen. In Wirklichkeit ist natürlich die Arbeitsfähigkeit gemeint und die Fähigkeit, ein angepasster Bürger der jeweiligen Gesellschaft zu sein.

Analog dazu ist für Parsons *Gesundheit* entsprechend seiner Krankheitsdefinition auf somatischer Ebene der »Zustand optimaler Fähigkeit zur wirksamen Erfüllung von für wertvoll gehaltenen Aufgaben« und auf psychischer Ebene die Fähigkeit, soziale Beziehungen einzugehen und die Erwartungen solcher Zugehörigkeiten, also Rollenerwartungen, zu erfüllen.

Dieser Gesundheitsbegriff ist genauso gnadenlos wie die Aussonderung des Kranken. Alles ist unerbittlich auf den Bestand der je geltenden Gesellschaftsordnung ausgerichtet, das heißt, alles ist von den konkreten Befindlichkeiten der Individuen total entfernt. Es könnte ja sein, dass die für »wertvoll gehaltenen Aufgaben«, zu denen jeder Gesunde optimal fähig sein soll, die Kriegsführung gegen ein aufgebautes Feindbild ist. Es könnte ja sein, dass die soziale Rollenerwartung, die der Gesunde erfüllen soll, um als gesund zu gelten, der arische Chauvinismus ist. Eine Pathologie dessen, was die soziale Umwelt ist, wird von einem solchen funktionalen Gesundheits- oder Krankheitsbegriff überhaupt nicht behandelt. Hier gibt es überhaupt keine Vorstellung davon, dass der gesellschaftliche Zusammenhang selbst ein kranker sein könnte.

Gerade deshalb wirft der Begriff vom *abweichenden Verhalten*, wie er in der konservativen Soziologie auftaucht, ein grelles Schlaglicht darauf, was sich dahinter verbirgt, wenn Verliebtheit als Krankheit abgestempelt wird. Und das ist schließlich in vielen verschiedenen Gesellschaftssystemen der Fall.

Und deshalb gilt das Gerede, dass Verliebtheit bloß eine, hoffentlich schnell vorübergehende, *Phase* ist, so gut wie überall auf der Welt. Jedenfalls für die, die naiv daran glauben. Im Bollywood-Film wird die romantische Liebesanwallung als ein Akt der Rebellion gegen eine Respektperson (Lau 2006, S. 236) gefasst. Die Respektperson steht für die traditionale Gesellschaftsordnung, die sich von der selbstbestimmten Liebe infrage gestellt sieht. Der ganz allgemeine Konflikt der chaotischen Verliebtheitsdynamik mit den gesellschaftlichen Erwartungen ist hingegen nicht bloß ihre traditionsgefährdende Natur wie sie sich heutzutage etwa in Indien oder anderswo im östlichen Süden zeigt, sondern die Rebellion, die in der Verliebtheit latent oder manifest lauert, ist die der Gefährdung der sozialen Ordnung insgesamt. Jedenfalls in Gesellschaften, die sich auf der instrumentellen Vernunft und dem ökonomischen Zwangszusammenhang aufbauen – und welche tun das nicht.

Es darf nicht vergessen werden, dass auch die für unseren Kulturkreis inzwischen so unhinterfragt selbstverständliche romantische Liebe zwischen Mann und Frau ihren historischen Ursprung in der Rebellion gegen eine etablierte Ordnung hat: Im Mittelalter stellt sich die romantische Liebe gegen die höfische Liebe und tritt als persönlicher Kampf gegen die Hindernisse etablierter Regeln in Erscheinung (vgl. Kaufmann 2004, S. 258ff.). Jean-Claude Kaufmann, der sich bei dieser These auf seine Landsmänner Raffin (1987) und Chaumier (1999) beruft, betont hierbei, dass die romantische Liebe, die zum »›herrschenden Modell der Liebe‹ werden sollte«, sich aus einer Gefühlssteigerung herstellt, ein Überschwang »der es allein möglich macht, dass man sich von seinem alten Ich zu lösen vermag, das in den gesellschaftlichen Rollen der etablierten Institutionen gefangen ist« (Kaufmann 2004, S. 259). Das aber sei nur möglich auf dem Wege der Idealisierung des Partners. Diese Idealisierung schafft die übersteigerten Gefühle und damit die Kraft, sich gegen die Institutionen zu stellen: »Nur ein idealisierter, plötzlicher Gefühlsüberschwang, der vor Emotionen nur so bebt, konnte diesen historischen Wandel einleiten« (ebd., S. 260).

Man versteht jetzt, wieso und wie sehr die romantische Liebe, die mit freien, selbständigen Individuen und deren reziproken Interaktionen zu tun hat, die geltende symbolische Ordnung infrage stellt, die bekanntermaßen autonome Subjekte und deren gelungene Beziehungen nicht brauchen kann. Insofern steht sie immer noch und stets in Opposition zu menschenverachtenden Systemen, nicht nur in Indien und nicht nur in Afghanistan.

Der Freud'sche Zusammenhang von Idealisierung und Verliebtheit ergänzt sich hier in soziokultureller Hinsicht. Es gehört ganz offenkundig zu ihrer wesensimmanenten Dialektik, dass die Liebe, welche die etablierte Ordnung des bislang Seienden umstürzen und mittels einer »Identitätsrevolution« (ebd., S. 259) neue Einheiten schaffen will, ihre umstürzlerischen Energien just aus dem System bezieht, das sie bedroht. Das ist die narzisstische, das Bei-sich-Seiende zirkulär bestätigende Libido, die Freud *Ich-Libido* nennt und die man, wenn man sie auf die allgemeine Ordnung der Dinge bezieht, als die erhaltende Kraft bezeichnen könnte.

Diese erhaltende, konservative, lediglich auf sich selbst sich beziehende Kraft ist es, die im Begehren ihre Fühler ausstreckt und *Besetzungsenergie* wird, weil sie sich das Objekt aus durchaus narzisstischen, selbstbereichernden und selbsterhaltenden Gründen einverleiben will, um sich zu vervollkommnen. Erst einmal ins *Objekt* investiert, erkennt narzisstische Libido sich selbst im anderen und findet sich ganz wunderbar gespiegelt. Das heißt, sie findet auch und gerade den anderen ganz wunderbar.

Historisch gesehen, heißt das: Die romantische Liebe hebt die zuvor sich selbst idealisierende Ordnung auf, indem die Ichs, aus denen das System sich zusammensetzt, ihre jeweiligen Schneckenhäuser verlassen und auf dem Wege der Idealisierung anderer Ichs das moderne Individuum entstehen lassen, das wiederum durch die narzisstische Projektion erst die Kraft und Stärke erhält, sich aus dem alten Zwangszusammenhang herauszulösen: Diese historische »Entdeckung des Selbst durch sich selbst« (ebd., S. 261) wäre wohl nicht möglich gewesen, wenn nicht das Ich sich gewissermaßen aus sich selbst entlassen hätte und damit, im zweiten Zuge, sich im anderen idealiter, also ganz wunderbar, wenn man so will: narzisstisch, gespiegelt vorgefunden hätte. So liebt das Ich das Ich, und es kommt zusammen, was zusammen gehört. Thesen darüber, dass Narzissmus und Liebe sich tendenziell ausschlössen, könnten und sollten angesichts dieser psychohistorischen Volte und vielleicht gerade auch deshalb, weil es heute kaum noch Psychen ohne narzisstische Züge gibt, gewiss noch einmal überprüft werden. Vielleicht käme da ja etwas Erfreulicheres heraus als bisher.

Die Euphorie, mit der das Ich sich in seinem Spiegel selbst feiert, mit Herzklopfen erkennt und im anderen verdoppelt, geht einher mit einem Rückzug aus der profanen Welt, die mit perspektivisch fadem Realitätsprinzip und magerer Zweckrationalität nicht die Kraft hat, die Schwebenden zurück *down to earth* zu holen. Wer sich derart selbst genügt wie die, die aneinander ihr Ich lieben, hat kaum Interesse an seiner Um- und Außenwelt. Im Gegenteil: Diese erscheint plötzlich als absurdes Theater.

Die Köchin versalzt das Essen. Sie und all ihre anderen verliebten Kolleginnen und Kollegen vernachlässigen oder verweigern die ihnen zugedachte gesellschaftlich sinnvolle Arbeit und ziehen es vor, sich von ihren überbordenden Gefühlen davontreiben zu lassen. Verliebte *machen krank*, um dort nicht antreten zu müssen, wo es sie nicht hintreibt. Lieber lassen sie sich treiben von ihren intrinsischen Impulsen. Sie treiben in den paradiesischen Zustand, in dem die allgegenwärtige, und wie man weiß, künstliche Verknappung von lebenswichtigen Gütern, die uns diszipliniert und an den Arbeitsplatz zwingt, kein Thema ist. Raum und Zeit, Geld und Sinn, die knappen Ressourcen schlechthin in unserer Welt, haben keine motivationale Bedeutung mehr, selbst Essen und Trinken wird total vernachlässigt. Sie atmen und haben sich, sie haben alles, was ein Mensch braucht, Luft und Liebe, in ihrer Glückseligkeit schweben sie, interessenlos jenem Nicht-Ort zu, dem U-Topos, den die Gesellschaft à la longue nicht zulassen darf.

Deshalb wird solcherart Gefährliches psychiatrisiert und medikalisiert und in manchen Gesellschaften kriminalisiert. Immer schon sind die opponierenden Kräfte des Utopischen aus der Sicht des herrschenden Systems entweder verrückt oder gegebenenfalls, wenn sie sich organisiert haben, eben verbrecherisch gewesen.

Wenn die *Phase* allerdings übersichtlich kurz und vorübergehend ist, dann will die Gesellschaft mal beide Augen zudrücken und gütig augenzwinkernd darüber hinwegsehen, dass die Menschen ab und zu eben einmal verrückt spielen.

Schließlich dient das Stadium der Verliebtheit der Nachwuchsproduktion: Die meisten Geschlechtsverkehre, so heißt es, finden nämlich in der Phase der Verliebtheit statt.

So soll es sein.

Warum ist das so?

Tja, die Dopamine.

It's just so simple.

Abwehr und Verlangen[60]

Was nach der allerersten Verliebtheit folgt ist die Frage, wie eng man sich aufeinander beziehen will.

---

60 Das gleichnamige Buch von Karl-Heinz Kohl (1987) behandelt ganz ähnlich das Hin und Her der Ethologen und der Gesellschaft in den Jahrhunderten der Entdeckungsreisen angesichts der Faszination, welche die *Wilden* auslösten. Dem unbekannten Terrain der Liebe dürften die von ihr Erfassten sich in ähnlichen Schlingerbewegungen nähern, wie die Ethologen ihrem unbekannten Gegenüber. Beide Male taucht die psychisch relevante Frage auf: Wie sehr lasse ich mich auf die neue Erfahrung ein?

Das jetzt folgende Hin und Her, dieses ständige Oszillieren zwischen Nähe und Distanz, Zusammensein und räumlicher Trennung, pflegen junge Leute von heute eine ganze Zeit lang zu durchleben. Sie drücken sich nicht vor der Frage, ob und wie eng sie zusammenleben wollen, sondern die Fragestellung entwickelt sich für sie gerade erst und sie lassen es jenseits aller Konventionen zu. Das alles ist ein Ausdruck der Erschütterung ihres Selbst, das angesichts der neuen Erfahrungsdimension und ihrer lebensgeschichtlichen Bedeutung vor und zurück schlingert.

Nicht wenige Paare trennen sich in dieser aufreibenden Zeit, heißt es. Sie geraten in die »Verliebtheitsfalle«, so jedenfalls sehen es Psychologen der Universität von Toledo (vgl. Psychologie Heute, Juni 2005, S. 13). Weil nämlich die rosarote Brille die Gefahr berge, dass die anderen Seiten, die man sukzessive am Partner nach der Phase der Idealisierung entdeckt, recht enttäuschend sein können.

Vielleicht setzen diese Betroffenen ihre Brille gar zu schnell ab. Das ist die innewohnende Gefahr, wenn man die Verliebtheit als *Phase* und als *Stadium* abhandelt. Vielleicht ist aber auch von Liebesbeziehungen die Rede, die keine sind, denn die Interaktionsdynamik der Liebe besteht ja gerade darin, dass die Liebenden sich verändern: Einmal, weil die vom anderen geliebten Eigenschaften, die idealisierend *schön gesehen* werden, sich durch positive Resonanz verstärken und zum Zweiten, weil die von der rosaroten Brille ausgeblendeten oder nicht so gemochten Eigenschaften, durch ausbleibendes Echo geschwächt werden.

Stell dir vor, du liebst einen Stoffel und merkst es erst später. Welch eine Liebe, die den komischen Kauz unberührt und genauso gelassen hat wie er war! Welch eine Liebe, bei der die rosarote Phase nur als *Warming-up* fungierte und nicht als Dauerbrenner. Wer eine nichtinteraktive Liebesvorstellung, und vor allem Liebes*praxis* hat, dem kann das wohl passieren, dass er eines Tages neben einem Blödian aufwacht, wenn er die Brille absetzt. Huch, wer ist das denn?

Lucie und Jan ficht das nicht an. Sie sind noch ganz frisch verliebt und haben auch nicht vor, ihre Gefühle füreinander schnell als Phase abzuhandeln; schon gar nicht relativieren sie sie durch solch skeptische Psychologismen. Im Gegenteil: Sie sind *echt wahnsinnig* verliebt.

Allerdings durchleben sie heftigste Zwiespältigkeiten, nicht was den anderen, sondern was ihre eigenen Bereitschaften zu Nähe und Distanz angeht.

Das Hin und Her spiegelt ihr Innenleben, das sich mal annähert, mal abzulösen versucht, nicht so sehr im Hinblick auf den anderen, sondern im Hinblick auf die Dimension des aufkeimenden Wir, die beider Identität verunsichert.

Annäherung und Distanzierung findet in Beziehungen immer statt, weil die symbiotischen Tendenzen, die mit dem Behütet- und Geliebtwerdenwollen einhergehen, stets auch mit der angstbesetzten Frage der Abhängigkeit und des Autonomieverlusts aufwarten. *Symbiose und Separation* sind ubiquitäre, allgegenwärtige, unvermeidbare Vorgänge, die sowohl die seelische Entwicklung als auch das aktuelle Verhalten in Beziehungen kennzeichnen (vgl. Lüders 1975, S. 1057ff.). Man kann das symbiotisierende Verhalten, das zum Bleiben drängt und Nähe will, genauso wie die Separationstendenzen, die Trennung herbeiführen und die in der Ablösung Individuationsversuche unternehmen wollen, als *Identitätsschwäche* sehen, wie es die Psychoanalyse tut. Die Psychoanalyse hat aber immer schon das Problem, dass sie ihre Erkenntnisse aus der Beobachtung von Patienten zieht und nicht aus der Beobachtung von Gelungenem, von Glück verheißenden Beziehungen.

Vielleicht ist ja das Oszillieren zwischen Symbiose und Separation dem Umstand geschuldet, dass damit aus immanent erotischen Gründen dem Spannungsabfall begegnet wird, der sich zu ergeben droht, wenn durch allzu große Nähe und Intimität sich Ich und Du in einer gegensatzlosen Einheit aufheben möchten. Und vielleicht ist auch das nur ein Klischee, das es zu hinterfragen gilt.

Innerhalb der neu entstehenden Liebesbeziehung baut sich mit dem ständigen Wechsel von Ablösung und Vereinigung peu à peu eine für beide erquickliche »Sicherheitszone zwischen den Polen Nähe und Entfernung« (ebd., S 1060) auf, die ihrerseits dann nicht mehr verlassen werden muss.

Dass emotionale Abhängigkeiten entstehen, wenn zwei sich verlieben, ist nichts, wovon man sonderlich irritiert sein müsste. Natürlich wollen Menschen die Liebe immer wieder und immer mehr haben, wenn sie ihnen denn guttut. Und natürlich werden sie abhängig davon und quasi süchtig nach dem Manna. Wie sollte es auch anders sein! Die, die sich lieben, sind auf gewisse Weise auch aufeinander angewiesen.

Neu ist, dass diese entstehende Abhängigkeit heute in der Regel mit Identitätsverlust und Autonomieverlust konnotiert ist, und dass man im Allgemeinen vor zu viel Nähe warnt, so als ob die wachsende Bezogenheit der Liebenden eine große Sünde gegen das selbstbestimmte Ich sei (vgl. Retzer 2004; Mary 2006, S. 40). Die Verleugnung der eigenen Abhängigkeitsbedürfnisse treibt dabei so manche in eine innere und in der Folge natürlich in eine Beziehungskrise, die sie dann mit Trennung meistern zu können meinen, weil ihnen »das alles viel zu nahe wurde«. Es wäre aber zu fragen, ob nicht hier die gesellschaftlich gewollte Schizoidie zuschlägt, die in der Psyche der Einzelnen ihr Unwesen treibt. Sprich: Der moderne Sozialcharakter des bindungsarmen, auf Selbständigkeit und Einzigartigkeit bedachten Narzissten hat seine liebe Mühe mit der symbiotischen Interdependenz und fängt an, dort, wo es warm wird und er sich geborgen fühlen könnte, die kontradependenten Stacheln auszufahren. Was solch ein schizoid Reagierender braucht, ist das Gegenüber *wie es ihm fehlt* und nicht wie es ihm nahe ist. Auf eine bestimmte Weise sind die positiven Liebesvorstellungen des solchermaßen modernen Menschen strukturell die eines passiven, *invertierten Stalkers.*

Invertiertes Stalking wäre, wenn man, quer zum Gebaren »normaler« Stalker, zwar auch auf Menschen abfährt, die die eigenen Gefühle nicht erwidern, just dies aber für gut hält und deswegen gerade *nicht* leidet, sondern es genau so will: Man wird also nicht etwa denjenigen verfolgen und terrorisieren, der auf die Liebe nicht antwortet, weil man ihn aus diesem Grunde umso verzweifelter zu lieben glaubt, sondern im Gegenteil; man hofft insgeheim, dass von der anderen Seite keine Erwiderung, keine Sehnsucht, kein Schmachten zustande kommt. Man wendet also das Stalkingmotiv positiv an und genießt es vermeintlich: Herrlich, wenn man nicht *zurück* geliebt wird und in Gefahr gerät, diese Liebe zum Lebenselixier werden zu lassen.

Die Angst vor der Abhängigkeit von der Liebe trieb Don Juan immer schon zur voreiligen Trennung, nur um nicht überwältigt zu werden vom Trennungsschmerz, der ihn umbringen würde, wenn die Geliebte sich dereinst von ihm trennte. Dass das aus der Sicht der Psychoanalyse ein Projektionsvorgang ist und die Angst vor der Abhängigkeit der Verleugnung entspricht, mit der die Abhängigkeitsbedürfnisse unter dem Deckel gehalten werden, ist evident. Wäre den Verliebten klar, dass ihre Abhängigkeitsangst Trennungsangst ist, würden sie solch irrationale Fluchten nicht veranstalten und sich, im Gegenteil, zu ihrer Abhängigkeit von der Liebe, deren Widerpart sie für den anderen ja ebenso repräsentieren, bekennen und sie angstfrei genießen.

Wer sich liebt, der neckt sich – manchmal. Meistens jedoch ist es so, dass Liebende ihre Liebe in noch viel befriedigenderen Handlungen, psychischen und körperlichen, kommunikativen und sinnlichen, ausdrücken. Liebe setzt Anwesenheit voraus, weil erst aus »dieser *gemeinsamen Präsenz* [...] eine besondere Form der Gegenseitigkeit [entspringt]« und weil das, was wir hier Interaktion nennen, stets »ein subtiler Prozeß der Anpassung [...] unseres Verhaltens an die wahrgenommene Präsenz eines anderen ist« (Illouz 2007b, S. 146, Hervorh. T. F. K.). Und das gilt allein für die wirkliche, lebendige Interaktion, für die im Gegensatz zur virtuellen der Liebesbriefe und der Internet-Chats, die »gemeinsame Präsenz zweier physischer Personen wesentlich zur Empfindung der Liebe [dazugehört]« (ebd., S. 150). Die füreinander da Seienden befriedigen ihre leibhaftigen und transzendenten Bedürfnisse im interaktiven Hier und Jetzt. Sie leben ihren Traum real!

»Jede Befriedigung stärkt das Bedürfnis, zu bleiben« (Lüders 1975, S. 1066), und so kommt es, dass in Liebesbeziehungen in der Regel die Partner eines Tages richtig zusammenleben wollen. Und wenn sie nicht allzu sehr vom schizoiden Zeitgeist geprägt sind und mit Abhängigkeitsängsten reagieren, tun sie es auch und nehmen sich schließlich eine eigene Wohnung.

Schizoide Paare leben oft in getrennten Wohnungen, wenn sie es sich leisten können. Dort stehen dann die Fotos des geliebten Menschen, in die sie sich inniglich versenken. Zuweilen sind solche getrennt Liebenden begnadete Liebesbriefschreiber. Sie können ihre Liebe im emotional sicheren Terrain der Separation vollendet entfalten; kommen sie live zusammen, fühlen sie sich von der körperlich-sinnlichen Nähe derart bedrängt, dass sie vor lauter Abwehr keine wirkliche Kommunikation leisten können. Und wenn sie Sex haben, dann ist danach meistens so gut wie nichts mehr möglich (vgl. Lüders 1975 S. 1062). Das institutionalisierte Zusammenleben der nicht-schizoiden Paare ist ihnen ein Gräuel, wirkliche Nähe erzeugt bei ihnen heftige Spannungen, die ihrer Form von Liebesbeziehung wahrlich nicht guttun. Sie lieben ein Bildnis vom Geliebten und nicht diesen selbst.

Sie lieben *ihr* Bildnis von ihm.

Sie lieben *sich*.

Hingegen scheint das institutionalisierte Zusammenleben bei denen, die mit sinnlicher Nähe und wechselseitiger Bezogenheit keine größeren Probleme haben, die Gefahr der Spannungsreduktion zu verstärken – jedenfalls sagt man das, insbesondere in Ratgeberkreisen. Von beiden ist dann gefordert, stets sehr aufmerksam miteinander umzugehen. Hier trifft dann vielleicht das sperrige Wort von der *Beziehungsarbeit* (vgl. E. Jaeggi 1999, S. 8) am ehesten zu. Deshalb stellt sich das Oszillieren zwischen Symbiose und Separation auch bei ihnen als eine beziehungserhaltende Notwendigkeit dar und findet, wenn die Partner in ihrer Beziehung denn nicht einschlafen, immer irgendwie statt, und sei es, dass sie verschiedenen Hobbys nachgehen.

Am Anfang der Beziehung aber, wenn sie noch gar nicht wissen, dass sie vielleicht eines Tages zusammenziehen wollen, verläuft das Wechselspiel von Annäherung, symbiotischer Sinnlichkeit und erneuter Distanz noch ungeregelt und daher gelegentlich äußerst chaotisch.

Für Jean-Claude Kaufmann ist das ein Zeichen dafür, dass wir es mit modernen Beziehungsanfängen zu tun haben.

Start-up

Die Liebesbeziehungen von heute beginnen chaotisch. Nach der ersten Nacht und dem entscheidenden Morgen danach ist in aller Regel noch gar nichts entschieden. Es müssen noch schon ein paar *Morgen danach* hinzukommen und selbst dann ist es noch nicht klar, was das Gebilde bedeutet (vgl. Kaufmann 2004, S. 231ff.). Denn die modernen jungen

Leute haben es verlernt: »das Umgehen miteinander, wie es weitergeht nach den ersten Nächten«. Das lässt Ariadne von Schirach die
»Eisprinzessin« sagen, eine ihrer konstruierten oder realen Freundinnen (2007, S. 344) oder eines ihrer Selbstaspekte. Es beginnen Hochs
und Tiefs; die Psychen testen anlässlich vieler postkoitaler Matinées
immer und immer wieder, ob es denn tatsächlich zutrifft, was sie da
fühlen: »In der Regel ist der Morgen nach dem ersten Mal der Beginn
einer Folge von weiteren Morgen, im Rahmen derer die Beziehung und
die Gefühle Schritt für Schritt Gestalt annehmen« (Kaufmann 2004,
S. 223). Geplant ist da kaum etwas; man lässt sich vom Gang der Ereignisse mitreißen, man geht keine Bindung ein, weil man eine rationale
Entscheidung dazu fällt, sondern man will das eben unbedingt erleben,
was da gerade passiert, und weitermachen mit dem, was so wahnsinnig
gut läuft – man will es intensivieren. Und immer mehr verdichten sich
die Gefühle zu jener hochkonzentrierten Form, die über die kleinen
Schmetterlinge hinausgeht.

Man kann und muss daran sehen, dass wir heute, was die Verwirklichungschancen von Liebe angeht, in ganz wunderbaren Zeiten
leben, trotz der irrsinnigen Kriege und der steigenden Armut, der
Arbeitslosigkeit und der Parteispendenskandale, der Erderwärmung,
der Karawanen und Heuschrecken und der verlogenen Eliten. Das
mag merkwürdig klingen, aber trotz der sozialen Lieblosigkeit und der
allgemeinen Zukunftsdrohung[61] in diesen unseren Zeiten, kann man
es einfach sich *irgendwie* entwickeln lassen. Man kann sich einfach
intuitiv und gefühlsmäßig dem organischen Geschehen überantworten
und muss nicht unbedingt mehr an Heirat und die Reaktion der Eltern
und an die Umwelt und die gesellschaftlichen Normen denken. »Die
Entwicklung der Produktivkräfte und der Produktionsverhältnisse

---

61 »Zukunftsdrohungen« kommen heute längst nicht mehr nur von *linken Nestbe-
schmutzern*, die alles nur schlecht machen wollen, *was wir aufgebaut haben*. Selbst
ein erzkonservativer Geist wie Bernhard Bueb benennt sie gleich zu Anfang seines
viel diskutierten Traktats über die Disziplin: »die strukturbedingte Arbeitslosigkeit, die Sinnentleerung unseres Daseins, [...] die Vergreisung der Gesellschaft, die
Ausbeutung der Lebensgrundlagen der Menschen, die Herrschaft des Geldes als
letzter sinngebender Instanz – die Aufzählung ließe sich fortsetzen« (Bueb 2006,
S. 13). Vielleicht mit der *Wiedererweckung des Autoritarismus*?

[...] hat die ›freie Liebe‹ hervorgebracht, das heißt, die freie Wahl von Liebesverhältnissen jenseits von Besitzansprüchen« (Modena 2008, S. 151). Die damit einhergehende Schwächung der Institutionen hat ihr Gutes darin, dass die Liebe von ihnen nun nicht mehr gefangen gehalten wird. Wunderbar, wenn man einfach so sagen kann: »[D]ie Gefühle täuschen einen nicht [...,] wenn der Morgen wunderschön ist [...,] wer käme schon auf den unsinnigen Gedanken, auf einen solchen Zauber zu verzichten? [...] Du spürst es, ob Du Lust hast, dass das weitergeht« (Kaufmann 2004, S. 242f.).

Es hat in der Tat ein geschichtlicher Umschlag in eine ganz neue Qualität der Liebe stattgefunden. Die Gefühle sind das Ausschlaggebende geworden (ebd., S. 273), die Intuition, das sinnlich Erfahrbare im Hier und Jetzt: »Heute ist Liebe die Suche nach geteilter Freude und gemeinsamen Wohlbefinden« (ebd., S. 274).

Die Liebe ist in der realen Lebensbejahung und in der gemeinsam gelebten Lust angekommen. Wichtig ist geworden, dass beide Beteiligten die Liebe teilen wollen. Und dass sie dabei nicht etwa halbiert werden soll, sondern vervielfacht, ist klar. Es gilt das Reziprozitätsprinzip: die Wechselseitigkeit, die Interaktion und die Kommunikation des lustvollen, befriedigenden Austauschs (vgl. Schmidt 2004, S. 15ff.). Damit ist natürlich keinesfalls nur die Sexualität gemeint, aus der der zwischenmenschliche Genuss ursprünglich stammen mag, sondern es sind alle interaktiven Vollzüge, es ist die Beziehung selbst, die in jeglicher Hinsicht beiderseitig befriedigend sein soll: Befriedigende Interaktionen sind das Qualitätskriterium für die modernen Liebesbeziehungen. Und das ist nun wirklich gut so.

Jetzt, an dieser Stelle, möchte man endlich einmal sagen können: *So einfach ist das!*

Aber auch das ist so einfach leider nicht. Denn in dem historischen Moment, wo die Regie über das Liebesgeschehen in die Hände der Protagonisten selbst fällt, beginnt auch die Privatisierung und Subjektivierung der Drehbücher. Will heißen: Ein jeder und eine jede steht in der Versuchung und damit in der Gefahr, jetzt zu glauben, einem Liebesdrehbuch folgen zu müssen, das jeweils zutiefst ihren höchstpersönlichen Bekenntnissen und Überzeugungen entspricht. Wenn's sein muss ohne Rücksicht auf Verluste. Damit freilich öffnen sich Tür und Tor für Glaubenskriege, die gewissermaßen im Substanzbereich des jeweils Geglaubten selbst ausgetragen werden: *Love is a battlefield.*

Die große Liebe

Wenn jemand sein Leben lang von der ganz großen Liebe geträumt hat, sagen wir eine junge Frau von 25 Jahren, und am Morgen nach der durchliebten Nacht mit ihm ist ihr klar: *Das ist er,* dann wäre sie ja blöd, wenn sie die Gelegenheit nicht beim Schopfe packte. Endlich hat sie das gefunden, wonach sie schon so lange suchte, und sie denkt und summt alsbald: »Dich zu kennen ist das Beste, das ich hab'«, eine seltsam an die Freud'schen Objektbeziehungen erinnernde Strophe aus Xavier Naidoos vielbeachtetem Liebessong *Ich kenne nichts (das so schön ist wie du).* Das »das« zeigt an, dass da schon ganz früh etwas gebahnt wird, auf Großes hinauslaufen will: das Projekt Liebe. Ein Traum scheint sich zu verwirklichen, ein Jugendtraum vielleicht, vielleicht auch ein unbewusster elterlicher Auftrag, mit dem das Kind dereinst betraut wurde: Mach es einmal besser und finde die große Liebe deines Lebens, im Gegensatz zu uns, die wir das nie geschafft haben aber jetzt daran partizipieren wollen, dass wenigstens du, ein Teil von uns, glücklich wirst[62].

Wo auch immer der Traum herrührt, mit ihm ist jedenfalls ein Drehbuch verbunden, das seine Verwirklichung zwingend vorschreibt. Dem romantischen Liebesmodell, das für unseren Kulturkreis maßgeblich ist, wohnt dieser Traum im Grunde von Anfang an inne. *Der* Richtige, *die* Richtige, das sind mitunter gedachte, ersehnte, herbeigewünschte Menschen, die damit allerdings in Gefahr stehen, zur abstrakten Kategorie zu werden und mit ihrem lebendigen Eigenleben ins Hintertreffen zu geraten.

---

62 Das Delegationsmodell ist sehr zentral im familientherapeutischen Denken. Es fängt mit Horst-Eberhard Richters Rollenmodell in *Eltern, Kind und Neurose* (1969) an und findet seine weitere Ausformulierung in Helm Stierlins *Delegation und Familie* (1982).

Die junge Frau verbringt also die Nacht mit ihrer sich hier herauskristallisierenden *großen Liebe* und der Morgen danach ist voller Zauber, weil die rosarote Brille auch hier ihr Übriges tut. Auch er ist von ihr hingerissen, insbesondere von ihrer Hingabefähigkeit, die er so bei keiner anderen je zuvor erlebt hat. Bei beiden sind also alle Antennen auf Beziehungsbeginn gerichtet. So weit so gut.

Die klassische Variante der romantischen Liebe, an der alle Sehnenden und Hoffenden sich traditionell orientieren, sieht vor, dass sich nun, angesichts der Erkenntnisse: »Dies ist *er*« und »Dies ist *sie*« ein gemeinsamer Wunsch entwickelt und zur Verwirklichung drängt, eine gemeinsame Zukunft aufzubauen.

Für jene, die sich von der großen Liebe alles versprechen, beginnt eigentlich erst hier das Leben. Deshalb wollen sie endlich anfangen es zu leben, wo doch jetzt *die Liebe* leibhaftig da ist und nach einer wunderschönen Nacht mit ihnen frühstückt. Die Wohnung sieht auch ganz kuschelig aus, man wird aber sicher bald ans Zusammenziehen denken und das leicht chaotische Kuschelnest hier aufgeben. Naja, das ein oder andere Möbelstück könnte man ja mitnehmen.

Das Modell der *großen Liebe* denkt in Etappen und an einen fahrplanmäßigen Ablauf (vgl. Kaufmann 2004, S. 204ff.) der großen Geschichte, und das ist das Problem: Der Ablauf »in seiner unausweichlichen Schicksalhaftigkeit [ist] wichtiger als die Leidenschaft. Innerhalb dieser vorgezeichneten Entwicklung ist die Liebesnacht nur eine Etappe«. Kaufmann spricht denn auch von der »Konkretisierung des so sehr erträumten Modells«. Nicht die spontane, lustvolle Erfahrung im Hier und Jetzt wird gelebt, worauf auch immer das Ganze hinausläuft, sondern es findet eine rationale Entscheidung über ein Lebensprojekt statt.

Wenn zwei das simultan und auf dem Boden der Wechselseitigkeit tun, die für alle Liebeshändel ausschlaggebend sind, dann mag das vielleicht sogar problemlos verlaufen und später einmal allenfalls von außen so aussehen wie bei Loriot die Paarkonstellation in den Schlussszenen von *Pappa ante Portas*, wo zwei so vehement stolz sind auf ihre unumstößliche Einheit à la: »Wir haben nie Probleme«. Man soll und kann da nicht richten. Wenn Topf und Deckel aufeinander passen, dann haben sie auch einen Konsens über ihre große Liebe, die sie beide als Projekt abhandeln und als sicheren Hafen für ihre Gefühle und Bedürfnisse erleben – quasi Old Europe.

Probleme mit der großen Liebe tauchen aber dort auf, wo der eine den anderen mit der Projekthaftigkeit seiner Liebesvorstellung konfrontiert und der andere sich auf einmal von dem einen und dessen Projekt Liebe bedrängt fühlt, obwohl er doch eigentlich bis jetzt dieselben zärtlichen, verliebten und aufgeregten Gefühle hatte. Die Irritation wird hervorgerufen durch das Denken und entsprechend eingefärbte Handeln, sprich, von der Haltung des anderen, der sich sagt: »Und du sagst dir: Ich bin wieder einen Schritt weiter. Das ist Liebe. Ich bin der Liebe wieder einen Schritt näher gekommen« (ebd.). Die Liebe tritt quasi als ein Drittes hinzu und bekommt Objektcharakter. Die Liebe wird zu einem Entwurf, einer Entität, einer Sache.

Ein Entwurf beinhaltet Etappen, Meilensteine, Endziele, vor allem wird er getragen von seiner inhärenten Zeitperspektive, innerhalb derer das alles zu verwirklichen ist. Das Irritierende, das alle Spontaneität und Lebendigkeit in den ersten Begegnungen der Verliebten abzutöten droht, ist diese *ab ovo* vorhandene Perspektive. Das ist wie beim Sex auf der Basis der Verabredungsmoral: Alles erscheint seltsam vorprogrammiert, alles läuft drehbuchhaft ab. Und vor allem: Es findet ebenso jene Subjekt-Objekt-Spaltung statt, die beim Sex-Date unausweichlich ist: Du bist für mich diejenige, mit der ich diese und jene Verabredung habe, die jetzt aber auch realisiert werden muss. Du bist für mich diejenige, die meine *große Liebe* ist, und mit dir werde ich deshalb jetzt auch die große Liebe realisieren.

Eine solchermaßen vorab definierte große Liebe, die sich nicht organisch entwickeln darf, weil sie keinen offenen Ausgang vorsieht, überfordert in der Regel die Bereitschaft des einen, der sich immer mehr bedrängt sieht von der Liebesvorstellung und dem nachfolgenden Beziehungsmodell des anderen, die für ihn emotional nicht nachzuvollziehen, die in seiner subjektiven Gewissheit gar nicht aufzufinden sind. Da könnte eine wunderbare Liebe entstehen, aber das Projekthafte an der *großen Liebe* des anderen lässt nichts zur wirklichen Entfaltung kommen.

Es gibt nicht wenige Menschen, die ihr ganzes Leben projekthaft gestalten. Sie treten sich gegenüber und sagen: Jetzt bin ich der Phase der Berufsfindung, jetzt bin ich in der Phase der Verliebtheit, jetzt bin ich in der Phase des Beziehungsaufbaus, jetzt bin ich in der Phase des Kinderkriegens, und wenn die Kinder da sind, sind die Kinder in der analen Phase des Trotzes und in der Latenz und in der Pubertät. Dann müssen sie Freundschaften aufbauen und einen Freundeskreis um sich bilden, weil man das so hat. Sie sehen sich im Sein sein.

Ich sehe mich Diplomingenieur sein: »Mensch, stell' dir vor, ich bin jetzt echt Diplomingenieur.« Ich sehe mich Vater sein, ich sehe mich Mutter sein: »Schau mal, ich bin ein richtig liebevoller Vater.« Ich sehe mich als eine Frau und sehe uns verschiedene Freunde haben.

Diese Sicht auf sich selbst als jemand anderes, den man betrachtet als wäre er ein Objekt sozialwissenschaftlicher Begutachtung, hat sicherlich seine familiendynamischen Ursprünge und psychologischen Hintergründe. Insbesondere verweist dieses Projekthafte auf Fremdbestimmung und familiäre Delegationen. Hier ist jemand von innen her, aufgrund seiner verinnerlichten Rolle und seiner Aufträge, denen er sich aus Loyalitätsgründen hochgradig verpflichtet sieht, gezwungen, sein Leben so einzurichten, als ob es einem externen Plan folgt, dessen Verlauf dann von außen evaluiert wird.

Umfasst dieser Lebensplan auch die Liebe, wird auch sie zwangsläufig zum Projekt.

Project Partnership

Für die Biografieforschung scheint das nicht weiter problematisch zu sein. Sie hat festgestellt, dass die Menschen heute ohnehin Liebe »nicht einfach als überwältigendes, unkalkulierbares und alles beherrschendes Gefühl [fassen, sondern dass sie] in verschiedenen Zusammenhängen und Lebensphasen […] verschiedene, auch widersprüchliche Projekte wie Liebe, Partnerschaft, Karriere, Beruf, Kinder etc.« (Röttger-Rössler/Engelen 2006, S. 15; vgl. Keddi 2006, S. 143ff.) verfolgen. Interessant, wie das alles eingeebnet erscheint, wenn das Leben in der Art eines Projektmanagements vonstatten geht. Dort dürfte selbst die große Liebe als ein Projekt unter anderen auftreten, vielleicht gar mit Zielvereinbarungen und Meilensteinen. Zurückgeführt werden kann das darauf, dass eben auch die Liebe kulturellen Mustern und Leitbildern folgt (Keddi 2006, S. 144): Lebensentscheidungen, so die Erkenntnis, werden nicht ad hoc getroffen, »sondern als Lebenskonstruktionen in ›biografische Horizonte‹ und individuelle Sinnstrukturen eingebunden« (ebd., S. 149).

Aber was heißt das? Was genau hat man festgestellt?

Die Biografieforschung hat festgestellt, dass alle Menschen gewissermaßen als roten Faden ihrer Lebensgestaltung ein *Lebensthema* haben, das ihnen einen subjektiven Handlungsrahmen bietet. Sieben solcher zentralen Lebensthemen wurden identifiziert: »Familie, Doppelorientierung auf Familie und Beruf, Beruf, Eigener Weg, Gemeinsamer Weg, Aufrechterhaltung des Status quo und Suche nach Orientierung« (ebd.).

Auf der Grundlage dieser sieben Lebensthemen färben sich die relevanten Lebensentscheidungen spezifisch ein, da sie als deren *versteckter Sinn* tätig sind. Die Lebensthemen, und das ist das Entscheidende, *prägen den Liebescode*, will heißen: Die Lebensthemen sind dann »das strukturierende Moment der Paare dieses [jeweiligen] Typs« (ebd., S. 152ff.) hinsichtlich ihrer Art und Weise, die Liebe zu gestalten. Hat also ein Paar das Lebensthema »Gemeinsamer Weg« im Weg, was ja nicht schlecht zu sein scheint für die Realisierung der Liebe, dann ist die »strukturierende Komponente […] vor allem die Beziehung zur Partnerin oder zum Partner und deren Vorstellungen und Pläne«. Welch ein Kuddelmuddel. Adorno, der wie so oft all dies vorweggenommen zu haben scheint, spricht bei solchen *Erkenntnissen* von »akademischen Produkten, die mit dem Brimborium von Wissenschaftlichkeit lebendiges Bewusstsein substituieren« (Adorno 1966, S. 246).

Hier beginnt das Problem, das die wissenschaftliche Erkenntnis über *Liebescodes* so tautologisch-analytisch zu glätten scheint, womöglich auch real. Hat einer nämlich das Lebensthema »Gemeinsamer Weg«, falls er es überhaupt *hat*, dann ist der andere dazu verdammt, der Vorstellung seines Partners zu entsprechen oder dagegen zu opponieren oder aus der Beziehung auszusteigen. Mit den anderen Lebensthemen, die die Liebe *codieren*, dürfte das nicht anders sein. Darüber hinaus hat man nämlich festgestellt, dass die zentralen Lebensthemen für die Einzelnen »nur schwer veränderbar« (Keddi 2006, S. 158) sind, weil ein Lebensthema »auf latenten Sinnkonstruktionen beruht« und »Sicherheit im biografischen Handeln« gibt. Schlussfolgerung: »Gleich und gleich gesellt sich gern« (ebd., S. 157ff.); jetzt haben wir's endlich auch wissenschaftlich: Das Paar in Loriots Schlusssequenz hat dasselbe Lebensthema, und hält auch daran fest, denn »Lebensthemen sind als umfassende biografische Konstruktionen zentral für Paarbeziehungsprozesse« (ebd., S. 160) und Paare, die das gleiche Lebensthema haben, bleiben eher zusammen als die, die sich mit ihrem nicht-konsensfähigen Weltentwurf konträr gegenüberstehen. Gott sei Dank sind es lediglich sieben Lebensthemen, die, bei allen mathematisch denkbaren Varianten des möglichen Aufeinandertreffens, die Liebe nicht als jenen seltenen Lottohöchstgewinn aussehen lassen, der sie zuweilen zu sein scheint. Ein Dreier höchstens – mit Zusatzzahl.

Die einzige Variante, die denkbar ist bei Paaren, die divergente Basisüberzeugungen haben und trotzdem zusammenzubleiben vorhaben, bietet in diesem Zusammenhang der Bielefelder Soziologe Niklas Luhmann an, dessen Sprachspiele hier die ganze Zeit schon durchschimmern und der ohnehin offenbar davon ausgeht, dass die Menschen sowieso nicht richtig zusammenfinden können, nämlich, dass »sich die Person des jeweiligen Partners in der ›Komplementärrolle des Weltbestätigers‹« befindet (verwiesen wird hier auf Luhmann 1994, S. 25). Das heißt: Man fügt sich in die Sicht des anderen.

Damit es nicht gänzlich unmöglich wird mit der Möglichkeit der Liebe in der Wirklichkeit, schlägt die Biografieforschung eine Erkenntnis vor, die die Engführung auf die nichtkompatiblen Lebensthemen etwas auflöst:

> »Kommunikationsprozesse sind in Paarbeziehungen nur dann wirklich fruchtbar, wenn eine Basis aus übereinstimmenden oder sich ergänzenden individuellen Lebensthemen besteht. Gleiche Lebensthemen scheinen in einer Beziehung Abstimmungsprozesse zu erleichtern und ermöglichen sie vielfach erst. Ziel der Kommunikations- und Abstimmungsprozesse ist es weniger, ein gemeinsames Lebensthema zu konstruieren, als – in

der Phase des Kennenlernens – das Lebensthema des Anderen zu erfassen und sich im Alltag und in späteren Partnerschaftsphasen dessen immer wieder zu vergewissern und sich auf seiner Basis miteinander abzustimmen« (Keddi 2006, S. 162f.).

Jemand hat also die große Liebe seines Lebens im anderen gefunden, und das vor dem Hintergrund seines Lebensthemas, sagen wir eines »gemeinsamen Wegs«. Wo hat er das Lebensthema her, das ihn so in seinen Entscheidungen prägt? Ist nicht das zentrale Lebensthema selbst ein Entstandenes? Ist es nicht letztlich Ausdruck, beziehungsweise Ausfluss von Psychischem? Ist es nicht das, was er als *Identität* anbietet?

Das alles erinnert ein wenig an Zeiten und Welten, in denen man von Basis und Überbau sprach. Basis, das war das gesellschaftliche Sein, sozusagen die materielle Grundlage, und Überbau, das war das sich davon ableitende gesellschaftliche Bewusstsein. Auch *Identität* ist keine ursprüngliche Kategorie, sondern die jeweiligen Formen von Individualität sind gesellschaftlich ermöglichte, beziehungsweise zugelassene Formen: Die Gesellschaft erhält sich durch die Individuen: »Weil die herrschende Objektivität den Individuen objektiv inadäquat ist, realisiert sie sich einzig durch die Individuen hindurch, psychologisch« (Adorno 1964, S. 345). Deshalb stellt die »Psychodynamik die Reproduktion gesellschaftlicher Konflikte im Individuum« dar (Eisenberg 2000, S. 12).

Die Lebensthemen erscheinen daher keineswegs bloß als rein psychisch-individuelle Größen, sondern sie sind natürlich gesellschaftlich gefärbt: die »Doppelorientierung auf Familie und Beruf« zum Beispiel, Nr. 2 in der Liste, ist ja keine Orientierung, die einfach so zufällig im Individuum entsteht; sie entsteht, wenn überhaupt, auch nicht in Papua-Neuguinea oder im frühen Mittelalter, sondern sie entsteht hier und heute.

Sie entsteht vor allem in der Biografieforschung, die eine sozialwissenschaftliche aus der funktionalen Ecke ist. Das *Lebensthema* ist nämlich eine wissenschaftliche Abstraktion, sozusagen eine zweite Realität, die sich allenfalls in der lebendigen Wirklichkeit versteckt und die mehr oder weniger intensiv das empirische Leben determiniert. Glücklich, wer sich davon frei halten kann und den allgemeinen Trends entrinnt. Glücklich, wer sich von den Abstraktionen nicht kontaminieren lässt.

Wirklichkeit und Realität

Dabei sind diese Abstraktionen keine bloßen Geistesprodukte und auch nicht nur wissenschaftliche Artefakte, sondern es sind mitunter ganz reale, höchst wirksame Gegebenheiten, Realabstraktionen sozusagen, die in das lebendige Leben hineinwirken. Um hier keine Verwirrung aufkommen zu lassen, sei an eine verblüffende Unterscheidung erinnert, die Günther Holl einmal vorgeschlagen hat. Das ist die Unterscheidung von *Wirklichkeit* und *Realität*, und die kann so verstanden werden:

Die moderne Welt ist bekanntlich durch eine zunehmende Abstraktheit aller Lebensbereiche gekennzeichnet. Dieses reale Abstrakte wirkt sich zunehmend als Zerstörungskraft aus. Man hat es einmal die *Logik der Produktivkräfteentwicklung* genannt oder auch die *instrumentelle Vernunft*, die sich in der Lebenswelt breitmacht. Paradigmatisch für die »Zerstörungskraft des Abstrakten« (Holl 1987, S.26f.) dürften die ökologischen und technologischen Katastrophen sein. Der historische Prozess des wissenschaftlich-technischen Fortschritts muss dabei als »zunehmende Implantation des Abstrakten ins Konkrete« begriffen werden. Psychologisch, und nicht nur psychologisch, problematisch dabei ist geworden,

> »dem Abstrakten in seiner konkreten Erscheinungsweise – als Spur in einer Nebelkammer, als Strahlungsmeßwert, als Diagramm eines Rastermikroskops, als Fernsehbild oder gar als seismographische Aufzeichnung einer Atombombenexplosion – noch seine Abstraktheit anzusehen [..., weil] es in etwas Gegenständliches implantiert wird« (ebd., S. 28).

»Abstraktionen in der Wirklichkeit geltend machen, heißt Wirklichkeit zerstören«, sagt Georg Friedrich Wilhelm Hegel (ebd.). Es muss, nach all dem, ein Unterschied zwischen Wirklichkeit und Realität gesehen werden, den Holl mithilfe der Philosophie Whiteheads expliziert:

»Wirklich, im Sinne von konkret – zusammengewachsen – sind für White-head nur die *Ereignisse* des organischen Prozesses. Alles weitere, Subjekt, Objekt, Struktur, System etc, gehört nach seinem Ansatz dem Bereich der abstrakten Realität an, die zwar als Potentialität oder Möglichkeit in den wirklichen Prozeß der Ereignisse einbezogen werden *kann*, darin aber nicht verwirklicht werden *muß*. Die grundlegende und konstitutive Freiheit der konkreten Ereignisse, die den wirklichen Prozeß ausmachen, verbietet ihre Identifikation mit den starren Strukturen der abstrakten Realität. Wer die *Realität* beschreibt, trifft nicht die *Wirklichkeit*. Noch die intransingentesten Institutionen, Weltbilder und Systeme sterben ab oder fallen in sich zusammen, wenn der wirkliche Prozeß sie überwindet und zur Bedeutungslosigkeit verdammt. Aufgrund dieser zutreffenden, im historischen Prozeß immer wieder nachvollziehbaren Beobachtung, sah Whitehead den entscheidenden Impuls seiner Kosmologie darin, die po-tentiell explosive technische Implantation des Abstrakten in das Konkrete als eine geistige Haltung zu attackieren, deren Durchbrechung die wich-tigste Aufgabe unserer Zeit wäre. Nicht in der zunehmenden Abstraktion sah er das Hauptproblem, sondern in der wachsenden Schwierigkeit und Unfähigkeit, sie als solche zu erkennen« (ebd.; Hervorh. i.Orig.).

Die Frage heute ist zentral die, ob der wirkliche Prozess sich nicht vielleicht mittlerweile darin erschöpft, »bloße Reproduktion oder Re-plikation abstrakter Strukturen zu sein« (ebd., S. 29).

Ein Hinweis auf die bereits stattgehabte Implantation des Abstrakten ins Konkrete mag im klinischen Erfahrungsbereich, etwa in der Paar- und Familientherapie die für die Liebe so zentrale Beobachtung sein, dass es, wie gesagt, Menschen gibt, die ihr konkretes Liebesleben, das Kinderkriegen, das Heiraten als Projekt realisieren und sich dabei auch noch zusehen – sogar, wie sie später die Midlifecrisis haben, und das alles, ohne die Krise zu kriegen.

Wenn das in der Biografieforschung aber nicht mehr als klinisch relevantes Verhalten imponiert, sondern es als ganz normales zu befor-schendes Phänomen gilt: dass Menschen sich als Replikanten abstrakter Strukturen darstellen, dann wirft das zumindest ein Licht auf eine solche Wissenschaft, die unkritisch hinnimmt, was eben zu untersuchen erst wäre. Und vielleicht wirft das auch ein Licht auf jene Menschen, die der Gegenstand solch unkritischer Analyse sind.

Identität trifft also Identität. Das heißt: Ein Mensch, der von gesellschaftlichen Normen und Werten und abstrakten Orientierungsdaten durchtränkt ist, trifft auf einen gleichermaßen vergesellschafteten Menschen. Das ist so, sonst wären sie keine Menschen; es gibt keine nicht-gesellschaftlichen Menschen, höchstens ungesellige, und die werden erst recht von der Gesellschaft hervorgebracht. Jemand also, der die Welt so und so sieht, trifft auf jemanden, der die Welt so und so sieht, und beide finden sich attraktiv. Sie haben Sex, finden das ganz aufregend und gehen dabei so weit über ihre Grenzen, dass das zu einer Vorentscheidung führt, mehr daraus entstehen zu lassen. Das ist der Morgen danach. Aber dann merkt der eine, dass der andere eine Vorstellung von der großen Liebe hat, die er so nun wirklich nicht teilt. Der andere nämlich fängt an, seine Pläne auf den einen *anzuwenden* und ihn einzuheimsen in sein Bild von der großen Liebe. Mit Luhmann zu unken: Er fängt an, den anderen zum Komplementärfuzzi seiner Weltsicht von der Liebe zu machen. Es geht nicht nur um die Sicht: Er will, dass der andere *seine* Liebe *ist*!

Und er verhält sich auch so. Er agiert ab dem Morgen danach stets nur noch so, als ob jetzt die – seine – große Liebe sich am Realisieren sei. Alles ist zielgerichtet, alles hat einen dahinter liegenden Sinn, nichts geschieht mehr einfach nur so.

Du liebe Güte, sagt sich der eine, oder eher noch das Unbewusste des so von Abstraktionen attackierten einen, da will jemand seine große Liebe an mir durchexerzieren, ohne sich mit meinen vielleicht gerade erst erwachenden Liebesvorstellungen auseinanderzusetzen; da merke ich, ich bekomme Fluchttendenzen, denn der andere meint mich ja gar nicht als Person.

Und er scheint auch sich selbst nicht zu meinen, denn wer bleiben will, der er ist, indem er *seine* Liebe Wirklichkeit werden lässt, also seine ihn lebensgeschichtlich prägenden Abstraktionen in die stattfindende interaktive Wirklichkeit implantiert, der hat von der wesensimmanenten alles verändernden Verschmelzung, welche die Liebe ausmacht, nichts an sich herankommen lassen.

Die überkommene Vorstellung einer vor aller Interaktion immer schon vorhandenen schicksalhaften Liebe lässt im Grunde das wirkliche Liebesgeschehen auch nicht erst mit der Erfahrung der sinnlichen

Vereinigung beginnen und aus den Gefühlen etwas entstehen, was vorher unbekannt war, sondern die erste Nacht ist für die *große Liebe* lediglich der Beweis, sozusagen der Starter, das auslösende Moment (vgl. Kaufmann 2004, S. 261), von dem aus das ganze weitere vorgezeichnete Leben bestimmt wird.

Derjenige, der hier spürt, dass er gar nicht gemeint ist sondern nur die Idee der großen Liebe, tut gut dran, irritiert zu sein. Er spürt, dass dem Lebendigen der wirklichen Liebe gerade durch die Größe der *großen Liebe* der Todesstoß versetzt wird.

Die wahre Liebe

So wie man mit Fug und Recht zwischen Realität und Wirklichkeit unterscheiden soll, sollte man auch zwischen wirklicher und wahrer Liebe unterscheiden. Dass die große Liebe, von der alle in den verschiedensten Facetten träumen, wirkliche, lebendige, gelebte Liebe geradezu verhindern kann, ist deutlich geworden. Die Implantation einer Abstraktion in die Wirklichkeit lässt diese nicht wirklicher werden, sondern tendiert dazu, sie in den Würgegriff zu nehmen und aus dem organischen Prozess ein lebloses Unterfangen zu machen.

Prekär wird es in Sachen Liebe, wenn Liebesvorstellungen auf den Plan treten, die das mit der *großen Liebe* Gemeinte geistig untermauern und als durchdachtes Versprechen einer wirklich richtigen, tiefen, echten, vor allem allumfassenden und natürlich auch lebendigen Liebe auftreten. Diese *wahre Liebe*, die dem Menschen klarmacht, worum es bei der Liebe eigentlich geht, wenn man ganz tief darüber nachdenkt, tritt in der Regel so auf, dass man zutiefst beeindruckt ist.

Soll man auch sein.

Man soll die Liebe nicht auf die leichte Schulter nehmen und so hoppla-di-hopp abhandeln, insbesondere die in Gedanken nicht. Sondern man soll sich wirklich ernsthaft und tief damit befassen, was Liebe ist. Eine jede und ein jeder, der die Liebe erleben will, hat schließlich Vorstellungen davon, was das bedeutet: *die Liebe*.

Dem ist auch nichts entgegenzuhalten, denn natürlich gehen in unsere

Liebesbegegnung mit dem anderen unsere eigenen Liebesvorstellungen ein, und es wäre geradezu irrig, anzunehmen, Menschen hätten keine Vorab-Ideen zur Liebe. Im Gegenteil: Es gibt unendlich viele Gedanken zur Liebe, die alle auch publik sind und zum Teil auch rezipiert werden, sodass sich ein persönliches Mosaik bilden kann, ein privates Liebeskompilat aus allgemein Gewusstem und subjektiv Hinzugedachtem: als eine Vision des zu verwirklichenden Möglichen.

Aus diesem Grunde ist die Liebesliteratur auch so zentral in der Kultur. All diese Produkte helfen bei der Beantwortung der Frage: Was ist die Liebe? Das heißt für den Einzelnen, die Liebesvorstellungen helfen ihm dabei herauszufinden, was die Liebe für ihn ganz persönlich sein könnte.

Wenn dann überzeugende, das heißt: zutiefst beeindruckende Ideen auftreten, welche die *wahre Liebe* in ihrer Tragweite erfassen, sind wir allzu bereit, uns von ihnen durchtränken zu lassen, denn im Grunde sind wir doch alle inkompetent in Sachen Liebe. Woher sollen wir denn auch wissen, kognitiv wissen, was Liebe *ist*, wenn nicht durch Literatur, ersatzweise durch Musik, Schlagertexte zum Beispiel, und gegebenenfalls durch andere Kunst. Wenn dann kompetente Kenner der Liebe auftreten und uns ihre Reflexionen vorstellen, lassen wir uns gern belehren.

Und wenn viele, viele Millionen Menschen sich von einer Liebeslehre haben durchtränken lassen, dann wird die verbreitete Idee auch zur realen Gewalt, weil sie so gewaltig ist, die *wahre Liebe*. Was als Idee kursiert, wird nämlich zum Gradmesser für das wirkliche Liebesgeschehen, das im Hier und Jetzt stattfindet. Man misst seine Liebe daran, was man als hehren Begriff von ihr hat. Deshalb ist es nicht ohne Konsequenz, was man von der Liebe denkt. Liebe will schließlich Wirklichkeit werden.

Wahr unterscheidet sich von *unwahr*. Es scheint also auch *unwahre*, falsche Liebe zu geben, beziehungsweise Meinungen und Überzeugungen von der Liebe, die nicht richtig sind. Denke ich »richtig« über die Liebe? Wer sagt mir, was »richtig« und »falsch« ist? Meine Eltern haben es mir nicht gesagt, das mit der Liebe war ihnen eher peinlich. In der Schule hatten wir Sexualkunde, aber Liebe, *wahre Liebe*, war kein Unterrichtsthema.

»I want to know what love is!« Die Gruppe, die das singt, heißt
Foreigner. Ausgerechnet.

Da ist es doch ein Segen, wenn Experten auftreten und es mir sagen
können. Philosophen, Theologen, Psychologen, Therapeuten. Am besten
in Personalunion. So jemand weiß sicher, was die *wahre Liebe* ist.

Und was sagt er? Er sagt: »Liebe ist ...« Wer blöde fragt, kriegt auch
blöde Antworten, hieß es in der Kindheit.

Aber nein! Die Antworten sind ungemein klug und durchdacht. Was
Liebe ist, wird nicht etwa auf dem putzigen Niveau der Peanuts-Comics
beantwortet à la: »Liebe ist, wenn ... er ihr Blumen mitbringt«, oder
auf dem Niveau der ganz Witzigen à la: »Liebe ist wie Klopapier. Erst
wenn sie fehlt, merkt man, wie wichtig sie ist«. Oder Sentenzen zum
Valentinstag. Oder hunderte von SMS-Sprüchen zum Downloaden und
die anderen Tausend Weisheiten im Internet, die wohl der erbaulichen
Belehrung dienen sollen und gelegentlich auch mal hintergründig sind.
Nein. Es heißt, sehr durchdacht: »Liebe *ist* ...«

Dieses »Liebe ist« ist der Form nach die richtige Antwort auf die
Frage, »Was ist Liebe?«, denn diese Frage zieht eine Definition nach
sich, zumindest den Versuch einer Definition.

Es ist hingegen fraglich, ob sich nicht Liebe gegen jegliche Definitionen sperrt, weil sie in historisch und kulturell sich verändernden
Konstellationen von Menschen entsteht. Alles andere, alles Definitive,
das Definitionen mit sich bringen, steht in der Gefahr wie Kitsch zu
wirken angesichts der real stattfindenden lebendigen Liebe zwischen
Menschen, Männern und Frauen, Frauen und Frauen, Männern und
Männern, die sich in der konkreten Wirklichkeit aufeinander einlassen
und verändernd kommunizieren, um die Liebe in ihrem Leben zu leben.
Und da dies Leben in konkreten gesellschaftlichen, historischen und
kulturellen Zusammenhängen stattfindet und damit die darin gelebte
Liebe, ist Liebe wohl eher einer »jener historischen Begriffe, denen es,
Nietzsche zufolge, eigentümlich ist, daß sie sich nicht definieren lassen:
›alle Begriffe, in denen sich ein ganzer Prozeß semiotisch zusammen-
faßt, entziehen sich der Definition; definierbar ist nur das, was keine
Geschichte hat‹« (Nietzsche 1895, S. 373; zit. in Frankfurter Adorno
Blätter 2003, S. 143).

Die Befürchtung ist, dass eine Definition der Liebe den Zugang zu ihr blockiert, weil diese *Liebe* etwas von der sinnlichen Erfahrung Abgehobenes wäre und gerade nicht in die Sphäre des konkreten Lebendigen hineinreicht, die ihr wesensimmanent ist. Selbst dort, wo dies berücksichtigt wird, und *die Liebe* zum Beispiel als »lebendige Kraft« bestimmt wird, hat die Natur der Definition es an sich, durch ihre Logik der Prinzipialisierung sich weit über das zu erheben, was konkret der Fall ist. Aber genau das will der Wissensdurstige ja wissen. Er will nicht unvorbereitet und inkompetent in die Wirklichkeit der Liebe eintauchen, bevor er nicht weiß, was Liebe überhaupt ist.

Wer *Liebe* kompetent definiert vorfindet, findet also eine probate Antwort auf seine zentrale Lebensfrage, eine überaus kluge, weitreichende Antwort meist, und in der Regel eine zutiefst durchdachte, mit der er weiter in seinem Konzept der *wahren Liebe* vorankommen kann.

Liebe ist ...

Vor allem heißt es immer wieder: *Liebe ist ein Kind der Freiheit.* Das sagt Erich Fromm: »Achtung gibt es nur auf der Grundlage der Freiheit: L'amour est l'enfant de la liberté heißt es in einem alten französischen Lied.« Wir entnehmen es bequem aus einer Zitatensammlung im Internet, die sich dem Fromm'schen Werk sehr verbunden sieht.

Das entsprechende Buch zum ersten Leitsatz hat wiederum den leicht modifizierten Titel *Liebe ist das Kind der Freiheit* (1990) – nicht *ein* Kind, sondern *das* Kind überhaupt – und wurde vom Psychoanalytiker Michael Lucas Moeller geschrieben. Man mutmaßte seinerzeit in Gießen, es sei eine Antwort auf das Buch *Utopie der Treue* (1985). Das hat den Untertitel, *Möglichkeiten und Voraussetzungen für eine erfüllende und treue Beziehung zwischen Mann und Frau, mit den besonderen Aspekten der Sexualität,* und wurde von der Psychoanalytikerin Marina Gambaroff geschrieben, die zuvor den Nachnamen Moeller-Gambaroff (vgl. 1978) getragen hatte, was in der kleinen Universitätsstadt zu allerlei Gemunkel über die Gründe dieser postmatrimonialen Korrespondenz in Form eines »Buchwechsels« führte. Im Jahr 2004 wurde das Ganze schließlich brutal aufgedeckt. Der Beziehungsexperte Michael Mary schreibt ganz unverblümt, beziehungsweise süffisant: »Der Psychoanalytiker Moeller trennte sich von seiner Frau und ging eine Beziehung mit seinem südamerikanischen Dienstmädchen ein« (2006, S. 30).

Wie gesagt: Liebe ist *das* Kind der Freiheit.

Oder:

»Liebe ist nicht in erster Linie eine Bindung an eine bestimmte Person. Sie ist eine Haltung, eine Charakter-Orientierung, welche die Bezogenheit eines Menschen zur Welt als Ganzem und nicht nur zu einem einzigen ›Objekt‹ der Liebe bestimmt« (Fromm).

Oder:

»Liebe ist eine Aktivität und kein passiver Affekt. Sie ist etwas, das man in sich entwickelt, nicht etwas, dem man verfällt« (Fromm).

Oder:

»Die Liebe ist aber nicht nur ein Geben, ihr ›aktiver‹ Charakter zeigt sich auch darin, daß sie in allen ihren Formen stets folgende Grundelemente enthält: Fürsorge, Verantwortungsgefühl, Achtung vor dem anderen und Erkenntnis« (Fromm).

Oder:

»Liebe ist die tätige Sorge für das Leben und das Wachstum dessen, was wir lieben« (Fromm).

Fast eine jede und ein jeder kennt diese Erkenntnisse, denn sie stammen aus dem wohl berühmtesten Buch über die Liebe, *Die Kunst des Liebens* von Erich Fromm. Wer dieses Buch, das man noch heute, mehr als 50 Jahre nach der Erstveröffentlichung im Jahr 1956, als den Bestseller der Liebe überhaupt bezeichnen kann, nicht gelesen hat, hat das Wesentliche über die Liebe nicht mitbekommen.

Viele haben sich an dieses erfolgreiche Buch angehängt. Und wenn man immer wieder meint, das hab' ich doch irgendwo schon mal so oder so ähnlich gelesen, dann handelt es sich in der Regel um Zitate oder Wiederholungen der Fromm'schen Gedanken – oder um Vertiefungen bzw. Weiterentwicklungen. Jedenfalls schürfen die Gedanken, die nach Fromm kommen, tief, wenn es zum Beispiel ganz fundamentalesoterisch heißt: »Die Liebe ist ein generelles Prinzip des Lebens« (Lauster). Oder gar: »Liebe ist Leben«, wie beispielsweise 1921 bei Kurt Marti und damit lange vor Lauster[63]. Denn: »Liebe ist lebensnotwendig. Fehlende Liebe macht krank und führt zum Tod« (Lauster), oder gemäß einer nicht ganz so tiefschürfend esoterischen Definition: »Die Liebe ist wie die Hefe im Kuchenteig, die bewirkt, das der Teig aufgeht und der Kuchen besser schmeckt« (Lauster).

Aber nicht erst die Esoterik, schon Erich Fromm hatte es in sich, obwohl er in gesellschaftskritischer Absicht auftrat und den Konformismus der Menschen und deren abnehmende Liebesfähigkeit aufs Korn nehmen wollte: »Liebe ist eine Macht, die Liebe erzeugt.« Die Liebe ist bei ein »Akt des Glaubens« (Fromm) – »und wer nur wenig Glauben hat, der hat auch nur wenig Liebe«, heißt es weiter – und ein »höheres Prinzip« und nicht nur das, was faktisch liebevoll zwischen Menschen geschieht. Aus seiner Sicht geschieht es in unserer Gesellschaft nur allzu oft, dass die Menschen ihre Einsamkeit, ihr Getrenntsein und ihre Hilflosigkeit nicht ertragen können. Die Angst, die damit einhergeht versuchen sie dadurch zu überwinden, dass sie alles daran setzen, geliebt zu werden. Nicht wollten sie sehen, dass sie erst einmal selbst lieben *können* müssten. Nein, sie fragten sich, ob sie geliebt würden und unter welchen Bedingungen sie geliebt würden – das sei jedoch falsch. Vielmehr käme es darauf an, Liebe als eine Frage der *Fähigkeit* und nicht als eine Frage des Objekts zum Lieben oder Geliebtwerden zu sehen. Denn, so Fromm, nach Kant darf ein Mensch »niemals das Mittel für den Zwecke eines anderen sein« (Fromm 1977, S. 32), und in der symbiotischen Liebesbeziehung, die der Einsamkeit und dem Getrenntsein glaube entgehen zu können, sei es just so, dass der Mensch sich zum Instrument eines anderen Menschen mache. Was Fromm verschweigt: Immanuel Kant sieht in der Zweierbeziehung, also der Symbiose, die Aufhebung der kritisierten Verdinglichung, indem er sagt, was in Teil 2 dieses Buches schon einmal zitiert wurde: »Nur unter der einzigen Bedingung ist dies möglich, dass, indem eine Person von der anderen, gleich als Sache, erworben wird, diese gegenseitig wiederum jene erwerbe; denn so gewinnt

---

63 Dieses, ebenso wie die folgenden Zitate von Lauster und Fromm sind der Internet-Seite *Sprüche über die Liebe* (http://liebeshungrig.uboot.com/blog/liebe/[letzter Zugriff: 27.07.2009]) entnommen und entstammen ursprünglich einem Buch von Andreas Mäckler (1988).

sie wiederum sich selbst und stellt ihre Persönlichkeit wieder her« (Kant 1798, §25). Das Prinzip der Wechselseitigkeit, d.i. Interaktivität, wird von den Einsamkeitsapologeten offenbar nicht anerkannt.

Dagegen setzt Fromm die reife Liebe. Das ist »Eins-Sein unter der Bedingung, die eigene Integrität und Unabhängigkeit zu bewahren«. Zwei Wesen werden eins und bleiben doch zwei (ebd., S. 39f.). Das Wesen dieser reifen Liebe besteht in Fürsorge (vgl. hierzu vor allem das vorletzte Kapitel dieses Buches), Verantwortlichkeit, Respekt und Wissen. »Die reife Liebe [...] folgt dem Grundsatz: ›Ich werde geliebt, weil ich liebe.‹ Die unreife, kindliche Liebe sagt: ›Ich liebe dich, weil ich dich brauche.‹ Die reife Liebe sagt dagegen: ›Ich brauche dich, weil ich dich liebe‹« (ebd., S. 63).

Okay, nur Individuen können Individuen lieben. Wir kennen das alles. Das hat unseren westeuropäisch-amerikanischen Liebesbegriff geprägt. Kritisch und damit recht erfrischend ist auch Erich Fromms Diagnose, dass die *große* oder *wahre Liebe* oftmals nur Pseudo-Liebe ist, weil sie nicht eingelöst werden kann, da sie letztlich auf der Liebesunfähigkeit, das heißt auf der Unreife der Betroffenen, beruht (ebd., S. 130f.), in der sich ihr infantil-grandioser Liebesbegriff spiegelt.

Nur reife, liebesfähige Menschen können Liebe herstellen. Das hat sich eingeprägt. Nur Menschen, die das existenzielle Alleinsein annehmen, können auf andere zugehen. Alles mittlerweile Allgemeinwissen, zumindest für jene, die sich intellektuell um die Liebe kümmern.

Aber es drängt sich Skepsis auf. Denn trotz seiner überaus kritisch reflektierten Haltung zur Liebe scheint Fromm selbst einem ersoterikverdächtigen Liebesbegriff aufzusitzen, indem er davon ausgeht, dass Liebe eine Kraft ist, die irgendwie unabhängig von den Menschen und der Gesellschaft, die sie beschädigt, sozusagen *vorab*, da ist. Erich Fromm schreibt,

> »dass die Fähigkeit des Liebens in jedem Menschen, der in einer bestimmten Gesellschaft lebt, von dem Einfluß abhängig ist, den diese Gesellschaft auf den Charakter des Betreffenden ausübt. Wenn wir von der Liebe in der zeitgenössischen westlichen Gesellschaft sprechen, wollen wir damit die Frage stellen, ob die gesellschaftliche Struktur der westlichen Zivilisation und der aus ihr resultierende Geist der Entwicklung der Liebe förderlich sind« (ebd., S. 113).

Das klingt zunächst gesellschaftskritisch, soziologisch und gleichsam auf eine Weise durchdacht, wie sie einer realistischen modernen und zeitgemäßen Analyse der Liebesbedingungen angemessen zu sein scheint.

Wenn aber *die Liebe*, wie er herausarbeitet, unter den gegebenen gesellschaftlichen Bedingungen bedroht und beschädigt wird, dann *gibt* es sie offenbar diesseits dieser Bedingungen unbeschädigt, genauso wie es *den Charakter* des Menschen, auf den die Gesellschaft schädigend oder förderlich einwirkt, offenbar schon unabhängig davon *gibt*.

Dieser Gedanke scheint ein wenig problematisch zu sein. Problematisch scheint er, weil er, ganz entgegen dem kritischen Ton hinsichtlich der realen gesellschaftlichen und psychologischen Liebesbedingungen, Tür und Tor öffnet für ihrerseits alle möglichen »großen« und »wahren« Liebesbegriffe, die sich unabhängig von jenen Bedingungen über sie erheben und dazu verleiten, einer überirdischen, quasi religiösen, dem konkreten Leben entschwebenden Liebe hinterherzueifern, statt die wirkliche zu verwirklichen.

Eine solche über allem schwebende, diesseits der realen Lebenszusammenhänge immer schon vorhandene *wahre Liebe*, kann getrost *platonische Liebe* genannt werden, weil es sie nur in Gedanken gibt.

Platonische Liebe

Platonische Liebe wird für gewöhnlich die Liebe genannt, bei der nichts passiert. Die *wahre Liebe* ist insofern und dann platonische Liebe, wenn die Vorstellungen, die mit ihr einhergehen, keinerlei sinnlich-konkrete Handlungsrelevanz haben. Und sie ist platonische Liebe, wenn sie so hoch über der Wirklichkeit schwebt, dass sie diese überhaupt nicht mehr liebend erreicht. So jedenfalls denkt man im Allgemeinen.

Der Ursprung der platonischen Liebe ist natürlich bei Platon zu finden, dem großen griechischen Denker, von dem manchmal andere Philosophen sagen, dass alles, was nach ihm philosophisch gedacht wurde, bloß Fußnoten zu seinem System seien (Whitehead 1969, S. 53).

Ganz zentral in seinem Gedankensystem ist die Idee der Idee. Ideen sind gleichsam das geistig gefasste Allgemeine, das unabhängig von den empirisch-materiellen Besonderheiten einen Sachverhalt in seiner vollen Reinheit darstellt. Nach Platon werden in den Ideen ewige Wahrheiten gefasst, die diesseits der menschlichen Erfahrungen immer schon da sind, weil sie göttlich sind, wobei »Gott« zu Zeiten Platons, anders als im Christentum, noch nicht personalisiert gedacht wurde, sondern als reiner, zeitloser Geist. Ideen sind die wirkliche Wirklichkeit und die Menschen können allenfalls annäherungsweise erkennen, was das Eigentliche der Ideen ausmacht. Der menschliche Geist, die Vernunft, reicht an das Absolute der Ideen nicht vollends heran.

Aber der menschliche Geist kann erahnen, um was es der Idee geht. Das berühmte *Höhlengleichnis*, sozusagen Platons Erkenntnistheorie, zeigt, dass uns die Ideen gleichsam wie projizierte Schatten an einer Höhlenwand erscheinen, in die von außen die Sonne scheint, sodass quasi Umrisse der höheren Ideenwirklichkeit an der Höhlenwand abgebildet werden. Die projizierten Schatten der Ideen sind bei Platon die wirklichen Dinge, die wir als Realität wahrnehmen. Hinter dieser unserer wahrgenommenen schattigen Realität aber gibt es die wirkliche der Ideen, an denen die empirischen Dinge nur partizipieren. Das Prinzip, das die realen Dinge mit der absoluten Wirklichkeit der Ideen verbindet, heißt *Methexis*. Methexis heißt Teilhabe. Die Dinge haben teil an den Ideen. Sie sind gleichsam eine schattenhafte Wiedergabe von deren ideellen Urbildern.

Beim Begriff Methexis erinnern wir uns heute eher an das griechische veteranoähnliche Gesöff *Metaxa*. Und ist es nicht so, dass derjenige, der genug Metaxa gepichelt hat, gelegentlich der Meinung ist, an fernen, höheren, gar absoluten Welten teilzuhaben?

Mystisch Veranlagte neigen dazu, beim übermäßigen Genuss von Geistigem, und manchmal auch bloß im Delirium ihrer innerweltlichen Askese, in jene Sphären abzudriften, die sie nicht hinter, sondern *über* der Wirklichkeit walten wähnen. Da kommt der Klo-Spruch an einer Kabinenwand in der Johann-Wolfgang-Goethe-Universität zu Frankfurt am Main gerade recht, in dem es hieß: »Wirklichkeit ist eine Fiktion, die sich einstellt, wenn man zu wenig Alkohol getrunken hat.« Er sei hier trotz seines reduktionistisch-nüchternen Wirklichkeitsbegriffs verewigt, denn er ist nach 1969 sicher entfernt worden, und heute stehen da andere Weisheiten oder auch nur plumpe Obszönitäten.

Solche Weisheiten, im Sinne von tiefem Wissen, kommen dann bei der *wahren Liebe* zum Tragen: Weisheiten, die, wie die Liebe, im Ideenhimmel des Wahren, Schönen und Guten angesiedelt sind. Der Verdacht liegt nahe, dass sie, wie die Platon'sche Idee, die Wirklichkeit gewissermaßen als defizitäre Schattenwelt, wenn nicht als Unrat, fassen. Freilich, wer heutzutage so die Wirklichkeit der lebendigen Menschen begreift und ihre Liebe zur reinen *Idee* verdünnt, hat sie nicht begriffen, und es ist zu vermuten, dass hierbei hochneurotische Berührungsängste dem Körper des anderen gegenüber eine Rolle spielen. Diese körperfernen Weisheiten lauten zum Beispiel: [64]

➤ »Die Liebe aber ist das Höchste« (Friedrich Wilhelm Joseph Schelling [1775–1854]).

➤ »Denn die Liebe ist es, die den Weg vom Zeitlichen zum Ewigen und vom Ewigen zum Zeitlichen zu weisen nicht aufhört und nach keiner festen Gestalt dieses Ewigen fragt, an keine sich bindet, weil diesen Weg, diese Verbindung zu schaffen das Wesen der Liebe selbst ist« (Margarete Susman [1872–1966]).

➤ »Die Liebe ist der Endzweck der Weltgeschichte – das Amen des Universums« (Novalis [1772–1801]).

➤ »Die Liebe ist ein Mittel der Erhebung aus dem Sinnlichen zum Übersinnlichen, aus dem Sterblichen zum Unsterblichen; dieses Mittel geht durch die ganze Weltbildung, belebt sie, ist das lebendige Mittelglied zwischen dem Schöpfer und dem Geschöpf. Gemeines soll in Edles, Sterbliches in Unsterbliches verwandelt werden« (Friedrich Heinrich Jacobi [1743–1819]).

➤ »Die Liebe ist verborgen. Nie hat jemand sie von Angesicht gesehen. Wie lange noch reden diese Liebenden sinnloses Gefasel? Ein jeder faselt nach seinem eigenen Denken über die Liebe; Doch

---

64 Die folgenden Zitate sind dem Internet entnommen (http://liebeshungrig.uboot. com/blog/liebe/ [letzter Zugriff: 27.07.2009]) und entstammen ursprünglich einem Buch von Andreas Mäckler (1988).

die Liebe ist jenseits von allem Denken, von diesem und jenem«
(Ahmad Ghazzali [1058–1111]).

➤ »Liebe ist um den Ausdruck nicht verlegen, sie hat tausend Sprachen,
Symbole, Offenbarungen« (Nicolai Hartmann [1882–1950]).

➤ »Die Liebe hat tausend Gesichter und ist doch immer dasselbe; sie
ist zugleich vieldeutig und einfach, ist labyrinthisch und schlicht.
In ihrem Raume ist die äußerste leidenschaftliche Benommen-
heit möglich, aber auch das reinste Opfer. Sie reicht hinab in die
Abgründe der Seele, in die verhängten Zonen, auf denen uraltes
Tabu liegt und wo Schrecknisse lauern, und sie reicht hinauf in
den Gipfel der höchsten Geistigkeit« (Eugen Fink [1905–1975]).

➤ »Von nichts wird so viel geredet wie von Liebe, und nichts ist so
wenig bekannt und wird so wenig erfahren wie Liebe« (Johannes
Müller [1864–1949]).

➤ »›Liebe‹, das ist klar, ist ein Wort wie Quecksilber: Obwohl man es
genau vor sich sieht, braucht man nur seinen Finger draufzulegen,
und schon ist es nicht mehr dort, sondern ganz woanders« (Morton
M. Hunt).

➤ »Und er sprach: Das größte Rätsel, Süßes Kind, das ist die Liebe –
Doch wir wollen es nicht lösen« (Heinrich Heine [1797–1856]).

Ein bisschen herausgehoben mutet da das Zitat des Anarchisten an,
der sich dem krausen Gefasel zu entziehen versucht: »Was ist Liebe?
Liebe ist, wenn man – Ach was! Liebe ist Liebe!« (Erich Mühsam
[1878–1934]).

Die Liebe bei Platon, also die original *platonische Liebe*, ist, und
das verwundert sicher viele, der *Eros*. Aber keine Angst, Eros ist bei
Platon nicht das, was er bei Lilo Wanders oder auf der Reeperbahn im
gleichnamigen *Center* ist. Eros ist für ihn das allgemeine Prinzip, »die
zentrale Kraft, welche die Seele des Menschen bewegt, das Gute, Schöne
und Wahre zu suchen« (Baumgartner/Wild 1973, S. 860). Eros, so heißt
es sogar an einer Stelle des *Gastmahls*, ist »Ältester Gott und Urheber
großer Taten« (Platon 1957, 178b). Vielleicht kann gesagt werden: Überall
dort, wo die Liebe platonisch anmutet, ist sie deshalb so leibfern, weil
sie mit Göttlichem zusammengedacht wird.

Interessant ist, dass Platon im Rahmen seiner Ideenlehre die geschlechtliche Liebe im Grunde nicht unbekannt ist. Aber sie hat ihren Stellenwert als *gewöhnliche Liebe*, die nach dem einzelnen sinnlichen Schönen strebt, im Gegensatz zur *himmlischen Liebe*, die nach dem Schönen schlechthin strebt. Das Schauen des Schönen hat im Übrigen bei Platon wiederum recht viel mit der Knabenliebe zu tun (ebd., 281b ff.). Gemeiner und himmlischer Eros verhalten sich zueinander wie Begierde und Liebe. Liebe ist also höher, wahrer, schöner, und sie ist, davon gehen die Prediger der *wahren Liebe* denn auch aus, eben *platonisch*, das heißt: nicht kontaminiert sei vom kruden Geschehen hier auf Erden, sprich: letztlich von der Sexualität.

So hat das zwar Platon im *Gastmahl* keinesfalls gemeint, aber die Esoterik, die die platonische wahre und höhere Liebe der irdischen vorzieht, meint das sehr wohl so. Sexualität scheint ihr fast so etwas wie der Verschmutzungsfall dessen zu sein, was aus ihrer Sicht Liebe sein soll. Wenn etwas *sein soll* und etwas anderes nicht, dann liegt dem eine Idee zugrunde, die, ganz wie bei Platon, schon dann über die Wirklichkeit gestellt wird, wenn diese noch gar nicht erschienen ist. So auch in Sachen Liebe.

In Erich Fromms *Kunst des Liebens* deutet sich das Seinsollende bereits an, was später die vergeistigten Adepten eines solch hehren Liebesbegriffs ins Absurde steigern. Fromm spricht dezidiert von einem Irrtum, dem Sigmund Freud aufsitze, wenn er Liebe aus der Sexualität ableite, und er unterstellt, dass dort Sexualität wie ein »Juckreiz« konzipiert sei, der letztlich die Onanie als ideale Befriedigungsform erscheinen ließe (Fromm 1977, S. 57).

Freilich sagt die Unterstellung mehr über Fromm aus als über Freud. Erwartungsgemäß ist es bei Fromm dezidiert *die Liebe* und nicht die geschlechtliche Vereinigung, der die ausschlaggebende Kraft zukommt. Dazu sagt Adorno, der Fromm in die Reihe der »Revisionisten« stellt, die die fundamentalen Erkenntnisse der Psychoanalyse durch Modernisierung verwässern:

> »Die eifrige Verteidigung von Zärtlichkeit und menschlicher Zuneigung
> gegen den Verdacht, sie könnten in Sexualität wurzeln, bezeugt, daß die

Tabus über die Revisionisten größere Macht haben als über Freud. Wenn sie im Namen der Liebe gegen seine Sexualtheorie protestierten, so haben sie von allem Anfang an zugleich die konventionelle Unterscheidung von sexueller und sublimer Liebe gegen ihn aufgegriffen und nicht so sehr der Unterdrückung der sexuellen sich erwehren wollen wie der Attacke auf die erlogene Unvermischtheit der sublimen« (Adorno 1952, S. 35).

Die bei den neofreudianischen Revisionisten vorherrschende »Tendenz zur abschätzigen Behandlung der Sexualität« gipfelt in der grundsätzlichen Annahme, »dass mit der Rede vom Glück im Liebesleben nicht sexuelle Beziehungen gemeint seien« (ebd., S. 29).

Wird Liebe als vereinigendes Prinzip genommen und gegen die sinnliche Lust gestellt, aus der sie stammt, so stellt sich die Frage, was denn die Hintergrundannahmen sind, die zu solch fundamentaler Weisheit führen. Erich Fromm geht, wie viele seiner Nachfolger, von der existenziellen Einsamkeit des Menschen aus, von seiner wesentlichen *Getrenntheit*, die sich andeutungsweise auch in Platons *Symposion* und dem dort enthaltenen Gleichnis vom zweihälftigen Kugelmenschen findet. Aber anders als Platon, der im *Gastmahl* die Verschmelzung (1957, 192e) der getrennten Wesen als Möglichkeit, ja sogar als Dringlichkeit aufscheinen lässt, ist es bei Fromm fromme Pflicht, das Alleinsein: *die existenzielle Getrenntheit* im Bewusstsein anzunehmen und sich nicht darüber hinwegzutäuschen, dass die orgiastischen Erlebnisse, die die Menschen zu zweit oder in der religiösen Gruppe haben, nur vorübergehend das Problem lösen können. In nicht-orgiastischen Kulturen, zu denen er die unsere zählt, sei es Alkohol- und Rauschgiftgenuss, den die Menschen wählten, um der existenziellen Getrenntheit zu entrinnen, oder eben »das Sexualerlebnis« (1977, S. 29). Fromm meint, dies seien nur partielle Lösungen des Einsamkeitsproblems, denn die erzeugte Einheit, will heißen, die Fiktion von ihr, sei nur passager zu realisieren und die symbiotischen Beziehungskonstellationen, in denen die Einheit auf Dauer angestrebt werde, zeichneten sich dadurch aus, dass sich die Menschen hier, gegen Kants Diktum, zum Instrument machten mit der Tendenz, dass der andere zum Ding und zum Eigentum werde.

Gerade die als Existenziale verklärte Einsamkeit ist insgeheim das Medium des Konformismus, den Fromm zu bekämpfen vorgibt: Indem unterstellt wird, die Liebenden liebten sich nicht, wenn sie einander bedürften, indem sie sogar als krankhaft abhängig geschmäht werden, wird kontrastiv derjenige glorifiziert, der, auf Individualität und Freiheit bedacht, das Weite sucht, wenn er seinen Vorteil eingestrichen hat. Indem die »erotische Bindung an einen Menschen über die Befriedigung hinaus [...] für ganz und gar neurotisch« gehalten wird, müsste in der Fromm'schen Version derjenige der Gesunde sein, der die Liebe nur unter dem Gesichtspunkt des Praktischen für sich gelten lässt: »Gesund und wohlangepaßt ist [...] der, der nie mehr Gefühl hergibt, als er einstreicht. Liebe soll auch psychologisch werden, was sie gesellschaftlich ohnehin wird, ein Äquivalententausch« (Adorno 1952, S. 38).

Fromm sagt also: Die symbiotische Bindung sei keine Liebe. Die wechselseitige liebevolle Bezogenheit der Liebenden, die partout voneinander nicht lassen können, wird im Namen der *wahren Liebe* in das Reich des Abnormen[65] verbannt. Überhaupt sei Liebe nicht Bindung, sondern: »Liebe ist [...] vielmehr eine *Haltung* [...], die das Verhältnis einer Person zur Welt als Ganzes, nicht aber zu einem einzigen ›Objekt‹ der Liebe bestimmt« (1977, S. 69f.; Hervorh. i.Orig.). Liebe sei eine Kraft der Seele, und daraus resultiert folgerichtig die These: »Wenn ich einen Menschen wirklich liebe, liebe ich alle Menschen, liebe ich die ganze Welt und liebe ich das Leben.«

Damit sind wir in dem Bereich der allumfassenden Liebe, der sich die moderne Esoterik allzu gern bemächtigt. Fromm selbst wird von einem seiner kritischen Zeitgenossen, nämlich Herbert Marcuse, eine »guruhafte Position attestiert« (vgl. Wiggershaus 1988, S. 723), und Fromms späteres Interesse an den spiritualistischen Lehren des Orients und den Meistern des Zen Buddhismus (vgl. Jay 1981, S. 128) gibt Marcuse recht.

Die moderne Esoterik besetzt diese in vielen Punkten von Erich Fromm herrührende universelle, globalisierte Liebeskonzeption mit nahezu lieblosem Eifer, um ihre eigenen, aus pseudoplatonischen und Fromm'schen Positionen weiterentwickelten Überzeugungen, das allgemeine Weltganze betreffend, ausbreiten zu können.

---

65 Heute würde man vielleicht sagen, die Verleugnung der eigenen Abhängigkeitsbedürfnisse sei neurotisch und der wackere Existenzialismus deren Intellektualisierung.

... ein seltsames Spiel

»Liebe ist kein Unterrichtsfach, sie wird nirgendwo gelehrt«, das sagt
Peter Lauster, um sich freilich gleich darauf umso ungehemmter daran
zu machen, die esoterische Lehre von ihr, verbrämt als »Psychologie«,
zu verbreiten. Was sagt die Esoterik über die Liebe?

Sexualität und Liebe sind getrennt zu sehen (vgl. Lauster 1982, S. 21).
Sexualität ist eine biologische Funktion, die den Menschen auf die Natur
zurückverweist (vgl. ebd., S. 26): »Nur die Liebe schafft die Voraussetzung dafür, dass die Sexualität an Schönheit, Klarheit und seelischer
Freude gewinnt«, also über die krude Natur hinausweist. Wo die Liebe
obwaltet, ergibt sich Sexualität von alleine (vgl. ebd., S. 34), das sei wie
beim Waldspaziergang, da brauche man auch keine Anleitung zum befriedigenden Erlebnis. Die Weiterentwicklung des latenten Platonismus
Fromms ist nicht zu übersehen, und auch die Platon'sche Uridee der
Schönheit ist aufgenommen. Aber solche Katalysatorwirkung hat die
Liebe für die Esoterik nicht nur beim Sex sondern in allen Lebensbe-
reichen: Pflicht, Sorge, Politik (vgl. ebd., S. 30).

Liebende Politik, gar liebende Politiker? Sauve qui peut! »Ich liebe
euch doch alle!«, das hat vor nicht allzu langer Zeit ein solcher Politiker
gesagt, der von seinen Richtigkeitskategorien so überzeugt war, dass er
mit seinem Machtapparat Abertausende von Menschen drangsalierte
und viele umbringen ließ!

Insbesondere wird immer und immer wieder hervorgehoben, dass
wahre Liebe als allgemeines Prinzip sich nicht an einzelne Gegebenheiten
heften kann, sondern sich als Liebe zur Welt, zum Sonnenschein und
zum Regen (vgl. ebd., S. 37) im Rahmen einer allumfassenden Sensitivität
entwickelt, die an Kinder erinnert. Erwachsene Menschen, die noch
dazu mit Vernunft operieren, sind hingegen höchst verdächtig. Nur
nicht denken! Die Sinne müssen sprechen. Nicht die Gedanken. Hier
weicht die Esoterikliebe von der Platonischen ab, nicht aber von Erich
Fromm, denn es heißt wortwörtlich: »Neben dem Besitzanspruch und
der Verteidigung des Besitzes spielt auch die unbewusste Angst vor
der Getrenntheit eine Rolle« (ebd., S. 47). Da das mit der Getrenntheit
ebenso eine ewige Wahrheit zu sein scheint, braucht es auch hier keinen

Hinweis auf Platon oder den Autoren der Liebeskunst; Fromm hat ja
schließlich auch nur zitiert, was am ewigen Ideenhimmel schon über
den Menschen schwebte, als sie noch gar nicht an zwischenmenschliche
interindividuelle Liebe zu denken wagten[66], weil sie sich als *Individuen*
historisch noch nicht herausgebildet hatten.

Weil die Menschen auch bei Lauster ein für alle Mal getrennte Wesen
sind und es auch bleiben müssen, gibt es die eine *große Liebe* nicht und
auch nicht *den Richtigen* und nicht *die Richtige*: Mr Right und die Frau
fürs Leben is' nich'. Denn die Frage nach der großen Liebe »hat nichts
mit der Liebe zu tun, darüber muß man sich klar werden« (Lauster
1982, S. 51).

Anders aber als interaktionsdynamische Überlegungen zur Überforderung des einen durch den anderen, welche die *große Liebe* zu deren
eigener Verunmöglichung geraten lassen, scheint es hier der esoterische
Liebesbegriff selbst zu sein, der eine Überforderung mit sich bringt. Es
gilt nämlich primär die Liebe zu lieben und nicht etwa diesen oder jenen
realen Menschen: »Ein Mensch, der lieben kann, bleibt der Liebe treu,
[...] für ihn ist es wichtiger zu lieben als treu zu sein« (ebd.).

»I love to love but my baby just loves to dance« (Lyrics von Tina
Charles). Es kommt also gar nicht so sehr auf die verwirklichte Liebe
zweier konkreter Menschen an, sozusagen auf ihren individuellen Reigen, sondern auf die allgemeine Fähigkeit des Menschen als solchen,
überhaupt lieben zu können. Das ist ebenfalls reiner Fromm, und sein

---

66 Dass die Esoterik sich gern des Platon'schen Höhlengleichnisses bedient, ist naheliegend. Sie geht aber gern auch weiter als Platon selbst: »Beim Höhlengleichnis geht
es um das Thema: Was wissen wir über die höhere Wirklichkeit (die Welt der Ideen),
da wir nur die Abbilder dieser Ideen in der Welt sehen? [...] Platon hätte sicherlich,
wenn er es gewollt hätte, hier auch deutlicher sprechen können. Aber vermutlich
war er durch seine Einweihung an ein Schweigegebot gebunden, wie es für Myste-
rienschulen der Antike durchaus üblich war. Möglicherweise war die Offenheit in
diesem Gleichnis schon ganz hart an der Grenze dessen, was weiterzugeben erlaubt
war. Durch dieses Höhlengleichnis wird tatsächlich das ›esoterische Geheimnis‹
selbst noch nicht verraten, denn man kann nur dann vom Höhlengleichnis auf das
Dreifachkreuz [Was ist dies??] schließen, wenn man das Geheimnis bereits kennt.
[...] Im Gegensatz zu manchen anderen esoterischen Traditionen geht Platon davon
aus, dass sich die Erkenntnisfähigkeit des Menschen auch an diese höheren Wirklichkeiten anpassen kann. Zunächst erkennt man dort die bereits bekannten Dinge – die
Schatten –, mit denen man bereits auf der materiellen Ebene Erfahrung sammeln
konnte«. Und so weiter, und so weiter (vgl. www.klarerblick.de).

Denken wird in einem ähnlichen Buch, das sich an die *Kunst des Liebens* anlehnt, in der *Fähigkeit zu lieben* (Riemann 1982)[67], konsequent fortgesetzt. Kunst kommt da vom Können.

Aber das, was die Esoterik anbietet, ist darüber hinaus auch noch gereinigter Fromm nebst gereinigtem Riemann. Während diese noch davon ausgingen, irgend die Liebe zwischen Menschen zu rekonstruieren – die Liebe zwischen zwei Menschen ist etwas Wunderbares, sagt Woody Allen, es käme nur darauf an, zwischen den richtigen zu liegen –, ist es in der Esoterik die *pure* Liebe, die sich paradigmatisch in der Liebe zu Schmetterlingen und Bäumen im Wald manifestiert. Unter der Überschrift »Liebe ist Zuwendung« wird betont, dass »Zuwendung natürlich nicht nur zwischen Menschen geschieht [...] sondern gegenüber allem, was mich umgibt [...]. Die Einstellung der Zuwendung bezieht sich also auch auf die Bäume, das Wetter, die Vögel« (Lauster 1982, S. 64). »Insofern ist der liebesfähige Mensch nicht nur ein Menschenliebhaber, sondern er liebt das Leben allgemein« (ebd., S. 65).

Du, ich bin ein großer freier und autonomer Menschenliebhaber, weißt du, und deshalb lieb' ich auch alles mögliche andere, da kannst du nix machen, denn »Lieben heißt Aufmerksamkeit und Zuwendung geben [...] das Geben ist die Fähigkeit zu lieben« (ebd., S. 66); nicht aber erwarte ich, dass ich etwas dafür bekomme, denn die

> »Fähigkeit, einen anderen zu lieben, ohne danach zu fragen, ob man wiedergeliebt wird, ist die reife Liebe des autonomen Menschen. [...] Liebe zu einem anderen Menschen ist dann meditativ und kontemplativ wie zu einem Baum auf der Wiese und wie zu einem Vogel in der Luft. Sie respektiert das andere Sein und fordert nichts« (ebd., S. 75).

Im Grunde ist es demzufolge also total kindisch und unerwachsen, zu erwarten oder zu hoffen, dass man von dem geliebt wird, den man liebt. Und völlig unrecht hätte, wer sagt:

---

67 Das mit der *Fähigkeit* ist zum Allgemeinwissen geworden. Selbst im metrosexuellen *Tanz um die Lust* wird explizit davon ausgegangen, dass Liebe eine zu erlernende Fähigkeit sei (Schirach 2007, S. 275). Diese Fähigkeit, insbesondere die zur Dauer, bedeutet, wie von Schirach betont, »Arbeit« (ebd., S. 303). Deshalb offenbar hat so mancher und offenbar auch sie »Angst vor der Liebe« (ebd., S. 305, vgl. auch S. 292). Will sie etwa nicht arbeiten?

»Setze den Menschen als Menschen und sein Verhältnis zur Welt als ein menschliches voraus, so kannst du Liebe nur gegen Liebe austauschen, Vertrauen nur gegen Vertrauen usw. [...] Wenn du liebst, ohne Gegenliebe hervorzurufen, das heißt, wenn dein Lieben als Liebe nicht die Gegenliebe produziert, wenn du durch eine Lebensäußerung als liebender Mensch dich nicht zum geliebten Menschen machst, so ist deine Liebe ohnmächtig, ein Unglück.«

Bei der Esoterik ist alles umgekehrt: Ein Unglück ist die Liebe, die erwidert werden will und ein Glück ist die Liebe, die frei schwebt – ist aber auch sonnenklar.

Das obige Zitat stammt von Karl Marx (Fromm 1977, S. 45), und Marx passt mit Esoterik wohl kaum zusammen. Das mit den realen Sehnsüchten und den realen Verwirklichungsanstrengungen der realen Menschen kann der Esoterik nicht schmecken.

Klammheimlich beginnt es einen zu schaudern: Die Selbstlosigkeit und Sexualitätslosigkeit dieser *wahren Liebe* soll uns von ihr ein religiöses Gefühl einflößen, und wir sind geneigt, uns von solcher Liebe schnellstens zu verabschieden.

Was wir uns von der Frage nach der *wahren Liebe* versprachen, das war doch nicht das Schwelgen im Wolkenkuckucksheim der inneren Seligkeit und der Selbstbespiegelung unserer höheren Fähigkeiten zum Sein, sondern wir versprachen uns doch von einem elaborierten Liebesbegriff, dass er uns *die wirkliche Liebe* näher bringt. Wir wollten nicht primär gut zu Vögeln sein und uns ihnen und den Bäumen im Wald positiv zuwenden, sondern wir wollten wissen, was es heißt, die Liebe zu einem konkreten anderen Menschen zu verwirklichen.

Das allerdings ist der Esoterik fern. Die wirkliche Liebe zwischen unfertigen, in der Regel normalneurotischen Menschen, die miteinander und aneinander in lebendigen Interaktionen zuweilen verzweifeln, oft aber mit viel Freude daran *arbeiten*, sich in eine Richtung zu entwickeln, die der ersehnten Liebe näher kommt, wie immer sie sich in vorauseilenden Gedankengebäuden darstellt, und die diese Liebe auch verwirklichen, das alles ist dem esoterischen Liebesverständnis absolut fern. Liebe ist ihm die Existenzentfaltung des Lebendigen an sich, und Lebendigsein ist »totales Aufgehen in der jeweiligen Situation. Kein

Gestern und kein Morgen trübt diese Aktualität, die voll und ganz im Hier und Jetzt gelebt wird« (Lauster 1982, S. 81)[68].

Unterstellt wird im esoterischen Liebesbegriff, frei nach Fromms geschützten Fiktionen, man müsse vorab gelernt haben zu lieben, bevor man liebt; man müsse die Fähigkeit dazu erst einmal erworben haben, bevor man die Liebe dann absolviert und anwendet. Fundamental gelernt wird das angeblich in der frühen Kindheit, dieser idealisierten vergotteten (vgl. Lenzen 1985) Phase, in die es wohl die Esoterik zurücktreibt: »Das in Liebe angenommene und freie Kind kann sein Selbst entfalten und erproben, ohne sich zu manipulieren«, ganz wie der echt Liebende, der unsexuell »die Liebe des Kindes zu Tieren, Blumen« (Lauster 1982, S. 87) nachempfindet, diese »tiefe sinnliche Liebe«, die »schon voll entwickelt sein sollte, wenn die Geschlechtsreife einsetzt«, denn »Sexualität kommt dann als neue Erlebnismöglichkeit hinzu«.

Die esoterischen Adepten sollen beeindruckt sein von solcher reinseelischen Tiefe. Alles, was von Sigmund Freud bis Horst-Eberhard Richter und Helm Stierlin über instrumentalisierte Kindheit, über deren Sexualität und die polymorphen Perversionen, was über Sozialisation, über Ontogenese, Phylogenese, überhaupt alles, was soziologisch, psychologisch, kulturhistorisch über die qualvolle Menschwerdung des Menschen gewusst wird, wird in den Wind geschlagen, damit das laue Lüftchen der echt tiefen naiven Liebesfähigkeit wehen kann. Vor allem asexuell soll es zugehen in der *wahren Liebe*, der einen, wahrhaft reinen. Denn die »Verbindung der Liebe mit der Begierde ist eine Fehlschaltung, es zeigt uns an, dass etwas mit unserer seelischen und geistigen Verfassung nicht in Ordnung ist. [...] Die Liebe ist frei von Begierde« (ebd., S. 95). Im Namen der *wahren Liebe* wird deren materialistisch-biologische Herkunft als »Fehlschaltung« verteufelt. Demgegenüber spricht der Autor

---

68 Swami Satyananda (alias Jörg Andreas Elten), schrieb über diese seine Phase (2000) ein Buch: *Ganz entspannt im Hier und Jetzt. Tagebuch über mein Leben mit Bhagwan in Poona.* Apropos Bhagwan und Poona: All die hirngewaschenen Inszenierungen authentischer Ichlosigkeiten von Wohlstands-Sanyasins mit Rückflugschein nach Frankfurt und München winken stets im Hintergrund eines solchen reinen Hier-und-Jetzt-Perspektivismus, der eine zeitlang teleologischer Schrumpfungspunkt gestalt- und körpertherapeutisch emanzipierter und allentfalteter Subjektivität war.

»von der reinen Liebe, von der Liebe wie sie sein sollte, nicht von der im Alltag praktizierten Liebe. [Denn:] Was wir im Alltag unter Liebe verstehen, ist zumeist keine Liebe, sondern eine pervertierte Verwirrung, eine Verwirrung von Gefühlen, Ängsten und Vorurteilen. Beobachtet man die Liebe im Alltag, erfährt man viel über die psychische Krankheit der Menschen, die zwar von ihrer Auffassung von Liebe reden, aber nicht wissen, was das wirklich ist [...]. Sie sprechen von Liebe und halten ihre Gefühle und Begierden für Liebe [...]. Das ist falsch« (ebd.)[69].

Mit einer solch unerträglichen Arroganz müsste man sich nicht länger abgeben, wenn nicht diese Art Vorstellungen von der *wahren Liebe* für so manchen handlungsleitend, beziehungsweise handlungsverhindernd wäre, indem sie sich darin gespiegelt und bestätigt sehen, dass wahre Liebe nicht von dieser Welt ist.

Selbst der Sex soll auf dem Boden *wahrer Liebe* ein anderer sein, denn »das Streben nach sexueller Erfüllung sollte sich begierdelos ergeben, aus gegenseitiger Liebe in Unabhängigkeit« (ebd., S. 97). Sozusagen als spannungsloses Abfließen, das heißt, in der esoterisch aufbereiteten Liebe Platons findet zwar Sex statt, rein platonisch geht es also auch hier nicht zu, aber eben geläuterter: lauer und sauberer Sex eben.

Wenn wir Liebe im Alltag praktizieren, um unsere Unvollkommenheit zu kompensieren, dann *missbrauchen* wir laut Esoterik den Liebespartner (ebd., S. 99). Noch einmal: Man muss erst perfekt sein in Sachen Liebesfähigkeit, bevor man auf die Menschheit losgelassen wird.

Manche normativen Therapeuten, insbesondere aus der sogenannten »humanistischen« Ecke, die wissen, was richtige Beziehungen sind, was echte Gefühle sind und was wahre Gesundheit ist, denken da ähnlich und merken gar nicht, dass sie dabei ihre eigene praktische Kritik am Instrumentalismus der zwischenmenschlichen Beziehungen mit Füßen treten, indem sie einen viel unmenschlicheren etablieren: den der angewandten Liebe, der nicht konkrete Menschen meint, sondern bloß die Verwirklichung einer abstrakten Idee, die sie über die Menschen stellen.

Es gibt also in den *wahren* Konzeptionen eine reine Liebe und eine

---

69 Das viele Zitieren an dieser Stelle deshalb: Es könnte ja sein, dass jemand das nicht glaubt, was er hier liest, also nachlesen!

alltägliche, ganz genauso wie bei Platons Abwertung der Sinnlichkeit (vgl. Dessau/Kanitscheider 2000, S. 58ff.), der zwischen reiner Lust und schmutziger unterscheidet.

Bei der reinen Liebe gilt es, so die Esoterik, das Denken abzuschalten, denn reine Liebe ist reine Sensitivität. Denken schmutzt nur. Die vor allem in bestimmten psychotherapeutischen Schulen grassierende Idolisierung des *Bauchmenschen*, die mit schlimmstem Antiintellektualismus einhergeht, wird in den esoterischen Weisheiten auf ihren Nenner gebracht. Es kommt darauf an, in der Gegenwart, im reinen Hier und Jetzt zu sein. Ganz gelöst im Hier und Jetzt müssen alle »lernen, allein sein zu können, weil es keinen anderen Weg in die individuelle Zufriedenheit und Freiheit gibt. [...] Alleinsein ist eine existenzielle Aufgabe, die ich während meines Lebens lösen muß, ohne zu fliehen« (Lauster 1982, S. 116). Liebe löst das Problem definitiv nicht, sagt der esoterische Liebeswahn. Was Erich Fromm vielleicht noch kritisch meinte, ist hier, in der tumben Wiederholung, zum Dogma über Existenzialien geronnen.

Über die lässt es sich dann trefflich schwadronieren wie über die Liebe als allgemeines Prinzip:

> »Die Liebe ist nicht an einen Geschlechtspartner gebunden, sondern sie kann sich in jedem Augenblick allem, was mich umgibt, zuwenden [...] Ganz grob gesprochen handelt es sich hierbei um die Liebe zum Leben. Jeder kennt die Liebe zur Natur, zu den Bäumen, zum Wasser, zum Gestein« (ebd., S. 119).

Rein zufällig kann diese prinzipielle Liebe auch einmal einen Geschlechtspartner treffen und dann kann auch Sex geschehen, aber in wohl Platon'scher Schönheit, weil: die Liebe muss zuerst da sein (ebd., S. 120); an anderer Stelle heißt es sogar: »Die Liebe ist getrennt von den Vorgängen in den Beziehungen« (ebd., S. 132), weil »jede Liebe durch die nachfolgende Beziehung zwangsläufig zerstört« (ebd. S. 171) wird.

Da kommt aber Freude auf. Gott sei Dank hat Liebe also mit den irdischen Abläufen in den doofen Zweierkisten nichts zu tun. Gott sei Dank lässt sie sich gerade dort nicht einfangen. Denn dann begäbe sich ja Liebe in Unfreiheit (ebd., S. 143). Nein, Liebe lässt sich nicht einfangen wie ein Schmetterling im Netz. Liebe ist etwas Lebendiges: »Die Liebe lässt sich nicht festbinden, sie kommt und geht, sie baut sich auf und baut sich ab, sie wird entzündet, und sie erlischt« (ebd., S. 145).

Also doch! Die Liebe ist ein seltsames Spiel! Sie ist autonom und unbeeinflussbar in ihren Entscheidungen. Sie kommt und geht, quasi von selbst – ein Automobile.

> »Sie kommt und geht von einem zum andern.
> Sie nimmt uns alles, doch sie gibt auch viel zu viel:
> Die Liebe ist ein seltsames Spiel.«

Weiter heißt in Connie Francis Schlager von 1961:

> »Wir kannten und wir liebten uns seit Jahren,
> die Zukunft schien uns beiden sonnenklar.
> Fast wären wir zum Standesamt gefahren,
> bis alles plötzlich so verändert war.
>
> Die Liebe ist ein seltsames Spiel …
>
> Wie oft hast Du die Treue mir geschworen,
> und sicher war es so für lange Zeit.
> Doch dann hast Du auf's neu' Dein Herz verloren,
> nur darum bin ich wieder einsam heut'.
>
> Die Liebe ist ein seltsames Spiel …«

Am besten, man fährt nach Indien und setzt sich an die eiskalte Quelle des Flusses aller Flüsse im Himalaya und liebt und liebt und liebt, ganz rein und völlig unabhängig von Gesellschaft, Menschheit und was sonst noch störend hinzukommen könnte. Da lernt man schön allein zu sein und die Existenziale anzunehmen und dann stirbt man, bibbernd vor Kälte.

In der Tat ist die *wahre Liebe* in der esoterischen Version ein einziger Ausdruck von Kälte. Das Denken, das den Adepten verboten wird, zeitigt einen Liebesbegriff, der vor Pseudoplatonismus und Schizoidie nur so strotzt. So fungiert der überhöhte Liebesbegriff als Abwehr gegen Liebe, die dergestalt niemals Wirklichkeit werden soll, weil sie es nicht kann. Die empirische Liebe zwischen Menschen wird von solch überirdischer Liebe diffamiert, indem sie in den Schmutz gezogen wird. Diese reine Liebe zeugt vom Hass auf die Menschen, die in der Regel als unfähig (Lauster 1982, S. 79) oder krank dargestellt und sozusagen als der Störfall an sich verachtet werden. Ausdrücklich sagt Lauster an dieser Stelle: »[d]ie Mehrzahl der Menschen ist nicht psychisch gesund, sondern krank« (ebd., S. 78). Und das sollte man sich einprägen: »Nur zwei psychisch *völlig gesunde Menschen* können auch eine gesunde und störungsfreie Beziehung aufbauen, die die Liebe nicht beschädigt und schwächt« (ebd., S. 169f.; Hervorh. T. F. K.).

Liebestöter

Schon sehr viel früher als der Unantastbarkeitswahn moderner Esoterik entpuppten sich religiös daherkommende Liebesvorstellungen als verbrämte Liebestöter. Adorno, der seinerzeit über den Religionsphilosophen Sören Kierkegaard habilitierte, stellt in dessen Lehre von der Liebe, wie Kierkegaard sie in seinem 1847 publizierten Buch *Leben und Walten der Liebe* fasste, nämliche Züge fest. Adorno bezeichnet es als schwierig und sogar »peinlich«, der dort propagierten »Einfalt« zu folgen.

> »Liebe wird für Kierkegaard zur Qualität reiner Innerlichkeit. Er geht aus von dem christlichen Gebot der Liebe: ›Du sollst lieben‹ und interpretiert es, indem er allen Nachdruck auf seine abstrakte Allgemeinheit legt. Das Objekt der Liebe wird in gewissem Sinne gleichgültig. Die Unterschiede zwischen den individuellen Menschen und die Unterschiede der realen Verhaltensweise des Einzelnen zu den Menschen reduzieren sich zu bloßen ›Differenzbestimmungen‹, die im christlichen Sinn gleichgültig sein sollen, da es in ›diesem Menschen‹ stets nur auf ›das Menschliche‹ ankomme, wie es in diesem bestimmten Menschen sich offenbart. Das christliche Liebesgebot richtet sich nach Kierkegaards Exegese auf den Menschen schlechthin, ohne Ansehung seiner spezifischen Beschaffenheit, auch ohne Ansehung irgendwelcher natürlicher Neigung zu einem bestimmten Menschen. Der andere Mensch wird für die Liebe das, was in Kierkegaards Philosophie die ganze äußere Welt ist, ein bloßer ›Anstoß‹ für die subjektive Innerlichkeit. Diese kennt eigentlich keine Objekte: die Substantialität der Liebe ist objektlos« (Adorno 1939/40, S. 219).

Das kennen wir vom seltsamen Spiel der Liebe in der Esoterik, die sich selbst ja stets einen panreligiösen Anstrich zu geben pflegt: *die Transformation der Liebe in bloße Innerlichkeit.* Es geht nicht um das reale Glücksgefühl, das in realen Interaktionen herzustellen wäre, sondern um die Befolgung eines Gebots, das sich aus dem Liebesbegriff herleitet.

> »Indem nach Kierkegaards Auffassung christliche Liebe eigentlich gar nicht enttäuscht werden kann, weil sie um des Gottesgebots der Liebe willen geübt wird oder, nach seinem Sprachgebrauch, sich in sich selber reflektiert, wird für den Rigorismus der Liebe, den er vertritt, der Geliebte nicht nur als Objekt, sondern als Subjekt entwertet. Allmenschlichkeit überschreitet die Schwelle zur Menschenverachtung. Das Goethesche: ›Wenn ich dich liebe, was geht's dich an‹, das Kierkegaard als ›ästhetisch‹ würde verworfen haben und das dem ›Tagebuch des Verführers‹ zugrunde liegt – dies ›unmittelbar‹ Erotische reproduziert sich gewissermaßen in seiner religiösen Lehre von der Liebe, wo es auch den christlich Geliebten nichts angeht, wenn er geliebt wird, insofern er über diese Liebe eigentlich nichts vermag. Diese Dialektik der Liebe grenzt an Lieblosigkeit. Sie fordert von der Liebe, daß sie allen Menschen gegenüber sich verhalte, als wären sie Tote« (ebd., S. 220f.).

Das Gottesgebot Kierkegaards wird in der Esoterik noch einmal weiter getrieben, indem hier das abstrakte Prinzip angebetet und nicht einem Gott gedient wird, der angeblich verlangt, was unmenschlich ist. Hohl und leer wird das Religiöse an sich zelebriert: »I'm not religious/but I feel such love/makes me want to pray«, singt Madonna, und das scheint's zu sein. Aber während Madonna vor, freilich inszeniertem, Sex nur so strotzt, und Sex zur Religion[70] erheben will, ist der Kierkegaard'schen und der esoterischen Liebe die leibhaftige Liebe zuwider: »Kierkegaards extreme Lehre von der Liebe findet mit Unterdrückung sich zusammen: der des Triebes, der sich nicht befriedigen, der des Geistes, der nicht fragen darf: wie denn stets Geistfeindschaft und Lustfeindschaft einander zugesellt sind« (ebd., S. 228).

---

70 Vgl. nochmals Ariadne von Schirachs in den Medien gerne und viel zitierte Sentenz (2007, S. 95 und S. 140): »Ficken als Gebet«. In einer dieser unsäglichen TV-Talkshows sah man auch einmal so einen, der sich outete und in die Kameras rufend verkündete, dass Ficken seine Religion sei!

So allerdings werden Menschen immer schon unterdrückt, indem man sie sexuell und intellektuell niederhält, und deshalb ist es eine ganz besondere Perfidie, wenn dies im Namen der wahren Liebe stattfindet und von Gurus ausposaunt wird, die sich als Alternativmessiasse an dessen Stelle setzen.

Der wesentliche Narzissmus des esoterischen Liebesbegriffs lässt diesen sich im existenziellen Alleinsein ein weiteres Mal verdichten. Kein anderer kann diese erleuchtete Sphäre mit menschlicher Schwäche kontaminieren, da kein anderer die dicke Membrane der allumfassenden, reinen Liebe wirklich zu durchdringen vermag, um zu ihr hin zu gelangen.

Mit der *wahren Liebe* denkt man, den Schlüssel gefunden zu haben: Denkt man. Oder fühlt man. Oder man denkt, man fühlt. Man kreist. Die wahre Liebe kreist um einen.

Allein, diese *wahre Liebe* scheint nicht das zu sein, was sie verspricht: Stell dir vor, du hast die wahre Liebe um dich, sozusagen als Halo, aber keiner kommt. Weil da keiner hineinfindet.

Diätetische Liebe

Die ganz nüchterne Gegenthese zum existenziellen Alleinsein mitsamt jenem Halo unendlich wahrer, freischwebender Liebe stammt, höchstwahrscheinlich ganz unbeabsichtigt, von Odo Marquard. Seine skeptische Philosophie hat es nicht so mit dem Prinzipiellen (vgl. Marquard 1981). Im Gegenteil, Marquard verabschiedet sich davon.

Für ihn sind die Menschen kompensierende Wesen, die das, was ihnen nicht gegeben ist und was sie nicht können, einfach mit kreativem Geschick ausgleichen. Marquard macht uns, ganz unphilosophisch, darauf aufmerksam, was wir wissen sollten, nämlich: »Das Menschenleben ist kurz. Unsere gewisseste Zukunft ist der Tod« (Marquard 2004, S. 9). Und Odo Marquard fährt fort: »Unsere unvermeidlichste Vergangenheit ist unsere Geburt [...] die Mortalität und die Natalität der Menschen beträgt nach wie vor durchschnittlich 100 Prozent.«

Demnach sind wir alle allein: Jeder Mensch ist nämlich nur ein Mal da. Zeitlich und als Person. Deshalb schlägt er, im Gegensatz zur Einsamkeitspropaganda vor, dass wir uns in menschlich kompensatorischer Absicht *vervielfachen*, um mit unserem kurzen, einmaligen Leben

> »fertig zu werden. Darum brauchen wir unsere Mitmenschen, die ja viele sind mit vielen – bunten – Lebenszeiten, an denen wir teilnehmen können und so – in gewisser Hinsicht – auch ihre Leben und Lebenszeiten haben. Mit so vielen Mitmenschen man kommuniziert, so viel mal ist man ein Mensch. Der Zeitmangel der endlichen Menschen wird also kompensiert durch die Kommunikation mit ihren Mitmenschen. Das nenne ich Lebenspluralisierung: die Ergänzung unseres kurzen Lebens durch Kommunikationskultur« (ebd., S. 12).

Die Esoteriker und die existenzialistisch Getrenntlebenden beargwöhnen die zweisame Liebesbeziehung als diesbezügliche Mogelpackung, weil sie, trotz ihrer Mystik, offenbar doch insgeheim wissen, dass man ganz allein *aus dem Nichts kommt und ins Nichts geht*, wie Max Frisch das einmal ausgedrückt haben soll – oder war es doch Monty Python in *Das Leben des Brian*, oder ein Erfurter Kabarett? –, und meinen, dass der Mensch dies für die Zwischenzeit, das heißt für den Lauf seines Lebens, auch so akzeptieren lernen soll. In der Mogelpackung *Zweierbeziehung*, der Üblichkeit, die in dieser Gesellschaft für die Liebe bereitgehalten wird, ist zwar nicht die Totalpluralisierung durch viele Menschen gewährleistet, wohl aber mindestens die reale Verdoppelung, die den Platon'schen Kugelmenschen annäherungsweise wiederherzustellen hilft.

Nach Marquard wissen die Menschen insgeheim, dass der einsame Tod »allzu bald« (Marquard 2004, S. 52) auf sie wartet.

Plagen sie sich nun ein kurzes Leben lang mit der quälenden Frage des existenziellen Alleinseins und lernen mühsam und unter Verzicht auf die Liebesbeziehungsüblichkeiten, dass es absolut keine Brücke zum anderen gibt und keine wirkliche Vereinigung und keine wirkliche Verschmelzung, dann sind sie sicher am Ende vielleicht weise, jedenfalls klassischerweise, denn der klassische Weise ist derjenige, der »verbindliche Anweisungen zum seligen Leben« geben kann (vgl. Marquard 2004, S. 102). Wenn sie ihre Weisheiten auch noch rechtzeitig vor ihrem Ableben verbreiten und eine Schar um sich scharen, die dies Wissen glaubt, sind sie Gurus, über die man vielleicht noch nach ihrem Ableben reden wird. Allein oder in der Gruppe zelebrieren und idealisieren sie die Einsamkeit, meist asketisch, ernst und mit tiefem Denken. Diejenigen aber, denen das Leben zu kurz ist für solche Absolutheiten, mogeln sich durch *alltägliche* Liebe im Alltag und durch ihre realen Alltagsliebesbeziehungen um prinzipielle Weisheiten über unvermeidliche Einsamkeit und Getrenntheit herum. Aus der Sicht der esoterischen Weisheit mögen sie mogeln: sich drumherummogeln. Aus ihrer eigenen Sicht genießen sie das Leben und die Liebe, so wie sie sie real herstellen, und wenn sie dereinst sterben, dann haben sie möglicherweise ein Leben gehabt, das auf einer Mogelpackung beruhte, aber ein glückliches. Und die anderen, die Prinzipialisten sehen darin die große objektive Drückebergerei und erhöhen sich durch die Tiefe ihres Existenzialismus.

Dass alle 47 Minuten sich in diesem Land ein Mensch erfolgreich suizidiert und die etwa die zehn- bis zwanzigfache Anzahl es versucht, also alle zwei bis fünf Minuten, dass wir mittlerweile von einer *Volkskrankheit Depression* ausgehen müssen, und dass das alles mit Einsamkeit zu tun hat, sei nur am Rande erwähnt. Anzunehmen ist doch wohl eher, dass die Einsamkeitsproblematik ein gesellschaftliches Elend dieser individualistischen Massengesellschaft ist und nicht eine universelle, schicksalhafte Invariable.

Denn dann müsste es ja so sein, dass auch jene Kulturen sich vor dem existenziellen Alleinsein und der Getrenntheit drücken, die gar kein *Ich* und kein Einzelindividuum kennen. Wenn die Erinnerung nicht trügt, kehrte vor nicht allzu langer Zeit ein deutscher Psychiater aus Vietnam zurück[71] und erzählte von der verblüffenden Entdeckung, dass die Menschen dort kein Wort für *Ich* besitzen[72] und zu vermuten sei, dass sie auch kein Ich in unserem Sinne *haben*, weil sie Gruppenmenschen

---

71 Georg W. Alsheimer (Pseudonym von Erich Wulff) 1972. Der gewählte Name hatte irgendetwas mit seinem Lieblingsweißwein zu tun, hörte man seinerzeit.

72 Definitiv weiß man das mit dem fehlenden *Ich* von dem afrikanischen Stamm der Dogon: »Im Entwicklungsprozeß der Moderne ist eine zunehmende Herausbildung des Selbstbezugs angelegt. In früheren Gesellschaften oder in heutigen Gesellschaften auf einer früheren Evolutionsstufe, wie z.B. bei den Dogon in Westafrika, haben die Einzelnen nur ein rudimentäres Bewusstsein von sich selbst. So kennen z.B. die Dogon keinen Begriff, der sich mit ›Ich‹ oder ›Selbst‹ umschreiben ließe« (Runkel 1987, S 40). »Andere Kulturen kennen unseren Leitbegriff einer Ich-Identität überhaupt

sind, die in der Einheit der Gruppe aufgehen. Ob das nach dem Einfall Amerikas so geblieben ist, der die große Freiheit der individualistischen Gesellschaft bringen wollte, sei dahingestellt. Aber man kann erkennen, was die Kritische Soziologie schon lange weiß: Die Kategorie des Individuums selbst ist eine geschichtliche und an die bürgerliche Gesellschaft gebunden. Dass die Menschen in der allgemeinen Wirtschaftsdiktatur, die sich in der postfaschistischen Ära breitmachte, isoliert sind und beziehungsunfähig und sich allein sehen, ist nicht zu bezweifeln. Ob sie sich in der existenzialistischen Stilisierung damit einen Gefallen tun, dass sie das Alleinsein zum Unentrinnbaren machen, ist nicht anzunehmen. Die wackere Annahme des prinzipiellen Alleinseins des Menschen an sich ist dann der geistige Ausdruck der heroischen Geste. Aus dieser Perspektive ist auch der Satz Benedikts XVI zu sehen, wer glaube, sei nicht allein. Der Satz spricht die Wahrheit aus. Sie wurde bereits von Sigmund Freud in seiner *Massenpsychologie und Ich-Analyse* benannt, nach der die so Glaubenden sich in ihrem gemeinsamen Ich-Ideal identifizieren können und auf diesem Wege eben nicht das Alleinsein ertragen müssen, sondern eine Gemeinschaft bilden. Während hier, zusammen mit dem päpstlichen Vernunftanspruch versteckte säkulare Aufklärung wirken mag, sind die Esoteriker und anderen Propheten, die den geistigen Ausdruck der Alleinseinsbejahung in Form einer Existenziale auf dem Tablett der Deutungsmöglichkeiten liefern, lediglich die gnadenlosen Ideologen der gesellschaftlichen Tendenz:

> »Indem der gesellschaftlich wirksame Geist sich darauf beschränkt, den Menschen nur noch einmal das vor Augen zu stellen, was ohnehin die Bedingung ihrer Existenz ausmacht, aber dies Dasein zugleich als seine eigene Norm proklamiert, werden sie im glaubenslosen Glauben an die pure Existenz befestigt. Nichts bleibt als Ideologie zurück denn die Anerkennung des Bestehenden selber, Modelle eines Verhaltens, das der Übermacht der Verhältnisse sich fügt. Kaum ist es Zufall, daß die heute wirksamsten Metaphysiken an das Wort *Existenz* sich anschließen, so als wäre die Verdoppelung bloßen Daseins durch die obersten abstrakten Bestimmungen, die aus ihm gezogen werden, gleichbedeutend mit seinem *Sinn*« (Adorno 1954, S. 474ff.; Hervorh. T.F.K.).

---

nicht«, stellt Gebhardt (1987, S. 11) fest, ebenfalls mit Hinweis auf die Vietnamesen und die Dogon.

Gegen alles Prinzipielle und Absolute, gegen immerwährende Wahrheiten und Philosophien mit entsprechendem Alleinvertretungsanspruch und Sinnmonopol wehrt sich, diesseits aller Ideologiekritik, der Skeptizismus Odo Marquards, der versucht, das Denken zunächst einmal zurück auf den Teppich zu holen, wobei, um im Bild zu bleiben, ein Teppich stets auch etwas Abpufferndes, Weiches ist, das zum einen eine gewisse Bodenhaftung ermöglicht und zum anderen den Fall auf den kalten und harten Boden der Tatsachen erträglicher macht.

Bodenhaftung bekommt die Vorstellung von der Liebe, wenn sie abgespeckt wird, das heißt, wenn der Ballast des Mystischen und Absoluten und Überirdischen abgeworfen wird. *Ballast abwerfen* (vgl. Faas 2002) kann man am besten durch Diäthalten. Kann man sich eine Liebe vorstellen, die Diät hält? Würde diese nicht von Anorexie bedroht?

Nein, die Liebe nicht, aber der Liebesbegriff, sozusagen die philosophische Begleitmusik, die muss nicht so bombastisch-adipös daherkommen. Odo Marquard schlägt für allzu dicke Entwürfe, die erkennen lassen, dass sie aufgrund ihrer Grandiosität nicht wirklich zu verwirklichen sind, ein Diätprogramm vor und führt das in einem instruktiven Essay für die Kategorie *Sinn* aus.

Es ist sicher intellektuell nicht zulässig, die Kategorie *Sinn* mit *Liebe* zu verwechseln, aber ganz so abwegig ist es wiederum auch nicht, denn für viele kann Liebe der Sinn ihres Lebens sein und für Luise Rinser heißt es gar: »Der Sinn ist Liebe« (vgl. Gotthold/Thies 2003, S. 197). Angewandt auf den Liebesbegriff macht das Marquard'sche Traktat »Zur Diätetik der Sinnerwartung« (ebd., S. 231–244) liebestechnisch echt Sinn. Der Gedankengang sei hier kurz dargestellt:

Die Sinnfrage – für uns hier also *die Liebesfrage* – sei zu *ernüchtern*, sagt Marquard, weil da viel zu viel Erwartungen aufgebaut würden. Der Sinnanspruch – hier also *Liebesanspruch* – sei übermäßig, weil er, wie alles in der Anspruchsgesellschaft, die Tendenz habe, doppelt und dreifach gehabt werden zu wollen. Das konsequenterweise dann empfundene Defizit an Sinn – *an Liebe* – entsteht ja gerade zirkulär durch den unmäßigen Anspruch an sie. In seinen *schwindelnden Höhen und über jedes erfüllbare Maß hinaus*, kann ein solcher Anspruch nur enttäuscht werden und muss notwendigerweise dann in die Erfahrung von Sinnleere – *Liebesleere* – münden, die daher quasi hausgemacht und selbst erzeugt ist.

Weiter kann uns nur eine Reduktion des unmäßig gewordenen Anspruchs bringen (vgl. ebd., S. 233), das heißt, die *Outer-Space*-Erwartungen müssen einer Diät unterzogen werden. Eine Diät des Sinns – *der Liebe* – als kategoriale Antwort auf die entscheidenden Fragen, die uns bewegen, kann aber nur über den Weg der »Diätetik der Sinnerwartung« (ebd., S. 234) gehen – sprich also hier: *der Liebeserwartung*.

Die Kategorie Sinn sieht Odo Marquard philosophiegeschichtlich im 19. Jahrhundert ins Spiel kommen:

> »zu einer Zeit, wo – als Folge des Erfolgs der Kantischen Pflichtethik des kategorischen Imperativs und ihrer sogenannten Eudämonismuskritik, ihrer Kritik der Glücksethik – das Glücksproblem [...] aus der Philosophie verbannt war, und zwar so sehr, dass auch noch dort, wo – weil man das Glücksproblem [...] nicht auf Dauer [...] verbannen kann – das Glücksproblem wiederkehrte, das Problem des Glücks nicht mehr unter seinem eigenen Namen auftreten durfte, sondern nur mehr unter Decknamen: dann also [...] als Problem des Sinns. Dieser Vorgang der Pseudonymisierung des Problemthemas Glück bestimmt auch heute noch die philosophische Szene« (ebd., S. 235).

Das *Glück* wird pseudonymisiert zum *Sinn*, und die Menschen fangen an, wie Odo Marquard anhand Hegels Ausführungen beschreibt, nicht mehr Äpfel, Birnen oder Pflaumen erwerben zu wollen, vielmehr wollen sie *Obst*. Aber, das verkennen die Kategoriengebeutelten: »Obst ist – jedenfalls für uns Menschen – nur in Gestalt von Äpfeln oder Birnen oder Pflaumen oder Kirschen oder Quitten zu haben.« Einen Oberbegriff kann man nicht essen, und Geld, das weiß man mittlerweile auch, als das Oberste schlechthin, das alles unter sich subsumiert und begräbt, erst recht nicht.

Und Marquard schreibt weiter, und es wird hier ausführlich zitiert weil es so schön ist:

> »Ganz ähnlich geht es dem, der das Glück – pseudonymisiert zum Sinn – direkt intendiert; denn so einer will nicht lesen, sondern Sinn, nicht

schreiben, sondern Sinn, nicht arbeiten, sondern Sinn, nicht faulenzen, sondern Sinn, nicht lieben, sondern Sinn, nicht helfen sondern Sinn, nicht schlafen, sondern Sinn, nicht Pflichten erfüllen, sondern Sinn, nicht Neigungen folgen, sondern Sinn, und so fort; er will nicht Beruf, sondern Sinn, nicht Hobby, sondern Sinn, nicht Familie, sondern Sinn, nicht Alleinsein, sondern Sinn, nicht Staat, sondern Sinn, nicht Kunst, sondern Sinn, nicht Wirtschaft, sondern Sinn, nicht Wissenschaft, sondern Sinn, nicht Mitleid, sondern Sinn, und so fort. Auch er wählt den einzigen, mit Sicherheit erfolgreichen Weg, das nicht zu erreichen, was er doch will: nämlich Sinn; denn Sinn ist – jedenfalls für uns Menschen – stets nur auf dem Weg über Beruf, Familie, Einsamkeit, Staat, Kunst, Wirtschaft, Wissenschaft, Pflichten, Neigungen, Mitleid und so weiter zu erreichen, und ihn anders erreichen zu wollen ist Unsinn« (ebd., S. 236f.).

Beim Lieben und beim Alleinsein stockt der heuristische Atem, denn hier genau offenbart sich, was mit dem Glück, d.i. dem Erreichen von Sinn, oder auch dem Erleben von Liebe, passiert, wenn es in eine höhere Kategorie verpackt wird.

Das Vertrackte ist: In der *Liebe*, das heißt, der *wahren Liebe*, wird die Liebe mit ihrem eigenen Begriff pseudonymisiert und im existenziellen *Alleinsein* das einzelne wirkliche Alleinsein. Statt Liebe dadurch zu bekommen, dass man liebt, wird versucht *wahre Liebe* zu erreichen. Statt das Alleinsein zu genießen oder zu fürchten, wird *das existenzielle Alleinsein* zu einer Kategorie am Ideenhimmel, der man hinterherstrebt oder um die man sich angeblich herummogelt. Im Namen der *wahren Liebe* entfernt man sich dann von der faktischen Liebe, weil, so die These, die von Hegel übernommen ist, »perfektionistische Sollforderungen als Seinsvermiesungen wirken« (ebd., S. 241). Dabei sind stets gewisse »Genies der Verzweiflungserzeugung« am Werke, nämlich *Sinnmasochisten* – hier *Liebesmasochisten* – die diesen Perfektionismus verkaufen, der wegen seiner innewohnenden Nichtverwirklichbarkeit die verzweifelten Menschen, die das kaufen, massenhaft zu noch mehr Verzweiflung treibt. Nach Marquard wird *das wirklich Mögliche* und *das Wirkliche* hier nämlich *infernalisiert*, sprich: »da es nicht das Paradies ist, gilt es als Hölle [...] Die vorhandene Wirklichkeit gilt als infernalisch, weil das Superbeste gefordert und seine Unterbietung diskriminiert wird« (ebd., S. 242).

Die Perspektive der *wahren Liebe*, das ist insbesondere anhand ihrer esoterischen Zuspitzung zu sehen, stellt die reale Liebesbeziehung in Form der intimen Bezogenheit zweier Personen, die auch noch zusammenleben und nicht voneinander lassen können, als falsch, krank, als Fehlschaltung und so weiter dar. Die esoterische Haltung, die in jeglichen Verabsolutierungen des Seinsollenden lauert, infernalisiert die Wirklichkeit, um der Verhimmlichung ihrer eigenen Welt kontrastive Nahrung zu geben. Da viele Menschen in dieser Welt unendlich viele Sehnsüchte[73] haben und einen permanenten, unerfüllten Hunger mit sich tragen, der ihnen *diese Welt* tatsächlich als Hölle erscheinen lässt, sind sie höchst anfällig für den *Speck*, der die Erfüllung verspricht. Das gilt für die Dimension *Sinn* genauso wie für die *Liebe*.

Sie können vor lauter Hunger nicht sehen, dass zwischen *Speck* und Speck ein Unterschied besteht. Die bestechende Logik dieses Unterschieds erklärt uns hier am besten ein Logiker und Mathematiker. Das ist Bertrand Russel. Anhand seiner Katzen, die so weit vom Speck ja nicht sind, wegen der Mäuse, weist er analog darauf hin, dass Katzen auch nicht immer Katzen sind, und das geht so: Alle Katzen dieser Welt in allen Arten und Schattierungen der Gegenwart, Vergangenheit und Zukunft bilden die Klasse der *Katzen*. »Die Klasse aller Katzen [...] ist selbst keine Katze, sie hat weder Fell noch Krallen«, will heißen: Eine Klasse ist, obwohl sie äquivok genauso klingt wie die darunter befassten einzelnen Tiere, »von höherem [logischen] Typ als ihre Elemente« (vgl. Watzlawick et al. 1969, S. 175ff.). Die Klassenkatze und die Miezekatze bilden immer dann eine »linguistische Illusion von Identität« und führen zu allerlei Verwirrungen und Paradoxien, wenn sie, da gleichnamig, fälschlich gleich behandelt werden.

Man käme zwar bei der Klassenkatze nicht auf die Idee, sie zu streicheln, eben weil sie kein Fell hat, aber bei der *Liebe* als kategorialem Dachbegriff für verschiedenste konkrete Arten und Weisen zu lieben, kann man durchaus in die logischen Fallstricke geraten und die Über-

---

[73] Vgl. dazu Wilhelm Schmid (2007, S. 27ff.), der in einem kleinen Essay darauf aufmerksam macht, dass Sehnsucht, auch die romantische nach Liebe, dialektischerweise davon lebt, dass sie *nicht* erfüllt wird. Die Erfüllung stellte nämlich ihre Existenz infrage.

schrift für die Sache selbst halten, genauso wie der Hegel-Marquard'sche Mann, der Äpfel verschmäht, weil er Obst kaufen will. Freilich handelt es sich bei dieser Art Verwechslung in Sachen Liebe nicht nur um ein logisches oder kommunikatives Problem, sondern um einen folgenschweren handlungsleitenden, beziehungsweise handlungsverhindernden und deshalb lebensgeschichtlich bedeutsamen Irrtum.

Wer der *wahren Liebe* nacheifert, wie sie in deren philosophisch oder bloß esoterisch aufgearbeiteten Begriffen und Konzeptionen zusammengefasst und verdichtet ist, eifert nicht ihr, sondern ihrer Idee in Form ihres abstrakten Begriffs nach und versäumt in aller Regel, im wirklichen Leben wirklich zu lieben.

Der Unterschied zwischen Kategorien, *Obst*, *Katzen*, *Liebe*, und dem wirklichen Leben, diesem Boskop, dieser Maunzi, dieser meiner Liebe zu dir, kommt, wie zu sehen war, zum Tragen bei jenen Leuten, die ihre Biografie projekthaft gestalten und sich dabei zusehen, wie sie das Programm absolvieren. Hier sieht man, wie Abstraktionen in der Wirklichkeit geltend gemacht werden und damit die Wirklichkeit und, darüber hinaus, die Möglichkeiten, Wirklichkeit entstehen zu lassen, zerstört werden. Meine Liebe zu dir wird hier zur Abfolge von *Liebesphasen*, die wir in absehbaren Zeiträumen durchlaufen werden und bereits auch durchlaufen haben: »Siehst du, wir sind eben nicht mehr in der Verliebtheitsphase, da muss es auch mal zu ganz konkreten Interessenskonflikten zwischen Mann und Frau kommen. Schließlich sind Männer und Frauen doch sehr, sehr verschieden«. Oder noch schlimmer eben, frei nach dem esoterisch Seinsollenden: »Ich kann *die Liebe* nicht mit dir verwirklichen, weil sie nicht so funktioniert, wie du es dir immer so naiv vorstellst!«

Odo Marquard liegt es sicher fern mit Adorno unter einer Decke zu stecken; gerade jemand wie diesen dürfte er mit »Genies der Verzweiflungserzeugung« (Marquard 2001, S. 241) meinen, aber mit seinen Überlegungen zum normativen Terror der übersteigerten Erwartungen mithilfe von absolut daherkommenden Orientierungsgrößen kommt er dem nahe und berührt das, was Adorno wohl als ein Problem der Erfahrungsunfähigkeit inmitten verdinglichter Verhältnisse behandelt hätte. Wer nämlich nicht mehr spürt, dass und an welcher Stelle zwischen abstrakter Realität und lebendiger Wirklichkeit ein wesentlicher

Unterschied (vgl. Holl 1987) besteht, ist von der allgemeinen Erfahrungsverarmung bereits erfasst. Die von ihm selbst geschaffene Abstraktion, in die sich sein hehrer Liebesbegriff ätherisiert, tritt dem Menschen als etwas ihm Äußerliches gegenüber und wirkt auf ihn als eine seinem Einfluss entzogene verselbstständigte höhere Macht, der er sich unterwirft. Indem er die wirkliche Liebe verschmäht, um der *wahren* zu dienen, willfährt er einer Kategorie statt das Leben zu leben.

Aber weil unser Leben eben wirklich kurz und durch den Tod befristet ist, soll es gemäß Odo Marquard nicht nur nicht durch Höheres, Kategoriales oder gar Absolutes verneint werden, durch etwas das stets unerreichbar ist, sondern es soll gelebt werden, weil das Leben in sich sinnvoll ist. Marquard plädiert hier vehement für den Mut zur Unvollkommenheit. Er plädiert eigentlich für die lebendige Erfahrung, die auch Adorno meint, wenn er sagt: »[E]s gibt mehr Sinn in der vorhandenen Wirklichkeit, als die Perfektionismen – die uns die Sinnleere des Vorhandenen aufschwätzen wollen – zu erlauben meinen« (ebd., S. 242).

Und weil das Ganze, auf die Liebe gemünzt, hieße, dass es mehr Liebe in der Wirklichkeit gibt als die *wahre Liebe* qua Absolutheitsanspruch der Wirklichkeit als Möglichkeit unterstellt, gilt zusätzlich der Rat Marquards, man möge doch tunlichst, um zum Glück zu kommen, auf ganz bestimmten Unsinn verzichten.

Die diätetische Liebe wäre also eine, die auf den Anspruchsterror der unerreichbaren *wahren Liebe* verzichtet, indem sie alle Vorstellungen und Begriffe von ihr abspeckt, die am normativen Ideenhimmel von ihrer eigentlichen Nichtverwirklichbarkeit auf Erden erzählen. Man verhielte sich diättreu dann so, wie die Zeitungsratgeber es oft anempfehlen: Man passt seine Ziele den realen Verwirklichungschancen an und hört auf von unerreichbaren Welten zu träumen.

Ehrenrettung

Allein, bei der Liebe ist das nicht so einfach. Denn zur Liebe gehört der Traum von ihr, der über das bloß Daseiende hinausschießt. Die diätetische Reduktion, die Marquards Gedanken sein könnten und die uns, wenn er so über die Liebe dächte wie in seinem Sinn-Essay, möglicherweise nahelegen würden, die viel zu hohe Liebeserwartung von den viel zu hohen Liebeskonzepten zu entkoppeln und zu den Üblichkeiten des wirklichen Lebens zurückzukehren, stünde in Gefahr, zu verkoppeln, was nun wahrlich nicht zusammengehen kann: die Liebe mit dem trockenen Pragmatismus der diesseitigen Welt.

Die meisten Zeitungsratgeber und manche psychologischen Berater machen das so: Passe deine Ziele an deine dir zur Verfügung stehenden Realisierungsmöglichkeiten an. Schuster, bleib bei deinem Leisten. Den Ball flach halten: Mensch, *du sollst nicht fliegen*[74]. Sogar der esoterische Liebesbegriff und sein Vorläufer bei Fromm, so sehr sie auch in ihrem Gestus in jenseitige platonische Idealsphären entschweben, sind in hohem Maße bodenständig und pragmatisch. An der Stelle, wo es in seinem Buch tatsächlich um die *Praxis* des Liebens geht, sagt Fromm ausdrücklich, was man *tun* muss, um diese *Kunst* ausüben zu können: Man müsse Disziplin lernen – Guten Tag, Her Bueb! –, man müsse Konzentration lernen, man müsse Geduld lernen, und man müsse ein unbedingtes Interesse an der Beherrschung dieser Kunst haben (vgl. Fromm 1977, S. 141–144). Und er geht auch noch ins Detail: Disziplin zum Beispiel, erfährt der Leser, lernen *wir*, indem *wir* morgens

> »regelmäßig zur gleichen Zeit aufstehen, täglich eine bestimmte Zeit bestimmten Tätigkeiten, wie Meditieren, Lesen, Musikhören und Spazierengehen, zu widmen, sich nicht oder zumindest nur in einem bestimmten Ausmaß ablenkenden Dingen, wie Kriminalromanen und Filmen, hinzugeben und weder zu viel zu essen noch zu trinken« (ebd., S. 145).

Und Fromm sagt allen Ernstes, diese so zu erwerbende Fähigkeit, zusammen mit der Fähigkeit allein zu sein, sei »eine Bedingung für die Fähigkeit zu lieben«.

---

74 »Je mehr das gesellschaftliche Dasein, kraft seiner Allgewalt und Geschlossenheit, den Desillusionierten zur Ideologie seiner selbst wird, um so mehr brandmarkt es den als Sünder, dessen Gedanken dagegen freveln, daß was ist, eben darum auch recht hat. Sie leben in Flugmaschinen, aber parieren dem gleich allen echten Tabus unausdrücklichen Gebot: Du sollst nicht fliegen. Den werden die Götter der Erde strafen, der über die Erde sich erhebt. Die antimythologische Vereidigung aufs Existierende stellt den mythischen Bann wieder her« (Adorno 1942a, S. 102f.).

Bei Lausters esoterischem Konzept sieht das nicht minder pragmatisch aus, auch und zumal er Fromms Kapitel »Die Praxis des Liebens« als einziges ausdrücklich hervorhebt. Allerdings arbeitet Lauster nicht so kleinteilig mit klingelndem Wecker und so; seine Praxisanweisungen greifen etwas höher und sind abstrakter: Um lieben zu können, braucht man die Offenheit der Sinne, einen richtigen Umgang mit dem Denken nach dem Motto: wenn »Liebe herrscht, muss das Denken schweigen« (Lauster 1982, S. 122), einen richtigen Umgang mit der Zeit, die Kunst des Alleinseins auf jeden Fall, verbunden mit dem warnenden Zeigefinger: »In der Zweisamkeit liegt keine Therapie für ein nicht gelungenes Alleinsein« (ebd., S. 142); und vor allem: »die gesellschaftlichen Verhältnisse müssen ignoriert werden« und »die Begierde muss verschwinden« (ebd.). Toll!

Das Ganze kann man bewerkstelligen mithilfe von Kontemplation und Meditation (ebd., S. 124). Lauster lehnt zwar Techniken und Gymnastikübungen ab, wie er sagt, dafür setzt er aber immer wieder auf *Waldspaziergänge*. Versuche mal einer, im deutschen Wald die Gesellschaft zu ignorieren! Der nächste Büchsenknall vom allradmotorisierten Jagdpächter, der ihn aufschreckt, oder der immer noch vom GAU in Tschernobyl kontaminierte Maronenröhrling, den er mit Tränen in den Augen stehen lässt, oder der alte schöne Baum, sein Freund, den die boomenden Holzpreise den Waldbesitzer zum *Ernten* drängten, und der nun gefällt ist wie Hunderte seiner Artgenossen im drastisch gelichteten Wirtschaftsforst: das alles holt ihn zurück, weil es an uralte und knallharte Antagonismen gemahnt, von deren Analyse die Esoterik allerdings strengstens abrät. Analytisches, gesellschaftsbezogenes Denken, politisches gar, ist verboten.

Am Schluss gibt uns Lauster einige Kostproben seiner »psychologischen« gesellschaftsignoranten Liebesberatung, und da wird er dann doch konkreter:

> »Fühle erst den Sonnenschein, sei glücklich über deine Empfindungen, fühle zuerst den Wind auf deiner Haut und gehe auf in diesen sinnlichen Wahrnehmungen [...]. Lass den Dingen ihren Lauf [...]. Schau zuerst zum Fenster hinaus, atme die Luft ein [...]. Höre die Vögel singen, höre genau hin [...]. Öffne dich und betrachte. Laß alles Analysieren mit dem Verstand« (Lauster 1982, S. 198, 202, 211 und 214).

Gegen solchen Pragmatismus wehrt sich die Liebe, denn es steckt in ihrer Wesensbestimmung, dass sie im wirklichen Leben zur Verwirklichung drängt, und das nicht als bloße Fähigkeit oder Potenzialität im Bezug auf einen höher angesiedelten Sanktnimmerleinstag im Sein als solchem, sondern als wirkliches Erleben und als wirkliche Erfüllung in der irdischen zwischenmenschlichen Tatsächlichkeit.

»Everybody needs somebody to love«, sangen die Rolling Stones: Die Menschen, die lieben wollen, wollen Menschen lieben. Sie wollen in aller Regel *einen*[75] Menschen lieben und von ihm geliebt werden, sie wollen glücklich sein mit diesem Menschen, sie wollen das Glück in dieser verwirklichten Liebe erleben. Nicht wollen sie erst im Wald bei Bäumen, Vögeln und Schmetterlingen üben, nicht wollen sie erst Meditieren und sich Konzentrieren oder immer früh aufstehen, nicht wollen sie erst eine höhere Fähigkeit erwerben und sie dann richtig anwenden. Sondern sie wollen, dass es spontan geschieht, intuitiv aus ihrem Bauch heraus, heftig, zärtlich, sinnlich, voller Glückempfinden in diesem kurzen unfertigen Leben.

Wenn die Liebe sich also ganz anders verwirklichen will, und zwar nicht als kontemplative Selbsterfahrungsveranstaltung des abgehobenen Einzelnen, sondern als eine irdische Einrichtung im Leben, die im Medium realer Interaktionen, zwischen lebendigen, das heißt in der Regel: unvollkommenen Menschen, stattfindet, dann steht sie im krassen Widerspruch zu diesem erhabenen Läuterungspragmatismus. Der nämlich will die Sinne in jene kryptoreligiöse Höhen treiben, die dafür bekannt sind, dass sie dem Sinnlichen entraten, welches doch die Liebe just irdisch und lebendig macht. In die knappe Luft dünner Höhen wollen aber die Menschen, die die wirkliche Liebe suchen, zumeist gar nicht hin.

Es drängt sich der Verdacht auf, dass die esoterisch-kontemplative Liebesvorstellung, die mit Psychoübungen zusammengeht, wie sie heute in jeder Volkshochschule und jedem Fitness-Center angeboten werden,

---

75 Über die Zahl *Zwei* ließe sich sicher trefflich philosophieren, aber weltweit scheint es in der Tat so zu sein, dass die überwiegende Zahl der Menschen sich, kulturunabhängig, in Zweierbeziehungen der Liebe widmen: »Eins und eins, das macht zwei ...« (Hildegard Knef).

funktional so etwas wie ein Trost sein dürfte für diejenigen, die im wirklichen Leben aus Gründen, die nicht immer in ihnen selbst liegen müssen, keine Liebe gefunden haben. Dieser pseudoreligiöse Gestus, dass eine höhere Weihe erworben werden kann durch Verzicht auf irdisches, sprich kleines Glück, dass durch den Erwerb der Fähigkeit zur *wahren Liebe* die Liebe unabhängig von realen Bedingungen allein im Inneren gelebt und erlebt werden kann, sozusagen interessenlos, frei und unter Absehung der Wirklichkeit; das alles hilft schon sehr über die Einsamkeit hinweg, die einem heroisch anzunehmen die Esoteriker ans Herz legen. Während die Vertreter der richtigen Qualitätsreligionen ganz ehrlich verkünden, dass das Leiden auf Erden erst im Himmel, den man durchaus als Utopie der besseren Gesellschaft übersetzen könnte, aufgehoben wird, frohlockt die esoterische Variante mit der großen Glückserfüllung der perspektivlosen Euphorie im Hier und Jetzt, wenn man nur auf das kleinliche Liebesglück jetzt und hier verzichtet und auf reale Beziehungen sowieso. Zumindest auf Dauerbeziehungen.

Alles in allem käme es eben auf das *richtige* Wissen an, sagt Peter Lauster.

Dem können die real Liebenden insofern freudig zustimmen, als für sie der edle Satz: »Eine falsche Erkenntnis kann großes seelisches Leid verursachen, während die richtige Erkenntnis heilend und befreiend wirkt« (Lauster 1982, S. 192), wenn man ihn vom Kopf auf die Füße stellt, ganz und gar zustimmungsfähig ist. Zustimmungsfähig ist der Satz deshalb, weil davon auszugehen ist, dass falsche Erkenntnisse und sogar auch richtige nicht etwa am Ideenhimmel aufgehängt vor sich hingammeln oder angelegentlich auch mal aufgegriffen werden, sondern aus Menschenköpfen stammen, die ihren seelischen Dispositionen damit einen Vernunftanstrich geben und das verdoppeln, was in ihnen psychisch schlummert. Meist sind es zutiefst verinnerlichte gesellschaftlich kompatible Verhaltensforderungen, die *in ihnen* sich äußern, und die, das ist ihr Wesen, kontrafaktisch als gesellschaftsunabhängig und persönlich-rein-subjektiv auftreten und sich als profunde, meist ewige Wahrheiten, ergo: *richtige Erkenntnisse* präsentieren.

Um das richtige Wissen, die richtige Erkenntnis über die Liebe geht es in der Tat. Nur wer kann nach all dem noch sagen, was richtig und falsch ist?

Fürs erste mag gelten, dass vor Aussagen die allzu schnell mit den Kategorien *Richtig* und *Falsch* operieren, zu warnen ist, weil sie ihrerseits falsch sein dürften. Ob allerdings Aussagen, die sich vor diesen Kategorien drücken, ihrerseits *richtiger* sind, kann so ohne Weiteres freilich nicht garantiert werden.

Wenn sich also in uns Zweifel regen gegen eine Konzeption der Liebe, die uns normativ daher kommt im Sinne von *Richtig* und *Falsch*, wo kommen diese Zweifel gegebenenfalls her?

Vielleicht sei auch hier zunächst daran erinnert, dass die Entscheidung über *Richtig* und *Falsch* nicht anhand der in diesem Kategoriensystem behaupteten Wirklichkeiten getroffen werden kann, sondern viel eher anhand der Handlungskonsequenzen, die dieses oder jenes *Richtige* oder *Falsche* mit sich bringt. Wenn es um die Liebe geht, dann ziehen für richtig oder falsch gehaltene Annahmen Konsequenzen nach sich, die sich in den drei wesentlichen Dimensionen, in denen Liebe sich manifestiert: Haltung, Gefühl und Handlung, folgenschwer ausdrücken. Deshalb sind die Erkenntnisse über die Liebe in der Tat nicht unwichtig.

So macht es einen prinzipiellen Unterschied, ob die Liebesvorstellungen *von unten* oder *von oben* begründet sind. Geht man davon aus, dass Liebe auf leiblich-seelischen Bedürfnissen gründet und durch reales Tun prinzipiell herstellbar ist, oder geht man davon aus, dass Liebe als ein größeres Prinzip außerhalb aller menschlichen Unzulänglichkeiten gedacht werden muss und daher ein himmlisches Geschenk ist, das von einer höheren Instanz gegeben wird oder auch nicht, wenn man Pech hat? Die Logik und die daraus sich ergebenden Handlungskonsequenzen eines Liebesbegriffs *von unten* sehen freilich ganz anders aus als die Implikationen eines Liebesbegriffs, der den Ursprung und das Wesen der Liebe jenseits der weltlich-materiellen Bezüge *oben* ansiedelt.

Während der diesseitige Liebesbegriff ganz selbstverständlich davon ausgeht, dass Liebe sich im irdischen Dasein zwischen Mensch und Mensch, in dieser Kultur zumeist zwischen Frau und Mann, verwirklichen kann und gleichermaßen in der sinnlichen Interaktion von Körper und Psyche kulminiert, droht der idealistische Liebesbegriff immer mehr in die göttliche Sphäre aufzusteigen, und statt in realen Interaktionen lediglich in normativen Orientierungen seinen Ausdruck zu suchen, die unabhängig von einem Objekt der Sehnsucht zu sich kommen wollen. Der Waldspaziergang als das herzige Sinnbild für die sich entwickelnde Sensitivität will sagen: Erst kommt das Prinzip Liebe, dessen Höhen der Innerlichkeit erklommen werden müssen, und dann kommt, vielleicht, vielleicht aber auch nicht, sozusagen als eine bloß mögliche Konsequenz der inneren Liebesfähigkeit, die empirische Liebe zu einem Partner, die allerdings in einer engen Beziehung sich *als Liebe* aus ihrer Sicht eher nicht wird entfalten können, denn Partnerschaften sind von vornherein diesbezüglich ungenügend. Andersherum ist für einen Liebesbegriff *von unten*, bei dem zuerst die durch sinnliche Bedürfnisse begründete Liebe zwischen zwei Menschen entsteht, die Fähigkeit, auch Bäume und Vögel und das Leben als solches zu lieben, die Konsequenz: Aus der realen Menschenliebe strahlt die Liebe zu dem ab, was sich außerhalb ihres intimen Universums befindet und nicht umgekehrt aus der universalen Liebe die reale. Diese universale, weltumfassende Liebe des idealistischen Liebebegriffs birgt die Gefahr, zum Terrorinstrument zu werden, und sie wird es immer dort, wo Menschen andere Menschen im Namen dieser Liebe zum *richtigen* Verhalten, Denken und Tun bringen wollen.

Beispielsweise ist in manchen Erziehungsanstalten mit hehrem Liebesbegriff auf edlen, meist sogar christlichen Fahnen solche Gewalt im Namen der Liebe geschehen. Heute noch merkt man den Schwestern und Nonnen – die mit ihrem Erziehungsterror seinerzeit elternlose Kinder drangsaliert haben und nach Jahren des Schweigens jetzt mit ihrer Gnadenlosigkeit konfrontiert werden – ihre Berührungsängste und Lieblosigkeit und Genussfeindlichkeit an. Hier zeigt sich ganz deutlich, dass ein Liebesbegriff, der in sich Anhedonie transportiert und mit pädagogischen Kategorien herumfuchtelt, der sinnlichen, aus Befriedigungsbedürfnissen geborenen Liebe zwischen Gleichen konträr gegenübersteht.

Derjenige, dessen Liebesvorstellung sich aus der Idee speist, liebt zuweilen die Liebe oder das Leben oder das Sein, alles wunderbare Dinge, aber eben Abstraktionen, denen er trotz aller narzisstischen

Allgewaltigkeit seiner Liebe, kein Leben einhauchen wird können. Er liebt infolgedessen seine eigenen Ideen, und das heißt: sich selbst.

Es gibt im Lager der Liebesidealisten gar solche, die sich auf der Basis ihres Liebesbegriffs ins menschliche Terrain hineinwagen. Um diese arg strapazierte Version mit Harald Schmidts anlässlich des Libanon-Einsatzes aufgewärmtem Witz zu illustrieren: »Ich hatte im Leben nur eine große Liebe«, sagt die Großmutter zu ihrer Enkelin: »Matrosen, Matrosen, Matrosen ...« Wenn sich also solch ein Mensch ganz edel versteigt zu Sätzen wie: »Ich liebe Matrosen«, weiter noch, »Ich liebe die Menschen« oder gar, »Ich liebe alle Menschen«, dann ist ihm zunächst mit Alexander Mitscherlich entgegenzuhalten: Wer sich in einer Masse befindet und sagt, dies seien aber verdammt viele Menschen hier, der versucht, damit einen Distanzierungseffekt zu erzielen (vgl. Mitscherlich 1953, S. 44). Zutreffend stand einmal unter den York-Brücken in West-Berlin für die Autofahrer geschrieben: »Meine Dame, mein Herr, Sie stehen nicht im Stau, Sie sind der Stau!«

Wer Matrosen liebt, das sei am Rande erwähnt, ist genauso rassistisch wie derjenige, der nur Asiatinnen oder Schwarzafrikanerinnen aufsucht. Wer darüber hinaus *die Menschen* liebt, dem sei nun wirklich ein weiteres Mal mit Sigmund Freud und Theodor W. Adorno gesagt: »Allmenschlichkeit überschreitet die Schwelle zur Menschenverachtung« (Adorno 1939/40, S. 220ff.). »Und weiter: es sind nicht alle Menschen liebenswert« (Adorno 1967, S. 688)[76]. Wer alle über einen Kamm schert, der meint nicht den Einzelnen sondern bildet Kategorien. Er macht die Menschen, die er zu lieben vorgibt, zum Ding und entlarvt sich als das, was er ist: unmenschlich. Er ist so unmenschlich wie die christliche oder von anderen Richtigkeitsideologien durchtränkte Erzieherin, die ihren Schutzbefohlenen die Liebe einprügelt, die ihr a priori, also von ihrem Gott, immer schon gegeben scheint.

Gegen diese Liebesvorstellungen *von oben*, die gewissermaßen de-

---

76 »Eine Liebe, die nicht auswählt, scheint uns einen Teil ihres eigenen Wertes ein-zubüßen, indem sie an dem Objekt ein Unrecht tut. Und weiter: es sind nicht alle Menschen liebenswert.« Diese zwei Sätze Sigmund Freuds aus *Das Unbehagen in der Kultur* zitiert Adorno mehrfach. Selbst schreibt er: »Denn die Menschen, die man lieben soll, sind ja selber so, daß sie nicht lieben können, und darum ihrerseits keineswegs so liebenswert« (1967, S. 688).

duktiv die Liebe über alles gießen und schütten und mit Donnerhall kommen lassen, was ihnen liebenswert scheint, entsteht aus der empirisch gemeinten Liebe *von unten* erst im Lauf der Zeit eine verallgemeinerungsfähige Vorstellung von Liebe, die dann sozusagen induktiv mit umfassender Liebe beantwortet, was geliebt zu werden wert ist. Es gilt: Wenn nicht alle liebenswert sind, dann schon gar nicht *alles*.

Den idealistischen Kopfgeburten von oben stellt sich ein tief verankerter und probater Vorstellungsinhalt von der Liebe entgegen, der aus der eigenen Erfahrung ihrer Verwirklichung kommt. Diese Liebesvorstellung von unten tritt nicht als ausgearbeiteter Begriff auf, wie ihn die Philosophie anbietet. Sie kann es auch gar nicht, weil sie vorbegriffliches Wissen ist, sinnliche Gewissheit. Gefragt, was Liebe sei, könnte diese sinnliche Gewissheit positiv und durchdacht gar nicht so recht antworten. Sie könnte aber in bestimmten Situationen sagen: Mit Gewissheit ist es dies hier nicht; was ich meine, was Liebe ist, ist etwas ganz anderes.

Die meisten Menschen, die in eine Paartherapie kommen, weil sie in einer Beziehung leiden, haben ein solches vorbegriffliches *negatives Wissen* über die Liebe, und zwar in dem Sinne, dass sie mit großer Gewissheit sagen können: »Liebe ist das hier nicht, was wir beide miteinander veranstalten, und deshalb wollen wir etwas ändern.«

Natürlich könnte ihnen ein psychologisch Kompetenter oder auch bloß esoterisch Erleuchteter hier raten, die Zweierbeziehung insgesamt zu lassen, weil dort wie in einem Gefängnis sich *wahre Liebe* nicht entfalten kann: Denn Liebe ist, wie gesagt, ein Kind der Freiheit.

Aber sie meinen nicht eine solche Liebe, die da im normativen Hintergrund winkt: Sie wollen keine Liebe, die mit pädagogischem Zeigefinger und richtigen Erkenntnissen daherkommt. Aber auch nicht das, was sie gerade leidvoll in ihrer Beziehung durchleben. Sie wollen Liebe; sie haben einen noch nicht zu sich gekommenen impliziten Begriff von ihr. Irgendwo, tief in ihrem Inneren, wissen sie offenbar, was wirkliche Liebe ist. Wie sie sich anfühlen muss.

Die Quelle ihres insgeheimen Wissens über die Liebe setzt sich zweifelsohne aus lebensgeschichtlichen Erfahrungen zusammen, ganz frühen Kindheitserfahrungen, vorgeburtlichen (vgl. Orban 1976) zumal, überformt mit Erfahrungen anderer gelungener Interaktionen, die ihnen zusammen das Gefühl gaben, gehalten, gemocht, verstanden, angenommen zu werden. Aber auch diejenigen, deren Elternhäuser emotional karg oder abweisend waren, haben einen emotionalen Zugang zu dem, was Liebe ist, denn es gibt ein Körpergedächtnis, das es ihnen sagt.

Wer unter dem Mangel leidet, weiß und spürt, dass da etwas Wesentliches fehlt, weiß und spürt es aus einer Sehnsucht heraus, von der sie oder er sicher ist, dass eine tiefe innere Instanz es zum gegebenen Zeitpunkt dann schon zweifelsfrei sagen wird, was deren Einlösung bedeutet. Das ist keine Mystik, sondern somato-psychische Realität, denn das Glücksempfinden setzt sich zusammen und speist sich aus vielen realen Augenblicken, die daran erinnern und gleichzeitig immer erneut vorwegnehmen, was Körper und Seele als das tiefe Glück kennen.

Der Einwand, einer der stets hungrig war, werde die Erfahrung von Sattheit nicht kennen und sich überfressen, oder: einer, der stets unglücklich sein musste, werde keine Fähigkeit erworben haben, das Glück wirklich zu empfinden, mag formallogisch richtig sein. Aber wer, zum Teufel, kann sich anmaßen über Sattheit und Glück Bescheid zu wissen und dann auch noch auf eine so umfängliche Weise, dass er sich derart als normativer Lebensweisheiten-Guru aufspielen zu können meint? »We're all a part of the things that go wrong«, sang Eric Burton. Das ist zutreffender als das Gequatsche von der allseits entwickelten Persönlichkeit.

Das Glück, das den Menschen von solchen Guru-Weisheiten wohl eher ausgetrieben denn beigebracht werden soll, hat seinen somato-psychischen Ursprung im umfassenden vorgeburtlichen Befriedigungszustand, in dem es an nichts fehlte, und es findet seine erwachsene Wiederholung im sinnlichen Höhepunkt der geschlechtlichen Vereinigung, die von der Psychologie nicht umsonst als tiefe Regression und in der Erotik als »der kleine Tod« gefasst wird, der den ganzen Menschen einschließt und mitreißt. Körperliches und psychisches Geschehen sind eins. Dort, wo die Sehnsucht eingelöst ist, gibt es kein Auseinanderfallen von Leib und Seele.

Deshalb dürfte es eine hintergründige Gewissheit vom Wesen des Glücks geben, gleichsam ein transzendentales Wissen von ihm. Und aktuell, sozusagen empirisch, meldet sich zumindest ein negatives Wissen: Menschen wissen nämlich, wann immer sie in Beziehungen unbefriedigt zurückbleiben. »Nein, das ist es nicht, beziehungsweise: Nein, das ist es noch nicht – das ist noch nicht das Ganze. Glück fühlt sich anders an«.

Das hat mit Unersättlichkeit überhaupt nichts zu tun, sondern mit qualitativem Erfahrungswissen. Unersättlich sind die, von denen ein Rastalocken-Sänger sang: »Dem belly full but hungry«, und selbst der Unersättlichste, der auf der Suche nach Glück Erlebnisse in sich hinein-frisst wie andere die Currywürste auf dem Hamburger Dom, weiß, weil er immer weiter frisst, dass er es noch nicht hat, was er ersehnt.

Aus diesem, wenn man so will, somato-psychischen Hintergrundwis-sen speist sich unser transzendentaler Liebesbegriff, der uns zwar selten voll ausformuliert gegenübertritt, der aber in uns arbeitet und aufstößt, wenn er sich mit anderen Liebesbegriffen konfrontiert sieht, die nun gar nicht zu seinen Grundannahmen passen, weil sie aus jenseitigen, sinnlich nicht validierbaren Sphären stammen. Aus der Gewissheit über ihre sinnliche Dimension sperrt sich etwas gegen die unsinnige Liebe.

Aber die Liebesvorstellung *von unten* kommt nicht allein aus dem begrifflosen Bauch jener somato-psychischen Glücksformel, die for-malchemisch ja eventuell auch auf die emotionalen Begleitumstände eines betrachteten Sonnenuntergangs oder eines mit oder ohne Ideo-logie genossenen Waldspazierganges oder des Verzehrs einer halben Tafel Schokolade zutreffen mag. Zu diesem begrifflosen körperlich-seelischen *Grundwissen* kommt das kulturelle Wissen, sozusagen die Akkumulation und symbolische Aufbereitung der Menschenerfahrung, die in aller Regel, wenn es um Liebe geht, bestätigt, dass sie etwas mit zwischenmenschlicher Interaktion und Kommunikation zu tun hat. Die Träume von Liebe und Glück sind in allen Gesellschaften und in allen Zeiten immer Träume von *Etwas* und finden nicht inhaltsleer als Wellen aufgespülter Hormone statt! In dieses Etwas mischen sich die alten und neuen Geistesprodukte ein, welche die Liebe einzufangen versuchen.

Das können, zumindest in unserer westeuropäisch-amerikanischen Kultur, je nach Bildungsstand und Differenzierungsgrad wissenschaft-liche Theorien, Philosophien, Kunstwerke, Musikstücke, Romane, ja sogar Liebesfilme (vgl. Hirsch 2008) oder Zeitungsartikel aus der Massenproduktion sein, die unsere Sehnsucht und unsere Befriedigungswünsche spiegeln und die uns Beispielbilder mehr oder weniger gelungener Liebe liefern, an denen sich unsere eigene *Begriffsbildung* in Sachen Liebe orientiert (vgl. Illouz 2007a, S. 74ff., 188ff.). Von woher sonst sollen denn auch unsere Liebesvorstellungen kommen, wenn nicht aus unseren tiefen körperlich-psychischen Befriedigungsbedürfnissen und aus den hinzukommenden Vor-Bildern, die insbesondere unsere Eltern sein mögen oder Ingrid Bergmann mit Humphrey Bogart oder Ingrid Bergmann mit Gary Cooper oder Ingrid Bergmann mit Yves Montand. Oder auch, unter der Regie von Igmar Bergman, Liv Ullmann mit Erland Josephson. Oder, für manche: Leonardo DiCaprio mit Billy Zane und Kate Winslet. Manche nehmen aber auch immer noch Romeo und Julia als Vorbild, jedoch sind

> »Film und Fernsehen [… sind …] in unserer Kultur an die Stelle der Romane getreten, und ihre Macht, unsere Fantasien und Tagträume mit ihrer obsessiven Darstellung von Liebesromantik zu affizieren, erklärt zumindest teilweise den weit verbreiteten Glauben, dass die Fiktion sich unserer romantischen Erfahrung bemächtige« (ebd., S. 189).

Andere wiederum, die tatsächlich noch lesen, vielleicht weil sie sich von medial hochgespülten Kultautoren zeitgemäße Erleuchtungen versprechen, lesen aus Houellebecqs Romanen das dahinter liegende Liebesbild heraus oder interpretieren es hinein. Wo auch immer wir die Bilder hernehmen, sie dienen dazu, in uns jene höchstpersönliche emotional aufgeladene, sehnsuchtsvolle Vorstellung vom Liebesglück anzureichern, die wir dann in die reale Interaktion einbringen.

Die interaktiven Bilder, wie Mann und Frau, Mensch und Mensch das *machen* mit der Liebe, all die aufregenden Vorstellungen über das zentrale Geschehen, die uns geprägt haben, treiben uns voran in unserem Bemühen, sie herzustellen, und seien sie noch so ideologisch und kitschig. Das macht nichts, denn wir kopieren ja nicht eins zu eins Hollywood-Filme, wenn wir lieben und leben, jedenfalls nicht, wenn wir die Liebe und das Leben ernst nehmen, sondern wir konkretisieren, zusammen mit unserem leiblich-seelischen Vorabwissen vom Glück, unter Zuhilfenahme der gesellschaftlich angebotenen Bilder und unseren geistigen Zutaten, unsere Sehnsuchtsziele, die uns, wenn dann wirkliche Menschen auf den Plan treten, mit denen eine lebendige Liebesgeschichte beginnt, im besten Falle nicht-terroristisch und nicht-normativ, Gütekriterien an die Hand geben, aus deren Metaperspektive wir die Qualität unseres Tuns bemessen. Wenn wir genügend erwachsen sind, lösen wir uns immer mehr von den virtuellen Pseudokonkretionen, welche die Kultur und die Kulturindustrie zu Simulationszwecken (ebd., S. 190f.) liefern, weil die doch allzu kontaminiert sind mit den jeweiligen affirmativen Normen, und wir handeln, wenn man so will, aus unserem *abstrakten Begriff* heraus, zu dem sich unsere durch lebendige Erfahrung gewonnene Liebesvorstellung *von unten* verdichtete.

Diese unsere Vorstellung von der Liebe, das sei die Ehrenrettung ihres *Begriffs* gegen den Pragmatismus der Diätetik, hat immer auch etwas Utopisches, denn wir wollen, wenn wir etwas wollen, stets das Nicht-Vorhandene, sei es das ganz Andere oder sei es bloß das Naheliegende, das wir noch nicht ganz haben, wenn wir nach einem *anderem* streben. Wir streben allerdings nicht um des infiniten Strebens willen, das der idealistische Begriff der wahren Liebe urgiert, sondern wir streben nach der Erfüllung bereits irgend partiell erfahrenen Glücks, welches wir als Ganzes wollen und von dem wir zutiefst überzeugt sind, dass es keine überirdische Kategorie ist sondern irdische, somato-psychische Wirklichkeit hier und jetzt sein kann.

Die gesellschaftlichen Bilder, die heute, seit dem historischen Beginn der Emanzipation von Frau und Mann möglich sind und die, seitdem es Film und Fernsehen gibt, weltweit und massenhaft an dieselben weitergegeben werden, sind, zumindest die guten unter ihnen, so fern von der Liebe nicht. Es sind teilweise Bilder von erfüllten, gelungenen Interaktionen, in denen Wechselseitigkeit und sinnliche, kommunikative Befriedigung zwischen Menschen möglich ist. Und es sind potenziell »richtige Erkenntnisse«, die hier transportiert werden, die sich in unsere Seelen einnisten und dortselbst selbstverständlich auch heilend und befreiend wirken.

Das Problem mit den gesellschaftlichen Visionen des gelingenden

Glücks ist jedoch dies, dass die Gesellschaft sich zumeist dagegen wehrt, wenn die Idee eines Besseren, die sie selbst produziert, Wirklichkeit und allgemeiner Zustand werden will und die wachen Gesellschaftsmitglieder das forciert vollziehen, wovon sie träumen. Dazu bedient die Gesellschaft sich nur selten offen terroristischer Maßnahmen, die ihren Repressionscharakter ja unverhohlen zeigen würden, sondern die »freie«, »demokratische« Gesellschaft bedient sich in aller Regel eines perfiden Tricks: dass sie nämlich das Mögliche als das bereits Verwirklichte darstellt und alles darüber hinausweisende Streben durch Sedierung verhindert.

Die freie Gesellschaft, die sich den *Pursuit of Happiness* auf die Fahnen geschrieben hat, suggeriert: Du, Gesellschaftsmitglied, hast bei mir bereits all das, was du brauchst, insbesondere die großen Werte, in denen sich alles wiederfindet: Freiheit, Gleichheit, Brüderlichkeit, Menschlichkeit, Gerechtigkeit, und das, was du gegebenenfalls noch nicht hast zum deinem Glück, kriegst du bei mir – und *nur* bei mir. Also füge dich, dann kriegst du es auch ganz bestimmt. Und wenn du dich nicht fügst, dann enthalte ich dir meine Segnungen vor.

Was das Gesellschaftsmitglied dann allerdings angeboten bekommt, das ist nicht das wirkliche Glück, sondern das sind all die inzwischen höchst elaborierten Ersatzbefriedigungen vom Konsum-, Erlebnis- und Sinnmarkt, die sich meist auch unheimlich gut anfühlen und gern in Anspruch genommen werden. Betäubt werden soll damit das genuine Bedürfnis, das mit *Glück* gemeint war, denn das soll und darf in seiner Tiefe nicht befriedigt werden. Wo sonst käme all die frei flottierende Wunschenergie her, welche die ökonomisch-soziale Dynamik am Laufen hält?

Das heißt die symbolischen Verbindungen, welche die wirkliche Glücksbefriedigung verheißen, werden *exkommuniziert*, und die freiwerdende Energie in Form von unerfüllten Sehsüchten, Begierden und Wünschen wird mit der *werthaltigen* Sphäre der gesellschaftlichen Reproduktion amalgamiert: Schönheitswahn, Jugendlichkeitswahn, Fitnesswahn, Gesundheitsindustrie, Sexindustrie, Sport, Mode, Freizeit, alles am besten passend zum politischen Ideal von Ehe, Familie und alter, wieder aufpolierter Wertorientierung. Freilich ohne dazugehörige Tugenden[77]. Die würden das Getriebe nur stören.

Dennoch: Es gibt keine anderen Bilder als die, die in der jeweiligen historischen und sozialen Situation gesellschaftlich produziert werden, wie gesagt, woher sonst sollten die Vorstellungen denn kommen?

Das heißt: Diese Bilder sind stets nichts mehr und nichts weniger als weniger oder mehr gelungene Geistesprodukte von identifizierbaren Individuen oder Gruppen. Und wenn sie denn die Qualität haben, das gesellschaftlich Mögliche zu erfassen, dann transzendiert der Gehalt der Bilder das bloß Seiende und erfasst virtuell das wirkliche Glück, dessen Verwirklichung das bloß Seiende hintertreibt. Insofern enthält das geistige Produkt objektive Wahrheit gegenüber dem unwahren Ganzen.

Deshalb werden insbesondere die Begriffe von Liebe und Glück stets ins gesellschaftliche Normengefüge zurückgebunden. Sie werden just dort von der Kultur- und Bewusstseinsindustrie gezähmt, wo sie gesellschaftlich gefährlich werden, also verändernde Kraft entfalten könnten: Sie werden »konfektioniert [...], um die Massen als Konsumenten einzufangen, und wenn möglich ihren Bewußtseinszustand zu modellieren und zu fixieren« (Adorno 1954, S. 474), denn hier, bei der Liebe und dem Glück, liegen die für die Gesellschaft ausbeutungsfähigen Energieressourcen der menschlichen Subjektivität offen zutage. Dieser ständige, quasi zyklisch verlaufende Prozess von Traumentwürfen des real Möglichen im je gegebenen historischen Augenblick und deren Vergesellschaftung und Kommerzialisierung, der die Verwirklichung des Möglichen hintertreibt, hält das Gefüge energetisch zusammen: »Er zielt auf synthetische Identifikationen der Massen mit den Normen und Verhältnissen« (ebd., S. 476), und das auf immer neuem soziokulturellem Niveau. Trotz der scheinbaren Trostlosigkeit dieses immergleichen, nahezu mystischen Realzusammenhangs, gibt es dennoch einen Hoffnungsschimmer, fast möchte man sagen, einen kräftigen Schein am Möglichkeitshorizont.

---

77 Bernhard Bueb macht darauf aufmerksam, dass zu den Werten, die heute wieder propagiert werden, stets auch Tugenden gehören, verinnerlichte Fähigkeiten, sie auch umzusetzen. Von Tugenden aber reden die Politiker, die von Werten faseln, nie. Warum wohl?

Und das ist immer noch und stets erneut vor allem der Begriff von Glück und Liebe selbst, der sich, kraft seines Sujets, partout nicht einsperren und nicht bändigen lässt. Er lässt sich nicht einsperren und domestizieren, weil seine inhärente Vision für das real Mögliche steht, und das real Mögliche ist aufs immer Neue das, was immer wieder erneut sein könnte: die ungeschmälerte Verwirklichung. Deshalb ist an einer *Idee von Liebe* gegen ihre pragmatisch-diätetische Reduktion auf das bloß Machbare festzuhalten.

Wirkliche Liebe

Zu unterscheiden ist zwischen den Vorstellungen von der wahren Liebe und denen von der wirklichen. Einen Begriff von der wirklichen Liebe kann man freilich nur haben, wenn man darauf verzichtet, die Liebe als Singularüberschrift, also als Begriff zu bekommen, denn dergestalt gibt es sie in der Wirklichkeit ganz offenkundig nicht. Wer eine Vorstellung von der wirklichen Liebe hat, kann sie nicht fixieren, denn die wirkliche Liebe ist die verwirklichte Liebe zwischen konkreten Personen in ihren konkreten Lebenszusammenhängen. Und die sind jedes Mal anders. Es gibt immer nur die Liebe zwischen Lucie und Jan oder die zwischen Ferdinand und Veronica, nicht aber die Liebe *als solche*. Die Liebe als solche ist das, was man vielleicht darüber zu berichten weiß, wenn man es von außen beobachtet und worüber man dieses und jenes schlussfolgert, vielleicht ist es auch bloß der projektive Wunsch, es genau so zu erleben wie die beiden, aber Petra und Bernd erleben nicht die Liebe von Lucie und Jan und Lucie und Jan nicht die von Veronica und Ferdinand. Eine Vorstellung der wirklichen Liebe schließt deren situative Einzigartigkeit ein und die Möglichkeit, sie zu vergleichen oder sie eins zu eins zu vervielfältigen, aus.

Wer Liebe als einen lebendigen Prozess versteht, der zwischen realen Menschen stattfindet, kann und wird sich nicht versteigen zu einem Begriff, der sie abstrakt festhalten will. Denn selbst *von oben*, aus der Perspektive der begriffsbildenden Abstraktion, sieht der, der die Liebe begreifen will, dass sie *von unten* entsteht. Ihr jeweiliger »Begriff« lebt in den konkreten, unverwechselbaren Menschen, die ihre Liebe miteinander so und nicht anders lebendig werden lassen, wobei ihr jeweiliger Begriff von der Liebe überhaupt nicht ausformuliert und fertig vorhanden ist, sondern eher unbestimmt, vage und gewissermaßen schwebend sein dürfte. Erst im handgreiflichen Fall des Sich-Verliebens verwandelt sich dies Schwebende in die konkrete Feinstofflichkeit wechselseitigen Handelns, sprich: in liebende Interaktion.

Zur Wiederholung: Liebe findet statt im Medium der Interaktion. Liebe *ist* Interaktion. Liebe ist Lieben. Aus diesem banalen Axiom ergeben sich alle weiteren Möglichkeiten und Unmöglichkeiten, über die Liebe zu reden.

Interaktiv, also im Austausch ihrer lebensgeschichtlich erworbenen Fähigkeiten und Sehnsüchte und Bedürfnisse, versuchen diejenigen, die sich kennenlernen und sich verlieben, ihre höchstpersönlichen und in der Regel eher vagen Liebesvorstellungen in dieser spezifischen Konstellation Wirklichkeit werden zu lassen, die ihnen aus naheliegenden, gefühlten Gründen die richtige zu sein scheint. Das heißt: Beide versuchen es, beide bringen sich ein, beide bringen ihre Fähigkeiten, Sehnsüchte und Bedürfnisse ein und beginnen damit ein gemeinsames Universum zu erschaffen, das sich zunächst aus diesen ihren *Inputs*, dann aber, im Verlauf ihrer Liebesgeschichte, immer mehr aus interaktiven Neuschöpfungen von Liebeszutaten zusammensetzt. Sie kreieren eine neue Liebe: ihre Liebe.

Anders kann es gar nicht sein als dass hier Neues entsteht. Würden in der Liebesgeschichte immer nur der aus den individuellen Biografien stammende Stoff verarbeitet, hätten wir es lediglich damit zu tun, dass die Partner sich im Rahmen ihrer herkömmlichen Bedürfnisdeterminanten aneinander befriedigten. Das ist die Konstellation, die Erich Fromm und andere mit Immanuel Kant verurteilen als den aus ihrer Sicht schändlichen Sachverhalt, dass sich hier Menschen instrumentalisieren und zum Ding machen. In der Tat müsste man sich fragen, wenn es beim bloßen gegenseitigen Funktionalisieren bliebe, ob dies von den Betroffenen dann auch als wirkliche Liebe empfunden würde.

Die interaktive Neuschöpfungen hingegen, die für die beiden durch ihre spezifisch bezogene Interaktion eine Erfahrung entstehen lässt, die zuvor für sie so noch nie da gewesen ist und die auch zuvor auf der Basis ihrer persönlichen Voraussetzungen von ihnen noch nie gedacht, geschweige denn antizipiert wurde, sind der eigentliche Stoff, aus dem die traumhafte, Wirklichkeit werdende Liebe ist.

Es entsteht etwas ganz anderes, als die bloße Addition oder Akkumulation oder Multiplikation der eingebrachten Vorstellungen und Vermögen ergeben würde. Ihre Aktions- und Reaktionswirbel, die sich aneinander hochhangeln: ihre Interaktionsschleifen treiben sie, ohne Zwang, mit viel Lust und Freude, aber sozusagen mit immanenter Notwendigkeit, zu einem qualitativen Sprung in einen höheren Grad der Wechselseitigkeit und Bezogenheit, den sie als lebensgeschichtliches Novum erleben. Deshalb können sie eigentlich erst jetzt, nachdem sie sich als isoliertes Einzelindividuum aufgehoben haben und in das andere Universum eingetaucht sind, das sie, einander liebend, kreieren, von wirklicher Liebe reden. Sie sagen: »Ich liebe dich«, um sprachlich auszudrücken, was der Fall ist, und sie drücken mit ihrer Zärtlichkeit und Begierde und Kommunikativität aus, was sie nicht zu sagen bräuchten. Aber es ist viel zu schön, um es zu verschweigen.

Paare, die sich lediglich darauf kaprizieren jene *wahre Liebe* mit dem anderen herzustellen, die sie als vorab erworbenen Begriff von ihr in die Beziehung einbringen, geraten früher oder später in einen für die Liebesbeziehung entscheidenden Konflikt. Vorab erworbene Vorstellungen haben nämlich die Eigenschaft, tendenziell als statische Normgrößen zu wirken und das dynamische Geschehen, das in Interaktionen besteht, auszubremsen. Hinzu kommt, dass jeder Einzelne sich in seinem idiosynkratischen Erwartungshorizont umso mehr vereinzelt, als er den seinerseits zur statischen Ideenwelt geronnenen Erwartungshorizont des anderen als konkurrierend oder inkompatibel erlebt. Er muss dann den anderen tendenziell als Störung erleben, weil der andere ihm ebenso vereinzelt gegenübersteht und ebenso ansprüchlich auftritt wie er selbst ihm gegenüber. In vielen Paartherapien ist das Thema, dass die beiden Partner, die eigentlich *die Liebe* wollen, an ihren Vorstellungen hängen geblieben sind und damit zum Beispiel Loyalitäten pflegen, die ihren elterlichen Auftraggebern gelten, die aber dadurch den Zugang zueinander zu verlieren drohen. Wer also nach einer gewissen Dauer der Liebesgeschichte immer noch genau weiß, wie er sich die Liebe eigentlich mal vorgestellt hat, unter deren Ausbleiben er leidet, hat möglicherweise nicht sich selbst sondern seine heteronomen Gedanken und sonstigen ferngesteuerten Versorgungswünsche eingebracht, um sie zu verwirklichen und nicht die Liebe, die nur ein neues, qualitativ anderes Universum als das bislang Dagewesene sein kann.

Die *richtigen* Vorstellungen von der Liebe müssten also das Kunststück vollbringen, diese interaktive Dynamik der Neuschöpfung von Liebe festzuhalten: Liebe ist das, was erst entsteht, wenn zwei Menschen sich liebevoll aufeinander beziehen. Und diese Liebe ist nicht etwa das Produkt ihrer Interaktionen, das am Ende herausschaut, sondern die Interaktionen selbst sind die Liebe.

Es ist, als würde ein Weg in dem Moment und allein dort entstehen, wo man ihn geht. Oder, mit einer technisch moderneren Metapher: Es ist, wie wenn eine Straße in dem Moment entsteht, wo die Straßenbaumaschine sich in Bewegung setzt. Auf diesem Weg läuft der Mensch oder fährt die Straßenmaschine, ohne dass beide sich darauf ausruhen könnten und ohne dass sie wüssten, welches Ziel sie damit ansteuerten. Sie sind schlicht *auf dem Weg*.

Keine Selbstverständlichkeiten

Wer es sich auf diesem Weg allzu gemütlich machen will und sich ausruhen gedenkt, verliert ihn. Die größten Feinde der Liebe sind die Selbstverständlichkeiten. Deshalb gilt für die wirkliche Liebe: Keine Selbstverständlichkeiten! Wer sich in Selbstverständlichkeiten fallen lässt, fällt zurück. Die mehr oder weniger neurotischen Routinen lassen die Partner auf das Niveau ihrer Einzel-Ichs regredieren mit all ihren herkömmlichen Bedürfnissen und alten Versorgungs- und Befriedigungsansprüchen, die in ihren präinteraktiven, einsamen Liebesvorstellungen ihren Begriff hatten und in ihrer frühen Bedürftigkeitsgeschichte ihren Ursprung, und sie fangen an darunter zu leiden, dass ihr Partner sie und ihre Vorstellungen nicht versteht. Und da man nicht nicht-interagieren kann in zwischenmenschlichen Beziehungen, die ja nichts anderes als Interaktionen sind, fängt der Partner in der Tat an, den anderen nicht mehr zu verstehen, weil auch er mit ähnlichen präinteraktiven Reaktionsmodi reagiert, um sich seinerseits in seiner Vereinzelung zu behaupten, in welche die interaktionsvermeidenden Interaktionen ihn zurückfallen lassen, was gleichermaßen nicht funktionieren kann. Da diese Interaktionsvermeidung selbst eine Interaktionsschleife ist, an der beide teilhaben und es in der Regel egal sein dürfte, wer Täter und wer Opfer, beziehungsweise wer Ursache und Wirkung ist, stehen sich beide alsbald wie Kämpfer gegenüber, die dem jeweils anderen nachweisen, dass er ganz anders ist als man selbst und nichts verstanden hat und den man mit brachialen Mitteln dazu bringen muss, auf einen wirklich einzugehen. Der Standardvorwurf beginnt dann mit dem Gedanken oder der offenen Nörgelei: »Wenn du mich wirklich lieben würdest, dann …« (vgl. Onken 2001). Und die dazugehörige Ich-Aussage, die nicht ausgesprochen wird, lautet: »Ich fühle mich von dir nicht geliebt«, oder besser und ehrlicher noch: »Ich fühle zum gegenwärtigen Zeitpunkt in mir nicht die Liebe, die es mir ermöglichen würde, aus meinem Schneckenhaus des möglichst nicht-interaktiven zurückgezogenen Einzel-Ichs herauszukommen«.

Aus den offenen Klagen und Vorwürfen aber hört man, wenn man denn zuhört, was eigentlich die Liebe sein soll und sein könnte, denn die Klagen lauten: »Ständig entziehst du dich, oder: Immer versuchst du, mich zu dominieren«, oder: »Nie bist du richtig erreichbar«, oder: »Du hörst mir nie richtig zu«, oder: »Du verstehst mich nicht«. Hinter jeder Klage steckt, wie man weiß, ein Wunsch, und daher könnte es sein, dass die Klagen in etwa Folgendes ausdrücken wollen: »Ich möchte, dass du dich mir zuwendest und dich mir widmest«, oder: »Ich möchte, dass zwischen uns Gleichberechtigung und keine hierarchische Kommunikation vorherrscht«, oder: »Ich wünsche mir, dass du dich mir öffnest und für mich erreichbar bist«, oder: »Ich möchte, dass du mir zuhörst« (vgl. M. E. Schmidt 2002), oder eben: »Ich wünsche mir, dass du mich verstehst, dass heißt wirklich verstehst, nicht in dem, was ich sage, sondern in dem, was ich meine.«

Allerdings kann die Umformulierung der Klage in den dahinter liegenden Wunsch nur ein erster Anfang sein, aus dem Schneckenhaus wieder herauszukriechen. Die Liebe entsteht nicht oder lässt sich nicht wiederbeleben mit einer, wenn auch netter als auf dem Klageweg vorgebrachten Konfrontation mit ihrem Seinsollenden. Das Seinsollende, das sich zwar aus dem Wunsch deutlich heraushören lässt, ist aber noch immer interaktionslos. Es ist das Seinsollende aus der Sicht des einen, ohne das Angebot einer Brücke, auf die der andere, dessen Nähe und Verständnis und Zuwendung vermisst wird und der selbst im Schneckenhaus verharrt, seine Schritte lenken könnte. Selbst wenn der andere inhaltlich längst zustimmen könnte, was sein sollte, kann er es über den Klageweg nicht erbringen. Was soll Liebe auch für ihn anderes sein als jene spezifische Bezogenheit: jene Zuneigung, jenes Verständnis, jene Leidenschaft, jene Intimität und eben das, was sie basal ist – jenes somato-psychische Begehren, das beide ursprünglich zusammenbrachte.

Die Einladung zur Interaktion bestünde in ihrer vorauseilenden Wiederbelebung und nicht in der Formulierung des Wunsches nach ihr, die lediglich eine schwer aufzulösende Sei-spontan-Paradoxie nach sich zöge. Faktisch geschieht das durch Selbstreflexion und das sich dabei ergebende Rekursivwerden des Geäußerten selbst: Das Pferd, das nur zurückgezogen auf der Wiese grast und auf den richtigen Weg wartet, den es sich wünscht, muss wieder anfangen zu galoppieren, um auf selbigem zu sein. Selbstreflexion hieße, die Forderung und den Wunsch an den anderen auf sich selbst anzuwenden: »Ich will mich wieder öffnen, will mich wieder mehr auf dich beziehen, ich will wieder versuchen, dich zu verstehen.«

Verstehen im Sinne einer Einfühlung in Fremdseelisches kann ich rein gar nichts, wenn ich nicht auch zugleich in der Lage bin, meine Psyche, mein Ich, das heißt, mich zu verstehen, sodass ich mich als Person rekonstituieren und neu in die Waagschale werfen kann. Ich muss mich offenbaren, um einen Weg zum anderen zu finden:

> »Wenn ich aus meinem Schneckenhaus nicht mehr herausfinde, fühle ich mich so verzweifelt, oder so irritiert, oder so wütend, oder so anlehnungsbedürftig, dass ich im Grunde gar nicht so richtig weiß, was ich tun soll. Am liebsten wäre mir, wenn du deinen Arm um mich legtest und mich auffingest wie ein Kind. Das aber meine ich mir versagen zu

müssen, was mich immer tiefer in mein Schneckenhaus hineintreibt und meine Hilflosigkeit noch vergrößert. Wie geht es dir, was passiert in dir, wenn du dich in dein Schneckenhaus verzogen hast. Hast du dann einen Weg, um da wieder herauszufinden? Komm, lass uns voneinander reden, um uns an diesem Punkt besser zu verstehen. Vielleicht bei einem Waldspaziergang?«

Es gilt, erneut Interaktionsschleifen zu etablieren, die interessante Antworten, Fragen, Einsichten und aufregende Sinnesempfindungen nach sich ziehen, welche es mit sich bringen, dass beide sich wieder als Personen zeigen und als Personen für den anderen wieder interessant, wenn nicht faszinierend werden. Die Interaktion beginnt wieder auf Trab zu kommen und der Weg unter ihr gewinnt wieder an Stabilität. Man kann wieder etwas wagen auf festerem Boden, man kann wieder anfangen zu springen, zu tanzen und umeinanderzuwirbeln: für den anderen das tun, was man von ihm will, ihn zur Spiegelung einladen, ihn verführen – nicht auf das mir Fehlende schielen sondern sich konzentrieren auf das uns Bereichernde: die Faszination der entstehenden Nähe mit einem, der als anderer Mensch mit einer anderen Herkunft sich in einer genuinen Distanz zu mir befindet und sich in einem von uns gemeinsam gesteuerten Maß auf mich zubewegt wie ich mich aus Distanz auf ihn zubewege, die Faszination, die dieser Mensch auf mich ausübt, weil seine Reaktion die meine ansteckt. Dieses wechselseitige sich aneinander Entzünden, das in der ersten Verliebtheit wie ein Rausch begann, der unsere Ichs außer sich brachte: das alles beginnt erneut, wenn die lebendige Interaktion wieder zugelassen wird.

Und die lässt keine Selbstverständlichkeiten zu und keine neurotischen Routinen. Was entsteht, entsteht durch Wechselseitigkeit im situativen Hier und Jetzt. Da ist nichts, auf was man sich betten könnte. Jegliche Regression in die Versorgungshaltung des alten Ich wird immanent geahndet mit einer Abschwächung der Intensität des gemeinsamen Reigens. Jeglicher Rückzug in die Einzelkammer wird interaktiv pariert mit entsprechendem Spiegelungsverhalten, Protest oder Frustration.

Die Liebe schließt alle Varianten und Zustände des Verliebseins aufs immer Neue ein. Die abgeklärte, routinierte Weisheit, Verliebtheit sei ein nicht ganz unproblematisches Motiv der Anfangsphase und hebe sich in der eigentlichen reifen Zuneigung auf, ist ihr fern. Genauso wie sie selbst, entsteht der andere auch immer wieder neu als anderer, der aus der neuen Perspektive neue Faszination ausübt. Der Spannungsbogen zwischen den beiden, der in der ersten Verliebtheit entstand, hat die Tatsache zum Hintergrund, dass sich beide erstmalig begegneten und den anderen gewissermaßen ohne Subsumtionskriterien, vorurteilsfrei, mit dem Respekt Fremden gegenüber, abtastend und doch voller Aufregung, näher an sich herankommen ließen.

Die Distanz, derer es bedarf, immer neue Nähe herzustellen, speist sich aus der Fähigkeit, den anderen anders sein lassen zu können, ihn nicht einzuheimsen, ihn nicht zum Inventar werden zu lassen. Wer den anderen nicht als anderen erfährt, sondern ihn zu *seinem Menschen* (Adorno 1951, S. 89) macht, verfehlt ihn und verfehlt die Liebe selbst.

Eine wesentliche Voraussetzung für die spezifisch wechselseitige Bezogenheit, aus der die Liebe zwischen zwei Menschen besteht, ist die Fähigkeit und Bereitschaft, sich immer neu zu verlieben[78], auf immer höherem Niveau der Intimität den anderen als anderen zu realisieren, ihn immer neu kennenzulernen, ihn immer neu faszinierend zu finden, sich immer wieder neu fragen zu können: »Wer eigentlich ist dieser faszinierende Mensch neben mir?« Das ist das Gegenteil der symbiotischen Gewöhnungen und Selbstverständlichkeiten, und dennoch findet es allein im Zusammenleben, in der Sym-Biose statt. Genauso wie Nähe nur aus der Distanz hergestellt werden kann, kann die spezifische Bezogenheit, die Nähe und Distanz, Intimität und Fremdheit einschließt und aneinender abarbeiten lässt, sich nur entwickeln, wenn man sich irgend verbindet und ein eigens dafür reserviertes Universum entstehen lässt: ein Universum zu zweit. Die *Zweierbeziehung* ist dafür der eingebürgerte und freilich völlig unangemessene Begriff geworden.

Eine Variante neurotischer Routinen von Zweierbeziehungen ist es, dass man sich dort, in der Zweierbeziehung, gelegentlich bis permanent aus dem Weg geht, um nur keine Bindung und kein Zusammenleben, dafür aber eine Menge kontrastiver Spannungen entstehen zu lassen. Eine

---

78 Das hat nichts mit dem ständigen Dauerverlieben zu tun, das Ariadne von Schirach zu Recht als »infantil« bezeichnet (2007, S. 313), denn dieses kreist nur um sich selbst.

andere Üblichkeit ist es, bis zur Identitätslosigkeit im Selbstverzicht die Ichs zu fusionieren, um nur auf jeden Fall Einigkeit und Gleichklang und Harmonie zu haben, dafür aber die totale Spannungslosigkeit hinzunehmen.

Derartige Selbstverständlichkeiten haben das Ziel, die notwendige Bezogenheit der Liebespartner zu unterlaufen und Szenerien des aus der Sicht der Einzelnen *richtigen* Liebeslebens bloß zu simulieren. Ein lebendiges Liebesleben kann es jedoch ohne immer neue Anstrengungen der lebendigen Interaktion, die das Leben der Liebe nicht inszenieren sondern es immer neu in neuen Facetten real zur Welt bringen, gar nicht geben.

Hausbau

Liebe verwirklicht sich als spezifische Form der Bezogenheit zwischen zwei Menschen, jedenfalls in unserem Kulturkreis, und setzt insofern deren leibhafte Anwesenheit voraus. Dort, wo diese interaktive Dynamik eine Dauereinrichtung zu werden verspricht, fühlt man sich zu Hause.

Es ist daher gewiss ein schönes Bild, wenn man sich die Liebe als ein Haus (vgl. Küstenmacher 2006) vorstellt das man gemeinsam bewohnt oder das man gerade neu einrichtet. Allein, die hübsche Metapher trügt. Sie täuscht vor, dass diejenigen, die da einziehen, das Haus schon vorfinden und bloß noch ein paar Möbel in die richtigen Zimmer stellen müssen, so als ob es *die Liebe* schon vorab gäbe und man sie nur über die Schwelle des eingerichteten Schlafzimmers tragen müsste. Liebe aber ist nichts statisch Seiendes, schon gar nicht ein außerhalb der Liebenden und unabhängig von ihnen bereits a priori Vorhandenes, das sie bloß noch ein bisschen individuell herzurichten bräuchten. Liebe ist, im Gegenteil, wesentlich Prozess. Liebe ist »kein Zustand [...], sondern nur da vorhanden, ›wo sie ständig erzeugt wird‹« (Bastian 2007, S. 68), und ein Haus, so schön es mit Türmchen- und Erkermetaphern auch sein mag, wird nicht ständig neu erzeugt. Einen leitenden Architekten mit Plan und Statikberechnungen gibt es schon gar nicht, es sei denn, man geht von platonisch-göttlicher oder von ratgebergeschulter Liebe aus, bei der vorab und per externer Norm festgelegt ist[79] was sein soll.

Gleichwohl muss davon ausgegangen werden, dass beim ständigen Erzeugen von Liebe es die Erzeuger selbst sind, die gelegentlich mit statischen Bauelementen ankommen und sich dort häuslich einrichten wollen, wo sie Undynamisches etablieren: Beide kommen nämlich in aller Regel mit ihren eigenen Vorstellungen an und sind dann mit denen des anderen konfrontiert. Man glaubt in dieser Logik natürlich, man baue sich ein Haus mit vielen verschiedenen Räumen und jeder beziehe diverse Zimmer und richte sich dort ein.

Vielleicht geht man zunächst ganz naiv davon aus, dass die Zimmer in gewisser Weise gleich sind, und man denkt, man bewohnt die Zimmer gemeinsam. Aber eigentlich gestaltet ein jeder in diesem statischen Haus ganz dynamisch auch seine eigenen Zimmer, von denen der andere nur denkt, sie seien identisch oder zumindest nicht wesentlich von den seinen verschieden. Das mag daran liegen, dass der jeweils andere da nicht oft genug hinein geht oder vielleicht gar dort nur höchst selten anwesend ist. Des Weiteren scheint es Räume zu haben, die gemeinsam genutzt werden können, wobei dort ein jeder wiederum sein kleines Refugium und seine Nische haben dürfte, in die er sich zurückziehen kann, ohne sich sogleich in sein eigenes Zimmer einzuigeln und hinter sich die Tür zuzumachen. Und freilich scheint es ganz zentrale Gemeinschaftsräume zu geben, die eigens und uneingeschränkt der Konstruktion des gemeinsamen Universums vorbehalten sind und seiner Pflege dienen. Wie häufig welche Zimmer frequentiert werden, sozusagen welche Dynamik in der Statik möglich ist, und wie lange man sich darin mit welcher Intensität aufhält, sozusagen welche Wohnkultur sich etabliert, ist der individuellen Gestaltung, sprich: den individuellen Möglichkeiten geschuldet,

---

79 Wenn man an eine extern gemanagte Liebeswirklichkeit glaubt, kann das dann in der modernen Version zum Beispiel so klingen: »Ich hab ihn. Den Partner finden, der wirklich passt. Eine harmonische Partnerschaft muss kein Zufall sein. Das PARSHIP-Prinzip schlägt Ihnen anhand Ihres Persönlichkeitsprofils Partner vor, mit denen Sie eine ausgewogene Mischung aus Gemeinsamkeiten und Gegensätzen verbindet. Basierend auf 30 Jahren Erfahrung. Neugierig, wer wirklich zu Ihnen passt? PARSHIP.de jetzt kostenlos testen« (Der Spiegel 31/2007, S. 153).

Liebe in den vorgegebenen Bahnen lebensgeschichtlich mitgebrachter Gestaltungspotenziale zu erzeugen.

Einzelzimmer und Gemeinschaftsräume

In den eigenen Räumen, die jeder für sich allein bezieht, wird intermediär die individuelle Energie und das Selbstsein aufgetankt, derer es bedarf, um sich auf das Wagnis des gemeinsamen Universums und die Zusammenlegung der Ichs einlassen zu können. Es muss immer erneut ein Ich da sein, das sich mit einem Ich amalgamiert. Deshalb scheinen Rückzüge in die Selbstproduktion, in der man sich, wie es heute so schön heißt, neu erfindet, für die Liebe notwendig. Ein Einheitsbrei aus Gammel-Ichs ist aus dieser Warte des sich runderneuernden selbstreferenziellen Ichs für die Liebe unbekömmlich.

Selbstreferenz heißt: sich auf sich beziehen. Das Selbst beschäftigt sich mit sich selbst. Es kreiert sich erneut, betreibt Selbstfindung, Selbstverwirklichung, Selbstbestimmung, Selbstbefreiung: Es betreibt Emanzipation (Runkel 1987, S. 41). Es löst sich aus heteronomen Ketten, beginnt wieder auf sich selbst zu achten und Anregung aus sich heraus zu finden: interne, intrinsische Motivation. Die Schaffung seiner selbst ist als Autopoiesis in der konstruktivistischen Sichtweise der Dinge bekannt und der Begriff berühmt geworden. Autopoiesis umfasst Selbstreproduktion, Selbstorganisation und Selbstreferenzialität, und das alles geschieht via Selbstbeobachtung (ebd., S. 42). Das Ganze klingt höchst zirkulär. Ist es auch. Psychologisch würde man hier von Narzissmus reden, der libidinösen Besetzung des Selbst durch sich.

Wie alle Selbstbeschäftigung scheint die für die Liebe notwendige stetige Neuerfindung des Selbst also auch eine Gefahr für die Liebe zu bergen:

> »Vom modernen Individuum wird geradezu Selbstreferenz verlangt, mit der damit zusammenhängenden Forderung nach Autonomie als Form der Selbststeigerung. Eine solche gesteigerte Form der Selbstreferenz lockert die Sozialbeziehungen und gilt dann als Ausdruck von Freiheit. Selbstreferenz entwickelt sich zur Indifferenz« (ebd., S. 46).

Das Problem, das beim Rückzug in die Einsamkeit der Ichhaftigkeit und der Selbstreferenz auftritt, ist offenkundig dies, dass das Ich beim Selbstsein für den anderen verloren zu gehen droht, denn wer sich in der Selbstbeobachtung verliert, tendiert in der Regel dazu, bei sich bleiben zu wollen und steht in Gefahr, den Zugang zur Brücke nicht mehr zu finden, der in der Hingabe des Ich und im, wenn auch temporären, Ich-Verlust besteht. Das Gemeinsame der Liebe droht dem in der Selbstreferenz Versinkenden seinem Ich fremd und äußerlich zu werden. Je mehr Selbstbezug, desto weniger Raum für ein Wir; und je mehr Wir, desto weniger Ich, so stellt sich das Dilemma jedenfalls aus der Perspektive des isolierten Ichs dar.

Es gibt aber auch die Perspektive des Wir, die etwas ganz anderes erfahrbar macht: Je mehr Wir, desto reicher die Ichs, zu denen jeweils das Du hinzukommt, welches das Ich als Ich anerkennt und spiegelt. Diese ihm bedrohlich erscheinende Perspektive des Wir allerdings öffnet sich ihm erst, wenn das selbstreferenzielle Ich sich preisgibt.

In den gemeinsamen Räumen des Hauses, das die Liebe beherbergt, und das heißt, dort, wo die eigentliche Erzeugungsdynamik beherbergt ist, wird jene *Folie à deux* gelebt, als welche die Liebesbeziehung dem einsamen Ich von außen erscheinen muss – ein Ich, das voller Angst und Abwehr an jenen Stellen Wahnsinn zu unterstellen pflegt, wo seine begrenzte Wirklichkeit überschritten wird. Für das sich selbst schaffende Ich gilt, dass es nur in seiner Einsamkeit existiert: »innerhalb der Geschlossenheit [seiner] Autopoiesis« (ebd., S. 43), und ein Verlassen dieser ihm existenziell scheinenden Position ist ihm schlicht nicht vorstellbar.

In den Gemeinschaftsräumen des Hauses Liebe aber, also im dynamischen Teil, wo die Hausmetapher nicht stimmt, wird, kaum dass das selbstreferenzielle Ich sich, verführt durch das andere Ich, hingegeben und verloren hat, eine neue, komplexere Stufe von Autopoiesis eingenommen. Das ist die Selbstschaffung des Wir, das sich über Perspektivenübernahme und die Komplementarität des Erwartens und Handelns zweier Ichs herstellt (ebd., S. 41), die sich wechselseitig als Ich anerkennen und wertschätzen.

Voraussetzung dieser Anerkennung und Wertschätzung war und

ist, dass da Ichs auf den Plan treten, die qua Attraktivität, und das heißt aufgrund ihrer Ichhaftigkeit, ihrer Autonomie und ihres Selbstbewusstseins die Anerkennungs- und Wertschätzungsbereitschaft des anderen Ichs anfeuern. Deshalb ist die spannungsgeladene Dialektik von intermediärem Selbstbezug und erneuter Preisgabe des Ichs im Wir für die Liebe unerlässlich.

Es geht im Leben der Liebe um Grade der Bezogenheit: Wie viel Wir wird mit wie viel Ich generiert. Wenn man beim Bild des Hauses bliebe, müsste man hier sagen, dass das etwas mit der Wohnungsgröße zu tun hat: *Wohnungsgröße* gleich *Liebesbegriffsgröße*. Ein zu kleiner Liebesbegriff, eine zu enge Vorstellung von dem was Liebe sein kann, zum Beispiel die verhäuslichende Einengung der Liebe auf die Frage der Dauer, auf die Frage der Loyalität oder die Frage der Leidenschaft, führt notwendig zu Fluchttendenzen, sprich Aushäusigkeiten, Alternativensuchen, Kurzurlauben oder größeren Entdeckungsreisen, weil kleine Wohnungen eben im Vergleich zu Schlössern viel zu wenige innenarchitektonische Entfaltungsmöglichkeiten bieten.

Wer aber von der Liebe transzendental gesagt bekommt: »Ich bau dir ein Schloss«[80], weil seine Liebesvorstellungen und die seines Geliebten unendlich reich sind, wird natürlich nicht sogleich an Flucht denken oder an Notausgänge, denn der Unterschied von der freiwilligen zur erzwungenen Nähe beruht, um abermals im Bild zu bleiben, auf der Vielzahl und Großzügigkeit der Räume, sprich der dynamischen Erzeugungsprozesse.

Damit soll nicht vordergründig die soziale Wirklichkeit angesprochen sein, wenngleich sich hier empirische Parallelen von ungleich verteilten realen Wohnungsgrößen und ungleich verteilten Liebesvorstellungen aufdrängen. Auch dort, wo der reale Wohnungsbau sein Unwesen treibt, geht es vielmehr ganz umfassend und grundsätzlich um die alles Beengte aufsprengende Kraft der Liebe, die sich gegen die Schwerkraft der Verhältnisse selbst in den kleinsten Wohnungen entfalten kann, wenn

---

80 Das Heintje-Lied, das seinerzeit sicher für Mutter gesungen wurde, kam als Song der Neuen Deutschen Welle 1981 noch mal wieder, und zwar von Purple Schulz und die Neue Heimat. Und die Haus-Metapher gibt es, wie gesagt, auch im Simplify-Buch von Küstenmacher und Küstenmacher (2006), da aber ganz anders.

sie nur groß genug ist. Auch und gerade dort kann ihr Schloss erbaut werden, man denke an die Studentenbude, in der die Liebe von Lucie und Jan erblüht, und man denke an die Unfähigkeit zur Liebe bei den Belly-full-but-hungry-Menschen in den Palästen, die stets dem Haben hinterher streben, ohne je satt zu werden und das Sein, was immer das für sie sein könnte, zu erfahren.

Es kommt darauf an, welche Qualität die Räume aufweisen, aus denen sich das Haus der Liebe zusammensetzt. Es kommt auf ihre qualitative Großzügigkeit und ihre Vielfalt an. Die Gemeinschaftsräume, die für die Liebe unerlässlich sind, haben verschiedene Namen: Türschilder, die dahinter befindliche Wohndimensionen kennzeichnen. Der zentrale Flur, also die prozessuale Schaltstelle, von dem diese dimensionalen Räume abgehen, heißt *Bezogenheit*. Wie und in welcher Intensität beziehen sich die Liebespartner aufeinander. Das Medium, sozusagen der Äther der Bezogenheit, ist die Kommunikation, die den zentralen Flur durchweht. Durch Kommunikation konstruieren die beiden ihr gemeinsames Universum, das ihr Bezugspunkt ist. Von diesem Flur aus gehen sie in die gemeinsamen Räume, im prozessualen Sinne: Sie betreten die für ihre Liebe wesentlichen Dimensionen, just indem sie sie generieren.

Ein zentraler Raum, der direkt vom Flur der Bezogenheit abgeht, vielleicht sogar eine ganze Zimmerflucht, heißt: *Basisüberzeugungen*. Hier sind die allerwichtigsten Gemeinsamkeiten untergebracht, die die Liebe untermauern, Basisüberzeugungen zum Beispiel über Treue, über Exklusivität und soziale Streuung der Liebe, über Glauben oder Nicht-Glauben, über den Stellenwert von Vernunft, von Rationalität, von Subjektivität, von Emotionalität, von Intuitivität; Es geht hier um die für die beiden wichtigsten Dinge der Welt: um den Stellenwert von Existenzialien wie Leben, Geburt, Tod, Gesundheit, Krankheit, Geworfensein, Schicksal, Zufall, Notwendigkeit, Sinn, Geist, Natur, es geht um Religion, um Weltanschauung, politische Konstellationen und Überzeugungen.

Vor allem aber ist hier der Raum für die grundsätzliche Basisüberzeugung, welche die Liebe fundiert, und das ist der Konsens über die Liebe selbst: Was ist für diese Liebenden *Liebe*? Darüber haben sie ein gemeinsames, erarbeitetes oder apriorisches Wissen, das sie in ihrer Liebe eint.

Ein weiterer wichtiger Gemeinschaftsraum, sprich: eine ganz wesentliche Dimension heißt *Nähe und Distanz*. Hier sind die Elemente versammelt, die die Körperlichkeit betreffen, aber auch das Psychische, die Persönlichkeitsgrenzen, die Fähigkeiten, mit Gefühlen und Empfindungen umzugehen, Respekt, aber auch die Grenzüberschreitungen, deren es bedarf, um den anderen zu berühren. Und es finden sich hier die Bindungsmodi, mit denen die beiden ihre Liebe zur wie auch immer temporären Dauereinrichtung werden lassen. Freiheit und Zwang, Verfallenheit, Getrenntheit und Symbiose sind die Themen.

Über einem anderen Gemeinschaftsraum stehen mehrere Begriffe, die kenneichnen wollen, aus welchen Sorten der Zuwendung sich die Liebe zu verschiedenen Zeitpunkten und in verschiedenen Situationen zusammensetzt:

Zu Leidenschaft und Sinnlichkeit, also *Eros*, gehört natürlich der Stellenwert der Sexualität mitsamt ihrer triebhaften, residual biologischen Dimension und ihrer Dialektik von Intensität und Dauer.

Zur Freundschaft, also *Philía*, gehören Vertrauen, Verlässlichkeit, die geistige Intimität der errungenen Konsense und der Stellenwert von öffentlicher und privater Sprache.

Zur Sorge, also *Agape*, gehört der Grad der gegenseitigen Verantwortung für und das Interesse am Wohlergehen des anderen, der, je nach zentralem Lebensthema und je nach Lebensalter[81] variieren kann; dazu gehört auch die beziehungsinterne Kultur von Selbstbezogenheit und Selbstlosigkeit, die gegebenenfalls sich in einer idiosynkratischen Sinnfindung nach innen oder im gemeinsamen sozialökologischen Engagement nach außen kundtun kann, in welcher die Liebe fortgesetzt oder geistig kultiviert wird.

Ein sich hier anschließender dimensionaler Raum heißt *Zweierbe-*

---

81 Helmut Schmidt antwortete am 25. September 2006 in der Talkshow von Reinhold Beckmann (ARD) auf Fragen nach seiner Ehe: »Je älter man wird, desto mehr hat man Sorgen um den andern.« Helmut Schmidt sei 87 Jahre alt und seit 78 Jahren mit Loki Schmidt zusammen, hieß es damals. Unlängst wurden der jetzt bald 90-Jährige und seine Frau wegen der ewigen Raucherei angezeigt. In dieser Hinsicht haben beide offenbar keine Sorgen um den anderen.

ziehung oder *reales Leben*. Hier wird geregelt, wie die Liebe in den Niederungen des Alltäglichen und Notwendigen zum Tragen kommt und wie das fragile Gut, das aus der Materie der Sehnsüchte und Träume gesponnen wurde, vor den Widrigkeiten des dräuend Selbstverständlichen und Bequemen sowie vor den Regressionen ins Banale geschützt wird. Gegen die Zähflüssigkeit der Normalität gilt es hier den Esprit der Besonderheit *dieser* Liebesbeziehung zu setzen. Ein empirischer Pegel wird sein, wie viel Zeit und wie viel Raum man real miteinander teilen will und kann. Das Teilen der anderen knappen Ressourcen, etwa Hab und Gut, ist ebenfalls ein zentrales Bewährungsthema des realen Lebens. Naturgemäß zieht durch diesen Raum namens Zweierbeziehung ein zuweilen kalter, manchmal aber auch vom archaischen Leben recht aufgeheizter Wind. Der allerdings kommt nicht selten von viel weiter unten.

Denn viel weiter unten, unterhalb der Gemeinschaftsräume und der Einzelzimmer, die alle ihre konstitutive Wichtigkeit für die Liebe haben und ohne die das Haus nicht bewohnbar wäre, befinden sich diverse Keller. Nicht, dass dort die Beteiligten stapelweise ihre Leichen hätten, aber zu den beteiligten Grundelementen der Liebe, die in den oberen Zimmern und Räumen ihren strahlenden und sonnendurchfluteten Ausdruck finden, gehören mehr oder weniger umfangreiche Unterwelten, in denen teils alte Möbelstücke und Ausstattungsgegenstände, teils ganze Fertigeinbauten oder uralte Gestaltungspläne und Entwürfe abgelegt, beziehungsweise noch gelagert sind.

Die Unterwelt der Liebe, das ist nicht nur die böse, asoziale Seite des Triebes, der das liebesspendende Begehren ermöglichte, sondern das ist die ins Unbewusste gesunkene Vergangenheit, aus der sich das ein oder andere Motiv speist, das sich in den Räumen der Liebe ausbreiten will. Wenn Sigmund Freud mit der Psychoanalyse Recht hat, dann ist die bewusste Seite unseres Denkens, Fühlens und Handelns ohnehin nur die Spitze eines Eisbergs, der zu sieben Achtel unter der Oberfläche schwimmt. Freilich wird auch die Liebe gespeist aus sich ihrer selbst nicht bewussten Motiven. Und das ist keinesfalls schlimm. Was einen unterhalb seiner selbst motiviert, ist nicht automatisch dadurch, dass es dem Bewusstsein entzogen ist, das Schlechte oder das Böse. Dann müsste es ja eine von den jeweiligen Menschen unabhängige Existenz des Bösen und freilich komplementär Guten geben – manche Weltenlenker nehmen an in der Daseinsform einer *Achse* – die den Menschen anstecken, etwa falls er mal nicht aufpasst und der Teufel sozusagen in ihn fährt, wenn sein Bewusstsein ihm nicht aktiv den Zugang versperrt. Nein, dieser infantile Gut-Böse-Manichäismus von amerikanischen Thrillern war von Freud nicht gemeint, als er das Unbewusste rekonstruierte. Das Unbewusste, das ist nicht das Böse *oder* das Gute, genauso wenig wie das Bewusste automatisch das Gute *oder* das Böse ist, wie es anhand sehr bewusster, wenn auch manchmal wenig durchdachter Entscheidungen von politischen oder wirtschaftlichen oder religiösen Eliten zu sehen ist. Nein, das Unbewusste ist nur das andere des Ichs und deshalb möglicherweise das Bedrohliche, das einem mitunter höchst erschrecklich gegenübertritt, wo man doch gerade noch dachte, man sei der Herr oder die Herrin in seinem oder ihrem eigenen Hause.

Gäbe es das Unbewusste nicht, gäbe es auch die von den herrlichsten Irrationalismen durchwirkten Facetten und Ausformungen der Liebe nicht. Gerade anfangs speist sich die Liebe aus intuitiven Quellen, und wenn bei den Beteiligten keine Angst vor deren Unterwelt herrscht, setzt sie sich ungeplant und eigendynamisch fort, auch ohne dass das Bewusstsein ständig intervenieren muss. Das kann es auch nicht. Dazu ist es zu schwach. Glück und Liebe lassen sich nicht verordnen und auch nicht planen: sie entziehen sich dem bewussten Zugriff. Aber Glück und Liebe verlaufen gleichwohl nach Gesetzen. Und diese Gesetze fußen auf einer anderen Logik als jener der sich selbst bewussten Denk- und Handlungsakte des rationalen Geistes.

Die Keller im Haus der Liebe können weiter oben erhebliche Temperaturschwankungen bewirken, je nachdem, welches geheime Thema sie in die hellen Räume wehen lassen. Die unbewussten Themen, welche die Liebe positiv oder negativ beeinflussen, lassen sich jedoch nicht durch bloße Bewusstwerdungsanstrengungen oder andere Intellektualisierungen wegzaubern. Vielmehr kommt es darauf an, sie zu integrieren und sich mit ihnen, wenn es geht, anzufreunden, um mit ihnen auf Dauer in einen kommunikativen Kontakt zu treten. Die Kellerräume müssen also im Haus der Liebe nicht ängstlich verschlossen gehalten werden, sondern sie gehören als integraler Bestandteil dazu, auf dem schließlich alles andere mit einer gewissen Stabilität halten muss. Also heißt es: Ab und zu mal runter gehen und nach dem Rechten sehen – dass da nichts modert und angammelt.

Auf dem Eingangsschild zu den Kellerräumen steht: *Unbewusste Verträge*.

Keller

Dass es im Keller des Unbewussten zumeist dunkel ist, hat damit zu tun, dass viele Menschen die Zugänge zu ihrer Unterwelt versperrt halten und deshalb dort kein Tageslicht eindringen kann. Es wäre das Tageslicht der Selbstaufklärung. Selbst ihre Träume nehmen sie nicht ernst, wo diese doch den Königsweg zum Verschlossenen darstellen. In der Dauerkommunikation jedoch, die in der wirklichen Liebe stattfindet, und in dem regressiven und zuweilen zensurfreien Klima, das sie mit sich bringt, lockern sich die Schwellen. Man kann dann zu zweit herausfinden, welche Funktion und Rolle der andere jeweils noch ausübt außer dass er halt *der Richtige* für die Liebe ist.

Wer *den Richtigen* oder *die Richtige* gefunden hat, kann getrost davon ausgehen, dass das Unbewusste an der Suche nach dem Traumprinzen oder der Traumprinzessin ganz zentral beteiligt war. So betont der Paartherapeut Moeller, dass der Funke nur dort überspringt, wo die seelische Passform der Partner stimmt:

> »Begegnen sich zwei und verlieben sich ineinander, dann werden bei beiden durch bestimmte Oszillationen ganz bestimmte, lebensgeschichtlich erworbene Beziehungsvalenzen mobilisiert und verknüpft. Da ist […] der so genannte Herkunftsquotient, der die seelische Struktur jedes Menschen prägt: Die Beziehung zur Mutter, zum Vater und die der Eltern untereinander. Treffen zwei Menschen aufeinander, dann verkoppelt sich der Herkunftsquotient. […] ›Aus einem Kreis von Menschen wähle ich mit geistergleicher Genauigkeit jenen, den zwei Eigenschaften auszeichnen‹, schreibt [Michael Lukas Moeller in seinem Buch *Wie die Liebe anfängt*]. ›Erstens kann ich mit ihm meine traumatischen Beziehungserlebnisse reinszenieren, zweitens spüre ich die realistische Aussicht, gerade diese

Beschädigungen mit ihm nach und nach aufzuheben‹‹ (Krumpholz-
Reichel 2003, S. 77).

Paare, deren Herkunftsfamiliengefüge vergleichbar sind, passen bestens zusammen, weil sie das seelische Material, das sie aus der Vergangenheit mitbringen, zusammen besser verarbeiten können. Hinzu
kommen die Position, die man gegebenenfalls in der Geschwisterkonstellation eingenommen hat, und die Rollen und Aufträge, die einem
die Eltern mit auf den Weg gegeben haben.

Eine in die Gegenwart der realen Beziehung hineinwirkende Unterwelt der Liebe ist allein deshalb schon anzunehmen, weil alle Erwartungen und Befürchtungen und Wünsche und Sehnsüchte, aber
auch die Art der Kommunikation und der Bezogenheit durch frühe
Erfahrungen auf eine so tiefe Weise geprägt sind, dass sie sich in interaktiven Reinszenierungen dann auch stets zu wiederholen neigen. Den
sogenannten Wiederholungszwang sieht Freud deshalb wirken, weil
er erkennt, dass wir immer und immer wieder versuchen, unglücklich
verlaufene Szenen zu reparieren und unsere Traumatisierungen aufzuheben. Deshalb suchen und finden wir immer wieder die gleichen oder
zumindest ähnliche Partner, wenn wir bei der Partnersuche erfolgreich
sind. Weil in der Regel unsere Traumatisierungen in Interaktionen mit
relevanten Bezugspersonen stattfanden, neigen wir dazu im Rahmen
unserer reparaturinteressierten Wiederbelebungen auf andere, später
hinzukommende relevante, aber auch zuweilen weniger bedeutsame
Personen, unbewusst so zu reagieren *wie auf* diese lebensgeschichtlich
prägenden Figuren. Das Wiedererwachen früher Objektbeziehungsmodi
nennt die Psychoanalyse in der Arzt-Patient-Beziehung *Übertragung
und Gegenübertragung*. Es gibt aber genug Stimmen, die diese unbewussten Kommunikations- und Beziehungsmuster als ein ubiquitä-
res, überall stattfindendes Phänomen fassen und davon ausgehen, dass
die unbewussten Fragen und die unbewussten Antworten zwischen
jedermann und jederfrau ausgetauscht werden, deren Interaktion sich
vertieft. Bestimmte unbewusste Anteile, alte Ängste, verinnerlichte
Befürchtungen oder Sehnsüchte beziehungsweise Interaktionserwar-
tungen verleiten einen dazu, dies genau auf den gegenwärtigen Partner

zu projizieren, mit dem Resultat, dass man auf ihn zwangsläufig wie auf Vater oder Mutter oder den großen Bruder reagiert. *Übertragung* heißt in einem einfachen anschaulichen Beispiel: Die Anfrage des Unbewussten eines Partners an den anderen könnte etwa folgendermaßen lauten: »Nicht wahr, du findest mich klein und hilflos und nicht sehr selbständig«, und all seine Antennen und inneren Bereitschaften sind auf die *richtige*, das heißt, hinlänglich bekannte Antwort gepolt: »Ja, du bist klein und hilfsbedürftig und man muss dich ein bisschen päppeln und dirigieren, weil du nicht viel Autonomie hast; und deshalb bin ich für dich da wie für ein Kind.« Diese *Antwort* ist, wenn sie denn vom Unbewussten des Gegenübers so kommt, wie das Unbewusste des Fragenden sie erwartet und durch die Art der Frage auch anbahnt, die *Gegenübertragung*, die unbewusste, folgerichtige, blinde Reaktion des anderen Unbewussten auf die *Übertragung* des einen. Übertragung und Gegenübertragung bilden auf diese Weise einen unbewussten Kommunikationsreigen, der seine in sich stimmige Eigendynamik entwickelt und im gar nicht so seltenen Falle zum Beispiel eine unbewusste Eltern-Kind-Versorgungs-Beziehung zwischen den Liebespartnern etabliert, in welcher der eine der Versorger ist und der andere der Versorgte, unabhängig von Geschlecht und Alter.

Männer die ihre Frau nach einer Weile *Mutti* nennen gibt es zuhauf. Da liegt das Unbewusste, zumindest für die Außenstehenden, blank auf dem Beobachtungstablett, auf dem alle Daten über die Beziehung wie dargereichtes Obst oder Süßigkeiten nur noch aufgelesen werden müssen. Freilich sind es bittere Süßigkeiten, denn wer seine Frau öffentlich »Mutti« nennt kann im Grunde gleich laut kundtun, dass sich im Bett nichts abspielt und dass er wie ein Sohnemann bekocht wird, die Wäsche gewaschen bekommt und vielleicht sogar Taschengeld zugeteilt kriegt damit sich er nicht so oft in den Bars und Kneipen herumtreiben kann. Wer eine Mutterübertragung auf seine Liebste hat, agiert seine Regression aufs Heftigste aus und wird über kurz oder lang meinen, wenn er sich ihr denn nicht vollends unterwirft, nur auf dem Wege des pubertären Protests sein Ich-Sein verwirklichen zu können. Nach regelmäßig heftigem Streit geht er dann in die nächste Destille und lässt sich volllaufen, denn sein infantiler Freiheitsbegriff besteht lediglich darin, endlich tun und lassen zu können, was er will (vgl. Bueb 2006, S. 34), ohne Regeln, ohne Einschränkungen, ohne Rücksichtnahme.

Seine Partnerin, die die Übertragung *annimmt*, bestätigt in ihrer Gegenübertragung die seltsam unerwachsene und gleichwohl stimmige Rollenverteilung. Sie reagiert auf ihren Liebsten wie eine Mutter auf ihren Sohn, schimpft mit ihm, versucht ihn zu erziehen und ist sauer, wenn er sich ihr trotzig entzieht. Aber wenn er lieb ist findet sie ihn »süß«. Frauen, die Männer süß finden, wollen aber eher auch nicht mit ihnen ins Bett, genauso wie Jungs im allgemeinen, trotz Ödipuskomplex, nicht wirklich mit ihrer Mutter schlafen wollen. Wenn es, ein- oder zweimal im Jahr vielleicht, zum Sex kommt, dann erzählt die Frau ihrer besten Freundin, wie er war, der süße Racker, und die erzählt es ihren allerbesten Freunden gleich weiter.

Genauso häufig findet man aber auch auf der anderen Seite Frauen, die auf ihre Männer wie auf Väter oder auf Chefs reagieren und ihre eigene Inferiorität und Infantilität ohne Scham und ohne Bewusstsein dessen, was sie tun, zelebrieren. Meistens sind sie dabei sogar ganz kokett und unheimlich stolz auf ihren Daddy: »Ich hatte plötzlich Hunger, und da ist der Peter mit mir sofort in ein Restaurant gegangen und hat mir erst mal einen Salat bestellt. Und morgen fährt er mit mir nach Berlin zum KaDeWe, da darf ich dann mal so richtig einkaufen, was ich will.«

Etwas subtiler als beim *Eva-Prinzip*, das man gewissermaßen als letzten Schrei dieser krass komplementären Muster von Übertragung und Gegenübertragung nach Art eines ewigen Beziehungsprogramms ausrufen zu müssen meint – das aber hoffentlich bald ad acta gelegt werden kann –, gibt es in allen Liebesbeziehungen vielerlei unbewusste Anfragen und entsprechende unbewusste Reaktionen, welche die Interaktionen und das Bezogenheitsgefüge der Partner an bestimmte Themen anbinden und zu unbewussten Verträgen verdichten.

Es ist daher für die Partner recht wichtig, sich bewusst zu werden über die von ihrem Unbewussten eingefärbte Bedeutung des anderen, das heißt über dessen Rolle und Funktion für sie und über ihre Rolle und Funktion für ihn.

Vor allem zwei Paartherapeuten, Thea Bauriedl und Jürg Willi, haben aufgezeigt, in welchen Bahnen sich solche unbewussten Verträge bewegen können. In Jürg Willis bekanntem Buch *Zweierbeziehung*, das ein bisschen daran krankt, dass zumeist nur der eine der neurotisch Anfragende ist und der andere der erwachsen Antwortende und Reagierende, sind es die aus der Psychoanalyse hinlänglich bekannten Themen der psychosexuellen Entwicklungsphasen, welche die unbewussten Verträge diktieren. Er nennt sie *Kollusionen*: das unbewusste Zusammenspiel der Partner.

Willi (1975) unterscheidet zwischen narzisstischen Kollusionen mit dem Thema *Liebe als Einssein*, oralen Kollusionen mit dem Thema *Liebe als Einander-Umsorgen*, anal-sadistische Kollusionen mit dem Thema *Liebe als Einander-ganz-Gehören* und phallisch-ödipale Kollusionen mit dem Thema *Liebe als männliche Bestätigung*.

Im unbewussten Zusammenspiel der Partner verfestigen sich die erwünschten Handlungen, Gefühle und Haltungen zu Funktionen mit Vertragscharakter, denn die per Übertragung-Gegenübertragungs-Dynamik bewirkte Institutionalisierung der wechselseitigen Erwartungen lässt diese sukzessive zu einer Quasi-Garantie gerinnen, die man nun passiv konsumieren und in der man sich einrichten kann wie in einer Wohnung. Die Abhängigkeit beider von der Lieferung der funktionalen Psycho-Leistung des anderen führt zur weiteren Verfestigung des gemeinsamen Selbst, das sozusagen dyadisch in die neurotische Verstrickung der nicht mehr hinterfragbaren Selbstverständlichkeiten regrediert. In den therapeutischen Fällen, von denen Willi in der Hauptsache spricht, ist dann eine persistierende Infantiltät von Erwachsenen zu beobachten, die nicht mehr aufhören können, ständig ihre frühen frustrierten Bedürfnisse wiederzubeleben und entsprechend regressiv zu befriedigen. Dies ist auf das Wesen von Liebesbeziehungen selbst zurückzuführen, denn, wie Willi betont:

>»Keine Beziehung gewährt eine so umfassende Befriedigung elementarer Bedürfnisse nach Einssein, Einander-Gehören, nach Pflege und Umsorgung, Schutz, Geborgenheit und Abhängigkeit. Die Verhaltensweisen zweier Verliebter sind denn auch in vieler Hinsicht denjenigen zwischen Mutter und Säugling ähnlich: sie halten sich in den Armen, sie streicheln sich, suchen Hautkontakt, blicken sich tief in die Augen, lächeln sich an, drücken und klammern sich fest aneinander, sie herzen, scherzen

und küssen. Auch ihre Sprache regrediert oft auf präverbale Laute und frühkindliche Ausdrucksweisen« (Willi 1975, S. 21).

Willi spricht hier von Verliebten. Vielleicht werden sie deshalb so beargwöhnt und pathologisiert, weil sie sich nicht wie Erwachsene verhalten. Gleichzeitig gilt es aber, laut Willi, in der Zweierbeziehung den Regressionen zu trotzen und *progressives* Verhalten an den Tag zu legen: »Andererseits erfordert kaum eine andere menschliche Beziehung ein so hohes Maß an Identität, Stabilität, Autonomie und Reife wie eine intime, umfassende und verbindliche Zweierbeziehung. Die Partner erwarten voneinander ein tiefes menschliches Verständnis« (ebd.).

Der typische Argwohn von Psychotherapeuten gegen Regressionen beruht darauf, dass sie in aller Regel keine erwachsenen Erwachsene vor sich haben, sondern neurotisch verstrickte, die, wenn man so will, immer nur ihre Vergangenheit anrufen und kindliche Befriedigungswünsche austragen. Das unbefriedigte, vernachlässigte Kind in ihnen, das sich nach Anerkennung, Wertschätzung, kindlicher Liebe, ja Resonanz überhaupt sehnt, zieht das Ich nach unten und stellt es dauerhaft in den Dienst der Regression. Therapie besteht dann in dem Nachreifungsprozess, der die infantilen Unersättlichkeiten überwindet, die als solche nie befriedigt werden können, und der am Ende erwachsene, das heißt: wechselseitige Befriedigungen somato-psychischer Bedürfnisse ermöglicht. Diese wechselseitige Befriedigung Erwachsener können wir Liebe nennen – das andere nicht.

Zu Störungsmustern verfestigen sich die den Liebesbeziehungen innewohnenden Regressionen aber nur, wenn sie zwei Wesensmerkmale aufweisen:

1. Sie sind Ausfluss frustrierter Kindheitssehnsüchte, die nie überwunden wurden, deshalb ist wirkliche Befriedigung nicht möglich.

2. Geben und Nehmen verteilen sich ungleich auf die Partner im Sinne einer verstetigten komplementären Interaktionsstruktur und darum ist wirkliche Befriedigung nicht möglich.

Die Spaltung der Partner in die grundverschiedenen Rollen des regressiven Empfängers und des überkompensierend progressiven (vgl.

ebd., S. 59f.), also pseudo-progressiven Lieferanten der Psycho-Leistung, die den dahinter liegenden infantilen Grundkonflikt nur noch umso mehr überdauern lässt, ist das eigentliche Problem. Im Gegensatz zur wirklichen Liebe, die keine Dritten in ihren Räumen duldet, weil sie für die beiden Liebenden Intimität, das heißt, Ausschließlichkeit und dyadische Bezogenheit bedeuten, werden in den neurotisch verstrickten Beziehungen ständig die eigenen Eltern mit ins Haus und sogar mit in die einzelnen Zimmer geschleppt, selbst mit ins Bett. Das geschieht auch dort, wo die Partner, unabhängig von einer vielleicht gar nicht stattfindenden Eltern-Kind-Spaltung in ihrer Binnendynamik mit elterlichen Aufträgen die Liebe betreffend in die Beziehung kommen. Viele Kinder nehmen die Träume ihrer Eltern von einem gelungenen Mann-Frau-Verhältnis, von Glück und Zufriedenheit mit in ihre intimen Räume und sind dort die Getriebenen ihrer zumeist selbst in infantilen Sehnsüchten stecken gebliebenen Erzeuger. Meist haben sie sich die elterlichen Delegationen sogar in der Form zu eigen gemacht, dass sie selbst, aus vermeintlicher Autonomie heraus, die Forderung an sich gestellt haben: »So wie Mami und Papi werde ich die Beziehung zu meinem Mann oder meiner Frau auf keinen Fall führen. Ich will in der Liebe glücklich werden und nicht wie meine Eltern ständig über den anderen so verzweifelt oder so dumpf unzufrieden sein.« Eigentlich kein schlechter Auftrag, den Eltern da ihrem Kind mit auf den Weg geben nach dem Motto: »Du sollst es mal besser machen als wir, aus eigenen Stücken, wir wollen uns da auch wirklich gar nicht einmischen«, aber es ist zu sehen, dass auch der noch so liebeszugewandte Auftrag die Liebe vergiften kann, wenn er sie dadurch zu einer fremdgesteuerten Angelegenheit macht.

Es kommt hingegen vielmehr darauf an, die Eltern und ihre Aufträge zu überwinden[82], wenn man erwachsen werden will. In der Liebe zwischen erwachsenen Partnern haben die Eltern, und seien sie noch so liebevoll an der Liebe ihrer Sprösslinge interessiert, nichts zu suchen.

Willi bestätigt das. Er zitiert Theodor Lidz, der sagt, dass erwach-

---

82 Das Dankbarkeitsgerede eines Bert Hellinger halten wir in diesem Zusammenhang für eine potenziell folgenschwere und in die Irre führende schlimme Entgleisung in der sogenannten Therapeutenszene.

sene Beziehungen – bei ihm sind das Ehen – »eine tiefgehende Um- und Neustrukturierung der Persönlichkeit beider Partner [erfordern], durch die deren weitere Persönlichkeitsentwicklung nachhaltig beeinflusst wird« (Willi 1975, S. 35). Willi fügt hinzu: »Ein wichtiger Problemkreis ist die *Neuregelung* der Beziehung zu den Herkunftsfamilien« (ebd., S. 37; Hervorh. T. F. K.).

Dennoch, auch in erwachsenen Liebesbeziehungen gibt es unbewusste Verträge, denn das Unbewusste lässt sich aus der Liebe nicht aussperren. Vielleicht kann als wegweisende Formel die Unterscheidung zwischen Wechselseitigkeit, Balance und Bezogenheit versus regressiv-progressiver Ungleichverteilung der unbewusst eingeforderten und »vertraglich« abgesicherten Befriedigungsmuster gelten. Ausschlaggebend ist, dass in den ungleich verteilten Rollen und Funktionen auch der *Gebende*, gegenüber dem *Nehmenden*, dem scheinbar Erwachsenen, sich im Zustand der »Gefangenschaft der Objektrollenzuschreibung« (Boszormenyi-Nagy 1965, S. 83) befindet. Die besteht wesentlich darin, »daß die Person ›unfähig‹ ist, als Subjekt zu handeln, d. h. durch die Zuweisung von Rollen an andere den eigenen Bedürfnissen entsprechend in Wechselbeziehung zu treten« (ebd.).

Die herrlichen Irrationalismen der Liebe und der gemeinsamen sinnlichen Wechselbezüge mitsamt aller tiefen Regression und aller Wiederbelebung des Kindlichen sollen freilich nicht wegeskamotiert werden mit der Bearbeitung der unbewussten Anteile, sondern es ist lediglich die Frage zu klären, ob beide Partner in ihren *Verträgen* auf den spannungsgeladenen hedonistischen Zugewinn und auf die Bereicherung und Veränderung ihres gemeinsamen Selbst aus sind oder, rückwärtsgewandt, auf die Beschädigungen ihrer Ichs fixiert bleiben, die sie auf diesem eher spannungsmindernden Wege immer und immer wieder reparieren zu können meinen. Immer wiederkehrende Formen der Konfliktlösung, wie sie in *malignen* unbewussten Verträgen festgeschrieben sind, zeugen dabei von einer »fehlenden Frustrations- bzw. Spannungstoleranz« der Partner (Bauriedl 1985, S. 33), wobei die damit einhergehende Angst und psychische Überlastung durch den Vertrag für beide gebunden und vermieden wird. Lebendige, erwachsene Beziehungen dagegen weisen *benigne* Verträge auf, deren Wesen es ist,

Bezogenheit und die gemeinsame Erfahrung von Neuem zu ermöglichen. Der andere wird hier nicht zum »Ausbalancieren des eigenen gefährdeten Gleichgewichts verwendet« (ebd., S. 34), sondern seine Hand, die im unbewussten Vertrag gewährleistet wird, dient quasi kontraregressiv dazu, sich im gemeinsamen Taumel festzuhalten, um von der Erlebnistiefe nicht gänzlich weggerissen und vor Glück nicht verrückt zu werden: Wir tun alles, um in den Wahnsinn der Liebe und den damit einhergehenden Ich-Verlust einzutauchen, aber wir schützen uns davor, den verwirklichten Traum ins Reich der Irrealität abgleiten zu lassen. Die gemeinsame Regression bleibt im Dienste des Ich, das stets stark genug sein muss, um die Regression auszuhalten und zu genießen. Das ist der hedonistische Zirkel, der den unbewussten Verträgen als Imperativ vorgeordnet ist. Die unbewussten Verträge dienen nicht nur dazu, das sicherlich legitime lebensgeschichtlich tief verankerte »Verlangen nach Wiedergutmachung erlittener Verletzungen, Kränkungen und Enttäuschungen« der Einzelnen zu befriedigen und quasi Trost und Heilung (Kirschenbaum 1993, S. 79) zu garantieren, sondern sie können viel mehr noch der Etablierung der Liebe selbst dienen, wenn sie kontrafaktisch, gegen die psychische Wirklichkeit der Unfertigkeit und Bedürftigkeit, Kräfte bereitzustellen versprechen, die das scheinbar Unerreichbare ermöglichen, nämlich die dialektische Einheit von Symbiose und Autonomie.

Nähe und Distanz

Durchaus haben Nähe und Distanz faktisch etwas damit zu tun, wie oft und wie lange Liebespaare miteinander Zeit im selben Raum verbringen, ob sie im Alltag tagtäglich zusammen sind, ob sie vielleicht sogar miteinander arbeiten können, oder ob sie sich des Öfteren auch mal aus dem Weg gehen und gelegentlich den Urlaub alleine verbringen müssen. Das alles ist nicht normierbar, Paare entwickeln ihre eigene Rhythmik, um miteinander glücklich sein zu können. Um das quantitative Zusammensein geht es auch gar nicht, sondern um das qualitative. Wie, eingebettet in welche Interaktionen und vor dem

Hintergrund welcher Psychodynamik findet die zweisame Rhythmik von Beisammensein und Getrenntsein statt? Bringt Zusammensein automatisch gleich Nähe mit sich? Natürlich nicht. Denn es gibt Nähe, die gar keine wirkliche Nähe ist.

Adorno prägt in diesem Zusammenhang den Begriff von der »falschen Nähe« (1951, S. 197) und meint damit zum Beispiel eine Beziehungsdynamik, in der die Frau den Mann ironisch im Glauben an seine Überlegenheit belässt, um ihn nach außen zu entwerten und nach innen über ihn zu triumphieren und damit dessen seelische Not, die ihr bekannt ist, manipulativ für ihre Zwecke zu benutzen. Ähnliche Konstellationen mit anderer Geschlechtverteilung sind denkbar.

Genau diese falsche Nähe scheint auch Thea Bauriedl in ihrer *Beziehungsanalyse* zu meinen, wenn sie von einem allgemeinen Muster spricht, in welchem Manipulation das Prinzip der Beziehungsstörung ist, und zwar dergestalt, dass

> »unter dem Motto ›ich weiß, wie Du bist und was für Dich gut und richtig ist‹ [...] der andere zum Ausbalancieren des eigenen gefährdeten Gleichgewichts verwendet [wird]. Wir sehen das Phänomen, dass jeder im andern das bekämpft, was er bei sich selbst nicht ertragen kann [...] als Hinweis auf das Prinzip aller Beziehungsstörungen. [...] *Manipulation* [...] bezieht sich [...] auf den Vorgang der gegenseitigen Bedrohung durch Machtausübung zweier Partner, die in einem gemeinsamen Abwehr- oder Normensystem aneinander gebunden sind« (Bauriedl 1984, S. 34; Hervorh. T. F. K.).

Das sind die Kollusionen mitsamt ihren innewohnenden Verträgen.

Maligne unbewusste Verträge sind somit das Medium falscher Nähe und es gilt, ihnen entgegenzuwirken, weil sie dem Wesen der Liebe entgegengesetzt sind und sie verunmöglichen. Es gilt, den Kontrakt der Liebe mit anderen Inhalten, anderen Zielen und auf eine andere Weise zu besiegeln.

Wenn von falscher Nähe gesprochen werden kann, dann muss es wohl auch richtige geben. Nähe kann, trotz der Kuscheligkeit, die sie mit sich bringt, nur aus einem Abstand hergestellt werden. Welchen Abstand also müssen die Liebespartner haben, um sich aufeinander beziehen zu können?

Zuallererst gelten Nähe und Distanz als räumliche Dimensionen in ganz realen Abstandsquanten für alles Körperliche. Erst wenn der Körper des anderen in seinen äußeren Grenzen als Ganzes wahrgenommen und seine *Aura* realisiert wird, wird er als anderer Mensch bestätigt, der niemals Eigentum sein kann und der, so nah auch immer er dem anderen kommen mag, niemals wirklich vollends Teil seines Selbst sein wird. Erst aus dieser Distanz heraus kann Begehren und der Wunsch nach jener Grenzüberschreitung entstehen, welche die Liebe ist. Die Liebe löst aber die Aura des anderen nicht auf, sondern bestätigt sie auf höherem Niveau.

Viele Menschen, die in falscher Nähe in den anderen hineingekrochen sind, um ihn zum funktionalen Hilfs-Ich zu degradieren, und genauso diejenigen, die sich dem je anderen a priori ganz, ganz nahe fühlen und sich ihm ohne Vorbehalt öffnen, weil ihr poröses Ich ohne ein anderes, das sie dominiert, vermeintlich nicht sein könnte, sind sich bis zur Identität ihrer Normen- und Abwehrstruktur *nahe*, doch sie begegnen und berühren sich nicht. Das kann man sogar faktisch sehen: Nicht wenige Menschen, die ihren Partner oder einander so sehr im Griff haben, dass sie jeden seiner Gedanken und alle Regungen haargenau vorhersehen können, sprechen kaum noch miteinander, und sie berühren sich nicht – im wahrsten Sinne des Wortes: Sie fassen sich nicht an, schauen sich nicht an, legen ihre Hand nicht auf den Arm des anderen, drücken ihn nicht an sich, umarmen ihn nicht. Von Küssen und Streicheln ganz zu schweigen.

Sie tun es nicht, weil ihnen gar kein anderer mehr gegenübersteht, dem sie sich nähern könnten. Ihr Partner ist zu ihrem psychischen und, falls Sex noch eine Rolle spielt, somatischen Inventar geworden. Ob der, den man dann als *meinen Menschen* mit sich herumschleppt, überhaupt als ganzer Mensch wahrgenommen wird, ist zu bezweifeln. Eher dürfte es so sein, dass hier lediglich Fragmente instrumentalisiert werden, die funktional für diese und jene Gemütsbewegung gerade benötigt werden. Dass manche von denen, die sich mit solchen Hilfs-Ich-Funktionen ausstatten, wenn sie intellektuell imponieren wollen, dann von existenziellem Alleinsein schwafeln, ist nur allzu nachvollziehbar: Sie sind tatsächlich abgrundtief einsam.

Dass aber in diese entsetzlichen Konfigurationen – die übrigens nicht nur in Zweierbeziehungen sondern auch im Berufsleben auftreten können, zum Beispiel zwischen Chef und Assistenten – sich sukzessive eine Herrschafts-Knechtschafts-Dialektik einschleicht, in welcher der Herr von der Hilfs-Ich-Funktion des Knechts abhängig wird und ihm am Ende sein, wenn auch autistisches, Leben verdankt, ist eine Ironie des Schicksals dieser Menschen, das in der Tat Schicksal für sie ist, weil sie nicht mehr sehen können, dass sie selbst die Autoren der unsäglichen Konstellation sind. Die scheinbar geknechtete Abhängige, der ihrerseits keine Kraft hat, den Terrorzusammenhang zu verlassen und die falsche Nähe aufzukündigen, fängt dann an, ihren »Herrn« *Chefchen* zu nennen, oder *Männe* oder *Bärchen*, um den sekundären Gewinn aus seiner Rolle einzustreichen, ohne ihn doch nutzen zu können. Und wenn der »Herr« des Knechts eine Herrin ist, dann, wie gesagt, nennt er sie *Mutti* oder, im ländlich-archaischen Raum, *die Frau*, und verrät damit seinen Selbsthass darüber, dass er abhängig geworden ist von einer fast Fremden, die mit ihm die Möglichkeit der Liebe niemals durchgespielt hat und die jetzt seine Putzfrau und Köchin und Waschfrau und sonstige Bedienstete ist. Wahrscheinlich hat er selbst nie in Betracht gezogen, dass er als Mann von einer autonomen, attraktiven Frau geliebt werden könnte und sich gar nicht erst als solcher in die Waagschale geworfen.

Um von diesen Abgründen wieder auf die Höhenzüge der Liebe zu gelangen: Liebe ist Berührung, die dadurch möglich wird, dass die Partner sich aus auratischer Distanz nähern: »Kiss my Aura, Dora, right here on the Flora«, sang Frank Zappa, und wir wissen gar nicht, wie er das nun wieder gemeint hat. Vielleicht wollte er damit singen und sagen, dass man auch das alles nicht so ernst nehmen muss, wenn man die Dinge des Lebens souverän meistert.

Die somato-psychische Erschütterung, welche die sinnliche Vereinigung bewirkt, aus der die Liebe wächst, kann nur als positiver *Krisenfall* einer Grenzüberschreitung gelten – mit der nachhaltigen Konsequenz tiefer Zuneigung und Verbundenheit. Als selbstverständliche, distanzlose physiologische Verrichtung wäre die Beiwohnung der Körper folgenlos. Deshalb verlangt die Liebe Respekt vor den Grenzen, die sie um ihrer selbst willen doch überschreiten will.

Die Kraft und das Vermögen zur körperlichen Nähe und zur Grenz-überschreitung gründet in der Fähigkeit, überhaupt mit Gefühlen und Empfindungen umgehen zu können. Dies ist eine psycho-soziale Kompetenz. Mit Gefühlen und Empfindungen können nicht alle umgehen; manchmal hat es den Anschein, dass es nur die wenigsten in der Lage sind, das richtige Maß zwischen Unverschämtheit und Scheu zu finden. Voraussetzung für den Umgang mit Gefühlen und Empfindungen ist abermals die angemessene Distanz, die weder in Überferne noch in Übernähe besteht und auch nicht im Mittelmaß, sondern in der *Empathie* entworfen wird. Empathie ist Einfühlung in Fremdseelisches. In Fremdseelisches, also die Regungen anderer, kann man sich nur einfühlen, annäherungsweise einfühlen, wenn man es auch *in sich* kann. Und das gelingt nur dem, der zur Selbstdistanz fähig ist.

Lauter Fähigkeiten, welche da gefordert sind. Sie werden lebensgeschichtlich erworben in bedeutsamen Interaktionen, besser noch: in einem perennierenden Interaktionsklima, das einem entweder als unverdientes Glück zuteil wurde oder das man als eigene Anstrengungsleistung im Laufe seiner Sozialkontakte sich selbst geschaffen hat. Allemal beißt sich die Katze dabei in den Schwanz, weil die für den Erwerb psycho-sozialer Kompetenzen nötigen Umwelten eben selbst psycho-soziale Kompetenzen inkludieren müssen, sprich: Einfühlungsvermögen kann nur im Zusammenhang mit Menschen erworben werden, die sich dafür zur Verfügung stellen und nicht gleich Panik kriegen oder fliehen oder aggressiv werden, wenn Gefühle und Empfindungen auf den Plan treten. In den dissozialen Welten, die die Seele der Menschen gleich mit in den Plattenbauten des Dahinvegetierens einsperren, in denen sie leben müssen, ist das nicht möglich. Da muss man sich manchmal schon ziemlich weit von der Herkunft entfernen, um auf Menschen zu treffen, die antworten und standhalten können.

Keiner ist bloß Gefangener seiner lebensgeschichtlichen Ausgangslage. Sonst wäre Liebe, die in einer lieblosen Welt nicht gerade die besten Daseinsbedingungen hat, nicht möglich. Liebe *ist* aber möglich, gerade weil die Menschen das listige Vermögen Münchhausens haben, sich am Schopfe selbst aus dem Sumpf ziehen zu können.

Wer in seiner Lebensgeschichte auf andere traf, die ihn nicht sogleich vereinnahmten und zum Bestandteil ihrer selbst machten sondern Interesse an ihm hatten und sich dennoch interessenlos auf ihn bezogen, der hatte auch die Chance, unfunktionales Interesse an anderen zu finden und einfach neugierig sein zu können. Das Reflexivwerden dieser im sozialen Kontakt gewonnenen Haltung besteht im Interesse an sich selbst. Sich selbst gegenüberzutreten und sich als jemand Interessanten sehen zu können, beruht auf der inneren Möglichkeit zur Selbstdistanz, die durch vorangegangene Spiegelungen und Perspektivenübernahme durch andere gebahnt wurde. Diese »Rückbeziehung der Erfahrung des Individuums auf sich selbst« (G. H. Mead, zit. in Raiser 1982, S. 122) ist es, was das Selbst erst konstituiert: »Das Individuum ist ein Selbst, wenn es für sich selbst zum Objekt seines eigenen Verhaltens geworden ist, wenn es sich selbst *als einem anderen* gegenübertreten und so seine Erfahrung als seine eigene identifizieren kann« (ebd.; Hervorh. T. F. K.).

Aber nicht jede individuelle affektive Erfahrung schließt notwenig jenen Rückbezug auf sich selbst ein (ebd., S. 123), sondern das reflexive Selbst entsteht erst, wenn es kontinuierlich in soziale Prozesse eingebunden ist. Das Individuum

> »›wird nur dann zum Objekt seiner selbst, wenn es die Haltungen anderer Individuen gegenüber sich selbst innerhalb einer sozialen Umwelt oder eines Erfahrungs- und Verhaltenskontextes einnimmt, in den es ebenso wie die anderen eingeschaltet ist.‹ Das Selbst muß also auf dem Hintergrund des sozialen Prozesses verstanden werden [...]. Das Verhältnis des Menschen zu sich selbst impliziert sein Verhalten zu anderen, seine Identität impliziert seine Sozialität. Selbstsein und Interaktion mit anderen Individuen bedingen sich gegenseitig« (ebd., S. 123f.).

Menschen, die anderen Menschen auf dem Boden von Selbstreflexion und Respekt begegnen können, setzen ihre eigenen Erfahrungen *sozialer Akte*, in denen sie die Befriedigung ihrer vitalen Bedürfnisse erlebten, fort und tradieren sie weiter. Menschen mit Gewalterfahrung und der Erfahrung des Missbrauchs ihrer Psychen und ihrer Körper tradieren ebenso das, was ihnen widerfuhr. Deshalb ist es mitunter so unendlich schwer, Moralität und Einfühlungsvermögen zu erringen, wenn die Lebensgeschichte in a-sozialen Kontexten verankert ist.

Die Einfühlung in den anderen ist Grundvoraussetzung für das

Interaktionskonzert, das die Liebe orchestriert. Ohne Selbstreflexion ist sie nicht möglich. Je mehr also *falsche Nähe* in den Beziehungen um sich greift, die auf wechselseitigen Funktionalisierungen beruht, desto größer ist das Manko an Selbstreflexion der beiden.

Was eigentlich tue ich mit dem anderen? Was will ich insgeheim von ihm? Was löse ich mit meinem Verhalten bei ihm aus? Was ist mein eigener Anteil an dem, was zwischen uns läuft? Ganz einfache Fragen, die es in sich haben, und die in einer Liebesbeziehung als gemeinsame Selbstreflexion des eingeschliffenen Interaktionsgefüges, sprich: der lähmenden Selbstverständlichkeiten, beantwortet und gelöst werden können. Selbstreflexion verhindert falsche Nähe, weil sie die Distanzierung des Betrachters von sich selbst und von seinen Objektbezügen erfordert.

Selbstreflexion in der Liebesbeziehung erfordert aber noch ein Zweites: dass sich die Partner zeigen! Beide, die miteinander die Liebe verwirklichen, indem sie *ihre Liebe* entstehen lassen, können dies nur, wenn sie ihre individuellen Verletzungen und Beschädigungen aus der Vergangenheit vor dem anderen nicht grundsätzlich verbergen. Wenn beide ihre erlittenen frühen Verletzungen voreinander verdecken oder sie beim andern nicht sehen wollen, und im Grunde »niemanden auf dieser wirklich tiefen Ebene an sich heran lassen können« (Kirschenbaum 1993, S. 79), haben sie eine mächtige Abwehr gegen wirkliche Intimität und agieren damit ihre Angst vor Zurückweisung, die sich zumeist als Angst, aufdringlich zu sein, tarnt.

Als Pendant zur *falschen Nähe*, bei der die Partner einander in ihre Psychen kriechen, um sie auszubeuten, gibt es ebenso *falsche Distanz*. Falsche Distanz entsteht, wenn jemand aus Angst vor seiner eigenen Bedürftigkeit sich überhaupt nicht mehr dazu durchringen kann, tiefe Gefühle zu empfinden, geschweige denn sie zu zeigen, wenn sie hintergründig an die Pforten des Empfindens klopfen. Manche können überhaupt keine Wärme, keine Abhängigkeitsbedürfnisse, keine wirkliche Bezogenheit zulassen. Es könnte ja sein, dass sie an ihre uralten Traumata erinnert werden und Wunden aufbrechen, die noch immer so schmerzen, dass sie geradezu Panik auslösen.

Ein Beispiel: Eigentlich will sie ein schönes Wochenende mit dem

Partner verbringen, traut sich aber nicht aus vorauseilender Zurückweisungsprophylaxe, ihre Wünsche zu äußern, und verklemmt sich ihre Regung, noch bevor eigentlich klar ist, ob ihr Partner nicht auch Lust hat. Das Ganze spielt sich in ihrem Kopf ab: Er könnte ihre Wünsche als aufdringlich wahrnehmen.

Die *falsche Distanz* ist immer schon eine reaktive Distanz, die aus einem einstmals erlebten oder hier und jetzt fantasierten Machtkampf resultiert, wer denn die Distanz des Gegenübers besser aushält. Was du mir vermutlich antun wirst, kann ich dir schon lange antun: Ein projektiver Vorgang, der mit seiner Antwort nicht lange auf sich warten lässt.

In solchen Paarkonstellationen wird oftmals Nähe erst möglich, wenn räumlich-zeitliche Distanz angesagt ist, etwa, wenn der eine allein auf Urlaubsreise geht, oder wenn die Wochenendbeziehung ihr natürliches Ende am Sonntagabend findet. Dann wird es möglich und erträglich, dass plötzlich Leidenschaft und Sehnsucht angesagt ist. Oder es entsteht eine Konstellation, bei der die Distanz auf Dauer garantiert bleibt, etwa in Liebschaften mit verheirateten Partnern oder, was selten ist, in offenen Beziehungen mit mehreren Partnern, bei denen klar ist, dass niemals mehr Nähe entstehen wird als die begrenzte. Hier ist die falsche Distanz auf Jahre und Jahrzehnte institutionalisiert. Sie besteht darin, keinerlei tiefere Abhängigkeiten aufkommen zu lassen, keinerlei tiefere Bezogenheit, keinerlei tiefere Kommunikation, und niemand braucht Angst zu bekommen, dass die mühsam erworbene Tapferkeit, die sich als Autonomie missversteht und als Schroffheit daherkommt, korrumpiert werden könnte.

Im Übrigen ist die sich als Autonomie verstehende Distanz und Unnachgiebigkeit gegenüber dem Partner, der die eigene Bedürftigkeit wachrufen könnte, und auch die Härte gegenüber sich selbst, nichts anderes als Varianten von *Gegenabhängigkeit*, sprich: von *Kontradependenz*. Gegenabhängigkeit meint, dass man auf eine geradezu an Abhängigkeit erinnernde Weise gegen den opponiert, der einen mit Abhängigkeit bedroht. Der Kontradependete kann sich schlechterdings nicht vorstellen, dass er von irgendwem aufgefangen wird. Deshalb stemmt er sich gegen jegliche tiefere Beziehung, in die er sich fallen lassen könnte.

Vor allem überwintert in ihm die alte Unterstellung, die ihm als hilflosem Kind Realität war: dass kein Mensch in der Lage ist, ihn zu trösten, ihn aufzufangen und ihn aus der Notlage zu retten. Deshalb herrschen Misstrauen und Fluchttendenzen vor, wo sich Zwischenmenschliches am interaktiven Möglichkeitshorizont anbahnt. Auf der Verhaltensoberfläche kann das dann so aussehen, dass jede Bemerkung des Partners »als Angriff interpretiert [und pariert wird], ob es sich nun um eine Frage, ein Kompliment oder eine tatsächliche Kritik handelt« (Luthman/Kirschenbaum 1977, S. 157). Hinzu kommt:

> »Zärtlichkeiten zu zeigen bedeutet, sich selbst der Verwundbarkeit durch Angriff, Spott oder Enttäuschung auszusetzen. [...] Da frühe Erfahrung Enttäuschung oder Verletzung erzeugte, weigern sie sich, noch einmal ein Risiko einzugehen [...]. Intimität wird als angstauslösend gesehen. Intimität [...] wird als potentielle Bedrohung betrachtet. Sehr oft ist die Angst, die dahinter steckt, das Gefühl, nicht ebenbürtig zu sein. Der einzelne zweifelt an seiner Fähigkeit, dem anderen zu gefallen. Die Botschaft ist: ›Wenn du mir nahe kommst und mich zu gut kennst, wirst du mich nicht mögen oder ich werde nicht gut genug für dich sein‹. Manchmal haben die Leute auch das Gefühl, dass sie bedrängt oder ›aufgefressen‹ werden, wenn ihnen jemand zu nahe kommt, weil sie Schwierigkeiten haben, Grenzen zu setzen und sie einzuhalten. Wenn sie emotionale Nähe erfahren, folgt oft darauf Streit oder Rückzugesverhalten« (ebd., S. 159ff.).

Die Liebesvorstellung von Menschen, die *falsche Distanz* aufbauen müssen, um nur nicht an ihre Sehnsüchte gemahnt zu werden, gleicht, falls sie denn eine solche genannt zu werden verdient, der von Igeln, die umso mehr ihre Stacheln aufstellen, je näher sie sich kommen.

Das ist, gesamtgesellschaftlich gesehen, so selten nicht im Raubtierkapitalismus und deshalb für die objektiven Existenzbedingungen der Liebe von wesentlicher Bedeutung: Die sozialpsychologische Struktur korrespondiert nämlich mit der wirtschaftlichen, damit die Menschen sich mit dem, was ihnen angetan wird, besser identifizieren (vgl. Adorno 1965a, S. 18), ja damit sie sich wiederentdecken können und das System ihnen nicht als wesensfremd und lebensfeindlich erscheint, in welchem sie ihr Dasein zu bewerkstelligen haben. Abermals ist es Adorno, der den Trend klarsichtig benennt: Er spricht von *Kälte* und meint damit, dass den Menschen die Fähigkeit abhanden gekommen ist, sich mit anderen zu identifizieren.

»Ich sagte, jene Menschen seien in einer besonderen Weise kalt. Wohl sind ein paar Worte über Kälte überhaupt erlaubt. Wäre sie nicht ein Grundzug der Anthropologie, also der Beschaffenheit der Menschen, wie sie in unserer Gesellschaft tatsächlich sind; wären sie also nicht zutiefst gleichgültig gegen das, was mit allen anderen geschieht außer den paar, mit denen sie eng und womöglich durch handgreifliche Interessen verbunden sind, so wäre Auschwitz nicht möglich gewesen, die Menschen hätten es dann nicht hingenommen. Die Gesellschaft in ihrer gegenwärtigen Gestalt – und wohl seit Jahrtausenden – beruht nicht, wie seit Aristoteles ideologisch unterstellt wurde, auf Anziehung, auf Attraktion, sondern auf der Verfolgung des je eigenen Interesses gegen die Interessen aller anderen. Das hat im Charakter der Menschen bis in ihr Innerstes hinein sich niedergeschlagen. Was dem widerspricht, der Herdentrieb der sogenannten lonely crowd, der einsamen Menge, ist eine Reaktion darauf, ein Sich-Zusammenrotten von Erkalteten, die die eigene Kälte nicht ertragen, aber auch nicht sie ändern können. Jeder Mensch heute, ohne jede Ausnahme, fühlt sich zuwenig geliebt, weil jeder zuwenig lieben kann« (Adorno 1967, S. 687).

Falsche Nähe und falsche Distanz in den privaten Beziehungen, die das Gesellschaftliche intim fortsetzen, gleichen sich darin, dass sie eine wirkliche Bezogenheit auf dem Wege der Einfühlung gar nicht erst entstehen lassen. In den privaten Beziehungen sind hier die unaufhaltsam steigenden Scheidungsziffern in den modernen Gesellschaften ein epidemiologischer Gradmesser des Desasters. Der andere kann kaum noch als anderer Mensch wahrgenommen werden, den es zu respektieren gilt. Allenfalls fungiert er als Anlass und Auslöser eigener althergebrachter verfestigter Erlebnisverarbeitungen, die seinerzeit schon die Funktion hatten, aus wahren Gründen wirkliche Beziehungen zu vermeiden.

Liebe hingegen, die sich, wenngleich zunächst nur im Privaten, mit aller Kraft dem Trend der gesellschaftlich bedingten und ins Persönliche reichenden Beziehungslosigkeit entgegensetzt, besteht nicht in *richtiger* Nähe und *richtiger* Distanz zu einem anderen Menschen, sondern in der situativen Angemessenheit durch Empathie. Die Einfühlung in diesen speziellen Menschen erfordert, diesen im jeweiligen raum-zeitlichen Kontext als sich verändernden zu sehen. Alles ist im Fluss, auch das, was wir als Identität wahrzunehmen meinen. Es sind zwei solche fließenden Identitäten, die in der Liebe aufeinander treffen. Ihre Interaktion, nicht bloß das Eingehen des einen auf den anderen, ist das Entscheidende. Die Bezogenheit in angemessener Nähe und angemessener Distanz ist wechselseitig, muss ihrerseits immer neu austariert werden.

Wahrscheinlich weil in den intimen Beziehungen Nähe und Distanz so unendlich diffizil zu handhaben sind und nicht jedes Mal das rein Situative ausgelotet werden kann, scheint die Psyche sich allgemeiner Muster zu bedienen, die unterhalb des fragilen Hier und Jetzt der Nähe-Distanz-Regulierung eine gewisse allgemeine Stabilität mit sich bringen und die Bezogenheit der Partner in einer Dauerbeziehung über Strecken garantieren. Das sind die *Bindungsstile*.

Stilvolle Bindungen

Horst-Eberhard Richter sagte unlängst in einem Interview im großen Nachrichtenmagazin, dass es vornehmlich eine weibliche Eigenschaft sei, Bindungsverlangen zu haben, und dass Männer weiblicher werden müssten (Der Spiegel 40/2006, S. 150ff.; vgl. dazu Modena 2008).

Ob es männliches oder weibliches Bindungsverhalten oder gar Bindungsstile wirklich gibt oder ob dies nur eine Erfindung der Wissenschaft, beziehungsweise – beim Bindungsverlangen – des Wissenschaftlers Richter ist, sei dahingestellt. Die Wissenschaft jedenfalls, kaum dass sie etwas Neues entdeckt oder besser: konstruiert hat, geht schnell davon aus, dass das auch in der Realität so *ist*. Die Leute *haben* dann einen durch wen oder was auch immer bestimmten Bindungsstil, mit dem sie in eine Beziehung gehen. Trotz der Verdinglichung, die sich hierbei auch in den Wissenschaften zeigt, ist es vielleicht lohnenswert, sich das einmal näher anzuschauen, um etwas mehr über die empirischen Bestandteile der Liebe in der Gegenwart zu erfahren. Denn um wirkliche, empirische Liebe hier und heute soll es schließlich gehen und nicht um die am ewigen Ideenhimmel, die sich dann auch noch wesentlich als nicht-verwirklichbar darstellt.

Bindungsstile sind verallgemeinerungsfähige, nach Wiederholung strebende Muster von Nähe und Bezogenheit, die sich auf Paar- und andere zwischenmenschliche Beziehungen richten, um dort ein Gegenstück oder ein Ebenbild als *Passung* zu finden. Die Wissenschaft hat festgestellt, dass es lebensgeschichtlich bedingte *Programmierungen* sind, die sich aus frühen Bindungserfahrungen mit den Eltern herauskristallisieren. Die so entstandenen Bindungsstile wiederholen quasi, was sich in der Kindheit festgeschrieben hat. Man geht im Allgemeinen von drei bis vier Versionen aus, die sich später bei Erwachsenen beobachten lassen: »sicher-autonom, verstrickt, distanziert und desorganisiert« (Erk 2006, S. 134):

➤ Die *Sicher-Autonomen* sind diejenigen, die in der Lage sind, Nähe zulassen und sich Nähe wünschen zu können, weil sie Einfühlungsvermögen erworben haben und zwischenmenschliche Abstände frei regulieren können. Sie haben in der eigenen Vergangenheit ein sicheres Bindungsmuster erfahren und sind in der Lage, als Erwachsene liebevolle Beziehungen einzugehen.

➤ Die *Verstrickten* sind diejenigen, die ihre frühen Bindungserfahrungen noch nicht aufgearbeitet haben und von den unbewältigten Gefühlen stets erneut heimgesucht werden. Sie spalten ihre Beziehungen stets in positive und negative Aspekte und wissen nicht so recht, was sie in der Beziehung wirklich wollen.

➤ Die *Distanzierten* sind diejenigen, die ihre Unabhängigkeit betonen und Bindungen abwerten. Sie sind emotional unansprechbar, wenngleich sie in den Erwachsenenbeziehungen die Partnerschaft zu idealisieren scheinen, ohne aber den realen Partner *als Quelle der Geborgenheit* zu fassen.

➤ Die *Desorganisierten* sind die frühkindlich Traumatisierten, die offenbar kaum überhaupt in der Lage waren, Bindungserfahrungen zu verinnerlichen und deshalb mit Verwirrung und Realitätszweifel zurückbleiben (vgl. ebd., S. 134f. und S. 139f.). No Chance.

Das ist das eine, was man festgestellt hat. Das andre ist Folgendes: »Unter allen möglichen Kombinationen sind Paare mit zwei sicheren Personen am glücklichsten und stabilsten« (ebd., S. 138). Das mag daran liegen, so hat es die Wissenschaft erhoben, dass »sichere Personen bevorzugt mit sicheren [...] zusammen [sind]« (ebd., S. 137). Es kommt zusammen, was zusammen gehört. Gleich und gleich gesellt sich. Es gibt aber auch kompatible Ungleichheiten:

> »Bei den unsicheren Paaren waren drei Ergebnisse besonders auffällig: Die höchste Wahrscheinlichkeit, sich zu trennen, haben Paare von vermeidenden Frauen und ängstlichen Männern. Sehr stabil hingegen sind Verbindungen zwischen ängstlichen Frauen und vermeidenden Männern [...]. Unerfreulicherweise ist aber bei dieser – überzufällig häufigen und sehr stabilen – Paarbildung die Unzufriedenheit am größten« (ebd., S. 138).

Die Wissenschaft erklärt auch, warum das so ist: »Ängstliche Frauen erhalten von vermeidenden Männern Zurückweisung, während vermeidende Männer den erwarteten Versuch der Vereinnahmung von Seiten der ängstlichen Frauen erleben. Man bekommt, was man erwartet« (ebd.).

Wenn die Menschen sich tatsächlich so verhalten, wie die Wissenschaft es hier festgestellt hat, dann haben sie offenbar ihre Sozialisationsbedingungen voll bejaht und leben nach dem psychologisch sicher irgendwie und irgendwo begründbaren Motto: »Ich kann ja nicht anders, so wie ich erzogen und groß geworden bin«. Ihre lebensgeschichtlichen Chancen, sich ihrem Sozialisationsghetto zu entwinden und sich von all dem zu emanzipieren, wegzugehen von dem, was sie scheinbar festhält, haben sie nicht genutzt. Die Wissenschaft wiederholt, ganz wertfrei, noch einmal, was für die Menschen, die sie untersucht, unabänderlich der Fall zu sein scheint.

Eine lebensgeschichtliche Chance steckt, entgegen diesen Befunden, die sicher auch bis zu einem gewissen Grad der Wirklichkeit entsprechen mögen, in der Liebe selbst, die sich von drei bis vier »Bindungsstilen« doch nicht einfangen lässt, welche überdies zum größten Teil bloß schlimmste Lieblosigkeiten reproduzieren. Denn das Wesen der Liebe, welches der noch so ängstliche oder vermeidende Typ in sich wirken und gedeihen lassen kann, wenn er, nicht der Typ sondern der Mensch, die

Liebe bei ihrem Zipfel fasst, ist doch, um es zu wiederholen, die Selbstveränderung. All diejenigen, die sich von ihr wirklich erfassen lassen, bleiben nicht die, die sie sind, und wenn sie noch so sicher-autonom herangehen. Liebe findet doch nicht statt um der Wiederholung des immer Gleichen willen, sondern die Menschen stellen die Liebe her, um über sich hinauszuwachsen.

Obwohl diese Bindungsstile in der sogenannten *Liebes*forschung vorkommen und vielleicht ein bisschen auch im realen Leben[83], sollte man sich nicht täuschen lassen: Eigentlich gehörten sie in die *Zweierbeziehungs*forschung als einer Untersparte der Untersuchungen über die Liebe, denn in der Tat, da muss dem esoterisch-platonisch-frommschen Argwohn vor der Alltagsliebe recht gegeben werden: Nicht in jeder Zweierbeziehung wird Liebe realisiert.

Aber: Liebe findet, wenn sie denn stattfindet, im Allgemeinen in Zweierbeziehungen statt, jedenfalls in unserer Kultur in unserem Zeitalter.

Mit oder ohne Bindungsstil: Es geht kein Weg daran vorbei, den realen Ort der Liebe näher unter die Lupe zu nehmen wie er üblicherweise in unseren Breitengraden vorzufinden ist, nämlich in der Zweierbeziehung.

Die Zweierbeziehung

Man kann wohl von einer Universalität der Mann-Frau-Beziehung (vgl. Brigitte Nr. 2, 01/2004, S. 91) ausgehen: Weltweit sind 90% aller Männer und Frauen im Alter von 49 Jahren verheiratet, das heißt: In aller Regel tun sich wohl Mann und Frau in einer Exklusivitätsbeziehung zusammen. Fast scheint es, als ob dies eine anthropologische Konstante sei, jedenfalls in den Kulturen, in denen dies als ein fester Wert imponiert, so und nicht anders zusammen

---

83 Einen Bindungsstil »haben«, hieße aber noch lange nicht, über ihn verfügen zu können, sondern viel eher dürfte es den Umstand bezeichnen, sein Sklave zu sein. Viel wichtiger als die Untersuchung etwaiger vorhandener Bindungsstile aber sollte die sozialpsychologisch nicht von der Hand zu weisende zunehmende Bindungsunfähigkeit sein, die offenbar von der Gesellschaft so *gewollt* ist (vgl. das Kapitel »Treue« in diesem Buch).

zu sein. Nicht auszuschließen ist, dass viele den Zufall ihres Kennenlernens als mystische Notwendigkeit uminterpretieren, wenn sie es denn schaffen, länger zusammenzubleiben. Im gemeinsamen Mythos wird dann zentral davon die Rede sein, dass beide füreinander geschaffen sind. Die universellen Zweipersonenbeziehungen dürften regelmäßig auch die Implikation haben, dass für sie Ausschließlichkeit gefordert, wenn nicht selbstverständlich ist. Positiver gesprochen: Wenn wir lieben, wollen wir weltweit, in der Mehrzahl jedenfalls, nur den einen und keinen anderen lieben (ebd., S. 89f.). Das romantische Ideal, an dem wir uns im westlichen Kulturkreis orientieren und auf das wir uns, so oder so, beziehen (Schirach 2007, S. 271; Modena 2008, S. 171ff.), scheint sich via Film- und Fernsehen mittlerweile globalisiert zu haben, und der brutale Kampf mancher Kulturen gegen die diesbezügliche europäisch-amerikanische Hegemonie zeigt, wie verzweifelt man sich wehren zu müssen meint. Dass aber Liebe eine kulturelle Gestalt sucht, wo sie keine hat, und, wenn sie bilderlos im Dunkeln irren muss, Anleihen bei anderen Kulturen macht, die von ihrer Verwirklichung erzählen, ist im globalisierten Zeitalter nicht zu vermeiden. Die Bollywood-Filme sind das Zeichen dafür, dass eine ganze Kultur Abschied nimmt von nicht sehr liebevollen sondern eher terroristisch anmutenden Mann-Frau-Beziehungen, die bislang in ihrer Tradition verwurzelt waren. Einen Weg zurück in Zeiten ohne Visionen der gelebten freien Liebe von Mann und Frau gibt es dann nicht, wenn man erst einmal vom süßen Manna der Wechselseitigkeit gekostet hat.

In der westlichen Welt scheint die Zweierbeziehung für viele schon wieder überholt. Weil sie so herzlich wenig des süßen Mannas bringt, das sie verheißt, und weil sie mitunter so wahnsinnig anstrengend und unreglementiert ist, sucht eine nicht geringe Zahl im Singledasein die Rettung. Aber dort sehnt man sich dann wieder nach der großen Liebe (Bode 2004, S. 114): »Denn dann kommt das ganz große Ding, die ganz große Liebe. Und wir können endlich aufhören zu jagen« (Schirach 2007, S. 186). Damit wird die Liebe freilich negativ bestimmt, als das Ende von etwas. Und sie wird instrumentell bestimmt: Sie dient eben einem neuen Identitätsabschnitt.

Ein paar Daten, die in ihrer Widersprüchlichkeit den modernen Kuddelmuddel beleuchten:

➤ Es gibt immer mehr wilde Ehen und Single-Haushalte (dpa-Meldung vom 28. April 2004).

➤ 77% der Deutschen möchten dennoch in einer festen Beziehung leben. Zwar wird Heiraten zur Seltenheit, aber fast alle glauben an die große Liebe und hoffen, dass sie ewig währt (Faller 2004, S. 60).

➤ Die Zahl der Ehescheidungen ist auf Rekordniveau, trotzdem seien 79% der Bundesbürger mit ihrem Partner zufrieden (dpa-Meldung vom 13. Januar 2004).

➤ 83% der 30-Jährigen wünscht sich, dauerhaft mit ihrem Partner zusammenzubleiben (Bethge 2005, S. 176).

Das korrespondiert mit der Aussage Ariadne von Schirachs, die die Liebesgestimmtheit der Unter-30-Jährigen widerspiegelt: Erst um das Alter von 30 aufwärts werde man bindungsreif (2007, S. 279) – davor schwärmt man wohl eher von Passagerem:

> »[W]enn man drei Jahre eine Beziehung hat, dann geht es auseinander, und irgendwann kommt jemand Neues. Das bedeutet auch jedes Mal drei Jahre Glück. [...] Das spiegelt eine Liebesidee, die von der Berglast der totalen Bestimmung befreit ist und trotzdem Raum für Romantik, Ewigkeit und genüssliches Verschmelzen bietet. Und wenn's halt nicht mehr läuft, wenn die Gefühle nicht mehr da sind, trennt man sich« (ebd., S. 273).

Vielleicht fühlt es sich tatsächlich wahnsinnig *berglastig* an, sich eine wirkliche Dauerbeziehung vorzustellen, wenn man noch nicht erwachsen ist und meint, das Leben spiele sich *vor* einer solch schweren Bindung ab. Mit großer anzunehmender Sicherheit wird hier das spielerische Leben, das man führt, mit den eigenen Idealisierungen verwechselt und das, was man als spätere Leblosigkeit befürchtet, ist ebenfalls projektiv: Es sagt eine Menge mehr über einen selbst aus als über die Liebe, die man mit dem *Horror Vacui* vor der nicht zu füllenden Dauer entwertet.

Der Anstrengung, der es bedarf, nicht im Strudel solcher kräftezehrenden Zweier-Selbstverständlichkeiten und neurotischen Routinen zu versinken, steht die Kraft der Liebe zur Seite, der es ein Leichtes sein sollte, dem grauen Alltag zu trotzen, jedenfalls der Liebe, von der die meisten Menschen wohl träumen.

Allerdings berichtet die Realität von Ehen und Beziehungen, die älter werden (vgl. Jaeggi/Holstein 1985) und die gelegentlich ihren Weg in die psychologische Beratung finden, von Gegenteiligem: Liebe scheint heute nämlich im Beziehungsalltag allzu schnell zu erodieren. Das Alltagsleben, das ist jener Bereich, »den Stanley Cavell als ›ereignislos‹ bezeichnet« (Illouz 2007b, S. 17). Deshalb wohl hegen die Jüngeren auch diesen Argwohn. Es scheint, dass die Autoren einer Meldung in der nordostniedersächsischen *Elbe-Jeetzel-Zeitung* vom 25. Februar 2005 recht haben: Alle träumen den Traum von der ewigen Liebe, aber kaum einer schafft es, den Traum zu verwirklichen. Offenbar haben die Betroffenen zu wenig Kraft, ihren Traum zu realisieren. Oder aber sie haben zu wenige Kenntnisse von den inneren Wirkmechanismen.

Hier greifen die vielen Ratgeberbücher. Sie sprechen zwar von der Liebe, aber sie richten sich bloß auf die Binnendynamik in den realen Zweierbeziehungen: Sie richten sich darauf, die ohne ihre Ratschläge unterstellte Ereignislosigkeit des Beziehungsalltags zu meistern und das Zusammenleben besser in den Griff zu kriegen, das heißt, die Routinen zu modifizieren. Wenn das gelingt, so die Botschaft, dann kann die Liebe überleben. Vielleicht wird damit ein wenig wie in der Esoterik unterstellt, dass *Liebe* und *Beziehungen* wohl doch ein Gegensatzpaar sind.

Wo aber sonst, wenn nicht im wirklichen Leben selbst, das heißt, in realen Zweierbeziehungen, erhält sich die Liebe am Leben? Ganz einfach: genau dort wo sie auf der anderen Seite in Gefahr steht, aus Routine- und Alltagsgründen zu verflachen. Liebe findet statt im Medium der Interaktion, und Interaktionen finden statt zwischen anwesenden, sich wach aufeinander beziehenden Interaktionspartnern, die die Autoren dessen sind, was sie im Alltag einander antun. Eine spezifische Interaktionspartnerschaft mit der Besonderheit, dass hier die Liebe ihren Ort hat, stellt, trotz aller Unkenrufe, eben die mittlerweile so bezeichnete Zweierbeziehung dar. Soll die Liebe nicht eine freischwebende Angelegenheit sein, die sphärisch sich bei Schmetterlingen, Vögeln und

Bäumen ausdrückt und dann weiter schwebt oder entschwindet, dann hat sie hier ihr handfestes Zuhause: wo die Menschen sich niederlassen und als Autoren ihrer Liebe miteinander interagieren. Man könnte zwar, wie Michael Mary (2004, S. 208f.), beziehungsweise Arnold Retzer, den er in seinem Buch interviewt, eine Differenzierung einführen und Liebesbeziehungen von sonstigen Partnerschaften unterscheiden. Die Zweier- oder Paarbeziehung wäre dann sozusagen als die äußere Form anzusehen, in der es von Einigem abhängt, ob es sich dort um eine Liebesbeziehung oder um eine Partnerschaft handelt. Aber was soll's: Wenn wir auf der Suche nach dem Ort der Liebe sind, müssen wir dorthin schauen, wo sie sich einnistet.

Dort, in ihrem Haus, findet satt, was in allen Zeiten in allen Häusern immer stattgefunden hat und stattfinden wird: die Bewirtschaftung der knappen Ressourcen: Oïkos, das Haus, Ökonomie, die haushälterische Güterpflege.

Die knappen Ressourcen, mit denen Liebende ihre Liebe nähren müssen, sind objektiv ebenfalls die immer gleichen: Zeit, Raum und Sinn. Sie werden in den Beziehungen üblicherweise transformiert in subjektive Themen: Zusammensein, Geborgenheit, Nähe, Wärme, Vertrauen, Aufregung, Faszination, aber auch Wut, Ärger, Neid, Langeweile und Spannungsverlust. Gegebenenfalls tritt als zentrales objektives Thema unserer Zeit die gemeinsame Handhabung von Hab und Gut hinzu, sprich: die knappe Ressource Geld. Oftmals ersetzt und überschattet die materielle Frage alle anderen Fragen nach dem Umgang mit Ressourcen (vgl. Illouz 2007a, S. 89ff. und S. 239ff.). In den Paarberatungen fällt das besonders auf. Die Geldfrage lässt sich jenseits ihrer harten Faktizität indessen in aller Regel auch therapeutisch übersetzen in Themen der Beziehungsdynamik, die in eine Schieflage geraten sind: Wer von den beiden hat die Definitionsmacht, was macht er oder sie damit, und *was macht das* gefühlsmäßig mit dem anderen, dass da Macht und Verfügungsgewalt im Spiel ist.

In den gelungenen Beziehungen, in denen das Wechselseitigkeitsprinzip gilt, stellt sich gleichwohl die Frage, wie sich die beiden über den Umgang mit den ihnen wesentlichen materiellen Gütern einigen und, vor allem, was sie für sich überhaupt als wesentlich erachten. Die typischen Ratgeberthemen kreisen daher immer um etwa dasselbe: Wer passt zu wem (vgl. ebd., S. 133) und wie gehen die Beziehungspartner angesichts knapper Ressourcen miteinander so um, dass nicht nur der Zusammenhalt nicht darunter leidet, sondern dass die Liebe über die Alltagsmaläsen obsiegt und tendenziell ewig währt. Auf jeden Fall ist es für die Liebenden eine zentrale Frage, ob und wie sie in ihrer Liebe von der alltäglichen Ressourcenbewirtschaftung affiziert werden.

Wichtig ist heute in scheinbar unreglementierten Liebeszeiten, im Gegensatz zu den kulturell eingeengten Mann-Frau-Interaktionen in anderen Epochen, dass es diesseits aller faktischen Alltagserfordernisse heute ganz zentral allein die Gefühle zu sein scheinen, die den liebevollen Zusammenhalt garantieren. Das subjektive Empfinden, sozusagen die gefühlte Temperatur, nicht die objektiven Interessen und Notwendigkeiten, geben in der kulturell befreiten Liebe den Ausschlag.

Komisch, dass dennoch die Bandbreite der vorgestellten Probleme in Paarberatungen und -therapien recht beschränkt zu sein scheint: Meist geht es am Ende um Sex oder Macht oder die große Leere, so als ob die Paare einer geheimen Absprache folgten und in etwa die gleichen Symptome produzierten. Vielleicht ist es in gewisser Hinsicht gar nicht der Fall, dass heute die Mann-Frau-Beziehungen so unreglementiert sind, wie es scheinen will. Der scheinbare Widerspruch löst sich auf, wenn man erkennt, dass die empirisch beobachtbaren Mann-Frau-Beziehungen, Ehen zumal, die Gegenstand soziologischer oder therapeutischer Betrachtungen und Analysen sind, durch ein ganz anderes Sichtfenster gesehen werden als der von außen nicht einsehbare Interaktionsreigen, den die Liebenden tanzen, wenn sie ihre Liebe leben. Daran kranken die meisten objektivistischen Betrachtungen über Liebe, dass sie aus der Beobachterperspektive lediglich das einschätzen und evaluieren, was sie protokollieren. Meistens wird dann das Werbe- und Paarungsverhalten von Mann und Frau in bestimmten Regionen und bestimmten Epochen für eine Einschätzung davon herangenommen, was Liebe sei, und noch öfter wird in den empirischen Befunden das klassische Eheleben und der normale Beziehungsalltag mit *Liebe* konnotiert und somit unter Umständen just das Grauen des grauen Nebeneinanders als Beleg für den historischen Zustand der Liebesverhältnisse genommen. Auch Eva Illouz' herausragende Betrachtungen über

Liebe im Kapitalismus kranken ein wenig daran, dass sie nicht die Liebe von innen, sondern die Verhaltensdaten herannimmt, die sie aus Interviews mit Ehepartnern destilliert. Sie betont freilich auch, dass sie eine empirische Studie betreiben und die Liebe »nicht von innen befragen« (2007a, S. 30) will, das heißt, dass sie sie nicht aus der mehr oder weniger interaktionsgesättigten Teilnehmerperspektive fasst. Stattdessen will Illouz »die Liebe in den traditionellen Bereich der Kultursoziologie holen und danach fragen, welche verschwiegenen Bedeutungen und Symbole unsere romantische Erfahrung bestimmen« (ebd., S. 31). Die Architektur ihrer Fragestellung und die nicht-empathische Beobachterperspektive der Soziologin bewegt oder verführt sie aber dazu, Liebe mit sich als *romantisch* verstehendem Alltagshandeln zu verwechseln und dem Liebesbegriff aufzusitzen, den die Gesellschaft als Label für all jene Mitglieder bereithält, die sich an solchen Definitionen orientieren.

Nicht fokussiert sie diejenigen, die mit den Bordmitteln ihrer Liebe dagegen aufbegehren. Sie begreift sogar das Motiv der Transgression als zeitgenössisches soziokulturelles Liebesaccessoire, das sie bei den gebildeteren Klassen Amerikas verorten zu können glaubt, weil die es kraft ihrer kommunikativen und kulturellen Kompetenzen nun einmal besser verstünden, gelegentlich der Alltagsroutine in ihren Beziehungen zu entkommen und ein Stück mehr von der aufregenden Anfangsromantik hinüber zu retten als die Arbeiterklasse. Die systematische Vernachlässigung des inneren Interaktionskonzerts der Liebe, das ihr Entstehen und ihr Leben erst ermöglicht, und ihr Fokus auf die instrumentellen Bezüge des Gesellschaftlichen, die dieses Leben kontaminieren, führt in Illouz' Betrachtungen dazu, dass für sie »die heutige Lage der Liebe« (ebd., S. 314) »charakterisiert ist durch ein tief sitzendes Misstrauen gegenüber der Liebe, eine Vermischung von rationalen und irrationalen Ausdrucksformen und die Schwierigkeit, die eigenen Gefühle zu deuten« (ebd., S. 322), mit einem Wort durch ihre Entzauberung.

Ihre Entzauberung, so die Diagnose, sei vor allem dem Umstand geschuldet, dass mittlerweile unser Eigeninteresse die Liebe »der nüchternen Überlegtheit ökonomischen Handelns und der rationalen Suche nach Selbstbefriedigung unterworfen« (ebd., S. 321) habe.

Zwischen einer Lesart von Liebe aber als dem, was im utilitaristischen Beziehungsalltag von Mann-Frau-Partnerschaften geschieht, und ihrer Bestimmung als einem spezifisch verdichteten, sich an sich selbst hochhangelnden Interaktionsgeschehens, besteht, obgleich beide sich auf Empirisches beziehen, ein entscheidender Unterschied. Er zeigt sich darin, dass Beziehungshandeln bei Personen anzutreffen ist, die eben *eine Beziehung haben* und dagegen gelebte Liebe bei solchen, die sich lieben. Darauf, dass das etwas qualitativ anderes ist, haben, wie gesagt, Michael Mary und Arnold Retzer aufmerksam gemacht.

Zu einer Schlüsselfrage des privaten Glücks, jedenfalls in hiesigen Betrachtungen, ist heute die Frage zentral geworden, wie sich Vertrauen in Partnerschaften etabliert und erhält (U. Beck 2004, S. 34). Hier besteht der feste Glaube, dass allein die individuelle Subjektivität es ist, aus der sich das Glück schöpft. In den Zeitschriften, die das bekräftigen, orakelt man dann zuweilen über das Geheimnis einer wirklich guten Beziehung: »Das ist eine ganz besondere Form der geteilten Partnerschaft: Sie sprechen anders miteinander, agieren anders miteinander« (vgl. Focus 35/2004, S. 114). *Anders*, ja gut. Aber wie?

Weil die Liebe trotz aller soziokultureller Determinanten ebenso gut aus kulturellen Zwängen entlassen ist und der Umgang mit ihr zu einem nicht geringen Grad unreglementiert von der je privaten Interaktionskultur in den Beziehungen abhängt, hat die Ratgeberliteratur Hochkonjunktur. Sie stellt für das Leben zu zweit Regeln des Umgangs miteinander auf, die in der Regel höchst willkommen zu sein scheinen[84]. Um was genau geht es dabei? Um Säulen.

---

84 Vgl. als Beispiele: Hans Jellouschek (2004b): *Wagnis Partnerschaft*; Hans Jellouscheck (2004a): *Liebe auf Dauer. Die Kunst, ein Paar zu bleiben*; Ursula Nuber (2005): *Was Paare wissen müssen. 10 Grundregeln für das Leben zu zweit*; Erich H. Witte & Helga Wallschlag (2000): *Die fünf Säulen der Liebe. Wie Paare glücklich bleiben*. Michael Mary stellt in seinem Buch vom *Mythos Liebe* weitere virulente Titel vor: John M. Gottmann & Nan Silver: *Die sieben Geheimnisse der glücklichen Ehe*; Frank Naumann: *Die 10 Geheimnisse ewiger Liebe*; Adam Jackson: *Die zehn Geheimnisse der Liebe*; Peter Lauster: *Geheimnisse der Liebe*; Chuck Spezzano: *100 Geheimnisse der Liebe*; Ellen Fein & Sherrie Schneider: *Die Kunst, den Mann fürs Leben zu finden*; Hans Jellouscheck: *Wie Partnerschaft gelingt – Spielregeln der Liebe*; Otto Brink: *Spielregeln der Partnerschaft*; Michael Lukas Moeller: *Gelegenheit macht Liebe*; Cherie Carter-Scott: *Wenn die Liebe ein Spiel ist, sind dies die Regeln* (vgl. Mary 2004, S. 15). Außerdem zu erwähnen sind noch *Simplify your Love* und *Love Academy*,

Säulen

Es geht zum Beispiel um *Säulen der Liebe*, wie anhand des Inhaltsverzeichnisses des Buches von Witte und Wallschlag deutlich wird:

»›Wir zeigen uns, dass wir uns lieben.‹
Die erste Säule der Liebe: die Beziehungsdefinition.
›Das mag ich an dir; das passt mir nicht.‹
Die zweite Säule der Liebe: die verbale Beziehungskritik.
›Du willst dies und ich jenes.‹
Die dritte Säule der Liebe: die Machtbalance.
›Ich will dir nahe sein.‹
Die vierte Säule der Liebe: die emotionale Beziehung.
›Gemeinsam sind wir stark.‹
Die fünfte Säule der Liebe: die Abgrenzung nach außen und der Kontakt
mit anderen« (Witte/Wallschlag 2000, S. 5f.).

Unterstellt wird wohl, dass die Ratsuchenden etwas Entscheidendes nicht wissen oder es einfach nicht verstanden haben. Ratschläge sind auch Schläge, sagt man unter professionellen Helfern, um auf jeden Fall zu vermeiden, dass in der psychologischen Beratung Ratschläge erteilt werden. Man versucht dort stattdessen, mit den Ratsuchenden zusammen deren höchstpersönlichen Weg und deren höchstpersönliche Entscheidungen kommunikativ zu erarbeiten. In der Ratgeberliteratur ist die individuelle Problemerörterung naturgemäß nicht möglich. Hier wird viel eher versucht, allgemeinen Mustern nachzuspüren und entsprechend allgemeine Richtlinien zu verfassen. Leider gehört offenbar zu den allgemeinen Mustern die Annahme oder auch die Beobachtung, dass Zweierbeziehungen nach Klischees verlaufen: Nach der Verliebtheitsphase mitsamt intensivem Gefühlsaustausch geht's bergab: »Ist der Prozess der Paarbildung abgeschlossen, reden Paare auch nicht mehr so viel über ihre Partnerschaft. Auch die Liebesbeweise werden seltener. In dieser Phase öffnen Paare sich wieder mehr zur Außenwelt. [...] Die romantische Komponente nimmt ab« (ebd., S. 50).

geschrieben von Holger Schlageter und Patrick Hinz. Das alles sind Versprechen, uns die Sache nun wirklich ganz, ganz einfach zu machen.

Sollte das Klischee tatsächlich zutreffen und nicht nur ein Produkt der Beratergilde sein, dass Leidenschaft und Dauer sich nicht miteinander vertragen[85], dann wäre, Ratschlag hin oder her, doch auch einmal zu hinterfragen, ob es in der Tat nur der Binnendynamik von Liebesbeziehungen mitsamt gegebenenfalls ihren biologisch-hormonellen Hintergründen anzulasten ist, dass die Liebenden die Kraft verlieren, sich zu lieben. Die Schwerkraft der sozialpsychologischen Verhältnisse jedenfalls wird in den Ratgeberbüchern nicht angesprochen. Es könnte ja auch sein, dass die Liebenden Kinder der Jetztzeit sind und vom allgegenwärtigen Konsumismus derart durchtränkt, dass ihnen gar nicht bewusst ist, wie unfähig sie geworden sind, das, was sie *haben*, noch wertschätzen zu können. Es könnte ja sein, dass die Massenpsyche, deren Teil sie sind, mittlerweile so beschädigt ist, dass sie das, was sie hat, stets als wertlos betrachtet, weil all ihr Streben darauf getrimmt ist, immer Neues und anderes erwerben zu müssen. Dann wäre das Erschrecken, wenn nicht das Entsetzen darüber und die Trauer über die Beschädigung der eigenen Subjektivität die richtige Reaktion, die in der Liebesbeziehung ihren Platz hätte und nicht das quicke Reagieren mit vermehrten Liebesbeteuerungen:

> »Wir beginnen jetzt nämlich auch, dem anderen nicht mehr zu sagen, wie sehr wir ihn lieben. Damit setzen wir einen unseligen Prozess in Gang. Der Partner meint jetzt ebenfalls, spüren zu können, dass sich die Liebe verringert und die Partnerschaft an Glück verloren hat. [...] Dabei scheint die Befreiung aus dem Dilemma so einfach. Die Paare müssen nur in der Lage sein, ihre Gefühle wie früher zu zeigen« (Witte/Wallschlag 2005, S. 50).

---

85 Experten betonen jedenfalls immer wieder, dass leidenschaftliche Liebe nicht dauern *kann*. Aus ihrer »Beobachtung gesellschaftlicher Realität« folgern sie, dass, was ist, auch so sein muss: »Nach durchschnittlich drei bis fünf Jahren findet das Paradies sein Ende« (Mary 2004, S. 196); Liebe sei bloß »ein schönes Fieber«, wird dann konstatiert (ebd., S. 209). Indes gilt für die Liebe just das Gegenteil: »Liebe muß immer so tun, als könne sie ewig dauern. Und es ist ja auch gerade dieser Funken der Ewigkeit, der sie [...] so groß erscheinen lässt« (Schandl 1996). Der der Liebe innewohnende Ewigkeitsfunken ist es denn auch, der das gesellschaftliche Diktat über die konsumistisch *sinnvolle* bloß kurze Verweildauer der Leidenschaft leidenschaftlich konterkariert.

Genauso wie es sicherlich fatal und falsch ist, sich in den Liebesbeziehungen immer weniger die Liebe zu zeigen und es kaum noch zu sagen, dass man sich liebt, ist es fatal und falsch, wenn man annimmt, dass man mit der Oberfläche der Liebesbekundung gegen die Tiefen des inneren Kräfteverfalls der Liebe ankommen kann. Die Leidenden kommen doch nicht in die Paarberatung und -therapie, weil sie etwas nicht kapiert haben oder einander nicht mehr sagen, dass sie sich lieben, sondern sie kommen, weil sie es aufgrund ihrer subjektiven Beschädigungen *nicht können.* Wirkliche Liebe bestünde darin, gemeinsam die Augen zu öffnen und sich solidarisch mit aller Kraft aus dem Sumpf der beschädigten Subjektivität herauszuarbeiten. Das, was in qualitativ guten Therapien stattfindet, hat mit Psychotechniken nichts zu tun, sondern es ist dasselbe, was die Liebe auch jenseits professioneller Hilfe aus sich heraus potenziell *leisten* können muss, nämlich die Selbstheilungskräfte zu bündeln und im Widerstand gegen die liebesverhindernden Bedingungen zu leben. Dieses widerständige Leben der Liebe besteht in einer Einheit von Handlung, Haltung und Gefühl, welche dem Einschlafen der Liebe trotzt und an ihr festhält, wo sie scheinbar aufgrund allerlei objektiver Ablenkungen und Nöte zu schwinden droht.

Kritisch und desillusioniert realistisch könnte man mit Eva Illouz (2007a) dagegen halten, dass Liebe mit dem Kapitalismus längst eine Liaison eingegangen sei (vgl. Busch/Ebrecht 2008, S. 9f.) und Schaden genommen habe. Larcher fasst Illouz' These prägnant zusammen:

> »Illouz stellt [...] fest, dass zu den kulturellen Widersprüchen des Kapitalismus der Gegensatz von romantischem Liebesideal und der kalten Welt der Ökonomie gehört; dass jedoch die beiden Sphären sich längst wechselseitig beeinflussen und ineinander übergehen. So wie die Konsumsphäre in wachsendem Maße auf die Erzeugung romantischer Gefühlszustände abzielt, so geraten die Intimbeziehungen immer stärker in Abhängigkeit von den Inszenierungen und dem Erlebnis des Konsums. Die kollektive Utopie der Liebe, einst als Transzendierung des Marktes idealisiert, ist im Prozess ihrer Verwirklichung zum bevorzugten Ort des kapitalistischen Konsums geworden« (Larcher 2008, S. 231).

Aber von solch desillusioniertem Realismus war die Liebe noch nie gezeichnet, vor allem nicht gegenüber sich selbst. Im Gegenteil, sie lebt vom

Überschuss ihrer Energien, die den Traum Wirklichkeit werden lassen wollen. Dass der spätmoderne Konsum sich ihrer zu bemächtigen versucht, um sich mit Ablichtungen auszustaffieren, die ihre harmonischen Tendenzen oder ihre Leidenschaften kopieren, um ihrer überschüssigen Energien habhaft zu werden, kann ihr nichts anhaben. Die gelebte Liebe ist durchtränkt vom genossenen Leben, die Hochglanzbilder dagegen sind blutleer. Die Illouz'sche Sicht wäre dialektisch über sich hinauszutreiben. Alle Lieben sind Lieben in ihrer Zeit. Es gibt keine Liebe, die nicht inmitten soziokultureller, historischer und politökonomischer Zusammenhänge stattfände. Der soziokulturelle Kontext, der heute die Liebe »codiert« (Luhmann 1994), bildet zugleich auch jene zeitgemäßen Überschüsse, die über ihn hinausweisen. Zum historischen Stand der Liebe gehört der historische Stand des Möglichen, den sie in sich aufnimmt. Im späten Kapitalismus, so der Einspruch gegen den mit der Konsumindustrie amalgamierten Liebesrealismus, den Eva Illouz in Amerika empirisch nachzeichnet, gedeihen mit seiner Globalität auch die utopischen Potenziale der Liebe, die aufs Ganze gehen:

> »Als ihr emanzipatorischer Kern wird die ›reine Beziehung‹ ausgemacht [...]. In ihr gipfeln, in der späten Moderne [...] die Individuierungs- und Emanzipationsbestrebungen der Subjekte. [...] Sie [die Liebe] erscheint als die Utopie einer Beziehung, die frei ist von Kalkül und Zweck, also auch frei von Verwertungs- und Machtinteressen. Psychoanalytisch wäre die ›reine Beziehung‹ etwa zu fassen als eine, die das innere Liebesobjekt als eigenständige Quelle des Guten wertschätzt« (Busch/Ebrecht 2008, S. 9f.).

Man könnte auch sagen: Es ist deren aus ihrer Vereinigung selbst hervorgebrachte und gelebte Interaktionsqualität, welche die Liebenden heute zum Maßstab ihres Zusammenseins machen und gerade nicht die kulturellen Technologien der Waren- und Freizeitindustrie, die auf aufdringliche Weise ihre Liebe zu versüßen vorgeben und die Menschen zu »hyperrationalen Idioten« macht (Illouz 2007b, S. 167). Dass die Liebenden die Qualität ihres Bezogenseins und ihrer Interaktionen von gesellschaftlichen und kulturellen Zutaten freihalten wollen, ja, dass sie sich vehement dagegen sperren, ist selbst ein gesellschaftlich hervorgebrachtes Geschehen, das auch damit zu tun haben mag, dass über den verfeinerten Konsum und die elaborierte Massenkultur sich, zumindest in privilegierten Zusammenhängen, vom Markt eher unintendiert, ein gesteigertes Bewusstsein für wirkliche Qualität und wirklichen Genuss entfalten konnte, das des ganzen Humbugs im falschen Schlaraffenland überdrüssig wurde. Der viel geschmähte Oberflächenhedonismus entdeckt seine philosophisch verbürgten Wurzeln und streckt seine Fühler nach dem wirklichen Glück aus, von dem die »hedonistischen Waren« (Illouz 2007a, S. 100f.) zwar bloß Trugbilder vermitteln, dem sie andererseits aber auch soziokulturell die »dionysischen Energien« (ebd., S. 111) freischaufeln.

Liebe wird diesseits der verdinglichenden Zurichtungsattacken des gesellschaftlichen Systems um ihrer selbst willen begriffen, im besten Sinne hedonistisch, weil sie auf den Genuss des unverstellten Lebens hinaus will. Damit befindet sie sich, wie ehedem, in der guten alten Tradition der subversiven Auseinandersetzung mit den bestehenden Verhältnissen:

> »Indem sie den Supremat der menschlichen Beziehungen, die geleitet sind von der interessenlosen Hingabe der eigenen Person, verkündet, feiert die Liebe nicht nur die Verschmelzung individueller Seelen und Körper, sondern eröffnet auch die Möglichkeit einer anderen gesellschaftlichen Ordnung. Die Liebe vermittelt damit eine Aura der Transgression, die verspricht und fordert eine bessere Welt« (ebd., S. 37).

Solch eine transgressive Liebe, die ihren gesellschaftlichen Beschädigungen trotzt und den allgemeinen Diagnosen ihres soziohistorischen Todes mit ihrem *Dennoch* die Stirn, besser noch: das Herz bietet, wird weiß Gott nicht das Problem haben, dass einer der Partner oder beide darunter leiden, dass es ratgebergeschulte *Phasen* der Beziehung gibt, in denen zu wenig »Ich liebe dich« gesagt wird. Nein, man soll sich freilich ständig sagen und zeigen, dass man sich liebt, unzählige Male am Tag, wenn es denn in dieser Form von beiden genossen werden kann. Aber nicht als wohlfeile Technik gegen beziehungsimmanente Schwächen, sondern als Bekräftigung dessen, was ist! Sehr richtig weist Michael Mary darauf hin, dass es völliger Quatsch ist, auf dem Wege technischer Anweisungen zur Liebe zu gelangen. Außerdem werden hier oft Ursache und Wirkung verwechselt, und das sogar auf höchster akademischer Ebene: »Beispielsweise beobachten Wissenschaftler, dass glückliche Partner einander Blumen schenken. Daraus ziehen sie einen [...] Rückschluss: Wer einander Blumen schenkt, erhält seine Beziehung glücklich« (2006, S. 59f.). Insgesamt, so Mary, stellen die Expertenratschläge eher eine Überforderung denn eine Hilfe dar:

> »Arbeit an der eigenen Persönlichkeit, an der Kommunikation, an der Sexualität, an der Balance von Geben und Nehmen, an der Nähe/Distanz-Bilanz, an der Entwicklung gemeinsamer Ziele, an der Leidenschaft, am Erwerb dutzender Fähigkeiten – mit der von Experten empfohlenen ›Liebesarbeit‹ sind die Menschen restlos überfordert« (ebd., S. 89).

Liebe erhält sich am Leben durch immer neue Liebe und nicht durch gesellschaftlich sanktionierte Psychoübungen oder andere wohlfeile romantische Zutaten, die vorgeben, die Liebe runderneuern zu können. Paare, die sich nicht in permanenter Interaktion befinden, das heißt, die sich nicht permanent miteinander auseinandersetzen, können sich auch nicht mit verbalen Frischeinjektionen aus der psychosozialen Kitt-Apotheke erreichen. Die gesellschaftlich injizierten Mechanismen, welche die Beziehung einschlafen lassen, sind von vornherein, zu jedem Zeitpunkt, außer Kraft zu setzen. Wer liebt, lehnt sich nicht einfach zurück, sondern gegen die verordnete Liebe auf.

Daher müsste es heißen: Keine Selbstverständlichkeiten, von Anfang an! Und: Keine Phasen der Beziehung! So etwas Herbeigeredetes gar nicht erst einreißen lassen! Auch die anderen Üblichkeiten aus dem gesellschaftlich angebotenen Hilfsrepertoire nicht! Das nur als Rat!

Denn eines ist sonnenklar, davon singt Juliette Gréco und hat damit Recht: Wo keine Liebe mehr ist, da soll man sich trennen. Es hat überhaupt keinen Zweck weiterzumachen, wenn die Liebe gänzlich entschlafen ist. Freilich gibt es faktisch eine riesige Anzahl Beziehungen, in denen keinerlei Liebe herrscht, sondern nur das Grauen und der alltägliche Terror, die könnten höchstwahrscheinlich ihren Alltag mit manchen guten Ratschlägen aus der Ratgeberecke technisch *echt* verbessern.

Aber dort, wo es gar nicht um Liebe geht, sondern nur um instrumentelle Bezüge, ökonomische Zwangszusammenhänge in aller Regel, da haben Überlegungen zu den Grundlagen von wirklichen Liebesbeziehungen keinen Platz. Sie gehören einfach nicht zum Thema. Allenthalben gehören sie zum Thema *rationale Vereinbarungen aufeinander angewiesener Vertragspartner unter erschwerten Kratzbürstigkeitsbedingungen* und haben dann entfernt mit Rechtsfolgen und sonstigen instrumentellen Dingen zu tun.

Die tiefe Kraftquelle von Liebesbeziehungen dagegen ist nicht die Zweck-Mittel-Rationalität und auch nicht der Instrumentalismus, sondern die intuitive und zuweilen scheinbar irrational daherkommende Gefühlswelt, die verrückt spielt, weil sie das bisherige interne Vernunftgefüge durcheinanderbringt. Diese aus der Sicht der Liebe gar nicht so irrationale Irrationalität soll beibehalten und vielleicht sogar gegen die offizielle Vernunft (vgl. Honneth 2007a) gestärkt werden, die, welch Ironie, in »verschiedenen sozialwissenschaftlichen Theorien das irrationale Wesen der Liebe« aus der objektivierenden Beobachterperspektive bestätigt (Illouz 2007a, S. 226, Anm. 1).

Gleichwohl kann nicht der *Beobachter* des Liebeslebens das Wesen der Liebe erfassen, sondern es ist das Festhalten der *Teilnehmer* am Irrationalen ihres Reigens, das ihnen das Tor zu jener vollen, unreduzierten Vernunft öffnet, die, aus der Perspektive der reduzierten, bar jeglicher Vernunft ist.

Würden jene, die es alleine nicht schaffen, es unter Umständen für vernünftig halten, sich beraten zu lassen, weil da vielleicht auf der anderen Seite emotionale Intelligenz (vgl. Golemann 1996) zu erwarten ist, was erführen sie dort?

Neben den fünf Säulen der Liebe (vgl. Witte/Wallschlag 2000, S. 5f.), die zeigen, »wie Paare glücklich bleiben«, fallen in der diesbezüglichen Literatur auch Grundregeln für das Leben als Paar auf, zehn an der Zahl, ähnlich wie die heiligen Gebote (Nuber 2005)[86]. Unter der Überschrift »Was Paare wissen müssen« steht geschrieben, worauf es zu achten gilt:

---

86 Die Autorin Ursula Nuber ist Redakteurin bei *Psychologie Heute* und hat noch weitere 10-Items-Bücher veröffentlicht: *10 Wege aus dem Alltagsblues, 10 Gebote für gelassene Frauen, 10 Gebote für starke Frauen.*

Dass nämlich erstens die Liebe in Phasen verläuft und sich entwickelt, und dass nach der Verliebtheit, die – was die Hirnforschung, wie bekannt, serotoninspiegelmäßig bestätigt – ein Ausnahmezustand und nach 18 Monaten bis drei Jahren vorbei ist, noch vier andere Phasen kommen. Als da wären: Phase zwei, hier geht es darum, dass der Kater der Droge Verliebtheit die Augen dafür öffnet, dass der andere Seiten hat, die man bei ihm bislang noch nicht so wahrnahm, à la »Was einst faszinierte, wirkt nun störend« (ebd., S. 52). Danach kommt Phase drei, wo die Irritationen und Bedenken der Phase zwei teilweise in echte Unzufriedenheit umschlagen. Phase vier, in welcher man die Beschränktheiten des anderen akzeptiert, eine Kosten-Nutzen-Analyse vornimmt und es normal ist, dass die sexuelle Lust aufeinander nachlässt (ebd., S. 60). Phase fünf, in der die notwendige Distanzierung der Partner abgeschlossen ist und ein erwachsenes Wir-Gefühl entsteht.

Des Weiteren gilt zweitens die Grundregel, dass Liebe eine Akzeptanzförderung für »intime Fremde« bedeuten sollte, dass also die Lösung »nicht [in der] Veränderung eines oder beider Partner liegt« (ebd., S. 69), sondern darin, seine Andersartigkeit anzunehmen.

Drittens gilt, dass sich in der Liebe immer *Abgeordnete* von Herkunftsfamilien treffen, die sich deshalb ihrer Vergangenheit stellen müssen, um sich zu verstehen.

Viertens gilt, dass Liebe Distanz braucht: Eine Beziehung kann nicht der Sinn des Lebens sein, denn die Einzelnen müssen sich diesseits und jenseits aller Symbiosen behaupten. Das Leben für den Partner aufzugeben, ist infolgedessen nicht richtig, weil die Unabhängigkeitswünsche und die Wünsche nach Differenzierung dann nicht befriedigt werden können: es gilt also, immer auch auf Abstand zu bleiben.

Fünftens ist man in der Liebe, beziehungsweise ist die Liebe selbst: achtsam und respektvoll.

Sechstens ist in der Liebe Offenheit und Ehrlichkeit angezeigt: »Sagen, was man fühlt«, »Sagen, was man will«, »Herausfinden, wozu der andere bereit ist«, »Verhandlungen führen« und »Konsequenzen aufzeigen« (ebd., S. 143ff.).

Siebtens schließlich, man merke auf, ist Liebe unartig, das heißt, dem dort zitierten Diktum Gottfried Benns, »Die Ehe ist eine Institution zur Lähmung des Geschlechtstriebes« (ebd., S. 156), sei zuwiderzuhandeln in dem Sinne, dass die gemeinsame Lust immer wieder gemeinsam durch immer erneutes gründliches Kennenlernen und nicht mittels Sex-Techniken erarbeitet werden muss, damit sie nicht in Routinen versinkt, insbesondere seien die »stickigen Verklammerungen« (ebd., S. 163) – und hierbei wird die Paartherapeutin Welter-Enderlin zitiert – aufzulösen, indem dem Motto zu folgen sei, dass nur wer alleine leben könne, sich auch wieder lustvoll fallen lassen könne. Denn wer zu Hause nichts Fremdes finde, suche es woanders, weil gerade das Unbekannte das Attraktive sei. Zudem sei zu bedenken, dass ein gutes Sexualleben schließlich die Immunabwehr stärke und deshalb »sollte [man eigentlich] der Versuchung widerstehen, die ungelebte Lust mit einer dritten, fremden Person auszuleben«, weil eben »eine befriedigende Sexualität [...] von hohem Wert für eine Beziehung« sei (ebd., S. 164). Am besten, man baue zu hohe Erwartungen ab, um nicht auf lusttötende Weise das hohe Erwartete mit dem mickrigen Erreichten (ebd., S. 157) konfrontieren zu müssen. Letztlich gälte es, um die Lust nicht einschlafen zu lassen, durch Unartigkeiten das sexuelle Verlangen wieder zu schüren, aber immer schön im Rahmen der Correctness, denn Männer könnten Frauen ihre Obszönitäten und Derbheiten so einfach nicht zumuten.

Achtens gilt die Grundregel: Liebe vertraut und verzeiht (ebd., S. 175ff.) und es empfiehlt sich, hier versuchsweise mal einen im Ratgeberbuch gleich mitgelieferten Vertrauenstest durchzuführen, um anhand der Punktzahlen festzustellen, ob und in welchen Abstufungen man Vertrauen zu seinem Partner hat; insbesondere ist hier das leidige Kapitel Fremdgehen von Bedeutung.

Neuntens gilt es, insgesamt die Ernüchterung des »So-habe-ich-mir-das-nicht-Vorgestellt« zu be- und verarbeiten und in Rechnung zu stellen, dass die gesellschaftlichen Bedingungen mitsamt Beruf, Kindern und Mann-Frau-Rollen es eben oftmals nicht zulassen, dass man so ohne Weiteres ein »partnerschaftliches Modell« (ebd., S. 205) realisieren kann.

Zehntens schließlich, und das scheint nun wirklich das realistische Resultat solch realistischer Grundregeln zu sein, gilt die Erkenntnis, dass Liebe mitunter endlich ist. Auch das gehört zu den Grundregeln des *Überlebenspakets-für-Paare-verliebt-verlobt-verheiratet-so-einfach-ist-das-Ursula-Nuber-beschreibt-was-Liebe-wirklich-Ist* – so die Werbung auf dem Umschlagdeckel –, dass auch Trennung angesagt sein kann. Ein Beziehungs-Check mit, ausgerechnet, zehn Fragen soll am Ende helfen, die Frage besser beantworten zu können, denn »fallen« hierbei »die Antworten auf mehrere dieser Fragen negativ aus, dann ist die Zukunft der Beziehung nicht mehr gesichert« (ebd., S. 217). Das wäre dann die expertisenmäßige Unter-mauerung von Juliette Grécos *Quand l'amour meurt* für so geschulte Liebesrealisten.

Die ausgiebige Darstellung zeigt, wie sehr doch die wesentliche Irrationalität der Liebe mittlerweile durch Liebesforschung, empiri-sche und klinische Psychologie und sonstige *realistische* Erkenntnisse sowie allerlei neumodische Pseudowissenschaften und Experten-schnickschnack in Beschlag genommen worden ist und damit ziemlich veraltet und unzeitgemäß erscheint: Die Ratgeber-Liebe hat mit dem essenziellen Amalgam aus Leidenschaft, Unvernunft und Seelentiefe herzlich wenig zu tun. Vielmehr ist es offenbar ihr Ziel, den ganz normalen Beziehungsalltag zu steuern. Alle möglichen Untiefen sol-len umschifft und die anfänglichen emotionalen Verwerfungen, die zur Liebesbeziehung führten, geglättet und in moderaten Quanten konserviert werden.

Wer sich so beraten lässt, wird, was er ersehnt, nicht bekommen. Die abgeklärten Liebesvorstellungen der Ratgeber haben bereits mit dem allseits abgesegneten Phasenmodell, das sie allesamt dem Ratsuchenden unhinterfragt ans Herz legen, die Liebe verraten. Wer lediglich die gesell-schaftlichen Klischees wiederholt und das dann mit Liebe verwechselt, hilft anderen nicht ins Reich der Freiheit zu gelangen, sondern führt sie schnurstracks in den Profanbereich des Immergleichen und bloß Notwendigen.

Natürlich ärgert man sich im realen Leben situativ auch einmal über den anderen. Eine Totalverdinglichung ist es aber, wenn man kommuni-kative Störungen oder Interaktionsunfälle im lebendigen Miteinander, die gelegentlich auch als heftige Störfeuer in die Liebe hineinfunken

können, als normgemäße und phasenspezifisch verortete Notwendigkeiten verbucht und sich dabei beobachtet und evaluiert, wie man das
bewältigt.

Wir haben jetzt die Grundregel drei oder vier der Liebe zu gewärti-
gen: »Liebling, wir dürfen nicht beunruhigt sein, wenn wir uns vorübergehend nicht in die Augen sehen können; das ist doch ganz normal.
Menschenskind Schatzi, das ist in allen Beziehungen so.« Zumal in
Phase drei.

Die viel zitierte normative Kraft des Faktischen ist in diesem Fall die
normative Kraft des Abstraktiven, also der Einfluss des Allgemeingut
Gewordenen auf die lebendige Wirklichkeit, das heißt, der rückwirkende
Einfluss des »wissenschaftlich« Herbeigeredeten. Keiner, der wirklich
liebt, kann dem zustimmen.

Denn Liebe verändert. Es kann gar keine Phasen geben, in denen
sich jemand nach einer Idealisierungsetappe als jemand entpuppt, der er
wirklich, das heißt wohl unabhängig von Beziehungen, ist. In Interaktionen entsteht Neues. In Interaktionen, die Liebe genannt zu werden
verdienen, werden die Partner durch die Liebe die sie empfangen und
durch die Liebe, die sie geben, zu jemand anderem. Wer nach Jahren in
irgendeiner seltsamen Phase plötzlich meint, der zu sein, der er einmal
vor der Beziehungsgeschichte war, hat womöglich die Liebe gar nicht
erfahren. Denn Phasen gibt es nicht, sondern allenfalls Rückfälle in
Interaktionsformen der Vorgeschichte, die eine nicht akzeptable Qualität aufweisen.

Wenn *Identität* nichts Statisches ist, sondern sich immer aufs Neue
aus erzählter Biografie kreiert, dann sind ab dem Zeitpunkt, an dem
sich zwei in Liebe vereinigen, neue und qualitativ andere Erzählungen
auf der Agenda der narrativen Identitätskonstruktion. Schließlich
erzählen sie aus einem anderen Universum heraus eine neue, andere
Lebensgeschichte.

Dass die Ratgeberliteratur in Sachen Liebe allzu oft bloß die allgemeinen Phrasen bestätigt und die Entfremdung vom lebendigen
Leben zementiert, ist nicht von der Hand zu weisen. Konnte man
zur Zeit der großen Hollywoodschinken und kann man zu Zeiten
anderer effektiver *Codierungen* des postmodernen Liebesdiskurses

kritisch davon ausgehen, dass zwischen Code und Wirklichkeit eine wechselseitige Durchdringung stattfindet, dergestalt dass, »wie der Psychologe Jerome Brunner gezeigt hat, die Erzählung das Leben [imitiert], und das Leben [...] die Erzählung nach[ahmt]« (Illouz 2007a, S. 211), so kann und muss man erst recht davon ausgehen, dass neben dem Kino die Ratgeberliteratur das Medium schlechthin ist, welches das Selbst und die Beziehungen zu formen sich anschickt. Die »Gefühle in Zeiten des Kapitalismus« (Illouz 2007b, S. 20) sind durchdrungen und geprägt vom gesellschaftlichen Diskurs über die Gefühle. Die Ratgeberliteratur spielt dabei eine herausragende Rolle, weil sie

> »ein Vokabular für das Selbst und für das Aushandeln sozialer Beziehungen zur Verfügung [stellt ...]. Sehr viel kulturelles Material gelangt zu uns in Form von Ratschlägen, Ermahnungen, Rezepturen à la ›Wie Sie in sieben Tagen ...‹. Berücksichtigt man, daß sich das moderne Selbst an zahlreichen sozialen Orten selbst erschafft, indem es sich unterschiedlicher kultureller Repertoires der Entscheidungsfindung bedient, dann wird die Ratgeberliteratur sicherlich wichtig für die Neubildung des Vokabulars gewesen sein, mit dessen Hilfe sich das Selbst versteht« (ebd., S. 21f.).

Es scheint, dass sie im Wesentlichen als gesellschaftliches Anpassungsinstrument fungiert, indem sie den Rat suchenden Menschen verkündet, sie sollen sich so verhalten, wie die anderen auch. Indem sie sich von außen, durch die Brille des anderen sehen und *evaluieren* lernen, lernen sie gleichsam auch, die eigene Wirkung auf andere zu steuern (ebd., S. 35). Was die Ratgeberliteratur in Sachen Liebe suggeriert, ist genau dies: Sie betrachtet die Liebe als eine Art Verpflichtung, die am Anfang ein bisschen Spaß macht, als einen Ausnahmezustand beziehungsweise phasenspezifischen Neurotizismus. Danach aber hat man zur Normalität überzugehen und muss gegebenenfalls lernen, dass nicht alles Gold ist was glänzt. Im Grunde soll man sich fügen, am Anfang in Phase eins, wo der Sex noch wild ist, einskommadrei Kinder für die Rentenkassen zeugen und die Zweierbeziehung – möglichst in der staatlich geförderten Variante der Ehe – als Erfüllung der Liebe umdeuten. Was da als Bild der Liebe

transportiert wird, ist eine unsägliche Mittelmäßigkeit, Belanglosig-
keit und Seichtheit. Und das beim Thema Nr. 1, in der angeblich zen-
tralsten Beziehung des Lebens, falls es die in so gesteigerter Form
überhaupt geben kann.

In vielen Texten wird ein Bild der Liebe transportiert, das seit mehr
als 50 Jahren etwa so aussieht: Er küsst sie, trägt sie über die Schwelle,
und was sich drinnen in den vier Wänden der Mietswohnung abspielt,
die eheliche Pflichterfüllung, das ist dann die Liebe. Der Vorhang fällt,
der Film ist aus, weil nichts mehr passiert: Das Happy-End ist das gemeinsame Eheleben (vgl. Illouz 2007a, S. 61). Heute hat sich das auf der
Oberfläche zwar optisch verändert: Man fällt sich mehr oder weniger
leidenschaftlich in die Arme, geht miteinander recht schnell ins Bett,
wie mittlerweile in jedem Fernsehfilm gezeigt wird, besser noch man
macht es im Stehen oder im Fahrstuhl, aber dann geht auch hier die
Normalität los hinter den vier Wänden. Auszugehen ist davon, dass dort
dann sukzessive die sexuelle Lust, sprich die Koitusfrequenz nachlässt
wie bei allen anderen, bei denen das Verhalten verhaltenswissenschaft-
lich erhoben wurde, und man lernt, diese Maläse zähneknirschend zu
ertragen. Vielleicht geht man mal fremd. Man bleibt im Allgemeinen
zusammen. Oder man trennt sich eben, weil's allzu unlustvoll geworden, das heißt, die gefühlte Liebestemperatur deutlich abgesunken ist.
Das Ganze nennt sich, so lange es zusammenhält, *Liebe*, weil die öffentliche Meinung das so sieht. Seit ehedem wurde die gesellschaftliche
Üblichkeit des normierten Zusammenseins mit der Substanz der Liebe
verwechselt.

In den 50er Jahren des letzten Jahrhunderts zeichnete die gesellschaftliche Üblichkeit eher die Vermeidung bzw. das Verdecken des Sexuellen
und den vergleichsweise distanzierten Umgang der Geschlechter nach.
In den 60ern brachte Oswald Kolle den Sex ins Ehebett. In den 70er
Jahren war es angesagt, möglichst mit Vielen ins Bett zu gehen und
die mehr oder weniger technische Variabilität des Sexuellen in den
Beziehungen zu betonen. Erotik wird zur Mode und die Pornografie
wird gesellschaftsfähig. Heute fallen, vor allem durch das Internet,
alle Schranken. Jedes dritte Kind ist der Pornografie ausgesetzt (vgl.
Siggelkow/Büscher 2008), Sex ist zum Volkssport geworden. Neben

der unverblümten Promptheit des sexuellen Austauschs, der sich in den Normalbeziehungen ansonsten »natürlich« gibt, stehen – im Kontrast zu den Schmuddelecken des Nets – vor allem Wellness, Correctness und biologisch-medizinische Aspekte der Begegnung von Mann und Frau im Vordergrund. Insbesondere wird Gesundheit als Wert an sich fetischisiert.

Im Großen und Ganzen zeichnen die Bilder des Üblichen die Vertreibung der Leidenschaft nach. Die Verarmung und Technokratisierung der Beziehungen wird damit beschleunigt, dass von den Ratgebern die Erfahrungsfähigkeit der Menschen für das lebendige Leben noch einmal erstickt wird. Indem sie sich offenbar auf die Fahnen geschrieben haben, die wirkliche Liebe gar nicht erst zu berühren sondern stattdessen Surrogate anzuempfehlen, behandeln Ratgeber die Menschen wie vertrauensselige Deppen, die schon nicht merken werden, dass man sie um das bringt, was sie eigentlich suchen. Indem sie mit Psychotechniken aufwarten empfehlen sie sich als »Ärzte«, die kenntnisreich Medikamente gegen Symptome verabreichen, deren Ursachen sie nicht zu kennen scheinen oder zynisch ignorieren. Damit behandeln sie ihr Klientel so, als ob es sich dabei um Gestörte oder Kranke handelt.

Es kommt, alles in allem, auf die Prämissen der Berater an, darauf, ob sie nach dem Guru-Modell verfahren – das heißt, ob sie Wahrheitsverkünder sind und normativ denken und damit anderen gegenüber positivistisches Wissen vorgeben und daraus abgeleitet verkünden, was sein soll und was im Sinne einer unterstellten Normalität getan werden muss –, oder ob sie nicht-normativ verfahren und konstruktivistisch denken und Liebe jeweils neu entstehen sehen aus dem, was die Protagonisten selbst einbringen. Entgegen den Gurus könnten und würden konstruktivistische Berater aufgrund der inneren Logik ihres Denkens niemals von apriorischen Wahrheiten und einem Wissen über *die Liebe* von Menschen ausgehen, mit denen sie sich nicht kommunikativ ausgetauscht haben. Infolgedessen hätten sie auch nichts Festes zu verkünden: keine Wahrheiten über die Liebe, welche selbst die Wahrheit ist und aus sich heraus spricht.

Nur ein Wort

Es ist schon viel über Konstruktivismus gesagt und geschrieben worden. Aber was bedeutet Konstruktivismus im Zusammenhang mit Liebe? Leicht könnte der Begriff damit verwechselt werden, dass etwas *konstruktiv* sei. Gerade beim Thema Liebe ist ja schließlich davon auszugehen, dass hier nichts Destruktives am Werke ist. Dennoch meint *Konstruktivismus* etwas anderes. Konstruktivismus heißt: Die wahrgenommene Welt selbst ist etwas von uns Konstruiertes – ihr Sein ist ein Konstrukt. Unsere Erkenntnisse korrespondieren mit unserem Tun. Wir erkennen nicht die Wirklichkeit an sich, sondern stets nur das, was wir in die Welt hinein geben. Selbst die sogenannten reinen Fakten sind bereits interpretierte Fakten, wenn wir sie wahrnehmen, Konstrukte also.

Seit Beginn der Philosophie besteht die Frage, ob und wie wir die Welt, das heißt die Tatsachen außerhalb unserer selbst, erkennen können. Freilich gibt es höchst verschiedene Antworten. Der Agnostizismus sagt zum Beispiel ganz radikal: Wir können sie gar nicht erkennen. Der Konstruktivismus hingegen sagt: Wir können sie insofern erkennen, als wir die Welt erkennend entwerfen. Und diesen unseren Entwurf, unser Konstrukt erkennen wir, weil wir in diesem letzlich uns selbst in unserer Tätigkeit und damit auch unseren Konstruktionsprinzipien widergespiegelt sehen.

Erkennen und Wissen wird im Konstruktivismus nicht als passives Empfangen einer unabhängigen Wirklichkeit draußen gedeutet, sondern Erkennen und Wissen sind die Ergebnisse von Handlungen eines aktiven Subjekts. Die Hintergründe des modernen Konstruktivismus finden sich in den exakten Naturwissenschaften, namentlich der Physik, in der Biologie und natürlich in der Psychologie. Von der Physik ist konstruktivistisches Denken a prima vista eigentlich gar nicht zu erwarten; jedoch findet sich gerade hier auf deren Realitätsebene die Heisenberg'sche Unschärferelation: Heisenberg stellt im Bereich der Messung kleinster Teilchen fest, dass die Beobachtungstätigkeit selbst in gewisser Hinsicht die Qualität der Teilchen determiniert.

»[Denn, je] nachdem [wie] wir sie ansehen, erscheinen sie [die Elektronen] manchmal als Teilchen, manchmal als Wellen. [...] Das bedeutet, daß weder das Elektron noch irgend ein anderes atomares ›Objekt‹ innerliche Eigenschaften besitzt, die von seiner Umwelt unabhängig sind. Seine Eigenschaften – teilchenähnlich oder wellenähnlich – hängen von der experimentellen Situation ab, das heißt von der Apparatur, zu der es in Wechselbeziehung treten muß. [... Auf subatomarer Ebene] lösen sich die festen materiellen Objekte der Physik in wellenartige Wahrscheinlichkeitsstrukturen auf. Außerdem stellen diese Strukturen nicht Wahrscheinlichkeiten von Dingen, sondern vielmehr Wahrscheinlichkeiten von Verknüpfungen dar. Eine sorgfältige Analyse des Vorgangs der Beobachtung in der Atomphysik zeigt, daß die subatomaren Teilchen als isolierte Einheiten keine Bedeutung haben, sondern daß sie nur als Verknüpfungen oder Korrelationen zwischen verschiedenen Beobachtungsvorgängen [...] verstanden werden können« (Capra 1985, S. 81).

Zusammenfassend heißt es: Diese Unschärferelation »nötigte die Physiker, einen Aspekt der Wirklichkeit zu akzeptieren, der die eigentliche Grundlage der mechanistischen Weltanschauung in Frage stellte – die Vorstellung von der Wirklichkeit der Materie« (ebd., S. 82). Die Heisenberg'sche Unschärferelation zeigt letztlich »das Ausmaß, in dem der Wissenschaftler die Eigenschaften des beobachteten Objektes durch den Meßvorgang beeinflußt« (Capra 1987, S. 18). Der Wissenschaftler kann also nicht mehr die Rolle des unparteiischen, objektiven Beobachters spielen, auch und gerade der strengste Naturwissenschaftler nicht, sondern er muss sich als Teil, ja als konstitutives Element des zu erkennenden Gegendstandes sehen.

In der Biologie sind Humberto Maturana und Francisco Varela zu nennen (1987), die wesentlich zur konstruktivistischen Sichtweise beigetragen haben. Ihrer Auffassung gemäß sind

»alle Lebewesen als autopoietische Systeme zu charakterisieren. [...] Lebewesen erzeugen sich durch Selbstreferenz, indem ein Unterschied zwischen dem System und seiner Umwelt aufrechterhalten wird. Lebewesen ›erkennen‹ dabei ihre Umwelt gemäß ihrer eigenen Strukturdeterminiertheit; es ist diese Struktur, die sie umgekehrt dazu bringt, aus der Vielfalt von möglichen Informationen der Umwelt sich eine selektive Palette herauszufiltern, die wiederum zu ihrer Struktur paßt und die Aufrechterhaltung der Autopoiese ermöglicht. [... Maturana und Varlea

betonen,] daß die Aktivität der Nervenzellen keine vom Lebewesen
unabhängige Umwelt spiegeln und folglich auch nicht die Konstruktion einer absolut existierenden Außenwelt ermöglichen. Sie bilden [...]
einen Rahmen von Relationen, in dem das Lebewesen sich mit Bezug auf
seine eigene Organisation selbst repräsentiert« (Maturana/Varela, zit. in
Buchholz 1990, S. 21).

Die Konstanz der Umwelt, also dass man eine gleichbleibende Wirklichkeit vor sich hat oder zu haben meint, hat damit zu tun, dass die Interaktion des Organismus mit ihr auf invariante, also gleichbleibende
Strukturen in den Lebewesen selbst zurückzuführen sind:»als Ergebnis der Interaktion mit der Umwelt selektiert der Organismus aus der
Umwelt eben jene Informationen, die ihm ein weiteres Überleben ermöglichen; er erzeugt seine Autopoiese neu« (Buchholz 1990, ebd.).
   Fazit der konstruktivistischen Annahmen der Biologie: »Es gibt
keine objektive Außenwelt; vielmehr konstruieren wir gemäß den Be-
dingungen, die zu unserer Selbsterhaltung notwendig sind, eben jene
Außenwelten, die zu unserer Autopoiesis ›passen‹« (ebd.).
   Zwei häufig zitierte Beispiele mögen die konstruktivistische Sichtweise
illustrieren: »Zecken [...] teilen die Welt binär auf in Körper, die 37°C
Temperatur abstrahlen oder nicht; auf erstere lassen sie sich fallen« (ebd.,
S. 22)[87]. »Wirtschaftssysteme reagieren [...] auf ökologische Bedrohungen
nur dann, wenn sie in der Sprache von Preisen ausgedrückt werden.«
Dies ist ein Beispiel des Soziologen Niklas Luhmann (1986), und es ist
zu hoffen, dass die jüngste Verpreisung der Erderwärmung durch einen
angesehenen internationalen Ökonomen endlich zum Handeln führt.
Zu hoffen ist es, allerdings fehlt der Glaube, dass die jeweils aktuellen
Akteure im Politik- und Wirtschaftsgeschehen ihren gierigen Hier-und-
Jetzt-Perspektivismus jemals verlassen werden.
   Auch im Bereich der Forschung lässt sich das Phänomen der selektiven
Informationsbeschaffung beobachten: Forscher wählen aus dem Pool

---

87 So einprägsam und damit für die Erklärung des Konstruktivismus wunderbar
   geeignet dieses Beispiel (ursprünglich von v. Uexküll) ist: Es ist leider falsch, denn
   Zecken leben in der Regel gar nicht auf Bäumen und lassen sich demzufolge nicht
   fallen, sondern sie leben bodennah, und lassen sich durch Abstreifen *mitnehmen*,
   zum Beispiel beim Pilzesammeln im Blaubeerkraut. Wir wissen aber dennoch, was
   der Autor meint. Nicht für ihn aber für uns sind seine Zecken selbst Konstrukte.

möglicher Informationen diejenigen aus, die zu ihrer Theorie passen. Das nennt man auch Reduktion kognitiver Dissonanzen (Buchholz 1990, S. 22). Niels Bohr soll gesagt haben: »Die Natur antwortet stets so, wie man sie fragt«. Dieser Gedanke lässt sich ganz einfach damit illustrieren, dass man, wenn man fragt, wie viel Meter dieser Baum hoch ist, die Antwort in Metern bekommt. Die Frage, ob das etwas über den Baum aussagt oder über das menschliche Metermaß, würde konstruktivistisch damit beantwortet, dass hauptsächlich das menschliche Konstrukt *Meter* im Vordergrund der Erkenntnisleistung stünde. Der Mensch sähe sich also eher beim Meter-Messen als beim Baum-Erkennen.

Kommt man nun zur Liebesforschung, muss man ebenso sehen, wie entscheidend es doch ist, mit welchen Grundannahmen an das Phänomen herangetreten wird. Definiert man Liebe vorab als hirnphysiologisches Geschehen (vgl. Kast 2004, S. 10ff.), dann sucht man sie logischerweise auch dortselbst, in objektivierbaren, messbaren Prozessen unter der Schädeldecke. Definiert man sie evolutionsbiologisch, dann geraten die Parallelen mit anderen Säugetieren und deren gemeinsame Entwicklungsgeschichte ins Blickfeld und Liebe wird zu einer zoologisch spezialisierten Variante der Arterhaltung. Vergessen wird hierbei in aller Regel, dass das naturwissenschaftlich erhobene Datenmaterial nicht die Wirklichkeit *Liebe* wiedergibt, sondern lediglich die wissenschaftlichen Inputs, ähnlich wie der Baum nicht 20 Meter hoch ist, sondern das menschliche Metermaß, an den Baum angelegt, 20 Mal den vorab definierten Meter zeigt und damit bestätigt, dass ein menschlich festgelegter Meter so und so lang und 20 Meter zwanzigmal so lang sind. Die Wissenschaft vergisst also in aller Regel, dass sie vor aller Untersuchung ihre Wirklichkeit bereits definiert hat.

Die Psychologie, die sich heute genauso wie die Biologie mit dem Phänomen Liebe befasst, ist per se konstruktivistisch und ist sich dessen auch bewusst, weil ihr zentraler Gegenstand die *subjektive Wirklichkeit* ist. Für die Psychologie ist es selbstverständlich, dass der Mensch sich lediglich mit seiner für ihn interpretierten Wirklichkeit herumschlägt, beziehungsweise mit seinen höchstpersönlichen Interpretationsmustern, beziehungsweise letztlich mit sich selbst.

An die wahrnehmungspsychologische Binsenweisheit, dass wir pro

Wahrnehmungssekunde aus mehreren Zehntausenden oder gar Millionen jene Daten herausselegieren, die für uns relevant sind, sei noch einmal erinnert, weil sie mit Maturanas und Varelas Erkenntnissen korrespondiert. Was im Einzelnen für uns relevant ist, hat mit uns höchstpersönlich zu tun. Dieser Selektionsvorgang bei der Wirklichkeitswahrnehmung ist dasselbe wie das, was man Interpretation nennt. Wahrnehmen ist interpretieren. Unsere Wirklichkeit ist die von uns interpretatorisch definierte Wirklichkeit.

Interpret ist das Subjekt, dessen innewohnenden Interpretationskriterien die Funktion haben, die ihm zugrunde liegende Subjektstruktur zu bestätigen, zu erhalten und zukunftssicher zu machen. Die von uns definierte Wirklichkeit steht im Dienste unseres Selbstbildes, nicht erkennt das Selbst die außerhalb von ihm existierende Wirklichkeit an und für sich. Das Resultat der Wahrnehmung, die subjektive Wirklichkeit dieses oder jenes Interpreten, sagt deshalb sehr viel mehr über das wahrnehmende Subjekt aus als über das zugrunde liegende außersubjektive Wahrnehmungsmaterial. Adorno und Horkheimer spitzen das zu, indem sie sagen, dass in gewisser Hinsicht alles Wahrnehmen ein Projizieren subjektiver Regungen in das Objekt sei. Das hat ihrer Meinung nach damit zu tun, dass wir in tierischer Vorzeit im Rahmen von animalischen Selbsterhaltungsmechanismen jegliche Bewegungen und Regungen des Objekts nicht bloß im Hinblick auf unsere spontane Kampf- und Fluchttendenzen abchecken mussten, sondern auch im Hinblick auf unsere Fress- oder Aneignungs-, aber auch unsere Begattungs- und Vermehrungsabsichten zu interpretieren gezwungen waren. Das heißt: Wahrnehmen ist immer an Interessen gebunden, und jenseits der Tatsache, ob wir uns unserer Interessen bewusst sind oder nicht, färben diese unsere Interessen das Bild unserer gegenüberliegenden Realität in spezifischer Weise ein. Typisch hierfür ist der quasi-paranoide Vorgang, der sich bei dem Wahrnehmungsvorgang der Bedrohung und der darauf folgenden Bedrohungsabwehr abspielen kann: Um die tief in uns verankerte Tötungshemmung aufzuheben, brauchen wir gewichtige, zwingende Gründe. Wir müssen uns vor uns selbst und vor allen anderen gewissermaßen einer Begnadigung und eines Freispruchs in der Zukunft vergewissern können. Die tödliche Bedrohung durch einen anderen ist ein solcher gewichtiger Grund. Wer ist nicht insgeheim in seinen Fantasien bereit, zur Waffe zu greifen, wenn seine Liebste oder seine Kinder von einem Gewalttäter bedroht werden. In den damaligen Gerichtsverhandlungen bei Wehrdienstverweigerungen war das das Standardargument. *Für* den Dienst mit der Waffe freilich. Betrachtet man dieses gewichtige Bedrohtheitsgefühl, welches einem Menschen zur Aufhebung seiner Tötungshemmung dient mit psychologischen Mitteln, dann offenbart sich das Innenleben von Mord und Totschlag. Stets sieht der, der töten will, in seinem Opfer den Verfolger, der ihn zur Notwehr zwingt. Selbst Jäger, so weiß man, rationalisieren, also begründen mithilfe bestechender Pseudoargumente ihr Freizeitvergnügen mit gewichtigen Gründen, welche die Gefährlichkeit ihrer Opfer für Wald und Flur und die Natur überhaupt belegen. Was sie tun, ist dann so etwas wie Fürsorglichkeitstöten.

Die Psychologie hat für diesen Mechanismus deshalb den Begriff der Projektion gewählt, weil wir etwas aus unserem Innenleben wie auf eine Leinwand in einen anderen Menschen oder ein anderes Lebewesen, zum Beispiel eine Spinne, projizieren: Etwas, was in einem selbst zu einer verpönten oder verbotenen Handlung drängt, die Gier, die Aggression und Destruktivität, die Unersättlichkeit, der Egoismus und der Größenwahn, vor allem aber generell: die *Gefährlichkeit* wird nach außen projiziert in die scheinbar objektive Wirklichkeit, dort kann nun das Unerlaubte, das Tabuisierte, das Strafbare, das Gefährliche und Böse bekämpft und vernichtet werden. Menschen, die projizieren, sehen ihre Außenwelt so, wie ihre Innenwelt beschaffen ist: feindselig, bedrohlich, gefährlich. Das innere Signal: »Ich bin bedroht« wird dem anderen, dem *Feind* zugeschrieben. Nicht wird realisiert, dass ich vielleicht der Feind bin und mein Feind das Opfer. Der mir als Anlass meiner Notwehr oder Rache Erscheinende wird zwangsläufig als Feind wahrgenommen, den ich mit allen Mitteln vernichten muss. Und nicht nur bei Ausländerhass und Fremdenfeindlichkeit spielt dieser Mechanismus eine zentrale Rolle.

Genauso verhält es sich auf der anderen Seite der menschlichen Möglichkeiten: Das Begehrenswerte erscheint im Lichte der eigenen Leidenschaft. Dass der andere Mensch begehrenswert erscheint, wird ihm zugeschrieben, nicht dem Begehren, das ihn zu dem macht, was er sein soll. Anlass des Begehrens aus seiner Sicht ist der andere, nicht das Begehren selbst, das sich im anderen reflektiert: »nicht die Objekte sind für das Begehren verantwortlich, das sich auf sie richtet, sondern das Wünschen malt die Objekte mit seiner Sehnsucht an, als wären sie nicht sie selbst, sondern zugleich das ferne Andere, das die Wünsche entzündet« (Sloterdijk 1983, S. 627).

Die Wirklichkeit, so wie wir sie sehen, ist *unser* Konstrukt. Damit sollen aber keinesfalls die reinen Tatsachen in den Ideenhimmel gehoben und etwa idealistisch als bloße Emanationen des Geistes gefasst werden, sondern die reinen Tatsachen, zum Beispiel die Bäume, die ich vermesse, oder die Äpfel, die ich wiege, um sie verkaufen zu können, sind durch meine Herangehensweise bereits andere Tatsachen als ich sie mir naiv als So-Seiendes-außerhalb-meiner-Selbst vorstelle. Ich habe sie schon als das konstruiert, was meinen Zwecken entspricht.

Neben den also gar nicht so reinen Fakten gibt es aber vieles, was in der Tat reines Konstrukt ist und keinerlei Tatsachenqualität aufweist. Das sind Gegebenheiten wie Gesundheit/Krankheit, Erfolg/Misserfolg, Ursache/Wirkung, Schuld/Sühne, Gut/Böse, Richtig/Falsch und eben auch *Liebe*, oder Gleichgültigkeit, oder Hass. Hier haben wir es mit den eigentlichen Konstrukten im Sinne des Konstruktivismus zu tun, nämlich mit psychosozial oder auf andere Weise kulturell entstandenen und gleichzeitig in den Entstehungszusammenhang rückwirkenden Vorstellungskontexten, die zwar wie eine faktische Realität behandelt werden, aber nichts anderes sind als Klassifizierungsbegriffe für komplexe emotional-kognitive Verknüpfungen, mit denen sich der Wahrnehmende das, was er da wahrzunehmen meint, zurechtzulegen versucht. Liebe *gibt* es demzufolge gar nicht, sondern *Liebe ist nur*, um wiederholt den berühmten Massenschriftsteller zu zitieren, *ein Wort*.

Man muss darüber aber gar nicht traurig sein, denn es gibt ja doch etwas, das als Liebe gelten kann. Mit anderen Worten, und zwar denen von Jean Cocteau: »Es gibt keine Liebe, sondern nur Beweise der Liebe«[88]. Das heißt: Die unter dem Konstrukt Liebe firmierenden Vorgänge

---

[88] Das ist das Eingangszitat zum Buch von Ursula Nuber (2005), das sie mehrfach anführt.

machen die Liebe aus, die kein Ding, kein Fakt und keine Entität ist, wohl aber ein Vorhandenes, das dadurch vorhanden ist, dass Menschen so interagieren, dass sie die Qualität ihrer Interaktion wechselseitig als Liebe bezeichnen. Es sind die faktischen Liebesbeweise, die, zusammengedacht, Liebe ausmachen. Liebe lebt durch sie und vergeht mit deren Ausbleiben. »Es gibt nichts Gutes, außer man tut es«, sagt bekanntlich Erich Kästner, und analog dazu gilt: Es gibt keine Liebe, außer man stellt sie her, und man stellt sie her, indem man liebt.

Liebe ist, wenn zwei sich lieben. Liebe ist, um den Grundgedanken ein weiteres Mal zu wiederholen, ein Interaktionszusammenhang, den die so Interagierenden, intern, als *Liebe* verstehen, empfinden und genießen, und zwar als *ihre* Liebe. Es gibt nur die Liebe zwischen konkreten Menschen, die sich lieben, und keine andere, sie besteht aus deren Handlungen miteinander, deren Haltung zueinander und deren Gefühlen füreinander, die darauf die Antwort sind.

Liebeskonsens

Und weil nur dort, wo konkrete Menschen konkret und auf ihre höchstpersönliche Weise miteinander umgehen, Liebe entstehen kann, und zwar deren spezifische Liebe, besteht Liebe zum allergrößten Teil aus deren individuellen, wenn man so will, intimen Übereinkünften.

Es sind die faktischen Liebesbeweise, die immer und immer wieder angetreten und geliefert werden müssen, um die Liebe herzustellen. Dies findet keinesfalls in Ursache-Wirkungs-Ketten statt, wie wir zu denken neigen, sondern Liebe entsteht in einem wechselseitig sich bestätigenden und verstärkenden zirkulären Feedback, das beiden Beteiligten Ursache und Wirkung, Rückmeldung und Verstärker zugleich ist. Wird aber der zirkuläre Interaktionsreigen einseitig unterbrochen, etwa durch Selbstverständlichkeiten, die zum Beispiel in der sexuellen Passivität der Frau oder in den paschahaften Routinen des Mannes bestehen, dann schwindet die Liebe und ist irgendwann vollständig verschwunden.

Deshalb ist die Wachheit und Wachsamkeit beider Partner ihrer Liebe gegenüber unerlässlich. Sie wachen darüber, dass das, was ihnen ihre

Liebe ist, nicht einschläft. Sie wissen es, denn sie haben darüber eine Übereinkunft, was für sie beide diese Liebe ist. Sie haben einen Konsens über ihre Liebe, und das ist die Grundlage all der darüber hinaus und ins Detail gehenden weiteren Abkommen, ihre Liebe betreffend. Es gibt keine wirkliche, lebendige Liebe, die nicht von einem Konsens der beiden Liebenden über ihr Wesen getragen wäre (vgl. Liebsch 2008, S. 131ff.).

Vieles von dem, was unterhalb dieses gemeinsamen Daches pragmatisch zu regeln ist, bedarf ebenfalls der Übereinkunft: Wer beschafft das Geld? Gehen beide arbeiten oder nehmen sie mit der klassischen Mann-Frau-Arbeitsteilung vorlieb? Wie wird das Geld ausgegeben beziehungsweise wie wird es investiert oder gespart? Wollen beide heiraten oder in »wilder Ehe« leben? Wollen sie Kinder bekommen? Und wenn ja, wann ist der richtige Zeitpunkt? Wollen sie überhaupt zusammenwohnen? Wenn ja, wer kocht, wer wäscht ab, wer kümmert sich um den Müll, um die Wäsche, um das Auto, um die Schrankwand, wenn es denn eine sein muss? Wer fährt, wer ist Beifahrer? Wie oft will man in der Woche oder am Tag, wenn überhaupt, fernsehen und welche Programme? Wie entscheidet man über die Urlaubsziele? Wie lange schläft man, wenn man kann? Schläft man in einem gemeinsamen Zimmer? Wie hält man es mit den Darmwinden? Ist Furzen ein Tabu? Ist es üblich, gemeinsam im Bad zu sein? Wie gestaltet sich das Frühstück? Legt man Wert auf gemeinsames Essen? Gibt es bevorzugte Speisen, die beide mögen? Nimmt man bloß Nahrung zu sich oder schmaust man voller Genuss? Wie wird die Wohnungseinrichtung, beziehungsweise die Ausstattung des Hauses angepackt? Will man lieber auf dem Land oder in der Stadt wohnen? Teilen die beiden ein Hobby oder hat hier jeder seinen eigenen Bereich. Wie hält man es mit Glaubensfragen, wie mit politischen Überzeugungen, wie mit sozialem Engagement? Zig Fragen und tausend andere mehr, die beantwortet werden wollen.

Ratschläge darüber zu erteilen, was hier sinnvoll ist oder nicht, wäre Blödsinn. Kultur und Gesellschaft, vor allem jedoch der Konsumsektor, erteilen hier bereits genügend Ratschläge, indem sie das aus ihrer Perspektive richtige Verhalten ihrer Mitglieder gelegentlich belohnen, ungewolltes aber auf jeden Fall ausgrenzen. Bei den die

Alltagswelt organisierenden Übereinkünften werden Rollen fest-geschrieben, insbesondere solche die mit Mann-Sein und Frau-Sein verknüpft sind. In traditionalen Gesellschaften oder Landstrichen, man denke zum Beispiel an Gesellschaften mit fundamentalistischer Religionsbindung, sind diese Rollen strikt vorgegeben, mitsamt den zugehörigen Aufgaben und ihrem sozialem Ansehen. In Gesellschaften wie der unseren, mit Freiheitsgraden die zuweilen an Anomie grenzen, jedenfalls in den fortgeschrittensten Metropolen, ist es tendenziell den individuellen Einigungen überlassen, wie man sich zu organi-sieren gedenkt. Vielleicht häufen sich deshalb Erklärungsversuche, die das Ganze biologisch in der Natur verankert wissen wollen. Das Gerede von Frauen die hinter den Herd gehören, mutet allerdings, wissenschaftlich geadelt oder nicht, in hochmodernen Gesellschaften irgendwie unzeitgemäß an. Nicht umsonst wird es auch nicht ernst genommen.

Wenn sich die objektiven Lebensumstände verändern, müssen auch die mehr oder weniger eingespielten Rollen ebenfalls sich verändern. Die Zuständigkeiten, die für das Ökonomische oder für die Kinder-aufzucht oder für die häusliche Versorgung vielleicht einmal festgelegt worden sind, ändern sich, wenn neue Lebensabschnitte, Alter und insbesondere Krankheit oder Unfälle oder auch eine katastrophale Entwicklung in den beruflichen Arbeitsmöglichkeiten alles Bisherige durcheinanderwirbeln und neue Verhaltenanforderungen mit sich bringen. Hartz IV lässt grüßen. Liebe definiert sich hier als die Kraft, solche Veränderungen gemeinsam zu handhaben und nicht sogleich das Handtuch zu schmeißen, wenn's nicht mehr so sein kann wie es war. Zweierbeziehungen, die lediglich auf der üblichen Rollenauftei-lung basieren, haben in der Regel massive Schwierigkeiten, wenn sie mit sozialem oder biografischem Wandel konfrontiert sind. Deshalb kommen auch viele Paare als Paar in eine Krise, wenn die Kinder das Haus verlassen und die Ehepartner ihre jahrelange Elternschaft wieder gegen die in den Vordergrund rückende Rolle in der Zweierbeziehung eintauschen müssen. Oftmals ist da nicht mehr viel Dynamik, und die beiden wissen nichts miteinander anzufangen. Die Rollenaufteilung allein kann also nicht die Basis einer Liebesbeziehung sein, denn dann müsste man sich jedes Mal, wenn sich die Bedingungen ändern, einen anderen Partner suchen. Manche tun das auch, insbesondere Männer, die dann in ihrer Partnerwahl gern eine Generation zurückgehen, um die Chose von Neuem zu beginnen, die Gene abermals zu streuen und die Rollen abermals wie gehabt festzulegen.

In den stabilen Paarbeziehungen wirken unterhalb der Rollenverteilung, gewissermaßen als deren ideelle Basis, fast immer höchstpersönliche, aber nichtsdestotrotz kulturell und über die Herkunftsfamilie vermittelte tief verinnerlichte Bilder über das Wesen von Mann und Frau im Allgemeinen und noch allgemeiner über die Beziehung der Geschlechter. Das sind fundamentale Bilder und Grundannahmen, welche die bisherige individuelle Identität der Partner nachhaltig prägten und die in die Beziehung interaktionsprägend einfließen. Deshalb entstehen an dieser Schnittstelle zwischen Individuum und Gesellschaft in den Partnerschaften mitunter auch die heftigsten Auseinandersetzungen und Belastungen.

Liebe ist in diesem Zusammenhang nichts anderes als die interaktiv sich herstellende Einigung der Partner auf diese haltungsbildenden und handlungsleitenden Modellvorstellungen über ein konstruktives und zugewandtes Miteinander der Geschlechter *in Liebe*, oder besser noch: Liebe ist der Prozess dieser Konsensfindung. Es bilden sich gemeinsame Basisüberzeugungen heraus, welche die wesentlichen Wertorientierungen der beiden Partner ausmachen.

Von diesen einzelnen Basisüberzeugungen werden die mehr oder weniger pragmatischen Einigungen über die arbeitsteilige Kooperation im Alltag unterstützt, die sich aus diesen Grundannahmen als wesentliche interne Werte der Liebesbeziehung ableiten. Denn in den tief verinnerlichten Modellvorstellungen über das Zusammen von Mann und Frau verbergen sich, wenn man so will, logische Konsequenzen für die weiteren normativen Fragen und Antworten.

Solche gemeinsamen Basisüberzeugungen sind das Salz in der Suppe: Sie machen die spezifische Qualität der Bezogenheit und sozusagen das Glaubenssystem im Zusammensein aus. »Nähe ist ein Teilen ›existentiell generierter Bedeutungen‹«, lässt Eva Illouz den Soziologen Jorge Arditi sagen (Arditi, zit. nach Illouz 2007b, S. 165). Deshalb gilt es in allen

Liebesbeziehungen, bei den geteilten Überzeugungen größtmögliche Klarheit zu haben.

Treue

Eine der ganz wesentlichen Fragen, über deren Beantwortung Liebende in der Regel einen Konsens haben, ist die Treue: »Eine harmonische Partnerschaft steht an der Spitze der Faktoren, die als entscheidend für das eigene Lebensglück eingestuft werden. Diverse Studien nennen Offenheit, Zuneigung, Toleranz […] z. T. auch Treue als die wichtigsten Partnerschaftsvorstellungen« (Liebsch 2008, S. 138). Wenn über das Thema Treue verschiedene Meinungen herrschen und hier eine gemeinsame Basisüberzeugung fehlt, fehlt es in der Beziehung an einer tragenden Grundlage überhaupt. Untreue im Sinne einer Verletzung des Prinzips, das für beide, wie auch immer im Einzelnen von ihnen definiert, als *Treue* gilt, hat für die Liebesbeziehung fatale Folgen. Und zwar gilt das vor allem in dem Sinne, dass die motivationalen Hintergründe der Untreue bereits in der Beziehung ihre Heimstatt haben und über ihre immanente Qualität Auskunft geben. Dort haben nämlich schon fatale Veränderungen stattgefunden, wenn es zur Untreue kommt.

Über Treue ist viel geschrieben worden, und auch hier mischen sich die billigsten Klischees unter die seriösen Darlegungen. Modern ist es heute, wie gesagt, die Dinge naturwissenschaftlich zu sehen – weil die Denkformen das Verhalten und die Einstellungen steuern, ist es nicht ausgeblieben, dass sich auch das reale Treue- oder Untreueverhalten an den immanenten Normen des modernen Diskurses orientiert und die Konsense der Liebespartner beeinflusst. Das bedeutet: Heute sind Treue und Untreue möglicherweise etwas anderes als früher. Untreue geschieht angeblich im Namen der biologischen Notwendigkeiten und deshalb, so sagt man dort, wo man so etwas sagt, ist der Mann eher sauer, wenn die Frau mit einem anderen ins Bett geht, weil er konkurrierende Gene nicht dulden kann, und die Frau eher sauer, wenn er sich mit einer anderen kommunikativ gut versteht, weil sie es nicht dulden kann, dass ihr ein guter verständnisvoller Versorger an eine andere verloren zu gehen droht (vgl. Der Spiegel 7/2004). Jedenfalls spiegelt sich im gesellschaftlichen Diskurs, das heißt, in dem, was man so sagt, ein gelockerter Umgang mit dem Thema, denn die realen Möglichkeiten und Wahrscheinlichkeiten des »Fremdgehens« im »Seitensprung« scheinen zugenommen zu haben. Sogenannte Seitensprungagenturen im Internet singen ein flott getaktetes Lied davon und Agenturen, die, von den Ehefrauen beauftragt, das Fremdgehverhalten des Ehemannes auf die Probe stellen, auch.

Die Sozialwissenschaftler/-innen sehen das genauso. Auch die veröffentlichte Sicht der Dinge in den Gazetten, die sich wiederum gern auf die Wissenschaft berufen und deren Daten anführen, bestätigen den Wandel. Mit solchen Wissenschaftsdaten über Fakten werden wiederum qua Veröffentlichung eine ihnen möglicherweise innewohnende Geltung suggeriert, die sich dann in den Köpfen der Konsumenten als normative Kraft aufbläht und dann sagen alle im Brustton der Überzeugung: Das ist so!

Mit der Treue verhält es sich so: Nach einer dpa-Meldung vom 13. Mai 2004 ist jeder zweite Porschefahrer, gemäß einer repräsentativen Umfrage[89] von *Men's Car*, seiner Partnerin schon mal untreu gewesen. BMW-Fahrer kommen auf 46% und Ford-Fahrer auf 44%. Unter den Frauen sind es die Audi-Fahrerinnen, die die größte Lust auf ein Abenteuer haben, nämlich 41%, dicht gefolgt von BMW-Fahrerinnen mit 39%. Am treuesten sind Opelfahrer/-innen. Nicht dass solche Meldungen aus den mehr oder weniger seriösen Umfragen dergestalt normativ wirken, dass sie Männer und Frauen, die gern flotter durchs Leben lottern wollen, mit dem adäquaten Wagentypus ausstatten, das vielleicht sogar auch; die implizite Normativkraft der *Message* dürfte indes die sein, dass sexuelle Untreue mittlerweile keinem gesellschaftlichen Tabu mehr unterliegt. Wer das oft genug unter die Nase gerieben bekommt, glaubt

---

89 *Wissenschaftlich* ist das höchstwahrscheinlich nicht, aber eben veröffentlichte Meinung und damit potenziell handlungsrelevant, weil nun einmal damit gerechnet werden muss, dass sich gerade beim Infotainment »Einstellungen [...] auf dem Wege einer Kumulierung der oft implizit bleibenden und in der Zwischenzeit ›vergessenen‹ Reaktionen auf die zufällig aufgenommenen Informationshappen [formieren]« (Habermas 2008, S. 179).

es am Ende auch und verhält sich möglicherweise so, wie das Gesetz es befahl, nämlich diesbezüglich mit erheblich weniger inneren Schranken. In den Beziehungen beginnt man, das Thema Treue neu zu verhandeln, weil es in der Gesellschaft offenbar alle tun.

In Institutionen, die als normative Instanzen auftreten, zum Beispiel den ratgebenden Einrichtungen, spiegelt sich dann natürlich dies gesellschaftlich Übliche. Der soziale Wandel in den Einstellungen wird immer mehr als gegeben gesetzt und damit vorangetrieben. Es ist wie bei den Aussagen Kinseys über das geänderte Sexualverhalten der Amerikaner in den 50ern: Von außen, aus der Draufsicht der Datenerhebung wird eine massive oder zumindest hochinteressante Veränderung festgestellt und alle, die das vielfach veröffentlichte Material zur Kenntnis nehmen, fangen an, sich mit dem Ausgesagten zu vergleichen. Das Ausgesagte, sei es das Explizite oder, noch viel mehr, das Implizite, ist aber nicht identisch mit den puren Fakten, die es ohnehin nicht gibt, sondern es ist das bereits Interpretierte, Tendenzielle, das seinerseits Fakten oder Einstellungen oder Begehrlichkeiten schafft, die sich wiederum in den Nachfolgeuntersuchungen entsprechend spiegeln. Man ist insgesamt problemloser untreu. Andererseits kann aber auch angenommen werden, dass die einmal konstatierte und eingeleitete Enttabuisierung eines solchen Themas positiv dazu beiträgt, dass die Binnendynamik von Paarbeziehungen sich diesbezüglich entkrampft und die so modernisierte Liebe zu kreativen Kompromissen kommt.

In einem *Pro Familia*-Magazin wird Hochinteressantes berichtet, nämlich dass

➤ nur drei Prozent der Männer und ein Prozent der Frauen noch dem »klassischen verlogenen« Treueideal entsprechen: Sie finden sexuelle Treue notwendig, sind aber nicht treu.

➤ 25% der Männer und 23% der Frauen sexuelle Treue notwendig finden und auch treu sind.

➤ 27% der Männer und 33% der Frauen sexuelle Treue nicht notwendig finden und sind auch nicht treu sind.

➤ 45% der Männer und 43% der Frauen hingegen sexuelle Treue nicht notwendig finden, aber sexuell treu sind, das heißt: »sie reservieren sich mehr Freiheiten, als sie tatsächlich leben. Für sie scheint gerade diese Ungleichheit von Möglichkeit und Realität die Beziehung lebendig zu halten, das Gefühl, mehr zu können ...« (Clement 1986, S. 3ff.).

Zusammen mit dieser hochinteressanten Gruppe sind also insgesamt knapp drei Viertel der Männer und Frauen ihrem Partner treu, zumindest behaupten sie es in den Untersuchungen. Der gesellschaftliche Wandel im Inneren der Beziehungen lässt also offenbar auf dem Boden der Enttabuisierung bestimmter herkömmlicher Regeln eine normative Neugestaltung zu, die durchaus eine liebevolle Bezogenheit mit den unterstellten hohen Freiheitsgraden zusammenzubringen erlaubt.

Die Enttabuisierung der Treueverpflichtung, beziehungsweise der Untreueoptionen, kommt als gesellschaftliches Phänomen ja nicht dadurch zustande, dass die Gesellschaft ihren Mitgliedern etwas vermeintlich Gutes tun will, indem sie etwa die Menschen von dem Terror eines Beständigkeitsgebots befreit, sondern weil ökonomisch-soziale Notwendigkeiten veränderte Einstellungen und Verhaltensweisen mit höheren Freiheitsgraden bedingen. Die klassischen Treueorientierungen nämlich sind wirtschaftlich höchst hinderlich geworden. Wie hätte der Konsumismus voranschreiten können, wenn die Menschen sich nicht in ihren tief verankerten Begehrlichkeitsmustern und in ihren daran gekoppelten Kaufentscheidungen entschieden gelockert hätten? Die ehemalige Pflicht zur Treue musste in eine Pflicht wenn nicht zur Untreue, so doch zur größtmöglichen Flexibilität umgemodelt werden. Dass solch ein sozialpsychologischer Wandel dann auch die intimen Orientierungen affiziert, ist naheliegend. Inwieweit die gesellschaftlich enttabuisierte Untreue bereits wieder als Norm auftritt, sei angesichts der positiven Untersuchungsergebnisse dahingestellt. Auf jeden Fall scheint es so zu sein, dass niemand mehr den pädagogischen Zeigefinger hebt, wenn Untreue in den Paarbeziehungen Thema ist.

Jenseits davon freilich ist der Umfang des Leidens, das von Untreue erzeugt wird, dennoch ins Auge zu fassen. Im ökonomischen Bereich spricht man von Mitbewerbern. Sie haben es in den letzten Jahrzehnten locker geschafft, manch alteingesessene Markenfirma, der gegenüber keine Markentreue mehr aufrechtzuerhalten war, ins Aus zu treiben, weil sie sehr viel attraktivere Angebote auf den Plan treten ließen.

Dass Treue in den Liebesbeziehungen eine gesellschaftlich bedingte Größe ist, hat Adorno hervorgehoben, indem er auf die stets frohlockende Attraktivität anderer hinwies, der es zu begegnen gilt. Wie stehen Menschen zu Menschen, wenn sie sich getrieben sehen, bestimmten Magnetismen zu folgen und andere attraktive Menschen erobern und *haben* müssen: Der andere als tendenzieller Konsumartikel auf dem Markt der Eitelkeiten und des Verlangens? Jugendliche in ihrer Unbekümmertheit und der Direktheit ihrer Begierden spielen das vor, was der Turbokonsumismus will: schnell, schnell das Neueste bestellt, am besten im Internet und mit Expressversand (vgl. Illouz 2007b, S. 113ff.). Der Entsublimierung des Kaufverhaltens entspricht die Tabulosigkeit im Eintausch des Partners gegen einen neuen, noch anziehenderen. Es dreht sich ein hedonistisches Hamsterrad, bei dem das Begehren dem Genießen längst den Garaus gemacht hat[90]. Ariadne von Schirach nennt das *Jagen* oder *Pirsch*, was sie da in den Berliner Clubs und anderswo tun, und es geht um *Beute*-Machen beim allabendlichen Auftrieb des *Fleischmarktes*:

> »Der Typ aus dem Plattenladen. Die Blonde aus der zweiten Etage. Immer wieder treffen wir auf Menschen, die wir unbedingt erobern wollen. [...] Wo es früher noch Jahre waren, Monate des Hindenkens, ist es möglich, dass zwischen dem entflammenden Begehren und dem Versuch, das Objekt der Begierde zu erobern, nur noch Stunden liegen [...] Hit-and-Fuck« (2007, S. 189).

Noch schneller und ohne viel Federlesens geht es in den Koma-Sauf-Discos der Teenies zu: »Jeder Gast, der durch Tragen eines Burning Flirt Bandes signalisiert, einem One Night Stand nicht abgeneigt zu

---

90 »Der britische Psychologe David Nettle sieht das Dilemma des menschlichen Strebens nach möglichst vielen Glücksempfindungen darin, dass es zwei sehr unterschiedliche Gehirnmechanismen gibt – nämlich einen für das ›Begehren‹ und einen für das ›Genießen‹. [...] Das Habenwollen, das Begehren ist unersättlich« (Ernst 2007, S. 23). Leider geht es beim »Psychologen« Nettle dann prompt mit jenen Dopaminen, Opiaten und Serotoninen los, die das alles erklären und die Erklärung unerträglich machen.

sein, erhält alle offenen Getränke gratis« (Dahlkamp 2007, S. 61), verkündet ein bayerischer Wirt und erspart mit seinem Supersonderangebot den Jugendlichen, die so zu ihrem kurzen *Hit* kommen wollen, das lästige Anbaggern. Selbst die Schirach'sche Jagd scheint da schon eine lästige soziale Angelegenheit zu sein. Make it easy!

Wirklich Erwachsene handeln anders. Wenn sie auch vielleicht keine Markentreue mehr pflegen, sind sie doch eher an konstanter Qualität orientiert und lassen sich nicht so schnell zum permanenten Neuerwerb verführen. In den Paarbeziehungen achten sie darauf, was ihnen diese Liebe wert ist, und der Wert der Liebe bemisst sich für sie in der Konstanz.

»Constance« nennt denn auch Adorno seinen Aphorismus, der in Sachen Liebe einer der bekanntesten ist. Er kehrt darin die modernen Üblichkeiten um und bezeichnet gerade den Widerstand gegen die gesellschaftlich gewollten Spontaneitäten, den er in der Treue sieht, als das, was zählt:

> »Nur der liebt, wer die Kraft hat, an der Liebe festzuhalten. Wenn der gesellschaftliche Vorteil, sublimiert, noch die sexuelle Triebregung vorformt, durch tausend Schattierungen des von der Ordnung Bestätigten bald diesen bald jenen spontan als attraktiv erscheinen läßt, dann widersetzt dem sich die einmal gefaßte Neigung, indem sie ausharrt, wo die Schwerkraft der Gesellschaft, vor aller Intrige, die dann regelmäßig von jener in den Dienst genommen wird, es nicht will. Es ist die Probe aufs Gefühl, ob es übers Gefühl hinausgeht durch Dauer, wäre es auch selbst als Obsession. Jene aber, die, unterm Schein der unreflektierten Spontaneität und stolz auf die vorgebliche Aufrichtigkeit, sich ganz und gar dem überläßt, was sie für die Stimme des Herzens hält, und wegläuft, sobald sie jene Stimme nicht mehr zu vernehmen meint, ist in solcher souveränen Unabhängigkeit gerade das Werkzeug der Gesellschaft. Passiv, ohne es zu wissen, registriert sie die Zahlen, die in der Roulette der Interessen je herauskommen. Indem sie den Geliebten verrät, verrät sie sich selber. Der Befehl zur Treue, den die Gesellschaft erteilt, ist Mittel zur Unfreiheit, aber nur durch Treue vollbringt Freiheit Insubordination gegen den Befehl der Gesellschaft« (Adorno 1951, S. 195ff.).

Freilich kann nur jemand an der Liebe festhalten und über die bloß gefühlte hinausgehen, der einen Begriff von ihr hat und nicht bloß an das rein situative Hier und Jetzt gekettet ist, das bis vor nicht allzu langer Zeit als die ultimative therapeutische Befreiung von Zwängen galt. Zu einem solchen Begriff der Liebe gehört ihre wesensimmanente Unzerstörbarkeit und Beständigkeit: »Liebe muss immer so tun, als könne sie ewig dauern. Und es ist ja auch gerade dieser Funken der Ewigkeit, der sie [...] so groß erscheinen lässt« (Schandl 1996). Wer an dieser, wenn auch kontrafaktischen, Haltbarkeitsunterstellung nicht festhalten kann, etwa weil er als Realist sich normativ dem verpflichtet sieht, was bloß der Fall ist, oder weil er als williger Konsument die ihm lediglich im Urlaub (Illouz 2007a, S.115ff. und S. 176) mögliche oder die ihn nur in Liebesaffären (ebd., S. 211f.) anliegende leidenschaftlich-euphorische Gestimmtheit mit den tieferen Gefühlen verwechselt, zu denen er nicht in der Lage ist, kann in sich auch jenen Begriff nicht etablieren, der ihm zur dauerhaften Liebe verhülfe. Hinzu kommt, dass zeitgemäßer Realismus und augenblicksverhafteter Konsumismus sich wechselseitig bestätigen, wo moderne Sozialpsychologie und Neurophysiologie genau dies berichten, dass nämlich beim Erwerbsakt das neuronale Freudengewitter, sprich: die ins gesellschaftliche Narrativ passende Exitation ganz andere Kapriolen schlägt als beim Besitz des Erworbenen, welcher der müden Dynamik der Langeweile entspricht: »Wenn die physiologische Erregung, die durch diese Umstände ausgelöst wird, mit der Anwesenheit eines Geliebten in Verbindung gebracht wird, dann ist davon auszugehen, dass die Intensität der Beziehung zunimmt« (Illouz 2007a, S. 174). Und wenn nicht, dann wohl nicht. »Wie Scitovsky behauptet, beruht Konsum auf dem Drang nach Erregung, denn der Kauf und die Erfahrung neuer Waren sind eine Quelle der Freude, und die Affäre befriedigt mit all der Erregung eines neuen Liebhabers diesen Drang ebenso« (ebd., S. 215). Die Tatsache, dass wir heute eine sehr viel »größere Freiheit bei der Partnerwahl [genießen, und zugleich] auf eine viel größere Zahl potentieller Partner treffen« (ebd., S. 321), wenn es denn nach dem Internet-Chat überhaupt real dazu kommt (vgl. Illouz 2007b, S. 142ff.), trägt dazu bei, dass sich auch und gerade hier konsumistische Haltungen breitmachen. Im Kontrast zu diesem durch den Erwerbszauber verursachten quasi akzidenziellen Erregungsniveau kann der Zustand der Dauer und des *Besitzall-*

tags nur als Langeweile empfunden werden. Unverblümt geht man denn auch davon aus, dass man in der Ehe eher damit konfrontiert sei, »eine bequeme, vertraute und manchmal langweilige Beziehung wieder mit der erneuten Erfahrung von Intensität zu erfüllen« (ebd., S. 294). Die Ratgebergilde, die das bestätigen wird, lebt davon. Solche kultursoziologisch-sozialpsychologisch-neurophysiologisch validierte *Wahrheiten* begründen den andauernden Mythos des zeitgenössichen Liebesdiskurses, dass nämlich Leidenschaft und Dauer sich ausschließen. Dieser *Code* des konsumkapitalistischen Verwertungszusammenhangs lässt die tradierte Liebesutopie, die an Treue und Dauer festhält, heillos altmodisch erscheinen.

Der so konsumistisch befreiten Momentpersönlichkeit ist es nicht möglich eine Liebesbeziehung dort aufrecht zu erhalten, wo sie uninteressant wird, weil die Spannung nachlässt; es fehlt ihr die psychische und die mentale Kraft, einen Bogen zu errichten, der sich über mehr spannt als das nur emotional Zugängliche der unmittelbaren Gegenwart. Das gilt umso mehr unter den heutigen sozialpsychologischen Verhältnissen[91], die allerdings so neu nicht sind, sondern ihrerseits bereits eine generationenübergreifende Tradition haben: Bereits vor mehr als 50 Jahren stellte die Psychoanalyse fest, dass sich seinerzeit eine Persönlichkeitsstruktur herauszubilden begann, die sich in ihrem inneren Erleben eigentümlich flach ausnahm: »Ich glaube, daß sich zunehmend eine Charakterstruktur entwickeln wird, die wir als eine Charakterstörung zu betrachten pflegen. Sie ist durch oberflächliche und passagere Objektbeziehungen mit geringer subjektiver Gefühlsbeteiligung gekennzeichnet.« Gemeint

91 Götz Eisenberg verweist in seinen Überlegungen zum zeitgemäßen sozialpsychologischen Zustand immer wieder auf Richard Senetts Buch *Der flexible Mensch* (1998) dessen zentrale These von der gesellschaftlich-ökonomisch geforderten Flexibilisierung er so umreißt: »Die Zeitstruktur des ›flexiblen Regimes‹ der Wirtschaft beginnt, in die intimen Binnenwelten von Beziehungen und Familie vorzudringen und die Bedingungen der ›psychischen Geburt‹ und menschlicher Identitätsbildung aufzuzehren. Die Möglichkeit, soziale und intime Bindungen von Fall zu Fall zu lösen, wird den Kindern durch häufige Abwesenheiten, Orts- und Partnerwechsel ihrer Bezugspersonen, die unter Verweis auf berufliche Karrierezwänge oder ›Selbstverwirklichung‹ gerechtfertigt werden, von früh an demonstriert. [...] Permanente Trennungs- und Ablösungserfahrungen [lehren] sie [die Kinder] zeitig, daß es keinen Sinn hat, sich an irgend etwas oder irgend jemanden affektiv zu binden« (Eisenberg 2000, S. 129).

war 1967 der narzisstische Charakter, von dem es weiter heißt: »Diese Charakterveränderungen sind der Ausdruck von Änderungen der Identifizierungsprozesse in einer Welt, die zunehmend durch rapide Mobilität der sozioökonomischen, technologischen und geographischen Bezugsschemata für Identifizierungen charakterisiert wird« (Bellak 1967, zit. in Argelander 1972, S. 9).

Da angenommen werden kann, dass die gesellschaftlichen Bedingungen sich nicht nur nicht geändert sondern eher noch verschärft haben, dürfte das entsprechende sozialpsychologische Resultat in Form massenhaft beeinträchtigter Erlebnis- und Gefühlsstrukturen eher noch zugenommen haben.

> »Die waren- und tauschförmigen Beziehungen zu Menschen und Dingen fördern Erlebnisweisen der raschen Folge von Idealisierung und nachfolgender rabiater Entwertung, die borderlineartige Züge tragen. Die von der Industrie geforderte Fähigkeit, sich von Altbewährtem und Liebgewordenem rasch trennen zu können, teilt allen Beziehungen etwas von der Flüchtigkeit des geplanten Verschleißes mit« (Eisenberg 2000, S. 57).

Gegen die gesellschaftlich geschwächte Fähigkeit, eine tiefe Gefühlsbeteiligung zu entwickeln, die jenseits der warenproduzierten Erfahrungen (Illouz 2007a, S. 183) läge, opponiert Liebe *als Gedankending* und nutzt so, wer hätte das gedacht, jedem und jeder. Das ist das Emanzipatorische an der platonischen Liebesvorstellung (vgl. ebd., S. 198, Anm. 9), dass sie mit ihrer übergreifenden Idee gegen den Subjektivismus und Situationismus der Augenblicksempfindungen der konkreten einzelnen Interaktionen das Allgemeine setzt, den Begriff der Liebe, der alle einzelne Liebe umfasst und sie als Vorstellung verstetigt:

> »[Platons Ideenlehre] ist die Ausgestaltung der sokratischen Entdeckung des Allgemeinen, daß es nicht nur die besonderen Dinge, sondern auch das Allgemeine gibt, neben den verschiedenen Formen tapferen Handelns auch die Tapferkeit selbst. Platons Lebenswerk war insbesondere dem Zusammenhang zwischen dem Besondern und dem Allgemeinen gewidmet. Von dem Allgemeinen aber galt, daß mit ihm der Bereich des Beständigen betreten war« (Hermann 1983, S. 680).

Wer für sich keine Vorstellung von der Liebe hat, keine übergreifende Idee von ihrem – beständigem – Wesen, die dann wieder in seine Liebe einfließt und in einer interaktiven Synthese mit der Liebe des geliebten anderen zu einem Ganzen wird, das seinerseits erst umfassende, beständige Liebe ist, der kann auch seine Gefühle nicht überwintern lassen, wenn es *in der Beziehung* klimatisch mal ungemütlich wird. Die Kraft, an der Liebe festzuhalten, wo sie vorübergehend an der Gefühlsoberfläche nicht wahrzunehmen ist, ist eine geistige Zutat, welche die Liebenden einbringen müssen. Aus der rein biologischen und der rein psychologischen Eigennutzdynamik, welche die Liebe fundieren wollen, ist dies perennierende Moment nicht abzuleiten, und auch aus den vom *Konsum der Romantik* entworfenen Simulakren (Illouz 2007a, S. 127), ihren gegenwärtigen kulturellen Texten, Zeichen und Narrativen, nicht.

Freilich muss das Allgemeine der Liebe, die widerständige Idee von ihr, die sie überwinterungsfähig macht, von den beteiligten Protagonisten selbst eingebracht werden. Nicht ist es so, dass die Idee als solche interventionistische Kräfte hätte und ein von den Subjekten unabhängiges Realleben führte. Sie muss von den Beteiligten entworfen und letztlich *geglaubt* werden. Allein der im Hintergrund wirkende geteilte Glauben an die Liebe, die in jedem Einzelfalle diese spezifische Liebe ist, gibt die Kraft, die Wolkenberge zu versetzen, die in kritischen Zeiten den paradiesischen Zustand verdunkeln. Die Treue zur Liebe, wo sie in Gefahr steht, nicht gefühlt zu werden, ist der Garant für ihre Dauer, wovon doch alle träumen, wenn sie von Liebe reden und wovon sie so gern ein Stück mehr hätten als es in modernen Zeiten der Austauschbarkeit der Partner, der Wahlfreiheit und der hohen Scheidungsraten üblich ist. Liebe kann zwar von außen noch immer soziokulturell verstanden werden als »typisch neuzeitliche Form geschlechtlicher Kommunikation« (Schandl 1996, S. 20), von innen, aus der Teilnehmerperspektive, muss sie aber, um realisiert und gelebt zu werden, ihren bedrohten alten Traum ernst nehmen, der sie als transhistorische, nicht-kontingente, tendenziell ewige Größe träumt.

Genauso wie mit der Treue zur Liebe verhält es sich mit der Treue durch Liebe. Manchen Menschen ist nicht klar, dass eine verhaltensleitende Norm wie die der Treue in den Liebesbeziehungen nichts ihnen Vorgegebenes ist, sondern etwas von ihnen Hergestelltes.

Ausgerechnet jener, der die Treue als eine Pflicht versteht, der er nachzukommen hat, steht am meisten in Gefahr, dem Prinzip untreu zu werden. Denn autoritäre, *elterliche* Normen korrespondieren allzu gern mit trotzigem Kind-Verhalten, und viele Männer, vielleicht auch mittlerweile Frauen, offenkundig Audi-Fahrerinnen zum Beispiel, reagieren auf das Treue-Diktat, das nicht in ihnen wurzelt, wie auf einen erhobenen Zeigefinger, den es zu hintergehen gilt, sobald die Zensurinstanz wegschaut oder das externalisierte Über-Ich einmal nicht da und vielleicht in Kur oder besoffen ist. Wer auf seinen Partner wie auf einen Elternteil reagiert, hat eine maligne Übertragung. Psychoanalytisch gesehen ist es außerdem so, dass im Über-Ich angesiedelte Treuenormen zuweilen als *nicht ich-synton* gehandhabt werden, sprich als etwas dem Ich Fremdes.

Ich-synton wäre die Treue, wenn sie, integriert, aus dem Ich und dessen Einsicht käme und nicht aus einer wie immer fantasierten Strafandrohung. Einsicht hat der, der das Leiden des anderen an seiner Untreue antizipieren kann und sein Tun reflexiv auf sich bezieht: »Was du nicht willst, was man mir tu', das füg' auch keinem andern zu!« Der Verzicht auf den Seitensprung kommt hier aus dem erwachsenen Ich. Es unterdrückt die triebhafte Regung, weil seine Realitätsprüfung und seine Urteilskraft sagt, dass dasselbe auch ihm als Betrogenen widerfahren könnte und es am besten ist, sozusagen im vorauseilenden Tauschhandel der Verzichte gleich die Finger davon zu lassen. Der aus seinem Ich die Treue bejaht und sich die Untreue verkneift, begreift sein Handeln als moralisch. Sehr lustvoll ist das allerdings gerade nicht.

Lustvoll geht es nur bei der Lust zu. Ist diese in der Liebesbeziehung zu Hause, wird die Frage der Treue naturgemäß von innen beantwortet, aus der Eigendynamik von Lust und Liebe selbst heraus. Zwar ist vielleicht für den lustvoll Liebenden Untreue keine Pflichtverletzung, sondern eine offene Möglichkeit, aber es entsteht bei ihm einfach keine Lust, solcher Lust zu frönen. Der hedonistische Konsens über die zentrale Treuenorm kommt, im Gegensatz zum moralisch-einsichtigen nicht aus dem reflexiven Denken, sondern aus dem inwendigen Wollen beider Partner, die es sich einfach nicht lustvoll vorstellen können, diese Lust, die sie zusammenschweißt, mit jemand anderem zu haben. Sie kommen gar nicht auf die Idee, woanders Lust mit jemand anderem teilen zu wollen als mit dem Menschen, dem ihre Lust gilt, weil dieser seine Lust mit ihnen teilt und sie beide zusammen eine perspektivisch nicht endende Lustgeschichte haben- jedenfalls solange sie sie aufrechterhalten. Deshalb haben sie einen fundamentalen Konsens, den sie auch gar nicht aussprechen müssen, weil er der Liebe inhärent ist: »Wenn einem die Treue Spaß macht, dann ist es Liebe.« Das hat angeblich Julie Andrews gesagt.

Liebe besteht darin, ein gemeinsames Universum zu bilden. Es ist für die Liebe konstitutiv, dass sie wechselseitig von den Liebespartnern genossen wird und ihre Feier in der Intimität des somato-psychischen Zusammenseins hat. Damit schließt sie aus ihrer Messe der Sinnlichkeit definitiv alle anderen aus. Der Konsens über die Treue entspringt also der durch Lust fundierten Ausschließlichkeit dieser Lust.

Treue als Verbot, Treue als Versagung und Treue als Wollen: zwischen diesen Polen spielt sich die Dynamik des empirischen Treueverhaltens in der gesellschaftlichen Wirklichkeit der Paarbeziehungen ab.

Ein Seitensprung ist immer auch ein Sprung heraus aus dem sakrosankten Kreis des gemeinsamen Universums. Er verletzt die Umgrenzung, die sich die Liebespartner für den Bereich ihrer spezifischen Interaktion gesetzt haben, weil sie einen Schutz für ihren fragilen Reigen brauchen, der sich in seiner Sensibilität und Zartheit gegen die Rauheit des großen anderen Universums draußen abschirmen muss.

Deshalb gehen Untreue und Liebe einfach nicht zusammen. Liebe und Treue sind eins, weil Liebe nichts anderes ist als der Konsens der Liebenden über ihre einzigartige Liebe.

Untreue

Indes, Untreue, zumal unter den gegenwärtigen Bedingungen ihrer allumfassenden Enttabuisierung, ist nicht verboten, ist nicht zu verbieten und ist auch letztlich nicht zu verurteilen. Sie ist nicht illegitim, denn Untreue ist eine Antwort auf eine Konstellation, in der die Liebe bereits Schaden genommen hat. Nicht ist sie primär die Erzeugerin des Schadens: Untreue ist Folge, nicht Ursache. Das liegt am Wesen der Liebe als wechselseitigem Prinzip. Wo Untreue geschieht, ist die Ausschließlichkeit und Wechselseitigkeit des Intimen bereits aufgekündigt. Das macht die Untreue zu etwas so Banalem. Wer untreu ist, kann dies nicht tun, ohne nicht vorher die Beziehung bereits einseitig verlassen zu haben.

Untreu wird man, wo man das, was in der Liebesbeziehung als intime Übereinkunft gilt, verletzt, indem man entweder andere einweiht oder andere hinzuzieht oder andere als Substitut nimmt. In der Regel ist die sexuelle Untreue gemeint, wenn von Untreue die Rede ist. An ihr jedenfalls zeigt sich in Reinform, um was es geht. Der Vorgang heißt nicht umsonst *Fremdgehen*: Einer der Partner geht zu jemand Fremden, um mit diesem anderen Menschen jenen intimen Interaktionsreigen zu vollziehen, der dem Charakter nach durch Ausschließlichkeit gekennzeichnet ist und der zuvor, mit demselben Ausschließlichkeitsprinzip, einer anderen, sich explizit als Liebe verstehenden Dyade vorbehalten war. Das Fremdgehen schließt unvermeidlich denjenigen aus der Lust aus, mit dem sie zuvor geteilt wurde, genauso wie die vorangegangene gemeinsame Lust der Liebenden strukturell alle anderen ausschloss. Ob das immer so sein muss oder gar eine anthropologische Konstante ist, dass Liebesbeziehungen Ausschließlichkeitsbeziehungen sind, sei dahingestellt. Es gibt, wie gesagt, eine Großzahl nicht-monogamer Kulturen auf dieser Welt. In der Regel aber finden weltweit die konkreten Geschlechtsverkehre, Monogamie hin oder her, zwischen zweien statt und sind, von Orgien einmal abgesehen, vom Prinzip der Ausschließlichkeit getragen. Die Experimente in Sachen Sex und Liebe, die man im Zuge der Emanzipation von bürgerlichen Zwängen in den 60er und 70er Jahren zu Zeiten der Studentenrevolte und der Hippiebewegung anstellte, endeten für nicht wenige in der Psychiatrie, weil ihre Psychen nicht in der Lage waren, das alles zu verarbeiten und die politisch geforderte Praxis gegen die festgegründeten Gegebenheiten einzulösen. Das viel zitierte Establishment, das mehr als einmal oder zweimal mit derselben Person Lust teilte, verkörperte die auch und gerade in ihnen selbst etablierte starke Norm mitsamt ihrer faktisch etablierten Kraft, welche die Liebe für alle Teilhaber unserer Kultur als intimen, zwei-samen Akt fasst.

Fremdgehen heißt unweigerlich: Ich gehe woanders hin. Und das heißt genauso unweigerlich: Ich bin nicht mehr hier. Ich bin dann mal weg, an einem Ort, wo du nicht bist und wo du auch nicht hingehörst. Ob der Versuch mancher, in Partnertauschclubs die strukturellen Implika-tionen des Treuegebots zu umschiffen, gelingt und die Liebe der beiden stärkt, kann nicht angenommen werden. Eher dürfte es sich hier um instrumentelle Bezüge handeln, bei denen sich zwei, die sich offenbar als ungenügenden Sexualproviant definieren, hin und wieder mit neuen Lust-Rationen eindecken, um nicht zu verhungern. Allenfalls bleiben sie sich treu darin, den Akt der Untreue abgestimmt und simultan am selben Ort zu vollziehen, wenn auch hin und wieder in verschiedenen Räumen des eigens dafür gestalteten Etablissements.

Wer seinen Partner als seinen Sexualproviant eingeheimst hat und dann irgendwann merkt, dass dieser ihm nicht mehr genügt, wird nach diesbezüglichen Alternativen suchen. Aus seiner Sicht ist es legitim, fremdzugehen. Er lässt glasklar und eiskalt seine heißen Interessen sprechen und hat längst den Boden der wechselseitigen Bezogenheit verlassen. Höchstwahrscheinlich war er von Anfang an nicht drauf, denn er hat womöglich Liebe gar nicht hergestellt. Aber auch unabhängig von diesen instrumentellen Konstellationen, die es freilich massenhaft hinter den privaten Wänden geben dürfte, legitimieren sich Akte der Untreue durch den Mangel, den sie beheben wollen.

So ist es nicht illegitim, wenn einer, dessen Partner ihm aus neuro-tischen Gründen permanent Sexualität verweigert und das Ganze für eine Schweinerei hält (vgl. Fischer/Maravolo 2005, S. 104)[92], seine Lust

---

92 Der Paartherapeut Jellouschek würde für diesen Fall zwar sagen: »Das ›Symptom‹ der sexuellen Lustlosigkeit macht auf ein Problem aufmerksam, zu dem *beide* beitragen und das darum auch von beiden gelöst werden muss, nicht nur vom ›Symptom-Träger‹« (2004a, S. 136; Hervorh. i. Orig.); Fakt aber ist, dass der *Fremdgänger* nach seinen vielen, Versuchen – freilich ohne psychotherapeutische Anleitung – auf seine Frau und vielleicht auch auf sich selbst verändernd einzuwirken, frustriert ist und einfach keine Lust mehr hat, die Sache systemisch und paardynamisch zu sehen. Subkutan freilich erstreckt sich die Unlust des *Fremdgehers* auch auf die gesellschaftliche Normierung, die da befiehlt, dass sexuelle Lustlosigkeit zu überwinden sei.

woanders erleben will. Zu fragen wäre hier, warum er die Konsequenz nicht zieht, die seine Emotionen ihm doch längst verdeutlichen und er sich nicht vollends aus einer unbefriedigenden Interaktionskonstellation löst, die Liebe zu nennen ohnehin einem Euphemismus gleichkäme. Er müsste dann nicht fremdgehen.

Ebenso unbefriedigend geht es in den Abertausend Ehen zu, wo, dem Vernehmen nach, die Partner am Tag durchschnittlich nur vier Minuten miteinander sprechen, »und zwar meistens über die Alltagsorganisation«. Weiter heißt es: »Der durchschnittliche Fernsehkonsum beträgt dagegen zweihundertdrei Minuten pro Tag« (ebd.). Wenn Menschen sich grundsätzlich nicht mehr erreichen, dann ist es nur allzu legitim, dass sie sich anderen zuwenden, um Zuwendung zu bekommen. Der Psychoanalytiker Peter Fürstenau sagte Mitte der 70er Jahre einmal in einer Gießener Vorlesung, unter Bezugnahme auf die bahnbrechenden Erkenntnisse von René A. Spitz (1976): Man sterbe zwar nicht, wenn man keinen Sex habe, man sterbe aber, wenn man keine Kommunikation habe. Solches kommunikative Fremdgehen ist also nicht nur nicht illegitim, sondern es ist geradezu lebensrettend. Begreift man Sex als die sinnlichste Variante von Kommunikation, dann ist sogar die Fürstenau'sche Weisheit zu hinterfragen, zumindest im hier diskutierten Zusammenhang des Fremdgehens.

Es gibt eine Menge Gründe, warum Menschen sich nicht trennen, wenn sie sich nicht mehr im wahren Sinne des Wortes lieben. Diese Gründe haben mit der Wirklichkeit außerhalb der Liebe zu tun. Aus der Innensicht der Liebe ist und bleibt es unverständlich.

Fremdgehen wäre nicht nötig, aber auch nicht möglich, wenn sich nur die im Rahmen des Ausschließlichkeitsprinzips vereinigten, die sich wirklich liebten. Alle anderen können und mögen es dann gern miteinander treiben wie häufig und wie gekonnt auch immer sie es fertig bringen, allein, sie würden die hohe Norm der Treue nicht verletzen.

Hinter der hohen Norm steht eine noch höhere. Das ist die Verbindlichkeit. Verbindlichkeit heißt, dass das Verabredete auf der Handlungsebene eingehalten wird. Treue muss nicht verabredet werden, auch wenn manche Promis neuerdings glauben, sie mit Millionenbeträgen vertraglich erpressen zu können. Treue gehört immanent zum Wesen der Liebe.

Wo Liebe ist, ist Treue. Wo Liebe ist, herrscht ebenso unhinterfragbar Verbindlichkeit: Wo, wenn nicht in den Liebesbeziehungen, tun die Menschen wirklich das, was sie sagen. Gerade hier hat Verbindlichkeit ihr letztes Refugium in einem gesellschaftlichen Zusammenhang, in dem Unverbindlichkeit zur Selbstverständlichkeit und Lügen zu einer Art Sozialkompetenz geworden sind. Das geht bei den Versprechen der Politiker und anderer Eliten los und endet bei den Hotelprospekten, die Ruhe und Wellness versprechen, während nebenan gerade eine Groß-baustelle ihrem Namen alle Ehre macht.

Verbindlichkeit heißt: Man setzt sich Regeln und hält sie ein. Das ist nichts Konservatives, sondern: verabredete Regeln einzuhalten, ist die Essenz aller zwischenmenschlichen Beziehungen.

Gerade die politisch Konservativen verletzen das Prinzip allzu oft und deshalb mit inflationsbedingten Folgen. Die zunehmende Verwahrlosung der Gesellschaft hat genau damit zu tun, dass der Regelbruch kaum mehr ernsthaft, das heißt gesellschaftlich nachhaltig, sanktioniert wird. Im Gegenteil, die offiziell Besten, insbesondere die Wirtschaftsplayer, tanzen mit zynischen Victory-Zeichen der Moral auf der Nase herum und demonstrieren, was sie von solch kleinlichem Getue halten. Da wird mal eben locker die ein oder andere Million gezahlt und mit dem Gericht ein Deal gemacht, der die edle Fassade glättet. Die verheeren-den sozialpsychologischen Folgen für das Massenbewusstsein werden siegerlächelnd in Kauf genommen und das, was dereinst Vertrauen hieß: die basale Gewissheit, dass es in der gesellschaftlichen Wirklichkeit mit rechten Dingen zugeht, geht dabei vor die Hunde. Die Gesellschaft offenbart sich als das, was sie ist. Moral und Verbindlichkeit sind etwas für die Masse der Abhängigen und Abgehängten und ein Dreck für die machiavellistischen Eliten, die von den entsprechenden politischen Parteien angehimmelt werden wie dereinst das Goldene Kalb von den Alten.

Die Lieblosigkeit und Unbarmherzigkeit solcher Zeitgenossen ent-springt dem Desinteresse an anderen Menschen. Nicht der Hass ist das Gegenteil von Liebe, sondern die Gleichgültigkeit. Nein, diese Erkenntnis entnehmen wir nicht Ariadne von Schirachs *Tanz um die Lust* (2007) wo der Satz in der Tat ganz ähnlich und ganz ohne Herkunftsnachweis auf

Seite 289 steht, sondern diese Erkenntnis formulierte zuerst Elie Wiesel. *Wikipedia* schreibt über ihn: Wiesel ist ein »US-amerikanischer Schriftsteller und Überlebender des Holocausts. 1986 erhielt Wiesel, als Verfasser zahlreicher Romane und sonstiger Publikationen, u. a. auf Vorschlag des Deutschen Bundestags, den Friedensnobelpreis für seine Vorbildfunktion im Kampf gegen Gewalt, Unterdrückung und Rassismus.«

Gleichgültigkeit ist freilich nicht nur ein subjektives Manko oder psychologisch zu analysierender Binnenzustand bestimmter *unanständiger Menschen*[93], wie man neuerdings die Zumwinkels der Welt hilflos bezeichnet, sondern Gleichgültigkeit hat ihren objektiven, gesellschaftlichen Hintergrund: »Der Gleichgültigkeit, die der Tausch als Grundmodell der Vergesellschaftung setzt, der universellen Nötigung zur Konkurrenz, die den anderen tendenziell zum ›Gegenmenschen‹ werden läßt, der meine (Markt-)Chancen schmälert, wohnt eine Tendenz zur offenen Feindseligkeit inne« (Eisenberg 2000, S. 82). Solche psychischen Störungen, die dem antisozialen Verhalten zugrunde liegen und die kaum noch als Störungen sondern eher als Erfolgsindikatoren gelten, werden – genauso wie die anderen amokverdächtigen Dispositionen, denen sie ähneln – von der

> »Gesellschaft in ihrem gegenwärtigen Entwicklungsstadium selbst produziert, indem sie jene psychischen Instanzen schleift, auf denen der gesellschaftliche Verkehr innerhalb der kapitalistischen Herrschaftskultur basierte und die die Massen der Menschen leidlich instand setzten, ihre Antriebspotentiale zu kontrollieren und in gesellschaftlich lizensierten Formen zu entäußern. Die Desintegrationsprozesse, die im Zeichen von Deregulierung und Flexibilisierung um sich greifen, schlagen sich im Inneren der Menschen nieder und setzen destruktive Potentiale frei, die jedes zivilisierte Zusammenleben bedroht« (ebd., S. 88).

Wer gleichgültig ist gegenüber dem, was er bei anderen anrichtet, hat die Norm der Verbindlichkeit längst verlassen. Obwohl er Kind der

---

93 Wer, soziologisch denkend, meint, dass es unstatthaft sei, *personalisierend* von der Subjektivität mancher von den Medien so gefeierten Weltenlenker auszugehen und von deren mehr oder weniger gravierender Durchgeknalltheit auf ihr Politikverständnis und ihr realpolitisches Handeln zu schließen, wird durch das brillante Buch von Hans-Jürgen Wirth über den Zusammenhang von *Narzissmus und Macht* (2002) eines Besseren belehrt.

Gesellschaft ist, hat er sich im Grunde weit außerhalb einer Kommunikationsgemeinschaft begeben, die soziabel genannt zu werden verdiente.

Aus kulturanthropologischen Untersuchungen weiß man, dass es ein universelles Interesse der Menschen an Zuverlässigkeit gibt:

> »Dabei haben sich, quer durch alle Kulturen, die folgenden fünf Kriterien als die entscheidenden herausgestellt: Gegenseitige Anziehung und Liebe, Zuverlässigkeit, emotionale Stabilität, ein angenehmes Wesen und Intelligenz. Jeder Mensch, egal ob Mann oder Frau, egal, in welchem Land er lebt, ist auf der Suche nach diesen und einer Hand voll weiterer Traumeigenschaften« (Kast 2004, S. 80).

Schon die Römer sagten, wie erwähnt: *Pacta sunt servanda.* Aber bei der Treue sollte es nicht um einen Vertrag gehen, wie ihn etwa Untreue fürchtende Millionäre aufsetzen, sondern um das unhinterfragte Implikat der Liebe.

Untreue, also die Verletzung des Verbindlichkeitsprinzips, bestätigt, wie gravierend sich das alles auswirkt. Die Verletzung einer Regel wird deshalb als Verletzung empfunden, und kann es auch nur dort, wo deren Gültigkeit prinzipiell nicht infrage gestellt ist. Sprich: Nur geltende Regeln können verletzt werden. Der Verstoß gegen die Regel geht in aller Regel einher mit tiefen emotionalen Verletzungen, weil ihr innerer Gehalt Soziabilität versprach: Zusammengehörigkeit, Vertrauen, Verlässlichkeit. Die gefühlte Verletzung bestätigt, wie sehr doch wirklich gültig schien, was verletzt wurde.

Deshalb kann bei aller Modernität und Lockerung des intimen Verhaltens nicht davon ausgegangen werden, dass es nach einem Seitensprung einfach normal weitergeht. Die einseitige Aufkündigung des Konsenses durch den, der im Seitensprung *fremd*geht, kann nicht durch einen saloppen Sprung zurück in die Paarkonstellation rückgängig gemacht werden. Wer glaubt, mit einem Ausrutscher argumentieren zu können, weiß nichts über die Dynamik von Liebesbeziehungen, beziehungsweise glaubt wohl abermals, in seinem Partner lediglich einen leichten Spielball seiner Interessen zu haben. Die Liebe jedenfalls nimmt er nicht ernst.

Entgegen allem Lockerheitsgetue muss es nach der Aufkündigung der Symbiose der Liebe durch die Separation des Fremdgehens eine profunde Wiederannäherung geben, die sich, falls sie überhaupt noch gewollt wird, als fragile, tastende, mit Trauer, Verletzung und Wut einhergehende Bewegung gestaltet und die ihre Zeit braucht. Falls die zwei dann irgendwann emotional in der Lage sind, sich wieder aufeinander einzulassen, ist es nicht die bloße Fortsetzung der Beziehung, die sie betreiben, sondern sie können allenfalls eine andere Beziehung auf einem anderen Niveau haben. Die absolut seltenen Fälle einer wirklich gelungenen Wiederaufwärmung der alten Konstellation bestätigen dies. Man kann nicht zweimal in denselben Fluss steigen. Schon gar nicht zum ersten Mal.

Geschlechter

Der Basiskonsens über Treue und Untreue, welcher der Liebe unhinterfragbar innewohnt, wird von weiteren gemeinsamen Überzeugungen flankiert, die die Fragen über den Stellenwert von Rationalität, über religiösen Glauben oder Nicht-Glauben, von Subjektivität und Objektivität, von Emotionalität und von Intuition beantworten. Hier geht es um Fragen und Antworten, welche die spezifische geistige Färbung dieser einzigartigen Liebesinteraktion ausmachen.

All dies kann nur gelingen, wenn die Liebesbeziehung getragen wird von dem tiefen Glauben beider daran, dass Frauen und Männer[94] einander verstehen können, beziehungsweise dass sie überhaupt miteinander *können*.

In Kulturen und Denkzusammenhängen, in denen man auf Frauen wie auf unmündige Kinder oder wie auf minderwertiges Leben reagiert, ist Liebe zwischen Mann und Frau im Grunde nicht möglich. Denn Liebe hat die Ebenbürtigkeit der Liebenden zur Voraussetzung, jedenfalls die

---

94 Wir sind uns bei dieser Bemerkung bewusst, dass es auch Liebesbeziehungen zwischen Männern und Männern und Frauen und Frauen gibt. Diese werden aber nicht potenziell gestört durch die universale Geschlechterdifferenz, beziehungsweise erst recht nicht durch das allgegenwärtige Gerede über Mann und Frau, das sich auf die *Differenz* bezieht und diese womöglich konstruktivistisch erst entstehen lässt, wo sie gar nicht da ist.

Liebe, von welcher als der Geschlechterliebe zwischen Erwachsenen die Rede ist, und die sich mit der Liebe zwischen Eltern zu ihren Kindern oder der Liebe Gottes zu den Menschen und der der Menschen zu ihrem Gott so ohne Weiteres nicht vergleichen lässt. Wenn Erich Fromm diese anderen Liebesformen in seiner *Kunst des Liebens* thematisch aufnimmt, dann um die spezifische Differenz herauszuarbeiten. Es ist diese Geschlechterliebe, die als allseits erträumte und ersehnte Liebe zwischen einem Mann und einer Frau das *Thema Nr. 1* ist. Sie bewegt die erwachsenen Menschen, nicht die transzendentale Liebe an und für sich, die ein theologisches Thema ist, und auch nicht zuallererst die Fürsorglichkeit in der Aufzucht der Nachkommen[95], die zur Biologie oder zur Pädagogik gehört.

Ebenbürtigkeit der Liebenden als Voraussetzung der Liebe heißt schlicht und einfach: Frauen werden von Männern und Männer von Frauen als gleichberechtigte und gleichwertige Wesen angesehen.

Gesellschaftlich äußert sich dies darin, dass Frauen und Männer identisch behandelt werden, was ihre Zugangschancen zu Freiheit, Würde und Menschenrechten betrifft. Hinzu kommt die gleiche Entgeltung von Arbeit und Leistungen, die gleiche Möglichkeit zur politischen Willensbildung und Willenskundgebung, insbesondere bei Wahlen, natürlich auch die zum politischen Mandat, ebenso der gleiche Zugang zu Bildung, Berufsausübung und Karrierechancen, auch die Gleichheit bei der Gesundheitsvorsorge und der Krankheitsbehandlung, genauso wie die Gleichheit in der Kreditwürdigkeit, in der Geschäftsfähigkeit und in der juristischen Vertretbarkeit. All dies ist selbst in unserer demokratischen und freien Gesellschaft so selbstverständlich nicht. In anderen Ländern und Kulturen ist es mit der Ebenbürtigkeit der Geschlechter zum Teil grauenhaft bestellt, zum Teil werden Frauen juristisch überhaupt nicht als Personen gesehen: keine Menschenrechte,

---

95 Über göttliche und vor allem elterliche Liebe ließe sich freilich ein eigenes Buch schreiben, und eins, das unlängst darüber von Johannes Bilstein und Reinhard Uhle herausgegeben wurde, heißt *Liebe. Zur Anthropologie einer Grundbedingung pädagogischen Handelns* und ist 2007 erschienen. Angesichts der Debatte um Erziehung und Jungendgewalt ist die Frage der elterlichen Liebe und des pädagogischen Eros in der Schule zentral geworden, wie man auch bei Bueb liest. Dennoch hat das nicht allzu viel mit der erotischen Liebe zwischen Mann und Frau zu tun.

keine Gleichheit, keine Freiheit. Diese Entsetzlichkeiten können nicht verschwiegen werden.

Im Dezember 2006 hieß es anlässlich des 60sten Gründungstags des Kinderhilfswerks der UNICEF, dass es in vielen Ländern der Erde einem Todesurteil gleichkommt, als Mädchen geboren zu werden. Millionenfach bekommen Mädchen von Anfang an eine schlechtere Ernährung, sie dürfen das Haus nicht verlassen, sie haben zu arbeiten und zu dienen, schlimmer noch: mancherorts werden Mädchen gleich nach der Geburt ermordet, schlicht weil sie Mädchen sind. Darüber hinaus werden »in China und Indien [...] nach Schätzungen jährlich eine Million weiblicher Föten gezielt abgetrieben« (dpa-Meldung vom 12. Dezember 2006). Wenn dann aus den am Leben gelassenen Mädchen, die unter solchen feindseligen Bedingungen aufwachsen, Frauen geworden sind, heißt es für sie immer noch nicht, dass sie das Haus ohne Begleitung oder ohne Zustimmung verlassen dürfen. Sie werden wie Kinder behandelt oder wie Haustiere gehalten. Männer, insbesondere ältere Männer, haben das Sagen. Sie verhalten sich ihnen gegenüber wie selbstverständlich in einem Besitzer-Eigentum-Verhältnis. Es geht um die Herrschaft des Mannes über die Frau, und das heißt, es geht um die massive Unterdrückung von jeglichen Autonomiebestrebungen des Gegenübers. Wehren sie sich dagegen und gehen sie dennoch allein in die Stadt oder auch nur aus dem Haus oder treffen sich gar mit einem Mann, werden die Frauen als Huren und des Teufels geschmäht, sie werden gedemütigt, geschlagen, vergewaltigt oder gar bei lebendigem Leibe verbrannt (vgl. Souad 2004).

Auch diese Entsetzlichkeiten sind so selten nicht. Im TV-Sender ARTE erfuhr man am 11. März 2004, dass in Russland mehr als 12.000 Frauen durch Gewalt sterben, Jahr für Jahr. Zum Vergleich: Im ganzen russischen Afghanistan-Feldzug mussten innerhalb von zehn Jahren 17.000 Männer ihr Leben lassen. Man muss sich das vor Augen führen: 17.000 Männer sterben im Krieg; dagegen im vergleichbaren Zeitraum 120.000 Frauen in sogenannten Friedenszeiten. Und im *Stern* (9/2004) ist zu lesen, dass in China jährlich (!) mehr als 150.000 Frauen Selbstmord begehen, und dass jede zweite Frau von ihrem Mann geschlagen wird.

In nicht wenigen Ländern der Erde des 21. Jahrhunderts werden

Frauen als willenloses Eigentum betrachtet, und man muss nicht weit fahren, sondern kann in unserem Lande bleiben, insbesondere *auf dem Lande*, um Restbestände dieser Tradition der Frauenunterdrückung zu Gesicht zu bekommen, beispielsweise bei den Stammtischreden bestimmter Typen von Männern. Die gibt es, in feinerem Tuch, freilich auch in Großstädten, versammelt in den entsprechenden politischen Lagern, die immer schon die Macht verherrlichten und die Frauen nicht ernst nahmen.

Dahinter steht in aller Regel ein meist mit Biologismen und religiösem oder politischem Eifer durchtränktes Überzeugungswissen, das davon ausgeht, dass Frauen *ab ovo*, aufgrund ihrer schwächeren Konstitution oder ihrer Jahrmillionen alten *weiblichen Aufgaben* dem Schutz, sprich, der Herrschaft des überlegenen Mannes unterworfen sind. Ein unendlich dummes Gerede, das sich da auch heute noch mit klugem Gehabe breitmacht und offenbar weltweit einfach nicht verstummen will. Die intellektuellen Anstrengungen, die manch einer solchen »Begründung« der inferioren Rolle und Stellung der Frau im Allgemeinen und der eigenen superioren im Besonderen zugrunde liegen, sind dabei zum Teil enormen Ausmaßes. Adorno schreibt über solche sich zu Wahrheiten aufspreizenden Meinungen:

> »Wer eine Meinung hat über eine Frage, die einigermaßen offen ist, nicht vorentschieden; deren Beantwortung nicht ebenso leicht sich überprüfen läßt [...], neigt dazu, sich in diese Meinung festzumachen oder, nach der Sprache der Psychoanalyse, sie affektiv zu besetzen. [...] Was einer für eine Meinung hat, wird als sein Besitz zu einem Bestandstück seiner Person, und was die Meinung entkräftet, wird vom Unbewußten und Vorbewußten registriert, als werde ihm selber geschadet. Rechthaberei, der Hang der Menschen, törichte Meinungen selbst dann hartnäckig zu verteidigen, wenn ihre Falschheit rational einsichtig geworden ist, bezeugt die Verbreitung des Sachverhalts. Der Rechthaber entwickelt, um nur ja die narzißtische Schädigung von sich fern zu halten, die ihm durch die Preisgabe der Meinung widerfährt, einen Scharfsinn, der oft weit seine intellektuellen Verhältnisse übersteigt. Die Klugheit, die in der Welt aufgewandt wird, um narzißtisch Unsinn zu verteidigen, reichte wahrscheinlich aus, das Verteidigte zu verändern« (1961, S. 575).

Mrs Yin und Mr Yang

Liebe, wie wir sie als Liebe zwischen Mann und Frau verstehen, ist zutiefst verwoben mit der Haltung zur Geschlechterfrage. Wer überzeugt ist, dass beide nicht zusammenpassen oder zueinender in einem Feindschafts- oder Unterwerfungsverhältnis stehen, kann der als Mann eine Frau und kann sie als Frau einen Mann lieben? Bis heute, heißt es, sei eine »Polarisierung der Geschlechtscharaktere« wirksam (Liebsch 2008, S. 133; vgl. auch Illouz 2007b, S. 11).

In diesem Zusammenhang ist eine Unmenge geschrieben worden über das Wesen der Frau und das Wesen des Mannes – natürlich und vor allem auch eine Menge Unsinn. Die dem jeweiligen Geschlecht zugedachten Eigenschaften, Fähigkeiten und Bestimmungen sind es denn auch in der Regel, welche die Inkompatibilität der beiden belegen zu können meinen. Oder auch die Komplementarität. Zuweilen sogar deren Verträglichkeit.

Das Kugelmensch-Modell, das Platon aufgreift, geht zum Beispiel von einer idealen Passung der zueinander gehörenden Getrennten aus und ist also ein Komplementärmodell, das, wie Sloterdijk (1983, S. 463) herausarbeitet, erst in der Wiedervereinigung seinen dialektischen Gipfel erfährt. Andere Gedankenkonstrukte können so gut wie überhaupt nichts Verbindendes bei den Geschlechtern erkennen und gehen von vornherein von einer eklatanten Ungleichheit und gar Polarität aus, die sie dann mit nachkonstruierten ungleichen Eigenschaften ausstaffieren.

Die biologischen Konstrukte, derer sich die Verewigungsinteressierten aller Länder allzu gern bedienen, sind notwendigerweise auf die Gene verwiesen, denn die Gene sind der Ort, wo das Wesentliche vom Wesen der Geschlechter *längerfristig* programmiert ist. Es ist daher Unsinn, mit naturwissenschaftlich aufpolierten Argumenten eine feststehende Hierarchie zwischen Mann und Frau nach dem Muster *Mann-oben-Frau-unten* zu legitimieren, denn schließlich haben Frauen und Männer immer noch die Gene, die bereits zu Zeiten wirksam waren, als die Frauen im Matriarchat (vgl. Bornemann 1979)[96] das Sagen hatten und

---

96 Die etwas flapsige Bemerkung, dass Frauen das Sagen hatten, würde Ernest Bornemann wahrscheinlich zurückgewiesen haben, denn seine Erkenntnisse über matrilineare und matrilokale Gesellschaftsformen legen eher die Vermutung nahe, dass

Amazonen und Jägerinnen waren und alles prächtig funktionierte, während es die Männer waren, die sich *unten* tummelten.

Neuerdings entdeckt man bekanntlich die Führungsqualitäten von Frauen wieder und das nicht erst, seitdem Frau Dr. rer. nat. die angeblich mächtigste Frau der Welt geworden ist. Der abermalige Rekurs auf die Biologie, die, entsprechend zurechtgebogen, auch diese modernisierten Gewichtungen zu untermauern in der Lage wäre, würde in diesem Falle ihren ideologischen Missbrauch endlich wirklich offenkundig werden lassen, sind es doch stets nichts anderes als die wirtschaftlichen und die Machtinteressen, welche die Interpretationsrichtung für fundamentale Wesenserkundungen von Mann und Frau vorgeben. Mal sehen, was wir zu hören bekommen werden, wenn weltweit mehr Frauen an den Entscheidungshebeln sitzen und die entsprechenden politischen Steigbügelhalter die Begleitmusik dazu geben. Das Herman'sche Küchen-Gen, das man bislang dort zuweilen bei Frauen annimmt, kann's nicht sein. Viel eher wird man wohl die intensivere Gehirnhälftenverknüpfung bei Frauen aufgreifen müssen, die es, wie man neuerdings festgestellt hat, auch wirklich gibt (Der Spiegel 6/2007, S. 145), vielleicht auch ihre biologischen Pflichten und die damit verbundenen *Multitasking-Kompetenzen* in Sachen Fürsorglichkeit und *Leadership*.

Es ist wahrlich mühsam, die wirklichen Wesensunterschiede von Mann und Frau zu benennen, kann man doch mit Fug und Recht davon ausgehen, dass es sich fortgesetzt um Interpretationsmoden handelt, die kommen und gehen und mal das eine, mal das andere plausibel erscheinen lassen. Auch das ewige Gerede von der Ungleichverteilung von Emotionalität und Rationalität führt nicht weiter angesichts immer emotionalerer Männer und rationalerer Frauen. Bestimmte, freilich erzkonservative, Soziologen sprachen schon vor Jahren im Hinblick auf immer ähnlicher werdender Frisuren und Kleidungsstile bei Frauen und Männern von einer Entdifferenzierung der Geschlechter, wohl um zu suggerieren, dass ausgeprägte Differenzen wünschenswerter seien.

es dort gerade nicht primär um *das Sagen*-Haben ging. Wie auch immer: »Manches [...] deutet darauf hin, dass urgeschichtlich die Frauen gegenüber den Männern die Angeseheneren waren, wenn nicht gar dominierten« (Wikipedia, Artikel: Frau). Außerdem, so ein weiterer Baustein zu diesem Gedanken, heißt es, seien die ersten Gottheiten weiblich gewesen.

Die Kultursoziologin Eva Illouz geht jedenfalls davon aus, dass heute das allgegenwärtige »Ethos der Kommunikation [... die] Geschlechtergrenzen [verwischt]« hat, das heißt: »Der emotionale Kapitalismus hat die emotionalen Kulturen neu geordnet, indem er das ökonomische Selbst emotionaler und die Emotionen instrumenteller machte« (2007b, S. 41). Kurz: Es habe eine *emotionale Androgynisierung* von Männern und Frauen stattgefunden (vgl. ebd., S. 60). Ob das jene, die immer noch an die Männerherrschaft glauben, so hinnehmen, ist allerdings zu bezweifeln. Vielleicht lehnen sie deshalb das ewige Gequatsche über Kommunikation auch ab.

Abermals scheint die Frage, die sich unabhängig von der wirklichen Wirklichkeit (vgl. Watzlawick 1976) nach den Handlungsfolgen stellt, die mit der jeweiligen Annahme über diese oder jene wahre Wirklichkeit einhergehen, viel spannender als die nach den puren Fakten. Denn wir verhalten uns und handeln gemäß dem Bild, das wir uns von etwas machen. Wenn wir bei der Geschlechterfrage ein Bild haben, das die Geschlechter unversöhnlich oder inkompatibel oder wie Fremde oder, noch extremer, wie Feinde erscheinen lässt, werden wir uns dem anderen Geschlecht gegenüber, in Konsequenz, von vornherein zumindest sperriger verhalten als bei einem Bild, das Wärme, Freundlichkeit, Neugierde und, in Konsequenz, die *beidgeschlechtliche* Möglichkeit von Liebe transportiert. Wir werden uns so verhalten, weil *wir* es sind, die sich aufgrund interner Sperren oder Bereitschaften sperrig oder liebevoll oder gar nicht verhalten können. Unsere Annahmen über die Geschlechter sind in der Regel bloß nachträgliche Rationalisierungen unserer inneren Dispositionen, die vorgängig entschieden haben, was geht und was nicht.

Seriöse Kommentare zur Frage der geschlechtlichen Wesensunterschiede betonen freilich, dass es, was die objektiven Fakten angeht, im Grunde nicht viel Verschiedenheit zu entdecken gibt. Auf jeden Fall scheinen es nicht die Gene zu sein, die das Wesentliche bestimmen, sondern die kulturell und sozial unterfütterten Lernprozesse. Die spärlichen Unterschiede, die naturgegeben und daher mehr oder weniger unvergänglich sind, können es nicht sein, die das Mann-Frau-Verhältnis nachhaltig beeinflussen, denn zum Beispiel der durchschnittliche Energieverbrauch des Mannes bei völliger Ruhe, der mit etwa 39,5 Kalorien pro Quadratmeter Körperoberfläche den der Frau um 2,5 Kalorien übersteigt oder die durchschnittlichen 40 Tage mehr, die der Mann gegenüber der Frau im Lauf seines Lebens krank im Bett verbringt oder die kürzeren Stimmbänder der Frauen, die die helle Stimme machen, oder der Wassergehalt ihrer durchschnittlichen Körper, der um zehn Prozent differiert, reichen nicht aus, um biologisch begründete Verträglichkeiten oder Unverträglichkeiten zu behaupten. Schon gar nicht reichen all diese von der *Gender-Medizin* erforschten geschlechtsspezifischen Eigenheiten aus, um etwaige ewige Hierarchien zu legitimieren.

Interessanter wird es bei den Chromosomen. Hier gehen die Interpretationsrichtungen bei gegebenen gleichen Hardwarebedingungen frappant auseinander. Im weiblichen Ei befinden sich 23 Doppel-X-Chromosomen, weiß man, und im Spermium 23 X-Y-Chromosomen. Die aus diesen Ingredienzen gezeugten Menschen weisen insgesamt alle immer, oder doch wahrscheinlich zumeist, 46 verschiedene Chromsomen auf. So weit, so gut. Daraus, dass die männlichen Spermien das weibliche Ei befruchten, hat man seit geraumer Zeit abgeleitet, dass das zeugende Element bei der Menschwerdung der Mann sei. Adam war zuerst da, weil der Mann auch optisch ein Prior sein muss. Seine Prädominanz sei in Ewigkeit, Amen, und auch die Gottheit, die ihn schuf, wird als Gottvater vorgestellt, der dem Manne sein Weib zugesellte.

Ausgerechnet zwei veritable Männer, Bruce Lahn und David Page, Genetiker von der University of Chicago, behaupten nun das Gegenteil: »Am Anfang war die Frau.« Sie wiesen nach, dass

> »das weibliche X-Chromosom älter ist als das männliche Y-Chromosom. Die Kirche reagierte sofort und ließ durch den Informationsbeauftragten der Schweizer Bischofskonferenz erklären, es spiele keine Rolle, wer zuerst da war, Mann und Frau seien beide von Gott gewollt. Damit bestätigten die biologischen Ahnenforscher [....:] Genetisch ist der Mensch grundsätzlich als Frau angelegt. Nur wenn die Geninformation aus dem Y-Chromosom hinzukommt, entsteht ein Junge. Sind ein X- und ein Y–Chromosom vorhanden, erweist sich das Y-Chromosom jedoch als defekt, entwickelt sich ein Mädchen. Umgekehrt aber würde ein heiles Y-Chromosom allein nicht ausreichen, um einen gesunden Jungen zu bilden. Das männliche Geschlecht benötigt die Erbinformation beider Chromosomen« (http://egonet.de/ego/0100/art1.htm).

Weiter heißt es, wo es um das Entstehen des hormonellen Geschlechts geht: »Fehlen männliche, also Y-Geninformationen, entstehen automatisch weibliche Hormone. Das weibliche Geschlecht ist also immer primär« (ebd.).

Just diese frauenfreundliche Interpretation des Verteilungsmodus der Geschlechtschromosomen wird von einer anderen, für die allgemeine Welt-Wahrheit zuständigen Internetadresse mit Gegenteiligem konterkariert, nämlich von *Wikipedia*, indem dort die Sache wieder gerade gerückt und so gesehen wird, dass die Männer mit ihrem hinzukommenden Y-Chromosom das eigentliche Sagen haben:

> »letzteres besitzt eine geschlechts*bestimmende* Region, die man Sex determining region of Y (SRY) nennt und die beim Mann für die embryonale Produktion des Hoden-determinierenden Faktors (TDF für engl. Testis-determining factor), einem Protein, verantwortlich ist. Wird TDF gebildet, kommt es zur Ausbildung männlicher Merkmale, fehlt es dagegen, bilden sich weibliche Merkmale« (vgl. Wikipedia, Artikel: Frau; Hervorh. T. F. K.).

Determinierend und bestimmend also. Das reicht für die Stammtische. An denen sind die Frauen sowieso nicht zugelassen. Jedenfalls nicht, wenn es echte Stammtische sind.

Dort wird eigentlich dasselbe gesagt und die Fakten werden auch nicht verbogen, aber die Lesart ist anders: Das Fehlen des TDF, sozusagen ein Manko, macht die Frau zur Frau. Fast sieht man sich an den Freud'schen Penisneid erinnert, bei dem angeblich das Mädchen über den Mangel entsetzt ist. Dass das Klitorisgewebe im Inneren der Frau, also ihr erektiles Zonengebiet, sich um ein Vielfaches ausdehnt und alles diesbezüglich bisherige Referenzielle in den Schatten stellt, ist zwar seit einiger Zeit bekannt, wird aber von den phallozentrisch bis phallokratischen Geschlechterdifferenzinterpretationen peinlich ignoriert. Von den Stammtischen erst recht.

Vielleicht liegt das daran, dass einer der 46 »wichtigsten Unterschiede« zwischen Mann und Frau folgender ist: »Die primären Geschlechtsorgane des Mannes befinden sich außerhalb des Körpers und sind leicht verwundbar, die der Frau sind im Körper geschützt« (www.becx.de/

stuff.htm; Quelle: P.M. Perspektive, Michael Kneissler: Der Mensch und sein Körper).

Das sichtbare Gemächt ist's. Obzwar moribund und schützenswert, begründet es das Herausragende des Männlichen.

Das Männliche. Das Weibliche. Was sollte das sein? Solche Hypo-stasierungen[97] von Allgemeinbegriffen zu etwas naturhaft Ewigem finden sich auch bei ernsthaften und progressiven Denkern, die, mit einer deutlichen Neigung zur Idealisierung des Weiblichen, im Fernsehen ausgerechnet mit Alice Schwarzer schäkern, welche ihrerseits komplementär wiederum unablässig das Männliche attackiert. Seriöse Interpreten der Geschlechterdifferenz allerdings gehen davon aus, dass es Weibliches und Männliches als solches nicht gibt, weil es zum größten Teil erlernt ist, also erworben, und *ab ovo* nicht feststeht, nicht als ewige Idee und schon gar nicht so fest wie das erigierte Glied, das in der phallozentrischen Sicht der Dinge ebenso verborgen angebetet wird wie in manchen indischen oder japanischen Kulten ganz unverblümt offen. Das Hineinlernen in unsere Geschlechterrollen sei viel ausschlaggebender, sagen Genderforscher/-innen[98], und anzunehmen ist, dass das Lernen selbst das Gehirn strukturiert und seine internen Nervenverbindungen verändert. Selbst das berühmte Beispiel des Mann-

---

97 Im Umfeld von Heidegger soll das Männliche und das Weibliche sogar als ontische Qualität (!) vorkommen, sozusagen als Weisen des Seins als solchem: »Wenn Männlich- und Weiblichsein aus ontologischer Sicht nicht mit Sexualität und Biologie zu tun haben, sondern als Weisen eines (unseres) Weltverhältnisses aufzufassen sind, dann ist in der Tat die Frage, ob sie nicht zum Seyn (diese Schreibweise ist Heideggers Code für seine zeitliche Seinsauffassung) selbst gehören, in dem Sinne, daß das Sein ursprünglich sich (uns) zwiefältig gibt oder sich (uns) nur zwiefältig geben kann. In der Sprache Heideggers wäre dies die Differenz zwischen Entbergung und Verbergung oder zwischen Dasein und Wegsein. Diese Zwiefalt wäre auch, Heidegger zufolge, der Ur-Sprung der biologischen Sexualität in ihren vielfältigen Formen. Das würde wiederum bedeuten, daß Männlich- und Weiblichsein [...] gleichursprünglich mit der Differenz im Sein zu denken sind. Männliches Wesen (oder männlich wesen) bedeutet also, verbal verstanden, eine Weise zu sein im Sinne einer Begegnung aus der Ständigkeit und zur Ständigkeit hin. Weiblichkeit läßt sich wiederum, ontologisch verstanden, als ›die ursprüngliche, nicht zum Stand zu bringende Dimension des Mitseins‹« (vgl. Eldred 1999, S. 226) definieren. Nun denn ...

98 Zum Beispiel Markus Hausmann, Univ. Bonn, Biopsychologe; Janet S. Hyde, Univ. of Wisconsin, Psychologin; Lutz Jäncke, Univ. Zürich, Neuropsychologe; Sigrid Schmitz, Univ. Freiburg, Biologin: alle erwähnt in dem Artikel »Frauen sind auch nur Männer« (Die Zeit 01/2007, www.zeit-wissen.de).

Frau-Unterschiedes, die angeblich signifikant voneinander abweichenden Gehirnhälftenverbindungen, könnte sich als eine nicht haltbare Schimäre erweisen, wenn man doch davon ausgehen muss, dass das Gehirn, je nach Betätigung, Lernprozess und Dauerübung, immer erneut auch zu einem anderen wird. Selbst feststellbare Unterschiede im Denken von Männern und Frauen, die hormonbedingt auftreten, etwa im Lösen von Mathematikaufgaben oder bei räumlichen Orientierungsfragen, hängen lediglich vom Messzeitpunkt ab, so die neuesten wissenschaftlichen Ergebnisse.

Rafaela von Bredow bringt das Ganze im Februar 2007 noch einmal auf den Punkt und damit ins Massenbewusstsein, weil sie es in einem großen Nachrichtenmagazin schreibt: »Mann und Frau unterscheiden sich kaum. Dort, wo sich Andersartigkeit messen lässt, spielt sie entweder keine Rolle für den Lebensalltag oder ist unbedeutend klein. Vor allem aber gibt es gute Gründe, sie nicht als Ergebnis biologischer Bestimmung zu sehen« (Der Spiegel 6/2007, S. 143).

Fazit: Eine »Spaltung von Menschen in Männer und Frauen« ist überflüssig (vgl. Schwarzer 2002).

Aus der Perspektive der Liebe bietet sich eine ganz andere Weise an, die Dinge zu sehen. Zuallererst sieht man in der Liebe sein Gegenüber als faszinierenden und begehrenswerten anderen Menschen, sei es ein gegengeschlechtlicher oder ein gleichgeschlechtlicher. Das Begehrenswerte an ihm ist Resultat eines inneren Prozesses, der die eigene Begehrensstruktur mit dem vorfindlichen *Rohmaterial*, das heißt dem Erscheinungsbild des anderen und seinen spezifischen Reaktionsmustern auf die begehrlichen Avancen zu einer emotionalen Entscheidung verdichtet: Dieser Mensch hier, er oder sie, ist es, der aufwühlt und alle Bereitschaft zur gesteigerten Begegnung anfeuert.

Die sogenannte Geschlechterdifferenz ist aus der Innensicht der Liebe weitgehend bloß ein Hirngespinst. In ihm verstecken sich in der Regel jene Prämissen, die am Ende, zirkulär, auf die geprägte Subjektivität ihres individuellen oder kollektiven Konstrukteurs zurückverweisen – nichts Objektives, nichts Bedeutsames. Keineswegs ist für die Liebe die »Geschlechterdifferenz« das ausschlaggebende Motiv ihres Strebens.

Eigentlich kennt die Liebe sie gar nicht. Zwar sehen die Biologen zum

Beispiel die Getriebenheit des Menschen durch den heterosexuellen Fortpflanzungsimperativ im Vordergrund und kommen deshalb in ihren Grundannahmen zur Geschlechterdifferenz als motivationale Hintergrundfolie fürs Liebesgeschehen. Aber andere, Betroffene nämlich, die aus Selbsterfahrungsgründen davon ausgehen, dass in homosexuellen Konstellationen ebenfalls Liebe verwirklicht werden kann, können damit nicht argumentieren. Sie können höchstens vielleicht eine generalisierte polymorphe Triebhaftigkeit des Menschen als Antriebsmotor unterstellen, wenn sie den Urgrund der Liebe im Erotisch-Somatischen belassen wollen. Eine Geschlechterdifferenz werden sie freilich dann als motivationalen Hintergrund gerade nicht sehen, allenthalben negativ als Ausschlusskriterium.

Aber es kümmert die Liebe freilich nicht, was die diversen Betrachter in ihr von außen sehen.

Sicherlich ist es für den heterosexuellen Mann von Bedeutung, dass der Mensch, der sich ihm gegenüber befindet und seine gesteigerte Aufmerksamkeit erweckt, weiblichen Geschlechts ist, denn sein Begehren richtet sich in sexueller Hinsicht hauptsächlich auf das andere und nicht auf das Gleiche. Aber er verliebt sich nicht, weil die Frau, die er begehrt, Wesenszüge hat, die alle Menschen weiblichen Geschlechts haben, und das seit 100.000 Jahren aufgrund genetisch festgelegter Eigenschaften – etwa das um 14% oder, nach neuesten Erkenntnissen, das um 9% leichtere Gehirn –, sondern er begehrt diesen weiblichen Menschen und keinen anderen. Er verliebt sich in diese Frau, weil er das Einzigartige an ihr realisiert. Jan will Lucie nicht, weil sie Frau ist und Frauen nun mal so und so denken oder bloß grübeln oder mehr fühlen oder schräge oder gar nicht einparken, sondern weil sie Lucie ist: Weil es ihm völlig egal ist, ob oder dass sie ansonsten die allgemein unterstellten typisch weiblichen Eigenschaften und Wesenszüge hat, die man wissenschaftlich feststellt. Er ist nicht an ihrem im Vergleich geringeren Lungenvolumen oder an ihren vermehrten Antikörpern interessiert, sondern allenthalben an ihrer Körperlichkeit, welche die sexuelle Differenz ausmacht. Dass *die Richtige* eine Frau ist, ist für den heterosexuellen Mann zwar eine notwendige, aber keine hinreichende Bedingung. Er ist an ganz erheblich viel mehr interessiert, wenn sich seine Liebe entfaltet. Er ist interessiert an ihrem einzigartigen Wesen, das ihn wie kein anderes anzieht: an ihren Gedanken, an ihren Worten, an ihrer Weise, auf ihn einzugehen, ihm zu antworten. Kurz: Er ist interessiert an einer möglichst vielseitig aufgeladenen Interaktion mit ihr. Und nur mit ihr.

Geschlechterdifferenz und Liebe gehören nicht zusammen. Sie entstammen zwei völlig verschiedenen Denkweisen. Während die Denkweise, welche die Geschlechterdifferenz zu ihrem Gegenstand macht, darauf aus ist, verallgemeinernde abstrakte Kriterien herauszufiltern und Frauen und Männer unter sie zu subsumieren, widerstrebt der Liebe jegliche Subsumtionslogik. Sie kennt nicht Männer und Frauen als solche. Sie kennt sie nicht, weil Abstraktionen in ihrer Wirklichkeit nicht vorkommen. Ihre Wirklichkeit ist diese konkrete, lebendige, intime Interaktion mit diesem konkreten lebenden Menschen, Mann oder Frau, je nachdem, einem spezifischen einzigartigen Menschen, den sie niemals unter irgend ein Rubrum irgendeiner Gruppe oder eines Clusters zwingen könnte, auch nicht unter das Subsumtionskriterium »Mensch« aus der Gruppe »Alle Menschen«.

Liebe, so sagten wir, sei zutiefst verwoben mit der Haltung zur Geschlechterfrage. Wer als heterosexueller Mann eine Frau und wer als heterosexuelle Frau einen Mann liebt, dessen und deren Liebe hat die Frage, ohne viel nachzudenken, längst entsprechend beantwortet. Sozusagen aus ihrer praktizierten Haltung heraus war für sie die kognitive Aufarbeitung der Frage nach dem Wesen und den Begegnungsmöglichkeiten der Geschlechter bloß noch ein logischer Klacks.

Dreiklang

Viel interessanter als eventuelle Geschlechterdifferenzen und ganz bedeutsam für die Liebenden ist die Frage nach dem Wesen ihrer Liebe selbst. Hierüber müssen und werden sie sich einigen.

Denn nur wenn zwei einen liebesstiftenden Konsens über ihre Liebe selbst haben, lassen sich die Fragen nach Nähe und Distanz, nach der Organisation des Alltags und allen sonstigen Dimensionen des realen

Lebens beantworten. Die immanente Logik ihrer Basisüberzeugung weist ihnen dann die Richtung.

Seit jeher setzt sich *die Liebe* der Idee nach zusammen aus den drei Elementen Eros, Philía und Agape *alias* Amor, Amicitia und Caritas: Liebe also besteht idealiter aus dem Dreiklang von Leidenschaft, Seelenverwandtschaft und Sorge um den anderen (vgl. Wikipedia, Artikel: Liebe).

Diese ewig gedachte Liebestrias aus Sinnlichkeit, Freundschaftlichkeit und Selbstlosigkeit macht für uns, am Beginn des 21. Jahrhunderts aber nur dann noch Sinn, wenn sie, aus der Ideenwelt herunterkommend, auch in der Realität wiederzuerkennen ist, das heißt auf der Ebene des Fühlens und Handelns real sich in der Fülle des gelebten Liebeslebens offenbart.

Heute gehört es zum Common Sense, hauptsächlich die Sinnlichkeit und Leidenschaft als Begründerinnen der Liebe zu sehen.

Diese Gewissheit, dass es *Eros* ist, der Liebe stiftet, ist nicht neu. Von Sokrates und Platon wurden vor über 2.000 Jahren die grundlegenden Erkenntnisse gefasst, die das abendländische Liebesverständnis wie keine anderen geprägt haben (Sloterdijk 1983, S. 461). Bei Karl Marx, Sigmund Freud und Theodor W. Adorno setzen sie sich fort, und bei *Pro Familia*, *Simplify Your Love* und in der *Bild-Zeitung* hören sie, äußerst verdünnt, gegenwärtig auf.

Der allgemeine ins Alltagswissen eingedrungene Bio-Diskurs bekräftigt das Ganze wissenschaftlich, denn selbst die Biologie sieht die, wenn auch auf universale Urprogramme herunter deklinierte, Leidenschaft als Hauptgrund dessen, was beim Menschen evolutionspsychologisch dann als Liebe imponiert. Ohne die sexuelle Attraktion der Geschlechter keine Liebe.

Für viele werden dementsprechend ihre erotisch-sexuellen Interaktionen zum Gradmesser. Und sie bekommen damit ein Problem, weil sie das, worauf sie sich in ihrer Liebe berufen, zur normativen Instanz werden lassen. Wird die gefühlte sexuelle Spannung zum Seismografen ihrer Beziehung und tritt ihnen als Drittes gegenüber, beginnt der Eros die Liebenden zu drangsalieren.

Mit der modernen Medikalisierung und der Pornografierung des Sexuellen hat das erotische Motiv der Liebe seine synthetische Kraft verloren und sich geradezu ins Gegenteil verkehrt. Der biologische Reduktionismus im Denken hat das Fühlen erreicht, und die sich daran anschließenden verhaltenstherapeutischen Exerzitien im Dienste des Spaßes an der Lust tun ihr Übriges. Wo es ganz *natürlich* ist und überhaupt nicht mehr tabu, dass immer mehr Menschen Sex zur Zentralinstanz ihres Lebens machen, zieht das den paradoxen Effekt nach sich, dass der Eros auf die sogenannte Erotik eines Eros-Centers herunterkommt und Leidenschaft sich nur noch auf den sexuellen Vollzug beschränkt. Vor allem für die modernen Liebesbeziehungen dürfte dieser Reduktionismus immense Folgen haben.

Es ist nämlich Allgemeingut geworden und daher sozusagen recycelter Mentalmüll für die Liebe, dass man allerorten unhinterfragt der Überzeugung huldigt, Leidenschaft und Dauer passten nicht zusammen. Das kann man, so fast alle dementsprechenden Liebesratgeber, an der nachweislich absinkenden Koitusfrequenz in den Langzeitbeziehungen festmachen. Sexuelle Unlust, so heißt es, ist heute in den Partnerschaften weit verbreitet: Bei beiden Geschlechtern nimmt die Lustlosigkeit »bei zunehmender Beziehungsdauer zu« (Sydow 2005, S. 21). Fast klingt das so, als sei dies eine Gesetzmäßigkeit.

Die einen suchen im sexualtechnischen Stümpertum die Gründe, die anderen sehen in der schwindenden psychischen Kraft und Fähigkeit, den Partner überhaupt attraktiv zu finden, die Ursache. Forstbiologen drücken das Dilemma gnadenlos so aus: Es ist genetisch festgelegt, dass die *Geltricke* vom Bock nicht mehr besprungen wird, weil das für die Arterhaltung keinen Sinn macht. Deshalb hat er »keinen Bock« auf sie. Eine »Geltricke« ist in der Jägersprache ein weibliches Reh, das keine Junge mehr kriegen kann, weil es zu alt dafür ist. Sie ist aus dem sexuellen Geschehen ausgeschlossen und keiner will mehr mit ihr, weil es biologischer Unsinn wäre, die kostbaren Gene so *for nothing* zu verschleudern.

Aber einmal dieses brutalstmögliche Interpretationsangebot aus der Natur, das so manchen alten Esel in die Arme einer jüngeren Stute treibt, beiseite. Auch in der Psychologie wird die zunehmende Unfähigkeit zur Lust erklärt. Dort aber ist es nicht das naturale Programm, sondern die emotionale Binnendynamik, die das Schwinden mit sich bringt: Gerade die Überbetonung von Bindung und das gefühlvolle Verschmolzensein sei es, also, wenn man so will, die Liebe selbst, welche die sexuellen Probleme erzeuge. So sagt es jedenfalls der US-amerikanische Paar- und Sexualtherapeut David Schnarch (vgl. Sydow 2005, S. 25; Clement 2006, S. 46).

Biologie oder Psychologie – am Ende kommt es auf dasselbe heraus: Die heutigen Menschen haben in ihren Beziehungen immer weniger Sex, und da muss offenbar gegengesteuert werden.

Gegengesteuert werden muss, weil in dem allgemeinen reduktionistischen Wahn die Simplifizierungsbesessenen es selbst ebenso fühlen und daher fest daran glauben, dass häufiger Beischlaf die Messlatte von Leidenschaft sei.

»Die Paare haben weniger Sex. Keine wirkliche Neuigkeit, okay, aber man sollte sich doch noch mal vor Augen führen, daß es fast ausschließlich dieser Punkt ist, der den Paaren Kopfzerbrechen bereitet« (Fischer/Maravolo 2005, S. 13). In den Büchern, die zirkulär und ganz flott bestätigen, worunter man zu leiden meint, wird das dann drastisch oder verblümt ausgedrückt und damit der Stellenwert von Sex unter der Hand festgeschrieben. So heißt es zum Beispiel in dem entsprechenden *Werk* über die Lust: »Um sich als Liebespaar zu verstehen, ist gemeinsamer Sex wichtig, denn er kennzeichnet die exklusive Liebesbeziehung« (ebd., S. 17). Ganz »logisch« geht es weiter: »Besorgniserregend wird es [...], wenn gar kein Sex mehr stattfindet.« Zwar wird eigens betont, dass die sexuelle Talfahrt der absinkenden Koitusfrequenz ganz normal sei, aber die im Folgenden erteilten Ratschläge beziehen sich trotzdem auf all das, was »wirklich antörnt« und lassen erkennen, dass und wie es den flotten Autorinnen darauf ankommt, den sexuellen Ablauf wieder flotter zu kriegen. Denn:

> »Sex ist nämlich gesund und soll das beste Anti-Aging-Mittel sein. Was man da an Geld sparen kann für teure Cremchen und Operationen! Dreimal die Woche Sex ist angeblich besser als jede Frischzellenkur. Und je älter man wird, umso mehr hat man solche Verjüngungskuren nötig. Solange Sie noch einen Partner haben, sollten sie ihn nutzen! Sollte Ihr Partner nicht mehr so gut funktionieren, spricht nichts dagegen, sich wenigstens ab und zu allein lustvolle Minuten zu gönnen« (ebd., S. 76).

Aber, der nicht funktionierende Mann kann ja auf Trab gebracht werden. Erstmal mental und dann auf andere Weise: »Ohne Nähe fällt den meisten Frauen Sex schwer. Schon deshalb sollten Männer mit ihren Frauen reden und ihnen auch mal sagen, daß sie sie lieben« (ebd., S. 107). Wenn es dann immer noch nicht klappt, dann kann man ja auch mal einen Porno einsetzen, aber einen »guten« (ebd., S. 104ff.). Und, wann immer man es tut: Man möge nie die Applikation von Gleitmitteln vergessen. Egal welches Alter, Gleitmittel kommt gut. Möglichst eimerweise.

Vielleicht ist *Liebe satt* mit seinen feschen Sprüchen ja das falsche Buch, um ernsthaft zu erörtern, wie normative Sex-Vorgaben mittlerweile das reale Liebesleben penetrieren. Aber es drängen sich allenthalben Bilder auf, die grotesk sind: Frauen lubrizieren sich artifiziell, Männer nehmen Saugpumpen oder Viagra, beide entfachen ihre Erregung inhaltlich mit einem »guten Porno«, und landen dann im Bett oder auf den Küchentisch, nur um die Wichtigkeit des Sex für die Liebe zu untermauern und die abstrakte Erkenntnis in die reale Tat umzusetzen, vielleicht sogar in der aberwitzigen Annahme, absolvierter Sex besorge liebesmäßig dann zwangsläufig den Rest. Hauptsache, es findet überhaupt statt! Der Terror des Normativen könnte nicht drastischer sein.

Das Ganze ist ein Schlag ins Gesicht derjenigen, die keinen Sex mehr haben *können*, weil sie zum Beispiel erkrankt sind oder weil sie in einem Alter sind, in welchem Sex so ohne Weiteres nicht mehr klappt. Die Behauptung, dass Leidenschaft und Dauer nicht zusammenpassen, ist eine Unverschämtheit, weil sie letztlich unterstellt, dass mit dem Nachlassen der Hormonproduktion die Grundlage der Liebe entfällt. Aber gerade die Älteren lassen das nicht auf sich sitzen und konterkarieren die dreiste These damit, dass sich ihre Liebe seit Jahren immer mehr vertieft und ihre Leidenschaft keinesfalls verebbt. Vielleicht haben sie eine andere, umfänglichere Vorstellung von Leidenschaft als die Sex-Ratgeber?

Was, wenn diese Menschen, die sich lieben, es willentlich ablehnen, derart künstlich hervorgerufenen Sex zu haben? Vielleicht haben sie das mit Viagra, Cialis und Gleitgel ein paar Mal durchexerziert und wollen die Leidenschaft, die doch ihre Liebe ausmacht, auf diese Weise nicht verkommen lassen, weil sie dann Schaden nimmt? Lediglich Körperfunktionen mit *Liebeshilfen* aus Plaste, Elaste und Chemie aufzupeppen, sodass am Ende selbst Greisinnen und Greise tapfer ihrer Pflicht zur Lust Genüge tun: Das kann und darf es nicht sein.

Und weil nicht sein kann, was nicht sein darf, dass nämlich lediglich der entsprechend gepushte Sex der Garant für das Überdauern der Leidenschaft ist, haben sich Paartherapeuten auf den Weg gemacht, namentlich einer, nämlich Ulrich Clement (2006), um diesseits der technischen Fragen die Psychodynamik und das Beziehungsgeschehen hinter der zunehmenden Lustlosigkeit aufs Korn zu nehmen. Das Hintergründige wird freilich getan, um dem vordergründigen Sex auf die Beine zu helfen: »Das Begehren wieder aufleben lassen« (ebd., S. 9), heißt es hier. Dies geschieht aber nicht mit technischen Sex-Utensilien, sondern, viel seriöser, mit bewährten Maßnahmen aus der psychotherapeutischen Arbeit, »um den Teufelskreis der Unlust zu durchbrechen« (ebd., S. 11).

Das Axiom, dass nachlassende sexuelle Lust von Übel sei, bleibt dabei unangetastet. Mit seinem Buchtitel *Guter Sex trotz Liebe* kurbelt Clement, laut Cover-Umschlag »einer der führenden und international renommierten Paar- und Sexualtherapeuten«, das Assoziationsrad der veröffentlichten Meinung noch weiter an und unterstellt, dass Liebe notwendigerweise das sexuelle Leben verschlechtert beziehungsweise ihm entgegensteht. Wunderbar. So können wenigstens alle Lustlosen sich einreden, dass sie, umgekehrt, schließlich lieben, wenn sie es nicht können. *Wachsende Liebe – nachlassendes Begehren*, das müsse sich zwar keineswegs bedingen, heißt es, weil es doch letztlich auf die eigene Vorstellung über den Zusammenhang von Sex und Liebe ankäme, gleichwohl lauten die kardinalen Botschaften: »Die Dinge gehen nach unten«, »›Gravity wins‹«, die »Erotik wird von selbst schlechter« (ebd., S. 53). Was folgt, sind unendlich viele Übungen und Tests, die man als Paar zur Steigerung der Sexraten absolvieren kann, um sich und dem anderen näher zu kommen oder auch neue Entfernungen einzubauen und sexuelle Profile und Szenarien zu eruieren, um am Ende die erotische Passung und den Stand der erotischen Entwicklung berechnen zu können. Ja, in der Tat *berechnen* – als Skalenwert. Das törnt an.

Dabei hat Clement doch recht: »Selbst wenn der Sex genauso bleibt wie am Anfang, die Partner werden dennoch das Gefühl haben, alles habe sich abgeschwächt. Sex wird also ganz von selbst schlechter, weil die Wahrnehmung aus dem Besonderen etwas Gewöhnliches macht« (S. 258).

Oder hat er vielleicht doch nicht Recht? Er arbeitet nämlich hier mit der mehrfachen Unterstellung von Unabdingbarkeiten. Dass das, was häufig stattfindet, zu etwas Gewöhnlichem wird, ist Unterstellung Nummer eins. Unterstellung Nummer zwei ist, dass das als etwas *Gewöhnliches* Wahrgenommene, also der ansonsten gute und häufige Sex, notwendigerweise abgeschwächt erlebt wird. Drittens wird die Möglichkeit unterstellt, dass in den Liebesbeziehungen alles, inklusive dem Sex, genauso bleiben könnte wie am Anfang: keine Entwicklung, keine Veränderung, kein innerer Wachstum.

Immer wieder heißt es, dass etwa 95% der Geschlechtsakte innerhalb einer festen Beziehung stattfinden (Der Spiegel 9/2005, S. 174; Fischer/ Maravolo, S. 19). Es verdichtet sich und wird fest: *feste Beziehung* und *Sex* gleich *Liebe*. Andererseits heißt es, genauso deppert: »Liebe reicht einfach nicht [als] Grund, um zu heiraten« (Illouz 2007a, S. 202).

Vermischt wird, wie so oft, die gesellschaftlich sanktionierte Draufsicht mit der inneren Erfahrung. Das Ganze krankt daran, dass die Betroffenen ihre Erfahrungsfähigkeit von der normativen Kraft der Expertisen haben korrumpieren lassen. Sie beobachten und bewerten sich wie Profis, die sich selbst zum Gegenstand von wissenschaftlichen Betrachtungen haben. Weil aus biologischer und/oder aus psychologischer und/oder aus philosophisch-anthropologischer Sicht oder bloß aus der Sicht der *Neuen Revue* die Liebe auf das Gründungsmotiv Sex zurückgeführt wird, glauben sie, das auch höchstpersönlich zu erleben, was die Norm vorgibt: Das Sexuelle lässt nach, also ist die Liebe von Auflösung bedroht. Sie verzichten dabei auf ihre lebendige Erfahrung.

Der modernen Verwechslung von Liebe und Sex liegt ein massiver Irrtum zugrunde, der in der Erfahrungsschwäche der Einzelnen begründet sein dürfte. Das Quantifizierbare ist nicht das, worum es geht. Eine Liebe, die sich an Koitusfrequenzen gekoppelt sieht, steht von vornherein auf wackligen Füßen. Sie verkennt, dass die sie begründende Leidenschaft qualitativ anders ist als der manifeste Sex, der in zähl- und messbaren absolvierten Vollzügen ohnehin eher der Abfuhr denn dem Genuss der erotischen Spannung dient.

Wenn man in den Therapien zu hören bekommt, dass mit dem Nachlassen von Sexualität das Ende von körperlichen Berührungen überhaupt einhergeht, dann ist das das Skandalon und nicht die Tatsache, dass die beiden kaum noch miteinander schlafen. Es schießen einem, fast möchte man sagen, die Tränen in die Augen, wenn man liest: »Tatsächlich ist es jedoch so, dass fast alle Paare, die den Geschlechtsverkehr aufgeben, auch aufhören, auf andere Weise intimen Körperkontakt zu pflegen. Sexuell-erotischer Kontakt ohne Geschlechtsverkehr findet sich nur bei einer sehr kleinen Minderheit« (Sydow 2005, S. 22). Das heißt: Sie haben sich auch vorher nur dann berührt, wenn sie ins Bett wollten.

Darum aber geht es: um die Berührung des anderen! Leidenschaft, Sinnenlust, Eros, die ganze Begeisterung und Erregung, die sich zwischen zwei Liebenden entfaltet und die ihrer Liebe das Feuer gibt, ist etwas gänzlich anderes als »der Sex«!

Wenn zwei die Leidenschaft zum Hauptmotiv ihrer Liebe haben, dann lieben sie es, sich aneinander aufzuregen. Sie tun alles Erdenkliche, und zwar ohne normativen Zwang und ohne psychotechnische und medizinische Hilfsmittel, um den anderen als faszinierenden, aufregenden, facettenreichen, stets aufs Neue interessanten Menschen zu erleben, und sie tun alles, um sich selbst für den anderen auf ebendiese Weise erlebbar zu machen. Das schließt vor allem die Aufrechterhaltung eines erotischen Spannungsbogens ein.

Man könnte es auch anders herum sagen: Dass man sich ohne Unterlass interessant macht und genauso ohne Unterlass am anderen interessiert bleibt und ein Leben voller reizvoller Aktivitäten führt, dient der Aufrechterhaltung dieser erotischen Spannung, auf die es ankommt. Denn die Leidenschaft, die den Lebensnerv dieser Liebe ausmacht, ist nur dann auf Dauer möglich, wenn alle Interaktionen im weitesten Sinne vom Eros durchtränkt sind. Das hat viel mit dem gekonnten Spiel zwischen Nähe und Distanz zu tun und viel mit der Wechselwirkung von Symbiose und Autonomie.

Und es hat vor allem mit Körperlichkeit und Sinnlichkeit zu tun. Es geht nicht primär um den manifesten Sex, sondern es geht um dessen sublimierte, spielerische Facetten. Es geht um gerade die von Freud so bezeichnete triebgehemmte Seite der Sexualität, welche die menschliche Begegnung als Liebe möglich macht. Es geht darum, jene vielschichtige Mischung aus Zärtlichkeit und Lust im weitesten Sinne aufrechtzuerhalten, die beim bloßen Abfuhr-Sex aufgehoben und erst im allumfassenden Eros möglich wird.

Warum sollte die Aufrechterhaltung dieses Spannungsbogens nicht auf Dauer möglich sein? Wer nicht außerhalb der konkreten Sexepisoden abschlafft, sondern auch diesseits und jenseits der manifesten Intermezzi zugewandt und im weitesten Sinne erotisch wach bleibt, der hält insgesamt die interaktive Spannung aufrecht, um die es geht. Das heißt: Wer nicht ständig in Selbstverständlichkeiten regrediert, sondern seinen Liebsten oder seine Liebste stets lustvoll als besonderen, einmaligen, faszinierenden Menschen wahrnimmt, und darum gerade das Gegenteil einer »Kolonialisierung des Partners« (vgl Jellouschek 2004a, S. 29) betreibt, in der dieser auf den Status eines Möbelstücks (ebd., S. 100) herunterkommt, der kann gar nicht einschlafen oder sich von einer wachsenden Unlust befallen sehen. Dabei kommt es gerade nicht auf die sexuelle, sondern auf die generalisierte Lust an.

Paare, die nicht zusammen ihr Essen genießen, sondern sich lediglich Nahrung zuführen oder bloß ihren Hunger stillen, können auf Dauer keinen Enthusiasmus haben und in dem Moment, wo sie die Speisen vertilgen, ebenfalls nicht. Paare, die sich nicht einmal an die Hand fassen, wenn sie nebeneinander stehen, die sich nicht streicheln, wenn sie nebeneinander einschlafen und sich nicht küssen, wenn sie aufwachen, Paare, die nicht lachen und nicht weinen, wenn sie bewegt sind, Paare, die nicht aufgebracht diskutieren, wenn konträre Überzeugungen aufeinandertreffen, die nicht empört sind, wenn sie etwas empört und nicht in Freude ausbrechen, wenn sie etwas freut, die sich nicht herzen und umarmen, wenn es sie freut, dass es sie gemeinsam freut, haben von der Leidenschaft herzlich wenig. Ihr Sex ist dann freilich genauso ereignislos und abrupt oder schlaff wie das übrige Zusammensein, das sie deshalb am liebsten schnell beenden möchten.

Und da liegt die Crux des biokratischen Märchens, dass Leidenschaft und Dauer sich ausschlössen: Was in der Tat auf Dauer nicht auszuhalten ist, ist eine Spannungslosigkeit und Genussunfähigkeit, die sich als weißes Laken der Eintönigkeit über alles und jedes ausgebreitet hat, was die zwei Menschen betrifft.

Leidenschaft hingegen, wirkliche Leidenschaft, kann sich nicht in der Dauer verbrauchen, weil ihr Wesen die ständige Erneuerung durch sich selbst ist.

Hinzu zur Leidenschaftlichkeit der Liebe kommt die Freundschaft. Ohne sie wären die Sublimierungen, welche die Dauer ermöglichen, wohl nicht möglich. »Freundschaft, das ist eine Seele in zwei Körpern«, sagt Aristoteles – irgendwo im Internet und natürlich in seiner Ethik (vgl. Diog. Laert. 5, 20) – und man erkennt sofort, dass hier nicht so sehr die Körper sondern es eher die Gemüter sind, die sich vereinen.

Spätestens seit der Amigo-Affäre weiß man, dass Freundschaften, nicht in Affären münden, sondern eben auch dem Wortstamm nach irgendetwas mit *Amore* zu tun haben müssen. Amicus der Freund, Amicitia die Freundschaft.

Wo auch immer sie herkommt, aus der Seele oder aus dem Körper, hintergründig doch sexuell motiviert oder gar nicht erotisch: Freundschaften haben im Allgemeinen mit Güte, Warmherzigkeit und Zuneigung zu tun.

Und sie kommen selten vor.

Die sinnliche Anziehung ist für sie nicht ausschlaggebend. Eher die geistige. Man bildet mit dem Freunde eine Einheit. Und wir assoziieren in unserer Kultur: gleichgeschlechtliche asexuelle Freunde.

Die altgriechische Bedeutung von *philía*, nämlich zugleich Freundschaft und Liebe zu meinen, macht es aber genauso möglich, von einer heterosexuellen Konstellation auszugehen, in der das Hauptverbindungsglied von Mann und Frau, das für sie beide *Liebe* heißt, jenseits des Eros ebenso auch ihre tiefe Freundschaft ist. Ohne eine Übereinstimmung der Seelen wäre dauerhafte Liebe kaum denkbar. Ihre Körpersensationen können es nicht ausschließlich sein, die zwei Menschen zusammenhalten.

Ehepartner aus anderen Kulturen als der unseren, in denen arrangierte Ehen gang und gäbe sind, berichten in der Literatur zuweilen von ihrer tiefen, aber gleichwohl nicht explizit leidenschaftlichen Liebe. Sie unterstellen sogar, dass die westeuropäisch-amerikanische Form der romantischen Liebe sehr viel oberflächlicher und störanfälliger sei als die ihre, weil diese eben mit der, aus ihrer Sicht flüchtigen, Leidenschaft verbunden sei, wohingegen ihre eigene Liebe richtig erarbeitet sei – wohl durch *Beziehungsarbeit*. Leidenschaftliche, also nicht erarbeitete, sondern auf Begehren und Sinnlichkeit beruhende Liebe wird von ihnen eher negativ als »Verrücktheit, d.h. als psychosomatische Störung, [...] als disharmonisches Element, das die soziale Ordnung stört« (Lau 2006, S. 224) wahrgenommen. Auch Eva Illouz stellt in ihrer Analyse postmoderner Romantikvorstellungen fest, dass »Liebe als Arbeit« eine gängige Vorstellung sei (2007a, S. 202f.). Ihre Betrachtungen beziehen sich aber nicht auf andere Kulturen, sondern schöpfen sich explizit aus amerikanischem Datenmaterial, wo »das Ideal der Kompatibilität« der frei gewählten Partner der Liebe vorangeht – »ganz im Gegenteil zum Glauben traditioneller Gesellschaften, wonach sowohl Kompatibilität als auch Liebe erst dann entstehen, wenn das Paar bereits zusammen gelebt hat (vgl. Goode 1968; Linton 1936)« (ebd., S. 135). Die gewachsene und erarbeitete partnerschaftliche Liebe wird aber auch hier, geradezu paradox, als die stabilere und echtere angesehen. Im Rahmen vergleichender Ethnologie sei zu solcher echten Liebe hie und da gesagt, dass dort, wo Ehen arrangiert werden, beziehungsweise wo traditionale Vernunftgründe in der Partnerwahl vorherrschen, also eher in den nicht-europäisch-amerikanischen Kulturen, die offizielle kulturelle Botschaft gilt, dass »die Betonung der Liebesbeziehung zwischen bereits miteinander verheirateten Ehepartnern [...] verpönt ist« (Lau, S. 225). Das erinnert stark an die kulturhistorischen Erkenntnisse von Philippe Ariès, wonach es auch in der hiesigen Geschichte der Sexualität des Abendlandes vor dem 18. Jahrhundert deplaziert war, in den Ehen sexuellen Zügellosigkeiten zu frönen. Dazu quer liegt das hiesige Liebesideal der amerikanisierten Massenkultur, das trotz all der instrumentellen Rationalität, die sie fast ebenso durchzieht wie die traditionale, darauf besteht, dass Liebe von reiner Leidenschaft getragen werden müsse. Genau dieses für unsere Romantikkultur bestimmende »Dilemma, sich gleichzeitig zu zwei unvereinbaren Liebesnarrativen bekennen zu müssen« (ebd., S. 203), ist Gegenstand des Buches von Eva Illouz über den *Konsum der Romantik.*

In anderen, aus unserer Sicht normativ längst überwundenen, eindeutigen Kulturen aber, in denen Männer Frauen als unmündige Objekte behandeln und deren *Ehre* und *Reinheit* in den Dienst ihrer maskulinen Sexualität stellen, um die Frau, bar jeder Beziehung, auf eine somatische Dienstleistungsfunktion für den Mann zu reduzieren, ist selbst so etwas wie Freundschaft zwischen Männern und Frauen unvorstellbar. Bereits die

> »Vorstellung, dass sich ein Junge und ein Mädchen anfreunden, ist für einen frommen Muslim mit Versuchung, Ehrverlust und Sünde besetzt. ›Freundschaft aber zwischen Mann und Frau ist im Islam verboten‹, schreibt der muslimische Missionar Mohammed Rassoul in seinen Anweisungen für Muslime in Deutschland, ›Der deutsche Mufti‹, ›denn die einzige Bindung zwischen ihnen darf nur durch die Ehe hergestellt werden … es ist eine Allah missfällige Handlung, die Unzucht gleichkommt‹« (Kelek 2006, S. 229).

Dabei lässt die radikale Verdammung der Freundschaft von Mann und Frau unbewusst durchblicken, dass sie mit den psychoanalytischen Erkenntnissen über die Tiefendynamik der Geschlechterbeziehungen vertraut ist, dass nämlich alle zwischenmenschlichen Beziehungen, die auch nur im Entferntesten an die Liebe gemahnen könnten, selbst die explizit asexuellen, selbstverständlich libidinöse Beziehungen sind und ihren, wie immer auch sublimierten Ursprung letztlich doch im Begehren haben.

Die Libidotheorie der Psychoanalyse war es, die verstehen half, warum Liebe zu Menschen, zu Gott, zu den Kindern, den Eltern, zur Musik, zur Weisheit, ja auch zum Hobby und dem Fußball, letzten Endes auch die Liebe zur Flasche, diesen einen Ursprungs hat. Sonst wäre nicht zu erklären, wieso

> »dies Gefühl [der Liebe] sowohl die sexuelle Begierde als auch die Leidenschaft eines Gelehrten für seine Bücher meinen kann: Der Libidobegriff der Psychoanalyse […] macht den inneren Zusammenhang der verschiedenen Begierden verständlicher, welche von der Sprache als ›Liebe‹ zusammengefaßt werden. Die Psychoanalyse hat als erste erklärt, was gemeinsam und was grundsätzlich gleichartig ist an der Liebe zu Kuchen, zu einer Frau oder zur Gerechtigkeit« (Allendy o.J. [Orig. 1942], S. 10).

Die freundschaftliche Liebe zwischen Mann und Frau ist in dieser Erkenntnis eingeschlossen. Sie kommt aus einem fundamentalen Begehren: nicht dem Begehren nach Sex, sondern dem nach tieferer Einheit.

Auch und gerade für diejenigen, die ihre Liebe primär vom *Eros* und sonst nichts gestiftet sehen, ist die Tragkraft der *Freundesliebe* von eminenter Bedeutung. Denn die Liebe selbst wäre keine Liebe, wenn sie nicht vom wechselseitigen Vertrauen, tiefer Sympathie und der Seelenverwandtschaft der Liebenden durchdrungen wäre.

Der Weg, der zu diesem Ziel führt, welches wiederum nur weitere Wege ermöglicht und niemals Endpunkt sein wird, ist zweifelsohne die Kommunikation. Wer sich nicht von Anfang an und ständig austauscht und immer wieder auseinandersetzt mit dem Denken, den Einfällen und Vorstellungen des anderen, der kann auch jene Einheit der Seelen nicht herstellen, welche die Freundschaft ausmacht. Denn jene Einheit fällt nicht vom Himmel, wo die künftige Zusammengehörigkeit gewissermaßen vorgebacken ist und in der Realität nur noch aufgewärmt werden muss, sondern ihre geistig-seelische Einheit ist ein dauernd sich erneuernder, Freundschaft bildender Vereinigungsprozess. *Philía* und Kommunikation gehören zusammen und beflügeln sich wechselseitig. Sie bilden eine unendliche Geschichte, die sich in sich selbst ständig ausdifferenziert.

In den Beziehungen, in denen die Leidenschaft und die Freundschaft überdauern, weil die Liebenden in der Lage sind, das Feuer und damit die Wärme immer erneut zu entfachen, geschieht das, was sie sich vielleicht einmal als Jugendliche sehnlichst, aber ohne konkrete physiognomische Bilder, herbeigewünscht haben mögen: Die Liebenden werden miteinander alt. Denn das ist es, was passiert, wenn Liebende eine lebenslange Liebe leben. Sie werden miteinander 60, sie werden 70, und nach den neuesten Statistiken, immer noch älter.

Dass mit dem gemeinsamen Altern die Sorge um den anderen zunimmt und mithin nach *Eros* und *Philía* das Liebesmotiv *Agape* in den Vordergrund rückt, mag angesichts höherer Krankheitsanfälligkeit und dem näher rückenden Lebensende stimmen oder nicht. Jedenfalls geht die trockene Sozialpsychologie davon aus, dass neben der eher *kopflosen*

Anziehung die *vernünftige Zuneigung* zu unterscheiden sei. Die Kultursoziologin Eva Illouz spricht, dieser Attributierung widersprechend, indes davon, dass sich im »Gegensatz zum populären Mythos [...] in die anfängliche Anziehung die am Eigeninteresse orientierte Rationalität des Marktes [mischt] [...] (wenn diese nicht sogar dominiert), während spätere Stadien der Liebesbeziehung eher die *uneigennützige Hingabe* der eigenen Person sowie die *irrationale Liebe* zu einem anderen erlauben« (2007a, S. 265; Hervorh. T. F. K.). Dass die Überwindung des Eigennutzes, den auch die moderne Soziobiologie als Kardinalmotiv besingt, in der älter gewordenen Liebe nun allerdings von der Sozialwissenschaftlerin mit Irrationalität assoziiert wird, dürfte seinerseits vom »Markt« her so definiert sein, der nichts ohne seine Verrechnungslogik gelten lässt und der sich hier als geheimer Bezugspunkt entpuppt.

Dass man sich selbstverständlich um die geliebte Person kümmert und sie versorgt und ihr Fürsorge angedeihen lässt, wenn sie hilflos ist, dürfte per se kein Alterungsphänomen sein, sondern im Gegenteil: Die karitative Haltung im Sinne einer generalisierten Fürsorglichkeitsbereitschaft hat ihre Wurzeln in der Eltern-Kind-Beziehung, in der die Hilfsbedürftigkeit des einen Teils und die psychosozialen Fähigkeiten des anderen eine komplementäre Einheit bilden. Diese regressiv-progressive Struktur der fürsorglich-helfenden Beziehung wird im Grunde bei allen Unterstützungs- und Pflegeleistungen in allen Altersstufen und allen Sozialbezügen wiederbelebt, sodass gerade im hohen Alter das allererste lebensgeschichtliche Muster nochmals bedeutsam wird, wo es wieder heimkommt.

Vielleicht hat die Selbstlosigkeit im Agape-Motiv mehr mit Biologie zu tun als es den Institutionen, die sich die Sorge um den anderen auf die idealistischen Fahnen geschrieben haben, lieb sein kann. Wo es zum Zwecke der Arterhaltung überall auf der Erde ehernes Gesetz ist, dass sich die Elterntiere aufopferungsvoll zumindest um ihren hilflosen Nachwuchs kümmern und bei manchen Tierarten auch um die weiteren Mitglieder der artverwandten Gruppe, hat die Ableitung solcher Liebe aus dem Willen eines höheren Wesens wenig intellektuelle Überzeugungskraft.

Dennoch sind es vorwiegend die Kirchen, die das aufopfernde Liebesmotiv in Caritas und Diakonie zum Leitgedanken gemacht haben. Damit haben sie der gnadenlosen Biologie des Kampfes aller gegen alle um die knappen Ressourcen mit ihrer uneigennützigen Liebe ihrerseits den Kampf ansagt.

Interessant am Liebesmotiv αγάπη ist, dass es auf der Handlungsebene keineswegs bedrückt oder gar voller Kummer und Sorge daherkommt, sondern im Gegenteil, zuweilen höchst aktiv, interventionistisch und realitätsverändernd.

Solidarität ist für die politisierte Variante dieser Liebe der gängige Begriff. Solidarität heißt: Zusammenhalt, Verbundenheit, Gemeinschaft. Die Solidarität mit den Menschen in Not und den Benachteiligten und Ausgegrenzten steht programmatisch und explizit in den Zielsetzungen der karitativen Arbeit der zentralen kirchlichen Verbände. Ihr Politikverbot aber, das die Ursachen der sogenannten kollateralen Modernisierungsschäden[99] nicht abschaffen darf, an deren Linderung[100] die kirchliche Solidarität laboriert, lässt dieses Engagement tendenziell ins Leere laufen.

> »Diese Arbeit dürfe aber nie benutzt werden, um andere Ziele zu erreichen, hob er [der Papst] hervor. ›Das christliche Liebeshandeln muss unabhängig sein von Parteien und Ideologien. Es ist nicht ein Mittel ideologisch gesteuerter Weltveränderung und steht nicht im Dienst weltlicher Strategien, sondern ist hier und jetzt Vergegenwärtigung der Liebe, derer der Mensch immer bedarf‹« (Saar-Echo, 25. Januar 2006).

Deshalb erhielt unlängst ein Jesuitenpater eine »scharfe Lehrverurteilung« vom Vatikan (dpa-Meldung vom 15. März 2007), weil er bei den Gläubigen »großen Schaden« anrichten kann, und zwar nach päpstli-

---

99 »Was heute euphemistisch ›Modernisierung‹ genannt wird und von der ›geistigen Leibstandarte‹ (Hugo Ball) des globalisierten Kapitals als ›Zugewinn an Freiheit und Individualisierung‹ gefeiert wird, ist in Wahrheit und für die Masse der betroffenen Menschen die Auferstehung eines zynischen und brutalen Sozialdarwinismus, der den einzelbetrieblichen Gewinn zur Sozialutopie der ganzen Gesellschaft erklärt« (Eisenberg 2000, S. 9).

100 »Maßnahmen, die die Symptome einer Krankheit lindern sollen, ohne ihre Ursache anzugreifen, nennt man im Bereich der Medizin ›Palliative‹: Es sind Notbehelfe mit bestenfalls vorübergehender Wirkung und längerfristig meist schlimmen Folgen« (Eisenberg 2000, S. 115).

cher Meinung dadurch, dass er »zu sehr die Solidarität mit den Armen und Unterdrückten in der Welt [betone] und zu wenig den Glauben und die Erlösung durch Jesus Christus [hervorhebe]«.

Die Solidarität, in der sich das Agape-Motiv nach außen in die soziale Realität begibt, wird sich freilich so nicht bremsen lassen können, denn die Liebe in ihm, der *auch* Eros und *auch* Philía innewohnen, will nicht auf jenseitige erlöste Sphären hinaus, sondern sich im Hier und Jetzt beweisen.

Dass das Agape-Motiv notwendig christlicher Natur sein muss, steht in modernen Zeiten also weiß Gott nicht mehr fest. Unabhängig von den bekannten und üblichen Politisierungen des Motivs tritt heute als säkulare Form der Sorge um den Nächsten das ökologische Bewusstsein auf den Plan. Unter dem Agape-Motiv versammeln sich heute all die Interessen, die unter einer gemeinsamen säkularen Verantwortungsethik (vgl. Jonas 1984) zusammengefasst werden können.

Gerade das *Prinzip Verantwortung* dürfte sich energetisch aus den selbstlosen Anteilen der Liebe speisen. Weil es notwenig über den Einzelnen hinausgeht und seinen egozentrische Ausrichtung auf Nutzen und Selbstverwirklichung überwindet, bedarf es jener im wahrsten Sinne des Wortes *sozialen* Kraft, die es dem Einzelnen ermöglicht, gegen sein individuelles Hier und Jetzt in dieses geteilte Dort und Dann zu kommen.

In der individuellen Liebe zwischen zweien wird diese Kraft geboren, und sie wächst und wird stark. Über kurz oder lang, aus Überfülle vielleicht, überwindet sie dann die Grenzen der zweisamen Bezogenheit und streckt ihre Fühler nach außen, um dort, in der gesellschaftlichen und in der ökologischen Wirklichkeit, sich libidinös auf mehr als nur den geliebten Partner zu erstrecken. Wer liebt, liebt nämlich nicht nur zu Hause. Aus der Perspektive des Erfülltseins sieht er, was draußen vor der Tür geschieht.

Seine Liebe reicht weit über sein vereinzeltes Sein hinaus, auch über seine Liebe zu dem Menschen, den er liebt. Agape wird ihm zu einer elementaren Haltung, verallgemeinert sich hinaus in die Wirklichkeit und wird zu einem Prinzip, das als überindividuelles in der Tat transzendental wird, wenn es die Vielen erfasst, die von diesem Geiste durchdrungen werden und sich miteinander über diese ihre Gewissheit verständigen.

Wer so aus dem Inneren seines Fühlens und Erlebens heraus denkt, der wird sich notwendig engagieren gegen das objektive Prinzip, das die Lieblosigkeit und die Zerstörung und die Ausbeutung alles Lebendigen mit sich bringt. Er kann gar nicht anders. Es liegt in der Logik der Liebe, dass sie allgemein werden will, dass sie überschwappt in die Welt.

Wunder

Hin und wieder erschauern auch Biologen, wenn ihnen ansatzweise das hochkomplexe ökologische Gefüge der evolutionären Natur verständlich wird. Manche können nicht anders und werden darüber gar religiös. Die intellektuelle Erkenntnis schützt sie nicht vor der Erschütterung angesichts der Schönheit und der Dramatik, die sich ihnen darstellt. Vor allem dann nicht, wenn sie sich als Teil ihres Untersuchungszusammenhanges sehen und plötzlich erkennen, dass auch sie sich besser verstehen und verorten können, wenn sie die Welt zu verstehen suchen und zu begreifen beginnen.

Eigentlich ist es überall so, wo man anfängt, ernsthaft darüber nachzudenken, was ist, dass man nicht unbeteiligt bleiben kann. Schon gar nicht führt die geistige Durchdringung der Realität zum Erkalten der Emotionen, wie viele meinen, die sich allein ihrer spontanen Gewissheiten rühmen und das Denken gern abschalten würden. Im Gegenteil, Denken und Fühlen, objektives Erkennen und subjektives Erleben wachsen aneinander und miteinander, und heute weiß man aus der Intuitionsforschung, dass das eine oder das andere nicht geht: »Wer denken will, muss fühlen!«[101]

---

101 Das ist der Untertitel eines Buches von Bas Kast über die naturwissenschaftlich (neu) entdeckte Intuition (2007); vgl. die *Aspekte*-Sendung im ZDF vom 10. August 2007. Mit dieser neuen Position würde die Naturwissenschaft manchen alten Philosophen von Aristipp von Kyrene und Epikur über David Hume und Charles Fourier bis zu Sigmund Freud und Bertrand Russel Recht geben, die die Leidenschaft und nicht die Vernunft als oberste anthropologische Triebfeder ansetzen (vgl. Kanitscheider 1998).

Mit dem Erkennen der Liebe ist es nicht anders. Liebe ist etwas Hoch-komplexes und kann hoch kompliziert sein, und dennoch ändert ihre geistige Durchdringung nichts daran, dass sie stets mit Herzklopfen und jenem inneren Beben verbunden bleibt, das sie ausmacht. Wir sind von der Liebe voll und ganz ergriffen, wenn wir sie von innen mit Leib und Seele erleben. Wir sind aber auch voll und ganz ergriffen, wenn wir sie mit unserem Intellekt erfassen und beginnen, sie denkend zu begreifen. Mit unserem Erklären erklären wir nicht weg, was sie ausmacht. Das könnten wir gar nicht!

Die Erkenntnisse, die wir heute mit der modernen Liebesforschung bekommen, selbst die, die aus der allergrößten Distanz zu ihr gewonnen wurden, ändern nichts daran. Sie bestätigen, dass wir ohne innere Beteiligung die Liebe nicht erfassen können. Wer glaubt, mithilfe der Wissenschaft von ihr Abstand nehmen zu können, um sie etwa von außen zu betrachten, verliert die Liebe, die ihrem Wesen nach kein äußerlicher Erkenntnisgegenstand sein kann.

Deshalb erscheint Liebe, wo sie unter den allgemeinen Bedingungen der beschädigten Subjektivität dennoch, gewissermaßen trotz alledem, entsteht und wächst und überdauert, immer wieder wie ein Wunder. Weil sie von so Vielem abhängig ist, weil sie jenseits ihres residualen Bios an mächtige psychische und komplexe soziale Systemzusammenhänge gekoppelt ist, die ganz zentral über ihre Möglichkeits- und Unmöglich-keitsbedingungen[102] bestimmen, scheint sie derart unrealistisch, dass ihr Eintreten im Hier und Jetzt zum Mysterium gerät.

Diese objektiven Bedingungen der Unmöglichkeit und Möglichkeit von Liebe aber, reproduzieren sich durch die Menschen hindurch, sie

102 »Nachdem wir alle Utopien gründlich geschändet haben, vielmehr sie sich selbst außer Kraft setzten, scheinen wir ein Problem zu haben. Wie soll es weitergehen?«, klagt Ariadne von Schirach (2007, S. 338), denn sie scheint nicht wirklich an das zu glauben, was sie gegen Ende deklariert: »Ich glaube [...] an die Liebe« (ebd., S. 367). Zwischen Glauben und Wissen dürfte hier jener qualitative Unterschied bestehen, der den ungläubigen Thomas zum Glaubenden machte, weil er letztlich das in der Wirklichkeit erfuhr, was er zuvor nicht glauben konnte. Ganz untheologisch für die säkulare Wirklichkeit zwischen Mann und Frau, Frau und Frau, Mann und Mann heißt das: Wer lediglich aus dem Glauben an die Liebe über die Liebe sinniert, weiß nicht, worüber er spricht oder schreibt. Er kann es gar nicht wissen. Über die Liebe kann in der Tat nur der etwas sagen, der sie kennt – und der muss dann auch kein krauses Zeug faseln.

sind ihnen auf der einen Seite fremd, spiegeln ihre Entfremdung wider, und sind ihnen auf der anderen Seite vertraut, weil sie gleichzeitig ihr tiefstes Innenleben ausmachen.

Paartherapeuten sehen es in ihrer täglichen Praxis und Liebende erfahren es, wenn ihre Liebe in Gefahr steht, sich im Alltag zu verlieren oder beschädigt zu werden, wie fragil die Liebe ist und wie mächtig diese verinnerlichten externen Bedingungen sind. Daher gilt es, sie genau zu kennen und sie genau zu erkennen: »Das Bekannte ist darum, weil es bekannt ist, noch nicht erkannt« (G. W. F. Hegel, zit. nach Bloch 1962, S. 79).

Genauso wie der Wissenschaftler den Gegenstand seiner Forschung, je mehr er sich ihm erkennend annähert, in seiner Komplexität als etwas wunderbar Evidentes erfährt, erfährt man in der Erkenntnis der Möglichkeit und Unmöglichkeit der Liebe und in der Erkenntnis ihrer Komplexität und Kompliziertheit, wenn sie denn von zwei Menschen verwirklicht wird, wie wundersam einfach sie wiederum ist.

Sie kann weder durch Wollen noch durch Sollen herbeigerufen; aber sie kann mit Lust und Freude ganz einfach hergestellt werden. Dass dieser einfache Vorgang seinerseits hochkomplex ist, ist ihr kein Widerspruch, sondern es ist das Wesen der Liebe selbst, das sich nicht reduzieren lässt auf simple Formeln.

Das Wunder: Es besteht darin, dass die Liebe trotz allem möglich ist. Die Liebe entfaltet sich zunächst privatissime, zwischen zweien, fast im Verborgenen. Dort bündelt sie ihre Kräfte und wächst und intensiviert sich. Sie radikalisiert das, was sie zur Voraussetzung hat: ihre wesentliche Subjektivität. »Vielleicht ist ja gerade der Versuch, das Wunder herstellen zu wollen, dem Wunder abträglich« (Retzer 2008, S. 24).

Aber dort, wo die Liebe geboren wird und zu Hause ist, will und kann sie zumeist nicht bleiben. Radikale Subjektivität bedingt radikale Intersubjektivität. Sie will sich ausbreiten, will überschwappen in die Wirklichkeit, wo sie objektiv werden will.

Das Wunder der Liebe geschieht. Trotz der Diskurse, die sie auf den Boden der Tatsachen zwingen und sie realistisch machen wollen, wachsen uns mit ihr Flügel, und sie lässt uns über den Dingen schweben. Trotz biologischen Determinanten, die sie am Erdboden festhalten wollen, erklimmt sie die Höhen, die ans Übersinnliche grenzen und beseelt von dort aus die Welt.

Trotz psychologischer Tiefenprogramme, welche die Menschen an ihr Gewordensein fesseln, überwindet sie die Gefängnismauern des individualistischen Selbst und erzeugt spontane Solidarität mit anderen.

Trotz weitreichender Lieblosigkeitsbedingungen, die alles Lebendige überziehen, schafft sie es, der gesellschaftlichen Macht listig auszuweichen und Alternativen entstehen zu lassen, die das Leben lebenswert machen.

Liebe ist möglich unter unmöglichen Bedingungen: Sie ist möglich zur unmöglichen Zeit im unmöglichen Raum. Sie ist möglich, weil sie, gegen den objektiven Strich, von den Einzelnen kraft ihrer subjektiven Radikalität hergestellt wird.

Liebe will das Unerreichbare erreichen.

Ihre Unmöglichkeit ist die Bedingung ihrer Möglichkeit.

Literatur

Adorno, Theodor W. (1930): Mahagonny. In: Adorno, Theodor W. (1982): Gesammelte Schriften 17: Musikalische Schriften IV. Frankfurt/M. (Suhrkamp).

Adorno, Theodor W. (1932): Die Idee der Naturgeschichte. Philosophische Frühschriften. In: Adorno, Theodor W. (1973): Gesammelte Schriften 1. Frankfurt/M. (Suhrkamp).

Adorno, Theodor W. (1937): Neue wertfreie Soziologie. In: Adorno, Theodor W. (1986): Gesammelte Schriften 20.1: Vermischte Schriften I/II. Frankfurt/M. (Suhrkamp).

Adorno, Theodor W. (1939/40): Kierkegaards Lehre von der Liebe. In: Adorno, Theodor W. (1979): Gesammelte Schriften 2: Kierkegaard. Frankfurt/M. (Suhrkamp).

Adorno, Theodor W. (1942a): Aldous Huxley und die Utopie. In: Adorno, Theodor W. (1977): Gesammelte Schriften 10.2: Kulturkritik und Gesellschaft I/II. Frankfurt/M. (Suhrkamp).

Adorno, Theodor W. (1942b): Für Ernst Bloch. In: Adorno, Theodor W. (1986): Gesammelte Schriften 20.1. Frankfurt/M. (Suhrkamp).

Adorno, Theodor W. (1951): Minima Moralia. Reflexionen aus dem beschädigten Leben. In: Adorno, Theodor W. (1980): Gesammelte Schriften 4. Frankfurt/M. (Suhrkamp).

Adorno, Theodor W. (1952): Die revidierte Psychoanalyse. In: Adorno, Theodor W. (1972): Gesammelte Schriften 8: Soziologische Schriften I. Frankfurt/M. (Suhrkamp).

Adorno, Theodor W. (1953a): Das Bewußtsein der Wissenssoziologie. [geschrieben 1937]. In: Adorno, Theodor W. (1977): Gesammelte Schriften 10.2. Frankfurt/M. (Suhrkamp).

Adorno, Theodor W. (1953b): Aufzeichnungen zu Kafka. In: Adorno, Theodor W. (1977): Gesammelte Schriften 10.1: Kulturkritik und Gesellschaft I/II. Frankfurt/M. (Suhrkamp).

Adorno, Theodor W. (1954): Beitrag zur Ideologienlehre. In: Adorno, Theodor W. (1972): Gesammelte Schriften 8: Soziologische Schriften I. Frankfurt/M. (Suhrkamp).

Adorno, Theodor W. (1955): Zum Verhältnis von Soziologie und Psychologie. In: Adorno, Theodor W. (1972): Gesammelte Schriften 8: Soziologische Schriften I. Frankfurt/M. (Suhrkamp).

Adorno, Theodor W. (1959): Was bedeutet: Aufarbeitung der Vergangenheit. In: Adorno, Theodor W. (1977): Gesammelte Schriften 10.2: Kulturkritik und Gesellschaft I/II. Frankfurt/M. (Suhrkamp).

Adorno, Theodor W. (1961): Meinung, Wahn, Gesellschaft. In: Adorno, Theodor W. (1977): Gesammelte Schriften 10.2: Kulturkritik und Gesellschaft I/II. Frankfurt/M. (Suhrkamp).

Adorno, Theodor W. (1962a): Kierkegaards Lehre von der Liebe. In: Adorno, Theodor W. (1979): Gesammelte Schriften 2. Frankfurt/M. (Suhrkamp).

Adorno, Theodor W. (1962b): Zur Bekämpfung des Antisemitismus heute. In: Adorno, Theodor W. (1986): Gesammelte Schriften 20.1: Vermischte Schriften I/II. Frankfurt/M. (Suhrkamp).

Adorno, Theodor W. (1963): Sexualtabus und Recht heute. In: Adorno, Theodor W. (1977): Gesammelte Schriften 10.2. Frankfurt/M. (Suhrkamp).

Adorno, Theodor W. (1964): Negative Dialektik. In: Adorno, Theodor W. (1990): Gesammelte Schriften 6. Frankfurt/M. (Suhrkamp).

Adorno, Theodor W. (1965a): Gesellschaft. In: Adorno, Theodor W. (1972): Gesammelte Schriften 8: Soziologische Schriften I. Frankfurt/M. (Suhrkamp).

Adorno, Theodor W. (1965b): Vorrede zu Rolf Tiedemanns »Studien zur Philosophie Walter Benjamins«. In: Adorno, Theodor W. (1986): Gesammelte Schriften 20.2: Vermischte Schriften II. Frankfurt/M. (Suhrkamp).

Adorno, Theodor W. (1966): Kierkegaard noch einmal. In: Adorno, Theodor W. (1979): Gesammelte Schriften 2. Frankfurt/M. (Suhrkamp).

Adorno, Theodor W. (1967): Erziehung nach Auschwitz. In: Adorno, Theodor W. (1977): Gesammelte Schriften 10.2: Kulturkritik und Gesellschaft I/II. Frankfurt/M. (Suhrkamp).

Adorno, Theodor W. (1969): Freizeit. In: Adorno, Theodor W. (1977): Gesammelte Schriften 10.2: Kulturkritik und Gesellschaft I/II. Frankfurt/M. (Suhrkamp).

Adorno, Theodor W. (1970): Ästhetische Theorie. In: Adorno, Theodor W.: Gesammelte Schriften 7. Frankfurt/M. (Suhrkamp).

Adorno, Theodor W. (1974): Philosophische Terminologie. Bd. 2. Frankfurt/M. (Suhrkamp).

Adorno, Theodor W. (1996): Probleme der Moralphilosophie. Frankfurt/M. (Suhrkamp).

Adorno, Theodor W. & Horkheimer, Max (1952): Vorurteil und Charakter. In: Adorno, Theodor W. (1975): Gesammelte Schriften 9.2: Soziologische Schriften II: Zweite Hälfte. Frankfurt/M. (Suhrkamp), S. 369 (der Aufsatz erschien in: Frankfurter Hefte Nr. 7).

Alessandra, Tony & O'Connor, Michael J. (1997): Die Platin-Regel. Frankfurt/M., New York (Campus).

Allendy, René (o.J. [Orig. 1942]): Die Liebe. München (Kindler).

Alsheimer, Georg W. (Pseudonym von Erich Wulff) (1972): Vietnamesische Lehrjahre. Bericht eines Arztes aus Vietnam 1961–1967. Frankfurt/M. (Suhrkamp).

Amendt, Günter (1970): Sexfront. Reinbek bei Hamburg (Rowohlt).

Argelander, Hermann (1972): Der Flieger. Eine charakteranalytische Fallstudie. Frankfurt/M. (Suhrkamp).

Ariès, Philippe (1984): Liebe in der Ehe. In: Ariès & Béjin (Hg.) (1984).

Ariès, Philippe & Béjin, André (Hg.) (1984): Die Masken des Begehrens und die Metamorphosen der Sinnlichkeit. Zur Geschichte der Sexualität im Abendland. Frankfurt/M. (Fischer).

Ariès, Phillippe & Duby, Georges (Hg.) (1999): Geschichte des privaten Lebens. Augsburg (Weltbild Verlag); (1992) Frankfurt/M. (S. Fischer).

Assheuer, Thomas (1998): Die Gegenzauberer. Zwei prominente Biologen erheben die Naturwissenschaft zum neuen Glaubenssystem. Die Zeit Nr. 45/1998.

Assheuer, Thomas (2000a): Die neue Genmystik. Die Zeit Nr. 28/2000.

Assheuer, Thomas (2000b): Die Evolution frisst ihre Kinder. Ist Naturwissenschaft die Religion der Gegenwart? Die Zeit Nr. 44/2000.

Assheuer, Thomas (2002): Auf schiefer Ebene. Vor der Bundestagsdebatte: Ein Gespräch mit Jürgen Habermas über Gefahren der Gentechnik und neue Menschenbilder. Die Zeit Nr. 5/2002.

Bach, Helmut (Hg.) (1981): Der Krankheitsbegriff in der Psychoanalyse. Göttingen (Vandenhoeck & Ruprecht).

Bach, Helmut & Heine, Michael (1981): Pseudonormalität und »Normalpathologie«. In: Bach (Hg.) (1981).

Bär, Claudia (2008): Ökokost-Junkies. Psychologie Heute 4/2008, 52f.

Bastian, Till (2007): Was Psyche und Körper stark macht. Psychologie Heute 6/2007, 68.

Bataille, Georges (1984 [Orig. 1957]): Der heilige Eros (L'Érotisme). Darmstadt, Neuwied (Ullstein).

Baudrillard, Jean (1981): Der schönste Konsumgegenstand: Der Körper. In: Gehrke (Hg.) (1981).

Baudrillard, Jean (1985): Die Rituale der Transparenz. In: Wulf (Hg.) (1985a).

Bauriedl, Thea (1984): Beziehungsanalyse. Frankfurt/M. (Suhrkamp).

Beck, Dieter (1985): Krankheit als Selbstheilung. Frankfurt/M. (Suhrkamp).

Beck, Ulrich (2004): Die Utopie des Weniger. Ein Gespräch mit Ulrich Beck. Psychologie Heute 10/2004, 32–35.

Bellak, Leopold (1967): The broad scope of psychoanalysis. Edited by Donald P. Spence. New York (Grune & Stratton), zit. bei Argelander, Hermann (1972).

Bentham, Jeremy (1984): An Introduction to the Principles of Morals and Legislation. New York (Hafner-Press).

Berne, Eric (1970): Spiele der Erwachsenen. Psychologie der Menschlichen Beziehungen. Reinbek bei Hamburg (Rowohlt).

Bethge, Philip (2005): Der liebende Affe. Der Spiegel 9/2005.

Bilstein, Johannes & Uhle, Reinhard (Hg.) (2007): Liebe. Zur Anthropologie einer Grundbedingung pädagogischen Handelns. Oberhausen (Athena-Verlag).

Blech, Jörg (2006): Geliebter Affe. Der Spiegel 21/2006.

Blech, Jörg (2008): Die Sprache des Gehirns. Der Spiegel 12/2008.

Bloch, Ernst (1962): Subjekt-Objekt. Erläuterungen zu Hegel. Frankfurt/M. (Suhrkamp).

Bode, Katja Nele (2004): Was Sie schon immer über guten Sex wissen wollten. Focus 35/2004.

Böhme, Hartmut & Böhme, Gernot (1985): Das Andere der Vernunft. Zur Entwicklung von Rationalitätsstrukturen am Beispiel Kants. Frankfurt/M. (Suhrkamp).

Bolz, Norbert (2003): Sind Sinnfragen überholt? Der Zerfall des Repräsentativen. In: Gottold & Thies (Hg.) (2003).

Bolz, Norbert (2006): Exhibitionismus – leicht gemacht. Der Spiegel 29/2006.

Boogard, Theo van den (1970): »Anne und Hans kriegen ihre Chance«. Brumm Comix (Melzer Verlag).

Bopp, Jörg (1987): Die Tyrannei des Körpers. In: Kursbuch 88 (Gesundheit). Berlin (Rotbuch).

Bornemann, Ernest (1969): Lexikon der Liebe und Sexualität. München (Paul List Verlag).

Bornemann, Ernest (1979): Das Patriarchat. Frankfurt/M. (Fischer).

Boszormenyi-Nagy, Ivan (1965): Eine Theorie der Beziehungen. In: Boszormenyi-Nagy & Framo (Hg.) (1965).

Boszormenyi-Nagy, Ivan & Framo, James L. (Hg.) (1965): Familientherapie. Reinbek bei Hamburg (Rowohlt).

Bourdieu, Pierre (1987): Die feinen Unterschiede. Kritik der gesellschaftlichen Urteilskraft. Frankfurt/M. (Suhrkamp).

Bredow, Rafaela von (2005): Das Fest der Triebe. Der Spiegel 45/2005, Titel: Wozu Sex? Das größte Rätsel der Evolution.

Bredow, Rafaela von (2007): Das gleiche Geschlecht. Der Spiegel 6/2007

Brink, Otto (2001): Spielregeln der Partnerschaft. Freiburg i.Br. (Herder), angeführt bei Mary (2004).

Brückner, Peter (1980): Die 50er Jahre – Lebensgeschichtlich: Ein Zwischenland. In: Eisenberg & Linke (Hg.) (1980).

Buchholz, Michael (Hg.) (1989): Intimität. Über die Veränderung des Privaten. Weinheim, Basel (Beltz).

Buchholz, Michael (1990): Die unbewusste Familie. Psychoanalytische Studien zur Familie in der Moderne. Berlin, Heidelberg, New York (Springer).

Bueb, Bernhard (2006): Ein Lob der Disziplin. Eine Streitschrift. Berlin (List).

Busch, Hans-Joachim & Deserno, Heinrich (Hg.) (1986): Sozialforschung und Psychoanalyse als repolitisierende Praxis. Klaus Horn zum Gedenken. (Materialien aus dem Sigmund-Freud-Institut, Frankfurt). Frankfurt/M.

Busch, Hans-Joachim & Ebrecht, Angelika (Hg.) (2008): Liebe im Kapitalismus. Gießen (Psychosozial-Verlag).

Capra, Fritjof (1985): Wendezeit. Bausteine für ein neues Weltbild. Bern, München, Wien (Scherz).

Capra, Fritjof (1987): Das Neue Denken. Die Entstehung eines ganzheitlichen Weltbildes im Spannungsfeld zwischen Naturwissenschaft und Mystik. Bern, München, Wien (Scherz).

Capurro, Rafael (2006): Phänomenologie der Freundschaft. Dasein als Weiblich- und Männlichsein. [Rezension von: Eldred (1999)]. URL: http://www.capurro.de/phdmrezn.html

Carter-Scott, Cherie (2001): Wenn die Liebe ein Spiel ist, sind dies die Regeln. München (Heyne); angeführt bei Mary (2004).

Caysa, Volker (2008): Der Leib der Liebe. In: Busch & Ebrecht (Hg.) (2008).

Chaumier, Serge (1999): La Déliaison amoureuse. De la fusion romantique au désir d'indépendance. Paris (Armand Colin).

Claussen, Detlev (2003): Theodor W. Adorno. Ein letztes Genie. Frankfurt/M. (S. Fischer).

Clement, Ulrich (1986): Trieb und Treue. pro familia magazin 3/86.

Clement, Ulrich (2006): Guter Sex trotz Liebe. Wege aus der verkehrsberuhigten Zone. Berlin (Ullstein).

Dahlkamp, Jürgen (2007): Freibrief für Teenies. Der Spiegel 13/2007.

Dannecker, Martin (1986): Die Ordnung des Sexuellen. pro familia magazin 2/86, Schwerpunktthema Alltags-Sexualität.

Dessau, Bettina & Kanitscheider, Bernulf (2000): Von Lust und Freude. Gedanken zu einer hedonistischen Lebensorientierung. Frankfurt/M. (Insel).

Doermer-Tramitz, Christiane (1990): ... auf den ersten Blick. Über die ersten dreißig Sekunden einer Begegnung von Mann und Frau. Opladen (Westdeutscher Verlag).

Duerr, Hans Peter (1995): Der Mythos vom Zivilisationsprozeß. Bd. 3: Obszönität und Gewalt. Frankfurt/M. (Suhrkamp).

Düweke, Peter (2007): Ich schau dir in die Augen ... Psychologie Heute 5/2007, 30–35.

Eisenberg, Götz (2000): Amok – Kinder der Kälte. Über die Wurzeln von Wut und Haß. Reinbek bei Hamburg (Rowohlt).

Eisenberg, Götz (2002): Gewalt, die aus der Kälte kommt. Amok – Pogrom – Populismus. Gießen (Psychosozial-Verlag).

Eisenberg, Götz & Gronemeyer, Marianne (Hg.) (1985): Der Tod im Leben. Ein Lesebuch zu einem »verbotenen« Thema. Gießen (focus verlag).

Eisenberg, Götz & Gronemeyer, Reimer (1993): Jugend und Gewalt. Reinbek bei Hamburg (Rowohlt).

Eisenberg, Götz & Linke, Hans-Jürgen (1980): Fuffziger Jahre. Gießen (focus verlag).

Eldred, Michael (1999): Phänomenologie der Männlichkeit. Dettelbach (Verlag J. H. Röll).

Elias, Norbert (1977): Über den Prozeß der Zivilisation. Soziogenetische und psychogenetische Untersuchungen. Frankfurt/M. (Suhrkamp).

Elten, Jörg Andreas (2000): Ganz entspannt im Hier und Jetzt. Tagebuch über mein Leben mit Bhagwan in Poona. Köln (Innenwelt Verlag).

Enzyklika (2005): ENZYKLIKA DEUS CARITAS EST VON PAPST BENEDIKT XVI. AN DIE BISCHÖFE AN DIE PRIESTER UND DIE DIAKONE AN DIE GOTTGEWEIHTEN PERSONEN UND AN ALLE CHRISTGLÄUBIGEN ÜBER DIE CHRISTLICHE LIEBE. Erster Teil (2).

Erk, Susanne (2006): Drum prüfe, wer sich ewig bindet ... In: Röttger-Rössler & Engelen (Hg.) (2006).

Ernst, Heiko (2007): Unser kompliziertes Glück. Psychologie Heute 5/2007, 20–24.

Faas, Angelika (2000): Intuition – zum rechten Zeitpunkt das Richtige tun. Freiburg i.Br., Basel, Wien (Herder).

Faas, Angelika (2002): Ballast abwerfen. Downshifting – Damit das Leben leichter wird. Freiburg i.Br., Basel, Wien (Herder).

Faas, Angelika & Krauß, Thomas (1993): Person, Wissenschaft und Geschlechterverhältnis. Im Gespräch: Martin Kirschenbaum mit Angelika Faas und Thomas Krauß. Journal für Psychologie 1(2).

Faller, Heike (2004): War es ein gutes Jahr für die Liebe? Die Zeit Nr. 1/2005.

Fein, Ellen & Schneider, Sherrie (1996): Die Kunst, den Mann fürs Leben zu finden. München (Piper); angeführt bei Mary (2004).

Feuerbach, Ludwig (1911): Zur Ethik. Der Eudämonismus. Sämtliche Werke, Bd. X. Hg. v. W. Bolin & F. Jodl. Stuttgart.

Fischer, Kathrin & Maravolo, Sandra (2005): Liebe satt. Was Paare wirklich antörnt. München (Kabel by Piper).

Fisher, Helen (1993): Anatomie der Liebe. Warum Paare sich finden, sich binden und auseinandergehen. München (Droemer-Knaur).

Fisher, Helen (2004): Wie man das Feuer der Liebe schürt. Psychologie Heute 10/2004.

Fisher, Helen (2005): Warum wir lieben. Die Chemie der Leidenschaft. Düsseldorf, Zürich (Walter).

Foucault, Michel (1984): Sexualität und Wahrheit III: Die Sorge um sich. Frankfurt/M. (Suhrkamp).

Frankfurter Adorno Blätter VIII (2003). Im Auftrag des Theodor W. Adorno Archivs herausgegeben von Rolf Tiedemann. München (edition text + kritik).

Freud, Sigmund (1910): Beiträge zur Psychologie des Liebeslebens (Über einen besonderen Typus der Objektwahl beim Manne). In: Freud, Sigmund (2000): Studienausgabe V. Frankfurt/M. (S. Fischer).

Freud, Sigmund (1914): Zur Einführung des Narzissmus. In: Freud, Sigmund (2000): Studienausgabe III. Frankfurt/M. (S. Fischer).

Freud, Sigmund (1916/1917):Vorlesungen zur Einführung in die Psychoanalyse. Teil III. Allgemeine Neurosenlehre: 26. Die Libidotheorie und der Narzissmus. In: Freud, Sigmund (2000): Studienausgabe I. Frankfurt/M. (S. Fischer).

Freud, Sigmund (1917): Metapsychologische Ergänzung zur Traumlehre. In: Freud, Sigmund (2000): Studienausgabe III. Frankfurt/M. (S. Fischer).

Freud, Sigmund (1921): Massenpsychologie und Ich-Analyse (Verliebtheit und Hypnose). In: Freud, Sigmund (2000): Studienausgabe IX. Frankfurt/M. (S. Fischer).

Freud, Sigmund (1929): Das Unbehagen in der Kultur. In: Freud, Sigmund (2000): Studienausgabe IX. Frankfurt/M. (S. Fischer).

Friedeburg, Ludwig von & Habermas, Jürgen (Hg.) (1983): Adorno-Konferenz 1983. Frankfurt/M. (Suhrkamp).

Fromm, Erich (1977 [1956]): Die Kunst des Liebens. Frankfurt/M., Berlin, Wien (Ullstein).

Fürstenau, Peter (1979): Zur Theorie psychoanalytischer Praxis. Stuttgart (Klett-Cotta).

Gambaroff, Marina (1985): Utopie der Treue. Reinbek bei Hamburg (Rowohlt).

Gebhardt, Eike (1987): Das ewig Weibliche – eine List der Vernunft? In: Schuller & Heim (Hg.) (1987).

Gehlen, Arnold (1940): Der Mensch. Seine Natur und seine Stellung in der Welt. Berlin (Junker & Dünnhaupt).

Gehrke, Claudia (Hg.) (1981): Ich habe einen Körper. München (Matthes & Seitz).

Geissler, Heiner (2004): »Wo bleibt Euer Aufschrei?« Ein Wutanfall. In: Die Zeit Nr. 47/2004.

»Gesund und fit durch Sex. Das Wohlfühlprogramm für Körper und Seele« (3/2006) (Vericon [Vericon-Ratgeber Gesundheit]). URL: http://www.prisma.de/thema. html?wid=_2006_11_coco_sex

Glaser, Hermann (1985): Der sadistische Staat. Sozialpathologische Aspekte der modernen Gesellschaft. Frankfurt/M. (Fischer).

Goffman, Erving (1969): Wir alle spielen Theater. Die Selbstdarstellung im Alltag. München (Piper).

Goleman, Daniel (1996): Emotionale Intelligenz. München, Wien (Carl Hanser).

Gould, Stephen J. (1984): Darwin nach Darwin. Naturgeschichtliche Reflexionen. Frankfurt/M. (Ullstein).

Gotthold, Beatrix & Thies, Christian (Hg.) (2003): Denn jeder sucht ein All. Vom Sinn des Lebens. Leipzig (Reclam).

Gottmann, John M. & Silver, Nan (2000): Die sieben Geheimnisse der glücklichen Ehe. Düsseldorf, München (von Schröder); angeführt bei Mary (2004).

Grammer, Karl; Jütte, Astrid & Fischmann, Bettina (1998): Der Kampf der Geschlechter und der Krieg der Signale. In: Kanitscheider, Bernulf (1998) (Hg.): Liebe, Lust und Leidenschaft. Sexualität im Spiegel der Wissenschaft. Leipzig (Hirzel).

Greiff, Bodo von (1986): Klaus Horn und das Programm der Politischen Psychologie in der Zeitschrift LEVIATHAN. In: Busch & Deserno (Hg.) (1986).

Große-Wilde, Carola (2005): Menschen haben wieder Lust an Gemeinschaft. Konservative Sehnsüchte in neuer Form auf dem Vormarsch. Elbe-Jeetzel-Zeitung, 3. Juni 2005.

Gruppe Krisis (1999): Manifest gegen die Arbeit. Text-Download von: http://www.balzix. de/diverse_manifest-gegen-die-arbeit_1999.html, ohne Seitenzahlen.

Habermas, Jürgen (1968): Arbeit und Interaktion. Frankfurt/M. (Suhrkamp).

Habermas, Jürgen (1988): Vom pragmatischen, ethischen und moralischen Gebrauch der praktischen Vernunft. In: Habermas (1991).

Habermas, Jürgen (1991): Erläuterungen zur Diskursethik. Frankfurt/M. (Suhrkamp).

Habermas, Jürgen (1998a): Die postnationale Konstellation. Politische Essays. Frankfurt/M. (Suhrkamp).

Habermas, Jürgen (1998b): Die verschiedenen Rhythmen von Philosophie und Politik. Herbert Marcuse zum 100. Geburtstag. In: Habermas (1998a).

Habermas, Jürgen (2001): Die Zukunft der menschlichen Natur. Auf dem Weg zu einer liberalen Eugenik? Frankfurt/M. (Suhrkamp).

Habermas Jürgen (2008a): Ach, Europa. Kleine politische Schriften XI. Frankfurt/M. (Suhrkamp).

Habermas, Jürgen (2008b): Hat die Demokratie noch eine epistemische Dimension? Empirische Forschung und normative Theorie. In: Habermas (2008a).

Habermas, Jürgen (2008c): Nach dem Bankrott. Die Zeit Nr. 46/2008, 53–54.

Haeberle, Erwin J. (2003): Die Sexualität des Menschen. Handbuch und Atlas, 2003 (Internet-Ausgabe der Hans-Magnus-Hirschfeld-Gesellschaft).

Hamer, Dean (2006): Das Gottes Gen. München (Koesel).

Hanke, Tina (2003): Die Erotik in Michel Houellebecqs »Elementarteilchen«. München (GRIN Verlag), Dokument Nr. 34197. URL: http://www.grin.com/e-book/34197/die-erotik-in-michel-houellebecqs-elementarteilchen

Hantel-Quitmann, Wolfgang (2007): Der Geheimplan der Liebe. Zur Psychologie der Partnerwahl. Freiburg i.Br. (Herder).

Hars, Wolfgang (2003): Schicken ist föhn. Frankfurt/M. (Scherz Verlag).

Hartfield, Elaine & Sprecher, Susan (1986): Mirror, Mirror. The Importance of Looks in Everyday Life. Albany, NY (State University of New York Press).

Heinrichs, Hans-Jürgen (1985): Der Körper und seine Sprachen. Frankfurt/M. (Qumran).

Hermann, Horst (1983): Unsterblichkeit. Illusion oder verdrängte Realität? Neue Deutsche Hefte 30(4).

Hesse, Jürgen & Schrader, Hans Christian (1998): Die Neurosen der Chefs und wie Sie mit ihnen fertig werden. München, Zürich (Piper).

Hirsch, Eike Christian (2001): Der Witzableiter oder die Schule des Lachens. München (C.H. Beck).

Hirsch, Mathias (2008): Liebe auf Abwegen. Spielarten der Liebe im Film psychoanalytisch betrachtet. Gießen (Psychosozial-Verlag).

Hoffmann, Klaus (1976): Sechseinhalb Uhr morgens. In: Was bleibt? [Musik-Album].

Hofman, Lyn (1982): Grundlagen der Familientherapie. Hamburg (ISKO-Press).

Holl, Hans Günther (1987): Stufen der Abstraktion. Spuren. Zeitschrift für Kunst und Gesellschaft Nr. 19.

Holzberg, Oskar (2006): Die Lust der Männer. Wo ist sie geblieben? Brigitte. Das Magazin für Frauen 9/2006, 11. April 2006.

Honneth, Axel (1992): Kampf um Anerkennung. Zur moralischen Grammatik sozialer Konflikte. Frankfurt/M. (Suhrkamp).

Honneth, Axel (2007a): Pathologien der Vernunft. Frankfurt/M. (Suhrkamp).

Honneth, Axel (2007b): Vorwort. In: Illouz (2007a).

Horn, Klaus (1972): Bemerkungen zur Situation des subjektiven Faktors in der hochindustrialisierten Gesellschaft kapitalistischer Struktur. In: Horn, Klaus (Hg.)

(1972): Gruppendynamik und der subjektive Faktor. Repressive Entsublimierung oder politisierende Praxis. Frankfurt/M. (Suhrkamp).

Horn, Klaus; Beier, Christel & Kraft-Krumm, Doris (1984): Gesundheitsverhalten und Krankheitsgewinn. Zur Logik von Widerständen gegen gesundheitliche Aufklärung. Opladen (Westdeutscher Verlag).

Hosemann, Dagmar (1989): Neue Technologien, Sexualität und Familienleben. In: Buchholz, Michael (Hg.) (1989): Intimität. Über die Veränderung des Privaten. Weinheim, Basel (Beltz).

Houellebecq, Michel (1999): Elementarteilchen. Köln (DuMont).

Illouz, Eva (2007a [2003]): Der Konsum der Romantik. Liebe und die kulturellen Widersprüche des Kapitalismus. Frankfurt/M. (Suhrkamp).

Illouz, Eva (2007b): Gefühle in Zeiten des Kapitalismus. Frankfurter Adorno-Vorlesung 2004. Frankfurt/M. (Suhrkamp).

Jackson, Adam (1997): Die zehn Geheimnisse der Liebe. München (Droemer Knaur); angeführt bei Mary (2004).

Jaeggi, Eva (1999): Liebesglück – Beziehungsarbeit. Reinbek bei Hamburg (Rowohlt).

Jaeggi, Eva & Holstein, Walter (1985): Wenn Ehen älter werden. Liebe, Krise, Neubeginn. München (Piper).

Jaeggi, Rahel (2005): Entfremdung. Zur Aktualität eines sozialphilosophischen Problems. Frankfurt/M., New York (Campus).

Jappe, Anselm (1995): SIC TRANSIT GLORIA ARTIS. Theorien über das Ende der Kunst bei Theodor W. Adorno und Guy Debord. Text-Download der Zeitschrift Krisis, www.krisis.org: URL: http://www.krisis.org/1995/sic-transit-gloria-artis, ohne Seitenangaben.

Jappe, Anselm (2001): Gene, Werte, Bauernaufstände. Krisis. Beiträge zur Kritik der Warengesellschaft 24.

Jay, Martin (1981): Dialektische Phantasie. Die Geschichte der Frankfurter Schule und des Instituts für Sozialforschung 1923–1950. Frankfurt/M. (S. Fischer).

Jellouschek, Hans (1992): Die Kunst als Paar zu leben. Stuttgart (Kreuz).

Jellouschek, Hans (2004a): Liebe auf Dauer. Die Kunst, ein Paar zu bleiben. Stuttgart (Kreuz).

Jellouschek, Hans (2004b): Wagnis Partnerschaft. Freiburg i.Br. (Herder).

Jellouschek, Hans (1998): Wie Partnerschaft gelingt – Spielregeln der Liebe. Freiburg i.Br. (Herder); angeführt bei Mary (2004).

Jonas, Hans (1984): Das Prinzip Verantwortung. Versuch einer Ethik für die technologische Zivilisation. Frankfurt/M. (Suhrkamp).

Kamper, Dietmar & Wulf, Christoph (Hg.) (1984): Der Andere Körper. Berlin (Mensch & Leben).

Kanitscheider, Bernulf (1995): Auf der Suche nach dem Sinn. Frankfurt/M. (Insel).

Kanitscheider, Bernulf (Hg.) (1998a): Liebe, Lust und Leidenschaft. Sexualität im Spiegel der Wissenschaft. Leipzig (Hirzel).

Kanitscheider, Bernulf (1998b): Sexualiät und Philosophie. Ein vergessenes Kapitel praktischer Ethik. In: Kanitscheider (Hg.) (1998a).

Kanitscheider, Bernulf (2007): Die Materie und ihre Schatten. Naturalistische Wissenschaftsphilosophie. Aschaffenburg (Alibri).

Kant, Immanuel (1798): Metaphysik der Sitten, Rechtslehre, AB 106/107/108.

Kappeler, Manfred (2000): Der schreckliche Traum vom vollkommenen Menschen. Rassenhygiene und Eugenik in der Sozialen Arbeit. Marburg (Schüren).

Kast, Bas (2004): Die Liebe und wie sich Leidenschaft erklärt. Frankfurt/M. (S. Fischer).

Kast, Bas (2007): Wie der Bauch dem Kopf beim Denken hilft. Die Kraft der Intuition. Frankfurt/M. (S. Fischer).

Kaufmann, Jean-Claude (2004): Der Morgen danach. Wie eine Liebesgeschichte beginnt. Konstanz (UVK Verlagsgesellschaft).

Keddi, Barbara (2006): Liebe als biografisches Projekt. In: Röttger-Rössler & Engelen (Hg.) (2006).

Kelek, Necla (2006): Die fremde Braut. Ein Bericht aus dem Inneren des türkischen Lebens in Deutschland. München (Goldmann).

Kilian, Hans (1971): Das enteignete Bewußtsein. Zur dialektischen Sozialpsychologie. Neuwied, Berlin (Luchterhand).

Kirschenbaum, Martin (1993): Person, Wissenschaft und Geschlechterverhältnis. Im Gespräch. In: Faas & Krauß (1993).

Klein, Stefan (2003): Die Glücksformel oder Wie die guten Gefühle entstehen. Reinbek bei Hamburg (Rowohlt).

Kliegl, Reinhold (2007): Wieviel Psyche nimmt uns die Biologie? Interview. reportpsychologie. Fachzeitschrift des BDP 32/Juni 2007, 260.

Knaup, Hornand & Pfister, René (2007): Vertrauter Feind. Malte Ristau-Winkler ist der Mann hinter Ursula von der Leyens Familienpolitik. Der Spiegel 8/2007.

Knoll, Manuel (2002): Theodor W. Adorno. Ethik als erste Philosophie. München (Fink).

Koenen, Gerd (2004): Das rote Jahrzehnt. Unsere kleine deutsche Kulturrevolution. Frankfurt/M. (Fischer TB).

Kohl, Karl-Heinz (1987): Abwehr und Verlangen. Frankfurt/M. (Qumran).

Kohlmann, Ulrich (1997): Dialektik der Moral. Untersuchungen zur Moralphilosophie Adornos. Lüneburg (zu Klampen!).

Krafft-Ebing, Richard von (1903 [1886]): Psychopathia Sexualis. Stuttgart (Ferdinand Enke)

Krauß, Thomas (1985): Die vergesellschaftete Subjektivität. Zum Zusammenhang von Ideologie und Narzißmus. Frankfurt/M., New York (Campus).

Krauß, Thomas (2008): Der neue Biologismus. Psychosozial 31, Nr. 111/Heft I, 84–95.

Krings, Hermann; Baumgartner, Hans Michael & Wild, Christoph (Hg.) (1973): Handbuch philosophischer Grundbegriffe. Studienausgabe Bd. 3. München (Kösel).

Kris, Ernst (1952): Psychoanalytic Exploration in Art. New York (International Universities Press).

Krisis (siehe Gruppe Krisis)

Krumpholz-Reichel, Anja (2003): Kollision mit Knistern. [Buchbesprechung von Moeller (2002)]. Psychologie Heute 3/2003.

Kurz, Robert (2002): Schwarzbuch Kapitalismus. Ein Abgesang auf die Marktwirtschaft. München (Ullstein).

Küstenmacher, Marion & Küstenmacher, Werner (2006): Simplify your Love. Gemeinsam einfacher und glücklicher leben. Frankfurt/M., New York (Campus).

Laqueur, Thomas W. (2004): Solitary Sex. A Cultural History of Masturbation. New York (Zone Books).

Larcher, Dietmar (2009): Dekonstruktion der Fremdheit. In: Busch & Ebrecht (Hg.) (2008).

Lasch, Christopher (1980): Das Zeitalter des Narzißmus. München (Steinhausen).

Lau, Janna (2006): Indian Love Story. In: Röttger-Rössler & Engelen (Hg.) (2006).

Lauster, Peter (1982): Die Liebe. Psychologie eines Phänomens. Reinbek bei Hamburg (Rowohlt).

Lauster, Peter (1994): Geheimnisse der Liebe. Düsseldorf (ECON); angeführt bei Mary (2004).

Lelord, François & André, Christophe (1998): Der ganz normale Wahnsinn. Vom Umgang mit schwierigen Menschen. Leipzig (Gustav Kiepenheuer).

Lenk, Elisabeth (1983): Die unbewußte Gesellschaft. München (Matthes & Seitz).

Lenzen, Dieter (1985): Mythologie der Kindheit. Die Verewigung des Kindlichen in der Erwachsenenkultur. Reinbek bei Hamburg (Rowohlt).

Lepenies, Wolf & Nolte, Helmut (1971): Kritik der Anthropologie. München (Carl Hanser).

Levy, David (2007): Love and Sex with Robots. The Evolution of Human-Robot Relationships. New York (Harper).

Lidz, Theodor (1970): Das menschliche Leben. Die Entwicklung der Persönlichkeit im Lebenszyklus. Frankfurt/M. (Suhrkamp).

Liebsch, Katharina (2008): Der weibliche Liebeswunsch. In: Busch & Ebrecht (Hg.) (2008).

Loewit, Kurt (1998): Von Begriffen und Gefühlen. Sexualität als Körpersprache. In: Kanitscheider (Hg.) (1998a).

Lorenz, Rüdiger (2004): Salutogenese. München (Reinhardt).

Lüders, Wolfram (1975): Symbiose und Separation. Psyche – Z Psychoanal 29(12).

Luhmann, Niklas (1986): Ökologische Kommunikation. Opladen (Westdeutscher Verlag).

Luhmann, Niklas (1994): Liebe als Passion. Zur Codierung von Intimität. Frankfurt/M. (Suhrkamp).

Luthman, Shirley G. & Kirschenbaum, Martin (1977): Familiensysteme. Wachstum und Störungen. München (Verlag J. Pfeiffer).

Mäckler, Andreas (Hg.) (1988): Was ist Liebe ...? 1001 Zitate geben 1001 Antworten. Köln (DuMont Buchverlag).

Marcuse, Herbert (1934): Der Kampf gegen den Liberalismus in der totalitären Staatsauffassung. In: Marcuse (1965).

Marcuse, Herbert (1938): Zur Kritik des Hedonismus. In: Marcuse (1965).

Marcuse, Herbert (1941 [1972]): Vernunft und Revolution. Hegel und die Entstehung der Gesellschaftstheorie. Darmstadt, Neuwied (Luchterhand).

Marcuse, Herbert (1955 [1980]): Triebstruktur und Gesellschaft. Frankfurt/M. (Suhrkamp).

Marcuse, Herbert (1964 [1971]): Der Eindimensionale Mensch. Frankfurt/M. (Suhrkamp).

Marcuse, Herbert (1965 [1971]): Kultur und Gesellschaft I. Frankfurt/M. (Suhrkamp).

Marquard, Odo (1981): Abschied vom Prinzipiellen. Stuttgart (Reclam).

Marquard, Odo (2000): Philosophie des Stattdessen. Stuttgart (Reclam).

Marquard, Odo (2001): Diäthetik der Sinnerwartung. In: Gotthold & Thies (Hg.) (2003).

Marquard, Odo (2004): Individuum und Gewaltenteilung. Stuttgart (Reclam).

Mary, Michael (2004): Mythos Liebe. Lügen und Wahrheiten über Beziehungen und Partnerschaften. Bergisch Gladbach (Bastei Lübbe).

Masters, William H. & Johnson, Virginia E. (1974): The Pleasure Bond. A New Look at Sexuality and Commitment. Boston (Little, Brown). Dt. (1976): Spaß an der Ehe. Erfahrungen und Ratschläge der erfolgreichsten Ehetherapeuten der Welt. Wien, München, Zürich (Molden).

Mattenklott, Gert (1984): Wiederkehr und Verabschiedung des Körpers. In: Ziehe & Knödler-Bunte (Hg.) (1984).

Mattheus, Bernd (1984): Georges Bataille. Eine Thanatographie I. München (Matthes & Seitz).

Matthiesen, Silja (2008): Zum sozialen Wandel von Liebesbeziehungen und Sexualität. In: Busch & Ebrecht (Hg.) (2009).

Mattusek, Matthias (1995): Sex ist Sünde. Spiegel special 5/1995 (Liebe. Ein Gefühl wird erforscht).

Maturana, Humberto R. & Varela, Francisco J. (1987): Der Baum der Erkenntnis. Die biologischen Wurzeln menschlichen Erkennens. Bern, München, Wien (Scherz); (1990) München (Goldmann).

Mikatta, Gabi & Tebel-Naby, Claudia (1996): Liebe & Sex. Über die Biochemie leidenschaftlicher Gefühle. Stuttgart (Thieme Verlag).

Mitscherlich, Alexander (1953 [1975]): Massenpsychologie ohne Ressentiment. Frankfurt/M. (Suhrkamp).

Mitscherlich, Alexander (1964): Auf dem Weg zur vaterlosen Gesellschaft. Ideen zur Sozialpsychologie. München (Piper).

Mitscherlich, Alexander (1980): Ein Leben für die Psychoanalyse. Anmerkungen zu meiner Zeit. Frankfurt/M. (Suhrkamp).

Modena, Emilio (2008): Die Bindungstheorie als romantische Wissenschaftsproduktion. In: Busch & Ebrecht (Hg.) (2008).

Moeller, Michael Lucas (1990): Liebe ist das Kind der Freiheit. Reinbek bei Hamburg (Rowohlt).

Moeller, Michael Lukas (2000): Gelegenheit macht Liebe. Reinbek bei Hamburg (Rowohlt); angeführt bei Mary (2004).

Moeller, Michael Lukas (2002): Wie die Liebe anfängt. Reinbek bei Hamburg (Rowohlt).

Moeller-Gambaroff, Marina (1978): Utopie der Treue. Kursbuch 52. Utopien 1.

Moersch, Emma (1978): Sozialpsychologische Reflexionen zum Symptomwandel psychischer Störungen. Psyche Z – Psychoanal 32(5/6).

Müller-Doohm, Stefan (2008): Jürgen Habermas. Frankfurt/M. (Suhrkamp).

M'Uzan, Michel de (1977): Zur Psychologie der psychosomatisch Kranken. Psyche – Z Psychoanal 31(4).

Nathan, Tobie (1979): Ideologie, Sexualität und Neurose. Vorwort v. G. Devereux. Frankfurt/M. (Suhrkamp).

Naumann, Frank (2003): Die 10 Geheimnisse ewiger Liebe. Frankfurt/M. (Krüger); angeführt bei Mary (2004).

Niemann, Norbert (1999): Korrekturen an der Schönen Neuen Welt. Die Zeit Nr. 40/1999.

Nietzsche, Friedrich (1885): Zur Genealogie der Moral. Werke. 1. Abt. Bd. VII. Leipzig 1895, S. 373, zit. in: Frankfurter Adorno Blätter VIII. (2003).

Nuber, Ursula (2005): Was Paare wissen müssen. 10 Grundregeln für das Leben zu zweit. Frankfurt/M. (Krüger).

Onken, Julia (2001): Wenn Du mich wirklich liebst. Die häufigsten Beziehungsfallen und wie wir sie vermeiden. München (Becksche Reihe).

Orban, Peter (1976): Subjektivität. Über die Produktion von Subjektivität und den Prozeß ihrer Zerstörung. Wiesbaden (Akademische Verlagsgesellschaft).

Orban, Peter (1981): Psyche und Soma. Über die Sozialisation des Körpers. Wiesbaden (Akademische Verlagsgesellschaft).

Paul, Andreas & Voland, Eckart (1998): Die Evolution der Zweigeschlechtlichkeit. In: Kanitscheider (Hg.) (1998a).

Pilgrim, Volker Elis (1975 [1986]): Der selbstbefriedigte Mensch. Verteidigung der Selbstbefriedigung. Angriff auf die Sexualitätsregelung als Partnersexualität. Reinbek bei Hamburg (Rowohlt).

Platon (1957): Symposion. In: Platon: Sämtliche Werke 2. Reinbek bei Hamburg (Rowohlt).

Pohl, Rolf (2004): Feindbild Frau. Männliche Sexualität, Gewalt und die Abwehr des Weiblichen. Hannover (Offizin Verlag). Inhaltsangabe des Verlags: http://www.offizin-verlag.de/themes/kategorie/detail.php?artikelid=37&source=2 (Stand: 29. Juni 2009).

Raffin, T. (1987): L'amour romanesque: mythe et réalité d'un mode féminin d'engagement matrimonial. Dialogue 96.

Raiser, Konrad (1982): Identität und Sozialität. Grünewald (Kaiser).

Rauchfleisch, Udo (1981): Dissozial. Entwicklung, Struktur und Psychodynamik dissozialer Persönlichkeiten. Göttingen (Vandenhoeck & Ruprecht).

Reichlin, Linus (1998): Sex mit Linus Reichlin: Vikare waren's! Zur Entstehungsgeschichte eines Wortes, das in keiner Sexkolumne fehlen darf. Die Zeit Nr. 39/1998.

Renner, Karl-Heinz & Laux, Lothar (2007): Den Alltag zur Bühne machen. Der histrionische Selbstdarstellungsstil. Psychologie Heute 5/2007, 62–66.

Retzer, Arnold (2004): Systemische Paartherapie. Stuttgart (Klett-Cotta).

Retzer, Arnold (2008): Das Wunder der Ehe. Was ist das Geheimnis einer dauerhaften Ehe? Psychologie Heute 4/2008, 20–22.

Richter, Horst-Eberhard (1969): Eltern, Kind und Neurose. Reinbek bei Hamburg (Rowohlt).

Richter, Horst-Eberhard (1979): Der Gotteskomplex. Reinbek bei Hamburg (Rowohlt).

Richter, Horst-Eberhard (1985): Sterbeangst und Destruktivität. In: Eisenberg & Gronemeyer (Hg.) (1985).

Riemann, Fritz (1975): Grundformen der Angst. Eine tiefenpsychologische Studie. München, Basel (Ernst Reinhardt).

Riemann, Fritz (1982): Die Fähigkeit zu lieben. Stuttgart, Berlin (Kreuz Verlag).

Rienhardt, Joachim (2005): So liebt die Welt. Teil 1: Japan. Die neuen Formen der Begierde. Stern 30/2005, 85–101.

Rinck, Monika (2006): Ah, das Love-Ding. Ein Essay. Idstein (kookbooks).

Roth, Jürgen (2006): Der Deutschland-Clan. Das skrupellose Netzwerk aus Politikern, Top-Managern und Justiz. Frankfurt/M. (Eichborn).

Röttger-Rössler, Birgitt & Engelen, Eva-Maria (Hg.) (2006): Tell me about Love. Kultur und Natur der Liebe. Paderborn (mentis).

Rudolph, Jörg (2003): Vergewaltigung in der Ehe. (Diplomarbeit, Fachhochschule Frankfurt/M., WS 96/97). URL: http://www.joerg-rudolph.de/diplomarbeit/index.htm

Runkel, Gunter (1987): Die Suche nach sich selbst. In: Schuller & Heim (Hg.) (1987).

Russel, Bertrand (1971): Lob des Müßiggangs. In: Russel, Bertrand: Philosophische und politische Aufsätze. Stuttgart (Reclam).

Sacks, Oliver (1987): Der Mann, der seine Frau mit einem Hut verwechselte. Reinbek bei Hamburg (Rowohlt).

Sacks, Oliver (1991): Awakenings – Zeit des Erwachens. Das Buch zum Film. Reinbek bei Hamburg (Rowohlt).

Sacks, Oliver (1995): Eine Anthropologin auf dem Mars. Reinbek bei Hamburg (Rowohlt).

Schandl, Franz (1996): Versuchungen. Skizzen über die Liebe und das Vögeln. Weg und Ziel 2/1996, 20–27.

Schandl, Franz (1998): Jagt die Spekulanten! Schlagt sie tot! Redundantes über die aktuellen Entgleisungen einer Sorte Antikapitalismus. Text-Download der Zeitschrift Krisis, www.krisis.org: URL: http://www.krisis.org/1998/jagt-die-spekulanten, ohne Seitenzahlen.

Schandl, Franz (2008): Wir bauen uns einen Skandal. HARTZ, ACKERMANN, ZUMWINKKEL. Versuch über die Anatomie gesellschaftlicher Affären. Text-Download der Zeitschrift Krisis, www.krisis.org: URL: http://www.krisis.org/2008/wir-bauen-einen-skandal, ohne Seitenzahlen.

Scheiner, Elisabeth (2006): Über die »Lieblosigkeit« der Biologie. In: Röttger-Rössler & Engelen (Hg.) (2006).

Scheler, Max (1966⁷/1927): Die Stellung des Menschen im Kosmos. Bern (Francke).

Scheunert, Gerhard (1960): Zum Problem der Gegenübertragung. Psyche – Z Psychoanal 13.

Schirach, Ariadne von (2005): Der Tanz um die Lust. Tötet Pornografie unser Begehren? Der Spiegel 42/2005.

Schirach, Ariadne von (2007): Der Tanz um die Lust. München (Goldmann).

Schirrmacher, Frank (2006): Minimum. München (Karl Blessing Verlag).

Schlageter, Holger & Hinz, Patrick (2006): Love Academy. München (Knaur).

Schmid, Wilhelm (2007): Wer will schon in der Wirklichkeit leben? Über die menschliche Grunderfahrung namens Sehnsucht. Psychologie heute 3/2007, 27–31.

Schmidbauer, Wolfgang (1977): Die hilflosen Helfer. Über die seelische Problematik der helfenden Berufe. Reinbek bei Hamburg (Rowohlt).

Schmid-Noerr, Gunzelin (1988): Der politische Eros. Ist Herbert Marcuses Utopie der libidinösen Vernunft veraltet? In: Text + Kritik. Zeitschrift für Literatur Nr. 98

Schmidt, Arno (2002 [1963–1969]): Zettels Traum. Frankfurt/M. (Fischer Tb).

Schmidt, Gunter (1988): Das große Der Die Das. Reinbek bei Hamburg (Rowohlt).

Schmidt, Gunter (2004): Das neue Der Die Das. Gießen (Psychosozial-Verlag).

Schmidt, Harald (2006): »Gefühl ekelt mich«. Interview. Die Zeit Nr. 48/2006.

Schmidt, Miriam E. (2002): Hör! Mir! Zu! 10 Gespräche von Frau zu Mann. Köln (vgs).

Schmidt-Salomon, Michael (2006): Manifest des evolutionären Humanismus. Plädoyer für eine zeitgemäße Leitkultur. Aschaffenburg (Alibri).

Schmidt-Salomon, Michael (2007a): Ist Glück ein Heidenspaß? Über den zu Unrecht diskreditierten Hedonismus und die längst überfällige Rehabilitation Epikurs. Psychologie Heute 5/2007.

Schmidt-Salomon, Michael (2007b): Auf dem Weg zur Einheit des Wissens. Die Evolution der Evolutionstheorie und die Gefahren von Biologismus und Kulturismus. Schriftenreihe der Giordano Bruno Stiftung. Aschaffenburg (Alibri).

Schnädelbach, Herbert (1983): Dialektik als Vernunftkritik. Zur Konstruktion des Rationalen bei Adorno. In: Friedeburg & Habermas (Hg.) (1983).

Schopenhauer, Arthur (1988): Preisschrift über die Grundlage der Moral. In: Schopenhauer, Arthur (1988): Werke in fünf Bänden, hg. von Ludger Lütkehaus. Bd. 3. Zürich (Haffmans).

Schülein, Johann August (1976): Psychotechnik als Politik. Zur Kritik der Pragmatischen Kommunikationstheorie. Frankfurt/M. (Syndikat).

Schülein, Johann August (Hg.) (1980): Auf der Suche nach Zukunft. Alternativbewegung und Identität. Gießen (focus verlag).

Schuller, Alexander & Heim, Nikolaus (Hg.) (1987): Vermessene Sexualität. Berlin, Heidelberg, New York, London, Paris, Tokyo (Springer).

Schulz von Thun, Friedemann (1981/1989/1998): Miteinander reden. Bde. I–III. Reinbek bei Hamburg (Rowohlt).

Schwarzer, Alice (2002): Der große Unterschied. Gegen die Spaltung der Menschen in Männer und Frauen. Frankfurt/M. (Fischer Tb).

Seierstad, Åsne (2004): Der Buchhändler aus Kabul. Eine Familiengeschichte. München (List).

Sennett, Richard (1983): Verfall und Ende des öffentlichen Lebens. Die Tyrannei der Intimität. Frankfurt/M. (Fischer).

Sennett, Richard (1998): Der flexible Mensch. Die Kultur des neuen Kapitalismus. Berlin (Berliner Taschenbuch Verlag).

Sick, Bastian (2005): Der Dativ ist dem Genitiv sein Tod. Köln (Kiepenheuer & Witsch).

Siebeck, Wolfram (2003): Alle meine Rezepte. Mein Kochbuch verfeinerter bürgerlicher mitteleuropäischer und mediterraner Küche. Pöcking (Eurocultour).

Siggelkow, Bernd & Büscher, Wolfgang (2008): Deutschlands sexuelle Tragödie: Wenn Kinder nicht mehr lernen, was Liebe ist. Asslar (Gerth Medien).

Sigusch, Volkmar (1984): Vom Trieb und von der Liebe. Frankfurt/M. (Campus).

Sigusch, Volkmar (1985): Trieb und Bewusstsein. In: Wulf (Hg.) (1985a).

Sigusch, Volkmar (1997): Die Trümmer der sexuellen Revolution. Was wird aus Eros in den Zeiten von Telefonsex, Penisprothesen und Kinderpornos? Die Zeit Nr. 41/1996. Nachgedruckt in: Weg und Ziel Nr. 5/1997. Text-Download der letzten Fassung: URL: http://www.streifzuege.org/texte_wuz/wuz9705sigusch.html

Sigusch, Volkmar (Hg.) (2001a): Sexuelle Störungen und ihre Behandlung. Stuttgart (Thieme).

Sigusch, Volkmar (2001b): Kultureller Wandel der Sexualität. In: Sigusch (Hg.) (2001a), S. 16–52.

Sigusch, Volkmar (2005): Sexuelle Welten. Zwischenrufe eines Sexualforschers. Gießen (Psychosozial-Verlag).

Sloterdijk, Peter (1983): Kritik der zynischen Vernunft. Frankfurt/M. (Suhrkamp).

Sloterdijk, Peter; Liessmann, Konrad Paul & Safranski, Rüdiger (2007): »Hegel hat gewonnen«. Spiegelgespräch. Der Spiegel 14/2007, 164ff.

Souad (2004): Bei lebendigem Leib. Unter Mitarb. von Marie-Thérèse Cuny. Aus dem Franz. von Anja Lazarowicz. München (Blanvalet).

Spezzano, Chuck (2002): 100 Geheimnisse der Liebe. München (Integral); angeführt bei Mary (2004).

Spitz, René A. (1976 [Orig. 1965]): Vom Säugling zum Kleinkind. Naturgeschichte der Mutter-Kind-Beziehungen im ersten Lebensjahr. Stuttgart (Ernst Klett).

Springer, Alfred (1998): Geschlechtliche Identität. In: Kanitscheider (Hg.) (1998a).

Stierlin, Helm (1971): Das Tun des Einen ist das Tun des Anderen. Versuch einer Dynamik menschlicher Beziehungen. Literatur der Psychoanalyse. Hg. v. Alexander Mitscherlich. Frankfurt/M. (Suhrkamp).

Stierlin, Helm (1982): Delegation und Familie. Frankfurt/M. (Suhrkamp).

Stoller, Robert J. (1979): Perversion. Die erotische Form von Hass. Reinbek bei Hamburg (Rowohlt).

Sydow, Kirsten von (2005): »Willkommen im Club!« Psychologie Heute 6/2005.

Thimm, Utz (2005): Wenn die Chemie stimmt. In: Kemper, Peter & Sonnenschein, Ulrich (Hg.): Liebe. Zwischen Sehnsucht und Simulation. Frankfurt/M. (Suhrkamp).

Tramitz, Christiane (1998): Die Kontaktanbahnung. Die erste Begegnung von Mann und Frau aus ethologischer Sicht. In: Kanitscheider (Hg.) (1998a).

Traufetter, Gerhard (2006): Stimme aus dem Nichts. Hirnforscher entdecken die Macht der Intuition. Der Spiegel 15/2006.

Trenkle, Norbert (2008): Weltmarktbeben. Über die tieferliegenden Ursachen der aktuellen Finanzmarktkrise. Text-Download der Zeitschrift Krisis, www.krisis.org, Mai 2008: URL: http://www.krisis.org/2008/weltmarktbeben, ohne Seitenangeben.

Vincent, Jean-Didier (1990): Biologie des Begehrens. Wie Gefühle entstehen. Reinbek bei Hamburg (Rowohlt). Orig. (1986): Biologie des Passions. Paris (Éditions Odile Jacob).

Waal, Frans de (1995): Bonobo Sex and Society. The behavior of a close relative challenges assumptions about male supremacy in human evolution. URL: http://songweaver. com/info/bonobos.html. Original in: Scientific American, March/1995, 82–88.

Watzlawick, Paul (1976): Wie wirklich ist die Wirklichkeit? München (R. Piper & Co.).

Watzlawick, Paul; Beavin, Janet H. & Jackson, Don D. (1969): Menschliche Kommunikation. Formen, Störungen, Paradoxien. Bern, Stuttgart, Wien (Hans Huber).

Weber, Max (1920): Die Protestantische Ethik. Tübingen (J.C.B. Mohr [Paul Siebeck]); (1969) München, Hamburg (Siebenstern Taschenbuch Verlag).

Westphalen, Joseph von (2005): Die Memoiren meiner Frau. München (btb).

Whitehead, Alfred North (1969 [1929]): Process and Reality. An Essay in Cosmology. Toronto, Ontario (Free Press Paperback).

Wiggershaus, Rolf (1988): Die Frankfurter Schule. München (Deutscher Taschenbuch Verlag).

Willi, Jürg (1975): Die Zweierbeziehung. Spannungsursachen, Störungsmuster, Klärungsprozesse, Lösungsmodelle. Reinbek bei Hamburg (Rowohlt).

Wirth, Hans-Jürgen (1980): Die Linken und die Psychoanalyse. In: Schülein (Hg.) (1980).

Wirth, Hans-Jürgen (2001): Helmut Kohl und die Macht. Ein psychoanalytischer Deutungsversuch. Psychosozial 24, Nr. 85/Heft III.

Wirth, Hans-Jürgen (2002): Narzissmus und Macht. Zur Psychoanalyse seelischer Störungen in der Politik. Gießen (Psychosozial-Verlag).

Wischke, Mirko (1993): Kritik der Ethik des Gehorsams. Zum Moralproblem bei Theodor W. Adorno. Frankfurt/M., Berlin, Bern, New York, Paris, Wien (Peter Lang).

Witte, Erich H. & Wallschlag, Helga (2000): Die fünf Säulen der Liebe. Wie Paare glücklich bleiben. Freiburg i.Br. (Herder spektrum).

Wulf, Christoph (Hg.) (1985a): Lust und Liebe. Wandlungen der Sexualität. München, Zürich (Piper).

Wulf, Christoph (1985b): Die Transformation des Sexuellen. In: Wulf (Hg.) (1985a).

Ziegler, Jean (2005): Das Imperium der Schande. München (C. Bertelsmann).

Ziehe, Thomas (1975): Pubertät und Narzissmus. Sind Jungendliche entpolitisiert? Frankfurt/M. (E.V.A.).

Ziehe, Thomas & Knödler-Bunte, Elisabeth (Hg.) (1984): Der sexuelle Körper. Ausgeträumt? Berlin (Ästhetik & Kommunikation).

Ziehe, Thomas & Stubenrauch, Herbert (1982): Plädoyer für ungewöhnliches Lernen. Reinbek bei Hamburg (Rowohlt).

Zurhorst, Eva-Maria (2004): Liebe Dich selbst und es ist egal, wen du heiratest. München (Goldmann).

Mathias Hirsch   Parfen Laszig, Gerhard Schneider (Hg.)

»Liebe auf Abwegen«   Film und Psychoanalyse

2008 · 198 Seiten · Broschur
ISBN 978-3-89806-842-0

2008 · 262 Seiten · Broschur
ISBN 978-3-89806-807-9

In den vergangenen Jahren ist das Kino immer mehr ins Interesse der Psychoanalytiker gerückt. Der Zuschauer kann sich berühren lassen und den Film als verschlüsselte Narration des eigenen Unbewussten verstehen. Er kann aber auch beruhigt das Eigene als Fremdes auf der Leinwand belassen. Dies ist ein Sinn des Voyeurismus. Der Film wird den unbewussten Motiven, Begierden, auch den Ängsten des Zuschauers entsprechen, ihn aber nicht dauerhaft verändern. Insofern ist Guattaris Spruch, das Kino sei »die Couch der Armen«, nicht mehr als ein witziges Bonmot.

Alle Filme, die in diesem Buch vorgestellt werden, führen uns in die Abgründe und Abwege der Liebe, die auch in uns als menschliche Möglichkeiten enthalten sind: Der Weg geht von der Mutterliebe, dem Inzest, der einen oder anderen Form der Perversion, der Ehe und der Selbstliebe bis hin zur Liebe in der Psychotherapie.

In den letzten Jahren ist eine Reihe psychoanalytischer Filminterpretationen erschienen, in denen die Filme als Indikatoren soziokultureller Befindlichkeiten verstanden werden. Das legt den Versuch nahe, der kulturpsychoanalytischen Perspektive in der Filmpsychoanalyse einen Ort einzuräumen und die Betrachtungsweise Siegfried Kracauers aufzunehmen. Er verstand Filme als »Spiegelbild« jener »Tiefenschichten einer Kollektivgesinnung, die mehr oder minder unterhalb der Bewusstseinsschwelle liegen«, und konnte so eine Geschichte der Befindlichkeiten der Weimarer Zeit schreiben. Analog dazu werden im vorliegenden Buch Gegenwartsfilme als Oberflächenphänomene vor- und unbewusster soziokultureller Befindlichkeiten der sich globalisierenden spätkapitalistischen Welt aufgefasst.

Walltorstr. 10 · 35390 Gießen · Tel. 06 41 - 96 99 78 - 18 · Fax 06 41 - 96 99 78 - 19
bestellung@psychosozial-verlag.de · www.psychosozial-verlag.de

🔲 Psychosozial-Verlag

Tomas Böhm, Suzanne Kaplan

Paul-Hermann Gruner, Eckhard Kuhla (Hg.)

Rache Befreiungsbewegung für Männer

2009 · 265 Seiten · Broschur
ISBN 978-3-89806-830-7

2009 · 427 Seiten · Broschur
ISBN 978-3-8379-2003-1

In diesem Buch wird Rache als primitive, destruktive Kraft beschrieben, die allen Individuen, Gruppen und Gesellschaften innewohnt – ein zerstörerisches Potenzial, das sich unter bestimmten Umständen mit Macht den Weg an die Oberfläche bahnt. Das Motiv der Rache findet sich in der psychologischen Verknüpfung von Vorurteilen, Verfolgung, Rassismus und Gewalt. Die Autoren liefern deutliche – und oftmals beunruhigende – Fallbeispiele aus dem Alltag unserer Zeit und stellen Theorien vor, die zum besseren Verstehen von Opfern und Tätern beitragen können. Sie sollen uns helfen, der Versuchung zu widerstehen, selbst Vergeltung zu üben.

Ein Buch, das Widerspruch und Kontroversen auslösen wird und will.

Was kommt eigentlich nach dem Feminismus? Die Gleichberechtigung der Frau ist keine Aufgabe mehr in der westlichen Industriegesellschaft. Es gibt sie. Inzwischen sollte es im Geschlechterverhältnis längst um Gleichverpflichtung, Gleichbehandlung und damit Gleichwertigkeit gehen. Mit Analyse und Empirie, mit Ideologie- und Zeitgeistkritik, mit empathischen wie essayistischen Beiträgen debattiert dieses Buch die Realitäten des feministischen Zeitalters – und die Notwendigkeit einer Männerbewegung und -befreiung als Kernaufgabe der Ära danach. Dies anhand von Themenfeldern wie Gleichstellung, Partnerschaft, Familie, Gefühle, Gewalt, Gesundheit, Arbeitsleben und Sterblichkeit.

Walltorstr. 10 · 35390 Gießen · Tel. 06 41 - 96 99 78 -18 · Fax 06 41 - 96 99 78 -19
bestellung@psychosozial-verlag.de · www.psychosozial-verlag.de

Psychosozial-Verlag

Elmar Brähler, Hermann J. Berberich (Hg.)

**Sexualität und
Partnerschaft im Alter**

Irene Berkel (Hg.)

Postsexualität

Zur Transformation des Begehrens

2009 · 202 Seiten · Broschur
ISBN 978-3-89806-760-7

2009 · 195 Seiten · Broschur
ISBN 978-3-8379-2009-3

Sexualität und Partnerschaft werden häufig als ein Privileg der Jüngeren gesehen. Doch auch für alte Menschen spielen diese Bedürfnisse eine wichtige Rolle. Die Gesellschaft tut sich allerdings immer noch schwer, dies zu akzeptieren und offen zu thematisieren. Die Beiträge des Bandes beleuchten verschiedene Aspekte sexueller und partnerschaftlicher Probleme im Alter und behandeln diese unter psychologischen, medizinischen und soziologischen Gesichtspunkten. Bislang vernachlässigte Perspektiven werden thematisiert: von der weiblichen Sicht auf sexuelle Probleme über die spezifischen Probleme der Paartherapie im Alter bis hin zu schwulen und lesbischen Beziehungen.

Die Entbindung der Sexualität aus der Fortpflanzung verändert das Verhältnis der Geschlechter und der Generationen zueinander, die Praktiken des (sexuellen) Genießens und der Fortpflanzung. Der Wandel begegnet uns einerseits in der Sexualisierung des öffentlichen Raums und der sozialen Kommunikation, andererseits in Phänomenen der Entsexualisierung.

Der Band versammelt Beiträge aus Philosophie, Kultur-, Sexual- und Filmwissenschaft, aus Psychoanalyse und Kunst, die das Auftauchen postsexueller Erscheinungen vor dem Hintergrund der religiösen, historischen, sozioökonomischen und psychosexuellen Entwicklungen beleuchten.

Walltorstr. 10 · 35390 Gießen · Tel. 06 41 - 96 99 78 -18 · Fax 06 41 - 96 99 78 -19
bestellung@psychosozial-verlag.de · www.psychosozial-verlag.de